KB200895

예수님과 동행하는
매일가정예배

예수님과 동행하는

매일 가정예배

박지훈 지음

규장

일러두기

- 이 책에서 성경은 개역개정을 사용했으며, 찬송은 새찬송가 기준입니다.
- 이 책은 1년에 300회 가정예배를 드리면서 성경을 일독할 수 있도록 구성되었습니다.

◦ 매일가정예배 서약서 ◦

우리 가정은 매일가정예배를 통하여
예수님과 동행하는 가정을 세우기를 소망하며
다음의 약속을 지켜나갈 것을 서약합니다.

◦ 하나

나는 내 안에 계시는 예수님을 늘 주목하여 바라보겠습니다.

◦ 둘

나는 예수님께서 주시는 음성에 귀 기울이고 주님의 말씀에 순종하겠습니다.

◦ 셋

나는 은혜를 사모하는 마음으로 가정예배 시간을 분별하여 참여하겠습니다.

◦ 넷

나는 나눔 시간에 마음을 열고 예수님 앞에서 빛 가운데 교제하겠습니다.

◦ 다섯

나는 가족들을 위하여 기도하며 가족들이 예수님을 바라볼 수 있도록
격려하는 중보자가 되겠습니다.

매일가정예배 시간 :

매일가정예배 지킴이 :

매일가정예배를 위한 기도제목 :

년 월 일

매일가정예배 서약자 : ________________

추천사

가정에 주의 영광이 임하게 하라

한 교구에서 일어난 가정예배 운동

코로나19로 말할 수 없이 어려웠던 2020년, 선한목자교회의 한 교구에서 은혜로운 간증들이 많이 들려왔습니다. 교구 목사님께서 매일 '가정예배지'를 만들어 교인들에게 보내주고 그 예배지로 교인들이 매일 가정예배를 드린다는 것입니다.

한 주에 한 번 드리기도 힘들어하는데, 매일 가정예배를 드리다니! 이 매일 가정예배지를 통하여 교인들이 교회에서 모이지 못하는 영적 공백을 메우고 있음을 발견했습니다. 그뿐만 아니라 코로나19로 어려운 형편인데도 영적으로 건강해진 가정들이 많이 생겼다는 것도 알게 되었습니다. 한 교구에서 일어난 가정예배 운동이었지만 그 가정예배지를 받아보니 너무나 귀하였습니다. 그저 가정예배만 드린 것이 아니라 매일 예배를 드리게 해주었고, 성경을 통독하게 해주었으며, 무엇보다 예수님과 동행하는 가정을 세우게 된 것입니다.

박지훈 목사님께서 수많은 어려운 조건을 이겨내며 만든 가정예배지를 보면서 이것을 묶어 책으로 출간하여 많은 그리스도인들이 가정예배를 드릴 때 활용하면 얼마나 좋을까 하는 생각을 했는데, 규장 출판사 여진구 대표께서도 흔쾌히 동의해주셔서 책이 출간될 수 있었습니다.

가정예배, 주의 영광이 임하는 은혜의 시간

코로나19로 인한 어려움을 겪으면서 우리는 가정 안에서 진정한 예배가 드려지는 것이 얼마나 중요한지 절감하였습니다. 저는 항상 "욥이 어떻게 저런 믿음을 가졌을까?" 궁금했습니다. 사탄도 그를 넘어뜨리지 못하였습니다. 말할 수 없는 시험도 이겨냈습니다. 그 비밀이 가정예배에 있음을 욥기 1장이 알려줍니다.

욥은 아들들의 생일잔치가 있고 나서 언제나 그의 자녀들을 불러서 자녀의 수대로 하나님께 제사를 드렸습니다. 그러면서 "욥의 행위가 항상 이러하였더라"(욥 1:5)라고 했습니다. 이 말은 "욥의 신앙생활이 어떠했느냐? 가정예배 드린 것을 보면 안다!"라는 뜻입니다.

가정예배는 가정에 주의 영광이 임하는 은혜의 시간입니다. 우리는 가정에서 성령의 역사나 악한 영의 역사가 일어나는 것을 눈으로 분별할 수 없습니다. 그러나 결과물을 보고 영적인 역사를 분별할 수 있습니다. 또 그렇게 해야만 합니다. 기쁨과 감사와 사랑, 뜨거운 기도와 말씀을 사모하는 일은 분명히 성령의 역사입니다. 차가움과 메마름, 탐심과 미움과 분노, 분열과 음란함 등은 분명히 악한 영의 역사입니다.

가정예배에 위기를 극복하는 힘이 있다!

많은 가정이 영적인 위기를 겪지만 어떻게 해결해야 하는지를 모릅니다. 그런데 그 답은 가정에서 예배가 드려지는 것입니다. 그러면 가정에 하나님의 영광이 임하게 됩니다.

가정예배를 드려보면 가정의 영적 상태가 드러납니다. 가정예배 분위기가 무거우면, 가정에 큰 영적 문제가 생겼다는 말입니다. 가정의 우선순위가 하나님보다 세상이거나, 가족 간에 해결되지 않은 상처나 불화가 있거나, 고백하지 못한 죄가 있다는 증거입니다. 이런 것이 있으면 가정예배를 드리기 힘들어지고, 싫어집니다.

그러나 그렇기 때문에 더욱 가정예배를 드려야 합니다. 그렇지 않으면 철저하게 마귀에게 눌려버립니다. 가정예배를 드릴 형편이 되지 않으면 영적으로 깨어 있는 한 사람, 혼자라도 가정에서 예배를 드려야 합니다. 큰 소리로 찬양하고 무릎 꿇고 기도하는 것부터 시작하면 됩니다.

중요한 것은 예배 자체가 기쁨이 되어야 한다는 것입니다. 그렇지 않으면 자녀들의 마음에 예배에 대한 거부감을 심어주게 됩니다. 하나님의 말씀 선포, 진정한 찬양, 감사와 축복의 기도로 예배가 드려져야 합니다. 이 가정예배서가 귀한 것이 바로 그런 예배를 드리도록 만들어졌다는 것입니다.

가정예배를 드리고 싶어서 마땅한 예배서를 찾는 분들에게 이 책을 적극적으로 추천합니다.

선한목자교회 유기성 목사

예수님과 동행하는 천국 가정 세우기

가정은 예수님과 함께 사는 곳입니다

"너희는 믿음 안에 있는가 너희 자신을 시험하고 너희 자신을 확증하라 예수 그리스도께서 너희 안에 계신 줄을 너희가 스스로 알지 못하느냐 그렇지 않으면 너희는 버림 받은 자니라"(고후 13:5).

그리스도인들은 자기 안에 예수 그리스도께서 오셔서 거하고 계신다는 것을 알고 믿는 사람들입니다. 그러므로 그리스도인들에게 있어서 가정은 예수님과 함께 살아가는 공간이요, 예수님 앞에서 말하고 행동하는 공동체입니다.

그리스도인들이 가정생활에서 반드시 기억해야 할 것은 예수님을 믿는 모든 사람들 안에 예수님께서 계신다는 사실입니다. 그리스도인 남편이 그리스도인 아내에게 어떤 말을 한다면, 그 말은 아내에게만 하는 말이 아니고 예수님께도 하는 말이 됩니다. 그리스도인 아내가 그리스도인 남편에게 어떤 행동을 한다면, 그 행동은 남편에게만 하는 행동이 아니라 예수님께도 하는 행동이 됩니다.

만일 여러분의 자녀들이 예수님을 영접했다면, 여러분이 자녀들에게 하는 말 한마디, 행동 하나, 표정과 말투 하나하나가 자녀들에게 뿐만 아니라 예수님께도 한 것이 되고, 여러분들이 자녀들에게 보였던 모습 하나하나가 다 예수님께 보인 모습들이 됩니다.

우리가 이것을 기억하고 산다면, 우리의 가정이 천국과 같은 가정이 되지 않을 수가 없습니다. 말 한마디 하기를 주께 하듯 하고, 행동 하나 하기를 주께 하듯 하고, 밤이나 낮이나 주님 앞에서 살아가는 사람들이 모인 가정, 그 가정이 천국 같은 가정이 되지 않는 것은 불가능한 일입니다.

가정에서도 그리스도인으로 살아야 합니다

그런데 현실을 돌아보면 성도들의 가정이 천국 같은 가정이 되는 일이 당연한 것이 아니라 너무나 특별하고 어려운 일처럼 보입니다. 성도들의 가정인데도 불구하고 다툼과 분열, 폭언과 폭행, 외도 등의 어려움을 겪는 가정이 많고 가정생활이 행복하지 않다고 고백하는 성도들이 많습니다.

왜 이런 일들이 일어날까요? 답은 간단합니다. 우리가 가정에서 그리스도인으로 살지 않기 때문입니다. 우리 가정에 예수님께서 함께 살고 계심과 가족 한 명, 한 명 안에 예수님께서 거하신다는 것을 잊어버리고 내 마음대로 말하고 행동하기에 가정이 천국이 되지 못하는 것입니다.

그러므로 우리의 가정을 천국 같은 가정으로 세우기를 원한다면 방법은 간단합니다. 가정에서도 그리스도인으로 사는 것입니다. 교회에서만 예수님을 의식하는 것이 아니라 가정에서도 예수님을 의식하고, 교회에서만 예수님의 말씀을 듣는 것이 아니라 가정에서도 예수님의 말씀을 듣고, 교회에서만 예수님을 주님으로 높이고 예배하는 것이 아니라 가정에서도 예수님을 높이고 예수님을 예배하는 것입니다. 우리의 가정에 예수님께서 함께 계신다는 것을 분명하게 기억하고 믿으며 그분과 함께 살아가는 가정이 되면, 그러면 그 가정은 천국 같은 가정이 되지 않으려야 않을 수가 없게 됩니다.

예수님과 함께 살아가는 가정 만들기

제가 처음 선한목자교회에 부임했을 때, 요셉2교구라는 43세 이하의 청장년층이 모인 교구를 담당하게 되었습니다. 교구 성도님들을 위하여 무엇을 섬겨야 할지를 주님께 구했을 때 주님은 저에게 "가정이 천국 되게 하라"는 말씀을 주셨습니다. 주님께서는 성도들의 가정이 예수님과 동행하며 예수님과 함께 살아가는 가정이 되기를 간절히 바라신다는 마음이 들었습니다. 그래서 시작했던 것이 '매일가정예배'였습니다.

처음 교구 지역장님들을 마주했을 때, 성경을 300일 분량으로 나누어 통독하면서 매일 그날 읽었던 말씀 중에 한 부분의 말씀을 붙잡고 가족들이 모여 함께 예배하고, 나눔 질문에 대한 각자의 생각을 서로 나누며 빛 가운데 교제하는 가정예배를 매일 드리자고 선포했습니다.

한 지역장님이 나중에 간증하며 "그때 목사님께서 농담하시는 줄 알았다"라고 고백하실 만큼 무모해 보이는 일이었습니다. 어떤 분은 저에게 "일주일에 한 번 가정예배를 드리기도 쉽지 않은데 매일 드리는 것이 가능하겠느냐?"고 말씀하기도 했고, 어떤 분은 "의도는 좋은데 불가능하다, 무모하다"라고 단언하시기도 했습니다. 사실 저에게도 매일 가정예배지를 만들어 성도님들에게 공급해 드리는 일이 너무나 힘들고 어려웠지만 주님께서 주신 마음이 너무나 분명했기에 하지 않을 수가 없었습니다.

그렇게 시작된 가정예배가 한 달쯤 지났을 때 "가정에서 예배하는 일이 힘들 줄 알았는데 너무 좋다"는 반응이 들리기 시작했고, 세 달쯤 지나자 "아이들이 가정예배 시간을 기다린다"는 소식이 들리기 시작했습니다. 그리고 300일 분량을 모두 마쳤을 때는 "가정예배가 우리 가정을 살렸다"는 간증이 심심찮게 들려왔습니다. 그리고 이미 했던 예배지라도 좋으니 다시 한번 300일 가정예배를 드리자는 의견들을 주시기 시작했습니다.

한 가정이라도 천국으로 변할 수 있다면!

그렇게 2년 동안 두 번의 성경통독과 600번의 가정예배를 드리면서 성도들의 가정에 변화가 찾아오는 것을 보게 되었습니다. 한 사람의 외도로 인하여 어려움을 겪던 부부가 억지로라도 가정예배를 드리면서 서로의 마음을 나누며 관계가 회복되기도 하고, 자녀들과 소통할 길이 없었던 가정이 가정예배를 통하여 자녀들과 서로의 마음을 나누고, 이해할 수 있게 되었습니다.

무엇보다 고무적인 것은 매일가정예배를 통하여 성도님들이 가정에서도 예수님을 생각하며 살게 되었고, 예수님에 대하여 대화하기 시작했고, 예수님께서 주시는 마음에 귀 기울이며 자신의 삶을 말씀의 빛으로 조명하며 빛 가운데 교제하게 되었다는 사실입니다. 그렇게 온 가족이 함께 예수님을 바라보며 예수님과 동행하며 살기 시작할 때, 가정이 천국 되는 일이 불가능한 일이 아니라는 사실을 확인할 수 있었습니다.

사실 저는 성도님들로부터 300일 가정예배지를 책으로 내달라는 요청을 여러 번 받았습니다. 하지만 그것을 고사했습니다. '부목사가 무슨 책이야? 내가 낸 책을 누가 보겠어?' 하는 마음이 컸습니다. 그러나 기도하면 기도할수록 "가정예배를 통해 단 한 가정이라도 천국으로 변할 수 있다면 마땅히 해야 할 일이 아니겠느냐"라는 주님의 음성이 들렸습니다. 그래서 순종하기로 했습니다.

천국 같은 가정을 위한 결단과 헌신

이 책을 통해 가정예배를 드리기 원하시는 분들이 꼭 기억하셔야 할 것이 있습니다.

첫째, 매일가정예배를 드리는 일은 어렵습니다. 그것도 너무 어렵습니다.

사탄은 우리 가정이 천국 되는 것을 원하지 않습니다. 성도들이 가정에서도 예수님과 동행하는 것, 그것은 마귀가 도시락을 싸들고 다니면서라도 말려야만 하는 일입니다. 우리가 가정에서까지 예수님과 동행하며 예수님을 따라 살기 시작하면 마귀는 힘을 잃습니다. 더 이상 우리의 가정을 무너뜨리지 못하게 됩니다. 우리가 매일 가정에서 주님을 바라보며 주님을 예배하기를 시도할 때 마귀는 온갖 수단을 다 동원하여 우리의 예배를 방해할 것입니다.

그래서 매일가정예배를 드리는 일은 어려워도 너무 어렵습니다. 그것을 미리 알고 시작하셔야 합니다. 어떤 시험과 유혹이 올지 모른다는 것을 미리 알고, 어떤 상황에서도 가정예배를 지키겠다고 결단하고 시작해야 합니다. 온 가족이 함께 가정예배에 참여할 수 있도록 한 달, 혹은 50일, 100일 등의 가정예배 이벤트나 상품을 마련하는 것도 좋은 방법이 될 수 있습니다.

둘째, 한 사람의 헌신이 필요합니다.

매일가정예배를 드리는 일이 너무나 어렵기에 한 사람의 완전한 헌신이 필요합니다. 지금 이 책을 펼쳐 든 당신이 그 헌신자가 되어주셔야 합니다. 가족들을 격려하여 가정예배로 이끄십시오. 혼자서라도 예배를 지키십시오. 자녀들이 있다면 자녀들이 이해하기 쉽도록 미리 말씀을 읽고 자녀들의 언어로 풀어서 이야기를 들려줄 준비를 하셔야 합니다. 무엇보다 질문에 대한 나눔을 할 때 당신의 마음을 솔직하게 열어 나누어주세요.

셋째, 가정예배의 핵심은 나눔입니다.

예배지에 있는 질문에 대한 각자의 마음을 나누는 것이 가장 중요합니다. 처음에는 자신의 상황과 마음을 솔직히 나누는 일이 쉽지 않습니다. 특별히 자신의 죄를 고백하는 일에는 더욱 그렇습니다. 그러나 가족들이 서로의 마음을 나누고 죄를 고백하며 서로를 위해 기도하기 시작할 때 주님은 일하십니다. 죄를 이기게 하시고 어려움을 이길 힘을 주십니다. 마음을 나눌 때 서로를 이해하는 마음을 주시고 사랑과 용서의 마음을 주십니다. 그러니 나눔 시간을 소중하게 여기시고 그냥 지나치지 말아야 합니다. 깊은 나눔을 할 수 있도록 충분한 시간을 가지고 나눔을 하시기 바랍니다.

넷째, 가정에서 예수님을 바라보십시오.

가정예배 시간은 물론이요, 가정에서 생활하는 모든 시간에 예수님을 바라보기를 힘써야 합니다. 24시간 예수님을 바라보며 말하고 행동하는 훈련이 동반되지 않으면 가정예배가 지속되기 어렵습니다. 서로를 가식적인 사람으로 바라보게 되고 '가정예배를 드려서 뭐 하나?' 하는 마음이 찾아오게 됩니다. 가족들이 서로 예수님을 바라보며 살기를 격려하고 예수님의 음성에 귀 기울일 수 있도록 도와주셔야 합니다. 한 사람이 잘못된 말과 행동을 하더라도, 예수님을 바라보고 예수님께서 주시는 마음에 귀 기울여 순종하는 한 사람이 있다면 가정예배는 지속될 수 있고 가정예배를 통한 가정의 변화를 경험할 수 있습니다.

여러분의 가정이 천국 같은 가정이 되기를 소망하고 축복합니다. 아무쪼록 이 예배지를 통해서 각 성도들과 가정 가운데 예수님과 동행하며 예수님과 함께 살아가는 천국 같은 삶이 열리게 되기를 주님의 이름으로 간절히 축복합니다.

이 책이 나오기까지 인도하신 나의 주인 되신 예수님과 기도와 지도를 아끼지 않으신 사랑하고 존경하는 유기성 담임목사님과 박리부가 사모님, 주 안에 한 몸 된 선한목자교회의 사랑하는 동역자들과 성도님들, 가정예배의 유산을 물려주신 사랑하는 가족들에게 감사의 인사를 드립니다. 주 안에서 사랑하고 축복합니다.

박지훈 목사

이 책의 활용법

❶ 가정예배 드리는 날짜를 기록합니다.

❷ 오늘의 성경통독을 마쳤는지 확인하여 V 체크합니다.

❸ 다 함께 찬송을 부르며 가정예배를 시작합니다.

❹ 오늘의 성경 본문을 같이 읽습니다.

❺ 설교 말씀은 인도자가 대표로 읽거나 돌아가며 함께 읽어도 좋습니다.

❻ 인도자가 나눔 1,2를 읽고 가족 모두 받은 은혜를 나누며 자유롭게 교제합니다.

❼ 예수님을 바라보며 가정을 위한 마음과 필요를 구하며 합심해서 기도합니다.

DAY 001

오늘성경통독 창세기 1장☐ 2장☐ 3장☐ 4장☐

오늘가정예배 찬송 352장 십자가 군병들아

Date / /

말씀 창세기 3:14 여호와 하나님이 뱀에게 이르시되 네가 이렇게 하였으니 네가 모든 가축과 들의 모든 짐승보다 더욱 저주를 받아 배로 다니고 살아 있는 동안 흙을 먹을지니라

…귀는 오늘도 입을 벌립니다

… 우리가 잘 알고 있는 것처럼 하나님께서는 이 세상을 하나님이 보시기에 아름답게 만드셨습니다. 그리고 그 만드신 세상에 사람을 창조하시고 세상을 다스리게 하셨습니다.

그런데 그 아름다운 세상에는 간교한 뱀도 있었습니다. 뱀 또한 하나님의 피조물이었지만 아주 교활…서 하나님을 시기하고 질투했습니다. 그래서 그 …언제든지 기회만 있으면 하나님이 지으신 세상 …망가뜨리기를 원했습니다.

그러던 중 우연히 아담과 떨어져 혼자 있는 여자를 만났습니다. 뱀은 기회를 항상 기다리고 있었기에 주저하지 않고 준비해 두었던 질문으로 여자를 교란하기 시작합니다. "하나님이 참으로 너희에게 동산 모든 나무의 열매를 먹지 말라 하시더냐?"

이미 하나님께서 사람을 만드시고 "동산 각종 나무의 열매는 네가 임의로 먹되 선악을 알게 하는 나무의 열매는 먹지 말라"(창 2:16-17)라고 명령하셨다는 사실을 잘 알고 있었던 뱀은 그 명령을 교묘하게 꼬아서 여자의 마음을 흔들었던 것입니다.

결국 뱀의 작전에 말려든 여자는 선악과를 먹었고 아담에게도 주었습니다. 그 일로 인해 뱀과 여자와 아담 모두 하나님의 저주를 받게 되었습니다.

오늘 말씀은 그 저주 중에서도 뱀을 향한 저주의 말씀입니다. 이 말씀을 보면 오늘날 마귀가 우리 …운데 하는 일이 무엇인지를 분명하게 알 수 있습니…

오늘 말씀은 뱀을 향하여 "배로 다니고 살아 있는 동안 흙을 먹을지니라"라고 말합니다. 그래서 뱀은 지금도 배로 기어 다닙니다.

그런데 흙을 먹지는 않습니다. 뱀은 다른 동물들을 잡아먹지 절대로 흙을 먹지 않습니다. 그런데 하나님께서는 왜 뱀이 흙을 먹을 것이라고 말씀하신 걸까요? 그건 뱀이 흙으로 만든 사람을 잡아먹는 존재가 되었기 때문입니다. 하나님께서 흙으로 지으시고 코에 생기를 불어넣어서 만든 사람, 그 사람을 잡아먹는 존재가 뱀, 곧 마귀라는 것입니다.

마귀는 지금도 우리를 잡아먹으려고 입을 벌리고 있습니다. 그 사실을 반드시 기억해야 합니다. "근신하라 깨어라 너희 대적 마귀가 우는 사자같이 두루 다니며 삼킬 자를 찾나니 너희는 믿음을 굳건하게 하여 그를 대적하라"(벧전 5장 8-9)라는 말씀을 꼭 기억하고 마귀에게 삼킴을 당하지 않도록 믿음을 지켜야 합니다.

"근신하라"는 분별하라는 의미입니다. 믿음으로 깨어 있어서 마귀가 나를 삼키려고 하는 그 수작을 분별하기를 소원합니다.

마귀의 종노릇 하던 우리의 인생을 구원하신 예수 그리스도를 믿는 믿음을 굳건하게 하여서 우리를 삼키려는 마귀를 대적하여 승리하는 우리 가정이 되기를 간절히 축복합니다.

나눔 1 창세기 3장 4절을 읽고 마귀가 우리를 죄짓게 하는 첫 번째 방법을 나누어 보세요.

나눔 2 창세기 3장 5절을 읽고 우리를 죄짓게 하는 두 번째 방법을 나누어 보세요.

예수님을 바라보는 우리 가정 기도 :

22

〈예수님과 동행하는 매일가정예배〉는 온 가족이 함께하는 '성경통독'과 마음이 하나 되어 드리는 '가정예배'를 동시에 진행할 수 있도록 만들어진 가정예배서입니다. 온 가족이 성경통독 순서와 범위에 맞게 매일 성경을 읽도록 하였고 그 범위 중에서 가정예배 말씀을 정했습니다. 이렇게 성경통독과 가정예배가 서로 긴밀하게 연결되어 있기 때문에 이 가정예배서를 통해 가정예배를 드리면서 하나님의 말씀과 예배로 '예수님과 동행하는 가정'을 세워갈 수 있습니다.

또한 이 가정예배서는 총 300일 동안 성경통독과 함께 매일 가정예배를 드린다는 원칙 외에 별다른 규칙이 없기 때문에 각 가정의 형편에 따라 날짜에 얽매이지 않고 예배를 드리고 예배드린 날을 기입할 수 있습니다. 단 총 300회 분량의 성경통독을 병행해야 하므로 한 달에 25회가량 또는 주중 어느 요일에 예배를 드릴지 가족이 서로 정하여 미리 계획을 세우는 것이 필요합니다.

1인 가정의 경우, 또는 가족과 함께 가정예배를 드릴 수 없는 형편이라면 이 가정예배서로 혼자서도 가정예배를 드릴 수 있습니다. 매일매일 예배로 나아가 영적 기류가 바뀌도록 돕는 가정예배서이자 개인 묵상집으로도 활용이 가능합니다.

오늘성경통독

- '오늘성경통독'은 300회에 한 번 성경 전체를 읽을 수 있도록 범위가 정해져 있습니다. 가정예배를 드리기 전이나 후에 정해진 성경통독 범위를 읽고 해당 가정예배지에 표시하시면 됩니다. 단 성경통독 범위과 가정예배 말씀이 연관되어 있기 때문에 가정예배를 드리기 전에 성경을 읽는 것이 더 좋습니다.

- 성경통독은 밀리지 않고 정한 날에 정한 분량을 읽는 것이 중요합니다. 가족 모두 성경통독에 동참하여 완독할 수 있도록 독려합니다. 만약 밀렸더라도 중간에 포기하지 마시고 밀린 부분을 틈틈이 읽어 성경통독을 통해 말씀으로 하나 되는 가정을 세우시기 바랍니다.

오늘가정예배

- '오늘가정예배'는 DAY별 정해진 성경통독 범위 중에서 가족과 함께 예배드리고 말씀을 나눌 성경 본문이 정해져 있습니다. 어린 자녀가 있는 가정은 믿음의 가장이 먼저 가정예배지를 읽고 자녀의 눈높이에 맞춰 말씀을 쉽게 전할 수 있도록 준비하는 것이 좋습니다.

- 가정예배 인도는 믿음의 가장이 대표로 해도 좋지만, 자녀도 얼마든지 예배를 인도할 수 있습니다. 또한 인도자의 역할을 줄 때 가정예배에 더 즐겁게 참여할 수 있기 때문에 온 가족이 순번을 정하여 돌아가면서 인도하는 것이 좋습니다.

- 가정예배는 찬송, 성경봉독, 설교 말씀, 나눔 1, 나눔 2, 예수님을 바라보는 우리 가정 기도, 주기도문 순으로 진행하시면 됩니다.

- 찬송은 새찬송가로 정해져 있지만, 자녀들이 찬양을 선택하게 할 수도 있고 말씀에 맞는 CCM을 부르셔도 됩니다. 성경봉독을 하고 기록된 말씀을 함께 읽을 때는 대표가 전부 읽기보다 온 가족이 돌아가며 읽는 것이 더 집중하기에 좋습니다.

오늘나눔기도

- 말씀을 읽고 나눔 질문을 통해 각자 받은 은혜를 나눕니다. 온 가족이 예수님을 바라보는 우리 가정 기도 제목을 함께 작성하여 기도합니다. 기도하는 한 사람, 기도하는 가정에 소망이 있습니다.

- 가정예배의 마지막은 믿음의 가장이 가족들을 축복하고 함께 주기도문을 하면 됩니다. 이때 어린 자녀가 있는 가정은 교회학교에서 배운 주기도문 찬양을 함께 부르면 더욱 좋습니다. 오늘의 가정예배를 통해 예수님과 동행하는 가정을 세우는 참된 예배자가 되시기 바랍니다.

CONTENTS

창세기 _ 출애굽기

말씀 창세기 3:14 여호와 하나님이 뱀에게 이르시되 네가 이렇게 하였으니 네가 모든 가축과 들의 모든 짐승보다 더욱 저주를 받아 배로 다니고 살아 있는 동안 흙을 먹을지니라

마귀는 오늘도 입을 벌립니다

우리가 잘 알고 있는 것처럼 하나님께서는 이 세상을 하나님이 보시기에 아름답게 만드셨습니다. 그리고 그 만드신 세상에 사람을 창조하시고 세상을 다스리게 하셨습니다.

그런데 그 아름다운 세상에는 간교한 뱀도 있었습니다. 뱀 또한 하나님의 피조물이었지만 아주 교활해서 하나님을 시기하고 질투했습니다. 그래서 그는 언제든지 기회만 있으면 하나님이 지으신 세상을 망가뜨리기를 원했습니다.

그러던 중 우연히 아담과 떨어져 혼자 있는 여자를 만났습니다. 뱀은 기회를 항상 기다리고 있었기에 주저하지 않고 준비해 두었던 질문으로 여자를 교란하기 시작합니다. "하나님이 참으로 너희에게 동산 모든 나무의 열매를 먹지 말라 하시더냐?"

이미 하나님께서 사람을 만드시고 "동산 각종 나무의 열매는 네가 임의로 먹되 선악을 알게 하는 나무의 열매는 먹지 말라"(창 2:16-17)라고 명령하셨다는 사실을 잘 알고 있었던 뱀은 그 명령을 교묘하게 꼬아서 여자의 마음을 흔들었던 것입니다.

결국 뱀의 작전에 말려든 여자는 선악과를 먹었고 아담에게도 주었습니다. 그 일로 인해 뱀과 여자와 아담 모두 하나님의 저주를 받게 되었습니다.

오늘 말씀은 그 저주 중에서도 뱀을 향한 저주의 말씀입니다. 이 말씀을 보면 오늘날 마귀가 우리 가운데 하는 일이 무엇인지를 분명하게 알 수 있습니다.

오늘 말씀은 뱀을 향하여 "배로 다니고 살아 있는 동안 흙을 먹을지니라"라고 말합니다. 그래서 뱀은 지금도 배로 기어 다닙니다.

그런데 흙을 먹지는 않습니다. 뱀은 다른 동물들을 잡아먹지 절대로 흙을 먹지 않습니다. 그런데 하나님께서는 왜 뱀이 흙을 먹을 것이라고 말씀하신 걸까요? 그건 뱀이 흙으로 만든 사람을 잡아먹는 존재가 되었기 때문입니다. 하나님께서 흙으로 지으시고 코에 생기를 불어넣어서 만든 사람, 그 사람을 잡아먹는 존재가 뱀, 곧 마귀라는 것입니다.

마귀는 지금도 우리를 잡아먹으려고 입을 벌리고 있습니다. 그 사실을 반드시 기억해야 합니다. "근신하라 깨어라 너희 대적 마귀가 우는 사자같이 두루 다니며 삼킬 자를 찾나니 너희는 믿음을 굳건하게 하여 그를 대적하라"(벧전 5:8-9)라는 말씀을 꼭 기억하고 마귀에게 삼킴을 당하지 않도록 믿음을 지켜야 합니다.

"근신하라"는 분별하라는 의미입니다. 믿음으로 깨어 있어서 마귀가 나를 삼키려고 하는 그 수작을 분별하기를 소원합니다.

마귀의 종노릇 하던 우리의 인생을 구원하신 예수 그리스도를 믿는 믿음을 굳건하게 하여서 우리를 삼키려는 마귀를 대적하여 승리하는 우리 가정이 되기를 간절히 축복합니다.

나눔 1 창세기 3장 4절을 읽고 마귀가 우리를 죄짓게 하는 첫 번째 방법을 나누어 보세요.

나눔 2 창세기 3장 5절을 읽고 우리를 죄짓게 하는 두 번째 방법을 나누어 보세요.

예수님을 바라보는 우리 가정 기도 :

오늘성경통독 창세기 5장 □ 6장 □ 7장 □ 8장 □ 9장 □
오늘가정예배 찬송 364장 내 기도하는 그 시간 Date / /

말씀 창세기 6:1-3 사람이 땅 위에 번성하기 시작할 때에 그들에게서 딸들이 나니 하나님의 아들들이 사람의 딸들의 아름다움을 보고 자기들이 좋아하는 모든 여자를 아내로 삼는지라 여호와께서 이르시되 나의 영이 영원히 사람과 함께 하지 아니하리니 이는 그들이 육신이 됨이라 그러나 그들의 날은 백이십 년이 되리라 하시니라

우리의 모습을 돌아봅시다

오늘 말씀은 하나님께서 이 땅에 가득한 죄를 보시고 홍수를 내리셔서 노아의 가족들을 제외한 모든 사람을 심판하시는 모습을 기록하고 있습니다.

그런데 이 장면을 보고 있으면 '하나님이 이렇게 자비가 없고 긍휼하심이 없는 분이었나?'라는 생각이 듭니다. '아무리 사람들이 죄를 지어도 그렇지 어떻게 한순간에 모든 사람의 생명을 빼앗아 버리시는가? 그런 분이 하나님이시라면 도대체 그에게 사랑과 자비와 긍휼은 어디 있는가?'라는 질문이 오래전에 이 말씀을 묵상할 때 제 마음속에서 일어났습니다.

그때 주님께서 바라보게 하신 말씀이 "그들이 육신이 됨이라"(창 6:3)라는 말씀이었습니다. 여기에서 '육신'이라고 번역된 바싸르라는 단어는 고깃덩이, 살이라는 의미를 지니는 단어입니다. 그러니 이 말씀은 하나님께서 바라보시기에 그 시대의 모든 사람은 이미 생명을 잃어버린 고깃덩어리들이었다는 의미인 것입니다.

하나님께서 그들 모두의 생명을 빼앗으신 것이 아니었습니다. 그들은 이미 생명을 잃어버린 고깃덩이들이 되었던 것입니다.

여기에서 우리가 주목해 보아야 할 것은 "하나님께서 그들의 어떤 모습을 보고 그들이 생명을 잃어버린 고깃덩어리가 되었다고 판단하셨는가?"라는 점입니다. 오늘 말씀을 보면 하나님께서 보셨던 그들의 모습이 어떤 모습인지가 이렇게 기록되어 있습니다.

"사람이 땅 위에 번성하기 시작할 때 그들에게서 딸들이 나니 하나님의 아들들이 사람의 딸들의 아름다움을 보고 자기들이 좋아하는 모든 여자를 아내로 삼는지라"(창 6:1-2)

여러분, 이것이 하나님께서 "저들은 고깃덩이가 되었다!"라고 선언하셨던 가장 중요한 이유입니다. 자기들의 눈으로 보기에 아름다운 것과 자기들이 좋아하는 것을 취하는 데 스스럼없는 모습, 서슴지 않고 자기 좋은 대로 행하는 그들의 모습이 바로 생명을 잃어버린 고깃덩이의 모습이라는 것입니다.

왜 그렇습니까? 그들은 자신을 창조하신 하나님께서 기뻐하실 일인지는 염두에 두지 않고 온전히 자기만족을 위해서만 살아가는 존재가 된 것이기 때문입니다.

자기들의 생명이 하나님께서 불어넣으신 숨으로부터 시작되었음을 잊어버리고 마치 하나님 없이 스스로 존재하는 것처럼 자기 자신의 만족만을 위해 살아가는 사람이 되었으니 처음 하나님께서 창조하시고 불어넣으셨던 그 생명은 이미 없는 것이나 마찬가지였던 것입니다.

우리의 모습을 돌아보기를 원합니다. 하나님께서 우리를 바라보실 때 고깃덩어리라고 말씀하시지 않도록, 날마다 하나님의 기쁨과 하나님의 만족이 나의 만족보다 더 중요한 기준이 되기를 간절히 축복합니다.

나눔 1 하나님께서는 왜 노아에게만 은혜를 베푸셨을까요?

나눔 2 내 삶 가운데 하나님께서 기뻐하시지 않는 일인데도 나의 만족을 위해 행했던 일들이 있다면 나누어 보세요.

예수님을 바라보는 우리 가정 기도 :

DAY **003**

오늘성경통독 창세기 10장 ☐ 11장 ☐ 12장 ☐ 13장 ☐ 14장 ☐

오늘가정예배 찬송 324장 예수 나를 오라 하네 Date / /

말씀 창세기 12:1-4 여호와께서 아브람에게 이르시되 너는 너의 고향과 친척과 아버지의 집을 떠나 내가 네게 보여 줄 땅으로 가라 내가 너로 큰 민족을 이루고 네게 복을 주어 네 이름을 창대하게 하리니 너는 복이 될지라 너를 축복하는 자에게는 내가 복을 내리고 너를 저주하는 자에게는 내가 저주하리니 땅의 모든 족속이 너로 말미암아 복을 얻을 것이라 하신지라 이에 아브람이 여호와의 말씀을 따라갔고 롯도 그와 함께 갔으며 아브람이 하란을 떠날 때에 칠십오 세였더라

믿음을 어떻게 표현하고 있습니까?

양치기 소년 이야기를 알고 계십니까? 이솝 우화의 하나인 양치기 소년 이야기를 읽어보면 양을 치는 소년이 심심풀이로 "늑대가 나타났다!"라고 소란을 일으킵니다. 동네 어른들은 소년의 거짓말에 속아 무기를 들고 뛰어오지만, 거짓말이라는 것을 알고 화를 내며 돌아갔습니다. 이 같은 거짓말을 몇 번 반복한 후에 정말로 늑대가 나타났지만, 어른들은 더 이상 소년의 말을 믿지 않았고 아무도 도우러 오지 않았습니다. 그 결과 양치기 소년의 모든 양이 늑대에게 잡아먹히고 말았습니다.

양치기 소년의 이야기는 우리에게 믿음이라는 것이 무엇인지를 분명히 보여줍니다. 마을 사람들이 양치기 소년을 믿을 때는 "늑대가 나타났다!"라는 그의 말에 반응하여 무기를 들고 뛰어왔습니다. 그러나 양치기 소년의 거짓말이 반복되어 그를 믿지 못하게 되었을 때는 그가 아무리 "늑대가 나타났다!"라고 소리를 쳐도 아무도 반응하지 않았습니다.

믿음이라는 것을 가장 단순하면서도 분명하게 보일 수 있는 행동이 있다면 그것은 듣고 반응하는 것입니다. 우리가 누군가를 믿으면, 그 믿는 대상이 하는 말을 듣고 그 말에 반응합니다. 그것이 믿음입니다.

오늘 말씀 창세기 12장에서 아브람이라는 사람이 하나님의 말씀을 듣게 되었습니다. 아브람이 살던 시기는 친족사회였습니다. 하나님께서 그에게 고향과 친척과 아버지의 집을 떠나라고 말씀하신 것은 친족들과 함께 모여서 사는 그 동네를 떠나라는 것입니다. 그곳을 떠나면 무슨 일이 일어납니까? 친척들과 함께 모여 사는 것에서 오는 유익을 얻을 수 없게 됩니다. 서로 힘이 되어주지도 못하고 보호도 받을 수 없게 됩니다. 자기가 받게 될 유산도 상속할 수 없게 되고 심지어 타지에 가서 이미 서로 한편이 된 사람들에게 치이며 살아야 합니다. 그런데 아브람은 그런 하나님의 말씀을 듣고 어떻게 합니까? "이에 아브람이 여호와의 말씀을 따라갔고"라고 말하고 있습니다(창 12:4).

아브람은 여호와의 말씀을 들었고 그 말씀을 따라갔습니다. 믿음의 가장 단순하고도 분명한 표현을 여호와 하나님께 보였습니다. 그 결과 그는 믿음의 조상이라는 영광스러운 별명을 얻었습니다.

우리는 하나님을 믿고 있습니까? 믿고 있다면 그 믿음을 어떻게 표현하고 있습니까? 주님의 음성을 듣고 반응하고 있습니까? 아니면 주님의 음성을 듣고도 무반응으로 일관하고 있는 것은 아닙니까?

우리에게 분명한 믿음의 표현이 있기를 소원합니다. 주님의 음성을 듣고 그 음성을 따라 행하는 믿음의 표현이 우리 가운데 분명하게 드러나서 믿음의 조상 아브라함과 같이 되기를 간절히 소원합니다.

나눔 1 내 안에서 일어나는 생각 중에서 주님의 말씀이라고 여겨졌던 것들이 있다면 나누어 보세요.

나눔 2 주님의 음성을 듣고 순종했을 때와 그렇지 못했을 때의 경험을 나누어 보세요.

예수님을 바라보는 우리 가정 기도 :

말씀 창세기 16:13-14 하갈이 자기에게 이르신 여호와의 이름을 나를 살피시는 하나님이라 하였으니 이는 내가 어떻게 여기서 나를 살피시는 하나님을 뵈었는고 함이라 이러므로 그 샘을 브엘라해로이라 불렀으며 그것은 가데스와 베렛 사이에 있더라

사방이 막혔을 때 하나님을 바라봅시다

오늘 말씀에 등장하는 하갈은 참 불쌍한 여인입니다. 한평생을 자기 뜻대로 살아보지도 못한, 펴보지도 못한 꽃 같은 여인이 바로 하갈이라는 여인이기 때문입니다.

하갈이 아브라함의 종이 되었을 당시 그녀의 나이는 10살에서 20살 사이였을 것입니다. 그런데 그로부터 몇 년이 지난 후에 그의 주인인 사래가 하갈에게 자기 남편 아브람에게 들어가서 동침하라고 명령합니다. 당시에 아브람의 나이는 85세였습니다. 10대 후반에서 20대 후반이었던 하갈에게 사래의 그 말이 좋게 들렸을까요?

아마도 하갈은 정말 싫었을 것입니다. 주인과 동침하여 그의 상속자를 낳아 팔자를 고쳐보자는 생각은 하지도 못할 만큼 생각도 하기 싫은 일이었을 것입니다. 그랬으니 21장에서 쫓겨나기까지 자식이 이스마엘 하나뿐이었던 것입니다. 하갈은 그렇게 싫었음에도 종이라는 신분과 주인의 명령이라는 이유로 85세 된 할아버지와 동침하였고 덜컥 임신하고 말았습니다.

어려서부터 종으로 팔려 다니고, 자신의 의지와 상관없이 85세의 할아버지와 동침하고, 게다가 그 노인의 자식까지 잉태한 그 인생이 얼마나 한탄스러웠을까요? 아마 하갈은 자식을 임신했다는 기쁨보다 자신의 인생에 대한 원망이 가득했을 것입니다. 사래는 그녀를 곱게 보았을까요? 아마도 자기가 시켜서 자기 남편과 동침하고 임신한 하갈을 사래는 엄청나게 질투했을 것입니다.

얼마나 하갈을 힘들게 했던지 하갈이 그의 주인을 흘겨보았습니다. 우리 성경에 멸시하였다고 번역된 히브리어는 본래 "흘겨보다, 눈을 흘기다"라는 의미의 단어로 기록되어 있습니다.

그런데 그렇게 한 번 흘겨보았다고 사래가 하갈을 얼마나 학대했던지 임산부인 하갈이 그대로 있다가는 죽을 것 같아서 임신한 몸으로 광야로 도망을 칠 정도였습니다. 그냥 있다가 맞아 죽으나 광야에 나가서 죽으나 어차피 죽는 것은 매한가지라고 생각했던 것입니다.

우리 인생에도 하갈이 처한 상황과 같이 세상에 내 편이라고는 하나도 없는 것처럼 보이는 순간이 한 번은 꼭 찾아옵니다. 그러나 그때 기억하십시오. 그렇게 사방이 막혔을 때도 하나님은 하갈을 바라보고 계셨고 그에게 다가가 말을 건네주시고 그가 나아갈 길을 제시해 주셨습니다.

세상이 그녀를 버린 것 같은 상황에서도 하나님은 그녀를 살피고 계셨습니다. 하나님은 절대로 그녀를 버리시지 않으셨습니다. 어렵고 힘들 때, 그때에도 여전히 우리를 살피시는 하나님을 신뢰하기를 소원합니다. 어려움 가운데서도 하나님을 바라보고 그분의 음성을 더욱 간구하고 그분께서 제시하시는 길을 찾아 나가서 나를 살피시는 하나님께서 예비하신 축복의 날을 맞이하기를 간절히 축복합니다.

나눔 1 하나님께서 나를 살피시지 않는다고 생각했던 적이 있다면 나누어 보세요.

나눔 2 요한복음 13장 1절을 읽고 우리 주님의 사랑이 어떠한 사랑인지 서로에게 이야기해 주세요.

예수님을 바라보는 우리 가정 기도 :

오늘성경통독 창세기 19장 ☐ 20장 ☐ 21장 ☐ 22장 ☐

오늘가정예배 찬송 357장 주 믿는 사람 일어나

Date / /

말씀 창세기 20:10-12 아비멜렉이 또 아브라함에게 이르되 네가 무슨 뜻으로 이렇게 하였느냐 아브라함이 이르되 이곳에서는 하나님을 두려워함이 없으니 내 아내로 말미암아 사람들이 나를 죽일까 생각하였음이요 또 그는 정말로 나의 이복누이로서 내 아내가 되었음이니라

믿음을 세상에게 넘기지 마세요

우리가 사는 이 세상은 하나님을 두려워하지 않는 것처럼 보입니다. 하나님께서 기뻐하시지 않는 일들을 행하는 데 주저함이 없고 하나님의 창조 질서에 어긋나는 동성애와 같은 죄악들을 아무렇지 않게 공개적으로 행하는 곳이 이 세상입니다.

이상하고 잘못하고 있는 것은 저들인데 오히려 제대로 사는 우리가 이상하게 보이는 시대가 되었다는 것입니다. 하나님 앞에 죄를 짓고 있는 것은 저들인데 오히려 그리스도의 자녀인 우리가 피해 볼 것을 두려워하며 살아가고 있는 시대가 지금 이 시대입니다.

이러한 상황이 오늘날 우리에게만 있는 것이 아니었습니다. 아브라함이 살던 상황도 지금과 똑같았습니다. 하나님을 믿고 하나님의 말씀을 따라 살던 아브라함은 떠돌아다니는 유목민이었고, 그가 도착하는 곳에는 이미 그곳에 정착하여 자신들의 왕국을 이루고 살던 세상의 권세 잡은 자들이 있었습니다.

아브라함은 하나님을 따르는 자신이 하나님을 모르는 그들에게 해코지를 당할 것을 염려했습니다. 그래서 아브라함이 선택한 방법이 무엇이었습니까? 아내를 내주는 것이었습니다. 자기 아내 사라를 누이라고 속이고 애굽 왕 바로, 그랄 왕 아비멜렉에게 서슴없이 내주었습니다. 그렇게 하면 자신이 받을 해코지를 피해갈 수 있다고 생각했기 때문입니다.

그런데 그때마다 누가 나서서 그 일을 해결하십니까? 하나님이십니다. 창세기 12장에서는 애굽 왕 바로에게 큰 재앙을 내리시고, 20장에서는 아비멜렉의 꿈에 나타나십니다. 하나님께서는 왜 그렇게 직접 개입하셔서 사라를 아브라함에게 돌려주실까요?

사라를 내주는 것이 하나님께서 원하시는 뜻이 아니기 때문입니다. 사라가 바로나 아비멜렉 곁에 있는 것이 아니라 아브라함에게 붙어 있는 것이 하나님께서 기뻐하시는 일이기 때문입니다.

우리에게 아브라함의 아내, 사라 같은 존재가 무엇입니까? 우리의 믿음입니다. 우리의 믿음이라는 것이 세상의 권세 잡은 자에게 쉽게 넘겨줄 수 있는 것입니까? 세상에서 해코지를 받을까 봐, 불이익을 받을까 봐 하나님께서 기뻐하시지 않는 일을 서슴없이 행하는 것, 그것이 사라를 넘겨주는 것과 똑같은 행동이라는 것을 기억해야 합니다.

지금은 비록 이 세상이 하나님을 두려워하지 않는 것처럼 보이지만 분명히 이 세상도 우리 주님의 권세 아래 있습니다. 하나님 아버지께서 하늘과 땅의 모든 권세를 우리 주님께 주셨습니다. 그러니 당장 눈앞에 보이는 불이익을 두려워하지 않기를 소원합니다. 그 모든 것 너머에서 이 세상을 주관하고 계시는 우리 주님을 경외하는 마음으로 세상이 아니라 주님께서 원하시는 방법대로 살아가는 우리 가정이 되기를 간절히 축복합니다.

나눔 1 우리가 사는 세상이 우리를 향하여 너의 믿음을 내놓으라고 말하는 상황이 있다면 무엇이 있을까요?

나눔 2 나의 믿음을 세상에 내주었던 경험이 있다면 나누어 보세요.

예수님을 바라보는 우리 가정 기도 :

오늘성경통독 창세기 23장 □ 24장 □ 25장 □

오늘가정예배 찬송 320장 나의 죄를 정케 하사

Date / /

말씀 창세기 24:10-12 이에 종이 그 주인의 낙타 중 열 필을 끌고 떠났는데 곧 그의 주인의 모든 좋은 것을 가지고 떠나 메소보다미아로 가서 나홀의 성에 이르러 그 낙타를 성 밖 우물곁에 꿇렸으니 저녁때라 여인들이 물을 길으러 나올 때였더라 그가 이르되 우리 주인 아브라함의 하나님 여호와여 원하건대 오늘 나에게 순조롭게 만나게 하사 내 주인 아브라함에게 은혜를 베푸시옵소서

주님이 기뻐하는 종

우리는 주님의 종들입니다. 우리가 예수님을 주님이라고 부르는 것은 그분께서 그 피로 우리를 사셔서 우리의 소유주가 되셨다는 것을 인정하기 때문입니다.

예수님이 나의 소유주이시니 나는 내 것이 아니고 주님의 것입니다. 그러니 우리가 예수님을 주님으로 부른다는 것은 우리가 그분의 종이라는 것을 인정하는 것입니다.

종은 종다워야 합니다. 종이 종답지 않게 행동하면 주인이 그를 기뻐하지 않습니다. 그래서 종이 된 사람은 항상 자신의 삶이 종다운 삶인지를 돌아보아야 합니다.

오늘 말씀에는 종다운 종이 한 사람 등장합니다. 그는 아브라함의 집의 모든 소유를 맡은 늙은 종이었습니다(창 24:2).

이 늙은 종은 아브라함의 집에 있는 많은 종 중에서 특별히 인정을 받을 만한 사람이었기에 아브라함은 그에게 그의 집의 모든 소유를 관리할 권한을 주었습니다. 또 그를 얼마나 믿었던지 아브라함은 100세에 얻은 귀한 아들 이삭의 아내가 될 사람을 고르는 일을 이 늙은 종에게 맡겼습니다. 그 명령을 받은 후에 이 늙은 종이 어떻게 행하는지를 보면 왜 아브라함이 그를 그렇게 신뢰하였는지가 밝히 드러납니다.

먼저 이 늙은 종은 받은 명령에 불평하지 않았습니다. 아브라함이 머물고 있던 헤브론에서부터 이삭의 아내가 될 사람을 찾기 위해 갔던 나홀성까지의 거리는 약700km 정도입니다. 낙타 열 필에 짐을 가득 싣고서 가려면 약 한 달 정도는 족히 걸릴 만한 거리였습니다. 그는 이미 나이가 많아서 늙었는데도 이 먼 거리를 불평 없이 갔습니다.

게다가 이 종에게는 그 주인의 온갖 좋은 소유가 있었습니다. 그러나 이 늙은 종은 다른 마음을 먹지 않았습니다. 주인의 것을 자신의 것으로 여기지 않았습니다. 그가 가지고 있는 좋은 것이 어디까지나 자기 주인의 것이라는 것을 알았습니다.

마지막으로 가장 중요한 것은 그가 기도하는 사람이었다는 사실입니다. 그것도 그냥 기도하는 것이 아니라 기도를 가장 최우선으로 생각하는 사람이었습니다. 24장 12절을 보면 700km나 되는 먼 거리를 달려온 늙은 종이 잠시 쉬지도 않고 곧바로 기도하는 장면을 볼 수 있습니다. 그 힘든 상황에서 쉴 곳을 먼저 찾지 않고 자기 주인에게 받은 사명을 위하여 기도하는 이 늙은 종의 모습이 우리 주님께서 찾으시는 종의 모습이 아닐까요?

우리도 이 늙은 종과 같이 주님께서 주신 말씀에 순종하기를 불평하지 않고, 딴마음 먹지 않고, 기도하며 사명을 감당하기를 소원합니다. 주님께서 기뻐하시고 인정할 만한 주의 종이 되어서 주님께서 그 집의 모든 소유를 맡기실 만한 천국의 청지기가 되기를 간절히 축복합니다.

나눔 1 주님께서 기뻐하시는 일을 행하는 데 있어서 불평하거나 어려웠던 점이 있다면 나누어 보세요.

나눔 2 주님께서 기뻐하실 만한 종이 되기 위한 결단을 나누어 보세요.

예수님을 바라보는 우리 가정 기도 :

말씀 창세기 26:28-29 그들이 이르되 여호와께서 너와 함께 계심을 우리가 분명히 보았으므로 우리의 사이 곧 우리와 너 사이에 맹세하여 너와 계약을 맺으리라 말하였노라 너는 우리를 해하지 말라 이는 우리가 너를 범하지 아니하고 선한 일만 네게 행하여 네가 평안히 가게 하였음이니라 이제 너는 여호와께 복을 받은 자니라

재물보다 중요한 평안의 복

여러분이 생각하는 복 받은 삶이라는 것은 무엇입니까? 많은 사람은 재산이 많고 건강하고 가정에 특별한 문제가 없는 것을 복 받은 것으로 생각합니다. 물론 완전히 틀린 말은 아닙니다. 그러나 그보다 훨씬 높은 차원의 복이 있습니다. 그것은 바로 평안의 복입니다.

하나님께서는 이삭에게 나타나셔서 "애굽으로 내려가지 말고 내가 네게 지시하는 땅에 거주하라"(창 26:2)라고 말씀하십니다.

아마도 이삭은 가나안 땅에 흉년이 들자 그의 아버지와 같이 흉년을 피하고자 애굽으로 향하던 길이었던 것 같습니다. 그렇게 길을 가던 중에 '그랄'이라고 하는 블레셋 땅을 지날 때 하나님께서 그의 꿈에 나타나셔서 애굽으로 향하던 길을 돌려서 원래 그가 살던 그 가나안 땅으로 돌아가라고 말씀하신 것입니다. 그런데 이삭은 하나님의 그 말씀을 듣고도 가나안으로 돌아가지 않고 그랄 땅에 머물렀습니다.

이삭은 그랄 땅에서 농사를 지어 백배의 결실을 얻었고 창대하여 거부가 되었습니다. 성경은 그가 거부가 될 수 있었던 이유를 "여호와께서 복을 주셨기 때문"이라고 분명하게 밝히고 있습니다(창 26:12).

그런데 이렇게 복을 받아서 거부가 된 이삭은 행복했을까요? 블레셋 사람들에게 시기를 받고 쫓겨 다니면서 가는 곳마다 그랄 목자들과 다투며 살아야 했던 그 상황이 재물이 많았기 때문에 아무렇지도 않았을까요?

그렇지 않았을 것입니다. 재물은 많았지만, 그의 마음은 계속 불편했습니다. 그래서 이삭은 계속해서 다툼없이 평안하게 살 수 있는 곳을 찾아서 이동했던 것입니다.

결국 그 평안을 어디에서 찾을 수 있었습니까? '브엘세바'였습니다. 하나님께서 아브라함에게 약속하신 약속의 땅에 속한 브엘세바에 이르게 되니 드디어 다툼이 없고 평안을 누릴 수 있게 되었습니다. 그동안 자신을 괴롭히던 그 백성들의 왕이 찾아와서 평화협정을 제안합니다.

그 많은 돈으로도 살 수 없었던 평안함이 하나님께서 약속하신 그 땅에 들어가자마자 그의 삶 가운데 주어졌습니다.

이처럼 평안의 복은 오직 우리 주님만이 주실 수 있는 것입니다. 주님의 약속 안에 머무를 때, 곧 주님의 약속의 말씀 안에서 살아갈 때 우리가 진정한 평안을 누릴 수 있습니다. 이 사실을 기억하시고 가장 큰 복인 평안을 누리며 주의 말씀 안에서 살아가는 우리 가정이 되기를 간절히 축복합니다.

나눔 1 내가 가장 받고 싶은 복은 무엇인지 나누어 보세요.

나눔 2 하나님께서는 왜 이삭이 가나안 땅으로 돌아가지 않고 그랄 땅에 머물고 있었는데도 백배의 결실을 맺고 거부가 될 수 있도록 복을 주셨을까요?

예수님을 바라보는 우리 가정 기도 :

말씀 창세기 29:35 그가 또 임신하여 아들을 낳고 이르되 내가 이제는 여호와를 찬송하리로다 하고 이로 말미암아 그가 그의 이름을 유다라 하였고 그의 출산이 멈추었더라

잘못된 사랑에 목매지 마세요

레아는 참 불쌍한 여인입니다. 그의 동생 라헬이 곱고 아리따웠던 반면에 레아는 외모적으로는 볼품없는 사람이었습니다. "시력이 약하고"라는 말은 눈으로 볼 때 강점이 없다는 의미이기 때문입니다(창 29:17). 외적으로 보이는 요소에서 매력적인 것이 하나도 없었던 사람이 레아라는 사람이었습니다.

그녀의 아버지 라반은 그런 레아가 항상 염려되었습니다. '저래서 시집이나 잘 갈 수 있을까?'를 염려하던 아픈 손가락 같은 딸이 레아였습니다. 그래서 라반은 작은딸 라헬을 아내로 달라던 야곱에게 몰래 레아를 들여보냈습니다.

그런 아버지의 명령에 레아는 왜 순종했을까요? 그녀 역시 야곱을 사모했기 때문입니다. 그런데 야곱은 라헬을 더 좋아했기 때문에 "그렇게 해서라도 야곱의 아내가 되면 그가 나를 사랑해주지 않을까?"라는 생각으로 아버지의 말을 따라 몰래 야곱에게 들어갔던 것입니다.

레아는 너무나 사랑받고 싶었습니다. 자신도 라헬 못지않게 야곱을 사모하는데 라헬만을 사랑하는 야곱이 너무나 미웠을 것입니다. 그래서 레아는 날마다 '이렇게 하면 야곱이 나를 사랑할까? 저렇게 하면 야곱이 나를 더 사랑할까?'를 생각하며 살았습니다.

하나님께서는 그런 레아를 불쌍히 여기셔서 그의 태의 문을 여시고 아들들을 낳게 하셨습니다. 하나님께서 레아에게 아들들을 낳게 하신 이유가 무엇이었을까요? 아들들을 낳음으로 야곱이 그녀를 더 사랑하게 하시기 위함이었을까요?

아닙니다. 레아가 아무리 아들들을 많이 낳아도 야곱은 여전히 레아보다 라헬을 사랑했습니다. 하나님이 아들들을 계속 주신 이유는 아들을 낳으면 야곱이 자신을 사랑해 줄 것이라는 헛된 기대를 버리게 하시기 위함이었습니다. 그리고 더욱 참된 사랑을 발견하기를 바라셨기 때문입니다.

레아는 아들을 많이 낳는다고 해서 야곱이 라헬보다 자신을 더 사랑해주지 않는다는 사실을 유다를 낳고서 깨닫게 되었습니다. 그리고 야곱을 향하던 그 사랑을 돌려서 정말로 사랑해야 할 존재가 따로 있음을 레아는 알게 되었습니다.

그 존재가 누구입니까? 자기를 사랑하셔서 아들을 낳게 하시고 잘못된 사랑을 깨닫게 하신 여호와 하나님이십니다. 그래서 유다를 낳고 나서 레아는 고백합니다. "내가 이제는 여호와를 찬송하리로다"(창 29:35)

우리가 진정으로 사랑해야 할 분은 우리 하나님이십니다. 그분을 우선적으로 사랑할 때 우리의 마음이 가난해지지 않을 수 있습니다. 잘못된 것들을 사랑하지 않고 우리 하나님을 향한 온전한 사랑을 가지고 살아가기를 소원합니다. 그리하여서 잘못된 사랑에 목마르지 않고 우리 하나님의 사랑으로 만족함을 얻기를 간절히 축복합니다.

나눔 1 내가 얻으려고 애썼던 것들은 무엇이 있나요?

나눔 2 실제로 내가 사랑하는 것들(존재들)을 써보고 순위를 정해 보세요.

예수님을 바라보는 우리 가정 기도 :

오늘성경통독 창세기 32장 ☐ 33장 ☐ 34장 ☐
오늘가정예배 찬송 361장 기도하는 이 시간

Date / /

말씀 창세기 32:11-12 내가 주께 간구하오니 내 형의 손에서, 에서의 손에서 나를 건져내시옵소서 내가 그를 두려워함은 그가 와서 나와 내 처자들을 칠까 겁이 나기 때문이니이다 주께서 말씀하시기를 내가 반드시 네게 은혜를 베풀어 네 씨로 바다의 셀 수 없는 모래와 같이 많게 하리라 하셨나이다

무엇을 두려워하고 있습니까?

믿음의 반대말은 '두려움'입니다. 요한일서 4장 18절은 "사랑 안에 두려움이 없고 온전한 사랑이 두려움을 내쫓나니 두려움에는 형벌이 있음이라 두려워하는 자는 사랑 안에서 온전히 이루지 못하였느니라"라고 말하면서 우리 주님과 온전한 사랑의 관계를 이룬 사람은 두려워하지 않는다고 말합니다.

우리가 정말 하나님을 사랑한다면 우리 안에 두려움이 물러갑니다. 온전한 사랑이 두려움을 내쫓기 때문입니다. 그래서 다윗도 시편 23편에서 "내가 사망의 음침한 골짜기로 다닐지라도 해를 두려워하지 않을 것은 주께서 나와 함께 하심이라"라고 고백할 수 있었던 것입니다.

여러분은 무엇을 두려워하십니까? 그리고 그것들을 두려워하는 이유가 무엇입니까? 대부분 사람이 무엇인가를 두려워하는 이유는 그것을 내가 통제할 수 없기 때문입니다. 내 생각, 내 마음, 내 계획대로 통제할 수 없는 상황을 만날 때 사람은 두려움을 느낍니다.

우리가 믿음을 가지면 두려움이 물러가는 이유는 그 모든 것들을 통제하시는 통제권이 우리 주님께 있다는 것을 깨닫기 때문입니다. 우리 주님께서는 온 세상의 왕이십니다. 모든 것이 주님의 권세 아래 있습니다. 그러니 주님께서 통제하시지 못할 것은 아무것도 없습니다. 주님께서는 풍랑을 잠잠하게 하시는 분이시고 죽은 자도 살리시는 분이십니다. 그분의 말 한마디면 만물이 그분께 순종합니다. 그러니 우리가 그런 주님을 우리 안에 모시고 있다면 두려워할 이유가 없는 것입니다.

하지만 야곱은 하나님의 약속의 말씀을 듣고서도 여전히 두려워했습니다. 눈앞에 닥쳐오는 형, 에서의 공격을 통제할 능력이 자신에게는 없었기 때문입니다. 그런 그에게 필요한 것은 브니엘에서의 시간이었습니다. 밤이 새도록 하나님과 씨름하는 그 시간, 허벅지 관절이 어긋나기까지 하나님 앞에서 기도하는 그 시간을 통과해야만 했습니다.

그 시간의 끝에서, 하나님께 분명한 축복의 말씀을 듣고 그 약속을 확신하게 되는 순간이 그에게는 필요했습니다. 그 시간을 통과하고 나니까 그렇게 두려워했던 형, 에서 앞에 자기 혼자서 달려 나갈 수 있을 만큼 두려움을 물리칠 수 있었던 것입니다(창 33:3).

우리는 무엇을 두려워하고 있습니까? 예수님을 믿는다고 하면서 여전히 세상의 것들이 두려운 마음이 있다면 '브니엘의 시간'으로 나아가기를 축복합니다. 하나님을 붙잡고 믿음의 확신을 달라고 밤이 새도록 기도하는 그 시간, "허벅지 관절이 어긋나더라도 오늘 주님께서 나에게 믿음의 확신을 주시기까지 주님을 절대로 놓지 않겠습니다!"라고 전심으로 매달리는 그 시간을 통과해서 온 세상의 주권자 되시는 주님을 모신 사람답게 믿음으로 담대하게 뛰어나가 모든 두려움을 물리치시기를 간절히 축복합니다.

나눔 1 내가 두려워했던 것은 무엇이 있나요?

나눔 2 마태복음 28장 18–20절을 읽고 우리 안에 있는 두려움을 어떻게 극복할 수 있을지 나누어 보세요.

예수님을 바라보는 우리 가정 기도 :

말씀 창세기 35:9-10 야곱이 밧단아람에서 돌아오매 하나님이 다시 야곱에게 나타나사 그에게 복을 주시고 하나님이 그에게 이르시되 네 이름이 야곱이지마는 네 이름을 다시는 야곱이라 부르지 않겠고 이스라엘이 네 이름이 되리라 하시고 그가 그의 이름을 이스라엘이라 부르시고

축복의 자리에 머무르자

구약성경이 우리에게 계속해서 강조하는 것은 하나님께서 축복을 주시는 자리가 따로 있다는 사실입니다.

하나님께서는 야곱에게 복을 주시겠다고 이미 오래전에 약속하셨습니다. 형 에서를 피해서 하란으로 떠날 때, 하나님께서는 그를 만나주셨고 그를 지키며 떠나지 아니하겠다고 약속하셨습니다(창 28:15). 또 브니엘에서는 야곱과 씨름하며 그의 이름을 다시는 야곱이라 부를 것이 아니요 이스라엘이라 부를 것이라고 약속하셨습니다(창 32:28).

그런데 하나님께서 약속하신 축복이 야곱에게 이루어지지 않았습니다. 심지어 그의 딸 디나는 세겜에서 강간을 당하고 그의 아들들은 세겜 땅의 수많은 남자를 죽인 살인자들이 됩니다. 또 하나님의 사자가 그의 이름을 이스라엘이라고 부를 것이라 약속하였지만 이후로도 그의 이름은 여전히 야곱으로 기록되고 있습니다. 왜 야곱에게 약속하신 그 많은 축복이 이루어지지 않는 것일까요?

그가 축복의 자리에 있지 않았기 때문입니다. 벧엘에서 하나님께서 그에게 하셨던 약속을 자세히 볼까요? "내가 너와 함께 있어 네가 어디로 가든지 너를 지키며 너를 이끌어 이 땅으로 돌아오게 할지라 내가 네게 허락한 것을 다 이루기까지 너를 떠나지 아니하리라 하신지라."

하나님께서 말씀하신 '이 땅'이 어디입니까? 그 말씀을 하고 계시는 자리, 즉 벧엘입니다. 그런데 야곱이 벧엘로 돌아오지를 않았던 것입니다. 그가 벧엘로 돌아가지 않고 세겜에 머무르고 있으니 하나님의 약속이 이루어지지 않은 것입니다.

결국 야곱은 그 세겜 땅에서 모진 일들을 당하고 나서야 벧엘로 돌아옵니다. 그 장면을 "야곱이 밧단아람에서 돌아오매 하나님이 다시 야곱에게 나타나사 그에게 복을 주시고"라고 기록하고 있습니다(창 35:9).

밧단아람은 그의 외삼촌 라반의 집이 있던 곳이었습니다. 하나님께서는 야곱이 벧엘로 돌아오기 전까지는 진짜로 돌아온 게 아니라고 말씀하고 계시는 것입니다. 밧단아람을 떠났다고 할지라도 벧엘이 아니라 세겜이나 다른 곳에 머무는 것은 진짜 돌아온 게 아니라는 것입니다. 벧엘로, 약속의 자리로 돌아와야만 한다는 것입니다. 그렇게 야곱이 벧엘로 돌아오자 드디어 그동안 그에게 약속하셨던 모든 복을 내려주시기 시작하십니다. 그의 이름도 이스라엘이라고 부르기 시작하십니다(창 35:10).

약속의 자리로 돌아가야 합니다. 하나님께서 우리에게 복을 주시는, 복 받을 만한 자리는 따로 있습니다. 그 자리를 찾아 머물 때 하나님의 약속이 우리의 약속이 될 수 있다는 사실을 기억하고 날마다 약속의 자리에 머무는 우리 가정이 되기를 간절히 소원합니다.

나눔 1 하나님께서 우리 가정에게 주시기를 원하는 축복은 무엇이 있을까요?

나눔 2 하나님께서 우리 가정에게 축복을 약속하신 약속의 자리는 어디일까요?

예수님을 바라보는 우리 가정 기도 :

오늘성경통독 창세기 38장 ☐ 39장 ☐ 40장 ☐ 41장 ☐
오늘가정예배 찬송 325장 예수가 함께 계시니

Date / /

말씀 창세기 39:23 간수장은 그의 손에 맡긴 것을 무엇이든지 살펴보지 아니하였으니 이는 여호와께서 요셉과 함께 하심이라 여호와께서 그를 범사에 형통하게 하셨더라

믿음으로 돌진하는 인생

오늘 말씀에서 "형통하게 하셨더라"라고 번역된 단어의 원어는 '찰라흐'라는 단어입니다. 이 단어는 "앞으로 돌진하다"라는 뜻을 가지고 있습니다. 그러니까 성경이 말하는 형통은 모든 일이 잘되는 것을 가리키는 것보다 앞으로 돌진하는 것을 가리키는 말입니다. 그런데 그냥 돌진하는 것이 아닙니다. 믿음을 가지고 돌진하는 것을 성경은 '형통'이라고 말하고 있습니다.

여러분은 요셉의 인생이 형통한 인생처럼 보이십니까? 형들에게 죽을 위협을 당하다가 종으로 팔리고, 종으로 열심히 일하다가 누명을 쓰고 감옥에 갇히고, 감옥에서 관원장들의 꿈을 해석해 주었으나 잊혀진 요셉의 인생이 우리말이 의미하는 '형통'의 의미와 어울린다고 생각하십니까? 전혀 아닙니다. 그런 측면에서 보자면 요셉의 인생은 형통의 인생이 아니라 쪽박의 인생입니다. 그런데 성경은 계속해서 그의 인생이 "형통했다"라고 기록하고 있습니다(창 39:2-3, 23).

창세기 39장에는 진정한 형통이 무엇인지를 분명하게 보여주는 장면이 기록되어 있습니다. 어느 날 요셉이 일을 하기 위해 그의 주인의 집에 들어갔는데 그 주인의 아내가 요셉을 유혹합니다. 그러자 요셉이 어떻게 합니까? "그 여인이 그의 옷을 잡고 이르되 나와 동침하자 그러나 요셉이 자기의 옷을 그 여인의 손에 버려두고 밖으로 나가매"(창 39:12)

여러분, 이것이 바로 요셉의 인생이 형통한 인생이라고 기록된 이유입니다. 믿음으로 돌진한 것입니다. 그가 벗어버리고 나간 그 옷은 그냥 옷이 아닙니다. 보디발 집의 가정 총무로서의 직위의 옷입니다. 보디발의 아내와 잘 지내서 편안하게 살아보자는 욕망의 옷입니다.

또 그렇게 벗어버리고 나가면 억울한 누명의 증거가 될 것이 뻔한 것이 바로 요셉이 벗어버리고 나간 옷입니다. 그럼에도 불구하고 요셉은 그의 옷을 여인의 손에 버려두고 밖으로 나갔습니다.

결국 요셉이 벗어두고 나온 그 옷으로 인하여 그는 누명을 쓰고 왕의 죄수들을 가두는 감옥에 갇히게 되었습니다. 그런데 그런 요셉을 향하여 성경은 여호와께서 그를 범사에 형통하게 하셨다고 기록하고 있습니다(창 39:23).

보디발의 집에서도, 왕의 죄수들을 가두는 감옥 안에서도 요셉이 믿음으로 돌진하는 인생을 살도록 그를 도우셨다는 것입니다. 믿음에 어긋나는 것은 하지 않고, 믿음에 합당한 것이라면 죽어도 하는 삶을 살게 하셨다는 것입니다.

그렇게 요셉이 믿음으로 돌진하는 삶을 살았기에 하나님께서는 그를 애굽의 총리대신이라는 자리에 앉히시고 그를 통하여 이스라엘 민족을 살려내시고 대민족으로 성장시키십니다.

우리 가정도 형통하기를 소원합니다. 세상 가운데 믿음으로 돌진하기를 소원합니다. 욕심의 옷, 성공의 옷을 믿음 때문에 벗어버릴 수 있는 형통의 믿음이 우리에게도 있기를 간절히 소원합니다.

나눔 1 내가 벗어버리지 못하는 옷이 있다면 무엇이 있을까요?

나눔 2 그동안 내가 생각했던 '형통'은 무엇이었는지 나누고 진정한 형통을 위해 결단해야 할 것들을 나누어 보세요.

예수님을 바라보는 우리 가정 기도 :

말씀 창세기 42:9-10 요셉이 그들에게 대하여 꾼 꿈을 생각하고 그들에게 이르되 너희는 정탐꾼들이라 이 나라의 틈을 엿보려고 왔느니라 그들이 그에게 이르되 내 주여 아니니이다 당신의 종들은 곡물을 사러 왔나이다

하나님이 주시는 꿈

하나님께서 주시는 꿈이 가지는 특징이 몇 가지 있습니다. 첫 번째 특징은 절대로 잊혀지지 않는다는 것입니다. 보통 사람들은 잠을 자는 사이에 많은 꿈을 꿉니다. 그러나 잠에서 깨고 나면 대부분의 꿈은 기억조차 나지 않게 됩니다. 그런데 하나님께서 주시는 꿈은 너무나 선명하게 기억이 난다는 특징이 있습니다.

요셉은 창세기 37장에서 두 번의 꿈을 꾼 지 20여 년이 지난 어느 날, 그 꿈이 현실이 되는 순간이 찾아왔습니다. 자기 눈앞에 찾아와 절하는 형들을 보는 순간 요셉의 머릿속에 그때의 꿈이 다시 떠올려졌습니다. 하나님께서 주시는 꿈이기에 잊혀지지가 않은 것입니다.

하나님이 주시는 꿈은 잊혀지지 않습니다. 아무리 바빠도, 아무리 힘들어도 선명하게 내 마음을 차지하고 있습니다. 다른 꿈을 품으려고 해도 도저히 하나님께서 주시는 꿈이 잊혀지지 않아서 달아날 수가 없게 되는 것, 그것이 하나님께서 주시는 꿈이 가지는 특징입니다.

하나님께서 주시는 꿈의 두 번째 특징은 그 꿈이 반드시 이루어진다는 사실입니다. 하나님께서 주시는 꿈은 하나님께서 하시려는 일을 우리에게 보이시는 것입니다. 그 말의 의미는 그 꿈을 이루는 주체가 우리가 아니라 하나님이시라는 것입니다. 하나님께서 하시려고 하는 일을 우리에게 보이시고 그 일을 하나님께서 우리를 통해서 이루십니다. 우리가 하나님의 뜻에 순종하기만 하면 하나님께서는 반드시 그 꿈을 이루십니다. 그것은 보장된 일입니다.

요셉은 형통한 삶을 살았던 사람이었습니다. 세상이 말하는 형통이 아니라 성경이 말하는 형통, 곧 믿음으로 돌진하는 인생을 살았던 사람이었습니다. 그러니 그에게 주신 하나님의 꿈이 이루어지는 것은 당연한 일이었습니다.

하나님께서 주시는 꿈의 세 번째 특징은 우리의 생각보다 훨씬 더 큰 일을 이루신다는 것입니다. 요셉이 처음 꿈을 꿨을 때는 형들이 자기에게 절을 하는 모습으로만 그 꿈을 기억했을 것입니다.

그런데 막상 그 꿈이 현실이 되고 나서 보니 그 꿈은 그가 생각했던 것보다 훨씬 더 큰 일에 대해서 알려주시는 것이었습니다. 그 꿈은 단순히 형들에게 절을 받는 것이 아니라 그 형들과 그 가족들과 아버지에 이르기까지 모든 형제와 그 가족들의 생명을 살리는 꿈이었고 이스라엘을 한 가족 집단에서 한 나라로 성장시키는 데 중요한 역할을 감당하는 꿈이었습니다.

어떤 꿈을 품고 사느냐가 참 중요합니다. 하나님께서는 하나님께서 주신 꿈을 품고 사는 사람을 통하여 하나님의 일들을 이루십니다. 우리의 생각보다 더 크고 놀라운 일들을 하나님의 꿈을 품고 사는 사람들을 통하여 행하십니다. 여러분의 마음속에는 어떤 하나님의 꿈이 품어져 있습니까?

나눔 1 내가 꿈꿔왔던 꿈은 무엇이 있나요? (나의 꿈은 무엇인가요?)

나눔 2 혹시 하나님께서 계속해서 내 마음속에 생각나게 하시는 하나님의 꿈이 있다면 나누어 보세요.

예수님을 바라보는 우리 가정 기도 :

말씀 창세기 45:7-8 하나님이 큰 구원으로 당신들의 생명을 보존하고 당신들의 후손을 세상에 두시려고 나를 당신들보다 먼저 보내셨나니 그런즉 나를 이리로 보낸 이는 당신들이 아니요 하나님이시라 하나님이 나를 바로에게 아버지로 삼으시고 그 온 집의 주로 삼으시며 애굽 온 땅의 통치자로 삼으셨나이다

하나님이 빚어갈 인생을 기대하라

하나님의 생각은 우리의 생각보다 크시고, 하나님의 계획은 우리의 계획보다 크십니다. 이것이 성경이 우리에게 밝히 알려주고 있는 사실입니다. 그런데 그 사실로 인하여서 우리가 겪게 되는 괴로움이 있습니다. 도대체 지금 내 삶 가운데 무슨 일이 일어나고 있는 것인지 도통 모르겠다는 것입니다.

요셉도 분명히 그랬을 것입니다. 그보다 더 힘든 일을 경험한 사람이 어디 있을까요? 요셉은 분명히 하나님을 믿는 믿음을 가지고 돌진하는 형통한 사람이었다고 성경이 계속해서 말하고 있음에도 불구하고 그의 인생은 구덩이에 빠지고, 종으로 팔리고, 누명을 쓰고 감옥에 갇히는 어려움의 연속이었습니다.

형제들에 의해서 버림을 받은 그 마음의 상처를 누가 알 수 있겠습니까? 그러니 요셉도 마음속으로 "하나님, 도대체 저에게 왜 이런 시련을 주시는 겁니까? 제가 무엇을 잘못했습니까?"라고 그 마음의 어려움을 토로할 때가 있었을 것입니다.

그런데 그 모든 어려움의 이유가 깨달아지는 순간이 왔습니다. 내 생각과 내 마음으로는 이해할 수 없는 하나님의 크신 계획과 뜻이 밝히 드러나는 순간을 맞이하게 되었습니다. 그 순간이 되고 보니 자신의 삶 가운데 있었던 그 모든 어려움과 억울함이 풀리고 하나님의 놀라운 계획을 알고 감사하게 되었습니다.

우리에게도 그런 순간이 올 것입니다. 지금은 이해할 수 없고, 억울하고, 아픈 상황이 우리의 삶을 어렵고, 힘들게 할 수도 있지만, 그 일들이 결코 불필요한 일들이 아니었다는 것, 그러한 과정을 통하여 하나님께서 내 삶 가운데 큰 계획을 이루어가고 계셨다는 것을 분명하게 바라볼 수 있는 그날이 올 것입니다.

그날이 되면 지금의 아픔과 어려움에 대한 한숨들이 찬송과 기쁨으로 변하게 될 것입니다. 그때가 되면 내 삶에 그런 어려운 순간을 주셨음에 오히려 감사할 수 있게 될 것입니다.

우리의 삶은 완성된 것이 아닙니다. 하나님께서는 지금도 우리를 빚어가고 계십니다. 그러니 지금의 삶의 모습을 가지고 기뻐할 이유도, 슬퍼할 이유도 없습니다. 세상에서 가장 멋진 조각상이라고 할지라도 조각가가 손을 대기 전에는 돌덩어리였을 뿐이고 조각하는 중간에는 무슨 모양인지 알아볼 수 없는 흉물일 뿐입니다.

그러나 완성되고 나면 모두가 그 아름다움에 취하는 멋진 모습을 뽐내게 됩니다. 지금 우리의 삶은 아직 빚어져 가고 있는 조각상입니다. 그러니 기대하십시오. 언젠가 하나님의 조각이 끝나는 날이 되면 모두가 깜짝 놀라는 아름다운 모습으로 빚어져 있을 것입니다. 그날을 고대하며 매 순간 주님께서 이루실 일들을 기대하는 마음으로 살아가는 우리 가정이 되기를 간절히 소원합니다.

나눔 1 내 삶의 모습 중에 만족스럽지 않은 부분이 있다면 나누어 보세요.

나눔 2 하나님께서 나를 어떤 모습으로 완성시켜 주시기를 원하는지에 대해 나누어 보세요.

예수님을 바라보는 우리 가정 기도 :

오늘성경통독 창세기 48장 □ 49장 □ 50장 □
오늘가정예배 찬송 508장 우리가 지금은 나그네 되어도

Date / /

말씀 창세기 49:29 그가 그들에게 명하여 이르되 내가 내 조상들에게로 돌아가리니 나를 헷 사람 에브론의 밭에 있는 굴에 우리 선조와 함께 장사하라

주님께서 약속하신 나라

야곱은 오랜 세월 동안 그렇게 그리워했던 아들 요셉을 만났습니다. 재회한 아들과 함께 그는 애굽 땅에서 온 식구들과 함께 살게 되었습니다. 그는 애굽의 총리대신의 아버지였습니다.

당시에 애굽은 요셉의 지혜로 인하여 혹독한 흉년을 이겨내고 있었습니다. 그냥 이겨낼 뿐만 아니라 그 흉년이 오히려 기회가 되어 애굽의 왕권을 굳건하게 하고 모든 나라의 소유가 국가에 귀속되는 일들이 일어났습니다.

그 모든 일이 바로의 꿈을 해석하여 총리의 자리에 앉은 요셉 때문에 일어난 일이었습니다. 그러니 그의 아버지 야곱과 그의 형제들과 식솔들에 대한 대우가 어찌 소홀할 수가 있었겠습니까?

그런데 야곱이 요셉에게 요구하는 것이 특이합니다. 그렇게 좋은 대우를 받을 수 있는 애굽 땅을 내버려 두고 자신이 죽으면 가나안 땅의 막벨라 굴에 장사해 달라고 요셉에게 요구합니다. 그냥 애굽에서 장례를 치렀으면 더 크고 화려한 무덤에 묻힐 수도 있었을 텐데, 총리대신의 아버지로서 더 장엄한 장례를 치를 수도 있었을 텐데 야곱은 자신의 마지막 유언으로 자기를 가나안 땅에 있는 막벨라 굴에 장사해 달라고 이야기합니다.

왜 그랬을까요? 야곱은 애굽이 제아무리 화려하고 대단한 나라라고 하더라도 그 나라는 자신의 나라가 아님을 알았기 때문입니다. 그 나라에 제아무리 화려한 무덤이 세워져 그곳에 안치된다고 하더라도 그것은 그에게 전혀 복된 일이 아니었음을 그는 알았습니다.

왜냐하면 하나님께서 그에게 약속하신 땅, 약속하신 나라가 따로 있었기 때문입니다. 그래서 야곱은 죽어서라도 그 약속의 땅으로 돌아가 그곳에 묻히고 싶다고 유언을 남긴 것입니다.

우리에게도 주님께서 약속하신 나라가 있습니다. 우리가 지금은 비록 애굽 같은 이 세상에 살고 있지만 언젠가는 그 나라로 돌아가게 될 것입니다. 지금 살고 있는 이 세상이 제아무리 화려하고 풍요롭다고 하더라도 이곳은 영원한 나라가 아닙니다. 우리가 돌아가야 할 본향이 따로 있습니다.

그때 우리는 야곱처럼 아쉬움 없이 나를 약속의 땅으로 데려가 달라고 말할 수 있겠습니까? 나는 이 땅에 미련이 없고 하나님의 약속의 땅을 사모하니 그 땅에 나를 묻어달라고 고백할 수 있겠습니까?

야곱의 그 유언은 그가 이미 살 만큼 살고 죽을 때가 다 되었기 때문에 하는 고백이 아닙니다. 그의 마음속에 가나안이라는 땅이, 약속의 땅 축복의 땅임이 믿어졌기 때문에 "나를 막벨라 굴에 장사해 달라"는 유언을 남길 수 있었던 것입니다.

우리도 그런 유언을 남길 수 있기를 소원합니다. 세상의 것에 미련을 두지 않고 이 땅에 내 유산을 남기는 데 미련 갖지 않고 하나님께서 약속하신 그 나라, 그 땅을 사모하며 그곳으로 가기를 사모하며 살아가는, 야곱과 같은 믿음의 사람이 되기를 간절히 축복합니다.

나눔 1 나는 이 세상에 무엇을 남기고 싶습니까?

나눔 2 하나님께서 지금 나를 부르신다면 우리는 어떻게 반응할지 나누어 보세요.

예수님을 바라보는 우리 가정 기도 :

말씀 출애굽기 2:11-12 모세가 장성한 후에 한번은 자기 형제들에게 나가서 그들이 고되게 노동하는 것을 보더니 어떤 애굽 사람이 한 히브리 사람 곧 자기 형제를 치는 것을 본지라 좌우를 살펴 사람이 없음을 보고 그 애굽 사람을 쳐 죽여 모래 속에 감추니라

우리를 바라보는 주님의 눈

어느 날 모세가 자기 동족인 히브리인들이 고된 노동에 시달리는 모습을 보게 되었습니다. 자신은 애굽의 왕자여서 고된 노동을 하지 않아도 되었지만 자기의 동족들은 여전히 바로의 지휘 아래 끔찍한 중노동에 시달리고 있었습니다.

그 모습을 바라보며 모세는 마음이 아팠습니다. 그러던 차에 한 애굽 사람이 자기 민족인 히브리사람을 때리는 것을 보게 되었습니다. 순간 모세의 마음속에서 분노가 불 일 듯이 일어났습니다. 그때 그가 했던 행동이 무엇이었습니까?

좌우를 살펴 사람이 없음을 보는 것이 그가 취했던 첫 번째 행동이었습니다. 이런 행동을 취하는 사람의 다음 행동은 이미 정해져 있는 것이나 다름없습니다. 보는 사람이 있으면 참을 것이고 보는 사람이 없으면 어떤 식으로든 분노를 분출할 것입니다.

그는 이미 그렇게 할 생각으로 누가 보는 사람이 없는지 좌우를 살펴보고 있는 것입니다. 그러니까 좌우를 살펴본다는 것은 그 자체로 이미 죄를 지을 마음을 먹었다는 것을 드러내는 것입니다. 죄를 지을 생각이 없는 사람은 누가 보는지 보지 않는지 살펴볼 필요가 없기 때문입니다.

도둑도 도둑질하기 전에 보는 사람이 있는지 없는지 확인합니다. 뺑소니범도 도망치기 전에 목격자가 있는지 없는지 살펴봅니다. 그러니 죄라는 것은 항상 좌우를 살펴보는 것에서부터 시작됩니다.

우리도 좌우를 살펴볼 때가 있지 않습니까? 하나님께서 기뻐하시지 않는 일들을 행할 때 혹시 누가 그 사실을 알까 봐 염려하는 마음이 우리 가운데 일어나지 않습니까? 우리가 정말 죄를 이기고 싶다면 좌우를 살피려고 하는 마음이 일어나는 순간 이미 죄가 내 안에 들어왔다는 사실을 기억하고 속히 깨어나야 합니다.

사실 좌우를 살펴본다는 것 자체가 이미 그 눈이 죄로 인해 가려졌다는 것을 의미합니다. 그렇지 않다면 좌우를 돌아보지 않습니다. 우리의 눈이 열려 있다면 좌우를 살펴보지 않아도 항상 우리를 바라보고 계시는 분이 있다는 사실을 분명하게 바라볼 수 있기 때문입니다.

모세는 마음속의 분노로 인하여 그 눈이 가려졌습니다. 그래서 그를 보고 있는 눈이 있다는 사실을 깨닫지 못하고 살인을 저질렀습니다. 분명히 보는 사람이 없다고 생각했는데 본 사람이 있는 것입니다. 결국 모세의 죄는 온 나라에 소문이 났고 바로 왕의 귀에까지 들어가게 되었습니다. 모세는 자신을 죽이려는 바로에게서 도망쳐 광야로 들어갈 수밖에 없게 되었습니다.

우리의 눈이 항상 열려 있기를 소원합니다. 죄로 인하여 눈이 가려져 밤이나 낮이나 우리를 바라보고 계시는 주님의 눈이 있다는 사실을 잊어버리지 않고 항상 우리를 주목하시는 주님 앞에서 부끄럽지 않은 모습으로 살아가는 우리 가정이 되기를 간절히 축복합니다.

나눔 1 나는 언제 주위를 살펴보았나요? 주위 사람과 상황을 살폈던 적이 있다면 어떤 상황이었는지 나누어 보세요.

나눔 2 주님께서 항상 나를 바라보고 계신다는 것이 나에게는 기쁜 일인가요? 부담스러운 일인가요?

예수님을 바라보는 우리 가정 기도 :

오늘성경통독 **출애굽기 5장☐ 6장☐ 7장☐ 8장☐**
오늘가정예배 **찬송 406장 곤한 내 영혼 편히 쉴 곳과** Date / /

말씀 출애굽기 5:2 바로가 이르되 여호와가 누구이기에 내가 그의 목소리를 듣고 이스라엘을 보내겠느냐 나는 여호와를 알지 못하니 이스라엘을 보내지 아니하리라

세상이 우리를 질투하는 이유

이 땅에서 믿음을 지키며 산다는 것이 쉽지 않게 여겨지는 이유는 이 땅의 권세 잡은 자의 거센 방해가 있기 때문입니다. 성경에서 애굽은 이 세상의 표본입니다.

애굽에는 나일강이라는 커다란 강이 있었기에 항상 풍족했습니다. 하늘에서 비가 내리지 않아도 염려가 없었습니다. 하늘의 은혜를 바라지 않고 사는 나라, 하나님의 도우심이 없어도 잘 먹고 잘살 수 있다고 믿는 나라. 그 나라가 바로 애굽이며 이 세상의 표본입니다.

반면에 이스라엘은 애굽, 세상으로부터 탈출을 꿈꾸는 사람들입니다. 나일강이 있는 애굽, 그 풍요로운 땅을 떠나 황량한 광야로 나가겠다고 선언하는 사람들이 이스라엘 사람들입니다. 광야는 어떤 곳입니까? 하나님의 도우심이 없으면 단 하루도 살 수 없는 곳, 하나님께서 지키시지 않고 먹이시지 않으면 사는 것 자체가 불가능한 땅이 광야입니다.

그런데 이상한 것은 그렇게 풍요로운 땅에서 황량한 광야로 나가겠다는데 방해하는 세력이 있다는 것입니다. 애굽은 이스라엘이 광야로 나가지 못하도록 방해합니다. 이 세상은 그리스도인들이 믿음으로 살기를 방해합니다. 왜 그렇게 방해할까요? 진짜 좋은 것은 하나님으로부터 온다는 것을 세상도, 세상의 권세 잡은 자도 알기 때문입니다.

정말 좋은 것은 세상의 것이 아니라 하나님으로부터 오는 것입니다. 세상의 먹을 것보다 하나님으로부터 오는 만나가 더 좋은 것입니다. 세상의 즐거움보다 하나님으로부터 오는 은혜가 더 좋은 것입니다.

그러니 방해하는 것입니다. 그 좋은 것을 맛보지 못하고 누리지 못하도록 세상이 믿는 자들을 잡아끄는 것입니다. 그들이 그렇게 하는 이유를 오늘 말씀에서 바로가 말하고 있습니다. "여호와가 누구이기에 내가 그의 목소리를 듣고 이스라엘을 보내겠느냐 나는 여호와를 알지 못하니 이스라엘을 보내지 아니하리라."

세상이 믿는 자들을 박해하고 방해하는 이유는 그들이 여호와를 알지 못하기 때문입니다. 여기서 여호와를 알지 못한다고 할 때 '알지'라고 번역된 단어는 히브리어 '야다'입니다. 그들이 여호와를 알지 못하는 것은 지식적으로 알지 못하는 것이 아닙니다. 그들이 여호와 하나님과의 관계가 끊어졌다는 의미입니다. 하나님과의 관계가 끊어진 마귀가 하나님과의 관계가 맺어져 있는 그리스도인들을 시기하고 질투하여 하나님께로 나아가지 못하도록 방해하고 있다는 사실이 이 말씀을 통하여 드러나고 있는 것입니다.

세상이 우리가 믿음으로 살아가는 것을 방해하는 것은 시기와 질투 때문입니다. 우리가 잘못하고 있어서가 아니고 우리가 잘못된 길을 가고 있어서가 아닙니다. 그러니 세상이 우리를 질투하면 질투할수록 우리가 잘하고 있는 것입니다. 우리가 하나님과 가까워지고 있어서 세상이 우리를 시기하고 질투하고 있다는 사실을 기억하시고 방해 가운데 더 하나님께로 가까이 나아갑시다.

나눔 1 내가 경험한 세상의 방해는 무엇이 있었는지 나누어 보세요.

나눔 2 세상의 방해를 물리치는 나만의 방법은 무엇입니까?

예수님을 바라보는 우리 가정 기도 :

말씀 출애굽기 9:19-21 이제 사람을 보내어 네 가축과 네 들에 있는 것을 다 모으라 사람이나 짐승이나 무릇 들에 있어서 집에 돌아오지 않는 것들에게는 우박이 그 위에 내리리니 그것들이 죽으리라 하셨다 하라 하시니라 바로의 신하 중에 여호와의 말씀을 두려워하는 자들은 그 종들과 가축을 집으로 피하여 들였으나 여호와의 말씀을 마음에 두지 아니하는 사람은 그의 종들과 가축을 들에 그대로 두었더라

하나님의 말씀은 영원합니다

예수 그리스도의 복음은 온 세상에 전해졌습니다. 이제 이 세상에 존재하는 사람 중에서 예수 그리스도의 복음을 듣지 못한 사람은 아마 거의 없을 것입니다.

그런데 들은 복음에 어떻게 반응하는지는 모두가 다릅니다. 어떤 사람은 복음을 듣고 그 사실을 믿습니다. 들은 복음을 믿음으로 말미암아 구원을 받습니다. 또 어떤 사람들은 복음을 듣고도 무시합니다. 세상에 그런 말도 안 되는 소리가 어디 있느냐고 이야기합니다.

지금은 복음에 대해서 어떻게 반응하든지 결과에 별 차이가 없어 보입니다. 복음을 듣고 믿은 사람도, 복음을 듣고 믿지 않은 사람도 모두가 똑같이 살아 숨 쉬고 먹고 마시며 살고 있습니다. 때로는 믿지 않는 사람들이 더 잘 사는 것처럼 보이는 세상입니다.

그러나 복음을 듣고 믿은 사람과 믿지 않은 사람의 결말은 분명히 다릅니다. 믿는 사람은 구원을 받을 것이고 믿지 않는 사람은 멸망에 이를 것입니다.

오늘 말씀이 바로 그 사실을 우리에게 너무나 분명히 보여주고 있습니다. 하나님께서 애굽에 우박을 내리겠다고 하신 그 말씀은 애굽 온 땅에 퍼졌을 것입니다. 바로의 신하들 중에서 여호와의 말씀을 두려워하는 자들이 우박에 대한 소식을 전했을 것입니다.

그런데 그 우박 소식을 들은 사람들의 반응이 제각각입니다. 어떤 사람들은 바로의 신하이면서도 여호와의 말씀을 두려워하여 그 종들과 가축을 집으로 피하여 들였습니다(출 9:20).

그러나 다른 사람들은 여호와의 말씀을 듣고도 마음에 두지 아니하였습니다. "이 더운 애굽 땅에 우박이라니! 무슨 말도 안 되는 소리냐!"라며 무시했습니다. 그 결과 그들은 하늘에서 내리는 불덩이가 섞인 우박을 그대로 맞을 수밖에 없었습니다.

"하나님은 사람이 아니시니 거짓말을 하지 않으시고 인생이 아니시니 후회가 없으시도다"(민 23:19)라는 말씀처럼 우리 하나님은 말씀하신 그대로 실행하시는 분이십니다. 풀은 마르고 꽃은 시드나 우리 하나님의 말씀은 영원히 설 것입니다(사 40:8).

그러니 여러분, 베드로 사도의 말씀을 기억하십시오. "그러나 주의 날이 도둑 같이 오리니 그날에는 하늘이 큰 소리로 떠나가고 물질이 뜨거운 불에 풀어지고 땅과 그중에 있는 모든 일이 드러나리로다 이 모든 것이 이렇게 풀어지리니 너희가 어떠한 사람이 되어야 마땅하냐 거룩한 행실과 경건함으로 하나님의 날이 임하기를 바라고 간절히 사모하라 그날에 하늘이 불에 타서 풀어지고 물질이 뜨거운 불에 녹아지려니와 우리는 그의 약속대로 의가 있는 곳인 새 하늘과 새 땅을 바라보도다"(벧후 3:10-13)

나눔 1 하나님의 말씀 앞에서 나는 믿음으로 반응하는 사람입니까?

나눔 2 오늘 밤에 예수님께서 오신다면 나의 삶 가운데 칭찬받을 만한 일과 책망받을 만한 일은 무엇입니까?

예수님을 바라보는 우리 가정 기도 :

오늘성경통독 출애굽기 13장 ☐ 14장 ☐ 15장 ☐ 16장 ☐

오늘가정예배 찬송 151장 만왕의 왕 내 주께서

Date / /

말씀 출애굽기 14:10-11 바로가 가까이 올 때에 이스라엘 자손이 눈을 들어 본즉 애굽 사람들이 자기들 뒤에 이른지라 이스라엘 자손이 심히 두려워하여 여호와께 부르짖고 그들이 또 모세에게 이르되 애굽에 매장지가 없어서 당신이 우리를 이끌어 내어 이 광야에서 죽게 하느냐 어찌하여 당신이 우리를 애굽에서 이끌어 내어 우리에게 이같이 하느냐

하나님의 사랑의 증표

사람의 믿음이라는 것은 정말 약하고 쉽게 흔들립니다. 우리가 연약한 인간이고 죄인이기 때문에 그렇습니다. 죄의 종노릇 하던 습성이 남아 있어서 걸핏하면 다시 죄 가운데로, 세상 가운데로 돌아가고자 하는 마음과 생각이 일어납니다.

특별히 고통을 만나게 될 때 더욱 그렇습니다. 믿는 사람도 사고를 만나게 되고, 질병을 만나게 됩니다. 그럴 때 하나님에 대한 불신의 마음이 꿈틀대고 하나님을 향한 원망의 마음들이 일어납니다. 이미 그의 삶 가운데 하나님의 사랑과 은혜의 확실한 증표를 보이셨음에도 불구하고 고통 앞에서 사람의 마음은 무기력하게 무너집니다.

오늘 말씀을 통해서 우리가 바라보게 되는 이스라엘의 모습이 바로 그런 우리의 모습을 확실하게 보여줍니다. 이스라엘 사람들은 아론과 모세와 함께 그들을 인도하시는 하나님의 인도하심을 따라 애굽을 나왔습니다. 하나님께서는 그들을 홍해의 광야길로 인도하셨습니다.

광야는 하나님의 은혜가 없이는 하루도 살 수 없는 곳입니다. 그래서 하나님께서는 광야로 나가자마자 이스라엘에게 엄청난 일을 행하십니다. 그들 앞에 불기둥과 구름 기둥을 세우신 것입니다. 그 장면을 출애굽기는 이렇게 기록합니다. "여호와께서 그들 앞에서 가시며 낮에는 구름 기둥으로 그들의 길을 인도하시고 밤에는 불기둥을 그들에게 비추사 낮이나 밤이나 진행하게 하시니 낮에는 구름 기둥, 밤에는 불기둥이 백성 앞에서 떠나지 아니하니라"(출 13:21-22).

이스라엘 백성들 앞에는 하나님의 살아계심과 인도하심을 부인할 수 없는 분명한 증표가 세워졌습니다. 불기둥과 구름 기둥이 낮이나 밤이나 그들 앞에 있었습니다. 그런데 그런 증표가 있는데도 불구하고 이스라엘은 바로의 군대가 자기들 뒤에 이른 것을 보고 심히 두려워하여 여호와께 부르짖고 모세를 원망합니다.

그러자 모세는 이스라엘을 향하여 너희는 가만히 서서 여호와께서 너희를 위하여 행하시는 구원을 보라고 말합니다. 구름 기둥과 불기둥을 통하여 이스라엘을 향한 자신의 사랑을 분명하게 나타내신 그 하나님을 믿으라는 것입니다. 너희 앞에 불기둥, 구름 기둥이 서 있으니 그것을 통하여 하나님께서 너희를 구원하실 것이라는 사실도 바라보고 믿으라는 것입니다.

우리에게도 구름 기둥과 불기둥 같은 분명한 하나님의 사랑의 증표가 있습니다. 그것이 무엇입니까? 예수 그리스도의 '십자가'입니다. 우리가 매일 마주하는 그 십자가가 우리를 향하신 하나님 아버지의 사랑과 은혜의 가장 분명하고 확실한 증표입니다. 그러니 두려울 때, 낙심될 때, 넘어질 때, 그 십자가를 바라보십시오. 그 십자가에 드러난 하나님의 사랑을 통하여 우리를 위하여 싸우시고 구원하실 하나님을 믿음의 눈으로 바라볼 수 있는 우리가 되기를 간절히 소원합니다.

나눔 1 하나님께서 나를 사랑하신다는 것을 무엇을 통해 느끼고 있나요?

나눔 2 지금 내가 경험하고 있는 어려움을 가지고 십자가를 바라보며 기도해 보세요.

예수님을 바라보는 우리 가정 기도 :

오늘성경통독 출애굽기 17장 □ 18장 □ 19장 □ 20장 □

오늘가정예배 찬송 94장 주 예수보다 더 귀한 것은 없네

Date / /

말씀 출애굽기 20:3-6 너는 나 외에는 다른 신들을 네게 두지 말라 너를 위하여 새긴 우상을 만들지 말고 또 위로 하늘에 있는 것이나 아래로 땅에 있는 것이나 땅 아래 물 속에 있는 것의 어떤 형상도 만들지 말며 그것들에게 절하지 말며 그것들을 섬기지 말라 나 네 하나님 여호와는 질투하는 하나님인즉 나를 미워하는 자의 죄를 갚되 아버지로부터 아들에게로 삼사 대까지 이르게 하거니와 나를 사랑하고 내 계명을 지키는 자에게는 천대까지 은혜를 베푸느니라

하나님께 내 사랑을 드립시다

하나님께서 우리를 사랑하시는 그 사랑의 크기는 우리의 생각으로는 가늠할 수 없습니다. 우리가 아직 죄인이었을 때에, 우리가 아직 하나님의 원수였을 때에, 그런 우리를 위하여 자기 아들을 내어주신 하나님의 사랑의 크기를 우리가 어떻게 가늠할 수 있을까요?

하나님께서 우리를 그렇게 사랑하셨고 우리가 그 사랑을 믿음으로써 하나님과 화목하게 되었습니다. 다시 말하면 하나님과 우리는 사랑으로 맺어진 관계입니다. 그러니 우리가 다른 것들을 사랑하면 질투하시는 것은 너무나 당연한 일 아니겠습니까? 아내가 남편을 너무나 사랑해서 남편을 향하여 "바람피우지 말고 나만 사랑하라!"라고 말하는 것은 너무나 정당한 일입니다. 사랑으로 맺어진 관계이기 때문에 사랑이 깨지면 관계도 깨지게 되어 있습니다.

그러니 우리가 하나님과 화목하게 된 이 관계, 사랑으로 맺어진 이 관계를 지키기를 원한다면 우리의 사랑을 먼저 지켜야 합니다. 우리를 향하신 하나님의 사랑은 변하지 않는 영원한 사랑이시기에 우리만 우리의 사랑을 지킬 수 있다면 하나님과의 사랑으로 맺어진 관계는 변함없이 계속될 수 있습니다. 그렇게 우리의 사랑을 지키기 위해서 우리가 가장 먼저 해야 할 일은 "너는 나 외에 다른 신들을 네게 두지 말라"라는 말씀을 지키는 것입니다.

우리 하나님께서는 "우상을 만들고 섬기지 말라"라고 말씀하시기 전에 "나 외에는 다른 신들을 네게 두지 말라"라고 먼저 말씀하십니다. 다른 신들을 우리 곁에 두는 순간부터 그 신들이 하나님을 향한 우리의 사랑을 빼앗아가기 때문입니다.

이 시대에 하나님 이외에 '다른 신'이 무엇이 있을까요? "돈의 신, 권력의 신, 쾌락의 신, 성공의 신" 등 수없이 많은 신들이 우리의 마음을 빼앗기 위해 호시탐탐 기회를 노리고 있습니다. 그 신들은 처음에는 아무렇지도 않게 우리에게 찾아옵니다. 그러나 그것들을 가까이하다 보면 어느샌가 그것들이 내 마음의 자리를 차지하는 '신'이 되는 것을 경험하게 됩니다.

돈이나 권력이나 쾌락과 같은 것들이 우리에게 신인지 신이 아닌지를 판가름하는 것은 그것들을 향한 우리의 사랑을 보면 알 수 있습니다. 내가 그것들을 그냥 이용하는 것이 아니라 사랑하고 있다면 그것들은 이미 나에게 있어서 '신'이 된 것입니다. 그러니 우리 마음속에 그것들을 향한 사랑의 감정이 일어나려고 할 때 우리는 담대히 그것들을 내게서 멀리 떨어뜨릴 수 있어야 합니다. 그것들을 향한 사랑의 감정을 버릴 수 없다면 차라리 그것들을 멀리하는 것이 더 유익합니다. 우리 하나님은 질투하시는 하나님이시기 때문입니다.

마음과 뜻과 힘을 다하여 하나님을 사랑하기를 소원합니다. 우리의 사랑을 남김없이 하나님께 '올인'하여서 천 대까지 은혜를 베푸시는 하나님의 은혜 안에 살아가기를 간절히 소원합니다.

나눔 1 내 안에 사랑을 빼앗아가는 '다른 신'들은 무엇이 있을까요?

나눔 2 세상의 것에 나의 사랑을 빼앗기지 않기 위해 우리가 해야 할 일은 무엇이 있을까요?

예수님을 바라보는 우리 가정 기도 :

오늘성경통독 출애굽기 21장 □ 22장 □ 23장 □ 24장 □

오늘가정예배 찬송 185장 이 기쁜 소식을 Date / /

말씀 출애굽기 23:20-21 내가 사자를 네 앞서 보내어 길에서 너를 보호하여 너를 내가 예비한 곳에 이르게 하리니 너희는 삼가 그의 목소리를 청종하고 그를 노엽게 하지 말라 그가 너희의 허물을 용서하지 아니할 것은 내 이름이 그에게 있음이니라

하나님의 사자를 노엽게 하지 마세요

오늘 말씀에서 하나님께서는 이스라엘 백성들에게 하나님의 '사자'를 보내시겠다고 말씀하십니다. '사자'라고 번역된 말라크라는 단어는 '대리자'라는 뜻입니다. 하나님께서 보내시는 하나님의 사자는 단순히 하나님의 졸병이 아니라는 것입니다. 그는 하나님의 대리자입니다. 하나님께서 하실 일을 대신 할 수 있는 모든 능력과 권세를 위임받은 존재가 하나님의 사자라고 표현된 것입니다.

우리에게도 그런 존재가 있습니다. 하나님의 모든 능력과 권세를 위임받으신 하나님의 대리자, 우리보다 앞서가시면서 우리의 길을 열어주신 우리 주 예수 그리스도께서 바로 하나님의 대리자, 하나님의 사자입니다.

우리 안에 계시는 성령님은 하나님 아버지와 그 분의 아들 예수 그리스도와 한 분이신 하나님이십니다. 그 말은 곧 우리와 함께 계시는 성령님께서 하나님의 권세와 능력을 동일하게 가지고 계시는 하나님의 대리자, 하나님의 사자라는 것입니다. 그래서 오늘 말씀에서 하나님께서는 "너희는 삼가 그의 목소리를 청종하고 그를 노엽게 하지 말라"(출 23:21)라고 말씀하시고 신약에서는 "하나님의 성령을 근심하게 하지 말라"(엡 4:30)라고 이야기합니다.

왜 하나님의 사자를 노엽게 해서도 안 되고 근심하게 해서도 안 될까요? 우리는 왜 그분의 목소리를 청종하여야 합니까? 그 이유를 오늘 말씀이 두 가지로 말하고 있습니다.

첫 번째 이유는 우리에게 오신 하나님의 사자, 성령님께서 우리를 앞서가시며 보호하시는 분이시기 때문입니다(출 23:20). 그분께서는 우리보다 앞서가시기에 우리의 앞에 놓여 있는 모든 문제를 아십니다. 그렇기에 우리에게 "이리로 가라, 저리로 가라!"라고 말씀하시는 것입니다. 그 문제들 가운데 우리를 보호하시고 최선의 길로 인도하시기 위해서 우리에게 말씀하시는 것이라는 사실을 우리가 기억해야 합니다. 우리 생각에는 옳지 않아 보여도, 내 생각과 내 뜻과는 다른 길이라고 할지라도 성령께서 우리에게 주시는 음성을 따르는 것이 우리에게 최선의 길이라는 사실을 기억하시고 성령님의 음성을 청종하기를 소원합니다.

두 번째 이유는 그분께서 우리를 하나님께서 예비하신 땅으로 인도하시는 분이시기 때문입니다(출 23:20). 성령님의 음성을 청종하면 도착할 것이고 근심하게 하면 도착하지 못할 것입니다. 하나님께서는 너무나 단순하고도 명확하게 우리의 길을 안내하실 성령님을 우리 가운데 보내주셨습니다. 우리에게 오신 하나님의 사자, 성령님의 음성을 청종하며 그분께서 인도하시는 길로 나아가는 우리 가정이 되기를 소원합니다. 그리하여서 하나님께서 예비하신 그 나라, 그 땅에 도달하여 우리 주와 함께 영원한 삶을 누리시기를 간절히 축복합니다.

나눔 1 오늘 성령님을 근심하게 했던 일이 있습니까?

나눔 2 그동안 내 삶 가운데 성령님의 인도하심을 따랐다고 할 만한 일이 있습니까?

예수님을 바라보는 우리 가정 기도 :

오늘성경통독 출애굽기 25장 □ 26장 □ 27장 □ 28장 □
오늘가정예배 찬송 190장 성령이여 강림하사 Date / /

말씀 출애굽기 25:2, 8-9 이스라엘 자손에게 명령하여 내게 예물을 가져오라 하고 기쁜 마음으로 내는 자가 내게 바치는 모든 것을 너희는 받을지니라 … 내가 그들 중에 거할 성소를 그들이 나를 위하여 짓되 무릇 내가 네게 보이는 모양대로 장막을 짓고 기구들도 그 모양을 따라 지을지니라

주님과 함께 살기를 기뻐합시다

하나님께서는 그분이 우리 가운데 거할 성소를 우리가 직접 짓기를 바라십니다. 너무나 당연한 이야기이지만 우리가 짓는 성소보다 하나님께서 지으시는 성소가 훨씬 완벽하고 아름다울 것입니다. 솔로몬이 지은 성전보다 훨씬 더 웅장하고 아름답고 완벽한 성전을 지으실 수 있는 능력이 우리 하나님에게 있습니다. 그런데도 하나님께서는 거하실 처소를 직접 짓지 않으시고 우리의 손으로 그분께서 거하실 처소를 지으라고 명령하십니다.

왜 그러시는 걸까요? 우리는 무엇인가를 바라볼 때 외형적인 것을 바라보지만 하나님은 그렇지 않으시기 때문입니다. 하나님께서는 "내가 보는 것은 사람과 같지 아니하니 사람은 외모를 보거니와 나 여호와는 중심을 보느니라"라고 말씀하셨듯 외모가 아니라 중심을 보십니다(삼상 16:7).

그러니까 하나님께서 우리에게 그분께서 거하실 성소를 지으라고 말씀하시는 것은 외적인 아름다움이 아니라 우리의 중심을 받고 싶으시다는 고백입니다. 그래서 오늘 말씀에서 하나님께서는 성소를 지을 예물을 받으라고 명령하시면서 꼭 지켜야 할 조건을 하나 거십니다. "기쁜 마음으로 내는 자가 내게 바치는 모든 것을 너희는 받을지니라"(출 25:2)라는 조건입니다. 기쁜 마음으로 내지 않는 재물은 성전을 짓는 데 사용할 수 없다는 것입니다.

사도 바울은 우리 자신이 곧 하나님의 성전이라고 말합니다(고전 3:16). 그리고 이어서 "누구든지 하나님의 성전을 더럽히면 하나님이 그 사람을 멸하시리라"(고전 3:17)라고 말합니다. 우리 자신이 곧 하나님의 성전이고, 그 성전을 더럽히는 것을 하나님께서는 끔찍이 싫어하신다는 것입니다. 그러면, 우리가 그 성전을 더럽힌다는 것이 무엇을 말하는 것일까요?

그것은 바로 내 마음을 "기쁜 마음으로" 주님께 드리지 못하는 것입니다. 성경은 "예수께서 우리를 위하여 죽으사 우리로 하여금 깨어 있든지 자든지 자기와 함께 살게 하려 하셨느니라"(살전 5:10)라고 말합니다. 예수님께서 우리와 함께 살고 싶으셔서 십자가에서 죽으셨다는 것입니다. 그런 예수님이 우리 안에 오셨는데, 우리가 그분과 함께 살기를 기뻐하지 않는다면 우리 안에 오신 예수님의 마음이 어떠시겠습니까? 그보다 더 비참하고 가슴 아픈 상황이 어디 있겠습니까? 주님을 그렇게 마음 아프시게 하면서 어떻게 우리의 삶이 아름다운 성전으로 지어질 수 있겠습니까?

여러분은 주님과 함께 살기를 기뻐하고 계십니까? 기쁜 마음이 없이는 참된 성소를 지을 수 없습니다. 우리의 마음을 주님께서 거할 만한 아름다운 성전으로 세우는 재료는 그분과 함께 살기를 기뻐하는 우리의 마음입니다. 우리가 기쁨으로 주와 함께 살기를 시작하면, 우리의 마음도, 우리의 삶도 주님께서 거하시는 아름다운 성전으로 지어져 갈 것입니다.

나눔 1 주님과 함께 사는 것이 당신에게 기쁨입니까?.
나눔 2 당신의 마음은 하나님의 성소입니까? 나의 집입니까?
예수님을 바라보는 우리 가정 기도 :

말씀 출애굽기 31:2-5 내가 유다 지파 훌의 손자요 우리의 아들인 브살렐을 지명하여 부르고 하나님의 영을 그에게 충만하게 하여 지혜와 총명과 지식과 여러 가지 재주로 정교한 일을 연구하여 금과 은과 놋으로 만들게 하며 보석을 깎아 물리며 여러 가지 기술로 나무를 새겨 만들게 하리라

편견을 버려야 합니다

위대한 신학자 성 어거스틴(St. Augustine)은 주님께 부름을 받기 전에는 방탕한 사람이었습니다. 그랬던 그가 하나님의 부르심을 받고 순종하자 그를 통해 위대한 신학적 성찰들이 쏟아져 나왔습니다. 이렇듯 하나님께 부름을 받은 사람은 이전과는 완전히 다른 삶이 되어 하나님의 일에 쓰임을 받습니다.

오늘 말씀에는 하나님의 회막에 들어갈 기구들을 만드는 일을 책임질 두 사람이 하나님의 부르심을 받는 장면이 기록되어 있습니다. 첫 번째 사람은 브살렐이고 두 번째 사람은 오홀리압이라는 사람이었습니다. 하나님께서 브살렐을 지명하셨던 것은 그에게 지혜와 총명과 지식과 여러 가지 재주가 있었기 때문입니다.

브살렐은 애굽에 있을 때 정교한 것들을 만드는 재주가 있었던 것 같습니다. 보석을 깎는 일, 나무를 조각하는 일 등으로 이름을 떨쳤던 사람이었을 것입니다. 아마도 브살렐은 애굽에서 바로의 명령에 따라서 지어지는 각종 건축물들에 조각을 새기거나 장식하는 일을 했을 것입니다. 또는 보석을 깎고 조각을 새기는 등의 기술로 애굽의 여러 우상들을 조각하고 판매하는 일을 했겠지요. 그것이 브살렐이 하나님의 부르심을 받기 이전에 살던 삶의 모습이었을 것입니다.

그런데 그런 그를 하나님께서 부르십니다. 그리고는 아주 중요한 말씀을 하십니다. "브살렐을 지명하여 부르고 하나님의 영을 그에게 충만하게 하여"(출 31:2-3)라는 말씀이 그것입니다.

우상을 조각하고 아름답게 꾸미는 일에 사용되었던 브살렐의 지혜와 총명과 지식과 여러 가지 재주가 하나님의 영을 덧입게 되는 순간입니다. 그러자 브살렐의 지혜와 총명과 재주가 완전히 다른 일에 사용되게 됩니다. 이전에는 우상을 새기고 바로왕의 건축물들을 꾸미던 그의 능력이 이제는 하나님의 회막에 놓일 여러 가지 기구들을 만들고 꾸미는 일에 쓰임받게 된 것입니다. 우상을 새기던 손이 예수 그리스도의 형상을 담은 회막의 기구들을 만드는 손이 되었습니다.

사람의 인생은 어떻게 변할지 아무도 모릅니다. 그가 가지고 있는 재주와 행했던 악한 일들도 하나님의 영을 충만하게 덧입는 순간부터는 하나님을 위한 일에 쓰임을 받습니다. 그러니 우리는 사람을 함부로 판단해서는 안 됩니다. 지금 보이는 모습, 지금 하고 있는 행동들이 하나님의 역사하심 가운데 어떻게 변할지는 하나님만 아시는 일입니다.

우상을 만들던 브살렐이 하나님의 회막을 만드는 브살렐이 되었다는 사실을 기억하고 지금 보이는 모습으로 판단하고 정죄하는 것이 아니라 그에게 성령의 충만함이 덧입혀져서 주께서 쓰시는 사람으로 변화되기를 기도하기를 간절히 소원합니다. 주의 영이 임하시면 변하지 못할 것이 없다는 믿음을 가지고 모든 사람에게 성령충만이 임하기를 날마다 기도하기를 간절히 소원합니다.

나눔 1 누군가의 행동과 모습을 보고 '저 사람은 안 돼!'라는 생각을 해본 적이 있다면 나누어 보세요.

나눔 2 하나님께 어떤 모습으로 쓰임 받고 싶은지 나누어 보세요.

예수님을 바라보는 우리 가정 기도 :

말씀 출애굽기 36:20-23 그가 또 조각목으로 성막에 세울 널판들을 만들었으니 각 판의 길이는 열 규빗, 너비는 한 규빗 반이며 각 판에 두 촉이 있어 서로 연결하게 하였으니 성막의 모든 판이 그러하며 성막을 위하여 널판을 만들었으되 남으로는 남쪽에 널판이 스무 개라

주님에게 뿌리내립시다

성막을 만드는 중요한 재료 중 하나는 조각목이라는 나무입니다. 조각목은 광야에 사는 싯딤나무를 말합니다. 메마른 광야에서 보면 그 나무가 살고 있는 것 자체가 신비롭습니다. 비도 별로 내리지 않는 사막과 같은 광야에서 어떻게 나무가 살 수 있을까를 생각하게 됩니다.

싯딤나무가 메마른 광야에서도 살아남을 수 있는 이유는 그 나무의 뿌리가 땅에 깊게 박혀 있기 때문입니다. 싯딤나무의 뿌리는 땅속 50~60m까지 뻗어 있습니다. 땅속 깊은 곳에 있는 물 근원에까지 뿌리를 내리고 있으니까 메마른 광야에서 모진 모래바람을 맞으면서도 살아남을 수 있는 것입니다.

그렇게 거친 광야에서 모진 바람을 맞으면서도 땅속 깊은 물이 있는 곳까지 뿌리를 내려서 살아남았기에 싯딤나무는 다른 나무들에 비해서 몇 배나 단단한 목재가 됩니다.

잘 부패하지도 않고 건조해도 잘 뒤틀리지 않는 우수한 목재가 싯딤나무, 곧 조각목입니다. 그렇게 단단하고 변함이 적은 목재이기에 하나님의 성막을 짓는 재료로 쓰임 받을 수 있었던 것입니다. 그 좋은 목재에 금으로 덧입혀서 완전한 하나님의 처소를 지을 수 있었던 것입니다.

아무리 모진 바람이 불어도, 아무리 메마른 땅이라고 해도 뿌리만 물 근원에 닿아 있으면 살아남을 수 있습니다. 생명을 살리는 물만 공급받을 수 있다면 어떤 환경에서도 푸르름을 유지할 수 있습니다. 이것이 우리 그리스도인들의 삶입니다. 거친 세상 가운데서도 주 예수 그리스도 안에 뿌리를 내리고 그분으로부터 오는 은혜로 살아가는 것, 그것이 이 세상 가운데 심긴 싯딤나무, 그리스도인의 삶의 모습입니다.

세상이 우리를 향하여 불어대는 모진 바람이 문제가 아닙니다. 우리의 뿌리가 약함이 문제인 것입니다. 우리의 뿌리만 강하고 깊게 내려져 물의 근원에 닿아 있다면 아무리 모진 바람이 불어온다고 할지라도 그 바람은 오히려 우리를 더 단단하고 좋은 나무로 자라게 하는 바람이 될 것입니다.

그러니 우리가 기도해야 할 것은 모진 바람이 없어지는 것이 아닙니다. 정말 우리가 기도해야 할 것은 우리의 뿌리가 주 예수 그리스도께 내려지는 것, 그분으로부터 오는 은혜가 우리의 삶 가운데 충분하게 공급되는 것입니다.

성도는 은혜로 사는 것입니다. 세상에 물이 없어도, 먹고 살 방법이 전혀 없어 보이는 상황 가운데서도 주님의 은혜가 있으면 얼마든지 먹고, 살고, 자랄 수 있습니다. 그러니 은혜를 간구하십시오. 외적인 환경과 조건들을 위해서 기도하기보다 나와 주님이 직접 연결되어서 주님으로부터 오는 은혜를 끊어지지 않고 충만히 누리기를 위해서 기도하십시오. 그렇게 기도하며 단단하게 자라서 이 땅 가운데 주님의 나라를 이루어 가는데 크게 쓰임 받는 조각목이 되기를 간절히 소원합니다.

나눔 1 내가 가장 많이 기도하는 기도제목 세 가지를 나누어 보세요.

나눔 2 나의 뿌리는 어디에 있습니까? 나는 무엇을 통해 힘을 얻습니까?

예수님을 바라보는 우리 가정 기도 :

오늘성경통독 출애굽기 37장 ☐ 38장 ☐ 39장 ☐ 40장 ☐

오늘가정예배 찬송 436장 나 이제 주님의 새 생명 얻은 몸 Date / /

말씀 출애굽기 40:33-35 그는 또 성막과 제단 주위 뜰에 포장을 치고 뜰 문에 휘장을 다니라 모세가 이같이 역사를 마치니 구름이 회막에 덮이고 여호와의 영광이 성막에 충만하매 모세가 회막에 들어갈 수 없었으니 이는 구름이 회막 위에 덮이고 여호와의 영광이 성막에 충만함이었으며

부끄럽지 않은 성전

오늘로 출애굽기 말씀 통독을 마쳤습니다. 이스라엘 백성들이 바로의 학대로 인해 괴로움에 울부짖는 것으로 시작된 출애굽기가 광야에서 하나님께서 그들 가운데 거하실 처소인 성막을 완공하는 것으로 마무리되었습니다. 그런데 사실 진짜 출애굽은 이제부터 시작입니다. 이스라엘은 이제 막 애굽을 빠져나왔고 홍해 바다를 건너서 광야에 도착했습니다. 시내산에서 하나님의 백성이 되기로 하나님과 계약을 맺고 십계명을 받았고 이어서 성막을 지으라는 명령을 받았습니다.

모세는 하나님의 명령대로 백성들과 함께 성막을 지었습니다. 결국 성막은 완성되었고 하나님께 드려졌습니다. 하나님께서는 그렇게 지어진 성막 가운데 임재하셨습니다. 여호와의 영광이 성막에 충만했고 구름이 회막 위에 덮였습니다. 그런데 성막이 완성되었다고 해서 출애굽이 끝난 것은 아니었습니다. 그들은 여전히 광야 위에 있었고 갈 길이 멀었습니다. 끝나기는커녕 출발점에서 몇 발자국도 떼지 못한 상태가 지금 이스라엘의 상태였습니다. 그런데 출애굽기라는 책은 끝났습니다. 무슨 의미일까요?

애굽에서 빠져나오는 것, 곧 세상과 세상의 죄로부터 빠져나오는 것은 성막을 짓는 순간 끝난다는 것입니다. 우리 마음을 처소로 삼으시고 예수 그리스도께서 우리 마음속에 오셔서 좌정하시는 그 순간에 우리의 출애굽은 끝나는 것입니다. 주님의 거룩하신 영이 우리 가운데 오셨다는 것은 더 이상 우리가 세상 가운데 있는 죄인이 아니라는 것입니다.

거룩하신 주님이 어떻게 죄인 안에 임하실 수가 있습니까? 우리를 의롭다고 인정해 주셨으니 우리 안에 찾아오신 것이 아니겠습니까? 그러니 우리에게 예수님께서 찾아오신 그때부터는 우리는 출애굽의 문제로 사는 것이 아니라, 죄에서 벗어나는 문제로 사는 것이 아니라, 내 안에 지어진 하나님의 성전을 거룩하고 정결하게 지켜나가는 문제를 가지고 사는 것입니다. 그래서 출애굽기는 끝나고 레위기가 시작되는 것입니다.

우리에게 예수 그리스도를 믿는 믿음이 있다면, 정말 내 마음을 주님께서 거하실 처소로 주님 앞에 드렸다면, 그렇다면 그 이후로는 "내가 어떻게 하면 이 애굽 같은 세상에서 탈출할 수 있을까? 어떻게 하면 죄의 종노릇 하는 삶에서 벗어날 수 있을까?"를 고민할 필요가 없습니다. 그저 내 안에 주님께서 좌정하신 주님의 처소를 어떻게 하면 정결하게 지켜갈 수 있을지를 고민하면 되는 것입니다.

바로 그 질문에 대한 해답을 레위기를 통해서 제시해 주시고 계시는 것입니다. 우리가 주님 앞에 정결하게 되기를 소원합니다. 죄로부터 구원은 받았지만, 우리 주님께 부끄럽고 창피한 처소를 드리고 살지 않도록 날마다 주님 말씀을 의지하며 거룩하고 정결하게 세워져 가는 우리 가정이 되기를 간절히 소원합니다.

나눔 1 내 마음의 성전을 호텔에 비유해 본다면 몇 성급 호텔인지, 또 그 이유는 무엇인지를 나누어 보세요.

나눔 2 내 마음의 성전이 주님께 부끄럽지 않은 성전이 되려면 우리는 무엇을 해야 할까요?

예수님을 바라보는 우리 가정 기도 :

레위기 _ 민수기

오늘성경통독 레위기 1장□ 2장□ 3장□ 4장□ 5장□

오늘가정예배 찬송 261장 이 세상의 모든 죄를 Date / /

말씀 레위기 1:4 그는 번제물의 머리에 안수할지니 그를 위하여 기쁘게 받으심이 되어 그를 위하여 속죄가 될 것이라

성막을 지으라고 하신 이유

오늘 말씀은 왜 하나님께서 이스라엘을 향하여 성막을 지으라고 명령하셨는지를 깨닫게 해 주시는 말씀입니다. 이스라엘은 이미 애굽을 빠져나왔습니다. 그들은 이제 세상의 포로가 아니고 죄의 종노릇 하는 사람들도 아니었습니다. 그런데도 불구하고 그들의 삶 가운데 죄가 완전히 사라진 것은 아니었습니다.

구원을 받은 백성들, 애굽이라는 세상으로부터 빠져나와서 하나님의 인도하심을 따라 살아가는 하나님의 백성들에게도 '죄의 본성'이라는 것이 있습니다. 그래서 항상 이전에 죄의 종노릇 하던 때와 같이 다시 죄를 지을 가능성이라는 것이 우리 안에 존재하고 있는 것입니다. 문제는 "그렇게 다시 죄를 지은 사람은 어떻게 해야 하느냐?"는 것입니다.

예수를 믿고 구원을 받아서 죄의 종노릇 하던 사람이 예수님을 주인으로 모시는 주님의 종이 되었는데, 한순간의 유혹을 못 이겨 넘어지면 다시 마귀의 수하로 돌아가야 합니까? 그 문제에 대한 하나님의 대답은 "아니다" 입니다. 다시 죄를 지어도, 그는 애굽으로 돌아가지 않고, 죄의 종노릇 하는 인생으로 돌아가지 않고 하나님의 백성들의 무리에 머물 수 있습니다. 무엇을 하면? 속죄의 제사를 드리면! 그러면 계속해서 하나님의 백성의 자리에 머물러 있을 수 있다는 것입니다.

하나님께서 성막을 짓게 하신 이유가 바로 여기에 있습니다. 죄인을 멸망 가운데로 보내지 않으시려는 배려입니다. 죄를 지은 사람도 하나님과 함께 머물 수 있는 방법을 만들어 주신 것입니다. 아무리 큰 죄를 지은 사람이라고 할지라도 제물이 될 동물에게 안수하고 그의 죄를 전가하면, 그 동물이 그 사람의 죄를 대신 짊어지고 죽는 것입니다. 그러면 하나님께서 그 사람이 죄의 값을 치른 것으로 인정해 주시는 것입니다.

그러니까 결국 성막은 하나님께서 영광 받으시기 위해서 지으라고 명령하신 것이 아닙니다. 우리의 죄를 용서해 주시기 위해서, 우리가 하나님과 함께 살아갈 수 있는 길을 열어주시기 위해서 성막을 지으라고 하신 것입니다.

주님께서 우리 안에 오신 이유도 똑같습니다. 우리를 정죄하고, 우리를 부끄럽게 하려고 오신 것이 아닙니다. 언제든 우리 안에 계신 주님께 우리의 죄를 고백하고 죄 사함을 받게 하시기 위함입니다. 우리가 때때로 죄에 무너지더라도 우리 안에 계시는 주님께 죄를 고백하고 다시 주님과 친밀한 교제를 이어나갈 수 있도록, 그 일에 시간과 공간의 제약이 생기지 않도록 직접 우리 안에 찾아오신 것입니다.

우리 주님은 우리를 정죄하시는 분이 아니십니다. 오히려 용서하시고 감싸기를 원하시는 분이십니다. 그런 주님 앞에 날마다 죄를 고백하며 정결함을 입기를 소원합니다. 그리하여서 주의 품 안에서 영원토록 떠나지 아니하고 주님과 친밀한 교제를 나누며 사는 우리가 되기를 간절히 축복합니다.

나눔 1 예수님께서 내 안에 오신 이유가 무엇이라고 생각하십니까?

나눔 2 남들에게 말하지 못할 부끄러운 죄를 주님께 고백하는 기도의 시간을 가져 보세요.

예수님을 바라보는 우리 가정 기도 :

오늘성경통독 레위기 6장☐ 7장☐ 8장☐
오늘가정예배 찬송 183장 빈 들에 마른 풀같이

Date / /

말씀 레위기 8:6 모세가 아론과 그의 아들들을 데려다가 물로 그들을 씻기고

내가 세상 사람과 똑같은 이유

레위기 8장은 제사장이 살아야 할 합당한 삶을 알려주고 있습니다. 베드로전서에서 사도 베드로는 우리를 향하여 너희는 택하신 족속이요 왕 같은 제사장들이라고 말합니다(벧전 2:9).

하나님께서는 우리를 거룩하게 구별하셔서 왕 같은 제사장으로 세우셨습니다. 우리는 세상 가운데 복음을 선포하기 위하여 택하심을 받고 세우심을 받은 제사장들입니다. 우리가 이 말씀을 정말 믿는다면 제사장에게 합당한 삶의 모습을 스스로 갖춰야 합니다.

제사장에게 합당한 삶의 모습 첫 번째는 보이지 않는 곳을 "물로 깨끗이 씻는 것"입니다. 모세는 아론과 그의 아들들을 제사장으로 세우기 위해서 가장 먼저 그들을 데려다가 물로 그들을 씻깁니다(레 8:6). 그러고 나서 거룩한 옷 예복을 입혔습니다.

제사장은 사람 앞에 서는 사람이기도 하지만 하나님 앞에 서는 사람이기도 합니다. 사람 앞에 설 때는 옷에 가려져서 그 속이 드러나지 않습니다.

그러나 하나님 앞에 서게 되면 아무리 거룩한 옷으로 우리의 몸을 가린다고 할지라도 그 속에 있는 모든 것이 낱낱이 드러나게 되어 있습니다. 그래서 씻어야 합니다. 눈에 보이지 않는 속까지 깨끗이 씻은 사람만이 하나님 앞에 설 수 있습니다. 다시 말하면 우리 마음속에 있는 더러운 죄들을 주님 앞에 회개함으로 씻지 않고서는 제사장의 사명을 감당할 수 없다는 것입니다.

두 번째로 해야 하는 일은 기름 부음을 받는 것입니다. 모세는 관유를 가져와서 깨끗이 씻고 거룩한 옷을 입은 아론의 머리에 붓고 몸에 바릅니다. 기름 부음, 곧 성령 충만함을 입은 사람만이 거룩한 제사장으로서 세상에 복음을 선포하는 삶을 살 수 있습니다. 예수원을 설립하신 대천덕 신부님의 본명은 루벤 아처 토레이 3세(R. A. Torrey III)입니다. 그분의 할아버지인 루벤 아처 토레이(R. A. Torrey) 목사님은 미국의 대각성운동을 주도했던 무디 목사님의 동역자였습니다. 토레이 목사님은 하루도 빼놓지 않고 이런 기도를 드렸습니다.

"성령으로 충만하기를 원합니다. 성령 충만하지 않으면 하룻길을 걸어갈 수 없습니다. 제가 성령이 충만하지 않거든 차라리 말하지 않게 도와주세요. 제가 성령이 충만하지 않으면 제가 하는 말이 불신자들의 말과 조금도 다를 것이 없고 실수를 일으키는 말이기 때문입니다. 제가 성령 충만하지 않거든 중요한 결정을 하지 않게 도와주세요. 제가 성령 충만하지 않고 결정하면 제 결정은 육신의 결정이 될 수밖에 없습니다. 그러므로 구합니다. 성령 충만을, 성령의 인도하심을, 성령의 깨닫게 하심을."

우리가 제사장다운 삶을 살기 위해서 성령 충만함을 입어야 하는 이유는 성령으로 행하지 않으면 세상 사람과 다를 바가 없기 때문입니다. 날마다 주님 앞에 회개함으로 죄 씻음을 받고, 성령 충만함을 간구하므로 성령으로 행하기를 소원합니다. 세상 가운데 우리의 삶을 통해 복음을 선포하는 왕 같은 제사장으로 살아갑시다.

나눔 1 성령 충만은 순종을 통해 우리에게 주어집니다. 오늘 하루 주님의 음성에 순종했던 일을 나누어 보세요.

나눔 2 본문에 나와 있는 토레이 목사님의 기도문으로 함께 기도해 보세요.

예수님을 바라보는 우리 가정 기도 :

오늘성경통독 레위기 9장 ☐ 10장 ☐ 11장 ☐ 12장 ☐

오늘가정예배 찬송 265장 주 십자가를 지심으로

Date / /

말씀 레위기 10:1-2 아론의 아들 나답과 아비후가 각기 향로를 가져다가 여호와께서 명령하시지 아니하신 다른 불을 담아 여호와 앞에 분향하였더니 불이 여호와 앞에서 나와 그들을 삼키매 그들이 여호와 앞에서 죽은지라

하나님으로부터 온 불이 필요합니다

아론과 그의 아들들이 제사장으로 임명되고 첫 제사를 하나님 앞에 올려 드렸습니다. 하나님께서는 아론이 제사장이 되어서 처음으로 드린 제사를 기쁨으로 받으셨습니다.

"불이 여호와 앞에서 나와 제단 위의 번제물과 기름을 사른지라"(레 9:24). 아론이 드린 제사의 제물을 하나님께서 기쁘게 받으신 것입니다. 하나님께서는 그 제사를 받으시면서 제단에 불을 내려 주셨습니다. 그 이전에 제단에는 이미 불이 있었습니다. 하나님의 불이 제단에 임하기 이전에 이미 아론이 제단에서 제물들을 "불살랐다"라고 기록되어 있습니다. 그런데 이미 있던 그 불에 하나님으로부터 나온 불이 더해진 것입니다.

이것이 주님의 일을 감당하는 우리의 '심정'이 되어야 합니다. 주의 일은 내 열심, 내 불을 가지고 하는 것이 아닙니다. 그렇다고 해서 내 열심이 없어서도 안 됩니다. 주의 일에 헌신하고자 하는 마음, 복음을 전하고, 다음 세대를 양육하는 등의 일들을 감당하고자 하는 열심이 우리 가운데 있어야 합니다. 그런데 그것만 가지고는 주의 일을 감당할 수 없습니다. 내 불에 하나님으로부터 온 불이 더해져야 합니다. 하나님으로부터 온 불, 곧 은혜가 우리 안에 충만하게 있어야 합니다.

은혜는 우리로 하여금 하나님의 일을 감당할 에너지를 낼 수 있도록 하는 불쏘시개입니다. 나의 열심에 은혜라는 불쏘시개가 부어지면 작은 불꽃 하나같았던 우리의 열심이 큰불이 되어 주위 사람들의 마음을 녹이고 얼어붙은 상황과 환경을 녹여 뚫을 수 있는 능력이 되는 것입니다. 그래서 하나님께서는 이미 제단에 타오르고 있던 불에 하나님으로부터 온 불을 더해 주신 것입니다.

그런데 나답과 아비후가 어떻게 합니까? 나답과 아비후는 하나님께서 주신 완전한 불, 우리의 열심에 하나님께서 부어주신 은혜가 합쳐진 그 완전한 불을 버려두고 자기들이 생각하는 다른 불을 향로에 담아왔습니다.

"제단에 있는 불만 불이냐? 나도 불 있다!"라는 것입니다. 교만의 불입니다. 그들은 교만의 불을 들고 여호와 앞에 분향하러 들어갔습니다. 지성소에 들어갔다는 말입니다. 지성소에는 대제사장 아론만 들어갈 수 있었습니다.

그런데 나답과 아비후에게 교만의 마음이 들어오니 교만의 불을 들고 자신들이 절대로 들어갈 수 없는 곳인 지성소에 들어갔던 것입니다. 그 결과 그들은 하나님으로부터 온 불에 죽고 말았습니다.

하나님의 일을 하는 것이 중요한 것이 아닙니다. 어떤 심정으로 그 일을 하느냐, 어떤 불로 그 일을 하느냐가 중요한 것입니다. 여러분은 하나님의 일을 할 때 어떤 마음으로 하고 있습니까? 하나님께서 주신 은혜가 여러분을 움직이게 하는 힘이 되고 있습니까? 아니면 다른 불을 가지고 내 힘과 내 생각으로 주의 일을 하고 있습니까?

나눔 1 오늘 하루 받은 은혜로 행했던 일은 무엇이 있습니까?

나눔 2 내 삶 가운데 은혜의 불이 아닌 교만의 불로 행했던 일이 있었습니까?

예수님을 바라보는 우리 가정 기도 :

말씀 레위기 14:3-7 제사장은 진영에서 나가 진찰할지니 그 환자에게 있던 나병 환부가 나았으면 제사장은 그 정결함을 받을 자를 위하여 명령하여 살아 있는 정결한 새 두 마리와 백향목과 홍색 실과 우슬초를 가져오게 하고 제사장은 또 명령하여 그 새 하나는 흐르는 물 위 질그릇 안에서 잡게 하고 다른 새는 산 채로 가져다가 백향목과 홍색 실과 우슬초와 함께 가져다가 흐르는 물 위에서 잡은 새의 피를 찍어 나병에서 정결함을 받을 자에게 일곱 번 뿌려 정하다 하고 그 살아 있는 새는 들에 놓을지며

우리는 모두 영적인 나병환자입니다

나병은 성경에 등장하는 대표적인 질병입니다. 나병은 피부가 변하고 감각이 없어지는 병입니다. 감각이 없어지기 때문에 다쳐도 다친 줄 모르고 상처 부위가 감염되어 심하게는 손가락, 발가락이 썩어서 떨어져 나가는 일이 발생합니다. 성경에 나병이 자주 등장하는 이유는 그 증상이 죄의 증상과 똑같기 때문입니다.

죄라는 것이 우리 안에 들어오면 점차 우리 마음을 차지하고 지배해서 우리를 무감각하게 만듭니다. 그래서 자기 영혼이 썩어가고 영혼의 손가락, 발가락이 떨어져 나가는지도 모르고 죄짓기를 두려워하지 않고 죄 가운데 행하게 하는 것입니다. 그렇게 나병에 걸린 사람처럼 점점 더 멸망을 향해서 가까이 가게 되는 것입니다.

오늘 말씀을 보면 제사장이 진찰했을 때 나병 환부가 깨끗하게 나은 사람에 대하여 어떻게 해야 할지에 대해서 기록되어 있습니다. 분명히 깨끗해진 사람입니다. "나병 환부가 다 나은" 죄가 전혀 없는 것처럼 보이는 사람입니다.

그러나 그럴지라도 하나님께서는 그를 "정결함을 받을 자"(레 14:4)라고 호칭하십니다. 그리고는 그에게 정결한 새의 피를 뿌리라고 말씀하십니다. 죄인을 깨끗하게 할 수 있는 것은 오직 정결한 새의 피, 곧 그리스도 예수의 피밖에는 없는 것입니다.

우리는 모두 영적인 나병환자입니다. 우리 중에 죄가 전혀 없는 사람은 아무도 없습니다. 겉으로는 멀쩡해 보이고, 사람들에게 선한 사람이라고 인정받는 사람이라고 해도 이 세상에 죄인이 아닌 사람은 아무도 없습니다. 다시 말하면 그리스도의 보혈로 씻음을 받지 않아도 될 사람은 아무도 없다는 것입니다.

그런데 주님의 보혈로 씻었다고 해서 끝이 아닙니다. 왜냐하면 죄가 계속해서 우리를 넘보기 때문입니다. 마귀는 우리를 다시 죄 가운데로 떨어뜨리려고 발악합니다. 그래서 우리에게 필요한 것이 회개입니다.

"정결함을 받는 자는 그의 옷을 빨고 모든 털을 밀고 물로 몸을 씻을 것이라 그리하면 정하리니"(레 14:8). 이 말씀은 정결한 새의 피로 정결함을 받은 사람에게 요구하는 것입니다.

우리는 이처럼 매일 옷을 빨고, 털을 밀고, 물로 몸을 씻어야 합니다. 매일 거룩하고 정결함을 유지할 수 있도록 우리 가운데 있는 더러운 것들을 빨고, 밀고, 씻어야 합니다. 그렇게 우리의 정결함을 지켜나갈 때 우리는 그리스도 예수의 진영 안에 머물며 살아가게 될 것입니다.

나눔 1 죄에 무감각해진 경험이 있다면 나누어 보세요.

나눔 2 오늘 나의 죄에 대해서 회개한 일이 있었습니까?

예수님을 바라보는 우리 가정 기도 :

오늘성경통독 레위기 15장☐ 16장☐ 17장☐ 18장☐
오늘가정예배 찬송 452장 내 모든 소원 기도의 제목

Date / /

말씀 레위기 16:8-10 두 염소를 위하여 제비 뽑되 한 제비는 여호와를 위하고 한 제비는 아사셀을 위하여 할지며 아론은 여호와를 위하여 제비 뽑은 염소를 속죄제로 드리고 아사셀을 위하여 제비 뽑은 염소는 산 채로 여호와 앞에 두었다가 그것으로 속죄하고 아사셀을 위하여 광야로 보낼지니라

아직 해결하지 못한 죄

하나님께 죄를 지은 자는 반드시 그 생명으로 죄의 값을 갚아야만 합니다. 그런데 우리의 죄의 값을 예수님께서 십자가에서 대신 치러 주셨습니다. 그것을 '대속'이라고 합니다.

우리의 죄를 예수님께서 대신 속해주셨다는 것입니다. 이제 우리는 예수님을 의지하여 하나님 앞에 회개함으로 나아가면 죄를 용서받을 수 있습니다. 내가 죽지 않고 나를 대신하여 죽으신 예수님의 이름으로 용서를 받는 것입니다.

오늘 말씀을 보면 우리의 죄를 대신 지고 죽으신 예수님의 모습이 염소로 표현되어 있습니다. 예수님의 대속은 단번에 모든 죄를 사하신 완전한 대속입니다. 그 대속이 속죄제물로 드려지는 염소의 모습에 담겨져 있습니다(레 16:9).

그런데 또 다른 염소가 한 마리 있습니다. 그 염소를 '아사셀 염소'라고 부릅니다. 대제사장은 염소 두 마리를 취하여 그중에 한 마리를 이스라엘 모든 사람들의 죄를 위하여 속죄제물로 하나님께 드리고 나머지 한 마리에게 안수하여 모든 죄를 그 염소의 머리에 두어 광야로 내보냅니다(레 16:21). 그러면 그 염소가 그들의 모든 불의를 지고 다시 돌아올 수 없는 먼 곳까지 나가서 광야를 떠돌게 되는 것입니다(레 16:22).

이 두 마리의 염소에 대한 말씀은 진정한 회개라는 것이 무엇인지를 우리에게 알려줍니다. 우리의 죄를 용서하시는 분은 하나님이십니다. 그 사실은 변하지 않는 진리입니다.

그러나 진정한 속죄, 진정한 회개는 하나님만을 향하지 않습니다. 내가 죄를 지은 세상에 대하여도 회개해야 진짜 회개입니다.

만일 우리가 다른 사람의 마음을 아프게 하는 죄를 지었다고 한다면 그것이 하나님께 회개해야 할 문제인 것은 분명한 사실이지만 하나님께만이 아니라 내가 마음을 아프게 한 그 사람을 향하여도 회개해야 한다는 것입니다. 그것이 하나님께서 우리에게 요구하시는 완전한 회개의 모습인 것입니다.

예수님께서는 이 문제에 대해서 "그러므로 예물을 제단에 드리려다가 거기서 네 형제에게 원망 들을 만한 일이 있는 것이 생각나거든 예물을 제단 앞에 두고 먼저 가서 형제와 화목하고 그 후에 와서 예물을 드리라"(마 5:23-24)라고 말씀하십니다.

하나님께 예물만 드린다고, 제사만 드린다고 끝이 아니라는 것입니다. "가서 형제와 화목하는 것"이 없다면 하나님께 드리는 제사가 온전히 이루어질 수 없다는 것입니다.

지금 마음속에 떠오르는 해결하지 못한 죄가 있습니까? 그렇다면 속히 해결하십시오. 아사셀의 염소가 되어서 세상과 형제를 향해 회개하여 온전한 회개를 이루는 가정이 되기를 간절히 축복합니다.

나눔 1 그동안 내가 생각해 왔던 회개는 무엇이었습니까?

나눔 2 다른 사람들에게 회개하지 못한 죄가 있지 않은지 점검해 보세요.

예수님을 바라보는 우리 가정 기도 :

말씀 레위기 19:2 너는 이스라엘 자손의 온 회중에게 말하여 이르라 너희는 거룩하라 이는 나 여호와 너희 하나님이 거룩함이니라

무엇과 구별되어야 합니까?

"거룩하다"라고 할 때 '카다쉬'라는 히브리어를 사용합니다. 이 단어의 기본적인 의미는 구별하다입니다. 그러니까 거룩하다는 것은 구별된다는 것입니다. 그럼 어디로부터 구별되는 것일까요? 세상으로부터, 그리고 죄로부터 구별되는 것입니다.

오늘 읽은 말씀은 하나님께서 이스라엘 백성들을 향하여 "내가 거룩하니 너희도 거룩하라"라고 말씀하십니다. 하나님을 따르는 하나님의 백성은 하나님을 닮아서 세상과 구별되어야 한다는 것입니다. 하나님은 죄와 함께 거하실 수 없는 분이시니 우리도 죄로부터 구별되어야 한다는 것입니다. 그것이 하나님을 따르는 백성들의 삶의 모습이 되어야 한다는 것입니다.

하나님을 믿는다는 것, 주 예수를 믿는다는 것은 그 삶이 세상과 완전히 구별되어야 한다는 것을 의미합니다. 예수님을 믿는 믿음으로 사는 사람은 거룩한 사람, 구별된 사람이기 때문입니다. 이렇게 말하면 어떤 사람은 "아니, 마음으로 믿으면 되지 삶의 모습이 중요합니까? 하나님은 외모가 아니라 중심을 보시는 분이시니 마음으로 분명하게 믿으면 되는 것 아닙니까?"라고 말할지도 모릅니다. 그러나 마음이 변하면 삶은 자연히 변하기 마련입니다.

예수님을 믿으십니까? 그 예수님이 우리 안에 계시는 것을 믿으십니까? 우리 안에 계시는 예수님께서 우리 삶의 모든 순간을 함께 하고 계신다는 것을 믿으십니까? 그렇다면 어떻게 삶이 변하지 않을 수가 있겠습니까?

그래서 하나님께서는 오늘 말씀에서 사소한 문제들까지도 관여하시는 것입니다. 심지어 "머리 가를 둥글게 깎지 말며 수염 끝을 손상하지 말며"(레 19:27)라고 말씀하시면서 머리 스타일과 수염에도 관여하십니다. 그리고는 "나는 너희 하나님 여호와이니라"라고 모든 항목마다 말씀하고 계십니다.

우리가 정말 하나님의 백성이 되었다면 삶의 모든 항목이 구별되어야 합니다. 어떻게 구별되라는 것입니까? 내 안에 계시는 하나님, 우리 주님과 함께 행하는 삶으로 구별되어야 하는 것입니다.

겉으로 보기에는 세상 사람들과 똑같이 밥을 먹을 수 있습니다. 그러나 그 속에 계시는 주님을 의식하며 밥을 먹는 사람은 주님께서 보시기에 세상과 구별된 사람이 아니겠습니까? 사람을 만나고, 일하고, 잠을 자는 모든 삶의 사소한 행동들을 세상 사람들과 다르게 주님과 함께 행하는 사람이 거룩한 사람이 아니겠습니까? 그렇게 주님과 함께 살아갈 때 우리가 죄로부터 구별되는 거룩한 삶을 살아가게 되는 것이 아니겠습니까?

"나는 너희의 하나님 여호와이니라." 이 말씀이 우리 마음속에서 지워지지 않아야 합니다. 삶의 모든 순간에 이 말씀이 우리 마음속에 항상 새겨져서 언제 어디서든지 하나님과 함께, 우리 주님과 동행하기를 간절히 축복합니다.

나눔 1 내 삶 가운데 세상과 구별된 모습은 무엇입니까?

나눔 2 반대로 세상과 전혀 구별되지 않은 모습은 무엇입니까?

예수님을 바라보는 우리 가정 기도 :

오늘성경통독 레위기 22장 ☐ 23장 ☐ 24장 ☐
오늘가정예배 찬송 540장 주의 음성을 내가 들으니

Date / /

말씀 레위기 24:2-3 이스라엘 자손에게 명령하여 불을 켜기 위하여 감람을 찧어낸 순결한 기름을 네게로 가져오게 하여 계속해서 등잔불을 켜 둘지며 아론은 회막안 증거궤 휘장 밖에서 저녁부터 아침까지 여호와 앞에 항상 등잔불을 정리할지니 이는 너희 대대로 지킬 영원한 규례라

등잔대의 불이 꺼졌습니까?

하나님께서는 모세에게 성막 안에 있는 등잔대의 불이 꺼지지 않도록 아론을 통해서 관리하라고 말씀하십니다. 여기에서 등잔대라고 부르고 있는 것은 금촛대라고 기록되어 있는 '메노라'를 가리키는 것입니다.

등잔대는 그 정면에 놓인 진설병을 비춥니다. 등잔대가 비추고 있는 진설병은 하나님의 말씀과 말씀이 육신으로 오신 예수 그리스도를 의미합니다. 그러므로 등잔대의 불빛은 우리가 하나님의 말씀과 예수 그리스도를 분명하게 바라보고 깨달을 수 있도록 돕는 불빛입니다.

그렇다면 우리는 이 등잔대의 불빛을 무엇이라고 생각할 수 있을까요? 먼저는 성도의 기도일 것입니다. 우리가 기도하지 않고 살아갈 때 하나님의 말씀도 깨닫지 못하게 되고 예수 그리스도의 임재도 느끼지 못하게 되는 경험을 하게 됩니다.

특별히 회개의 기도가 없을 때는 더욱 그렇습니다. 기도는 우리 영혼의 호흡이라고 했습니다. 기도가 멈추면 영혼의 생명력이 멈춰서 하늘로부터 오는 은혜를 깨닫지 못하게 됩니다.

또 성령 충만함이라고 생각해 볼 수도 있습니다. 우리가 우리 마음과 생각을 주님께 맡겨 드리고 성령께서 내 삶을 주장하시도록 하는 것, 그것이 곧 성령 충만함입니다.

성령 충만함을 받으면 이전에는 깨닫지 못했던 말씀도 분명하게 깨달아지고 우리 안에 계시는 예수님도 더 분명하게 바라볼 수 있게 됩니다. 성령께서 우리 안에서 하시는 일 중 하나가 말씀을 깨닫게 하는 것이니 성령은 말씀을 비추는 빛인 것입니다.

우리에게서 등잔대의 불빛이 꺼지지 않도록 해야 합니다. 항상 기도하고, 항상 성령 충만함을 입어서 우리와 함께 계시는 예수님과 예수님의 말씀이 분명하게 보여지고 깨달아질 수 있도록 늘 기도의 불, 성령 충만의 불빛을 꺼뜨리지 말아야 합니다.

지금 주님을 분명하게 바라보고 계십니까? 지금 주님께서 말씀을 통하여 나에게 어떤 말씀을 하고 계시는지가 들려지고 계십니까?

만일 그렇지 못하다면 기도하십시오. 주님께 내 삶의 주인의 자리를 내어드림으로 성령 충만함을 입으십시오. 그렇게 우리 영이 깨어 주님을 바라보고 주의 음성을 들으며 살아가는 것, 그것이 하나님께서 바라시는 우리 삶의 모습입니다.

나눔 1 나는 오늘 어떤 주님의 모습을 보았습니까?
나눔 2 오늘 어떤 주님의 말씀을 들었습니까?
예수님을 바라보는 우리 가정 기도 :

오늘성경통독 레위기 25장 ☐ 26장 ☐ 27장 ☐

오늘가정예배 찬송 407장 구주와 함께 나 죽었으니

Date / /

말씀 레위기 25:13-16 이 희년에는 너희가 각기 자기의 소유지로 돌아갈지라 네 이웃에게 팔든지 네 이웃의 손에서 사거든 너희 각 사람은 그의 형제를 속이지 말라 그 희년 후의 연수를 따라서 너는 이웃에게서 살 것이요 그도 소출을 얻을 연수를 따라서 네게 팔 것인즉 연수가 많으면 너는 그것의 값을 많이 매기고 연수가 적으면 너는 그것의 값을 적게 매길지니 곧 그가 소출의 다소를 따라서 네게 팔 것이라

여러분의 삶의 기준은 무엇입니까?

'희년'은 이스라엘 역사상 한 번도 실현되지 않았던 율법입니다. 그렇게 하나님의 말씀을 목숨 걸고 지키는 이스라엘 사람들이 유일하게 지키지 못했던 말씀이 바로 이 희년에 대한 말씀입니다.

하나님께서는 희년이 되면 모든 주민을 위하여 자유를 공포하라고 말씀하십니다. 그런데 그렇게 하기가 싫었던 것입니다. 종들을 자유롭게 놓아주기가 싫고, 땅과 소유를 원래의 주인에게 돌려주기가 싫었던 것입니다. 그러니 희년이 실제로 이루어지지 않은 것입니다.

그런데 이스라엘 백성들이 몰랐던 것이 하나 있습니다. 그것은 그들이 아무리 희년을 시행하지 않아도 강제적으로 시행하게 되는 때가 찾아온다는 사실입니다. 그때가 언제입니까? 욥의 표현을 빌려서 말해보자면 "내가 모태에서 알몸으로 나왔사온즉 또한 알몸이 그리로 돌아가올지라"(욥 1:21)라는 말이 이루어질 그 순간, 곧 우리가 하나님 앞에 나아가게 되는 그 순간입니다.

그때가 되면 우리는 피할 수 없는 희년을 맞이하게 됩니다. 내가 놓지 못하고 자유를 선포하지 못하고 살던 모든 것을 놓아주어야 합니다. 결국에는 '나'도 자기의 소유지로 돌아갈 수밖에 없는 존재라는 것을 경험하게 될 것입니다(레 25:10).

그렇기에 하나님께서는 우리에게 삶의 기준을 무엇으로 삼아야 하는지를 말씀해 주십니다. 그 기준이 무엇입니까? '희년'이 그 기준입니다.

우리가 주님 앞으로, 하나님 앞으로 돌아가게 될 그 날을 기준으로 삼고 살라는 것입니다. 무엇을 사든지, 무엇을 팔든지 희년이 가까우면 값을 적게 매기고 희년이 아직 많이 남았으면 값을 많이 매기라는 것은 삶의 기준을 희년으로 삼으라는 것입니다. 그래야 그 희년이 되었을 때 억울해서, 속상해서 울부짖는 일이 없을 것이라는 말입니다.

이스라엘 사람들은 뻔히 계산할 수 있는 눈에 보이는 희년도 지키지 못했습니다. 그러니 우리 모두가 맞이하게 될 진정한 희년을 기준으로 삼고 사는 일은 얼마나 더 어려운 일일까요? 아마 그래서 스스로 그리스도인이라고 부르는 사람들조차도 여전히 소유에 얽매여서 자유함을 누리지 못하고 살아가고 있는 것 같습니다.

그러나 분명히 기억해야 합니다. 내가 아무리 꼭 붙들고 놓지 않았던 소유라도 어쩔 수 없이 놓아주어야 할 그 날이 다가올 것입니다. 그 날이 되면 내 손에 무엇을 붙들고 살아왔는지를 주님 앞에서 펼쳐 보여야 할 것입니다.

여러분들의 손에는 지금 무엇이 붙들려 있습니까? "다 놓아주어도 이것만은 못 놓겠다!"라고 할 만한 것이 무엇이 있습니까? 우리 가정이 포기하지 못하는 단 하나가 우리 주님과 그분을 믿는 믿음이 되기를 간절히 소원합니다.

나눔 1 나는 무엇을 꼭 붙잡고 살아가고 있습니까?

나눔 2 나에게 있어서 믿음은 무엇과도 바꿀 수 없는 최고의 가치입니까?

예수님을 바라보는 우리 가정 기도 :

말씀 민수기 2:1-2 여호와께서 모세와 아론에게 말씀하여 이르시되 이스라엘 자손은 각각 자기의 진영의 군기와 자기의 조상의 가문의 기호 곁에 진을 치되 회막을 향하여 사방으로 치라

주님을 바라보는 싸움

하나님께서는 회막을 완성한 이스라엘 백성들을 향하여 지파별로 전쟁에 나갈 수 있는 사람의 수를 계수하게 하십니다. 이제부터는 본격적으로 전쟁이 시작된다는 것을 의미합니다.

이제 이스라엘 사람들의 삶은 더 고단해질 것입니다. 하나님의 말씀을 믿고 출애굽에 나섰는데 광야의 메마르고 황량한 환경과도 싸워야 했고 그들을 공격해 오는 적들과 전쟁도 치러야 했습니다.

하나님을 따라 살아간다는 것, 하나님을 믿는 믿음을 가지고 살아간다는 것은 바로 이런 삶을 살아가게 된다는 것을 의미합니다. 이 세상의 환경과 문제들과도 싸워야 하고 우리를 공격해 오는 적들과도 싸워야 하는 것이 신앙생활입니다.

그렇게 이야기하면 신경 써야 할 것도 많고 싸워야 할 것도 많아 보입니다. 그런데 실제로 신앙생활에서 일어나는 모든 싸움은 딱 한 가지 싸움입니다. 바로 '주님을 바라보는 싸움'입니다.

오늘 말씀에서 그 부분이 분명하게 드러납니다. 하나님께서 이스라엘 백성들을 향하여 말씀하십니다. "이스라엘 자손은 각각 자기의 진영의 군기와 자기의 조상의 가문의 기호 곁에 진을 치되 회막을 향하여 사방으로 치라"(민 2:2).

"진을 치되 회막을 향하여" 이 말씀이 우리가 살아야 하는 믿음의 삶의 근본 원칙이 무엇인지를 알려줍니다. 사방이 뚫려 있는 광야에서 공격해 오는 적들에게 잘 대응하기 위해서는 성막을 향하여 진을 치는 것이 아니라 반대로 바깥쪽, 광야를 향하여 진을 치는 것이 좋은 선택입니다. 그래야 즉각적으로 대응할 수 있습니다. 같은 편인 이스라엘 백성들끼리 등을 맞대고 외부에서 들어오는 적의 공격에 맞서 싸워야 이길 수 있습니다.

그런데 하나님께서는 외부를 향하여 진을 치지 말고 회막을 향하여 진을 치라고 말씀하십니다. 성막은 예수 그리스도의 모습을 우리에게 보여주는 예표입니다. 그러니 그 성막, 회막을 향하여 진을 치라는 것은 우리의 삶이 항상 주님을 바라보는 삶이 되어야 한다는 것을 말해주는 것입니다.

온 백성이 다 마음을 모아서 주님을 바라보는 것, 그것이 광야를 걸으며 전쟁을 이길 수 있는 방법이라고 말씀해 주고 계시는 것입니다.

우리의 시선이 항상 주님께로 고정되어야 합니다. 등 뒤에서 나를 공격해 오는 적들의 함성이 들릴 때도, 내 삶이 고되고 힘들어 목마름이 극에 달할 때도 우리의 시선을 주님께 고정해야 합니다. 그러면 주님께서 이기게 하십니다. 주님께서 해결하십니다.

모든 상황 속에서 주를 바라보는 우리 가정이 되기를 소원합니다. 다른 것에 한눈팔지 않고 오직 주를 바라며 오직 주를 의지하는 우리 가정이 되어서 주님께서 행하시는 승리를 바라보게 되기를 간절히 축복합니다.

나눔 1 오늘을 살면서 주님을 바라보지 못했던 순간이 있나요?

나눔 2 내가 주님보다 더 바라보고 사는 것이 있다면 무엇입니까?

예수님을 바라보는 우리 가정 기도 :

말씀 민수기 6:24-26 여호와는 네게 복을 주시고 너를 지키시기를 원하며 여호와는 그의 얼굴을 네게 비추사 은혜 베푸시기를 원하며 여호와는 그 얼굴을 네게로 향하여 드사 평강 주시기를 원하노라 할지니라 하라

하나님은 받기보다 주기를 원하십니다

하나님은 우리에게 복을 주시기를 원하시는 분이십니다. 그것이 하나님의 본심입니다. 오늘 말씀을 보면 하나님께서 모세에게 먼저 축복의 말씀을 하십니다. 모세나 아론이 하나님께 복을 달라고 구한 것이 아닙니다. 하나님께서 너무나 복을 주고 싶으셔서 먼저 "이렇게 축복하라"라고 말을 꺼내고 계시는 것입니다.

레위기나 민수기를 통해서 하나님께서 이스라엘 백성들에게 이렇게 하라, 저렇게 하라 말씀하시는 이유는 그들에게 무엇인가를 받기 위해서가 아니라 오히려 그들에게 무엇인가를 주시기 위해서입니다. 그들에게 너무나 복을 주고 싶으신데 그들이 복을 받을 준비가 되어 있지 않아서 주시지를 못하니 복을 줄 수 있도록 이렇게 하라 저렇게 하라고 말씀하시는 것입니다.

하나님의 율법은 우리를 얽매고 옥죄기 위해서 주신 것이 아닙니다. 하나님의 명령은 우리에게 있어서 축복의 통로입니다. 하나님께서는 우리가 그 축복의 통로를 지나기만 하면 언제든지 예비하신 복을 부어주실 준비를 하고 계십니다. 그런데 문제는 죄의 본성을 가지고 살아가는 우리가 축복의 통로인 하나님의 말씀을 쉽게 통과하지 못한다는 사실입니다.

그래서 하나님께서 우리에게 허락하신 가이드가 계십니다. 하나님의 말씀대로 살아갈 수 있도록 우리를 도우시는 인도자, 어느 길이 옳은 길인지를 끊임없이 우리에게 알려주시는 분, 보혜사 성령님이 바로 그분이십니다. 성령님께서는 우리에게 주님의 말씀을 깨우쳐주시고 때에 따라서 필요한 말씀을 생각나게 하십니다.

성령님께서는 삶의 모든 순간마다 우리의 길을 인도하시고 행할 길을 제시해 주십니다. 그분을 따라가면 하나님께서 우리에게 복을 주시기 위해 기다리고 계시는 그곳에 도착할 수 있습니다. 그곳에서 하나님께서는 우리에게 복을 주시고, 우리를 지키시며 은혜와 평강을 베풀어주십니다.

여호와 하나님은 우리에게 복 주시기를 원하시는 분이십니다. 그분의 얼굴은 항상 우리를 향해 있습니다. 언제 복을 주실 수 있을까를 생각하시며 복 주실 기회를 노리고 계십니다. 우리가 성령님의 인도하심을 따라서 하나님의 말씀을 통과하면 하나님은 기뻐 춤을 추시며 우리에게 모든 것을 베풀어주실 것입니다.

성령님은 우리를 축복의 자리로 인도하시는 가이드이십니다. 우리가 그분을 따라가면 우리는 반드시 하나님께서 예비하신 쉴 만한 물가와 푸른 초장에 이르게 될 것입니다.

하나님께서 주시는 복을 받기 원하십니까? 성령님을 따라가십시오. 성령님의 음성에 귀를 기울이고 그분의 말씀에 순종하십시오. 그것이 가장 확실한 복 받는 길이라는 것을 기억하고 날마다 성령을 따라 살아가기를 주님의 이름으로 간절히 축복합니다.

나눔 1 하나님의 말씀대로 사는 것이 나에게 기쁨입니까? 부담입니까?

나눔 2 성령님의 인도하심에 따르지 못하는 가장 큰 이유는 무엇입니까?

예수님을 바라보는 우리 가정 기도 :

말씀 민수기 7:10-11 제단에 기름을 바르던 날에 지휘관들이 제단의 봉헌을 위하여 헌물을 가져다가 그 헌물을 제단 앞에 드리니라 여호와께서 모세에게 이르시기를 지휘관들은 하루 한 사람씩 제단의 봉헌물을 드릴지니라 하셨더라

이 정도면 충분하겠지?

민수기 7장을 보면 성막이 완성되던 날에 각 지파의 지휘관들, 우두머리들이 헌물을 드립니다. 열두 지파의 우두머리들이 힘을 모아서 드린 예물은 수레 여섯 대와 소 열두 마리였습니다. 성경은 그들이 드린 예물이 "지휘관 두 사람에 수레가 하나씩이요 지휘관 한 사람에 소가 한 마리씩이라"(민 7:3)고 기록하면서 한 사람이 드린 분량이 얼마만큼이었는지를 정확하게 기록하고 있습니다.

그런데 그들이 그 헌물을 가져다가 제단 앞에 드릴 때 여호와 하나님께서 모세를 통하여 이미 헌물을 드린 지휘관들에게 하루에 한 사람씩 다시 봉헌물을 드리라고 명령하십니다. 왜 그러셨을까요? 그들이 드린 헌물에 담겨 있는 마음이 마음에 들지 않으셨던 것입니다.

각 지파의 우두머리 되는 사람들은 완성된 성막을 봉헌할 때 '그래도 우리가 지휘관들인데 뭐라도 해야 하지 않을까?'라고 생각했습니다. 그래서 하나님께서 명령하지 않으셨음에도 자기들끼리 연합하여 소 열두 마리와 수레 여섯 대를 헌물했던 것입니다.

참 잘한 일처럼 보입니다. 그러나 하나님께서 바라보실 때 그들의 헌물은 마음을 다한 것이 아니었습니다. 그들은 그저 겉치레로 적당한 수준의 헌물을 드리면서 "이 정도면 괜찮겠지?"라는 타협점을 찾았습니다. 하나님은 바로 그 마음이 마음에 들지 않으셨던 것입니다. 그래서 그들이 소와 수레를 헌물할 때 "하루에 한 사람씩 제단의 봉헌물을 드리라"라고 명령하신 것입니다.

그러자 무슨 일이 일어납니까? 열두 명의 지휘관들이 연합하여 드린 예물은 소 열두 마리와 수레 여섯 대가 전부였는데 각자 따로 헌물을 드리니 백삼십 세겔 무게의 은반 하나, 칠십 세겔 무게의 은 바리 하나, 거기에 기름 섞은 고운 가루, 열 세겔 무게의 금 그릇 하나, 그것에 채운 향, 번제물로 드릴 수송아지 한 마리, 숫양 한 마리, 일 년 된 어린 숫양 한 마리, 속죄제물로 드릴 숫염소 한 마리, 화목제물로 드릴 소 두 마리, 숫양 다섯 마리, 숫염소 다섯 마리, 일 년 된 어린 숫양 다섯 마리의 헌물을 드립니다.

열두 명의 지휘관들이 모두 똑같은 양의 헌물을 드립니다. 무슨 의미입니까? 그들 모두가 그만큼씩 드릴 여유가 있었던 것입니다. 그럼에도 불구하고 체면치레로 "이 정도면 되겠지?" 하는 마음으로 적당히 구색을 맞춰서 헌물을 드렸던 것입니다.

하나님께서는 우리가 마음을 다하여 하나님을 섬기는지, 아니면 적당히 체면치레하듯이 신앙생활을 하고 있는지 분명히 아십니다. "이 정도면 되겠지?" 하는 마음으로 적당히 구색을 맞춰가면서 하는 신앙생활을 기쁘게 보지 않으십니다.

하나님 앞에서 구색 맞추는 신앙생활을 하는 우리가 되지 않기를 소원합니다. 하나님께서 바라보실 때 마음을 다하고 뜻을 다하고 힘을 다하여 하나님을 섬기고 믿고 따르기를 간절히 축복합니다.

나눔 1 나의 신앙생활은 최선을 다하는 신앙생활이라고 말할 수 있습니까?

나눔 2 그동안 적당히 구색을 맞추며 해왔던 영역은 무엇입니까?

예수님을 바라보는 우리 가정 기도 :

말씀 민수기 11:32 백성이 일어나 그 날 종일 종야와 그 이튿날 종일토록 메추라기를 모으니 적게 모은 자도 열 호멜이라 그들이 자기들을 위하여 진영 사면에 펴 두었더라

주님의 말씀이 화가 되는자

하나님의 말씀은 말씀 그대로 이루어집니다. 그래서 하나님께서는 발람을 통하여 "하나님은 사람이 아니시니 거짓말을 하지 않으시고 인생이 아니시니 후회가 없으시도다 어찌 그 말씀하신 바를 행하지 않으시며 하신 말씀을 실행하지 않으시랴"(민 23:19)라고 말씀하십니다.

하나님께서는 한 번 하신 말씀은 반드시 이루신다는 것입니다. 여러분은 이 사실을 믿으십니까? 그 사실을 믿는다면 그 믿음으로 삶을 살아가고 계십니까?

민수기 11장에서 이스라엘 백성들은 그들이 고기를 먹지 못하고 있음으로 말미암아 원망합니다. 하나님께서는 그들의 원망의 소리를 듣고서 진노가 심히 크셨습니다.

그러나 모세가 차라리 자기를 죽여 달라고 애원하는 소리를 들으시고 마음을 바꿔 그들에게 고기를 내려주기로 결정하십니다. "여호와께서 너희에게 고기를 주어 먹게 하실 것이라 하루나 이틀이나 닷새나 열흘이나 스무 날만 먹을 뿐 아니라 냄새도 싫어하기까지 한 달 동안 먹게 하시리니"(민 11:18-20).

하나님께서는 메추라기를 몰아서 이스라엘 백성들 진영 사방으로 내리게 하셨습니다. 하룻길을 걸을 만큼의 땅을 모두 메추라기로 덮으신 것입니다. 이런 놀라운 일을 보았으면 이제는 하나님을 믿을 만도 하지 않습니까? "정말 하나님이 한 달 동안 우리에게 고기를 주실 것이 확실해!"라고 말할 만도 하지 않습니까?

그런데 백성들이 어떻게 행동합니까? 메추라기를 모읍니다. 가장 적게 모은 사람도 열 호멜, 약 220리터나 되는 양을 모읍니다. 왜 그랬을까요? 하나님께서 한 달 내내 고기를 먹여 주시겠다고 하신 말씀을 믿지 못했기 때문입니다.

결국 그들의 계속되는 불신앙에 하나님께서 재앙을 내리십니다. 메추라기를 먹어보기도 전에 죽게 된 것입니다.

주님의 말씀은 믿음으로 반응하는 자에게는 복이 되고, 믿음으로 반응하지 않는 사람에게는 화가 됩니다. 주님께서는 우리에게 말씀하십니다.

"그러므로 염려하여 이르기를 무엇을 먹을까 무엇을 마실까 무엇을 입을까 하지 말라 이는 다 이방인들이 구하는 것이라 너희 하늘 아버지께서 이 모든 것이 너희에게 있어야 할 줄을 아시느니라 그런즉 너희는 먼저 그의 나라와 그의 의를 구하라 그리하면 이 모든 것을 너희에게 더하시리라"(마 6:31-33).

이 말씀에 우리는 어떻게 반응하고 있습니까? 주님의 말씀에 믿음으로 반응하기를 소원합니다. 주님의 말씀은 반드시 말씀 그대로 이루어진다는 사실을 기억하고 먼저 그의 나라와 그의 의를 구하며 살아가는 우리 가정이 되기를 간절히 축복합니다.

나눔 1 말씀에 믿음으로 반응하여 누렸던 복이 있습니까?

나눔 2 하나님의 말씀에 믿음으로 반응하지 못하고 있는 부분은 무엇입니까?

예수님을 바라보는 우리 가정 기도 :

오늘성경통독 민수기 12장☐ 13장☐ 14장☐

오늘가정예배 찬송 425장 주님의 뜻을 이루소서

Date / /

말씀 민수기 12:6-8 이르시되 내 말을 들으라 너희 중에 선지자가 있으면 나 여호와가 환상으로 나를 그에게 알리기도 하고 꿈으로 그와 말하기도 하거니와 내 종 모세와는 그렇지 아니하니 그는 내 온 집에 충성함이라 그와는 내가 대면하여 명백히 말하고 은밀한 말로 하지 아니하며 그는 또 여호와의 형상을 보거늘 너희가 어찌하여 내 종 모세 비방하기를 두려워하지 아니하느냐

내 말을 들으라

모세는 하나님에게 있어서 너무나 특별한 종이었습니다. 다른 사람들은 선지자를 통하여 하나님의 말씀을 듣지만 모세는 하나님과 직접 대면하여 하나님의 말씀을 듣는 사람이었습니다.

그런데 그런 모세가 구스 여자를 취하여 결혼했습니다. 이스라엘 백성들의 지도자인 모세가 이방 여인과 결혼을 한 것입니다. 그런 모세의 모습에 모세의 누이였던 미리암과 형이었던 아론이 모세를 비방하고 나섭니다. 그러면서 그들은 말합니다. "여호와께서 모세와만 말씀하셨느냐 우리와도 말씀하지 아니하셨느냐"(민 12:2).

무슨 의미입니까? 하나님의 말씀, 하나님의 법을 우리도 알고 있다는 것입니다. 그 말씀에 비추어볼 때 "모세 너는 지금 분명히 잘못하고 있다!"라고 말하고 있는 것입니다. 이것이 그들이 모세를 비방했던 근거였습니다. 그런데 여러분, 이러한 주장 자체가 그들이 하나님의 말씀을 잘 알지 못하고 있다는 사실의 증거라는 것을 아십니까? 하나님의 말씀은 정죄하기 위해서 주신 말씀이 아닙니다. 모든 사람을 품고 모든 사람을 회개하게 하고 모든 사람을 구원하시기 위해서 주시는 말씀이 하나님의 말씀입니다. 그런데 그 말씀을 가지고 사람을 정죄하고 있다면, 그 자체가 하나님의 말씀을 제대로 알지도, 듣지도 못했다는 증거가 되지 않겠습니까?

그래서 하나님께서 미리암과 아론에게 말씀하시는 것입니다. "내 말을 들으라"(민 12:6). 남을 정죄하기 전에 너희가 먼저 내 말을 제대로 들으라는 것입니다. 어중간하게 아는 그 말씀으로 사람을 정죄하지 말고 하나님의 말씀이 분명하게 깨달아질 때까지 계속해서 하나님의 말씀을 들으라는 것입니다.

모세가 구스 여인을 취한 것은 이방인이더라도 주 예수를 믿는 믿음, 하나님을 믿는 믿음이 있다면 하나님의 백성이 될 수 있다는 것을 보여주는 예표였습니다. 하나님께서 모세를 대면하여 그 예표를 이루도록 직접 명령하셨던 것입니다. 미리암과 아론은 그것을 알지도 못하면서 자신들의 생각과 판단에 근거해서 모세를 비방하고 나섰던 것입니다.

정죄의 마음이 일어날 때 우리가 해야 할 일은 하나님의 음성에 귀를 기울이는 일입니다. 그분의 음성을 똑바로 들어야 합니다. 내 생각과 판단으로 사람을 정죄하지 말고 그 상황 가운데 말씀하시는 하나님의 말씀을 분명하게 들어야 합니다. 그렇지 않으면 우리도 미리암과 아론처럼 하나님 앞에 큰 실수를 범하는 미숙한 신앙인이 될 수밖에 없습니다.

늘 하나님의 음성에 귀 기울이고 살기를 소원합니다. "내 말을 들으라"고 말씀하시는 하나님의 말씀에 순종하여 어떤 상황에서도 내 마음대로 판단하지 않고 하나님의 말씀을 듣고 그 말씀을 따라서 행동하는 성숙한 믿음으로 살기를 간절히 축복합니다.

나눔 1 다른 사람을 내 생각으로 판단하고 정죄했던 적이 있나요?

나눔 2 하나님의 음성에 귀 기울였을 때 내 생각과 다른 말씀을 받은 적이 있나요?

예수님을 바라보는 우리 가정 기도 :

오늘성경통독 민수기 15장☐ 16장☐ 17장☐

오늘가정예배 찬송 542장 구주 예수 의지함이

Date / /

말씀 민수기 15:14-15 너희 중에 거류하는 타국인이나 너희 중에 대대로 있는 자나 누구든지 여호와께 향기로운 화제를 드릴 때에는 너희가 하는 대로 그도 그리할 것이라 회중 곧 너희에게나 거류하는 타국인에게나 같은 율례이니 너희의 대대로 영원한 율례라 너희가 어떠한 대로 타국인도 여호와 앞에 그러하리라

하나님의 백성입니까? 이방인입니까?

출애굽은 그 시작부터 이방인들과 함께 시작되었다는 사실을 아십니까? 출애굽기 12장 38절을 보면 "수많은 잡족과 양과 소와 심히 많은 가축이 그들과 함께 하였으며"라고 기록하면서 출애굽은 이스라엘 백성들만이 아니라 수많은 잡족도 함께 동참한 사건이었다는 사실을 분명하게 기록하고 있습니다.

출애굽에 이스라엘 족속이 아닌 수많은 잡족도 동참했다는 것이 무엇을 의미할까요? 하나님의 약속의 땅에 들어갈 수 있는 대상은 한계가 없다는 것입니다.

"이 산지를 지금 내게 주소서"라는 고백으로 유명한 갈렙도 그나스 족속이라고 하는 수많은 잡족 중에 하나였던 사람이었습니다. 그러나 그는 유다 지파의 족장이 되었습니다. 성경은 그가 그렇게 될 수 있었던 이유를 "그가 이스라엘의 하나님 여호와를 온전히 좇았음이라"라고 기록하고 있습니다(수 14:14).

하나님께서는 하나님을 온전히 좇는 사람이라면 그 사람의 출신과 남녀노소와 과거를 전혀 신경 쓰지 않으시고 그를 맞아 주십니다. 하나님의 계획은 처음부터 모든 사람을 품는 것이었습니다.

그래서 오늘 말씀에서도 타국인들이 제사 드릴 수 있는 방법을 알려주고 계시는 것입니다. 타국인이 제사를 드릴 수 있다는 것이 무슨 의미입니까? 타국인이 드리는 제사도 하나님께서 받아 주시겠다는 것입니다. 타국인의 죄도 용서해 주시겠다는 것입니다. 타국인도 자기 백성으로 삼아 주시겠다는 것입니다.

성경에는 그렇게 하나님의 백성이 된 이방인들의 이야기가 많이 기록되어 있습니다. 유다의 며느리였던 다말은 가나안 여인이었지만 예수님의 조상이 되었습니다. 라합도 여리고성에 살던 가나안 족속이었지만 여호와 하나님을 믿음으로 예수님의 조상이 되었습니다. 룻도 마찬가지입니다.

중요한 것은 과거가 아니라 현재 하나님을 향한 믿음입니다. 그가 과거에 어디에서 어떻게 살아왔는지는 하나님께 중요하지 않습니다. 지금 그가 하나님을 믿고 지금 그가 하나님을 온전히 따르고 있다면 하나님은 그 사람을 자기 백성으로, 자기 아들로 삼아 주십니다.

반대로 생각해 보면, 지금 내가 하나님의 백성들의 무리 사이에 껴있다고 할지라도 내 안에 하나님을 향한 온전한 믿음이 없다면 내가 곧 하나님 앞에 이방인이라는 것입니다.

지금 우리는 하나님 앞에 하나님의 백성입니까? 아니면 이방인입니까? 하나님께서 갈렙을 평가하셨던 "그가 이스라엘의 하나님 여호와를 온전히 좇았음이라"라는 평가가 과연 우리에게도 똑같이 내려질지 자신의 삶을 스스로 돌아보며 온전한 믿음을 회복하는 우리 가정이 되기를 간절히 소원합니다.

나눔 1 나는 하나님을 온전히 좇고 있는 사람입니까? 그렇지 못한 부분은 무엇입니까?

나눔 2 과거보다 지금 더 성숙해졌다고 말할 수 있는 믿음의 영역이 있습니까?

예수님을 바라보는 우리 가정 기도 :

말씀 민수기 19:9 이에 정결한 자가 암송아지의 재를 거두어 진영 밖 정한 곳에 둘지니 이것은 이스라엘 자손 회중을 위하여 간직하였다가 부정을 씻는 물을 위해 간직할지니 그것은 속죄제니라

복음 없이는 살 수 없습니다

오늘 말씀에는 진영 밖에서 불태움을 당하는 붉은 암송아지에 대한 이야기가 기록되어 있습니다. 하나님께서는 모세와 아론에게 붉은 암송아지를 태운 재를 만들라고 말씀하십니다. 그러면서 재가 될 암송아지의 조건을 말씀하시는데 그 조건은 "온전하여 흠이 없고 아직 멍에 메지 아니한 붉은 암송아지"여야 한다는 것이었습니다.

붉은 암송아지는 진영 밖에서 제사장의 손에 의해 죽임을 당합니다. 그리고는 불태워져서 재만 남게 됩니다. 오늘 말씀은 붉은 암송아지를 태우고 남은 그 재를 통해 부정한 것들을 정결하게 한다고 말하고 있습니다.

이 붉은 암송아지는 예수 그리스도의 모습을 우리에게 보여줍니다. 예수님은 온전하여 흠이 없으신 분이십니다. 그분은 아직 멍에를 메지 아니한 죄가 없으신 분이십니다. 그런 예수님께서 무슨 일을 당하십니까?

히브리서 13장 12절은 "그러므로 예수도 자기 피로써 백성을 거룩하게 하려고 성문 밖에서 고난을 받으셨느니라"라고 말하면서 예수님께서 바로 진영 밖에서 우리의 죄를 대신하여 감당하신 그 붉은 송아지, 속죄제물이라는 사실을 밝히고 있습니다.

우리 주님께서 성문 밖에서 고난을 당하시고 남긴 재가 우리에게도 있습니다. 주님께서 십자가에 달려 죽으심으로 우리의 죄를 대속하셨다는 십자가 복음이 주님께서 남긴 재입니다. 그 복음이 우리를 정결하게 합니다.

그 복음에 죄 가운데 있는 부정한 사람들을 깨끗하게 할 수 있는 능력이 있습니다. 복음이 아니고서는 죄인을 돌이킬 방법이 없습니다. 복음이 이 땅을 물들인 죄를 몰아내는 능력이고 마귀의 권세를 끊어내는 힘입니다. 그래서 주님께서 우리를 향하여 땅끝까지 복음을 전하라고 하신 것입니다.

암송아지를 태우고 남은 재를 물에 타서 뿌려 부정한 것을 몰아내듯이 악한 영이 사로잡고 있는 이 세상 곳곳에 복음의 잿물을 뿌려 정결하게 하라는 것입니다.

동시에 우리 역시 날마다 복음으로 정결함을 얻어야 합니다. 민수기 19장 12절을 보면 "그는 셋째 날과 일곱째 날에 잿물로 자신을 정결하게 할 것이라"라고 말씀하십니다. 복음의 잿물로 정결하게 되는 것은 한 번으로 끝내지 말라는 것입니다. 일주일 내내, 복음 가운데 거하라는 것입니다. 죄가 매일매일, 하루 24시간 내내 우리를 오염시키기 위하여 우리 주위를 어슬렁거리기 때문입니다.

복음은 우리 자신을 정결하게 하는 잿물이요, 죄의 권세 가운데 있는 세상을 구원하는 잿물입니다. 복음이 없이는 나도 살 수 없고 세상도 살 수 없습니다. 그 귀한 생명의 잿물이 우리에게 있습니다.

우리가 받은 그 정결하게 하는 잿물 복음으로 날마다 우리 자신을 씻고 세상을 정결케 하는 우리 가정이 되기를 소원합니다.

나눔 1 지난 일주일 중에 복음 안에 머물렀다고 할 수 있는 날은 언제입니까?

나눔 2 복음의 잿물을 세상에 뿌리라는 주님의 명령에 얼마나 순종했습니까?

예수님을 바라보는 우리 가정 기도 :

말씀 민수기 21:5 백성이 하나님과 모세를 향하여 원망하되 어찌하여 우리를 애굽에서 인도해 내어 이 광야에서 죽게 하는가 이곳에는 먹을 것도 없고 물도 없도다 우리 마음이 이 하찮은 음식을 싫어하노라 하매

죄의 작은 씨앗까지 버리세요

죄는 아주 사소한 것에서부터 시작됩니다. 아마 죄라는 것이 처음부터 아주 큰 모습으로 우리에게 다가온다면 우리가 쉽게 경계하고 물리칠 수 있을 것입니다.

그런데 죄라는 것은 아주 작은 모습으로, 아주 사소한 문제로 우리 가운데 찾아옵니다. 작은 불평, 작은 원망에서부터 우리를 집어삼키는 죄의 문제가 시작됩니다. 그래서 마음을 지켜야 합니다. 작은 죄라도 가볍게 여기지 말고 깨어 회개해야 합니다. 그래서 죄의 씨앗이 우리 안에서 자라 우리의 마음을 삼키는 것을 막을 수 있습니다.

오늘 말씀은 이스라엘이 에돔 땅의 테두리를 따라서 이동할 때 일어난 일입니다. 이스라엘은 에돔 땅으로 들어갈 수가 없었습니다. 들어갔다가는 그들로부터 공격을 당할 것이 뻔했기 때문입니다. 문제는 그 테두리 영역이 광야였다는 사실입니다. 물도 없고 먹을 것도 없고 그늘도 없는 광야가 그들의 행로였습니다.

그 길에 들어서자마자 백성들의 마음 가운데 원망과 불평의 마음이 일어나기 시작합니다. 아마 처음에는 "넓은 에돔 땅에 편한 길을 내버려 두고 왜 이렇게 불편한 길로 가는 거야?"라는 불평으로 시작했을 것입니다. 그런데 그렇게 시작된 불평이 "어찌하여 우리를 애굽에서 인도해 내어 이 광야에서 죽게 하는가"(민 21:5)라고 커지더니 결국에는 "이 하찮은 음식을 싫어하노라"(민 21:5)라는 절대로 해서는 안 되는 원망을 하기에 이르렀습니다.

여기에서 이스라엘 백성들이 말하는 "이 하찮은 음식"이 무엇인지 아십니까? '만나'입니다. 그들이 먹을 것이 하나도 없어 굶어 죽게 되었다고 원망했을 때 하나님께서 하늘에서 내려주신 만나, 처음 먹었을 때 "그 맛이 꿀 섞은 과자 같았다"라고 극찬하며 감사함으로 받았던 그 만나를 지금 "이 하찮은 음식"이라고 말하고 있는 것입니다.

그들에게 만나가 내리지 않았으면 그들은 이미 모두 죽었을 것입니다. 지금 에돔 광야를 걷기까지 그들의 생명이 붙어 있는 것은 모두 하늘에서 내린 만나 때문이었습니다. 그런데 그 만나를 "이 하찮은 음식"이라고 말하고 있는 것입니다. 우리 안에 찾아오는 죄를 가볍게 여기면 이런 현상이 일어나게 되어 있습니다.

작은 불평, 작은 원망을 회개하지 않고 그대로 내버려 두면 하늘에서 내린 은혜, 내 생명을 지키시고 돌보시는 하나님의 은혜를 하찮은 것으로 여기는 영적 죽음의 상태에 이르게 됩니다. 그래서 작은 죄가 우리 마음속에 들어올 때 곧바로 깨어 회개해야 합니다. 정신 똑바로 차려야 합니다. 마음을 지켜야 생명을 지킬 수 있습니다(잠 4:23).

우리 안에 작은 불평, 작은 원망조차도 남지 않도록 죄에 민감하게 반응하기를 소원합니다. 생명의 근원이 되는 우리의 마음에 사탄이 뿌리고 가는 작은 죄의 씨앗까지도 방치하지 않고 뽑아서 버릴 수 있는 영적인 민감성이 살아있기를 간절히 바랍니다.

나눔 1 오늘 내 안에 찾아온 가벼워 보이는 죄는 무엇이 있나요?

나눔 2 각자 조용히 회개의 기도 시간을 갖고 인도자가 대표해서 회개의 기도를 드립시다.

예수님을 바라보는 우리 가정 기도 :

말씀 민수기 24:1-2 발람이 자기가 이스라엘을 축복하는 것을 여호와께서 선히 여기심을 보고 전과 같이 점술을 쓰지 아니하고 그의 낯을 광야로 향하여 눈을 들어 이스라엘이 그 지파대로 천막 친 것을 보는데 그 때에 하나님의 영이 그 위에 임하신지라

믿음의 길의 결론

발람은 당시에 유명했던 점술가였습니다. 이스라엘 백성들에게 위협을 느낀 모압 왕 발락은 유명한 점술가 발람을 불러서 이스라엘을 저주하려고 하였습니다.

그러나 하나님께서 발람에게 나타나셔서 저주가 아니라 오히려 축복의 선언을 하게 하심으로 발람의 입을 통하여 이스라엘을 향한 축복이 선포됩니다.

발람은 산 위에 올라가서 이스라엘 백성들의 진영을 바라보았습니다. 그 진영의 모습은 십자가 모양과 같았을 것입니다. 하지만 이스라엘의 진영이 정확하게 십자가 모양을 하고 있었다고 확신할 수 있는 증거는 없습니다.

그러나 진영을 배치할 때 계수한 각 지파의 수에 따라서 진영을 배치해 보면 십자가처럼 진영이 짜여졌다는 것을 확인할 수 있습니다. 결국 발람은 십자가 모양이거나, 적어도 십자가와 비슷한 모양의 이스라엘 진영을 바라보며 이스라엘을 축복한 것입니다.

결국 이스라엘을 향한 발람의 축복은 예수 그리스도의 십자가가 하나님의 백성 가운데 가져올 놀라운 구원의 복음을 가리키는 축복인 것입니다.

발람은 "그의 왕이 아각보다 높으니 그의 나라가 흥왕하리로다"라고 말합니다. 십자가를 지신 우리 왕 예수 그리스도께서 이 세상의 왕들보다 높게 될 것이고 그분의 나라가 흥왕하게 될 것이라는 말입니다. 최후의 승리가 예수 그리스도와 그분의 백성들에게 있음을 이미 수천 년 전에 발람이 예언했던 것입니다.

"흥왕하다"라고 번역된 히브리어 '파라흐'는 꽃봉오리가 터져 숨겨졌던 꽃잎들이 활짝 피는 모습을 표현하는 말입니다.

하나님나라가 이 땅 가운데 활짝 펼쳐질 그 날이 반드시 옵니다. 그리스도인들의 삶이 주님의 나라에서 활짝 피어나는 그 날이 반드시 옵니다.

그것이 발람의 예언이고 성경이 말하는 결론입니다. 그러므로 흔들리지 말아야 합니다. 주님의 날이 오는 그날까지 우리의 왕 되신 예수 그리스도와 함께 살기를 포기하지 말고, 예수 그리스도의 십자가 복음을 붙잡고 사는 우리 가정이 되기를 포기하지 말아야 합니다.

믿음의 길의 정해진 결론은 흥왕하는 것이라는 사실을 잊지 않고 사는 우리 가정이 되기를 소원합니다. 늘 주님과 함께 살고, 늘 주님의 나라를 위하여 살아서 주님의 나라가 이 땅 가운데 임하는 그 날에 진정한 흥왕의 날을 맞이하는 우리 가정이 되기를 주님의 이름으로 간절히 축복합니다.

나눔 1 내가 생각하는 아름다운 삶의 모습은 무엇입니까?

나눔 2 최후 승리의 날에 그 기쁨을 온전히 함께 누리는 사람은 어떤 사람일까요?

예수님을 바라보는 우리 가정 기도 :

오늘성경통독 민수기 27장 ☐ 28장 ☐ 29장 ☐

오늘가정예배 찬송 380장 나의 생명 되신 주

Date / /

말씀 민수기 27:15-17 모세가 여호와께 여짜와 이르되 여호와, 모든 육체의 생명의 하나님이시여 원하건대 한 사람을 이 회중 위에 세워서 그로 그들 앞에 출입하며 그들을 인도하여 출입하게 하사 여호와의 회중이 목자 없는 양과 같이 되지 않게 하옵소서

죽음을 이기는 힘

모세는 80세에 출애굽을 이끌기 시작하여 120세에 죽습니다. 가나안 땅 입성을 코앞에 두고 결국 그 땅을 밟아 보지도 못하고 죽음을 맞이하게 됩니다. 사실 모세도 하나님께 가나안 땅에 들어가게 해달라고 애원했던 적이 있었습니다.

"구하옵나니 나를 건너가게 하사 요단 저쪽에 있는 아름다운 땅, 아름다운 산과 레바논을 보게 하옵소서"(신 3:25). 그러나 하나님께서는 "그만해도 족하니 이 일로 다시 내게 말하지 말라"(신 3:26)라고 말씀하시면서 단칼에 거절하십니다.

이 일이 있고 난 뒤에 모세는 다시는 하나님께 가나안 땅에 들어가게 해달라고 간구하지 않았습니다. 하나님께서 한번 말씀하신 것을 돌이키는 분이 아니시라는 것을 알았던 것입니다.

대신에 모세는 이렇게 간구합니다. "한 사람을 이 회중 위에 세워서 그로 그들 앞에 출입하며 그들을 인도하여 출입하게 하사 여호와의 회중이 목자 없는 양과 같이 되지 않게 하옵소서"(민 27:16-17).

모세는 지금 자기를 대신해서 이스라엘 백성들을 인도할 목자를 구하고 있습니다. 자신의 후계자를 세워달라는 것입니다. 자기가 가나안 땅에 못 들어가고 죽는 것을 받아들이고 그다음을 준비한 것입니다. 내가 죽더라도 이 백성을 이끌 사람을 세워달라는 것입니다. 모세가 위대한 지도자라는 사실이 이 장면을 통하여 나타나고 있습니다.

많은 사람들이 넘지 못하는 산이 바로 죽음의 산입니다. 멀쩡해 보이던 사람도, 위대한 능력이 있는 사람처럼 보였던 인물도 자신의 죽음을 직면하면 두려워 떨면서 그동안 쌓아왔던 명성을 지키지 못하고 무너집니다.

무슨 수를 써서라도 한 날, 한 시라도 더 살고 싶어 합니다. 삶에 대한 미련을 버리지 못하기에 점점 더 삶에 집착합니다. 그래서 정말 위대한 사람은 죽음을 인정하고 받아들입니다. 죽음을 인정해야 죽음 다음의 것을 준비할 수 있기 때문입니다.

죽음이라는 것은 우리가 선택하거나 결정할 수 있는 문제가 아닙니다. 그냥 받아들여야 하는 문제입니다. 죽음은 언제 찾아올지 모르고 어떤 방식으로 찾아올지 모르는 것입니다. 그러니 우리는 언제 어떤 방법으로든지 죽을 수 있다는 것을 항상 인정하고 살아야 합니다. 그래야 우리의 삶이 죽음 앞에서 무너지지 않을 수 있습니다.

성경에 기록된 위대한 인물 모세, 엘리사, 다윗, 사도 바울, 여러 사도들 그리고 예수님과 같은 위대한 인물들은 죽음이 두려워 떨지 않았습니다. 죽음은 누구에게나 찾아오는 당연한 것으로 여기고 죽음 그 다음의 것을 준비했습니다.

우리도 죽음 앞에 두려워 떨지 않게 되기를 소원합니다. 언젠가 우리 모두에게 죽음이 찾아온다는 것을 기억하고 그 죽음 너머에 있는 것을 준비하며 살아가기를 간절히 축복합니다.

나눔 1 내가 죽음을 맞이하게 되었을 때 가족에게 해줄 수 있는 최고의 선물은 무엇일까요?

나눔 2 나는 죽음 너머의 것을 위하여 무엇을 준비하고 있습니까?

예수님을 바라보는 우리 가정 기도 :

말씀 민수기 32:39-42 므낫세의 아들 마길의 자손은 가서 길르앗을 쳐서 빼앗고 거기 있는 아모리인을 쫓아내매 모세가 길르앗을 므낫세의 아들 마길에게 주매 그가 거기 거주하였고 므낫세의 아들 야일은 가서 그 촌락들을 빼앗고 하봇야일이라 불렀으며 노바는 가서 그낫과 그 마을들을 빼앗고 자기 이름을 따라서 노바라 불렀더라

적극적으로 임하세요

오늘 말씀을 보면 요단강 동쪽의 땅을 분배받게 되는 세 지파에 관련된 이야기가 기록되어 있습니다. 요단강 동쪽 땅은 르우벤 지파, 갓 지파, 므낫세 지파 중에 반에 해당하는 사람들이 차지하게 됩니다. 그런데 민수기 32장 말씀을 자세히 보면 원래 그 땅을 분배받기로 한 사람들은 르우벤 지파와 갓 지파뿐임을 알게 됩니다.

르우벤 지파와 갓 지파 사람들에게는 많은 가축 떼가 있었습니다. 그런데 요단 동쪽 땅을 바라보니 목축하기에 아주 좋은 땅이었습니다. 그래서 그들은 모세에게 이 땅을 우리에게 달라고 요청합니다. 모세의 허락을 받은 르우벤 지파와 갓 지파는 가축우리를 만들고 견고한 성읍을 건축하기 시작합니다.

그런데 그때 뜬금없이 므낫세 지파의 기록이 등장합니다. 르우벤 지파와 갓 지파가 가축우리와 견고한 성읍을 짓고 있던 그 시간에 다른 지파들은 그냥 기다리고 있었는데 므낫세 지파 사람들이 주변에 있는 아모리인들을 쫓아내고 그 땅을 차지합니다. 그 모습을 본 모세가 그들이 차지한 땅을 그들의 기업으로 주었습니다.

므낫세 지파가 르우벤 지파와 갓 지파가 요단 동쪽 땅을 차지하는 것을 보고만 있었더라면, 요단강 동쪽의 풍요로운 땅에 그들의 몫은 없었을 것입니다. 그러나 그들은 가만히 있지 않았습니다. 자리를 떨치고 일어나 적극적으로 그 땅을 차지했습니다. 그렇게 그들은 풍요로운 땅의 한 자리를 차지하게 되었고 그 땅이 그들 지파의 기업이 되었습니다.

많은 사람들이 자신들의 삶의 자리가 하나님께서 주시는 은혜와 평강이 넘쳐흐르는 풍요로운 자리가 되기를 사모합니다. 하나님을 믿는 사람들의 마음속에는 누구에게나 그런 소망이 있습니다. 그런데 그 소망을 이루기 위한 자세는 천차만별입니다.

어떤 사람은 그 소망을 이루기 위하여 적극적으로 움직입니다. 열심히 기도하고, 열심히 하나님의 뜻을 따릅니다. 어떻게든 하나님의 말씀대로 살아보려고 몸부림칩니다. 반면에 어떤 사람들은 아무것도 하지 않습니다. 기도도 하지 않고 말씀대로 살기를 애써보지도 않습니다. 그러면서도 은혜와 평강이 넘치는 삶의 자리를 이루는 소망은 여전히 가지고 있습니다.

천국은 침노하는 자의 것이라고 했습니다. 우리가 가지고 있는 소망이 그냥 이루어지기를 바라서는 안 됩니다. 침노해야 합니다. 우리의 삶의 자리가 은혜가 넘치고 평강이 넘치고 감사가 넘치는 자리가 되기 위해서 므낫세 지파처럼 적극적으로 움직여야 합니다.

여러분들의 삶의 자리가 은혜와 평강이 넘쳐 흐르는 풍요로운 땅이 되기를 사모하십니까? 그렇다면 일어나 침노하십시오. 침노하는 자가 빼앗게 될 것입니다(마 11:12).

나눔 1 우리의 삶의 자리를 향한 어떤 소망이 있으십니까?

나눔 2 그 소망을 이루기 위해 우리 가족이 함께 해야 할 일은 무엇입니까?

예수님을 바라보는 우리 가정 기도 :

말씀 민수기 33:51-53 이스라엘 자손에게 말하여 그들에게 이르라 너희가 요단 강을 건너 가나안 땅에 들어가거든 그 땅의 원주민을 너희 앞에서 다 몰아내고 그 새긴 석상과 부어 만든 우상을 다 깨뜨리며 산당을 다 헐고 그 땅을 점령하여 거기 거주하라 내가 그 땅을 너희 소유로 너희에게 주었음이라

먼저 하나님과 올바른 관계를 맺으세요

이스라엘 백성들은 40년 광야 생활을 하면서 철저히 하나님의 인도하심을 따랐습니다. 성막에서 구름이 떠오르면 행진하였고 구름이 머무르면 진을 쳤습니다. 다시 말하면 그들의 진행을 결정하신 분은 하나님이셨습니다. 그렇게 하나님의 결정을 따라서 가다 보니 어느새 가나안 땅 입성을 눈앞에 두게 된 것입니다. 그러니 이스라엘은 가나안 땅에 입성하게 된 것이 오직 하나님의 은혜라고 고백할 수밖에 없었습니다.

하나님께서는 그런 그들에게 가나안 땅에 입성해서 가장 먼저 해야 할 일을 명령하십니다. 그것은 그 땅의 원주민을 너희 앞에서 다 몰아내고 그 새긴 석상과 부어 만든 우상을 다 깨뜨리며 산당을 다 헐고 그 땅을 점령하여 거기 거주하라는 것이었습니다(민 33:52-53).

이 말씀의 순서를 주목해야 합니다. 하나님께서는 먼저 거기 거주하고 나중에 우상들과 산당들을 헐어버리라고 말씀하지 않으십니다. 먼저 원주민을 몰아내고, 우상을 깨뜨리고, 산당을 다 헐어버린 다음에 그 땅에 거주하라고 말씀하십니다. 이것이 하나님의 은혜로 살아왔다는 것을 믿는 사람에게 마땅한 삶의 태도라는 것입니다.

진정으로 은혜를 깨닫지 못한 사람들은 자신들의 삶이 안정적으로 세워진 이후에 하나님을 찾는 믿음을 세우겠다고 말합니다. 집을 먼저 짓고, 자신의 생명과 가정을 보호할 견고한 성읍을 먼저 짓고 나서 우상을 몰아내고 하나님을 위한 성전을 지어가겠다고 생각합니다.

그러나 하나님께서는 반대라고 말씀하십니다. 하나님과의 관계를 무너뜨릴 수 있는 것들을 먼저 몰아낸 다음에 거주하는 데 필요한 것을 준비하라고 말씀하십니다. 그것이 정말 은혜를 깨달은 사람의 삶의 모습이라는 것입니다.

하나님의 은혜로 살아왔음을 정말 아는 사람은 마땅히 이렇게 행동합니다. 먹고 사는 일이 막막하더라도 하나님과의 관계를 온전히 세우는 것을 최우선으로 삼습니다. 왜냐하면 하나님께서 나에게 베풀어주신 그 은혜가 나와의 관계를 회복하시기 위하여 자기 생명까지 내어주신 은혜임을 알기 때문입니다. 내가 받은 은혜가 자신의 안위를 돌보지 않으시고 나를 위하여 자기 자신을 십자가에 내어주신 은혜라는 것을 정말 안다면, 그분과의 관계보다 먹고 사는 것을 더 우선할 수 없는 것입니다.

우리는 정말 은혜를 깨달은 자입니까? 하나님의 은혜가 아니고서는 나도, 우리 가정도 없다는 것을 정말 믿음으로 고백하십니까? 그렇다면 우선순위를 제대로 정하기를 바랍니다. 나를 하나님으로부터 멀어지게 하는 것들을 먼저 제거하고, 하나님과의 친밀한 관계를 먼저 세우기를 소원합니다. 먹고 살 걱정보다 영적인 혼탁함을 더욱 걱정하며 살아갈 수 있는, 진정으로 은혜를 알기를 간절히 축복합니다.

나눔 1 하나님과의 관계와 먹고 사는 일 중 내 삶의 우선순위는 무엇입니까?

나눔 2 내 삶 가운데 아직 깨뜨리지 못한 우상은 무엇이 있나요?

예수님을 바라보는 우리 가정 기도 :

신명기 _ 사사기

오늘성경통독 신명기 1장 □ 2장 □
오늘가정예배 찬송 357장 주 믿는 사람 일어나

Date / /

말씀 신명기 2:30-31 헤스본 왕 시혼이 우리가 통과하기를 허락하지 아니하였으니 이는 네 하나님 여호와께서 그를 네 손에 넘기시려고 그의 성품을 완강하게 하셨고 그의 마음을 완고하게 하셨음이 오늘날과 같으니라 그 때에 여호와께서 내게 이르시되 내가 이제 시혼과 그의 땅을 네게 넘기노니 너는 이제부터 그의 땅을 차지하여 기업으로 삼으라 하시더니

마귀와의 전쟁에서 승리합시다

세상에는 믿는 사람들을 대적하고 방해하는 무리가 있습니다. 그 무리를 우리는 마귀 혹은 사탄이라고 부릅니다.

그리스도의 자녀인 우리는 그들과 싸우고 싶은 생각이 전혀 없고 그저 주님만 바라보고, 그저 주님과 동행하고 싶은 것이 우리 마음인데 마귀는 자꾸만 우리를 찾아와서 싸움을 걸어옵니다. 우리는 항상 마귀의 공격에 견디고 참아야 하는 입장인 것 같습니다.

그런데 사실 그런 식으로 대응해서는 이길 수가 없습니다. 마귀가 우리 마음을 흔들고 유혹해 올 때, '아! 지금 나를 유혹하는구나, 지금 나를 시험하는구나!'라고 깨닫고 견디고 참고 이기는 것도 굉장히 중요합니다.

그러나 궁극적으로 우리의 싸움은 막고 참는 싸움이 아니라 공격하는 싸움이 되어야 합니다. 공격이 최선의 방어라는 말이 있듯이 우리 안에 유혹이 일어나기 전에, 시험이 일어나기 전에 내가 먼저 일어나 죄와 싸워야 합니다.

오늘 말씀에서 모세는 헤스본 왕 시혼과 전쟁을 했던 때를 회상하고 있습니다. 모세는 그들과 싸울 생각이 없었습니다. 모세의 목적은 그저 그 땅을 지나서 약속의 땅 가나안으로 가는 것뿐이었습니다. 그래서 모세는 사자를 보내 "가만히 내버려만 두면, 너희들에게 피해 주지 않고 그냥 지나갈 테니 지나가게만 해 달라!"고 부탁을 합니다. 그런데 헤스본 왕 시혼은 그들을 가만히 내버려 두지 않습니다. 그냥 지나가게 내버려 두라는데 헤스본 왕 시혼은 군사를 이끌고 와서 이스라엘을 공격합니다.

이것이 오늘날 우리에게 일어나고 있는 영적 공격입니다. 가만히 좀 내버려 두라는데, 우리는 이 세상을 지나서 하나님나라로 가겠다는데 끝까지 쫓아와서 공격하고 방해하는 것이 마귀가 하는 짓입니다. 그럴 때 우리가 어떻게 행해야 합니까? 하나님께서는 "내가 이제 시혼과 그의 땅을 네게 넘기노니 너는 이제부터 그의 땅을 차지하여 기업으로 삼으라"라고 말씀하십니다(신 2:31).

공격해 온다고 받고만 있지 말고, 방어만 하지 말고 그 땅을 공격해서 차지하고 기업으로 삼으라는 것입니다. 마귀가 우리를 공격하는 그 전쟁터를 오히려 역으로 공격해서 차지하고 내 땅으로 삼으라는 것입니다.

마귀가 우리를 공격하는 전쟁터가 어디입니까? 직장? 가정? 사람들과의 관계? 그 전쟁터에서 당하고, 막고, 방어만 하지 말고 공격하십시오. 그 전쟁터를 쳐서 정복하십시오. 그곳에서 믿음을 선포하고, 말씀을 선포하고, 주 예수 그리스도의 이름을 선포함으로 그 땅을 차지하십시오. 더 이상 그 땅이 마귀의 기업이 되지 않도록 그곳에 믿음의 공격을 퍼부어서 믿음의 기업으로 세우십시오. 하나님께서는 우리가 그렇게 죄를 공격하고 이겨나가기를 원하십니다.

나눔 1 내 마음에 시험이 일어나고 유혹이 일어나는 전쟁터는 어디인가요?

나눔 2 그 전쟁터를 어떤 식으로 공격하면 승리할 수 있을까요?

예수님을 바라보는 우리 가정 기도 :

오늘성경통독 신명기 3장☐ 4장☐
오늘가정예배 찬송 300장 내 맘이 낙심되며 Date / /

말씀 신명기 4:6-7 너희는 지켜 행하라 이것이 여러 민족 앞에서 너희의 지혜요 너희의 지식이라 그들이 이 모든 규례를 듣고 이르기를 이 큰 나라 사람은 과연 지혜와 지식이 있는 백성이로다 하리라 우리 하나님 여호와께서 우리가 그에게 기도할 때마다 우리에게 가까이 하심과 같이 그 신이 가까이 함을 얻은 큰 나라가 어디 있느냐

주님이 나를 가장 잘 아십니다

주님께서 우리에게 주시는 말씀이 때로는 우리 삶과 너무 동떨어져 있지 않은가 하는 마음이 들 때가 있습니다. 내 삶의 형편 속에서는 도저히 해낼 수 없을 것 같은 일들을 도전하고 너무 이상적인 말들만 고집하고 있는 것은 아닌가 하는 마음이 들 때가 있습니다. 많은 사람들이 그런 이유로 말씀은 말씀대로, 삶은 삶대로 별개의 문제처럼 여기고 살아갑니다.

그러나 그것은 주님이 어떤 분이신지를 모르기 때문에 일어나는 오류입니다. 우리 주님은 하늘 높은 곳에서 우리를 내려다보시는 분이 아니십니다. 우리 주님은 우리를 창조하시고 알아서 살아가라고 내버려두시는 분이 아니십니다. 예수 그리스도께서 세상의 많은 우상들과 근본적으로 다른 것은 그분이 우리 밖에서 우리를 다스리시기만 하는 것이 아니라 우리 안에 오셔서 우리와 동행하신다는 사실입니다.

주님은 우리 밖에 머무시는 분이 아니십니다. 우리 안에 오셔서 우리와 함께 살아가시는 분이 우리 주님이십니다. 예수님의 등장은 처음부터 우리 가운데로 오시는 것이었습니다. 전능하신 하나님이 인간의 옷을 입으시고 이 땅에 오셨습니다. 그분은 사람들 가운데로 들어가셔서 복음을 전하시고 사람들 가운데서 죽으셨습니다. 부활하시고 승천하신 주님은 거룩한 영으로 우리 가운데 다시 오셨습니다. 그러니 주님의 가장 큰 특징은 '우리 가운데 거하시는 분'이라는 것입니다. 오늘 말씀이 말하고 있는 것과 같이 우리 하나님 여호와께서 우리가 그에게 기도할 때마다 우리에게 가까이하심과 같이 그 신이 가까이함을 얻은 큰 나라가 어디 있습니까?

주님께서는 세상 그 어떤 신들보다 우리를 가까이하십니다. 가까이 하다못해 아예 우리 안에 오셨습니다. 그러니 우리 사정을 그 누구보다 더 잘 아십니다. 지금 우리에게 필요한 것이 무엇인지 나보다 더 잘 아시는 분이 주님이십니다. 그러니 주님께서 주시는 말씀은 우리가 판단하고 생각해야 할 문제가 아닙니다. 그냥 받으면 되는 것입니다. 그냥 믿고 따르면 되는 것입니다. 나보다 나를 더 잘 아시는 주님께서 나에게 가장 필요한 말씀을 선별해서 주시는데 우리가 고민할 필요나 판단할 이유가 무엇이 있습니까?

주님께서 주시는 말씀은 그냥 믿고 그냥 따르는 것입니다. 우리가 주님을 정말 신뢰한다면, 우리가 주님을 정말 주님으로 믿고 따르는 사람이라면 주님의 말씀 앞에서 고민할 이유가 없습니다. 오늘 주님께서 당신에게 무엇이라고 말씀하셨습니까? 무엇을 도전하셨습니까? 고민하고 판단하지 마십시오. 그냥 따르십시오. 그러면 주님께서 가장 정확한 말씀을 주셨다는 것을 확인할 수 있는 그 날이 속히 올 것입니다.

나눔 1 주님께서 나에게 주시는 말씀이나 도전하시는 것을 나누어 보세요.

나눔 2 주님의 말씀 앞에서 망설이고 있는 것이 있다면 나누어 보세요.

예수님을 바라보는 우리 가정 기도 :

말씀 신명기 5:1-3 모세가 온 이스라엘을 불러 그들에게 이르되 이스라엘아 오늘 내가 너희의 귀에 말하는 규례와 법도를 듣고 그것을 배우며 지켜 행하라 우리 하나님 여호와께서 호렙 산에서 우리와 언약을 세우셨나니 이 언약은 여호와께서 우리 조상들과 세우신 것이 아니요 오늘 여기 살아 있는 우리 곧 우리와 세우신 것이라

사랑하는 자들에게 복음을 전합시다

오늘 말씀에서 모세는 그와 함께하는 온 이스라엘 백성들을 불러서 40년 전 호렙산에서 하나님께서 말씀하셨던 십계명의 말씀을 다시 알려주고 있습니다. 신명기는 가나안 땅 입성을 앞두고 모압 평지에서 모세가 마지막 설교를 하고 있는 책이니 모세가 호렙산에 올라서 하나님께 계명을 받은 지 벌써 40년이나 지났을 때입니다. 그때 모세와 함께 하나님께 계명을 받았던 사람들은 그 긴 광야 생활을 하는 동안 모두 죽었습니다. 그때 함께 했던 사람 중에서 남아 있는 사람은 여호수아와 갈렙 정도였습니다.

그런데 오늘 말씀에서 모세는 그 40년 전에 하나님과 언약을 맺은 것은 죽은 조상들 곧 호렙산에서 하나님의 말씀을 직접 받았던 그 사람들이 아니라 지금 살아 있는 우리라고 말하고 있습니다.

하나님의 말씀은 모든 사람에게 공평하게 전해지는 기준입니다. 호렙산에서 직접 하나님과 언약을 맺었던 이스라엘 사람들의 조상에게나, 40년이 지나서 살아남은 그 조상들의 후손들에게나, 수천 년이 지나서 성경을 통해 언약의 말씀을 바라보고 있는 우리에게나 하나님의 말씀은 차별없이 공평하게 적용됩니다.

지금 모세의 설교를 듣고 있는 이스라엘의 후손들이 40년 전 호렙산에 없었다고 해서 하나님의 약속을 적용받지 못하는 것이 아니듯 오늘을 살아가는 우리도 마찬가지입니다. 하나님의 말씀은 그 말씀을 듣는 모든 사람, 곧 "오늘 여기 살아 있는 우리와 세우신 것"입니다(신 5:3).

하나님께서 우리를 바라보시는 기준은 그분께서 말씀하시는 그때 그 자리에 있었느냐가 아닙니다. 우리가 하나님 앞에 서게 되었을 때 그분께서 우리에게 질문하실 것은 "하나님의 규례와 법도를 듣고 그것을 배우며 지켜 행하였는가?"라는 문제입니다(신 5:1). 하나님의 약속은 시간과 공간을 초월합니다. 그 말씀을 듣고 행하는 모든 자에게는 동일한 은혜를 베푸시는 분이 하나님이십니다.

"오늘 여기 살아 있는 우리"에게 하나님의 말씀이 전해졌습니다. "주 예수를 믿으라 그리하면 너와 네 집이 구원을 받으리라"라는 약속의 말씀을 듣지 못한 사람은 거의 없습니다. 그 말씀을 듣고 예수를 믿는 자는 구원을 받을 것이고 말씀을 듣고도 믿지 않는 자는 정죄를 받을 것입니다(막 16:16).

이것이 모든 사람에게 주시는 약속의 말씀입니다. 그 말씀에 해당하지 않는 사람은 아무도 없습니다. 그러니 아직 기회가 있을 때 사랑하는 사람들에게 약속의 말씀을 전하십시오. 정말 사랑하는 사람일수록 복음 전하기를 멈추지 마십시오. 우리의 사랑하는 사람들이 미움받는 자로 정죄되지 않도록 끝까지 기도하고 끝까지 전하여 하나님의 진노에서 그들을 건져낼 수 있도록 최선을 다합시다.

나눔 1 내가 사랑하는 사람 중에 아직 구원받지 못한 사람들을 나누고 그들을 위해 함께 기도하세요.

나눔 2 매일 특정한 시간을 그들을 위해 기도하는 시간으로 계획을 세워보세요.

예수님을 바라보는 우리 가정 기도 :

오늘성경통독 신명기 8장 □ 9장 □ 10장 □ 11장 □

오늘가정예배 찬송 425장 주님의 뜻을 이루소서

Date / /

말씀 신명기 8:2-3 네 하나님 여호와께서 이 사십 년 동안 에 네게 광야 길을 걷게 하신 것을 기억하라 이는 너를 낮추시며 너를 시험하사 네 마음이 어떠한지 그 명령을 지키는지 지키지 않는지 알려 하심이라 너를 낮추시며 너를 주리게 하시며 또 너도 알지 못하며 네 조상들도 알지 못하던 만나를 네게 먹이신 것은 사람이 떡으로만 사는 것이 아니요 여호와의 입에서 나오는 모든 말씀으로 사는 줄을 네가 알게 하려 하심이니라

하나님이 원하시는 인생

우리에게 주어진 인생이라는 시간은 기회입니다. 하나님께서 기뻐하시는 모습으로 주님의 품에 안길 수 있도록 주어진 시간이 우리의 인생이라는 시간입니다. 이 인생이라는 기회를 어떻게 사용하느냐에 따라서 후에 우리가 주님 앞에 서게 되었을 때의 상황이 완전히 달라집니다.

성경은 우리에게 "세월을 아끼라 때가 악하니라"(엡 5:16)라고 말합니다. 우리가 사는 이 인생이라는 기회를 어떻게 사는 것이 지혜로운 것인지를 분별해서 이 짧은 인생이 허무하게 지나가지 않도록 해야 합니다.

그러면 인생을 어떻게 사는 것이 지혜롭게 사는 것일까요? 인생을 지혜롭게 사는 것은 이 인생이라는 기회를 우리에게 허락하신 분의 의도를 아는 것에서 시작됩니다. 시험을 볼 때 문제를 잘 풀려면 출제자의 의도를 정확하게 아는 것이 중요하듯이 우리 인생을 어떻게 사는 것이 지혜로운가 하는 문제도 출제자이신 하나님의 의도를 정확하게 알아야 잘 풀 수 있는 것입니다.

오늘 말씀은 하나님의 출제 의도를 분명하게 드러냅니다. 오늘 말씀에서 모세는 하나님께서 이스라엘 백성들에게 40년이라는 광야 생활을 부여하신 첫 번째 의도가 "너를 낮추시며 너를 시험하사 네 마음이 어떠한지 그 명령을 지키는지 지키지 않는지 알려 하심이라"(신 8:2)라고 말하고 있습니다. 하나님께서 원하시는 인생의 모습이 하나님 앞에 완전히 낮아지는 모습인데, 그 낮아짐은 마음과 삶으로 하나님의 명령에 순종하는 것으로 나타난다는 것입니다.

하나님 앞에 완전히 낮아진 사람은 하나님의 말씀에 온전히 순종합니다. 충성된 종은 주인이 내리는 명령에 온전히 순종하는 종입니다. 우리가 정말 하나님께서 기뻐하시는 인생을 살기를 원한다면 주의 말씀에 불순종하는 부분이 있어서는 안 됩니다.

또 모세는 "만나를 네게 먹이신 것은 사람이 떡으로만 사는 것이 아니요 여호와의 입에서 나오는 모든 말씀으로 사는 줄을 네가 알게 하려 하심이니라"(신 8:3)라고 말합니다. 우리의 생명이 세상의 떡에 달려 있는 것이 아니라 하나님의 말씀에 달려 있다는 것을 아는 인생이 지혜로운 인생이라는 것입니다.

우리의 인생에 내일이 찾아오는 것이 너무나 당연하게 여겨지지만, 지금이라도 주님께서 우리를 부르시면 우리는 주님께로 가게 될 것입니다. 그 사실을 기억하고 사는 사람이 진정한 낮아짐으로 충성된 삶을 살아갈 수 있습니다. 우리에게 주어진 인생이라는 기회를 선용하기를 소원합니다. 주님께서 기뻐하시는 모습으로 우리의 인생을 빚어가다가 주님께서 부르시는 그 날에 주님 앞에 기쁨으로 나아가게 되는 우리 모두가 되기를 간절히 축복합니다.

나눔 1 나는 주님 앞에 얼마나 낮아져 있습니까?

나눔 2 나는 하나님의 말씀을 생명같이 여기고 있습니까?

예수님을 바라보는 우리 가정 기도 :

말씀 신명기 13:1-3 너희 중에 선지자나 꿈꾸는 자가 일어나서 이적과 기사를 네게 보이고 그가 네게 말한 그 이적과 기사가 이루어지고 너희가 알지 못하던 다른 신들을 우리가 따라 섬기자고 말할지라도 너는 그 선지자나 꿈 꾸는 자의 말을 청종하지 말라 이는 너희의 하나님 여호와께서 너희가 마음을 다하고 뜻을 다하여 너희의 하나님 여호와를 사랑하는 여부를 알려 하사 너희를 시험하심이니라

기적을 바라지 마세요

많은 사람들이 신앙생활을 하면서 이적과 기사를 바랍니다. 질병이 치유되고, 기도가 응답받는 등 눈에 보이는 증거를 얻기를 원합니다. 그러한 일들을 위해서 기도하다가 원하던 일들이 이루어지지 않으면 낙심하는 사람들이 허다합니다.

그러나 주의 말씀은 이적과 기사로 판단해서는 안 됩니다. 주님의 말씀은 말씀 그 자체로 우리에게 진리가 되는 것입니다. 말씀에는 어떠한 증거도 필요하지 않습니다. 우리가 보는 성경이 진리라는 것은 이적과 기사를 통해 증명되어야 하는 것이 아닙니다.

세상은 증거를 좋아합니다. 하나님을 믿으라고 하면 하나님이 계신다는 증거를 대라고 말합니다. 예수 믿고 구원을 받으라고 하면 천국이 있다는 증거를 대라고 합니다. 예수님을 통하지 않으면 천국에 갈 수 없다고, 지옥에 갈 수밖에 없다고 말해도 지옥이 있다는 증거를 대라고 말합니다.

증거를 우선시하는 것은 마귀의 전략입니다. 이적과 기사를 말씀보다 중요하게 여기는 마음도 마귀가 우리의 마음을 혼탁하게 하기에 일어나는 일입니다.

세상이 아무리 증거를 대라고 말해도 우리가 할 수 있는 말은 "성경이 그렇게 말하고 있다"라는 것밖에는 없습니다. 그것이 정답입니다. 성경은 그 자체로 진리이기 때문에 성경이 그렇다고 하면 그런 것입니다.

어떤 성도가 자기 안에 성령님이 계신지 확신이 없다고 하소연하는 것을 들은 적이 있습니다. 성령께서 자기 안에 오셨으면 성령의 역사가 일어나야 하고 성령의 열매들이 맺어져야 하는데 자기에게는 그런 역사도 없고 열매도 없다는 것입니다. 그러니 자기 안에 성령께서 오신 것에 대해서 확신할 수 없다고 하는 것이었습니다. 이적과 기사가 우선시된 신앙의 폐해입니다.

우리의 삶에 증거가 없어도, 이적과 기사가 없어도 말씀이 그렇다면 그런 것입니다. 주님께서 지금 나와 함께 하신다는 증거가 보이지 않아도 말씀이 그렇게 증거하고 있으니 그런 것입니다.

의심할 필요가 전혀 없습니다. 증거를 보지 마시고 말씀을 보십시오. 이적과 기사에 한눈팔지 말고 성경이 증언하는 바를 붙잡으십시오. 그것이 가장 확실한 믿음의 길이라는 사실을 기억하고 날마다 말씀을 기준으로 삼고 살아가는 우리 가정이 되기를 간절히 소원합니다.

나눔 1 내 삶에 이루어지기를 바랐던 이적과 기사가 있나요?

나눔 2 내가 도무지 인정하고 믿을 수 없었던 말씀이 있다면 나누어 보세요.

예수님을 바라보는 우리 가정 기도 :

말씀 신명기 15:16-17 종이 만일 너와 네 집을 사랑하므로 너와 동거하기를 좋게 여겨 네게 향하여 내가 주인을 떠나지 아니하겠노라 하거든 송곳을 가져다가 그의 귀를 문에 대고 뚫으라 그리하면 그가 영구히 네 종이 되리라 네 여종에게도 그같이 할지니라

반드시 가져야 하는 마음

주님께서 우리에게 말씀하신 가장 큰 계명은 "네 마음을 다하고 목숨을 다하고 뜻을 다하여 주 너의 하나님을 사랑하라"는 것입니다(마 22:37). 우리는 이 첫째 되는 계명을 지키고 있습니까? 우리는 정말 마음을 다하고 목숨을 다하고 뜻을 다하여 우리 하나님을 사랑하고 있습니까?

우리가 정말 마음과 목숨과 뜻을 다하여 하나님을 사랑하는 사람이라면 우리 마음 가운데 반드시 일어나게 되는 마음이 있습니다. 그것은 바로 하나님과 같이 살기를 좋게 여기는 마음입니다. 하나님을 사랑한다고 하면서 그분과 동행하기를 싫어한다면 그것은 진짜 사랑이 아닙니다.

오늘 말씀에서 종과 주인의 이야기가 우리에게 들려주는 이야기가 바로 그것입니다. 종이 주인을 사랑한다면 그의 입에서 반드시 나오게 되는 고백이 있는데 그것은 주인과 동거하기를 좋게 여기는 것과 주인을 향하여 "내가 주인을 떠나지 아니하겠노라"라는 고백입니다(신 15:16).

주님을 사랑하면 주님과 동거하기를 기뻐하게 됩니다. 주님과 함께함이 부담되고 어려운 일이 아니라 정말 마음속에 기쁨으로 다가오는 사람이 정말로 주님을 사랑하는 사람입니다. 다윗은 "내가 여호와께 바라는 한 가지 일 그것을 구하리니 곧 내가 내 평생에 여호와의 집에 살면서 여호와의 아름다움을 바라보며 그의 성전에서 사모하는 그것이라"(시 27:4)라고 고백했습니다. 이것이 전심으로 주님을 사랑하는 자에게서 나오는 당연한 고백입니다.

우리가 그렇게 우리의 사랑을 고백할 수 있는 종이 되면 주님께서 우리의 사랑 고백을 받아 주십니다. 종이 주인에게 사랑을 고백하면 주인은 반드시 그 고백을 받아 주게 되어 있는데 그 방법은 송곳을 가져다가 그의 귀를 문에 대고 뚫는 것이었습니다(신 15:17). 우리가 주님을 마음과 목숨과 뜻을 다하여 사랑하면 그분께서 우리의 사랑을 받아 주십니다. 그분 집 대문에 우리가 그분을 전심으로 사랑하여 그분과 함께 동거하기를 기뻐하는 자라는 증거를 남겨 주십니다.

종의 귀를 문에 대고 송곳으로 뚫으면 종의 귀에만 표식이 남는 것이 아닙니다. 송곳으로 뚫었기에 귀를 뚫고 지나간 송곳의 자국과 종의 피가 문에 남게 되어 있습니다. 주님의 집 대문에 우리가 정말 주님을 사랑하는 자라는 흔적이 남게 되는 것입니다. 주님께서 우리에 대하여 증언하신다는 것입니다. 주님의 생명책에 우리의 이름이 기록되는 것입니다.

우리는 정말 주님과 동거하기를 기뻐하고 있습니까? 그것은 그래도 되고 안 그래도 되는 가벼운 문제가 아닙니다. 주님의 생명책에 우리의 이름이 기록되느냐, 주님 집의 대문에 주님을 향한 우리의 사랑이 확증되느냐가 걸려 있는 아주 중요한 문제입니다. 그래서 하나님을 사랑하는 것이 첫번째 계명인 것입니다.

나눔 1 나는 주님과 동거하기를 진심으로 기뻐하고 있습니까?

나눔 2 주님으로부터 잠시 떨어져 있고 싶다고 생각했던 적이 있습니까?

예수님을 바라보는 우리 가정 기도 :

말씀 신명기 20:1, 4 네가 나가서 적군과 싸우려 할 때에 말과 병거와 백성이 너보다 많음을 볼지라도 그들을 두려워하지 말라 애굽 땅에서 너를 인도하여 내신 네 하나님 여호와께서 너와 함께 하시느니라 … 너희 하나님 여호와는 너희와 함께 행하시며 너희를 위하여 너희 적군과 싸우시고 구원하실 것이라 할 것이며

주님의 시선을 의식합시다

우리가 하나님에 대해서 이야기할 때 그 전제가 되는 하나님의 특성은 전지전능(全知全能)과 무소부재(無所不在)입니다. 하나님은 모든 것을 아시고 모든 것을 할 수 있으신 분이십니다. 또 하나님은 존재하지 않는 곳이 없으신, 곧 모든 곳에 계시는 분이십니다.

우리가 하나님에 대해서 이야기할 때는 반드시 이 두 가지 특성이 만족되어야 합니다. 우리가 하나님을 믿는다는 것은 이런 하나님의 특성 또한 믿는다는 것을 의미합니다. 하나님을 믿는다고 하면서도 그분의 전능하심을 신뢰하지 못한다거나, 하나님께서 알지 못하고 보지 못하고 계시는 것처럼 행동해서는 안 된다는 것입니다.

그래서 하나님을 정말로 믿는 사람에게 나타나는 특징이 있습니다. 그것은 거룩함과 담대함입니다. 하나님을 믿는 사람들은 하나님께서 어디에나 계시고 모든 것을 아시는 분이시라는 것을 믿기에 누가 보나 안보나 항상 거룩하게 살아갑니다. 믿음의 사람은 사람들의 시선을 의식하지 않습니다. 정확하게 이야기하면 사람들의 시선을 의식할 필요가 없습니다. 사람들이 보는 것보다 더 정확하게 보시고 판단하시는 하나님의 시선을 의식하고 살기 때문입니다. 사람의 시선을 의식하는 사람은 겉모습과 외형적인 것들만 신경 쓰면 되지만 하나님을 의식하는 사람은 겉만 아니라 속까지도 점검하고 거룩함을 유지하려고 애씁니다.

또 믿음의 사람은 어떠한 상황 가운데서도 담대합니다. 두려워하지 않습니다. 전능하신 하나님께서 나와 함께 하고 계심을 믿기 때문입니다. 하나님은 그분의 백성들을 세상 권세에게 내주지 않으십니다. 절대로 세상 권세 앞에 무릎 꿇게 하지 않으십니다. 믿음의 사람이 세상에 패배하게 되는 것은 믿음을 잃게 되었을 때뿐입니다. 믿음을 잃으면 하나님도 그를 도우실 수 없습니다. 믿음은 하나님의 능력이 우리 삶 가운데 역사하는 통로이기 때문입니다.

그렇기에 믿음의 사람들이 두려워하는 것은 세상의 권세가 아닙니다. 내가 마주한 상황의 어려움이 아닙니다. 내가 믿음을 잃는 것, 하나님께서 역사하실 수 없는 죄인이 되는 것이 유일한 두려움의 대상입니다. 우리 하나님께서는 하나님의 백성들에게 분명하게 말씀하십니다. "마음에 겁내지 말며 두려워하지 말며 떨지 말며 그들로 말미암아 놀라지 말라 너희 하나님 여호와는 너희와 함께 행하시며 너희를 위하여 너희 적군과 싸우시고 구원하실 것이라"(신 20:3-4)

주님을 바라보시기를 축복합니다. 사람들의 시선을 의식하지 말고 주님의 시선을 의식하며 사시기를 축복합니다. 문제를 바라보지 않고 주님을 바라봄으로 인하여 주님을 믿는 주의 백성답게 거룩하고 담대한 삶을 살아가기를 간절히 소원합니다.

나눔 1 나는 사람의 시선과 하나님의 시선 중에 무엇을 더 의식하고 살아가고 있습니까?

나눔 2 내가 특별히 두려워하고 있는 문제가 있다면 하나님 앞에 내려놓는 기도를 드려보세요.

예수님을 바라보는 우리 가정 기도 :

말씀 신명기 25:13-16 너는 네 주머니에 두 종류의 저울추 곧 큰 것과 작은 것을 넣지 말 것이며 네 집에 두 종류의 되 곧 큰 것과 작은 것을 두지 말 것이요 오직 온전하고 공정한 저울추를 두며 온전하고 공정한 되를 둘 것이라 그리하면 네 하나님 여호와께서 네게 주시는 땅에서 네 날이 길리라 이런 일들을 행하는 모든 자, 악을 행하는 모든 자는 네 하나님 여호와께 가증하니라

가장 자주 짓는 죄

우리가 너무나 자주 하면서도 그 사실을 잘 깨닫지 못하는 죄가 있습니다. 그것은 바로 나와 남에게 다른 기준을 적용하는 죄입니다.

오늘 말씀에는 당시 사람들이 물건을 사고, 팔 때 사용했던 두 가지 측정법이 등장합니다. 하나는 '저울추'이고 다른 하나는 '되'입니다.

저울추의 의미를 알려면 정의의 여신상이 들고 있는 저울을 생각해야 합니다. 그 저울은 양쪽에 같은 무게를 올려두면 수평을 유지하게 됩니다.

사람들은 이런 저울을 사용하면서 두 가지 추를 사용했던 것입니다. 자기가 물건을 살 때는 큰 추를 올려서 더 많은 물건이 저울에 올라가야 균형이 맞도록 하고, 남에게 물건을 팔 때는 작은 추를 올려서 더 적게 올려도 균형이 맞도록 했던 것입니다.

나에게 유익한 대로 기준을 다르게 적용하며 사는 저울추의 죄가 지금도 우리 가운데 일어나고 있습니다. 자신의 죄에 대해서는 가볍게 여기고 남의 죄에 대해서는 무겁게 여기는 사람들이 여전히 많습니다. 자신의 죄는 덮이기를 바라고 남의 죄는 드러내기를 좋아하는 사람들이 얼마나 많은지 모릅니다.

우리 주님께서는 그런 사람들을 향해서 말씀하셨습니다. "어찌하여 형제의 눈 속에 있는 티는 보고 네 눈 속에 있는 들보는 깨닫지 못하느냐 너는 네 눈 속에 있는 들보를 보지 못하면서 어찌하여 형제에게 말하기를 형제여 나로 네 눈 속에 있는 티를 빼게 하라 할 수 있느냐 외식하는 자여 먼저 네 눈 속에서 들보를 빼라 그 후에야 네가 밝히 보고 형제의 눈 속에 있는 티를 빼리라"(눅 6:41-42)

자신과 다른 사람에 대해서 다른 기준을 적용하고 자신의 죄보다 남의 죄를 더 크게 보는 죄는 결코 작은 죄가 아닙니다. 그래서 오늘 말씀에서도 하나님께서 말씀하시는 것입니다. "이런 일들을 행하는 모든 자, 악을 행하는 모든 자는 네 하나님 여호와께 가증하니라"(신 25:16).

우리의 기준을 분명하게 해야 합니다. 나에게는 관대하고 남에게는 엄격한 사람은 하나님 앞에 가증한 사람입니다. 엄격해지려면 오히려 나에게 엄격해야 하고 관대한 것은 남을 향해서 관대해야 합니다. 그것이 우리 하나님의 성품이기 때문입니다.

나눔 1 나와 다른 사람에게 다른 기준을 적용한 경우가 있다면 나누어 보세요.

나눔 2 가족들 안에서 누군가에게만 엄격한 기준을 적용했던 일은 없었나요?

예수님을 바라보는 우리 가정 기도 :

말씀 신명기 27:2-3 너희가 요단을 건너 네 하나님 여호와께서 네게 주시는 땅에 들어가는 날에 큰 돌들을 세우고 석회를 바르라 요단을 건넌 후에 이 율법의 모든 말씀을 그 위에 기록하라 그리하면 네 하나님 여호와께서 네게 주시는 땅 곧 젖과 꿀이 흐르는 땅에 네가 들어가기를 네 조상들의 하나님 여호와께서 네게 말씀하신 대로 하리라

하나님의 승리 공식

우리가 예수님을 영접하고 하나님의 자녀가 되면 하나님께서 우리의 아버지가 되셔서 우리를 승리의 길로 이끄시고 우리의 삶을 잘 되게 해주십니다. 그러나 우리가 기억해야 할 것이 있습니다. 그것은 바로 하나님 아버지께서 하나님의 자녀가 된 우리를 잘 되는 길로, 승리하는 삶으로 이끄시는 방법이 바로 하나님의 말씀이라는 사실입니다.

하나님께서는 모세를 통하여 이스라엘 백성들에게 명령하십니다. "너희가 요단을 건너 네 하나님 여호와께서 네게 주시는 땅에 들어가는 날에 큰 돌들을 세우고 석회를 바르라 요단을 건넌 후에 이 율법의 모든 말씀을 그 위에 기록하라 그리하면 네 하나님 여호와께서 네게 주시는 땅 곧 젖과 꿀이 흐르는 땅에 네가 들어가기를 네 조상들의 하나님 여호와께서 네게 말씀하신 대로 하리라"(신 27:2-3)

무슨 말입니까? 요단강을 건너가서 가장 먼저 해야 할 일은 큰 돌들을 세우고 석회를 바르고, 거기에 하나님의 모든 말씀을 기록하는 것이라는 말입니다. 그들 가운데 하나님의 말씀을 분명하게 세우라는 것입니다. 그러면 그들이 가나안 땅을 완전히 정복하기까지 하나님께서 약속하신 그대로 이루실 것이라는 말입니다. 다시 말하면 가나안이라는 약속의 땅이 완전히 그들의 것이 되려면, 가나안 정복 전쟁에서 진정한 승리를 얻기를 원한다면 반드시 그들의 삶 가운데 하나님의 말씀이 먼저 바로 서야 한다는 것입니다.

이것이 하나님께서 우리에게 주신 승리 공식입니다. 하나님께서 우리를 승리하게 하시면 우리가 하나님의 말씀대로 살게 되는 것이 아닙니다. 우리가 우리의 삶에 하나님의 말씀이라는 기준을 분명히 세우고, 그 기준을 따라 살아갈 때 우리가 진정한 의미에서 승리를 취할 수 있고 잘 되는 길로 갈 수 있는 것입니다.

하지만 많은 사람들이 하나님께서 주신 승리 공식과는 반대의 길로 갑니다. 먼저 세상을 정복하고 그다음에 말씀대로 살겠다고 말합니다. 먼저 세상에서 이룰 것들을 이룬 다음에, 그다음에 하나님의 뜻대로 살아보겠다고 말합니다.

그렇게 살아도 세상에서 부와 명성을 얻을 수는 있고, 세상이 부러워하는 잘 먹고 잘사는 삶을 이룰 수는 있습니다. 그러나 하나님께서 바라보시기에 그 삶이 승리한 삶이라고 말할 수는 없을 것입니다.

하나님께서는 우리가 먼저 하나님의 말씀을 우리의 삶 가운데 바로 세우고, 그러고 나서 세상을 정복하기를 바라십니다. 말씀이 우리의 삶의 기준이 되어서, 그 말씀대로 살아갈 때 경험하게 되는 승리를 우리가 맛보기를 바라십니다. 오늘 말씀을 통하여 하나님의 말씀을 우리 삶의 기준으로 삼게 되기를 축복합니다. 하나님의 말씀대로 살아갈 때 얻게 되는 진정한 승리를 맛보아 알게 되기를 주님의 이름으로 간절히 축복합니다.

나눔 1 하나님의 말씀이 내 삶의 분명한 기준입니까?

나눔 2 내 자녀에게 잘 되는 길을 가르쳐야 한다면 무엇을 가르치시겠습니까?

예수님을 바라보는 우리 가정 기도 :

오늘성경통독 신명기 29장 ☐ 30장 ☐ 31장 ☐
오늘가정예배 찬송 292장 주 없이 살 수 없네 Date / /

말씀 신명기 30:15-16 보라 내가 오늘 생명과 복과 사망과 화를 네 앞에 두었나니 곧 내가 오늘 네게 명령하여 네 하나님 여호와를 사랑하고 그 모든 길로 행하며 그의 명령과 규례와 법도를 지키라 하는 것이라 그리하면 네가 생존하며 번성할 것이요 또 네 하나님 여호와께서 네가 가서 차지할 땅에서 네게 복을 주실 것임이니라

생명과 복의 길

하나님께서는 생사화복을 주관하시는 분이십니다. 우리의 생명과 죽음, 복과 화가 모두 하나님의 손에 달려 있습니다. 그런데 하나님께서는 그 생사화복을 마음대로 휘두르시는 분이 아니십니다. 자기 마음에 드는 사람에게는 복을 주시고 자기 마음에 들지 않는 사람에게는 화를 내리시는 분이 아니라는 말입니다. 하나님께서는 분명히 생사화복의 주관자이시지만 그것을 자기 마음대로 하시는 것이 아니라 분명한 기준을 가지고 그 기준에 맞게 처리하십니다.

하나님께서는 우리 앞에 두 가지 길이 있다고 말씀하십니다. 하나는 여호와 하나님을 사랑하는 길이고 다른 하나는 마음을 돌이켜 다른 신들에게 절하고 그를 섬기는 길입니다. 하나님께서는 그 두 가지 길을 우리 앞에 두시고 한 길은 복이라고 말씀하시고 다른 길은 화라고 말씀하십니다. 복과 화의 기준이 우리 앞에 놓인 것입니다.

"보라 내가 오늘 생명과 복과 사망과 화를 네 앞에 두었나니"(신 30:15). 복과 화는 하나님의 손에 달려 있는 것이 아닙니다. 우리 앞에 놓여 있는 것입니다. 우리 앞에 놓여 있는 두 길 중에 어느 길을 걸어가느냐에 따라서 생사화복이 달라지는 것입니다. 그런데도 사람들은 자신의 삶 가운데 일어나는 일을 가지고 하나님을 원망합니다. 자신에게 찾아온 생과 복은 자기가 잘해서 얻은 것으로 생각하고, 뜻하지 않게 맞이하게 된 사와 화는 하나님께서 주신 것으로 생각하고 서운한 마음을 표현합니다.

생사화복의 갈림길이 우리 앞에 있다는 것을 분명히 기억해야 합니다. 하나님을 사랑하는 것은 생(生)과 복(福)의 길이고, 다른 신들을 사랑하고 그것들을 섬기는 것은 사(死)와 화(禍)의 길입니다. 우리가 정말 하나님 앞에서 생명을 누리며 복된 인생을 살기를 원한다면 우리가 사랑하는 것이 누구인지를 분명하게 점검해야 합니다.

하나님께서는 우리의 사랑의 일부가 아니라 전부가 자신을 향하기를 원하십니다. 마음과 뜻과 힘을 다하고 하나님을 사랑하기를 원하십니다. 다른 것을 바라보고 그것들을 사랑할 마음과 뜻과 힘이 남아 있지 않도록 모든 사랑을 다 하나님께 드리기를 원하십니다. 그것이 생의 길이고 복의 길입니다. "네 하나님 여호와를 사랑하고"(신 30:16,20)라는 말씀이 가장 앞에 나와 있는 이유가 바로 그것입니다.

우리가 하나님을 사랑하면 그것이 곧 생과 복의 길을 걷는 것입니다. 하나님을 사랑하기는 사랑하되 한눈팔지 않는 사랑으로, 전심을 다 한 사랑으로 하나님을 사랑해야 합니다. 그렇게 되면 우리는 분명히 하나님께서 약속하신 생명과 번성의 길을 맞이하게 될 것입니다.

나눔 1 오늘 나의 마음을 빼앗아갔던 것은 무엇입니까?

나눔 2 나는 오늘 주님 생각을 얼마나 했나요? 주님은 나를 얼마큼 생각하셨을까요?

예수님을 바라보는 우리 가정 기도 :

말씀 신명기 34:4-6 여호와께서 그에게 이르시되 이는 내가 아브라함과 이삭과 야곱에게 맹세하여 그의 후손에게 주리라 한 땅이라 내가 네 눈으로 보게 하였거니와 너는 그리로 건너가지 못하리라 하시매 이에 여호와의 종 모세가 여호와의 말씀대로 모압 땅에서 죽어 벳브올 맞은편 모압 땅에 있는 골짜기에 장사되었고 오늘까지 그의 묻힌 곳을 아는 자가 없느니라

충성된 종

오늘 말씀은 출애굽을 이끌었던 이스라엘 민족의 지도자 모세가 그 생을 마감하는 장면을 기록하고 있습니다. 40년간의 광야 생활을 마치고 이제 가나안 땅 입성을 코앞에 두고 있는 상황에서 모세는 백성들에게 그동안 자기 민족과 함께해오신 하나님의 역사를 되새겨주고 그 하나님만을 끝까지 따를 것을 당부했습니다. 그러고 나서 그는 담담하게 느보산에 오릅니다.

하나님께서는 모세에게 "너는 여리고 맞은편 모압 땅에 있는 아바림산에 올라가 느보산에 이르러 내가 이스라엘 자손에게 기업으로 주는 가나안 땅을 바라보라 네 형 아론이 호르산에서 죽어 그의 조상에게로 돌아간 것같이 너도 올라가는 이 산에서 죽어 네 조상에게로 돌아가리니"(신 32:49-50)라고 말씀하셨습니다. 그러니 모세는 자기가 느보산에 올라가면 그때가 인생의 마지막이라는 사실을 알고 있었습니다.

그럼에도 불구하고 모세는 담담하게 느보산에 오릅니다. 올라가면 죽을 것을 알면서도 한 마디 불평도 하지 않고 잠잠히 그 산을 올라 그 꼭대기에 섰습니다. 그런 모세를 "여호와의 종 모세"라고 부르고 있습니다(신 34:5). 자기가 죽을 줄 알면서도 담담하게 그 길을 걷는 것, 그것이 하나님께서 자기 종으로 인정하시는 사람이 가지는 특징입니다.

자기가 죽을 것 같으면 주인을 버리고 도망가는 자는 진짜 종이 아닙니다. 자기가 힘들다고 해서 주인의 명령을 어기고 자기 뜻대로 행하는 자도 그 주인에게 내 종이라고 인정받을 수 없습니다. 그러나 모세는 정말 충성된 종이었습니다. 죽음까지도 자기 주인의 손에 맡기고 담담하게 그 죽음을 맞이할 수 있는 충성된 종이 모세라는 사람이었습니다.

우리는 우리 하나님께 죽음까지도 맡겨 드릴 수 있습니까? "죽으면 죽으리라"고 고백했던 에스더의 고백이 우리에게도 있습니까? 그렇게 고백하는 종을 하나님께서는 소홀히 대하시지 않습니다. 하나님께서는 자기의 충성된 종 모세의 마음을 아십니다. 그동안 그렇게 고생했지만, 가나안 땅을 구경도 못 하고 인생을 끝마치게 된 모세가 느보산 꼭대기에 서자 그의 눈을 열어 가나안 땅의 가장 북쪽에 있는 단에서부터 가장 남쪽에 있는 네겝까지 보여주십니다.

물리적인 눈으로는 볼 수 있는 거리가 아닙니다. 하나님께서 그의 영의 눈을 열어주셔서 모세의 마음에 있는 아쉬움과 서운함을 풀어주신 것입니다. 그렇게 세상 가운데 남은 아쉬움을 풀어주시고 모세를 데리고 가셔서 직접 품에 안아주신 것입니다.

우리도 하나님께 모든 것을 맡기는 모세와 같은 충성된 종이 되기를 소원합니다. 그러면 하나님께서 우리의 눈을 여시고 마음을 만지셔서 주님의 마음을 분명하게 알게 해주시고 주의 품에 따뜻하게 안아주시며 영원히 주님과 함께하는 기쁜 날을 맞이하게 해주실 것입니다.

나눔 1 주님께서 요구하시는데 아직 순종하지 못하고 있는 것이 있나요?

나눔 2 내 마음속에 주님께 서운하거나 아쉬운 것이 있다면 나누어 보세요.

예수님을 바라보는 우리 가정 기도 :

말씀 여호수아 2:18, 21 우리가 이 땅에 들어올 때에 우리를 달아 내린 창문에 이 붉은 줄을 매고 네 부모와 형제와 네 아버지의 가족을 다 네 집에 모으라 … 라합이 이르되 너희의 말대로 할 것이라 하고 그들을 보내어 가게 하고 붉은 줄을 창문에 매니라

믿음의 증표를 매달아야 합니다

여호수아가 싯딤에서 두 사람의 정탐꾼을 여리고성으로 보냈을 때, 그 성에 살고 있던 라합은 이렇게 말합니다. "여호와께서 이 땅을 너희에게 주신 줄을 내가 아노라 우리가 너희를 심히 두려워하고 이 땅 주민들이 다 너희 앞에서 간담이 녹나니 이는 너희가 애굽에서 나올 때에 여호와께서 너희 앞에서 홍해 물을 마르게 하신 일과 너희가 요단 저쪽에 있는 아모리 사람의 두 왕 시혼과 옥에게 행한 일 곧 그들을 전멸시킨 일을 우리가 들었음이니라"(수 2:9-10).

여기에서 라합은 "내가 들었다"고 말하지 않고 "우리가 들었다"라고 말하고 있습니다. 여리고성 사람들이 다 들었다는 것입니다. 그런데 반응이 다른 것입니다.

라합은 그 소문을 듣고 하나님께서 이 땅을 이스라엘 민족에게 주실 것을 확신했습니다. 반면에 다른 여리고성 사람들은 그 소문을 듣고도 하나님을 믿지 않고 이스라엘의 정탐꾼들을 잡아서 죽이려고 합니다.

하나님에 대한 소문을 듣는 사람들의 반응은 항상 이렇게 둘로 갈라집니다. 믿거나 믿지 않거나, 받아들이거나 배척하거나 둘 중의 하나입니다. 다행인 것은 우리가 하나님에 대한 소문을 듣고 믿는 자리에 있다는 사실입니다.

그런데 거기에만 머물러서는 안 됩니다. 그냥 복음을 듣고 믿는다고 말로만 표현하는 정도로 만족하고 있어서는 안 됩니다.

이스라엘의 정탐꾼들은 자신들을 도와준 라합에게 이스라엘이 여리고성을 공격할 때 창문에 붉은 줄을 매라고 이야기합니다. 그러면 그 붉은 줄을 증표로 삼아서 그 집 안에 있는 사람들은 공격하지 않겠다는 것입니다. 여리고성에 들린 하나님에 대한 소문이 사실로 이루어질 때 그 소문을 듣고 믿었던 라합이 창문에 붉은 줄을 매달아 놓는 행위를 하면 살 것이고 그렇지 않으면 죽을 것이라는 말입니다.

다시 말하면 복음을 듣고 믿는다고 입으로만 고백할 것이 아니라 그 창에 누가 보아도 훤히 보이는 믿음의 증표인 붉은 줄이 매달려 있어야 한다는 것입니다. 그 말을 들은 라합은 이스라엘이 공격해 올 때가 아니라 정탐꾼들이 그 집을 빠져나가자마자 창문에 붉은 줄을 매답니다(수 2:21). 이스라엘이 공격해 올 때가 밤중일지, 새벽일지 알지 못하니 정탐꾼들을 돌려보내고 곧바로 믿음의 증표를 내보인 것입니다.

우리는 모두 하나님에 대한 소문을 듣고 복음을 받아들인 믿음의 사람들입니다. 그러나 우리에게 붉은 줄이 있는지, 내 삶에 믿음의 증표가 매달려 있는지를 확인해야 합니다. 그렇지 않고 입으로만 고백하고 있다가는 하나님나라가 이 땅에 임할 때 세상 사람들과 별다른 바 없는 인생으로 평가받게 될 것입니다.

나눔 1 나의 믿음을 드러내는 붉은 줄이 나에게도 있습니까?
나눔 2 나의 믿음의 고백은 입술의 고백입니까? 삶의 고백입니까?
예수님을 바라보는 우리 가정 기도 :

말씀 여호수아 5:2-3 그 때에 여호와께서 여호수아에게 이르시되 너는 부싯돌로 칼을 만들어 이스라엘 자손들에게 다시 할례를 행하라 하시매 여호수아가 부싯돌로 칼을 만들어 할례 산에서 이스라엘 자손들에게 할례를 행하니라

주님의 음성에 순종합시다

정찰을 마친 이스라엘은 가나안 땅을 정복하기 위해 요단강을 건넙니다. 하나님의 놀라운 역사로 요단강 물이 끊어지고 마른 땅으로 강을 건넌 이스라엘은 길갈에 열두 돌을 세우고 하나님께서 행하신 놀라운 일들을 기념했습니다. 그리고 이 소식은 요단 서쪽의 가나안 일곱 부족에게 모두 전해졌습니다(수 5:1). 그들은 모두 숨을 죽이고 어떻게 하면 이스라엘을 물리칠 수 있을까를 궁리하고 있었을 것입니다.

그런데 이런 상황에서 하나님께서는 이스라엘에게 아주 엉뚱해 보이는 명령을 내리십니다. 그것은 "할례를 행하라"라는 것이었습니다. 이스라엘의 입장에서 이 명령은 거의 자살하라는 것이나 다름없는 것이었습니다. 할례를 행하려면 요단강을 건너기 전에 행하고 왔어야 했습니다. 이미 그들은 적진에 들어왔고 가나안 일곱 부족은 어떻게 하면 이스라엘을 물리칠 수 있을까를 궁리하며 언제든 그들을 공격해서 무찌를 기회만 엿보고 있었을 것입니다.

그런데 거기서 할례를 행하라니요? 아마 사람들은 "그 옛날 세겜의 남자들이 할례를 행했다가 야곱의 아들들에게 몰살당한 것을 하나님은 모르십니까? 저희보고 지금 그들처럼 죽으라는 겁니까?"라고 하나님께 따지고 싶었을 것입니다.

그러나 여호수아는 하나님께 그렇게 따지지 않고 곧바로 할례를 행합니다. 성경은 여호수아가 그렇게 행했던 이유를 그들이 할례 없는 자가 되었기 때문이라고 말합니다(수 5:7). 할례를 받지 않아서 할례 없는 자가 되었으니 하나님께서 그들에게 할례를 행하라고 명령하신 것인데 왜 이렇게 당연한 이야기를 거창하게 써놓은 것일까요? 그 이유는 할례 없는 자는 하나님께서 도우실 수 없는 사람이기 때문입니다.

"할례를 받지 아니한 남자 곧 그 포피를 베지 아니한 자는 백성 중에서 끊어지리니 그가 내 언약을 배반하였음이니라"(창 17:14)라고 하나님께서 선언하셨습니다. 할례받지 아니한 이스라엘은 결국에는 하나님께 버림을 당할 수밖에 없습니다.

그래서 하나님께서 이스라엘을 향하여 할례를 행하라고 명령하신 것입니다. 내가 너희를 버리지 않을 수 있도록, 내가 아브라함을 돕고 이삭을 돕고 야곱을 도왔던 것처럼 너희도 도울 수 있도록 할례를 행하여 내 언약 안으로 들어오라는 것입니다. 사람들의 생각에 '죽는 길'처럼 보였던 할례가 결국에는 하나님의 도우심이 그들 가운데 임하는 '사는 길'이었던 것입니다.

하나님은 절대로 우리에게 죽는 길로 가라고 명하지 않으십니다. 우리 눈에 죽는 것처럼 보이는 길일지라도 그 명령이 하나님의 입에서 나온 것이라면 그 길은 분명히 사는 길입니다. 그러니 우리는 순종만 하면 됩니다. 주님의 입에서 나온 음성에 무조건 순종하는 것이 우리가 사는 길임을 기억하고 날마다 생명의 길로 나아가기를 간절히 소원합니다.

나눔 1 주님의 말씀에 도저히 순종할 수 없었던 것이 있다면 나누어 보세요.

나눔 2 주님의 명령에 불순종했던 일에 대한 순종을 결단하는 시간을 가져보세요.

예수님을 바라보는 우리 가정 기도 :

오늘성경통독 여호수아 8장 ☐ 9장 ☐ 10장 ☐

오늘가정예배 찬송 546장 주님 약속하신 말씀 위에 서

Date / /

말씀 여호수아 10:40-42 이와 같이 여호수아가 그 온 땅 곧 산지와 네겝과 평지와 경사지와 그 모든 왕을 쳐서 하나도 남기지 아니하고 호흡이 있는 모든 자는 다 진멸하여 바쳤으니 이스라엘의 하나님 여호와께서 명령하신 것과 같았더라 여호수아가 또 가데스 바네아에서 가사까지와 온 고센 땅을 기브온에 이르기까지 치매 이스라엘의 하나님 여호와께서 이스라엘을 위하여 싸우셨으므로 여호수아가 이 모든 왕들과 그들의 땅을 단번에 빼앗으니라

주님은 언제 싸우시는가?

여호수아는 가나안 땅 정복 전쟁을 시작하고 두 번의 전투를 치르면서 귀한 교훈을 얻었습니다. 여리고성 전투에서 여호수아는 사람의 생각에 합당한 것이 중요한 것이 아니라 하나님의 말씀에 순종하는 것이 중요하다는 것을 깨달았습니다. 그 대단한 여리고성을 말없이 빙빙 돌기만 하는 방법으로 정복할 수 있다고 생각했던 사람은 아무도 없었을 것입니다. 그러나 그들이 순종하며 돌자 성벽이 무너졌습니다.

반대로 아이성 전투에서는 여호수아에게 있어서 하나님의 도우심을 구할 때 절대로 있어서는 안 되는 것이 무엇인지를 깨닫게 해준 사건이었습니다. 그 대단한 여리고성도 정복했던 여호수아는 그의 군대 2,3천명만으로도 충분히 이길 것 같은 아이성 전투에서 크게 패배합니다.

여호수아는 기도했고 그 패배의 이유가 그들 가운데 하나님 앞에 범죄한 자가 있기 때문이라는 사실을 알게 됩니다. 하나님의 말씀에 불순종하고 하나님께 드릴 예물을 자신의 것으로 취한 아간의 범죄가 그들 안에 있었기에 손쉽게 이길 수 있을 것 같았던 전투에서 크게 패배하게 되었다는 것을 여호수아는 이 사건을 통하여 깨닫게 되었습니다.

여호수아는 이 두 번의 전투로 인하여 앞으로의 모든 전쟁에서 철저하게 지켜야 할 기준을 확정하게 됩니다. 첫 번째 기준은 사람의 생각에 합당한 것을 따지지 말고 하나님의 말씀대로 순종하는 것이고, 두 번째 기준은 하나님께 지은 죄가 우리 가운데 있는지를 철저하게 점검하는 것이었습니다. 이 두 가지 기준이 지켜지면 하나님께서는 어떤 전투라도 이기게 하신다는 것을 그는 확신했습니다.

그 기준이 아모리 땅을 정복하는 전쟁에서도 분명하게 지켜졌습니다. 그래서 여호수아가 이스라엘의 하나님, 여호와께서 명령하신 것과 같이 행했다고 말하고 있습니다(수 10:40). 하나님께 명령하신 그대로 순종했다는 것입니다. 그렇게 그가 하나님께 순종하자 "이스라엘의 하나님 여호와께서 이스라엘을 위하여 싸우셨으므로 여호수아가 이 모든 왕들과 그들의 땅을 단번에 빼앗으니라"(수 10:42)라는 일이 일어나게 된 것입니다.

우리 인생에도 여호수아와 같은 두 기준이 분명하게 서 있어야 합니다. 내 생각과 내 뜻을 따지다가 하나님의 역사하심을 바라보지 못하는 인생이 얼마나 많은지 모릅니다. 내 생각이 내 삶에 자리 잡은 여리고성을 무너뜨리지 못하도록 막는 장애물이라는 것을 기억하고 항상 내 생각은 내려놓고 주님의 뜻에 순종해야 합니다. 그러면 주님께서 우리를 위하여 싸우십니다. 단번에 승리하게 하십니다.

나눔 1 내 생각대로 행동했다가 실패했던 경험이 있습니까?

나눔 2 주님께서 지금 나에게 도전하시는 말씀이 있다면 나누어 보세요.

예수님을 바라보는 우리 가정 기도 :

말씀 여호수아 14:12 그 날에 여호와께서 말씀하신 이 산지를 지금 내게 주소서 당신도 그 날에 들으셨거니와 그 곳에는 아낙 사람이 있고 그 성읍들은 크고 견고할지라도 여호와께서 나와 함께 하시면 내가 여호와께서 말씀하신 대로 그들을 쫓아내리이다 하니

마지막 계산

우리가 무엇을 이루고자 할 때 우리는 먼저 철저하게 계산해야 합니다. 내가 그 일을 이루기 위해서 무엇을 준비해야 하는지를 생각해야 합니다.

오늘 말씀에서 갈렙은 헤브론 땅을 기업으로 받는 일을 이루기 위해서 행동하고 있습니다. 그도 그 일을 이루기 위해서 무엇이 준비되어야 하는지를 알고 있었습니다. 그래서 그는 조목조목 자신이 계산한 것들을 말하기 시작합니다.

그가 계산했던 것들이 무엇입니까? 첫 번째 계산은 그 땅이 이미 나에게 주기로 약속된 땅이라는 명분입니다. 모세 때에 갈렙이 가데스 바네아에서 정탐을 마치고 돌아왔을 때 하나님께 충성되게 행했기 때문에 모세가 "네 발로 밟는 땅은 영원히 너와 네 자손의 기업이 되리라"(수 14:9)라고 약속했던 명분이 그에게 있었습니다. 그러니 그가 그 땅을 차지하겠다고 나서는 것이 합당하다는 것입니다.

두 번째 계산은 자신이 그 땅을 정복할 힘과 능력이 있다는 것이었습니다. 그는 말합니다. "오늘 내가 팔십오 세로되 모세가 나를 보내던 날과 같이 오늘도 내가 여전히 강건하니 내 힘이 그때나 지금이나 같아서 싸움에나 출입에 감당할 수 있으니"(수 14:10-11). 갈렙은 지금 "내가 아직 힘과 능력이 충분히 있습니다. 나는 그 땅을 정복할 만한 자격도 되고 능력도 됩니다"라고 말하고 있는 것입니다.

우리는 자격도 되고 능력도 되면, 명분도 있고 힘도 있으면 당연히 그가 원하는 일을 행해도 되고 행할 수도 있다고 판단합니다. 그런데 그렇지 않습니다. 아무리 자격도 되고 능력도 된다고 할지라도 함부로 움직여서는 안 됩니다. 내 생각과 내 뜻에 합당하다고 해서 내 마음대로 움직였다가는 큰 패배를 맛보게 될 수밖에 없습니다. 그래서 갈렙의 계산은 자격과 능력을 판단하는 것에서 멈추지 않습니다.

그는 마지막 세 번째를 계산합니다. 그것이 무엇입니까? "그 성읍들은 크고 견고할지라도 여호와께서 나와 함께 하시면 내가 여호와께서 말씀하신 대로 그들을 쫓아내리이다"(수 14:12)라는 말이 그의 마지막 계산입니다.

이 말이 무슨 의미입니까? 자신이 헤브론 땅을 차지할 자격도 되고 능력도 된다고 할지라도 그 땅을 차지하는 일은 여호와께서 함께하셔야 가능한 일이라는 것입니다.

하나님께서 갈렙이 헤브론을 차지하는 것을 기뻐하셔야 그 땅을 정복할 수 있다는 것입니다. 이 마지막 계산을 놓치지 말아야 합니다. 이것이 내가 무엇을 행해야 할지를 결정하는 가장 중요한 계산이라는 것을 잊지 않기를 소원합니다. 하나님께서 기뻐하시고 하나님께서 함께 하실 만한 일들을 행해서 하나님과 함께 내 인생의 헤브론들을 정복해 가는 우리 가정이 되기를 간절히 소원합니다.

나눔 1 내가 정복하고 차지하고 싶은 헤브론은 무엇입니까?

나눔 2 무슨 일을 하려고 할 때 내가 가장 중요하게 생각하는 준비, 계산은 무엇입니까?

예수님을 바라보는 우리 가정 기도 :

오늘성경통독 여호수아 15장 □ 16장 □ 17장 □ 18장 □
오늘가정예배 찬송 352장 십자가 군병들아 Date / /

말씀 여호수아 15:16-17 갈렙이 말하기를 기량 세벨을 쳐서 그것을 점령하는 자에게는 내가 내 딸 악사를 아내로 주리라 하였더니 갈렙의 아우 그나스의 아들인 옷니엘이 그것을 점령함으로 갈렙이 자기 딸 악사를 그에게 아내로 주었더라

새로운 사람을 세웁시다

갈렙은 헤브론 땅을 차지하기 위한 준비를 마쳤습니다. 그가 헤브론을 정복하는 일은 하나님께서 기뻐하시는 일이었기에 순탄하게 이루어졌습니다. 그런데 갈렙은 그 일을 자기 혼자 이루지 않습니다. 그가 혼자서 했어도 분명히 헤브론 땅을 정복하는 일은 순탄하게 잘 이루어졌을 것입니다. 하나님께서 기뻐하시는 일이었기 때문입니다. 그러나 갈렙은 그 일을 자기 혼자서 하지 않고 새로운 사람이 세워질 수 있는 기회로 활용합니다.

그는 기럇 세벨을 쳐서 점령하는 자에게는 자기 딸 악사를 아내로 주겠다고 선언합니다. 그러자 그나스의 아들 옷니엘이 등장하여 기럇 세벨을 점령합니다. 옷니엘이 그 땅을 점령하자 갈렙은 자기 딸 악사를 그에게 아내로 주었습니다. 그렇게 옷니엘이라는 사람이 유다 지파의 새로운 리더로 등장하게 되고 그렇게 세워진 옷니엘은 이스라엘의 초대 사사가 되어 메소보다미아 왕 구산 리사다임의 손에서 이스라엘을 구원하게 됩니다(삿 3:7-11).

만일 갈렙이 헤브론을 점령하는 일을 자기 혼자 했더라면 자기만 영광을 얻고 끝났을 것입니다. 그러나 그가 새로운 사람을 세우는 시도를 할 때 옷니엘이 세워지고 그를 통해 온 이스라엘이 유익을 누리는 아무도 예상하지 못한 더 큰 축복의 길이 열렸습니다. 게다가 그렇게 세워진 옷니엘과 악사는 헤브론 지역에 머물지 않고 남쪽, 네겝 땅으로 이동했습니다.

가나안 땅은 북쪽으로 갈수록 풍요롭고 남쪽으로 갈수록 메마른 땅입니다. 옷니엘과 악사가 이동한 네겝 땅은 가나안 땅의 가장 남쪽에 위치한 지역입니다. 그러니 그들은 가장 척박한 불모지를 개척하기 위해서 길을 나선 것입니다. 갈렙이 세운 한 사람이 가장 메마른 네겝 땅에 가서 그 땅을 개척하고 생명이 머무는 살 만한 도시로 세운 것입니다.

사람을 세우는 것은 이렇게 아무도 생각하지 못하고 예상하지 못하는 놀라운 축복의 가능성을 세우는 것입니다. 한 사람이 세워지면 척박하고 메마른 땅이 개척됩니다. 생명이 피어나지 않을 것 같은 곳에 생명이 피어납니다. 황량한 광야에 꽃이 피어나는 역사가 새롭게 세워지는 한 사람을 통하여 일어나게 됩니다.

우리도 사람을 세우기를 소원합니다. 나 혼자만 일을 감당하고 이루어내는 것이 아니라 다른 사람을 세우고 그가 영광을 받을 수 있도록 도와주는 사람들이 되어서 이 세상에 생명을 꽃피우는 한 사람을 세울 수 있는 우리가 되기를 간절히 소원합니다. 그렇게 세워진 한 사람을 통하여 메마른 이 세상에서 생명의 샘물들이 터지게 되는 역사를 이루실 하나님을 기대하며 오늘도 내일도 새 사람을 위하여 기도하기를 간절히 축복합니다.

나눔 1 나 말고 다른 사람이 세워질 수 있도록 도왔던 일이 있습니까?

나눔 2 각자 가정 안에서 세워줄 한 사람을 지목하여 그를 향한 결단을 나눠보세요.

예수님을 바라보는 우리 가정 기도 :

말씀 여호수아 20:2-3 이스라엘 자손에게 말하여 이르기를 내가 모세를 통하여 너희에게 말한 도피성들을 너희를 위해 정하여 부지중에 실수로 사람을 죽인 자를 그리로 도망하게 하라 이는 너희를 위해 피의 보복자를 피할 곳이니라

죄의 자리는 떠나야 합니다

도피성에 대한 말씀은 흔히 우리의 죄에 대한 하나님의 무조건적인 용서에 대한 말씀으로 이해됩니다. 누구든지 죄를 지은 사람이 도피성으로 피난하면 그를 품어주시는 사랑의 표현이 도피성이라고 이해되고는 합니다.

그러나 우리가 분명하게 기억해야 하는 사실은 모든 죄에는 반드시 그 죗값이 따른다는 사실입니다. 도피성이 부지중에 살인한 사람을 품어주시는 하나님의 용서를 나타낸다는 사실은 분명하지만 그런 사랑과 용서가 그냥 이루어지는 것이 아니라 그가 도피성으로 피난했을 때만 이루어진다는 사실을 우리는 기억해야 합니다.

도피성은 부지중에 실수로 사람을 죽인 자를 위하여 마련된 피난처입니다(수 20:3). 본래 마음에 미워함이 없었는데 어떻게 하다 보니 실수로 살인죄를 짓게 된 사람을 보호해 주기 위한 장치인 것입니다. 그런데 부지중에 실수한 자라고 해도 그가 보호받기를 원한다면 반드시 도피성으로 피난해야만 했습니다. 그냥 자기가 실수한 그 삶의 자리에서 "모르고 그랬어! 실수였어!"라고 말한다고 해서 그가 보호를 받을 수 있는 것이 아니라는 것입니다.

무슨 의미입니까? 부지중에 죄를 지었다고 해도 그 죄를 지은 삶의 자리는 반드시 떠나야 한다는 것입니다. 죗값을 지불해야 한다는 것입니다. 그가 부지중에 죄를 지었다고 해도 죄의 자리를 떠나지 않고 머물러 있으면 그가 죽임을 당해도 할 말이 없다는 것입니다.

이스라엘의 도피성은 이스라엘 전 영토에 여섯 군데가 마련되어 있었습니다. 그 도피성들은 이스라엘 곳곳에 설치되어서 어느 땅에 거하는 사람일지라도 하룻길이면 도피성에 도착할 수 있었습니다. 다시 말하면 부지중에 죄를 지은 사람이 마음만 먹으면 언제든지 다가갈 수 있는 곳에 도피성이 존재하고 있었다는 것입니다. 이것은 우리의 진정한 도피성이 되시는 예수님께서 항상 우리 가까이에 위치하고 계신다는 것을 의미합니다. 마음만 먹으면 우리는 언제든지 주님께로 나아갈 수 있습니다. 그것조차 하지 않고 "그냥 실수였어, 모르고 그랬어!"라고 하고 있다가는 그 죄가 내 생명을 빼앗아 가도 할 말이 없는 것입니다.

실수로, 부지중에 지은 죄라도 반드시 주님 앞에 가지고 나아가야 합니다. 도피성으로 가서 장로들의 귀에 자신이 저지른 실수와 죄를 이야기하듯이 우리도 날마다 주님께 나아가서 주님께 우리의 잘못과 실수를 고백해야 합니다. 그러면 주님께서 우리를 품어주십니다. 그 잘못과 실수가 우리의 생명을 갉아먹지 못하도록 우리를 보호해 주십니다.

우리가 알고 지은 죄든, 모르고 지은 죄든, 모든 죄와 잘못과 실수를 가지고 날마다 주님 앞으로 나아가기를 소원합니다. 그렇게 잘못의 자리를 날마다 떠나서 주님께로 가까이 나아가므로 주님께서 기뻐하시는 삶의 모습으로 세워져 가는 우리 가정이 되기를 간절히 축복합니다.

나눔 1 오늘 내가 부지중에 지은 죄는 없습니까?

나눔 2 내 안에서 죄를 발견했을 때 나의 반응은 무엇입니까?

예수님을 바라보는 우리 가정 기도 :

말씀 여호수아 22:24-26 우리가 목적이 있어서 주의하고 이같이 하였노라 곧 생각하기를 후일에 너희의 자손이 우리 자손에게 말하여 이르기를 너희가 이스라엘 하나님 여호와와 무슨 상관이 있느냐 너희 르우벤 자손 갓 자손아 여호와께서 우리와 너희 사이에 요단으로 경계를 삼으셨나니 너희는 여호와께 받을 분깃이 없느니라 하여 너희의 자손이 우리 자손에게 여호와 경외하기를 그치게 할까 하여 우리가 말하기를 우리가 이제 한 제단 쌓기를 준비하자 하였노니 이는 번제를 위함도 아니요 다른 제사를 위함도 아니라

하나님께 인정받는 것을 소원합시다

가나안 땅 정복 전쟁이 끝나고 여호수아는 이제 각 지파가 배정받은 땅으로 이동해서 각자의 성읍을 쌓고 살아가도록 명령합니다. 가나안 땅에 입성하기 전에 요단강 동쪽에서 이미 자신들의 분깃을 받은 르우벤 지파와 갓 지파, 므낫세 지파의 반에 해당하는 사람들은 이제 자신들이 얻은 땅인 요단강 동쪽으로 다시 돌아가야 했습니다.

그런데 그들이 돌아가던 길에 수상한 행동을 합니다. 요단강을 건너기 전에 요단강 바로 앞에 있는 언덕에 커다란 제단을 쌓은 것입니다. 그 제단이 얼마나 컸던지 그들이 제단을 쌓았다는 것이 금세 소문이 나서 요단 서쪽에 머물고 있는 이스라엘 족속들에게까지 들려졌습니다. 그러자 그들은 요단 동쪽의 세 지파가 우상을 섬기기 위해서, 혹은 하나님의 성막이 아니라 다른 곳에서 자신들의 편의에 따라서 제사를 드리기 위해서 제단을 쌓았다고 생각하고는 그들과 싸우기 위해서 대표자들을 파견합니다.

그렇게 도착한 대표자들을 향해서 요단 동쪽의 세 지파가 한 대답이 바로 오늘 말씀입니다. 그들이 했던 대답을 보면 그들이 왜 요단 서쪽에 제단을 쌓았는지 그 이유가 드러납니다. 그 이유는 후에 요단 서쪽에 사는 지파들이 요단 동쪽에 사는 지파들을 향해서 "너희가 이스라엘 하나님 여호와와 무슨 상관이 있느냐 너희는 여호와께 받을 분깃이 없느니라"라고 말하는 것을 방지하기 위해서였습니다(수 22:24-25).

다시 말하면 가나안 땅에 머물지 못하고 요단 동쪽 편에 머물러야 하는 자신들의 후손들이 오랜 세월이 지난 후에도 여전히 하나님께 속한 사람들로 인정받기를 원하는 마음으로 하나님께 바치는 큰 제단을 요단 서쪽에 쌓은 것입니다. 자신들이 비록 요단강 동쪽에 살고 있기는 하지만 우리도 요단강 서쪽에 머물고 있는 다른 지파 사람들과 똑같이 여호와 하나님께 속한 사람들이라는 증거를 남겨 놓기 위해서 요단 서쪽에 큰 제단을 쌓아놓았던 것입니다. 그들은 그만큼 자신들이 하나님께 속한 사람이 아니라고 여겨지는 것을 걱정했고 두려워했던 것입니다.

우리가 그들의 입장이었으면 어떻게 행했을까요? 아마 얼른 돌아가서 집을 세우고 밭을 갈고, 먹고 살아야지 하는 생각으로 허겁지겁 요단강을 건너서 자기들의 땅으로 돌아가지 않았을까요? 우리도 그들처럼 하나님께 속한 자로 영원히 인정받고 싶은 마음을 가지고 큰 제단을 쌓을 수가 있었을까요?

먹고 사는 문제보다 하나님의 백성으로 인정받는 것에 더 갈급하기를 소원합니다. 다른 것보다 하나님께 잊혀지지 않는 사람이 되는 것이 가장 큰 소원이 되기를 간절히 축복합니다.

나눔 1 내 마음에 가장 큰 소원은 무엇인가요?

나눔 2 나는 하나님께 속한 자로 인정받기 위해서 무엇을 행하고 있습니까?

예수님을 바라보는 우리 가정 기도 :

오늘성경통독 사사기 1장☐ 2장☐ 3장☐
오늘가정예배 찬송 407장 구주와 함께 나 죽었으니

Date / /

말씀 사사기 1:19-21 여호와께서 유다와 함께 계셨으므로 그가 산지 주민을 쫓아내었으나 골짜기의 주민들은 철 병거가 있으므로 그들을 쫓아내지 못하였으며 그들이 모세가 명령한 대로 헤브론을 갈렙에게 주었더니 그가 거기서 아낙의 세 아들을 쫓아내었고 베냐민 자손은 예루살렘에 거주하는 여부스 족속을 쫓아내지 못하였으므로 여부스 족속이 베냐민 자손과 함께 오늘까지 예루살렘에 거주하니라

하나님의 소견대로 사는 것

오늘부터 우리는 사사기 말씀을 묵상하게 됩니다. 사사기를 읽기에 앞서서 먼저 기억해야 할 것은 사사기가 우리에게 전하는 중심 메시지입니다. 앞으로 읽게 될 사사기는 어느 장을 펼치든지 한 가지 메시지를 우리에게 말해줄 것입니다. 그 메시지는 바로 사사기의 제일 마지막에 기록된 말씀, "그 때에 이스라엘에 왕이 없으므로 사람이 각기 자기의 소견에 옳은 대로 행하였더라"(삿 21:25)라는 말씀입니다.

우리가 사사기를 보면서 주목해야 할 것은 영웅적인 사사의 모습이 아닙니다. 영웅적인 사사가 등장해야만 했을 만큼 어두웠던 그 시대의 영적인 상황을 주목해서 보아야 합니다. 이스라엘의 영이 깨어서 올바르게 하나님을 따랐더라면 그들에게 어려움이 닥치지 않았을 것입니다. 그들이 온전하게 하나님의 명령에 순종하며 살았더라면 사사라는 영웅은 등장하지 않아도 됐을 것입니다.

그러나 이스라엘은 하나님을 제대로 섬기지 않았습니다. 여러 우상들을 섬기고 세상의 방식을 따랐습니다. 하나님의 명령에 순종하지 않고 자기들의 소견에 옳은 대로 행했습니다. 그러다가 어려움을 당하게 되면 그때 하나님을 찾았습니다. 그러면 하나님께서 그들에게 사사들을 보내시고 그들을 구원해 주셨습니다.

오늘 말씀을 보면 여호와께서 유다와 함께 계셨다고 말합니다. 그런데 아이러니하게도 여호와께서 함께하고 계시는 유다 지파가 골짜기 주민들은 쫓아내지 못합니다(삿 1:19). 성경은 골짜기 주민들을 쫓아내지 못했던 이유를 "철 병거가 있으므로"라고 말하고 있습니다.

그런데 여러분, 하나님이 철 병거를 이기지 못하시는 분이십니까? 하나님이 함께 하셔도 철 병거는 절대로 이길 수 없기에 그들을 쫓아내지 못한 것입니까? 그럴 리가 없습니다. 하나님께서 이기지 못하는 것이 무엇이 있습니까? 그러니 이 말씀은 하나님께서 그들과 함께 계셔서 철 병거도 무찌르려고 하셨으나 이스라엘 백성들이 철 병거에 겁을 먹고 하나님의 명령에 순종하지 않았기 때문에 산지 주민들을 쫓아내지 못하였다고 보아야 합니다. 결국 자기 소견에 옳은 대로 행했기 때문에 하나님께서 함께 계셔도 그분의 역사를 경험하지는 못했던 것입니다.

우리 가정은 자기 소견에 옳은 대로가 아니라 하나님의 소견에 옳은 대로 행하기를 소원합니다. 눈앞에 아무리 두려운 철 병거가 서있다고 할지라도 주님 말씀에 순종하며 나아가므로 주님께서 이루시는 놀라운 승리를 경험하며 살아가는 우리 가정이 되기를 간절히 축복합니다.

나눔 1 오늘 나의 소견대로 행했던 일과 하나님의 소견대로 행했던 일은 무엇입니까?

나눔 2 내 삶의 진정한 왕은 누구입니까?

예수님을 바라보는 우리 가정 기도 :

말씀 사사기 6:11-12 여호와의 사자가 아비에셀 사람 요아스에게 속한 오브라에 이르러 상수리나무 아래에 앉으니라 마침 요아스의 아들 기드온이 미디안 사람에게 알리지 아니하려 하여 밀을 포도주 틀에서 타작하더니 여호와의 사자가 기드온에게 나타나 이르되 큰 용사여 여호와께서 너와 함께 계시도다 하매

내 모습은 중요하지 않습니다

오늘 말씀은 삼백용사로 유명한 기드온에 대한 말씀입니다. 기드온은 단 삼백 명의 용사들만 데리고 미디안의 연합군을 쳐서 승리했던 이야기로 잘 알려진 사사입니다. 그 이야기만 들으면 기드온이 굉장히 용감하고 멋진 사람처럼 느껴집니다. 그런데 사실 기드온은 그렇게 용감한 사람도 아니었고 멋있는 사람도 아니었습니다.

오늘 말씀을 보면 하나님의 사자가 처음 기드온에게 나타났을 때 기드온은 어떤 모습을 하고 있었습니까? "미디안 사람에게 알리지 아니하려 하여 밀을 포도주 틀에서 타작하더니"(삿 6:11)라고 기록되어 있습니다.

좁은 포도주 틀 안에 들어가서 혹시라도 미디안 사람이 와서 곡식을 빼앗아갈까 봐 숨죽여 밀을 타작하고 있는 사람이 기드온이었습니다. 아무리 봐도 용감하고 멋진 사람의 이미지는 아닙니다.

그런데 여호와의 사자가 나타나서 기드온에게 이렇게 말합니다. "큰 용사여! 여호와께서 너와 함께 계시도다!"(삿 6:12). 아마 이 말을 들은 기드온 자신도 어이가 없었을 것입니다. "지금 내 꼴이 이런데, 지금 내 모습을 보고도 나한테 큰 용사라니! 저 사람 좀 이상한 사람 아니야?"라고 생각했을 것입니다.

우리도 그렇게 생각합니다. 내가 할 수 있는 일, 내가 감당할 수 있는 사역을 나의 능력과 나의 모습에 비춰서 판단합니다. 누군가가 내가 감당할 수 없을 것 같은 사역을 맡기려고 하면 "나는 그 일을 할 수 없어"라고 생각할 때가 많습니다.

그러나 중요한 것은 내 모습이 어떠한가가 아닙니다. 정말 중요한 것은 그 사명이 하나님께서 맡겨 주신 것이 맞는가 하는 문제입니다. 그래서 기드온도 자기를 부르시고 자기를 통하여 미디안의 손에서 이스라엘을 구원하겠다고 말씀하시는 그분이 정말 하나님이 맞는지를 확인하는 것입니다(삿 6:17).

주님께서 나를 부르셨다면 내가 어떤 사람인지는 전혀 문제가 되지 않습니다. 주님께서 나에게 사역을 맡기신 것이라면 내 능력은 전혀 문제가 되지 않습니다. 왜 그렇습니까? 그 일에는 반드시 주님께서 함께하기 때문입니다(삿 6:16).

사명에 대한 생각을 바꿔야 합니다. 사명으로 하는 일, 곧 사역은 내가 아니라 주님께서 하시는 것입니다. 거기에 나는 숟가락만 얹는 것입니다. 그렇게 생각하면 못 할 일이 없습니다. 두려울 이유가 없습니다. 그러니 삼백 명만 데리고 대군을 쳐 승리하는 역사를 바라볼 수 있게 되는 것입니다. 오늘 우리는 주님의 일에 대해서 어떤 생각으로 참여하고 있습니까? 우리의 생각이 기드온의 생각과 같이 변화되기를 간절히 소원합니다.

나눔 1 내 힘으로 할 수 없을 것 같아서 순종하지 못했던 사명이 있나요?

나눔 2 주님께서 함께하시는 것보다 더 사모했던 능력이나 조건들이 있다면 나누어 보세요.

예수님을 바라보는 우리 가정 기도 :

말씀 사사기 7:19-20 기드온과 그와 함께 한 백 명이 이경 초에 진영 근처에 이른즉 바로 파수꾼들을 교대한 때라 그들이 나팔을 불며 손에 가졌던 항아리를 부수니라 세 대가 나팔을 불며 항아리를 부수고 왼손에 횃불을 들고 오른손에 나팔을 들어 불며 외쳐 이르되 여호와와 기드온의 칼이다 하고

은근슬쩍 내 이름을 넣지 마세요

오늘 말씀은 역사에 길이 남은 전투, 기드온과 삼백 용사의 전투를 기록하고 있습니다. 하나님께서는 기드온과 함께 미디안과 전쟁을 하기 위해 모인 군사들을 향해서 "너를 따르는 백성이 너무 많으니 돌려보내라!"고 말씀하십니다. 그래서 두려워 떠는 자는 돌아가고 무릎을 꿇고 물을 마시는 자들도 돌려보냅니다. 결국 삼만 이천 명 중에서 남은 사람은 삼백 명뿐이었습니다.

하나님께서 이렇게 소수의 사람만을 남겨놓으셨던 이유는 너무 많은 사람들이 전쟁에 나갔다가 승리했을 경우 그들이 하나님을 거슬러 스스로 자랑하기를 "내 손이 나를 구원하였다"라고 할 것을 염려하셨기 때문이었습니다(삿 7:2). 다시 말하면 하나님께서는 "온전히 하나님의 힘으로, 하나님의 능력으로 우리가 구원을 받았다!"라는 고백이 듣고 싶으셨던 것입니다.

그런데 하나님의 그 꿈은 전쟁을 시작하자마자 산산조각이 납니다. 우리가 기드온과 삼백 용사의 승리에 취해서 잘 보지 못하는 부분이 바로 이 부분입니다. 어제 살펴보았듯이 기드온은 용감하지도 않았고 큰 용사도 아니었습니다. 그럼에도 불구하고 하나님께서 그와 함께하셨기에 그가 승리를 이룰 수 있었습니다.

그런데 오늘 말씀에서 삼백 용사를 데리고 미디안을 치기 위해 진격하는 이 순간 기드온이 무엇이라고 말하고 있습니까? "나와 나를 따르는 자가 다 나팔을 불거든 너희도 모든 진영 주위에서 나팔을 불며 이르기를 여호와를 위하라, 기드온을 위하라 하라 하니라"(삿 7:18), "외쳐 이르되 여호와와 기드온의 칼이다"(삿 7:20)라고 하고 있습니다.

어느새 하나님의 이름에 자신의 이름을 슬쩍 껴놓고 있는 기드온의 모습이 보이십니까? 하나님만 영광 받으셔야 하는 그 전쟁에 자신의 이름을 함께 올려놓고 자기를 위하라고, 자기 칼로 이스라엘을 구원하였다고 말하고 있는 기드온의 모습이 오늘 우리의 모습은 아닙니까?

여러분의 삶 가운데 누리고 있는 모든 것은 누가 주신 것입니까? 하나님이 주신 것이 맞습니까? 거기에 내 힘과 내 능력으로 얻은 것이라는 마음이 섞여 있지는 않습니까? 여러분의 집과 직장과 학업과 성적과 같은 모든 것이 다 주님께서 주신 것이라는 분명한 고백이 있습니까?

우리의 마음을 정해야 합니다. "오직 주님의 영광을 위하여!"가 우리 삶의 고백이 되어야 합니다. 은근하게 올라오는 내 영광을 위하는 마음이 느껴질 때 그 마음을 바로잡지 않으면 지금 당장은 승리하는 것 같아도 결국 기드온의 집안처럼 서서히 멸망의 길을 걸어가게 될 수밖에 없다는 것을 기억하고 날마다 오직 주님의 이름만을 높이며 주님의 주권을 인정하며 살아가는 우리 가정이 되기를 간절히 소원합니다.

나눔 1 내 힘으로 이뤘다고 생각한 것이 있다면 나누어 보세요

나눔 2 하나님이 허락하지 않으셔도 내가 소유할 수 있는 것이 있습니까?

예수님을 바라보는 우리 가정 기도 :

말씀 사사기 10:15-16 이스라엘 자손이 여호와께 여쭈되 우리가 범죄하였사오니 주께서 보시기에 좋은 대로 우리에게 행하시려니와 오직 주께 구하옵나니 오늘 우리를 건져내옵소서 하고 자기 가운데에서 이방 신들을 제하여 버리고 여호와를 섬기매 여호와께서 이스라엘의 곤고로 말미암아 마음에 근심하시니라

입으로만 회개하지 마세요

하나님은 자기 백성을 위하여 일하시는 분이십니다. 사사기의 전체 이야기를 들여다보면 하나님이 백성을 위하여 일할 때와 백성을 버리시는 때가 분명하게 드러납니다.

하나님께서는 백성들이 하나님을 향하여 부르짖고 회개하면 그 백성들을 위하여 일하십니다. 중요한 것은 그 회개가 완전한 회개여야 한다는 것입니다. 오늘 말씀을 보면 "이스라엘 자손이 여호와께 부르짖어 이르되 우리가 우리 하나님을 버리고 바알들을 섬김으로 주께 범죄하였나이다"라고 하나님 앞에 부르짖고 회개합니다(삿 10:10).

그런데 그들에게 하나님께서 무엇이라고 대답하십니까? 하나님께서는 "내가 그동안 너희들이 부르짖을 때 너희를 구원했었는데 계속해서 다른 신들을 섬기니 이제는 내가 다시는 너희를 구원하지 않겠다"고 말씀하십니다(삿 10:11-13). 이제는 나에게 구하지 말고 너희가 택한 너희 신들에게 부르짖어 너희를 구원하게 하라는 것입니다(삿 10:14).

하나님께서는 왜 이스라엘 백성들이 회개하고 하나님을 향하여 부르짖는데도 그들을 위하여 일하지 않으시고 계속해서 그들을 외면하고 계시는 것입니까? 그 이유는 그들의 회개가 온전한 회개가 아니었기 때문입니다.

진정한 회개는 입으로만 잘못했다고 고백하는 것이 아닙니다. "하나님, 잘못했어요!"라고 말하는 것은 회개의 시작일 뿐이지 완성이 아닙니다. 진정한 회개는 그 죄에서 떠나가는 삶의 변화가 있어야 합니다. 내가 다시는 그 죄 가운데 거하지 않겠다고 결단하고 실제로 그 죄에서 떠나가는 것까지 이루어질 때 그것이 온전한 회개입니다. 그런 회개가 있을 때 비로소 하나님께서 일하시기 시작하는 것입니다.

오늘 말씀에서 "이스라엘 자손이 여호와께 여쭈되 우리가 범죄하였사오니 주께서 보시기에 좋은 대로 우리에게 행하시려니와 오직 주께 구하옵나니 오늘 우리를 건져내옵소서 하고 자기 가운데에서 이방 신들을 제하여 버리고 여호와를 섬기매"라고 기록하고 있는 것이 바로 완전한 회개의 모습입니다. 입으로만 용서를 구하는 것이 아니라 자기들이 섬기던 이방 신들을 제하여 버리고 오직 여호와만 섬기는 완전한 삶의 변화가 일어났습니다. 그러자 하나님께서 이스라엘의 곤고로 말미암아 마음에 근심하기 시작하시는 것입니다.

"주님, 왜 제 삶에는 놀라운 역사가 일어나지 않나요? 주님, 나는 이렇게 매일 기도하는데 왜 들어주시지 않나요?"라고 기도하는 분이 계신다면, 내 삶 가운데 완전한 회개가 이루어졌는지 돌아보시기를 바랍니다. 입으로만 고백하는 회개가 아니라 정말 주님께서 일하지 않으시면 마음에 근심이 되어서 견딜 수 없어 하시는 그 온전한 회개가 우리의 삶 가운데 있을 때, 주님께서 근심하시고 일어나 역사하기 시작하신다는 사실을 기억하시고 날마다 우리의 마음과 삶을 주님께서 기뻐하시는 삶으로 변화시켜 가시기를 간절히 축복합니다.

나눔 1 그동안 나의 회개는 입술의 회개였습니까? 진정한 회개였습니까?

나눔 2 아직 벗어나지 못하고 있는 죄에서 벗어나기를 결단하는 기도를 드리세요.

예수님을 바라보는 우리 가정 기도 :

오늘성경통독 사사기 13장 ☐ 14장 ☐ 15장 ☐
오늘가정예배 찬송 361장 기도하는 이 시간 Date / /

말씀 사사기 13:5 보라 네가 임신하여 아들을 낳으리니 그의 머리 위에 삭도를 대지 말라 이 아이는 태에서 나옴으로부터 하나님께 바쳐진 나실인이 됨이라 그가 블레셋 사람의 손에서 이스라엘을 구원하기 시작하리라 하시니

기도 없이는 하나님의 일을 볼 수 없습니다

때때로 우리는 하나님의 역사가 단번에, 한 순간에 일어난다고 생각합니다. 죄인을 구원하는 하나님의 역사도, 기도에 대한 응답도, 전혀 기미가 없었는데 어느 날 갑자기 상황이 급변하여 이루어진다고 생각하는 것입니다.

그러나 하나님의 역사는 어느 날 갑자기 이루어지는 것이 아닙니다. 성도의 기도가 차곡차곡 쌓여서 하늘의 문을 뚫는 순간이 될 때, 하늘의 문이 열리고 하나님의 역사가 이 땅 가운데 이루어지는 것입니다.

이스라엘 자손들은 하나님께 죄를 범해서 40년 동안 블레셋 사람들의 손에 넘겨집니다. 아마 그들은 항상 그랬던 것처럼 또 하나님 앞에 부르짖고, 잘못했다고, 구원해 달라고 애원했을 것입니다. 그런데 하나님께서 그들의 부르짖음에 대한 대답으로 어떻게 역사하십니까?

마노아의 아내에게 사자를 보내셔서 "네가 임신하여 아들을 낳을 것인데 그가 블레셋 사람의 손에서 이스라엘을 구원하기 시작하리라"(삿 13:5)라고 말씀하십니다. 사사기에 기록된 이전의 사사들과는 완전히 다른 이야기입니다. 이전에 하나님께서는 이스라엘 사람들이 부르짖으면 이미 이 땅에 태어나 성장한 성인을 선택하셔서 그를 사사로 세우시고 이스라엘을 구원하셨습니다. 그런데 이번에는 아직 생기지도 않은 아이가 임신이 되고, 태어나고, 성장한 다음에 이스라엘을 구원할 것이라고 말씀하신 것입니다.

하나님께서는 왜 이런 방법을 선택하셨던 것일까요? 그들의 기도가 쌓이지 않은 채로 하나님께서 그들의 부르짖음에 즉각적으로 역사하시니까 금방 변질되는 그들의 모습을 보셨던 것입니다. "또 죄를 짓고, 또 버림을 당해도, 회개하고 하나님께 부르짖으면 하나님이 금방 구해주실거야!"라고 생각하는 그들의 마음을 읽으셨던 것입니다. 그래서 이번에는 바로 이스라엘을 구원할 수 있는 사람을 선택하시지 않고 아직 태중에 잉태되지도 않은 아이를 선택해서 이스라엘을 구원하게 하신 것입니다.

마노아와 그의 아내는 하나님의 사자가 자신들을 찾아왔고 자신들의 태를 통하여 태어나는 아이가 이스라엘을 블레셋의 손에서 구원해 줄 것이라고 말씀하셨다는 사실을 사람들에게 알렸을 것입니다. 사람들은 삼손이 임신이 되고, 태중에 자라고, 태어나고, 성장하는 모든 순간을 주목했을 것입니다. 그가 건강하게 자라고, 빨리 어른이 되어서 우리를 블레셋의 손에서 구원하는 그 날을 빨리 맞이하고 싶다는 마음으로 그를 위해 기도했을 것입니다. 그렇게 20년의 기도의 세월이 흐르고 나서야 삼손이 블레셋 사람들의 손에서 이스라엘을 건져내기 시작했던 것입니다.

기도 없이는 하나님의 일하심을 볼 수 없습니다. 우리가 기도하는 동안 하나님의 역사는 조금씩 자라납니다. 그러니 기도하기를 쉬지 말고 항상 깨어 기도함으로 하나님께서 이 땅 가운데 역사하시는 그 순간을 맞이하십시오.

나눔 1 우리는 하루에 얼마나 기도를 쌓고 있습니까?
나눔 2 기도의 탑을 쌓는 시간을 정해보고 실천해 보세요.
예수님을 바라보는 우리 가정 기도 :

말씀 사사기 17:3-5 미가가 은 천백을 그의 어머니에게 도로 주매 그의 어머니가 이르되 내가 내 아들을 위하여 한 신상을 새기며 한 신상을 부어 만들기 위해 내 손에서 이 은을 여호와께 거룩히 드리노라 그러므로 내가 이제 이 은을 네게 도로 주리라 미가가 그 은을 그의 어머니에게 도로 주었으므로 어머니가 그 은 이백을 가져다 은장색에게 주어 한 신상을 새기고 한 신상을 부어 만들었더니 그 신상이 미가의 집에 있더라 그 사람 미가에게 신당이 있으므로 그가 에봇과 드라빔을 만들고 한 아들을 세워 그의 제사장으로 삼았더라

하나님 앞에 부끄럽지 않은 길

사사기 17장부터 그려져 있는 이스라엘의 모습은 심각한 영적인 혼탁함 가운데 있습니다. 우리가 이 말씀을 읽을 때 기억해야 할 것은 이렇게 혼탁하고 어지러운 시대가 온 이유가 무엇인가 하는 점입니다. 이스라엘이 어쩌다 이렇게 된 것입니까? 그 이유를 성경은 “그 때에는 이스라엘에 왕이 없었으므로 사람마다 자기 소견에 옳은 대로 행하였더라”고 말합니다(삿 17:6).

그런데 여러분, 이스라엘에 정말 왕이 없습니까? 이스라엘을 다스리시는 이가 없습니까? 말도 안 되는 소리입니다. 그들에게는 온 세상을 다스리시는 만왕의 왕이신 하나님께서 계시지 않습니까? 그런데 어째서 이스라엘에 왕이 없다고 말하는 것입니까? 그들이 하나님을 왕으로 인정하지 않은 것입니다. 하나님의 다스리심을 받기를 거부한 것입니다. 하나님께서 그들을 인도하려고 하셔도 순종하지 않고 자기들이 하고 싶은 대로, 자기 소견에 옳은 대로 행동했던 것입니다. 그 결과가 우리가 바라보는 어지럽고 혼탁한 시대인 것입니다.

오늘 말씀을 보면 미가라고 하는 사람이 등장합니다. 그는 어머니가 잃어버렸던 은을 찾아 드렸는데 어머니는 그 은으로 신상을 만들겠다고 합니다. 그러면서 하는 말이 “내가 내 아들을 위하여 한 신상을 새기며 한 신상을 부어 만들기 위해 내 손에서 이 은을 여호와께 거룩히 드리노라”라고 말합니다. 우상을 만들기 위해서 은을 사용하는데, 그것이 하나님께 드리는 것이라고 말하고 있는 것입니다.

게다가 미가는 자기 집에 신당을 세우고 그 신상을 가져다 놓고 그 신당에서 제사를 드릴 제사장까지 세웁니다. 그리고 말합니다. “레위인이 내 제사장이 되었으니 이제 여호와께서 내게 복 주실 줄을 아노라”(삿 17:13). 하나님을 위해 제사를 드리는 레위인을 자기 집의 제사장으로 삼고, 새기고 부어서 만든 신상에게 제사를 지내게 해놓고는 그 일로 말미암아 하나님이 자기에게 복을 주실 것이라고 호언장담하고 있는 것입니다.

우리가 우리 주님을 왕으로 모시지 않고 자기 소견에 옳은 대로 행하면 이런 결과를 맞이하게 됩니다. 무엇이 하나님께 영광 돌리는 일인지도 모르고, 무엇이 자기에게 복 된 일인지도 모르게 됩니다. 그렇게 내 생각과 내 뜻대로 살다가 하나님 앞으로 가는 것입니다. 생각만 해도 끔찍한 일입니다.

정신 차려야 합니다. 우리에게는 왕이 계십니다. 우리 주님이 우리의 왕이십니다. 그 사실을 놓치면 혼탁한 시대 가운데로 나아가게 되어 있습니다. 자기의 소견을 따르지 않고 주님의 소견을 따르는 것, 그것이 우리를 하나님 앞에 부끄럽지 않은 모습으로 서게 하는 유일한 길임을 기억하고 날마다 주님을 왕으로 모시고 살아가기를 간절히 소원합니다.

나눔 1 오늘 나는 주님의 소견을 따라서 살았습니까?

나눔 2 나의 삶의 영적상태는 맑음입니까? 혼탁입니까?

예수님을 바라보는 우리 가정 기도 :

말씀 사사기 20:12-14 이스라엘 지파들이 베냐민 온 지파에 사람들을 보내어 두루 다니며 이르기를 너희 중에서 생긴 이 악행이 어찌 됨이냐 그런즉 이제 기브아 사람들 곧 그 불량배들을 우리에게 넘겨주어서 우리가 그들을 죽여 이스라엘 중에서 악을 제거하여 버리게 하라 하나 베냐민 자손이 그들의 형제 이스라엘 자손의 말을 듣지 아니하고 도리어 성읍들로부터 기브아에 모이고 나가서 이스라엘 자손과 싸우고자 하니라

죄를 계속 품는 이유

오늘 말씀을 보면 한 레위인이 그 첩을 데리고 베냐민 지파에 속한 기브아 성읍에 들어갔습니다. 그들은 거기에서 한 노인을 만났고 그의 집에서 머물게 되었습니다.

그런데 밤이 되니 불량배들이 노인의 집을 에워싸고 레위인을 내놓으라고 협박합니다. 그와 관계하겠다고 하면서 입에 담기도 어려운 말을 서슴지 않고 내뱉습니다. 결국 이 레위인은 자기 첩을 그 불량배들에게 내주었습니다. 이 여인은 밤이 새도록 능욕을 당하고 풀려나 노인의 집 문 앞에 쓰러져 죽었습니다.

레위인은 첩의 시체를 가지고 집으로 돌아가서 열두 덩이로 나누어 이스라엘 사방에 보냈고 그 시체를 받은 온 이스라엘은 미스바에 모여서 베냐민 지파를 향해 "그 불량배들을 내놓으라"고 말합니다. 그런데 베냐민 지파는 웬일인지 그 불량배들을 내놓지 않습니다. 그들을 내놓느니 차라리 전쟁을 하는 게 낫다고 생각하고 싸우고자 합니다.

베냐민 지파 사람들은 왜 불량배들을 내놓지 않고 전쟁을 하는 것을 선택했을까요? 그 불량배들도 자기 식구이기 때문입니다. 마치 사람이 자기 살에 생긴 고름을 도려내기를 싫어하는 것처럼 우리 안에 있는 죄라는 것도 그렇게 내놓기가 싫은 것입니다.

사람들이 왜 술을 못 끊고 담배를 못 끊습니까? 그것이 몸에 좋지 않다는 것은 다 압니다. 그것이 나를 갉아먹고 있다는 것을 다 압니다. 그런데 내놓기가 싫은 것입니다. 품고 있고 싶은 것입니다. 그것이 주는 쾌락을 즐기고 싶고 그것들이 주는 즐거움을 놓치기가 싫은 것입니다. 그것이 우리가 죄를 대하는 방식입니다.

그런데 그 죄를 계속 품고 있다가는 인생 전체가 망하게 된다는 것을 알아야 합니다. 베냐민 지파가 불량배들을 내놓았다면 그 불량배들만 죽임을 당하고 끝났을 것입니다. 그런데 그들이 불량배들을 내놓지 않고 전쟁을 하자 이만 육천칠백 명의 군사들 중에서 육백 명을 빼놓고는 다 죽고 그 성읍에 머물러 있던 사람들도 다 죽게 됩니다. 베냐민 지파 전체가 망하게 된 것입니다.

우리가 죄를 내놓기 싫어하고 버리기를 싫어하면 결국 우리의 삶이 통째로 망하게 됩니다. 주님 앞에 설 때가 되면, 그 작은 죄가 우리 삶을 통째로 집어삼켰다는 말의 의미를 깨닫게 될 것입니다. 그러니 당장은 괴로워도, 당장은 고통스러워도 죄 된 것들을 내놓고 버리십시오. 작은 고통을 감내하면 큰 영광의 날을 맞이하게 될 것이라는 사실을 기억하고 날마다 우리 영혼을 정결하게 지켜가는 우리 가정이 되기를 간절히 축복합니다.

나눔 1 내가 아직 버리기 싫고 내놓기 싫어하는 죄 된 것은 무엇인가요?

나눔 2 그 죄에 대하여 주시는 주님의 마음을 구하는 기도를 해보세요.

예수님을 바라보는 우리 가정 기도 :

룻기 _ 열왕기상

오늘성경통독 룻기 1장☐ 2장☐ 3장☐ 4장☐

오늘가정예배 찬송 336장 환난과 핍박 중에도

Date / /

말씀 룻기 1:1-2 사사들이 치리하던 때에 그 땅에 흉년이 드니라 유다 베들레헴에 한 사람이 그의 아내와 두 아들을 데리고 모압 지방에 가서 거류하였는데 그 사람의 이름은 엘리멜렉이요 그의 아내의 이름은 나오미요 그의 두 아들의 이름은 말론과 기룐이니 유다 베들레헴 에브랏 사람들이더라 그들이 모압 지방에 들어가서 거기 살더니

하나님을 우리 인생의 왕으로 인정하세요

룻기의 시작은 "사사들이 치리하던 때에"라는 말로 시작됩니다. 그러니까 룻기는 사사들이 치리(治理)하던 사사기의 시대 곧, 왕이 없으므로 사람들이 각기 자기 소견에 옳은 대로 행하던 그 시대에 일어난 일을 기록하고 있는 책입니다.

룻기 말씀은 사람들이 왕이 없이 자기 소견에 옳은 대로 살았을 때 무슨 일이 일어나는지를 우리에게 분명하게 보여줍니다. 그래서 이 책을 읽을 때 우리가 직면하게 되는 질문은 "나는 정말 주님을 나의 왕으로 인정하고 살고 있는가?"입니다. 사사 시대에 왕이 없었던 것이 아니었습니다. 온 세상의 진정한 왕이신 하나님께서 그들의 왕이셨습니다. 다만 사람들이 하나님을 왕으로 인정하지 않았던 것뿐입니다. 스스로 하나님의 백성이라고 말하는 이스라엘 사람들이, 실제 삶에서는 하나님을 왕으로 인정하지 않고 살아갔다는 것입니다.

그렇게 살아가는 인생의 표본이 룻의 시아버지로 등장하는 엘리멜렉입니다. 엘리멜렉이라는 이름은 "하나님은 왕이시다"라는 의미를 가지고 있습니다. 그런데 엘리멜렉이 어떻게 합니까? 베들레헴에 흉년이 들자 가족들을 모두 데리고 모압 지방으로 떠나갑니다. 이름은 하나님이 왕이시다고 말하는데 조금만 어려워지면 하나님을 떠나는 삶을 살아가고 있는 사람이 엘리멜렉인 것입니다.

그런데 여러분, 이 엘리멜렉이 바로 우리의 모습 아닙니까? 하나님을 믿는다고 하고, 내가 하나님의 백성이라고 하면서, 작은 어려움 앞에서, 세상의 먹고 사는 문제 앞에서 하나님을 떠나 멀리 모압 땅으로, 세상으로 나가기를 반복하고 있는 것이 바로 우리 아닙니까?

하나님을 왕으로 인정하지 않고, 우리 주님을 왕으로 모시지 않고 살아가기를 반복하는 그런 인생은 매우 위험합니다. 왜냐하면 생명은 하나님께 있고 세상에는 사망이 있다는 것이 성경이 말하는 진리이기 때문입니다. 엘리멜렉도 하나님을 떠나 모압 땅으로 간 이후에 사망을 맞이하게 됩니다.

그뿐만 아니라 그의 두 아들까지도 모두 세상에서 죽습니다. 결국 그의 아내 나오미와 며느리 룻만 살아남아서 베들레헴으로 돌아오게 됩니다. 그런데 베들레헴에 살고 있던 사람들이 나오미를 알아봅니다. 무슨 의미입니까? 큰 흉년 가운데 세상으로 나갔던 엘리멜렉과 그의 아들들은 죽었고 하나님의 땅, 베들레헴에 남아있었던 사람들은 여전히 살아남아 있었다는 것입니다.

생명은 하나님께 있습니다. 그러니 하나님께 꼭 붙어 있는 것이 유일한 살길입니다. 하나님을 우리 인생의 왕으로 인정하고 생명 되시는 우리 주님과 동행하기를 소원합니다. 그리하여서 큰 흉년 가운데에도 생명을 지키고 끝까지 살아남아 주님을 마주하는 우리 가정이 되기를 간절히 축복합니다.

나눔 1 인생에 어려움이 올 때, 나는 어떻게 반응할 것인지 지금 결정해보세요.

나눔 2 나는 주로 언제 주님을 떠나 세상의 것을 좇습니까?

예수님을 바라보는 우리 가정 기도 :

말씀 사무엘상 2:12 엘리의 아들들은 행실이 나빠 여호와를 알지 못하더라

하나님의 말씀에 합당한 삶입니까?

오늘 말씀은 엘리 가문의 악행을 기록하고 있는 말씀입니다. 엘리는 아론의 넷째 아들인 이다말의 후손으로 대제사장직을 맡았던 사람이었습니다. 엘리가 제사장이었다는 사실은 당연히 그의 아들들도 제사장이었다는 것을 알려줍니다. 그의 아들들은 회막에서 하나님께 드리는 제사를 섬기는 제사장들이었습니다.

그런데 오늘 말씀은 그 아들들이 "여호와를 알지 못하더라"라고 기록하고 있습니다. 제사장이 하나님을 몰랐다는 것입니다. 하나님을 섬긴다고 하면서 하나님께 제사를 올려드리던 제사장들이, 정작 자신들이 섬기는 하나님과 자신들이 제사를 올려드리는 하나님을 전혀 알지 못했다는 것입니다.

하나님을 알지 못하면서 하나님을 섬긴다고 생각하는 것은 얼마든지 가능한 일입니다. 하나님을 알지도 못하면서 하나님께 예배를 드린다고 하는 일은 얼마든지 가능합니다. 그래서 조심해야 합니다. 내가 일평생 하나님을 섬긴다고 생각하며 살았고 하나님께 예배를 드려왔다고 생각하며 살았는데도 불구하고, 정작 하나님 앞에 섰을 때 그분께서 나를 모른다고 말씀하실 수 있다는 것을 항상 염두에 두어야 합니다.

엘리의 아들들은 하나님을 알지 못했습니다. 그러면서도 하나님을 섬긴다고 생각했고 심지어는 제사장의 직분을 맡아서 제사 행위를 주관하기도 했습니다. 여기에서 우리가 깨달아야 하는 것이 무엇입니까? 우리의 행위는 전혀 중요한 것이 아니라는 것입니다.

회막에서 섬기는 행위, 제사를 드리는 행위는 전혀 중요하지 않습니다. 마찬가지로 우리가 교회에서 얼마나 많이 섬기고 얼마나 많은 예배에 참여하느냐는 전혀 중요하지 않습니다. 그 모든 것에 앞서서 우리가 정말 하나님을 알고 있는지가 중요한 것입니다. 하나님을 제대로 알아서 예배를 드리고 헌신하는 것과 예배를 드리고 헌신을 하기 때문에 하나님을 알고 있다고 생각하는 것은 너무나 다르다는 사실을 기억해야 합니다.

우리가 정말 하나님을 아는 사람인가 하는 문제는 우리의 삶의 일부분이 아니라 전체가 하나님의 말씀에 합당한 삶인가를 통하여 점검할 수 있습니다. 하나님을 제대로 알지 못하는 자들의 삶에는 반드시 불순종이 있기 마련입니다. 하나님의 뜻과는 다르다는 것을 알면서도 자기 기쁨과 자기 유익을 위하여 하나님의 말씀에 불순종하는 사람, 그 사람이 바로 엘리의 아들들과 같은 하나님을 모르는 사람입니다.

오늘 우리의 삶은 하나님의 말씀에 합당한 삶이었습니까? 하나님이 항상 우리와 함께 계신다는 사실을 알고, 기억하면서 삶의 모든 순간에 하나님께 기쁨으로 순종하기를 소원합니다. 내 기쁨과 내 유익은 하나님께 맡기고 하나님의 기쁨과 유익을 위해 살아가는 사무엘과 같은 가정이 되기를 간절히 축복합니다.

나눔 1 내 삶 가운데 하나님을 모르는 사람과 같은 삶의 모습이 있지는 않았나요?

나눔 2 하나님을 정말 아는 사람의 삶의 모습은 어떤 모습일 것 같은지 나누어 보세요.

예수님을 바라보는 우리 가정 기도 :

오늘성경통독 사무엘상 4장☐ 5장☐ 6장☐ 7장☐
오늘가정예배 찬송 321장 날 대속하신 예수께

Date / /

말씀 사무엘상 6:10-12 그 사람들이 그같이 하여 젖 나는 소 둘을 끌어다가 수레를 메우고 송아지들은 집에 가두고 여호와의 궤와 및 금 쥐와 그들의 독종의 형상을 담은 상자를 수레 위에 실으니 암소가 벧세메스 길로 바로 행하여 대로로 가며 갈 때에 울고 좌우로 치우치지 아니하였고 블레셋 방백들은 벧세메스 경계선까지 따라 가니라

하나님의 인도하심만 따라갑시다

오늘 말씀은 사명자의 삶이라는 것이 어떤 모습인지를 우리에게 보여주는 말씀입니다. 블레셋 사람들이 이스라엘의 언약궤를 빼앗아 자기들 지방으로 갔는데 언약궤를 두는 곳마다 저주가 내려집니다. 결국 블레셋 사람들은 그 언약궤를 이스라엘에게 돌려보내기로 합니다.

그들은 언약궤를 돌려보내기 위해서 "멍에를 메어 보지 아니한 젖 나는 소 두 마리"를 끌어내어 수레를 메고 언약궤를 싣고 이스라엘로 가게 합니다. 이 소가 바로 하나님의 부르심을 받은 사명자입니다.

하나님의 말씀, 하나님의 약속을 싣고 가는 소의 모습이 하나님의 말씀을 전하기 위하여 부름을 받은 우리들의 모습입니다. 먼저 이 소들은 멍에를 메어 보지 않았고 새끼를 낳은 지 얼마 되지 않아서 젖이 나는 소들입니다. 무슨 의미입니까? 이 소들은 멍에를 멜 수 있는 자격도, 능력, 여건도 없는 소들이라는 것입니다. 멍에는 보통 수소가 메는 것입니다. 암소는 젖을 공급해야 하기 때문에 멍에를 메는 힘든 일을 시키지 않습니다. 게다가 이 소들은 새끼를 낳은 지 얼마 되지 않았습니다. 멍에를 메기 위하여 새끼들을 떨어뜨려 집에 가둘 때 새끼들의 울음소리가 얼마나 귀에 울렸을 것이며, 출산한 지 얼마 되지 않은 그 몸은 또 얼마나 힘들었겠습니까? 그러니 이 소들은 상황도, 자격도, 능력도, 모두 멍에를 메기에는 합당하지 않습니다.

그런데 이 소들이 어떻게 합니까? "암소가 벧세메스 길로 바로 행하여 대로로 가며 갈 때에 울고 좌우로 치우치지 아니하였고"(삼상 6:12)라고 기록되어 있는 것처럼 훌륭하게 자기들의 사명을 완수합니다.

어떻게 그럴 수 있었을까요? 그들이 하나님의 인도하심만 따라갔기 때문입니다. 뒤에 남아서 우는 새끼들을 바라보지 않고, 멍에를 멜 힘도, 능력도 없는 자기들을 바라보지 않고, 자기들이 메고 있는 언약궤를 이스라엘로 돌려보내기 위해서 자기들을 통해 역사하고 계시는 하나님의 인도하심만 따라서 간 것입니다.

새끼들에게 돌아가고 싶은 마음이 굴뚝같고, 너무 힘들어서 주저앉아 쉬고 싶은 마음이 굴뚝같지만, 울면서라도 계속해서 그 길을 걸은 것입니다. 그들의 길 끝에 남은 것은 여호와의 언약궤와 여호와께 바쳐진 예물들 밖에는 없었습니다. 소들은 그렇게 고생하고도 번제물이 되었습니다.

사명자는 자신의 영광을 위하여 사는 것이 아닙니다. 고생고생하며 울면서라도 하나님의 영광을 위하여 사는 겁니다. 내가 살았던 삶의 자리에 내 영광이 아니라 오직 하나님의 영광만이 남는 것이 진정한 사명자의 삶입니다. 우리의 영광은 이 땅에 남겨지는 것이 아닙니다. 번제로 바쳐져 하나님께 올라가서, 그분의 품에 안기는 그때 주께서 사명을 완수하고 돌아온 자에게 베푸시는 하늘의 크신 영광이 우리에게 주어지는 것입니다.

나눔 1 내 삶을 끝마치게 될 때 남기고 싶은 것은 무엇이 있습니까?

나눔 2 소들의 모습 중에 나의 모습이라고 여겨지는 것이 있다면 나누어 보세요.

예수님을 바라보는 우리 가정 기도 :

오늘성경통독 사무엘상 8장 ☐ 9장 ☐ 10장 ☐ 11장 ☐
오늘가정예배 찬송 369장 죄짐 맡은 우리 구주

Date / /

말씀 사무엘상 8:19-20 백성이 사무엘의 말 듣기를 거절하여 이르되 아니로소이다 우리도 우리 왕이 있어야 하리니 우리도 다른 나라들 같이 되어 우리의 왕이 우리를 다스리며 우리 앞에 나가서 우리의 싸움을 싸워야 할 것이니이다 하는지라

왕의 자리에 누가 앉아 있습니까?

사무엘이 늙고 그의 아들들이 사사가 되었습니다. 사무엘의 아들들은 자기 아버지 사무엘을 본받지 않고 이익을 따라 뇌물을 받고 판결을 내리기 시작했습니다(삼상 8:3). 그렇게 잘못된 행동을 하자 백성들이 사무엘에게 나와서 이야기합니다.

"보소서 당신은 늙고 당신의 아들들은 당신의 행위를 따르지 아니하니 모든 나라와 같이 우리에게 왕을 세워 우리를 다스리게 하소서"(삼상 8:5). 사무엘은 이 말을 듣고 하나님께 전했고 하나님께서는 이렇게 대답하십니다.

"백성이 네게 한 말을 다 들으라 이는 그들이 너를 버림이 아니요 나를 버려 자기들의 왕이 되지 못하게 함이니라"(삼상 8:7).

하나님의 이 대답이 무슨 의미입니까? 사람들이 왕을 세우려고 하는 것은 곧 하나님을 버리는 행위라는 것입니다. 사람들이 인간 왕을 세우는 것은 곧 하나님을 왕의 자리에서 끌어내리는 행위라는 것입니다.

이 사실을 분명하게 기억해야 합니다. 때때로 우리는 우리 삶에 하나님이 아닌 다른 것을 왕의 자리에 앉혀 놀 때가 있습니다. 하나님보다 가족이, 하나님보다 직장이, 하나님보다 돈이 더 높은 자리를 차지하고 있는 삶의 모습들이 얼마나 많은지 모릅니다. 그러면서 그들은 "이번 한 번만, 이것만 이루고 나면"이라는 핑계를 댑니다.

그러나 그 순간 하나님께서 느끼시는 감정은 "그가 나를 버렸다"는 것입니다. 여러분이 왕이라면 나를 끌어내리고 다른 자를 왕의 자리에 앉힌 사람을 어떻게 대하시겠습니까? 여러분이 사랑하는 사람이 다른 사람을 데리고 와서 잠깐만 이 사람과 사랑하고 당신에게로 돌아오겠다고 말한다면 당신은 어떻게 하시겠습니까?

우리가 하나님 아닌 다른 것을 왕의 자리에 앉히려고 할 때, 하나님께서 느끼시는 감정이 바로 그 감정이 아니겠습니까? 그렇기에 사무엘이 하나님을 대변해서 이야기합니다.

"당신들이 사람을 왕의 자리에 앉히면 안 좋은 일들이 당신들에게 일어날 것입니다. 그리고 결국에 당신들은 그 안 좋은 일들 때문에 하나님께로 돌아오게 될 것인데 하나님께서는 당신들의 부르짖음에 응답하지 않으실 것입니다"(삼상 8:11-18).

하나님이 아니라 다른 것을 우리 인생의 왕의 자리에 앉히는 것을 절대 가볍게 여겨서는 안 됩니다. 그 한번의 선택이 하나님의 마음에 씻을 수 없는 상처를 남기는 일이라는 것을 기억해야 합니다. 날마다 우리 인생의 왕의 자리에 하나님께서 계시는지를 확인하며 살아가는 우리 가정이 되기를 간절히 축복합니다.

나눔 1 내 삶의 왕의 자리에는 누가 앉아 있습니까?

나눔 2 하나님이 아닌 다른 것에 내 인생의 주권을 내주었던 경험이 있다면 나누어 보세요.

예수님을 바라보는 우리 가정 기도 :

말씀 사무엘상 13:11-12 사무엘이 이르되 왕이 행하신 것이 무엇이냐 하니 사울이 이르되 백성은 내게서 흩어지고 당신은 정한 날 안에 오지 아니하고 블레셋 사람은 믹마스에 모였음을 내가 보았으므로 이에 내가 이르기를 블레셋 사람들이 나를 치러 길갈로 내려오겠거늘 내가 여호와께 은혜를 간구하지 못하였다 하고 부득이하여 번제를 드렸나이다 하니라

어쩔 수 없다는 건 핑계입니다

오늘 말씀은 사울이라는 이스라엘의 초대 왕이 어떻게 망하는 길로 들어서게 되었는지를 기록하고 있습니다. 사울은 블레셋과의 전쟁을 앞두고 그들의 대군이 집결하여 진을 치고 있다는 소식을 들었습니다. 그는 길갈이라는 곳에서 사무엘이 오기를 기다렸는데 일주일이 지나도록 사무엘은 나타나지 않았고 백성들은 사울을 떠나서 흩어지기 시작했습니다.

그러자 마음이 조급해진 사울은 자신이 직접 하나님께 번제를 드립니다. 그런데 번제 드리기를 마치자마자 사무엘이 나타났습니다. 그리고는 사울에게 묻습니다. "왕이 행하신 것이 무엇입니까?" 제사장이 드려야 하는 번제를 어째서 왕이 드렸느냐고 물었던 것입니다. 그러자 사울이 대답합니다. "블레셋 사람들이 나를 치러 길갈로 내려오겠거늘 내가 여호와께 은혜를 간구하지 못하였다 하고 부득이하여 번제를 드렸나이다"(삼상 13:12).

사울의 이 대답이 얼마나 말도 안 되는 소리인지 아시겠습니까? 사울의 이 대답은 블레셋이 자신을 공격하러 올 때, 반드시 하나님의 도우심이 필요했다는 말입니다. 하나님께서 은혜를 베푸시지 않으면 나는 블레셋을 이길 수 없다고 사울이 생각했다는 것입니다. 그런데 그러면서 동시에 "부득이하여 번제를 드렸나이다"라고 말합니다. 그러니까 이 말을 풀어보면 "나는 하나님께서 은혜를 주셔야만 블레셋과의 전쟁에서 승리하게 될 것이라는 사실을 분명히 믿습니다. 그래서 어쩔 수 없이 하나님의 명령에 불순종했습니다"라는 말이 됩니다.

하나님의 은혜를 구한다는 사람이, 그 은혜를 구하기 위하여 부득이하게 하나님의 명령에 불순종했다는 이 말이 얼마나 말도 안 되는 소리입니까? 그런데 이런 말도 안 되는 상황이 우리의 삶 가운데서도 자주 일어나고 있다는 사실을 아십니까?

하나님을 믿고, 하나님의 은혜로 하루하루를 살아가고 있다고 기도할 때마다 고백하는 우리가 부득이하여 하나님의 뜻에 합당하지 못하게 살았다고 말할 때가 얼마나 많습니까? "어쩔 수 없이, 할 수 없이, 이번만"이라는 말을 입에 달고 사는 것이 우리 아닙니까? "번제는 제사장이 드려야 하는 것을 나도 잘 알지만, 하나님의 은혜를 구하기 위하여 어쩔 수 없이 내가 번제를 드렸다"라고 말했던 사울의 그 말도 안 되는 소리를 우리도 날마다 하고 있는 것은 아닙니까?

"부득이하여"라는 말은 하나님께 하는 말이 아니라 세상을 향하여서 하는 말이 되어야 합니다. "세상은 이렇게 사는 것이 지혜롭다고 말하지만, 나는 하나님을 믿는 사람이기 때문에, 부득이하여 세상의 지혜를 따를 수 없습니다"라는 고백이 우리의 삶을 통하여 나올 때, 여호와께서 그의 삶을 영원히 세우시는 역사를 바라보게 될 것이라는 사실을 기억하고, 날마다 하나님의 말씀에 순종하며 살아가기를 간절히 소원합니다.

나눔 1 부득이하게 하나님께서 기뻐하시지 않는 일을 했던 적이 있나요?

나눔 2 나는 하나님을 믿는 사람이기에 부득이하게 세상을 따르지 않았던 적이 있나요?

예수님을 바라보는 우리 가정 기도 :

오늘성경통독 **사무엘상 15장 □ 16장 □ 17장 □**
오늘가정예배 **찬송 200장 달고 오묘한 그 말씀**

Date / /

말씀 사무엘상 15:22-23 사무엘이 이르되 여호와께서 번제와 다른 제사를 그의 목소리를 청종하는 것을 좋아하심 같이 좋아하시겠나이까 순종이 제사보다 낫고 듣는 것이 숫양의 기름보다 나으니 이는 거역하는 것은 점치는 죄와 같고 완고한 것은 사신 우상에게 절하는 죄와 같음이라 왕이 여호와의 말씀을 버렸으므로 여호와께서도 왕을 버려 왕이 되지 못하게 하셨나이다 하니

하나님은 잘 받는 것을 원하십니다

하나님은 온 세상의 주인이십니다. 이 세상에 하나님의 것이 아닌 것이 없고 하나님의 뜻대로 하지 못할 것이 아무것도 없습니다. 그러니 우리가 하나님께 어떤 예물을 드린다고 해도, 아무리 크고 진귀한 것을 바친다고 해도, 그 예물 자체가 하나님께 기쁨이 되지는 않습니다. 하나님은 이미 모든 것을 가지고 계시기에 무엇을 드린다고 해서 기뻐하시지 않습니다. 그분께서 기뻐하시는 것은 우리가 그분께 무엇을 드리는 것이 아니라, 우리가 그분께 무엇을 받는 것입니다.

민수기 6장은 하나님께서 진정으로 원하시고 기뻐하시는 일이 무엇인지에 대해서 이렇게 말합니다. "여호와는 네게 복을 주시고 너를 지키시기를 원하며 여호와는 그의 얼굴을 네게 비추사 은혜 베푸시기를 원하며 여호와는 그 얼굴을 네게로 향하여 드사 평강 주시기를 원하노라 할지니라 하라"(민 6:24-26).

하나님께서 원하시는 것은 주시는 것이지 받으시는 것이 아닙니다. 하나님께서 정말 기뻐하시는 일은 그분께서 주시는 것들을 우리가 잘 받는 것입니다. 하나님께서 말씀하시면 그 말씀을 잘 받고, 하나님께서 명령하시면 그 명령을 잘 받는 것을 하나님께서는 기뻐하십니다. 그래서 사무엘이 "순종이 제사보다 낫고 듣는 것이 숫양의 기름보다 나으니"라고 말하는 것입니다(삼상 15:22).

그런데도 우리는 하나님께 드리는 것을 하나님께 받는 것보다 더 중요하다고 생각합니다. 하나님의 말씀을 받지는 않으면서 하나님께 예배를 드렸으니 괜찮다고 생각합니다. 하나님의 명령을 받지는 않으면서 주일을 지켰다고 안심합니다. 받지는 않으면서 드렸으니 괜찮다고 생각하는 것, 그것이 곧 하나님께서 미워하셨던 사울의 마음이요 생각입니다.

하나님께서 주시는 것들은 하나도 땅에 떨어지지 않도록 잘 받아야 합니다. 말씀을 받고, 명령을 받고, 은혜를 받아야 합니다. 잘 받아서 우리의 삶 가운데 이루어져야 합니다. 말씀을 들었으면 그대로 살려고 애를 쓰고, 명령을 받았으면 그 명령에 순종하려고 애를 쓰고, 은혜를 받았으면 받은 은혜를 흘리지 않기 위해서 애를 쓰는 것, 그것이 잘 받는 것입니다. 말씀을 받고도 잊어버리고, 명령을 받고도 불순종하는 것을 그 누가 잘 받았다고 표현할 수 있겠습니까?

하나님께서는 잘 받는 인생을 기뻐하십니다. 하나님께 드리는 것으로 받지 못한 것을 포장할 수 없습니다. 그러니 하나님께서 주신 것들을 땅에 떨어뜨리고 흘리고 있지 않은지를 잘 점검해야 합니다. 날마다 하나님께서 우리에게 주시는 것들을 잘 받아서, 하나님의 마음을 기쁘시게 하는 우리 가정이 되기를 간절히 소원합니다.

나눔 1 오늘 하나님께서 나에게 주신 것은 무엇입니까?

나눔 2 하나님께서 주셨는데도 불구하고 땅에 흘려버렸던 것이 있다면 나누어 보세요.

예수님을 바라보는 우리 가정 기도 :

오늘성경통독 사무엘상 18장 □ 19장 □ 20장 □

오늘가정예배 찬송 266장 주의 피로 이룬 샘물

Date / /

말씀 사무엘상 18:7-9 여인들이 뛰놀며 노래하여 이르되 사울이 죽인 자는 천천이요 다윗은 만만이로다 한지라 사울이 그 말에 불쾌하여 심히 노하여 이르되 다윗에게는 만만을 돌리고 내게는 천천만 돌리니 그가 더 얻을 것이 나라 말고 무엇이냐 하고 그 날 후로 사울이 다윗을 주목하였더라

우리가 주목해야 할 것

오늘 말씀은 다윗이 블레셋과의 전쟁에서 골리앗을 죽이고 크게 승리한 뒤에 성으로 돌아오는 군대를 환영하는 인파들의 노래입니다. 사람들은 크게 승리하고 돌아오는 군대를 맞이하면서 "사울이 죽인 자는 천천이요 다윗은 만만이로다"(삼상 18:7)라고 노래했습니다.

그 노래를 들은 사울은 불쾌했습니다. 그리고 분노가 그를 사로잡았습니다. 다윗을 향한 질투가 그의 마음 가운데 일어난 것입니다. 마귀가 그의 마음 가운데 다윗을 향한 시기와 질투의 마음을 넣어준 것입니다. 그래서 그 노래를 들은 사울이 말한 것입니다. "다윗에게는 만만을 돌리고 내게는 천천만 돌리니 그가 더 얻을 것이 나라 말고 무엇이냐"(삼상 18:8).

사울은 사람들의 노랫소리에 마음이 흔들렸고 그 빈틈에 마귀가 시기와 질투의 마음을 넣어 버리자 그 마음을 붙잡았습니다. 자신의 마음 가운데 다윗을 향한 미움이 일어날 때 그 마음을 하나님 앞에 처리하지 않고 붙잡았습니다. 그것을 "그 날 후로 사울이 다윗을 주목하였더라"(삼상 18:9)라고 기록하고 있습니다.

사울이 주목해야 할 것은 다윗이 아니었습니다. 다윗을 미워하고 있는 자신의 마음을 주목해야 했고, 그 마음을 바라보고 계시는 하나님을 주목해야 했습니다. 만일 사울이 그때 다윗을 주목하던 시선을 돌려 자기 자신의 마음과 하나님을 주목했더라면, 그의 남은 시간을 다윗을 죽이기 위해 허송세월하는 미련한 삶을 살지 않았을 것입니다.

그러나 사울은 끝까지 다윗만 주목했습니다. 그 결과 그는 자기 마음에 들어왔던 작은 시기와 질투의 마음에 사로잡혀서 거의 미친 사람과 같은 모습으로 살다가 전쟁에서 처참하게 패배하고 죽음을 맞이하게 됩니다.

우리가 주목해야 할 것은 내 밖에 있는 것들이 아닙니다. 세상이 어떻게 돌아가는지, 다른 사람들이 어떻게 행동하는지, 누가 나를 좋아하고 누가 나를 미워하는지를 주목하고 살다 보면 사울처럼 그것에 사로잡히기 쉽습니다. 우리가 주목해야 할 것은 내 안에 있는 것들입니다. 내 마음을 주목해야 하고 내 안에 들어온 죄 된 것을 주목해야 합니다. 그리고 그 모든 것을 바라보시고 알고 계신 하나님 아버지와 우리 주님을 주목해야 합니다. 그렇게 우리의 시선을 밖에서 안으로 돌리면, 절대로 우리 안에 있는 작은 죄들을 그냥 넘어갈 수 없습니다. 주님께서 보고 계신다는 것을 알면서 그 죄를 그냥 품고 있다면, 그 사람은 주님을 주님으로 모신 것이 아니기 때문입니다.

우리의 마음과 주님을 주목하기를 소원합니다. 주님 앞에서 부끄러울 것이 없도록 내 안에 죄 된 것은 날마다 버리고, 주님의 마음을 품고 살아가는 우리 가정이 되기를 간절히 소원합니다.

나눔 1 오늘 내 마음에 들어왔던 죄 된 마음은 무엇이 있나요?

나눔 2 나는 내 안과 밖에 있는 것들 중에서 무엇을 더 주목하고 살아가고 있나요?

예수님을 바라보는 우리 가정 기도 :

말씀 사무엘상 21:12-14 다윗이 이 말을 그의 마음에 두고 가드 왕 아기스를 심히 두려워하여 그들 앞에서 그의 행동을 변하여 미친 체하고 대문짝에 그적거리며 침을 수염에 흘리매 아기스가 그의 신하에게 이르되 너희도 보거니와 이 사람이 미치광이로다 어찌하여 그를 내게로 데려왔느냐

주님께 두려움을 내려놓읍시다

가드는 블레셋의 대표적인 다섯 도시 중의 한 곳입니다. 게다가 가드는 다윗이 죽였던 골리앗의 고향이었습니다(삼상 17:23). 그러니 다윗이 가드 왕 아기스에게 갔다는 것은 자신을 철천지원수로 여기는 적진에 자기 스스로 들어가는 꼴이었습니다. 그것만 해도 다윗에게는 이미 치욕적인 일이었습니다. 그런데 가드 왕 아기스와 그의 신하들을 마주하는 순간 다윗은 두려움에 사로잡히고 말았습니다.

그들의 영웅을 죽인 사람이 바로 자신이고, 그들의 군사들을 수없이 죽였던 사람이 바로 자신이라는 사실이 드러나면서 그대로 있다가는 꼼짝없이 죽임을 당할 것이라는 생각에 다윗의 마음이 두려움으로 가득 찼습니다. 그래서 다윗은 미친 척을 합니다. 대문을 손톱으로 긁으면서 침을 흘리며 정신이 나간 사람처럼 행동했습니다. 결국 가드 왕 아기스는 이런 미친 사람을 당장 쫓아내라고 명령했고 다윗은 살아서 그 성을 빠져나올 수 있었습니다.

이 얼마나 치욕스러운 상황입니까? 한때는 블레셋을 벌벌 떨게 했던 다윗이라는 용맹한 장수가 적군의 수장 앞에서 미친 척하며 침을 흘리며 목숨을 연명해야 했던 이 날이 다윗의 평생에 얼마나 수치스러운 날로 기억이 되었겠습니까? 그런데 여러분, 다윗이 이날을 어떻게 기억하고 있는지 아십니까? "내가 여호와를 항상 송축함이여 내 입술로 항상 주를 찬양하리이다"(시 34:1).

다윗은 어떻게 이런 상황에서도 하나님을 찬양할 수 있었을까요? 이 말씀이 그 이유를 말해줍니다. "내가 여호와께 간구하매 내게 응답하시고 내 모든 두려움에서 나를 건지셨도다"(시 34:4). 다윗은 그 치욕스러운 날의 두려움을 그냥 품고 있지 않았습니다. 여호와를 바라보고 그분께 간구하므로 두려움을 벗어버렸습니다. 가드 왕 앞에서 미친 척하게 만들었던 그 두려움, 사울을 피해서 원수 블레셋의 땅에 피신하게 만들었던 그 두려움을 가지고 하나님을 바라보고 간구하였더니 하나님께서 그를 두려움에서 건져주신 것입니다. 그렇기에 그가 두려운 마음을 벗어버리고 하나님을 찬양할 수 있었던 것입니다.

우리 삶에 치욕스러운 순간이 찾아올 때가 있습니다. 두려움에 사로잡혀서 이러지도 저러지도 못하는 순간이 찾아올 수도 있습니다. 그럴 때 계속해서 수치심과 두려움에 사로잡혀서는 안 됩니다. 그 모든 것을 가지고 주님 앞으로 나아가야 합니다. 주님 앞에 토해놓아야 합니다. 그러면 우리 주님께서 그 감정의 늪으로부터 우리를 건져주십니다. 그렇게 우리가 다시 주님을 찬송하는 기쁨의 인생으로 돌아갈 수 있는 것입니다.

우리 마음에 염려와 두려움과 수치심이 찾아올 때, 다른 것에 의지하지 말고 주님을 찾게 되기를 소원합니다. 다윗과 같이 그 감정의 늪에서 빠져나와 치욕의 날을 기쁨과 찬송의 날로 기억하게 되기를 간절히 축복합니다.

나눔 1 다윗처럼 큰 두려움에 사로잡혔던 일이 있나요?

나눔 2 두려움과 염려, 수치심과 같은 감정들을 어떤 방법으로 해소하려고 했었나요?

예수님을 바라보는 우리 가정 기도 :

오늘성경통독 사무엘상 25장☐ 26장☐ 27장☐

오늘가정예배 찬송 449장 예수 따라가며

Date / /

말씀 사무엘상 25:36-38 아비가일이 나발에게로 돌아오니 그가 왕의 잔치와 같은 잔치를 그의 집에 배설하고 크게 취하여 마음에 기뻐하므로 아비가일이 밝는 아침까지는 아무 말도 하지 아니하다가 아침에 나발이 포도주에서 깬 후에 그의 아내가 그에게 이 일을 말하매 그가 낙담하여 몸이 돌과 같이 되었더니 한 열흘 후에 여호와께서 나발을 치시매 그가 죽으니라

나의 소유를 지혜롭게 사용합시다

오늘 말씀은 다윗이 사울을 피해 그의 부하들을 데리고 바란 광야에 머물 때 일어난 일입니다. 다윗과 그의 부하들은 갈멜이라는 지역 근처에 머물면서 나발의 양과 염소들을 도적들과 사나운 짐승들로부터 지켜주었습니다. 덕분에 나발은 아주 편하게 양과 염소를 잃지 않고 번성할 수 있었습니다.

다윗은 나발이 양털을 깎는 날, 그러니까 양을 키우는 사람의 집에 큰 잔치가 있는 날에 나발에게 약간의 식량을 얻기 위해서 부하들을 보냅니다. 그런데 나발은 다윗의 요청을 거절할 뿐 아니라 아주 모욕적인 언사로 다윗을 무시합니다. 그 말을 들은 다윗은 부하들을 거느리고 나발을 공격하러 갔고, 그 소식을 들은 나발의 부인 아비가일은 식량을 푸짐하게 챙겨서 다윗에게 나가 나발을 대신하여 용서를 구하고 다윗의 화를 풀어줍니다. 그 후에 집으로 돌아온 아비가일과 나발 사이에 있었던 일을 기록하고 있는 것이 오늘 말씀입니다.

오늘 말씀에서 우리가 기억해야 하는 것은 우리의 모든 소유가 누구 덕분에 나에게 있게 된 것인지를 분명히 알아야 한다는 것입니다. 나발의 소유, 그가 거느렸던 수많은 양과 염소가 어떻게 그의 손에 쥐어졌습니까? 양과 염소를 풍족하게 먹일 만한 갈멜이라는 비옥한 토지를 그가 만들었습니까? 양과 염소를 잃지 않도록 지킨 것이 자신입니까? 아닙니다. 나발은 그저 하나님께서 만드신 토지의 소산을 이용하고, 다윗의 도움을 받아서 그렇게 많은 양과 염소를 가질 수 있게 된 것일 뿐이었습니다.

그런데도 나발은 그 모든 것이 자신의 것이라고 여겼습니다. 하나님과 다윗의 도움 따위는 안중에도 없었습니다. 그렇기에 다윗이 그를 보호해 준 대가로 약간의 식량을 요구했을 때 다윗을 모욕하는 행동을 했던 것입니다.

나발은 '바보'라는 뜻이고 아비가일은 '기쁨의 근원'이라는 뜻입니다. 자기에게 있는 것이 누구의 도움으로 얻게 된 것인지도 모르고, 은혜 갚는 것은 안중에도 없는 인생, 남에게 베풀기를 야속하게 하며, 자기 자신만을 위하여 사용하기를 원하는 인생은 바보 같은 인생입니다. 왜냐하면 나발처럼 죽음을 맞이할 때가 되면 그가 소유했던 모든 것이 자기 것이 아니라는 사실이 깨달아지게 될 것이고, 그 모든 것의 진정한 주인 되시는 주님 앞에서 그동안 살았던 인생에 대해서 평가받게 될 것이기 때문입니다.

우리의 인생은 나발과 같은 바보 같은 인생입니까? 아니면 아비가일과 같이 하나님께 기쁨이 되는 인생입니까? 내가 가지고 있는 것을 어떻게 사용하고 있는지를 점검하면서 하나님께서 기뻐하시는 모습으로 인생을 다듬어 가는 우리 가정이 되기를 간절히 소원합니다.

나눔 1 나의 소유가 있기까지 나에게 도움을 주신 분들은 누가 있습니까?

나눔 2 나에게 주어진 소유를 남을 위하여 사용한 비율이 얼마나 됩니까?

예수님을 바라보는 우리 가정 기도 :

말씀 사무엘상 30:23-24 다윗이 이르되 나의 형제들아 여호와께서 우리를 보호하시고 우리를 치러 온 그 군대를 우리 손에 넘기셨은즉 그가 우리에게 주신 것을 너희가 이같이 못 하리라 이 일에 누가 너희에게 듣겠느냐 전장에 내려갔던 자의 분깃이나 소유물 곁에 머물렀던 자의 분깃이 동일할지니 같이 분배할 것이니라 하고

당신의 인생의 주인은 누구인가요?

하나님께서 사랑하시는 사람의 인생과 하나님께서 기뻐하지 않는 사람의 인생은 무엇이 다를까요? 세밀하게 따져보면 너무나 많은 차이점이 있겠지만, 그 줄기를 타고 뿌리로 가보면 아마 그 근본적인 차이는 한 가지일 것입니다. 그 한 가지가 무엇일까요? 정말 하나님을 "내 인생의 주님으로 여기고 있느냐 그렇지 않느냐"입니다.

"내 인생의 주인이 나인가? 나의 주님인가?"를 살펴보면, 지금 내가 주님께서 기뻐하시는 인생을 살고 있는지, 그렇지 않은지가 분명하게 드러납니다.

우리 인생의 주인은 누구입니까? 정말 우리 주님께서 우리 인생의 주인이십니까? 그러면 내가 하는 모든 것, 일상생활과 직장과 사업과 가정을 비롯한 내 삶의 모든 영역에서 이루어지는 일들을 행하시는 분이 우리 주님이 맞으십니까? 정말 주님께서 우리 인생의 주인이시라면, 내 삶의 모든 영역에서 이루어진 것들이 주님께서 이루신 것이라고 인정할 수 있어야 합니다. 그리고 그 모든 것들을 주님의 뜻에 맞게 사용할 수 있어야 합니다.

오늘 말씀을 보면 자신의 삶에서 일어나는 일들이 누구로부터 비롯된 것인가에 대한 생각의 차이가 가져오는 두 부류의 인생의 모습이 기록되어 있습니다. 첫 번째는 자기 인생의 주인, 즉 자기 삶의 모든 행위의 주관자가 자기 자신이라고 여기는 사람들입니다.

그들은 "악한 자와 불량배들"이라고 기록된 사람들입니다(삼상 30:22). 다윗과 함께 빼앗긴 아내와 소유물들을 찾기 위해 아말렉 사람들을 치러 갔던 사람들 중에서 이백 명은 체력이 되지 않아서 중간에 머물렀고 나머지 사백 명은 다윗과 함께 아말렉을 쳐서 그 아내들과 소유물들을 찾아왔습니다.

그런데 사백 명 중에 일부 사람들이 전쟁에 직접 나서지 못하고 중간에 머물러 있던 이백 명의 사람들은 처자들만 데려가고 소유물들은 가져가지 못하게 하자고 주장합니다. 그러면서 이렇게 말합니다. "그들이 우리와 함께 가지 아니하였은즉 우리가 도로 찾은 물건은"(삼상 30:22), 그러니까 이 사람들은 아말렉을 쳐서 이긴 것, 이겨서 처자들과 물건들을 다시 찾아올 수 있었던 것이 '우리' 덕분이라고 말하고 있는 것입니다. 그리고 그런 사람들을 향하여 성경은 "악한 자와 불량배들"이라고 기록하고 있는 것입니다.

반면에 다윗은 무엇이라고 말합니까? "여호와께서 우리를 보호하시고 우리를 치러 온 그 군대를 우리 손에 넘기셨은즉 그가 우리에게 주신 것을 너희가 이같이 못하리라"(삼상 30:23)라고 말하면서 자기들을 이기게 하시고 처자와 재물을 찾게 하신 이가 우리가 아니라 여호와 하나님이시라고 말합니다. 이것이 하나님께서 기뻐하시는 인생과 '악한 자, 불량배'로 보시는 인생의 근본적인 차이입니다. 우리는 우리 주님을 정말 우리 인생의 주인으로 여기고 있습니까?

나눔 1 내 인생 가운데 내 힘으로 얻은 것이라고 여겼던 것이 있습니까?

나눔 2 내 인생은 주님께서 보시기에 다윗과 같은 인생입니까? 불량배 같은 인생입니까?

예수님을 바라보는 우리 가정 기도 :

오늘성경통독 사무엘하 1장☐ 2장☐ 3장☐ 4장☐
오늘가정예배 찬송 455장 주님의 마음을 본받는 자

Date / /

말씀 사무엘하 1:17-19 다윗이 이 슬픈 노래로 사울과 그의 아들 요나단을 조상하고 명령하여 그것을 유다 족속에게 가르치라 하였으니 곧 활 노래라 야살의 책에 기록되었으되 이스라엘아 네 영광이 산 위에서 죽임을 당하였도다 오호라 두 용사가 엎드러졌도다

하나님의 마음을 붙잡으세요

사울과 요나단이 블레셋과의 전투에서 죽었다는 소식을 듣게 된 다윗은 자기 옷을 잡아 찢고 슬퍼하여 울며 금식합니다(삼하 1:11-12). 우리의 생각으로는 쉽게 이해가 가지 않는 장면입니다.

다윗은 10년이나 되는 긴 시간을 사울 때문에 도망을 다니면서 살아야 했습니다. 때로는 광야에서, 때로는 원수인 블레셋의 땅에서 사울의 칼을 피해 밤낮으로 불안해하면서 살아야 했던 사람이 다윗이었습니다. 그런데 그렇게 자기를 괴롭히던 사울이 죽었다는 소식을 듣게 되었습니다. 우리였다면 어떻게 했을까요? 아마 신나서 잔치라도 벌이지 않았을까요?

그런데 다윗은 그렇게 하지 않습니다. 오늘 말씀에 기록된 것들을 보면 다윗에게서 기뻐하는 내색은 찾아볼 수가 없습니다. 그는 정말로 슬퍼했고, 가슴 아파했습니다. 옷을 찢고 울며 금식할 뿐 아니라 사울을 위한 노래를 지어서 그것을 유다 족속들에게 가르치라고 명령합니다. 그 노래의 가사가 바로 오늘 붙들 말씀입니다.

다윗은 왜 사울을 위해서 이렇게 노래까지 지어 그를 추모하고 있는 걸까요? 자기를 그렇게나 괴롭혔던 사울을 독수리보다 빠르고 사자보다 강한 사람으로 표현하고(삼하 1:23) 이스라엘을 부강하게 했던 유능한 왕으로 표현(삼하 1:24)할 수 있었던 이유가 무엇일까요? 그것은 다윗이 자기의 마음으로 사울을 바라본 것이 아니라 그와 함께하시는 하나님의 마음으로 사울을 바라보았기 때문입니다.

다윗의 마음으로는 사울이 정말 밉기도 하고 그가 죽은 것이 잘 되었다고 생각할 수 있었습니다. 그러나 다윗은 자기의 마음을 붙잡지 않고 하나님의 마음을 붙잡았습니다. 하나님께서 직접 선택하셔서 이스라엘의 초대 왕으로 세우시고 그를 통해 이스라엘을 강하게 하셨던 하나님, 그분이 악한 마음으로 무너지는 사울을 바라보실 때 느끼셨던 마음, 그렇게 세웠던 사울이 자기 죄로 인하여 무너지고 죽게 되는 그 과정을 모두 지켜보셨던 하나님 아버지의 마음을 다윗이 붙잡은 것입니다. 그러니 사울을 위해서 슬퍼할 수 있었고 그를 기리는 노래를 만들어 부를 수 있었던 것입니다.

이것이 정말 하나님을 내 안에 모신 사람의 모습입니다. 우리 주님께서 우리 안에 계시고 그분의 마음을 우리에게 알려주신다면, 우리가 붙잡아야 할 마음은 당연히 우리 주님의 마음이 되어야 합니다. 하나님의 마음이 나에게 느껴지는데도 내 마음을 더욱 우선한다면, 그것은 하나님을 섬기는 사람의 모습이라고 할 수 없는 것입니다.

오늘 우리는 가족들과 이웃들을 향하여 내 마음을 붙잡고 살고 있습니까? 아니면 우리 안에 계시는 우리 하나님의 마음을 붙잡고 있습니까? 하나님의 마음을 붙잡으십시오. 그것이 다윗과 같은 믿음의 삶을 사는 복 된 길이라는 사실을 기억하고 날마다 하나님의 마음으로 모든 이웃을 대하기를 간절히 소원합니다.

나눔 1 오늘 가족들에게 내 마음으로 했던 말은 무엇입니까?

나눔 2 오늘 가족들에게 주님의 마음으로 했던 말은 무엇입니까?

예수님을 바라보는 우리 가정 기도 :

오늘성경통독 사무엘하 5장 □ 6장 □ 7장 □ 8장 □

오늘가정예배 찬송 94장 주 예수보다 더 귀한 것은 없네

Date / /

말씀 사무엘하 6:21 다윗이 미갈에게 이르되 이는 여호와 앞에서 한 것이니라 그가 네 아버지와 그의 온 집을 버리시고 나를 택하사 나를 여호와의 백성 이스라엘의 주권자로 삼으셨으니 내가 여호와 앞에서 뛰놀리라

하나님이 중심이 되는 삶

다윗은 하나님의 궤를 다윗성으로 옮겨오고 나서 기쁨에 찬 마음으로 온 백성을 축복하고 자기의 가족들을 축복하기 위해서 집으로 돌아옵니다. 그런데 집에 돌아오자마자 사울의 딸 미갈, 곧 다윗의 첫 번째 아내가 다윗을 맞이하면서 그를 조롱합니다.

미갈이 다윗을 조롱했던 이유는 다윗이 여호와의 궤를 메고 성으로 들어올 때 여호와 앞에서 힘을 다하여 춤을 추며 뛰놀았던 것이 방탕한 자가 염치없이 자기의 몸을 드러내는 것처럼 천박하게 보였기 때문입니다. 그러면서 미갈은 이렇게 말합니다. "오늘 그의 신복의 계집종의 눈앞에서 몸을 드러내셨도다"(삼하 6:20).

미갈의 이 말은 그녀가 다윗을 바라볼 때, 여호와의 궤를 중심으로 다윗을 바라본 것이 아니라 다윗을 둘러싼 사람들을 중심으로 다윗을 바라보았다는 사실을 드러내고 있습니다. 미갈이 바라보기에는 다윗이 춤을 춘 것도 사람들 앞에서 춤을 춘 것이었고 다윗이 기뻐 뛰놀았던 것도 사람들 앞에서 기뻐하며 뛰놀았던 것이었습니다.

그러나 다윗은 그렇게 생각하지 않았습니다. 다윗은 그렇게 자신을 비하하는 미갈에게 분명하게 말합니다. "이는 여호와 앞에서 한 것이니라 그가 네 아버지와 그의 온 집을 버리시고 나를 택하사 나를 여호와의 백성 이스라엘의 주권자로 삼으셨으니 내가 여호와 앞에서 뛰놀리라"(삼하 6:21)

다윗의 이 말이 무슨 의미입니까? 나를 왕으로 세우신 분이 하나님이시니 내가 그분 앞에서 뛰노는 것이 무엇이 잘못이냐는 말입니다. 내가 춤을 추고 뛰놀았던 것은 나를 둘러싼 사람들 앞에서 행한 것이 아니라 나를 사울의 손에서 건지시고 왕으로 세우신 하나님 앞에서 행한 것이라는 말입니다. 미갈은 사람들 중심으로 다윗을 보았고 다윗은 하나님 중심으로 자신을 바라본 것입니다.

사랑하는 여러분, 이 시각의 차이가 얼마나 중요하고 큰 것인지 모릅니다. 여러분은 무엇을 중심으로 세상을 바라보십니까? 누구 중심으로 사람들을 대하고 일들을 행하고 있습니까? 사람이 중심입니까 하나님이 중심입니까?

예배의 자리에서 기뻐 뛰며 춤추지 못하는 이유가 무엇이며 기도의 자리에서 마음 속 깊은 아픔들을 토해내지 못하는 이유가 무엇입니까? 우리의 인생의 중심은 누구에게 있습니까? 사람에게 있습니까? 하나님에게 있습니까?

우리 인생의 중심을 분명히 해야 합니다. 우리 인생의 중심이 하나님에게 있다고 믿는다면 실제로 그렇게 살아야 합니다. 모든 사람을 바라볼 때, 모든 일을 행할 때, 모든 상황 속에서 하나님 중심으로 바라보고, 생각하고, 행할 줄 알아야 합니다. 그것이 믿음으로 사는 것입니다. 우리의 중심을 우리 하나님께 두기를 소원합니다. 하나님 중심으로 생각하고, 말하고, 행동하여서 하나님께서 우리의 주권자가 되심을 삶으로 고백하며 살아가기를 간절히 축복합니다.

나눔 1 사람들의 시선 때문에 하나님 중심으로 살지 못했던 것이 있나요?

나눔 2 가장 가까운 가족들을 대할 때 하나님 중심으로 대한다면 달라질 수 있는 것은 무엇이 있을까요?

예수님을 바라보는 우리 가정 기도 :

오늘성경통독 사무엘하 9장 □ 10장 □ 11장 □ 12장 □

오늘가정예배 찬송 274장 나 행한 것 죄뿐이니

Date / /

말씀 사무엘하 11:24-25 활 쏘는 자들이 성 위에서 왕의 부하들을 향하여 쏘매 왕의 부하 중 몇 사람이 죽고 왕의 종 헷 사람 우리아도 죽었나이다 하니 다윗이 전령에게 이르되 너는 요압에게 이같이 말하기를 이 일로 걱정하지 말라 칼은 이 사람이나 저 사람이나 삼키느니라 그 성을 향하여 더욱 힘써 싸워 함락시키라 하여 너는 그를 담대하게 하라 하니라

어떤 자리를 사모합니까?

다윗은 우리아의 아내인 밧세바를 간음하고 자기의 죄를 숨기기 위해서 우리아를 죽이라는 글이 쓰여 있는 편지를 당사자인 우리아의 손에 들려서 보냅니다. 결국 우리아는 맹렬한 전쟁 가운데 죽게 되었고 그 소식을 들은 다윗은 이렇게 말합니다. "이 일로 걱정하지 말라 칼은 이 사람이나 저 사람이나 삼키느니라"(삼하 11:25).

다윗은 아마도 이 말을 하면서, "괜찮아, 전쟁터에서는 누구나 죽을 수 있는 거야. 그러니 우리아가 전쟁터에서 죽은 것은 전혀 이상한 일이 아니야. 내가 그를 죽게 했다고는 아무도 생각하지 않을 거야"라고 생각했을 것입니다.

그런데 그 일을 누구보다 더 자세히 알고 계시는 분이 계셨습니다. 바로 다윗이 믿는 하나님이셨습니다. 하나님께서는 그런 다윗의 행동을 지켜보고 계시다가 선지자 나단을 보내 다윗을 책망하십니다. 그러면서 다윗에게 이렇게 말씀하십니다. "이제 네가 나를 업신여기고 헷 사람 우리아의 아내를 빼앗아 네 아내로 삼았은즉 칼이 네 집에서 영원토록 떠나지 아니하리라 하셨고"(삼하 12:10).

다윗은 "칼은 이 사람이나 저 사람이나 삼키느니라"라고 말하면서도, 그 칼이 자기 자신을 삼킬 것이라고는 생각하지 않았습니다. 그러나 하나님께서는 분명하게 말씀하십니다. "우리아를 삼킨 그 칼이, 이제는 너와 네 집을 삼킬 것이다" 맞습니다. 칼은 이 사람이나 저 사람이나 삼킵니다. 그런데 우리가 분명하게 기억해야 할 것은 그 이 사람, 저 사람에 나 역시도 포함된다는 사실입니다. 내가 칼자루를 휘둘러서 다른 사람을 상하게 했다면, 언젠가 반드시 그 칼자루가 나에게 휘둘려진다는 사실을 기억해야 합니다.

시편에서 다윗은 이렇게 고백합니다. "악담하는 자는 세상에서 굳게 서지 못하며 포악한 자는 재앙이 따라서 패망하게 하리이다"(시 140:11). 다윗의 이 고백은 자신의 경험이었습니다. 우리아에게 포악하게 행했던 그의 행동이, 곧바로 그와 그의 집에 재앙으로 돌아오게 되었습니다.

칼은 이 사람이나 저 사람이나 삼킵니다. 내가 칼로 남을 상하게 할 수 있다면, 남도 나를 칼로 상하게 할 수 있습니다. 행여나 다른 이가 나에게 복수하지 않더라도, 그 모든 것을 지켜보시며 죄의 값을 물으시는 하나님께서 지금도 두 눈을 시퍼렇게 뜨고 우리를 바라보고 계십니다.

세상은 칼을 휘두르는 자리를 사모합니다. 내 뜻을 이루기 위해 다른 사람을 이용하고 곤경에 처하게 만드는 것이 어쩔 수 없는 일이라고 생각합니다. 그러나 우리가 사모해야 할 자리는 칼을 휘두르는 자리가 아닙니다. 칼자루를 잡는 자리를 사모해서는 안 됩니다. 오히려 칼자루를 하나님께 내어드리는 자리, 주님 손에 내 인생의 칼자루를 맡겨 드리는 그 자리가 실수가 없고 위험이 없는 가장 안전한 자리입니다. 우리는 어떤 자리를 사모하며 살아가고 있습니까?

나눔 1 다른 사람을 상하고 아프게 했던 일이 있다면 나누어 보세요.

나눔 2 나의 잘못을 숨기기 위하여 더 큰 잘못을 했던 일이 있나요?

예수님을 바라보는 우리 가정 기도 :

말씀 사무엘하 13:32 다윗의 형 시므아의 아들 요나답이 아뢰어 이르되 내 주여 젊은 왕자들이 다 죽임을 당한 줄로 생각하지 마옵소서 오직 암논만 죽었으리이다 그가 압살롬의 누이 다말을 욕되게 한 날부터 압살롬이 결심한 것이니이다

마귀가 주는 마음

다윗이 밧세바와 간음하고 우리아를 죽게 한 이후에 하나님께서는 나단을 통해서 그의 죄로 인하여 일어날 일들을 경고하십니다. 하나님의 경고가 있은 지 얼마 지나지 않아서, 다윗의 집에 정말로 큰 재앙이 일어나기 시작합니다.

먼저는 밧세바가 임신했던 아이가 태어난 지 얼마 되지 않아서 죽고, 다윗의 아들인 암논이 이복누이인 다말을 겁탈하고 버립니다. 이 사실을 안 다말의 오빠인 압살롬은 벼르고 벼르다 기회를 타서 암논을 죽이고 그술 땅으로 도망칩니다. 삼년 후에 압살롬은 돌아왔고 얼마 지나지 않아서 반역을 일으켜 다윗은 피난길에 오르게 됩니다.

죄라는 것이 이렇게 무서운 것입니다. 한 여인에 대한 음욕을 품는 것으로 시작된 다윗의 죄가 자신과 그의 가족, 그의 나라에 이르기까지 큰 풍파를 가지고 왔습니다. 그래서 죄라는 것은 작은 마음이 일어날 때부터 경계하고 멀리해야 합니다. 그런데 그렇게 하지 못하도록 계속해서 부추기는 존재가 있습니다. 바로 마귀입니다. 마귀는 우리 안에 죄된 마음을 넣어주고 그 마음을 따라서 행하라고 부추깁니다. 그렇게 죄를 행해도 괜찮다는 마음을 넣어줘서 끝내는 우리가 죄 가운데 빠지도록 하는 것이 마귀가 하는 일입니다.

오늘 말씀에 그 마귀의 모습을 보여주는 사람이 기록되어 있습니다. 그의 이름은 요나답입니다. 요나답은 다윗의 형 시므아의 아들로 심히 간교한 자였습니다(삼하 13:3). 그는 다말을 사모하는 마음으로 마음에 괴로워하던 암논에게 악한 방법으로 다말을 겁탈할 것을 제시한 사람입니다. 암논은 요나답의 말을 듣고서 그 말을 따랐고 결국 다말을 겁탈하고 압살롬에게 죽게 됩니다. 암논이 죽자 그 요나답이 이번에는 다윗 옆에 서 있습니다. 그는 다윗에게 말합니다. "그가 압살롬의 누이 다말을 욕되게 한 날부터 압살롬이 결심한 것이니이다"(삼하 13:32). 요나답이 이 말을 하고 있는 의도가 무엇입니까? 이번에는 다윗을 통해서 압살롬을 죽이려고 하는 것입니다.

인간적인 마음으로 보면, 이때 다윗이 압살롬을 죽였더라면 압살롬의 반역으로 인하여 고통당할 일도 없었을 것입니다. 요나답도 다윗에게 그런 생각을 심어주기 위해서 옆에서 충동질 한 것입니다. 그러나 다윗은 요나답이 심어주는 악한 마음을 품지 않았습니다. 오히려 다윗은 요나답의 그 말을 듣고도 압살롬을 사랑으로 품었습니다(삼하 13:39).

다윗은 자기 죄로 인하여 큰 고통을 받게 되었지만, 그 가운데서도 마귀가 주는 마음을 붙잡지 않고 하나님의 마음을 품었습니다. 그렇기에 다윗은 그 고통의 시간을 잘 이겨내고 하나님께서 사랑하시는 믿음의 사람으로 생을 마칠 수 있었던 것입니다. 지금도 마귀는 우리 곁에서 우리를 충동질합니다. 그런 상황 가운데서 끝까지 하나님의 마음을 품고 붙잡는 사람이 다윗과 같이 하나님께서 기뻐하시는 믿음으로 사는 사람이라는 것을 기억하고 날마다 마음을 분별하여 지켜나가기를 간절히 소원합니다.

나눔 1 오늘 내 안에 마귀가 넣어준 마음이라고 생각되는 것이 있나요?
나눔 2 오늘 내 안에 하나님께서 넣어주신 마음이라고 생각되는 것이 있나요?
예수님을 바라보는 우리 가정 기도 :

오늘성경통독 사무엘하 16장 □ 17장 □ 18장 □
오늘가정예배 찬송 251장 놀랍다 주님의 큰 은혜 Date / /

말씀 사무엘하 18:33 왕의 마음이 심히 아파 문 위층으로 올라가서 우니라 그가 올라갈 때에 말하기를 내 아들 압살롬아 내 아들 내 아들 압살롬아 차라리 내가 너를 대신하여 죽었더면, 압살롬 내 아들아 내 아들아 하였더라

아버지와 아들의 관계

압살롬의 반역은 다윗의 부하들에 의해 진압되었습니다. 결국 압살롬은 도망치다가 상수리나무에 머리가 걸려 공중에 매달린 채로 공격을 당해서 죽게 됩니다. 다윗은 압살롬의 군사들과 싸우기 위해서 부하들을 내보내면서 처음부터 그들에게 "나를 위하여 젊은 압살롬을 너그러이 대우하라"(삼하 18:5)라고 신신당부를 하였지만, 다윗의 신복이었던 요압은 압살롬을 살려두지 않고 바로 그의 심장을 찔러서 죽입니다.

여러분의 생각에는 압살롬을 대하는 다윗과 요압, 두 사람의 행동 중에서 무엇이 맞는 행동입니까? 사실 압살롬은 다윗에게나 요압에게나 모두 마음에 들지 않는 원수였습니다. 다윗에게 있어서 압살롬은 자기 형제를 죽인 파렴치한 아들이자, 자기 아버지의 후궁들과 동침한 방탕하기 그지없는 아들이었습니다. 게다가 아버지를 반역하여 군사를 일으킨 세상에 둘도 없는 불효자가 압살롬이었습니다.

또 압살롬은 요압에게 있어서도 마음이 들지 않는 인물이었습니다. 다윗을 타일러서 그술 땅으로 도망하여 살던 압살롬을 고향으로 돌아오게 한 것이 요압이었습니다. 그런데 압살롬은 자기의 부름에 요압이 달려오지 않는다는 이유로 종들을 풀어 요압의 보리밭에 불을 질렀습니다.

그런데 여러분, 압살롬이 누구에게 더 큰 잘못을 한 것입니까? 밭에 불 지른 죄가 큽니까? 아니면 다윗의 아들을 죽이고, 다윗의 후궁들과 동침하고, 다윗을 반역한 죄가 큽니까? 당연히 다윗에게 지은 죄가 더 큽니다. 그런데 어째서 다윗은 압살롬을 너그러이 대하라고 말하고, 요압은 "내가 그를 죽이기를 지체하지 않겠다"고 말하는 것입니까? 어째서 다윗은 압살롬의 죽음의 소식을 듣고 오열하며 울고, 요압은 그렇게 오열하는 다윗을 바라보며 분을 내는 것입니까? 이유는 딱 하나입니다. 다윗은 압살롬의 아버지이고, 압살롬은 다윗의 아들이기 때문입니다.

아버지와 아들의 관계 안에 있는 것과 그렇지 않은 것은 이렇게나 큰 차이가 있는 것입니다. 아버지와 아들의 관계에 있다면 아들이 어떠한 죄를 지어도 아버지는 품어 주십니다. 이제까지 아버지를 얼마나 아프게 하고 힘들게 했는지는 전혀 개의치 않고 아들을 사랑하되 끝까지 사랑하시는 것이 아버지 하나님이십니다. 그러나 아버지와 아들의 관계가 아니라면 작은 잘못이라도 잊어버리지 않고 갚으시는 분이 또한 하나님이십니다.

그러니 인생에서 가장 중요한 것은 하나님의 아들이 되는 것입니다. 주님을 믿음으로 말미암아 하나님의 유업을 받을 하나님의 양자가 되는 것, 그것이 아니고서는 죄의 값을 피할 방법이 아무것도 없다는 것을 기억하시고 날마다 주 예수 그리스도를 통하여 하나님의 아들이 된 자리를 힘써 지켜나가기를 간절히 소원합니다.

나눔 1 나와 하나님과의 관계가 정말 아버지와 아들의 관계입니까? 어떤 점을 보고 그렇게 말할 수 있습니까?

나눔 2 내가 지은 가장 큰 죄는 무엇인가요? 하나님께서는 그 죄까지도 용서해 주실까요?

예수님을 바라보는 우리 가정 기도 :

오늘성경통독 사무엘하 19장 □ 20장 □ 21장 □
오늘가정예배 찬송 620장 여기에 모인 우리

Date / /

말씀 사무엘하 20:1-2 마침 거기에 불량배 하나가 있으니 그의 이름은 세바인데 베냐민 사람 비그리의 아들이었더라 그가 나팔을 불며 이르되 우리는 다윗과 나눌 분깃이 없으며 이새의 아들에게서 받을 유산이 우리에게 없도다 이스라엘아 각각 장막으로 돌아가라 하매 이에 온 이스라엘 사람들이 다윗 따르기를 그치고 올라가 비그리의 아들 세바를 따르나 유다 사람들은 그들의 왕과 합하여 요단에서 예루살렘까지 따르니라

하나가 됩시다

압살롬을 따라서 다윗에게 반역을 일으켰던 사람들을 성경은 "온 이스라엘"이라고 부르고 있습니다. 이 말은 압살롬의 반란군에 가담하지 않은 지파가 하나도 없었다고 해석할 수 있습니다. 그런데 그렇게 그들이 편들었던 압살롬이 패배하고 죽었습니다. 그러니 이제 그들이 선택할 수 있는 길은 하나였습니다. 어떻게든 다시 왕의 자리에 오른 다윗에게 잘 보이는 것입니다.

다윗 역시 그 사실을 잘 알고 있었습니다. 그래서 다윗은 먼저 유다 지파 사람들을 부릅니다. 유다 지파는 다윗이 속한 지파입니다. 모든 지파가 다 자기를 배신하고 압살롬을 따른 마당에, 가장 가까운 친족 지파부터 확실히 자기 편으로 만들겠다는 계략이었을 것입니다. 다윗의 부름을 받은 유다 지파는 길갈로 나가서 다윗이 요단강을 건너 돌아올 때 그를 환영하며 영접합니다(삼하 19:11-15).

그런데 이런 상황에서 불만을 가진 지파들이 있었습니다. 유다 지파를 뺀 나머지 모든 지파들입니다. 그들은 유다 지파가 나가서 다윗을 영접하고 환영하는 모습을 보고 다윗 앞에 나섭니다. 그리고는 "어찌하여 유다 사람들이 왕을 도둑질하게 하십니까?"라고 따집니다(삼하 19:41). 정말 속이 보이는 행동이 아닐 수 없습니다.

그렇게 유다 지파와 다른 지파 사이에 분열과 다툼이 일어나자 불똥은 정말 엉뚱한 곳에 튀게 됩니다. 베냐민 사람 비그리의 아들 세바라는 불량배가 일어나서 사람들을 선동하여 다시 반란을 일으킨 것입니다(삼하 20:1-2).

이스라엘 지파들 사이의 분열이, 반란이 일어날 틈을 만들고 말았던 것입니다. 세바의 이 반란은 큰 영향을 미치지 못하고 진압되고 말았지만, 우리에게 시사하는 바가 큽니다. 우리는 이 반란을 바라보며 무엇을 깨달아야 할까요? 틈을 만들지 말아야 한다는 것입니다. 하나가 되어야 한다는 것입니다.

누가 나의 편이고 누가 남의 편인지, 누가 먼저이고 누가 나중인지를 나누는 일은 분열을 일으키게 되어 있고 틈을 만들게 되어 있습니다. 틈이 만들어지면 사탄은 반드시 그 틈을 키워서 관계와 가정과 교회를 무너뜨리려고 공격해 옵니다. 그러니 틈을 만들지 말아야 합니다. 인간적인 생각에 붙들려서 내 편 만들기를 해서도 안 되고, 내 편과 남의 편을 갈라서도 안 됩니다.

정답은 하나 됨에 있습니다. 어떤 사람이 아무리 마음에 들지 않아도, 아무리 나에게 큰 잘못을 했다고 해도, 우리가 선택할 수 있는 길은 편 가르기와 배척이 아니라 하나 됨입니다. 그것이 하나님께서 교회를 세워 가시는 방법이고 가정을 지켜나가는 방법입니다. 이 사실을 기억하고 날마다 하나 됨을 힘써 지켜서 사탄에게 틈을 내주지 않기를 간절히 소원합니다.

나눔 1 내 안에도 편을 가르고 싶은 마음이 일어날 때가 있나요?

나눔 2 우리 가정이 하나 됨을 지키기 위해서 함께 할 수 있는 것은 무엇이 있을까요?

예수님을 바라보는 우리 가정 기도 :

말씀 사무엘하 23:3-4 이스라엘의 하나님이 말씀하시며 이스라엘의 반석이 내게 이르시기를 사람을 공의로 다스리는 자, 하나님을 경외함으로 다스리는 자여 그는 돋는 해의 아침 빛 같고 구름 없는 아침 같고 비 내린 후의 광선으로 땅에서 움이 돋는 새 풀 같으니라 하시도다

하나님의 공의가 삶의 기준입니다

우리의 삶의 기준은 무엇입니까? 우리가 무엇은 행하고 무엇은 행하지 않는다고 할 때 그것을 나누는 기준이 되는 것은 무엇입니까?

많은 사람들의 삶의 기준은 유익일 것입니다. 자신에게 유익하면 행하고, 유익하지 않으면 행하지 않습니다. 자기에게 이득을 가져다주는 것이면 행하고, 자기에게 손해를 가져다주는 것이면 행하지 않는 것이 일반적인 삶의 기준입니다. 그런데 하나님께서 우리에게 바라시는 삶의 기준은 유익함이 아닙니다. 하나님께서는 그분의 백성들이 삶의 사사로운 유익을 좇아 살아가기를 원하지 않으십니다. 그러면 무엇을 따라 살아가기를 원하실까요? 그것은 바로 '공의'입니다.

하나님께서는 그분의 백성들을 향하여 "너는 마땅히 공의만을 따르라 그리하면 네가 살겠고 네 하나님 여호와께서 네게 주시는 땅을 차지하리라"(신 16:20)라고 말씀하십니다. 우리가 살 수 있는 방법, 하나님께서 약속하신 것들을 차지하고 얻을 수 있는 방법은 유익함을 좇는 것이 아니라 공의만을 따르는 길이라는 것입니다.

오늘 말씀에서 다윗은 하나님께서 자신을 사랑하셨던 이유가 자신이 공의를 따라 살았기 때문이라고 말하고 있습니다. 그러나 그것은 다윗에게만 해당되는 이야기가 아닙니다. 공의를 따라 살아가는 모든 자를 향하여서 하시는 하나님의 말씀입니다. "사람을 공의로 다스리는 자, 하나님을 경외함으로 다스리는 자여 그는 돋는 해의 아침 빛 같고, 구름 없는 아침 같고 비 내린 후의 광선으로 땅에서 움이 돋는 새 풀 같으니라"(삼하 23:3-4).

하나님의 이 말씀 앞에서 우리는 다윗처럼 자신 있게 "내 집이 하나님 앞에 이같지 아니하냐"(삼하 23:5)라고 말할 수 있습니까? 우리 가정이 다윗의 집과 같은 집인지 아닌지는 우리가 무엇을 기준으로 삼고 살아가고 있는지를 확인해 보면 알 수 있습니다.

분명히 기억해야 할 것은 하나님의 공의를 따라 살아가는 것은 해도 그만, 안 해도 그만인 일이 아니라는 것입니다. 다윗은 공의를 따라 살아가지 않는 자, 곧 사악한 자는 "불살리리로다"라고 말하면서 그의 앞에는 징벌이 있다고 말하고 있습니다(삼하 23:6-7).

다시 말하면 "하나님을 믿는다면 하나님의 공의를 따라 살아가지 않을 수가 없다. 그런 믿음은 하나님께서 기뻐하실 만한 믿음이 아니다"라는 것입니다.

공의를 따라 살아가는 우리 가정이 되기를 소원합니다. 그리하여서 다윗의 집과 같이 돋는 해의 아침 빛같이 밝게 빛나는, 세상을 비추는 환한 광선과 같은 존재로 우뚝 서게 되기를 간절히 축복합니다.

나눔 1 내 삶 가운데 하나님의 공의를 따르지 못하고 있던 부분이 있습니까?

나눔 2 나에게 불이익이 있다고 해도 하나님의 공의를 따라서 살아갈 수 있습니까?

예수님을 바라보는 우리 가정 기도 :

DAY

087

오늘성경통독 열왕기상 1장☐ 2장☐

오늘가정예배 찬송 491장 저 높은 곳을 향하여

Date / /

말씀 열왕기상 2:1-3 다윗이 죽을 날이 임박하매 그의 아들 솔로몬에게 명령하여 이르되 내가 이제 세상 모든 사람이 가는 길로 가게 되었노니 너는 힘써 대장부가 되고 네 하나님 여호와의 명령을 지켜 그 길로 행하여 그 법률과 계명과 율례와 증거를 모세의 율법에 기록된 대로 지키라 그리하면 네가 무엇을 하든지 어디로 가든지 형통할지라

다윗의 가정보다 더 위대한 가정

제자훈련을 진행하다 보면 유언장을 쓰는 시간이 있습니다. 서로의 유언장을 읽고 듣다 보면 정말 놀랍게 깨달아지는 사실이 있습니다. 그것은 죽음 앞에 서면 이전에 중요하다고 여겼던 것들이 전혀 중요하지 않다는 것을 깨닫게 된다는 것입니다.

우리가 이생의 삶을 사는 동안에는 돈도 중요하고, 집도 중요하고, 직장도 중요합니다. 여러 가지 것들이 우리 마음을 서로 가지겠다고 달려듭니다. 그런데 놀랍게도 죽음 앞에 서면, 그동안 그렇게 중요하게 여겼던 것들이 전혀 중요하지 않게 여겨집니다. 그리고 진짜 중요한 것이 무엇인지가 드러나게 됩니다.

우리 인생에서 정말 중요한 것은 무엇입니까? "예수 믿고 구원받는 것"입니다. 그래서 유언장을 들어보면 모두가 한결같이 자기 가족들에게 "예수님 잘 믿고 천국에서 만나자"라는 말을 합니다. 예수님을 믿지 않으면 영원한 하나님나라에서 만날 수 없다는 것, 다시는 재회할 수 없다는 것, 지옥에 갈 수밖에 없다는 것이 죽음 앞에서 더욱 분명하게 느껴지기 때문입니다.

그래서 다윗도 죽음 앞에서 자기 자식인 솔로몬에게 "네 하나님 여호와의 명령을 지켜 그 길로 행하라"는 유언을 가장 먼저 하고 있습니다. 왜 이 말을 가장 먼저 하는 것입니까? "내가 이제 세상 모든 사람이 가는 길로 가게 되었노니"(왕상 2:2)라고 말하고 있듯이 다윗도, 솔로몬도 결국에는 하나님 앞에 서게 될 인생이기 때문입니다. 모든 사람은 다 하나님 앞에 서는 그 길로 가게 되어 있습니다. 그러니 이 땅에 사는 동안 하나님의 명령을 지켜 그 길로 행하는 것이 가장 형통한 인생입니다.

그런데 가만 보면 다윗은 그것을 너무 늦게, 유언으로 가르칩니다. 그가 죽음을 목전에 두기 이전에 자기 자식들에게 그 사실을 열심히 가르쳤더라면 얼마나 좋았겠습니까? 그랬다면 압살롬도, 암논도, 아도니야도 성경에 기록된 것과 조금은 다른 삶을 살 수 있지 않았을까요? 성경이 우리에게 다윗의 유언을 남기고 있는 이유는 우리도 그런 유언을 남기라는 의미가 아닙니다. 모든 사람은 전부 다윗과 같은 길로 가게 될 것이니 무엇이 중요한지를 그때 가서 깨닫는 미련한 인생이 되지 말고 한평생 그날을 준비하며 정말 중요한 것을 붙잡고 살아가라는 것입니다.

죽을 때가 돼서 유언으로 "하나님 잘 믿어라! 하나님 명령을 지키며 살아라!" 하는 것이 아니라 지금부터! 바로 이 순간부터! 모든 사람이 가게 되는 그날을 준비하며 살아갈 수 있도록 부모와 자식이 서로 도우며 기도하며 살아가는 가정이 정말 귀하고 복된 가정입니다. 그런 가정은 다윗의 가정보다 더 위대한 가정으로 하나님께 기억될 것입니다. 우리 가정이 바로 그런 가정이 되기를 소원합니다.

나눔 1 내가 자녀들에게 가장 중요하게 가르쳐왔던 것은 무엇인가요?

나눔 2 나의 유언장에는 무엇이 가장 중요하다고 쓰겠습니까?

예수님을 바라보는 우리 가정 기도 :

오늘성경통독 열왕기상 3장 ☐ 4장 ☐ 5장 ☐ 6장 ☐
오늘가정예배 찬송 200장 달고 오묘한 그 말씀 Date / /

말씀 열왕기상 4:26-28 솔로몬의 병거의 말 외양간이 사만이요 마병이 만 이천 명이며 그 지방 관장들은 각각 자기가 맡은 달에 솔로몬 왕과 왕의 상에 참여하는 모든 자를 위하여 먹을 것을 공급하여 부족함이 없게 하였으며 또 그들이 각기 직무를 따라 말과 준마에게 먹일 보리와 꼴을 그 말들이 있는 곳으로 가져왔더라

말씀의 풍요를 구합시다

솔로몬의 시대에 이스라엘은 유례를 찾아볼 수 없는 영화로움을 누립니다. 솔로몬 시대에 이스라엘의 풍요로움이 얼마나 넘쳐났던지 유브라데 강에서부터 애굽 지경에 이르기까지의 모든 나라를 이스라엘이 다스렸고 그 나라들이 솔로몬이 사는 날 동안에 이스라엘에 조공을 바쳤습니다. 그런데 풍요의 이면에서는 죄악의 싹이 솟아나고 있었습니다. 하나님의 은혜로 말미암아 풍요를 누리게 된 솔로몬은 슬며시 하나님의 명령으로부터 어긋나기 시작합니다.

신명기 17장을 보면 하나님께서는 모세를 통하여 이스라엘의 왕이 된 사람이 해서는 안 되는 행동을 분명하게 말씀하십니다. “그는 병마를 많이 두지 말 것이요 병마를 많이 얻으려고 그 백성을 애굽으로 돌아가게 하지 말 것이니 이는 여호와께서 너희에게 이르시기를 너희가 이 후에는 그 길로 다시 돌아가지 말 것이라 하셨음이며 그에게 아내를 많이 두어 그의 마음이 미혹되게 하지 말 것이며 자기를 위하여 은금을 많이 쌓지 말 것이니라”(신 17:16-17).

솔로몬은 풍요로움에 취해서 말들을 많이 모으기 시작했는데, 얼마나 그 말들을 소중히 여겼던지 지방 관장들이 맡은 중요한 직무가 “말과 준마에게 먹일 보리와 꼴을 그 말들이 있는 곳으로 가져오는 것”이라고 기록되어 있습니다.

솔로몬은 하나님의 말씀으로 풍요로움을 누리는 축복을 입었는데, 역설적으로 그 풍요로움이 솔로몬을 하나님의 말씀을 따르는 삶에서 벗어나도록 만든 것입니다. 축복을 주신 하나님보다 하나님이 주신 축복이 이제는 솔로몬의 삶에서 더 중요한 자리를 차지하게 된 것입니다.

풍요로움이라는 것은 참 무서운 것입니다. 그래서 풍요로움 가운데서도 하나님을 향한 믿음을 지키지 못할 만한 사람이라면 풍요로움을 누리지 않는 것이 훨씬 복된 일입니다. 솔로몬과 같이 하나님께서 주신 지혜를 가진 사람도 풍요로움 가운데서 믿음을 잃고 잘못된 방향으로 나아갔는데, 우리는 오죽하겠습니까?

그래서 우리가 구해야 할 것은 물질의 풍요로움이 아닙니다. 우리가 정말 구해야 할 풍요는 말씀의 풍요입니다. 하나님께서는 이스라엘의 왕들을 향해서 곁에 많은 말들과 여인들을 두지 말라고 말씀하신 데 이어서 이렇게 말씀하십니다.

“그가 왕위에 오르거든 이 율법서의 등사본을 레위 사람 제사장 앞에서 책에 기록하여 평생에 자기 옆에 두고 읽어 그의 하나님 여호와 경외하기를 배우며 이 율법의 모든 말과 이 규례를 지켜 행할 것이라 그리하면 그의 마음이 그의 형제 위에 교만하지 아니하고 이 명령에서 떠나 좌로나 우로나 치우치지 아니하리니 이스라엘 중에서 그와 그의 자손이 왕위에 있는 날이 장구하리라”(신 17:18-20).

말씀의 풍요로움을 구하십시오. 그것이 우리의 삶을 가장 안전하게 지켜주는 안전띠라는 사실을 기억하고 항상 말씀에 둘러싸여 살아가기를 간절히 소원합니다.

나눔 1 나의 기도제목은 어떤 풍요로움을 구하고 있었습니까?

나눔 2 내 삶 가운데 말씀에 둘러싸여서 살아가는 시간은 얼마나 됩니까?

예수님을 바라보는 우리 가정 기도 :

말씀 열왕기상 8:25-26 이스라엘의 하나님 여호와여 주께서 주의 종 내 아버지 다윗에게 말씀하시기를 네 자손이 자기 길을 삼가서 네가 내 앞에서 행한 것 같이 내 앞에서 행하기만 하면 네게서 나서 이스라엘의 왕위에 앉을 사람이 내 앞에서 끊어지지 아니하리라 하셨사오니 이제 다윗을 위하여 그 하신 말씀을 지키시옵소서 그런즉 이스라엘의 하나님이여 원하건대 주는 주의 종 내 아버지 다윗에게 하신 말씀이 확실하게 하옵소서

잘 드리는 사람보다 잘 받는 사람

다윗은 하나님께서 정말 사랑하셨던 사람이었습니다. 하나님께서 다윗을 이렇게나 사랑하셨던 이유는, 그가 하나님께 어떤 특별한 제사를 드리거나 큰 예물을 드렸기 때문이 아니었습니다. 다윗이 드린 제사보다 솔로몬이 드린 일천번제가 더 큰 제사였습니다. 다윗이 드린 예물보다, 그 모든 예물에 더하여 세워진 솔로몬의 성전이 더 큰 예물이었습니다.

그러나 하나님께서는 다윗을 그 누구보다 더욱 사랑하셨습니다. 왜냐하면 다윗은 하나님께 "받을 줄 아는 사람"이었기 때문입니다. 하나님께서는 하나님께 드리는 자보다 하나님께 잘 받는 자를 좋아하십니다. 하나님의 말씀을 받고, 하나님의 은혜를 받고, 하나님의 책망을 받되 잘 받는 자를 좋아하십니다.

다윗은 하나님의 말씀을 받으면 그 말씀에 따랐고, 하나님께 은혜를 받았으면 그 은혜에 감사의 찬양을 드렸고, 하나님께 책망을 받으면 그 책망 앞에 뜨거운 회개를 드렸습니다. 이것이 하나님께 잘 받는 것입니다.

그런데 솔로몬은 어떻습니까? 그는 하나님께 일천번제라는 굉장한 제사를 드렸고 화려한 성전을 완공해서 헌물 했습니다. 그는 잘 드리는 사람이었습니다. 그러나 어제 말씀에서 나누었듯이, 솔로몬은 하나님께서 주신 말씀을 잘 받지 못하고 말과 여인들을 곁에 많이 두었습니다.

하나님께서 그의 잘못을 책망하실 때도 그 책망을 잘 받지 못했습니다. 그러면서도 오늘 붙들 말씀에서 솔로몬은 다윗처럼 사는 것을 아주 쉽게 생각하면서 "네 자손이 자기 길을 삼가서 네가 내 앞에서 행한 것 같이 내 앞에서 행하기만 하면"(왕상 8:25)이라고 다윗을 향하여 하나님께서 내 거셨던 조건을 들먹입니다.

결국 솔로몬은 다윗처럼 살지 못했고 그로 인하여 나라가 둘로 갈라지게 되는 아픈 역사의 주인공이 되었습니다. 우리는 하나님께 드리는 것은 중요하게 생각하지만 받는 것은 그다지 중요하게 생각하지 않습니다.

내가 주님께 무엇을 드렸는지는 철저하게 계산하고 기억하지만 내가 하나님께 무엇을 얼마나 잘 받았는지는 기억조차 하지 못할 때가 많이 있습니다. 잘 드리는 것보다 잘 받아야 합니다. 하나님의 말씀과 명령과 책망이 나에게 다가올 때 잘 받는 인생이 다윗과 같은 인생입니다.

나눔 1 나는 주님께 잘 받는 사람입니까? 잘 받았던 경험을 나누어 보세요.

나눔 2 주님께서 주셨던 것들 중에서 잘 받지 못했던 것이 있다면 나누어 보세요.

예수님을 바라보는 우리 가정 기도 :

말씀 열왕기상 10:8-9 복되도다 당신의 사람들이여 복되도다 당신의 이 신하들이여 항상 당신 앞에 서서 당신의 지혜를 들음이로다 당신의 하나님 여호와를 송축할지로다 여호와께서 당신을 기뻐하사 이스라엘 왕위에 올리셨고 여호와께서 영원히 이스라엘을 사랑하시므로 당신을 세워 왕으로 삼아 정의와 공의를 행하게 하셨도다 하고

하나님을 찬양하고 있습니까?

하나님을 향한 찬양은 우리 영혼의 건강 상태를 점검할 수 있는 아주 중요한 지표입니다. 우리 입술에, 우리 마음에 하나님을 향한 찬양이 일어나고 있다면, 그것은 우리 영이 깨어있어서 주님과 가까이 동행하고 있다는 것을 의미합니다. 그러나 반대로 우리 마음과 입술에 주님을 향한 찬양과 감사가 잦아들고 있다면, 그것은 우리의 영혼이 주님으로부터 점점 멀어지고 있다는 것을 나타냅니다.

오늘 말씀, 열왕기상 10장에는 하나님과 먼 사이로 여겨지는 이방인, 스바의 여왕과 하나님과 가장 가까운 사이로 여겨지는 이스라엘의 왕 솔로몬이 등장합니다. 스바는 오늘날의 에티오피아입니다. 스바의 여왕은 그 먼 땅에서부터 이스라엘까지 솔로몬에 대한 소문을 듣고서 그 소문을 확인하기 위해서 이스라엘까지 신하들을 데리고, 수많은 예물을 가지고 찾아왔습니다. 직접 이스라엘에 와서 솔로몬을 만나고 그의 지혜를 확인하고, 그가 건축한 왕궁과 성전과 같은 이스라엘의 모든 것을 다 바라본 후에 스바의 여왕이 솔로몬 앞에서 했던 말이 오늘 말씀입니다.

스바의 여왕은 그 모든 것을 바라본 후에 솔로몬의 지혜를 칭찬하고, 그가 건축하고 만든 모든 것들을 칭찬합니다. 그러고 나서 말합니다. "당신의 하나님 여호와를 송축할지로다 여호와께서 당신을 기뻐하사 이스라엘 왕위에 올리셨고 여호와께서 영원히 이스라엘을 사랑하시므로 당신을 세워 왕으로 삼아 정의와 공의를 행하게 하셨도다 하고"(왕상 10:9).

스바의 여왕의 이 말이 무엇을 의미합니까? 솔로몬의 지혜, 솔로몬이 지은 그 모든 건축물, 그가 이룩한 모든 업적이 참 대단하지만, 그것은 솔로몬이 한 일이 아니라 여호와 하나님께서 하신 일이라는 말입니다. "하나님께서 이스라엘을 사랑하셨기에 솔로몬을 통해서 이 모든 일을 이루셨다"라고 하나님을 찬양하고 있는 것입니다.

반면에 솔로몬은 어떻습니까? 하나님으로부터 지혜를 받은 사람도, 그 모든 화려한 건축물에 사는 자도, 엄청난 부귀와 영화를 누리고 있는 사람도 솔로몬이었지만, 정작 그는 하나님께 단 한 마디의 찬양도 드리지 않고 있습니다.

결국 스바의 여왕의 나라 에티오피아는 후에 믿음의 사람들이 세워져서 사도행전 8장에서 에디오피아에서 예루살렘까지 성전에 예배하러 오는 사람들이 세워지게 되었고, 솔로몬의 나라는 하나님을 배반하고 다른 우상들을 섬긴 죄로 인해 나라가 무너지고 민족이 흩어지는 아픈 결과를 맞이하게 되었습니다.

찬양은 우리 영혼의 건강 상태를 분명하게 드러내는 리트머스(litmus) 시험지입니다. 찬양은 우리 영혼뿐 아니라, 우리의 삶까지도 주 앞에 강건하게 세워갈 수 있는 아주 중요한 도구입니다. 그래서 우리는 찬양을 놓치지 말아야 합니다. 우리 삶의 곳곳에 있는 찬양할 이유를 바라보며 날마다 주님을 찬양하기를 소원합니다.

나눔 1 오늘 내 마음에 주님을 향한 찬양이 얼마나 일어났습니까?

나눔 2 내 삶 가운데 주어진 찬양의 이유는 무엇이 있습니까?

예수님을 바라보는 우리 가정 기도 :

말씀 열왕기상 12:13-14 왕이 포학한 말로 백성에게 대답할새 노인의 자문을 버리고 어린 사람들의 자문을 따라 그들에게 말하여 이르되 내 아버지는 너희의 멍에를 무겁게 하였으나 나는 너희의 멍에를 더욱 무겁게 할지라 내 아버지는 채찍으로 너희를 징계하였으나 나는 전갈 채찍으로 너희를 징치하리라 하니라

세밀하게 마음을 살피세요

솔로몬의 아들 르호보암은 솔로몬이 죽은 이후에 당연히 자신이 왕이 되리라 생각했습니다. 그런데 그렇게 왕의 자리에 오를 줄 알고 찾아간 세겜에서 그는 뜻밖의 상황을 맞이하게 됩니다.

느밧의 아들 여로보암이 백성들을 모아 르호보암에게 와서 말합니다. "왕의 아버지가 우리의 멍에를 무겁게 하였으나 왕은 이제 왕의 아버지가 우리에게 시킨 고역과 메운 무거운 멍에를 가볍게 하소서 그리하시면 우리가 왕을 섬기겠나이다"(왕상 12:4).

르호보암은 적잖이 당황했습니다. 당연히 내가 왕이 될 줄 알았는데 백성들이 자신에게 조건을 내걸고 그 조건을 받아들이면 당신을 왕으로 섬기겠다고 하니 당황도 되고 기분도 나빴을 것입니다. 그래서 르호보암은 아버지 솔로몬과 함께 했던 노인들을 불러 모아서 어떻게 하면 좋을지를 물었습니다.

노인들은 르호보암에게 그들의 조건을 받아들이고 좋은 말로 대답하라고 합니다. 그런데 르호보암은 그 대답이 마음에 들지 않았습니다. 그래서 이번에는 자기와 함께 자란 젊은 신하들을 불러 모으고 그들에게 다시 묻습니다. 그러자 그들은 "내 새끼손가락이 내 아버지의 허리보다 굵으니 내 아버지께서 너희에게 무거운 멍에를 메게 하였으나 이제 나는 너희의 멍에를 더욱 무겁게 할지라"(왕상 12:10-11)라고 대답하라고 말합니다.

르호보암은 나이 많은 신하들과 젊은 신하들의 상반되는 두 가지 충고 중에서 젊은 신하들의 말을 따르기로 선택합니다. 왜일까요? 정답은 너무나 단순하게도, 그가 그렇게 하고 싶었기 때문입니다. 르호보암은 백성들로부터 그들의 조건을 듣는 순간부터, 백성인 그들이 왕이 될 자기에게 건방지게 협상하려고 하는 그 모습을 보는 순간부터 그들을 향한 화를 품었습니다. 그들에게 이 분노를 갚아주고 싶었습니다. 그들의 조건을 들어주면 내가 지는 것이라고 생각한 것입니다. 그렇기에 두 그룹에게 자문하여 얻은 상반된 조언 중에서 백성들을 더욱 학대하라는 자문을 선택한 것입니다.

결국 르호보암의 이 선택은 이스라엘이 남과 북으로 갈라지게 되는 결과를 가져옵니다. 사실 나라가 둘로 갈라지게 된 것은 솔로몬의 죄 때문이었지만, 르호보암의 이 선택은 하나님의 그 징계가 실제로 실현되는 빌미가 되었습니다.

우리도 하나님께 르호보암과 같이 질문할 때가 있습니다. 내 마음에 드는 대답이 듣고 싶어서 하나님의 대답을 이미 들어놓고도 또다시 질문하고, 다른 사람들에게 질문하는 사람들이 있습니다. 하나님은 아니라고 하시는데 내 마음은 다른 겁니다. 하나님은 해야 한다고 하시는데, 나는 하기 싫은 겁니다. 그럴 때 세밀하게 마음을 살펴야 합니다. 내가 정말 하나님의 음성을 듣지 못한 것인지, 아니면 듣고도 내 생각과 다르기에 무시하고 있는 것인지를 분명하게 분별해야 합니다. 하나님의 대답이 아니라 내 생각을 붙잡으면 그 결과는 반드시 좋지 못하게 끝나게 됩니다.

나눔 1 하나님의 생각과 내 생각이 다를 때, 당신은 누구의 생각을 따르십니까?

나눔 2 하나님께서 마음을 주셨는데도 내 생각 때문에 순종하지 못했던 것이 있나요?

예수님을 바라보는 우리 가정 기도 :

오늘성경통독 열왕기상 15장 □ 16장 □ 17장 □
오늘가정예배 찬송 304장 그 크신 하나님의 사랑

Date / /

말씀 열왕기상 17:5-7 그가 여호와의 말씀과 같이 하여 곧 가서 요단 앞 그릿 시냇가에 머물매 까마귀들이 아침에도 떡과 고기를, 저녁에도 떡과 고기를 가져왔고 그가 시냇물을 마셨으나 땅에 비가 내리지 아니하므로 얼마 후에 그 시내가 마르니라

주님의 사랑은 끊어지지 않습니다

우리는 모두 끝이 없고 한이 없는 하나님의 은혜와 사랑 속에서 살고 있습니다. 그런데 그 끝이 없고 한이 없다는 것은 우리의 느낌과 완전히 일치하지는 않습니다. 오늘 말씀을 보면 하나님께서는 북이스라엘의 죄로 인하여 그 땅에 긴 가뭄을 내리셨습니다. 그런 가뭄 중에 하나님께서는 엘리야에게 그릿 시냇가에 숨으라고 말씀하십니다.

이 말씀을 받은 엘리야는 곧 그 말씀에 순종해서 그릿 시냇가로 향합니다. 그러자 하나님께서 말씀하셨던 것과 같이 까마귀들이 그에게 아침에도 떡과 고기를 가져다주고, 저녁에도 떡과 고기를 가져다주었습니다. 아마 엘리야는 그 순간에 나를 향한 하나님의 사랑하심과 은혜가 한이 없고 끝이 없다는 사실을 온몸과 마음으로 경험했을 것입니다.

그런데 얼마 지나지 않아서 그가 마시던 시냇물이 마르게 됩니다. 하나님께서 분명히 그곳으로 엘리야를 인도하셨고, 엘리야에게 그 시냇물을 마시라고 말씀하셨는데, 그런데 그 시냇물이 마르게 된 것입니다. 이럴 때 우리는 무슨 생각을 하게 됩니까? "하나님께서 이 시냇물을 먹으라고 나를 이리로 보내셨으면서, 어째서 이 시냇물이 마르게 내버려 두시는 거지?"라고 생각하지 않겠습니까?

바로 이런 순간이 우리가 하나님의 사랑과 은혜가 끊어졌다고 여기는 순간입니다. 예배의 자리를 통해서 주님께서 나에게 은혜를 채워주신다고 생각했는데, 어느 순간 예배의 자리에서 은혜가 느껴지지 않을 때가 있습니다. 주님께서 어떤 일을 하라는 마음을 주셔서 순종했는데, 그 일이 형통하지 못하고 어려움을 겪을 때가 있습니다. 그럴 때 우리는 "내가 지금 하나님의 은혜에서 끊어진 것인가?"를 염려하며 불안해합니다. 그러나 그 순간에 우리가 행해야 하는 것은 불안과 염려가 아닙니다. 조용히 주님의 음성에 귀를 기울이는 것이 필요합니다.

주님의 은혜와 사랑은 한도와 끝이 없습니다. 주님께서는 절대로 우리를 향한 은혜와 사랑을 끊어버리지 않으십니다. 만일 우리가 주님의 은혜를 경험하지 못하고, 주님의 사랑에서 끊어진 것 같은 경험을 하게 된다면, 그것은 주님께서 우리를 향한 사랑을 끊으셨기 때문이 아니라 더 큰 사랑과 은혜를 주실 준비를 하고 계시기 때문입니다. 그러니 우리가 주님의 음성에 귀를 기울이면 주님께서는 더 큰 은혜와 사랑을 경험할 수 있는 길로 우리를 안내하십니다. 엘리야를 사르밧 과부의 집으로 인도하셔서 엘리야 혼자 경험하던 하나님의 은혜와 사랑을 과부와 그의 아들과 함께 누리고 경험하도록 하셨던 것처럼 우리의 인생을 더 큰 은혜의 강가로 인도하시기 위해서 숨 고르기를 하시는 것입니다.

항상 주님의 음성에 귀를 기울이는 우리 가정이 되기를 소원합니다. 우리를 향한 주님의 끊어지지 않는 은혜와 사랑을 의심하지 말고, 언제나 우리를 더 큰 사랑과 은혜로 인도하시는 주님을 신뢰하며 주님의 음성에 귀 기울이고 살아가기를 간절히 축복합니다.

나눔 1 주님의 사랑과 은혜에서 끊어진 것 같다고 여겼던 순간이 있나요?

나눔 2 주님의 사랑을 절대로 끊어지지 않습니다! 라고 서로 축복하는 시간을 가져보세요.

예수님을 바라보는 우리 가정 기도 :

오늘성경통독 열왕기상 18장☐ 19장☐ 20장☐

오늘가정예배 찬송 406장 곤한 내 영혼 편히 쉴 곳과

Date / /

말씀 열왕기상 19:2-3 이세벨이 사신을 엘리야에게 보내어 이르되 내가 내일 이맘때에는 반드시 네 생명을 저 사람들 중 한 사람의 생명과 같게 하리라 그렇게 하지 아니하면 신들이 내게 벌 위에 벌을 내림이 마땅하니라 한지라 그가 이 형편을 보고 일어나 자기의 생명을 위해 도망하여 유다에 속한 브엘세바에 이르러 자기의 사환을 그 곳에 머물게 하고

주님을 위한 삶

이스라엘의 갈멜산에 가면 엘리야가 바알과 아세라 선지자와 대결하여 승리하고 우상을 섬기는 선지자들을 처형했던 것을 기념하는 엘리야 기념교회와 조각상이 세워져 있습니다. 오직 여호와 하나님 한 분만이 살아계시는 하나님이시라는 사실을 드러낸 엘리야의 승리는 그만큼 기념적이고 위대한 승리였습니다. 그런데 그렇게 위대한 승리를 이룬 엘리야가 그 직후에 완전히 다른 모습으로 변하게 되었습니다.

열왕기상 19장을 보면 바알과 아세라 선지자들을 칼로 죽이고 승리했던 엘리야를 향해서 이세벨이 협박을 합니다. "내가 내일 이맘때에는 반드시 네 생명을 저 사람들 중 한 사람의 생명과 같게 하리라"(왕상 19:2)라는 이세벨의 협박 앞에 엘리야는 두려움을 느꼈습니다. 그래서 이세벨의 손에 죽을까 두려워하며 자기의 사환을 데리고 이스라엘 영토의 가장 남쪽에 있는 브엘세바로 도망칩니다.

북이스라엘에서 브엘세바까지 도망친 것만 해도 굉장히 먼 거리를 도망친 것인데, 엘리야는 거기에 더해서 광야로 하룻길을 더 들어갑니다. 성경이 엘리야가 이렇게 계속해서 멀리멀리 도망갔다는 것을 강조하고 있는 이유는 그가 느꼈던 두려움이 얼마나 컸는지를 우리에게 알려주기 위함입니다.

그런데 이상합니다. 바로 직전에 바알 선지자 사백오십 명과 아세라의 선지자 사백 명, 합쳐서 팔백오십 명의 거짓 선지자들과 혈혈단신으로 대결을 하면서도 전혀 주눅 들지 않고, 두려워하지 않았던 엘리야 아닙니까? 그런데 어째서 이세벨의 협박에는 이렇게 크게 두려워 떨면서 끝도 없이 도망치고 있는 것입니까? 그 이유를 "그가 이 형편을 보고 일어나 자기의 생명을 위해 도망하여"(왕상 19:3)라고 기록하고 있는 말씀에서 확인할 수 있습니다.

열왕기상 18장을 읽어보면 엘리야가 바알과 아세라의 선지자들과 싸울 때는 자기의 생명을 돌보지 않고 아합 앞에 자기 몸을 완전히 드러내는 것을 볼 수 있습니다. 그런데 이세벨의 협박을 받았을 때의 엘리야는 "자기의 생명을 위하여" 도망칩니다. 거짓 선지자들 수백 명과 싸우는 용감한 엘리야와 한 여인의 협박 앞에 끝도 없이 멀리 도망치는 겁쟁이 엘리야의 차이는 자기의 생명을 위해 사느냐, 자기 생명을 버리고 사느냐입니다.

우리는 어떤 모습으로 살기를 원합니까? 용감하게 거짓 선지자들과 싸우는 담대한 엘리야의 삶을 원하십니까? 아니면 이세벨의 협박 앞에서 끝없이 도망치는 겁쟁이 같은 삶을 원하십니까? 우리 주님께서는 말씀하십니다. "누구든지 자기 목숨을 구원하고자 하면 잃을 것이요 누구든지 나와 복음을 위하여 자기 목숨을 잃으면 구원하리라"(막 8:35).

나의 생명이 아니라 주님을 위하여 사는 것에 진짜 생명이 있다는 것을 기억하고 자기 목숨을 이미 잃은 것으로 여기고 주를 위하여 담대하게 살아가는 우리 가정이 되기를 간절히 소원합니다.

나눔 1 어떤 상황에 대한 두려움을 경험한 적이 있나요? 그때 두려워한 이유가 무엇일까요?

나눔 2 나는 죽었습니다! 라고 고백할 때 담대함이 일어났던 경험이 있다면 나누어 보세요.

예수님을 바라보는 우리 가정 기도 :

말씀 열왕기상 21:4 이스르엘 사람 나봇이 아합에게 대답하여 이르기를 내 조상의 유산을 왕께 줄 수 없다 하므로 아합이 근심하고 답답하여 왕궁으로 돌아와 침상에 누워 얼굴을 돌리고 식사를 아니하니

회개하기를 머뭇거리지 마세요

북이스라엘의 아합 왕은 아람 군대와의 전쟁에서 크게 승리하였습니다. 그러나 아람의 왕 벤하닷을 죽이라고 하셨던 하나님의 명령에 순종하지 않고 그를 풀어주는 죄를 지음으로 하나님께 "벤하닷의 목숨을 네 목숨으로 대신하겠다"라는 징계의 예언을 받고는 근심하고 답답해하면서 왕궁으로 돌아옵니다(왕상 20:43).

그렇게 하나님께서 징계를 내리시겠다고 그에게 선지자까지 보내서 말씀하신 이유가 무엇이었을까요? 돌이키라는 것입니다. 지은 죄를 회개하고 다시 옳은 길로 돌아오라고 선지자를 보내시는 것입니다. 만일 하나님의 목적이 그를 회개하게 하는 것이 아니라 징계하는 데 있다면 굳이 수고스럽게 선지자를 보내실 이유가 없습니다. 우리가 이 사실을 기억하면 하나님께서 우리에게 징계를 내리실 때 어떻게 행하는 것이 옳은 것인지를 분별할 수 있습니다.

징계를 마주하는 가장 옳은 길은 회개하고 돌이키는 것입니다. 그것이 우리가 더 깊은 죄 가운데로 빠지는 것을 막을 수 있는 유일한 방법입니다. 그런데 아합은 어떻습니까? 하나님의 징계 앞에서 근심하고 답답해하기만 하지 회개하고 돌이키지 않습니다.

그러자 어떤 일이 일어납니까? 왕이라는 사람이 한 백성의 포도원 땅을 가지고 싶어서 안절부절못하는 모습을 보입니다. 그것도 무슨 대단한 이유 때문이 아니라 '채소밭'을 만들고 싶어서 거기에 목메는 것입니다. 결국 그런 아합의 모습은 악녀 이세벨이 이 일에 개입할 여지를 열어주게 되고 그로 인하여 나봇은 목숨을 잃게 됩니다.

죄는 우리의 눈을 가리고 귀를 막습니다. 무엇이 옳은 길인지, 어떻게 행하는 것이 하나님께서 기뻐하시는 길인지를 바라보지 못 하게 합니다. 그래서 죄 가운데서 회개하고 돌이키지 않으면 아합처럼 정말 말도 안 되는 행동을 하면서 더 깊은 죄의 수렁에 빠져들게 됩니다. 채소밭을 만들고 싶다는 말도 안 되는 욕심을 품었을 뿐이었던 아합의 그 행동으로 인하여 결국 나봇도 죽고 아합도 죽고 이세벨도 죽고 아합 집의 모든 남자가 다 죽임을 당하게 되는 처참한 결과를 마주하게 됩니다.

우리가 죄 가운데서 돌이키지 않고 회개하지 않을 때, 우리는 정말 말도 안 되는 사소한 것에 집착하게 됩니다. 아합이 집착했던 채소밭과 같은 것에 마음을 빼앗겨서 안절부절못하고 근심하고 답답해하게 됩니다.

결국 그런 행동들은 우리의 삶에 더 큰 죄와 죄의 열매들을 가져오게 되고 우리 삶이 더욱 깊은 수렁 가운데로 빠지게 되는 계기가 됩니다. 그러니 회개하기를 머뭇거리면 안 됩니다. 채소밭과 같이 사소한 것에 집착하고 있는 내 모습을 발견하게 될 때 속히 회개하고 돌아서십시오. 그것이 우리 삶이 빛 가운데로 나아가는 지름길입니다.

나눔 1 내가 집착하고 있는 '채소밭'과 같은 것은 무엇입니까?

나눔 2 작은 죄가 내 삶을 깊은 수렁 가운데로 끌고 들어가는 것을 경험해 본 적이 있습니까?

예수님을 바라보는 우리 가정 기도 :

열왕기하 _ 역대하

말씀 **열왕기하 3:11-12** 여호사밧이 이르되 우리가 여호와께 물을 만한 여호와의 선지자가 여기 없느냐 하는지라 이스라엘 왕의 신하들 중의 한 사람이 대답하여 이르되 전에 엘리야의 손에 물을 붓던 사밧의 아들 엘리사가 여기 있나이다 하니 여호사밧이 이르되 여호와의 말씀이 그에게 있도다 하는지라 이에 이스라엘 왕과 여호사밧과 에돔 왕이 그에게로 내려가니라

주님께 얼마나 묻고 있나요?

유다 왕 여호사밧은 유다의 3대 성군으로 불릴 만큼 뛰어난 믿음의 사람이었습니다. 그런데 그런 여호사밧이 오늘 말씀에서는 그의 명성에 걸맞지 않은 행동을 합니다. 이스라엘을 여호람이 다스릴 때 모압이 그동안 바치던 조공을 바치지 않고 이스라엘을 배반합니다. 그러자 여호람은 남유다의 여호사밧과 에돔 왕에게 사신을 보내서 함께 모압을 칠 것을 요청합니다. 여호사밧은 여호람의 요청을 듣고는 “나는 당신과 같고 내 백성은 당신의 백성과 같고 내 말들도 당신의 말들과 같으니이다”(왕하 3:7)라고 대답하면서 한 치의 망설임도 없이 여호람과 함께 전쟁에 나섭니다.

여호사밧이 함께 하겠다는 말에 용기를 얻은 여호람은 다시 한번 여호사밧에게 묻습니다. “우리가 어느 길로 올라가리이까 하니 그가 대답하되 에돔 광야 길로니이다 하니라”(왕하 3:8)라고 하며 적극적으로 나서기 시작합니다. 그런데 그렇게 나서게 된 모압 침공 길에서 여호람과 여호사밧 그리고 에돔의 왕과 모든 군대가 죽을 위기에 처하게 됩니다. 에돔 광야 길로 나선지 칠 일 만에 군사와 따라가는 가축을 먹일 물이 떨어진 것입니다.

그렇게 모두가 다 죽을 위기에 처하게 되자 여호사밧이 드디어 정신을 차립니다. 그리고는 말합니다. “우리가 여호와께 물을 만한 여호와의 선지자가 여기 없느냐”(왕하 3:11).

그들이 모두 죽을 위기에 처한 것은 여호사밧의 이 말이 너무 늦게 나왔기 때문입니다. 사실 여호와께 물을 만한 선지자가 없느냐는 여호사밧의 말은 처음 여호람이 그에게 전쟁에 함께 참여해 달라고 요청했을 때 나왔어야 했습니다. 그때가 아니라면 어느 길로 갈 것인지를 정할 때라도 여호와를 찾았어야 했습니다. 그렇게 하지 않았기 때문에 그들은 에돔 광야를 7일 동안 벗어나지 못하고 죽을 위기를 맞이하게 된 것입니다.

여호와 하나님께 묻느냐 묻지 않느냐는 절대로 사소한 일이 아닙니다. 우리의 생사를 갈라놓을 수 있는 중요한 일을 주님께 묻는 것입니다. 우리가 우리 주님을 내 인생의 주권자로 믿는다면 모든 일을 행하기에 앞서 주님께 물어야 합니다. 밥을 먹을 때도, 잠을 잘 때도 말입니다.

여호사밧과 여호람, 그리고 에돔의 왕은 여호와 하나님을 찾아서 그분께 묻는 여호사밧의 행동을 통하여 다 함께 생명을 구원받고 전쟁도 승리하게 되었습니다. 주님께 묻는 것이 생명을 얻는 길이고 승리하는 길인 것입니다.

우리는 하루를 살면서 주님께 얼마나 물으며 행할 바를 결정하고 있습니까? 주의하십시오. 묻지 않고 가다가는 광야 길에서 길을 잃는 것 같은 위험이 소리소문없이 찾아올 수 있다는 사실을 잊지 않고 살아가면서 생명의 길로만 걸어가는 우리 가정이 되기를 간절히 축복합니다.

나눔 1 나는 오늘 하루를 살면서 주님께 얼마나 질문했습니까?

나눔 2 주님께 묻지도 않고 무심코 내 생각대로 행동하는 것들은 무엇이 있나요?

예수님을 바라보는 우리 가정 기도 :

말씀 열왕기하 5:1-3 아람 왕의 군대 장관 나아만은 그의 주인 앞에서 크고 존귀한 자니 이는 여호와께서 전에 그에게 아람을 구원하게 하셨음이라 그는 큰 용사이나 나병환자더라 전에 아람 사람이 떼를 지어 나가서 이스라엘 땅에서 어린 소녀 하나를 사로잡으매 그가 나아만의 아내에게 수종들더니 그의 여주인에게 이르되 우리 주인이 사마리아에 계신 선지자 앞에 계셨으면 좋겠나이다 그가 그 나병을 고치리이다 하는지라

예수를 모르는 불쌍한 사람

세상에는 정말 뛰어난 사람들이 많이 있습니다. 이리로 보나 저리로 보나 예수님을 믿는 우리보다 훨씬 더 능력이 있고 지혜가 있어 보이는 사람들이 얼마나 많은지 모릅니다. 그래서 때로는 예수님을 믿는 사람들조차도 능력 있고 잘 나가는 세상 사람들을 바라보면서 부러워하기도 합니다.

그런데 우리가 반드시 기억해야 할 것이 있습니다. 아무리 지혜가 있고, 아무리 능력이 있고, 아무리 잘 나가는 사람이라고 할지라도 그가 예수를 알지 못하고 믿지 않는 사람이라면 그 사람은 불쌍한 사람이라는 사실입니다.

예수님을 만나지 못하고 믿지 못하고 있다는 것은 그 사람이 여전히 죄 가운데 머물러 있는 사람이라는 것을 뜻합니다. 그것은 곧 그의 인생이 시한부 인생이라는 의미입니다. 왜냐하면 죄 가운데 있는 사람은 언젠가 반드시 죄의 값인 사망을 맞이하게 될 것이고, 그 사망은 단순한 육신의 사망이 아니라 영원한 멸망에 이르는 사망이기 때문입니다.

그래서 성경은 그렇게 죄 가운데 있는 사람들을 '나병환자'에 많이 비유하고는 합니다. 나병에 걸린 사람들은 자신의 손가락, 발가락에 상처가 나서 썩고 있는 데도 고통을 느끼지 못합니다. 그러다 어느 순간 그 손가락, 발가락이 떨어져 나갑니다. 그렇게 계속해서 몸에 상처가 번져가다가 결국에는 죽음에 이르는 병이 나병입니다.

오늘 말씀에는 바로 그 나병에 걸린 나아만이라고 하는 장군이 등장합니다. 그는 아람 왕의 군대 장관으로 아람 왕이 크고 존귀하게 여기는 잘 나가는 사람이었습니다. 그러나 그는 나병환자였습니다. 그렇기에 그의 집에서 종노릇 하는 어린 소녀가 그를 불쌍히 여깁니다.

여러분, 생각해 보십시오. 아람이라는 큰 나라의 군대 장관으로 왕도 크고 존귀한 자로 여기는 나아만과 나아만의 집에 잡혀 와서 강제로 종노릇 하고 있는 어린 소녀 중에서 누가 더 불쌍한 사람입니까? 당연히 어린 소녀가 더 불쌍한 사람입니다. 그런데 딱 한 가지 이유, 나아만이 나병환자라는 이유로 나아만이 어린 소녀보다 더 불쌍한 사람으로 우리에게 보이지 않습니까?

정말 잘 나가는 것이 무엇입니까? 예수 믿고 예수님과 동행하며 사는 삶이 정말 잘 나가는 삶입니다. 예수님을 알지 못하고, 예수님을 믿지 못하는 인생은 세상에서 아무리 크고 존귀한 자라고 인정받는 사람일지라도 하나님 앞에서 불쌍한 사람일 뿐임을 우리는 기억해야 합니다. 혹시라도 세상에 크고 존귀한 자들을 부러워하는 마음이 있었다면, 오늘 그 마음을 모두 버리고 그들을 불쌍히 여겨서 그들이 우리 주인이신 예수님 앞에 섰으면 좋겠다는 기도를 할 수 있는 우리 가정이 되기를 간절히 소원합니다.

나눔 1 나는 그동안 어떤 사람을 불쌍한 사람으로 여기며 살아왔습니까?

나눔 2 예수님을 알지 못하는 세상의 권력자들을 위해서 온 가족이 함께 기도합시다.

예수님을 바라보는 우리 가정 기도 :

오늘성경통독 열왕기하 7장 □ 8장 □ 9장 □
오늘가정예배 찬송 272장 고통의 멍에 벗으려고

Date / /

말씀 열왕기하 8:11-13 하나님의 사람이 그가 부끄러워하기까지 그의 얼굴을 쏘아보다가 우니 하사엘이 이르되 내 주여 어찌하여 우시나이까 하는지라 대답하되 네가 이스라엘 자손에게 행할 모든 악을 내가 앎이라 네가 그들의 성에 불을 지르며 장정을 칼로 죽이며 어린 아이를 메치며 아이 밴 부녀를 가르리라 하니 하사엘이 이르되 당신의 개 같은 종이 무엇이기에 이런 큰일을 행하오리이까 하더라 엘리사가 대답하되 여호와께서 네가 아람 왕이 될 것을 내게 알게 하셨느니라 하더라

여러분을 보시는 하나님은 어떤 마음입니까?

오늘 말씀은 엘리사가 다메섹에 갔을 때 일어났던 일입니다. 때마침 큰 병이 들어있던 아람 왕 벤하닷이 하나님의 사람 엘리사가 다메섹에 왔다는 소식을 듣고 그의 신하 하사엘을 엘리사에게 보냅니다.

벤하닷이 알고 싶었던 것은 그 큰 병으로 인하여 '자신이 죽게 될 것인가? 살게 될 것인가?'였습니다. 그는 그것이 알고 싶어서 하사엘을 엘리사에게 보냈는데 엘리사는 아무도 예상하지 못했던 대답을 내놓습니다. 그것은 "왕이 반드시 나으리라 하라 그러나 여호와께서 그가 반드시 죽으리라고 내게 알게 하셨느니라 하고"(왕하 8:10)라는 대답이었습니다.

하나님께서는 엘리사에게 하사엘이 자기 왕에게 거짓말을 할 것이고, 결국 벤하닷의 왕의 자리를 빼앗을 것이라는 사실까지도 알려주십니다. 게다가 하사엘이 왕이 되어서 이스라엘을 침략하고 괴롭힐 것이라는 사실까지도 다 알려주십니다.

그런데 그런 사실을 다 알게 된 엘리사가 어떻게 행동합니까? "하나님의 사람이 그가 부끄러워하기까지 그의 얼굴을 쏘아보다가 우니"(왕하 8:11)라고 기록되어 있습니다. 엘리사가 웁니다. 자기 눈앞에 있는 하사엘이 곧 아람의 왕이 되어서 이스라엘을 공격하고 괴롭힐 것이라는 사실을 알고 눈물을 흘립니다.

그러면 엘리사는 왜 울까요? 그것이 하나님의 마음이기 때문입니다. 이스라엘을 향한 하나님의 마음이 눈물 흘리는 것이기 때문입니다. 우리 생각에는 하사엘이 머지않아 이스라엘을 공격하고 괴롭게 하리라는 것을 알게 되었다면 그를 죽여서 환난을 막으면 될 것 같지만 하나님도, 엘리사도 그렇게 하지 않습니다.

이스라엘이 죄 가운데 머물러 있다면, 하사엘을 막아도 다른 존재가 이스라엘을 공격할 것이기 때문입니다. 그래서 엘리사가 우는 것입니다. 하나님께서 알려주시는 것들을 바라보면서 하나님의 마음을 느낀 것입니다.

이스라엘을 바라보시는 하나님의 마음이 어떻겠습니까? 내 자녀 이스라엘이 당할 환난을 다 알고 계시고, 내 백성들에게 공격을 가하고 괴롭힐 사람이 누구인지도 하나님께서는 알고 계시는데 아무것도 할 수 없는 아버지 하나님의 마음이 눈물로, 울음으로 표현되고 있는 것 아니겠습니까?

우리가 죄에서 돌아서지 않는다면 우리 주님께서 우리 삶에 다가오는 고난을 알고 계신다고 할지라도 우는 것밖에는 어쩔 도리가 없으십니다. 오늘 내 삶을 바라보시는 우리 주님께서는 웃고 계실까요? 울고 계실까요?

나눔 1 오늘 내 삶 중에서 주님께서 바라보시며 웃으실 만한 일이 있었나요?

나눔 2 당신의 삶을 바라보시는 하나님의 마음은 기쁨일까요? 눈물일까요?

예수님을 바라보는 우리 가정 기도 :

말씀 열왕기하 11:1-3 아하시야의 어머니 아달랴가 그의 아들이 죽은 것을 보고 일어나 왕의 자손을 모두 멸절하였으나 요람 왕의 딸 아하시야의 누이 여호세바가 아하시야의 아들 요아스를 왕자들이 죽임을 당하는 중에서 빼내어 그와 그의 유모를 침실에 숨겨 아달랴를 피하여 죽임을 당하지 아니하게 한지라 요아스가 그와 함께 여호와의 성전에 육 년을 숨어 있는 동안에 아달랴가 나라를 다스렸더라

어두운 터널을 지나는 신앙인의 모습

남유다 최초로 여자로서 왕의 자리를 차지한 아달랴는 자기 남편이었던 여호람이 죽고 여호람을 이어 왕이 되었던 그녀의 아들 아하시야도 죽게 되자 나라의 모든 왕의 자손을 죽이고 자신이 왕의 자리를 차지합니다. 그러나 어린 아기였던 요아스는 이 환난 중에 여호세바의 도움으로 목숨을 지키게 되고 성전에 숨어서 6년을 지내야 했습니다.

이 말씀을 읽을 때, 우리 안에서 일어나는 질문은 "어째서 하나님께서는 그 악한 아달랴가 거룩한 나라 유다를 6년이나 다스리도록 내버려 두셨는가?" 입니다. 하나님께서는 분명히 다윗에게 약속하시기를 "그의 후손을 영구하게 하여 그의 왕위를 하늘의 날과 같게 하리로다"(시 89:29)라고 약속하셨는데, 어째서 하나님께서는 다윗의 후손이 아닌 아달랴가 남유다의 왕의 자리를 6년이나 차지하고 있도록 내버려 두시는 것입니까?

사실 우리의 삶을 둘러보면 이 질문과 비슷한 질문들이 곳곳에 널려 있습니다. "어째서 하나님께서는 하나님의 자녀들이 세상에서 고난을 겪는 것을 방치하시는가? 어째서 하나님께서는 유대인들이 대학살을 당하는데도 그들을 구해주지 않으시는가?" 이런 질문들이 일어날 때마다 세상이 내놓는 대답은 딱 하나입니다. 하나님이 없다는 것입니다. 하나님이 계시지 않으니 하나님의 자녀들을 구해줄 수도 없고 악한 사람들을 처단할 수도 없다는 것입니다.

그러나 믿음이 있는 우리의 생각은 달라야 합니다. 어째서 하나님께서 아달랴를 6년이나 왕위에 앉아있게 하셨습니까? 어째서 하나님께서는 우리가 세상 가운데 고난을 겪는데도 구해주시지 않고 고난 가운데 내버려 두십니까? 그것은 하나님의 더 크신 계획이 있기 때문입니다.

하나님의 계획은 항상 현재진행형입니다. 하나님의 뜻은 항상 이루어지는 중입니다. 그분의 계획은 절대로 실수가 없으시고 가장 완벽한 때에 이루어지게 되어 있습니다. 그러니 우리가 지금 어둠의 시대를 살고 있어도, 고난의 터널을 지나고 있어도 하나님께서 우리의 생각보다 더 크신 계획으로 우리의 삶을 이끌고 계심을 분명하게 믿어야 합니다. 남유다의 치욕스러운 아달랴 통치 6년의 기간에, 하나님의 거룩한 성전에서는 참된 유다의 왕, 다윗의 후손 요아스가 자라나고 있었다는 것을 기억해야 합니다.

혹시 우리의 삶 가운데 해결되지 않는 도저히 이해할 수 없는 아달랴와 같은 문제가 있습니까? 사도 바울의 육체의 가시와 같은 어려움이 아무리 기도해도 떠나지 않고 있습니까? 그렇다고 하더라도 믿으십시오. 당신을 향한 하나님의 계획은 지금도 진행 중이며 가장 완벽한 타이밍에 완성될 것임을 신뢰하십시오. 그것이 어둠의 터널을 지나는 신앙인의 모습이라는 사실을 기억하시고 늘 하나님을 의심하지 않고 신뢰하며 믿음으로 살아가는 우리 가정이 되기를 간절히 소원합니다.

나눔 1　내 삶 가운데 사라졌으면 하는 것, 빨리 끝났으면 하는 문제는 무엇인가요?

나눔 2　오랜 시간을 기다려서 경험하게 된 하나님의 계획이 있었다면 나누어 보세요.

예수님을 바라보는 우리 가정 기도 :

오늘성경통독 열왕기하 13장☐ 14장☐ 15장☐
오늘가정예배 찬송 482장 참 즐거운 노래를

Date / /

말씀 열왕기하 13:20-21 엘리사가 죽으니 그를 장사하였고 해가 바뀌매 모압 도적 떼들이 그 땅에 온지라 마침 사람을 장사하는 자들이 그 도적 떼를 보고 그의 시체를 엘리사의 묘실에 들이던지매 시체가 엘리사의 뼈에 닿자 곧 회생하여 일어섰더라

이 세상을 살아가는 세 종류의 사람

오늘 말씀 열왕기하 13장에는 세 종류의 사람들을 대표하는 사람들이 등장합니다. 먼저 하나님을 믿지 않는 사람의 대표주자인 여호아하스입니다. 그는 하나님께서 보시기에 악을 행했기에 하나님께서는 그를 아람 왕들의 손에 넘겨주셔서 고통을 받게 하셨습니다. 여호아하스는 아람에게 학대를 받아 너무 고통스럽기에 하나님을 잠시 찾았습니다.

그러나 하나님께서 그를 도우셔서 구원하시자마자 다시 돌아서 악을 행합니다. 믿음이라고는 전혀 찾아볼 수 없는 불신자의 모습입니다. 결국 여호아하스는 죽었고 이스라엘 왕 역대지략에 몇 줄의 업적을 남긴 채 사라졌습니다.

두 번째 등장하는 사람은 요아스입니다. 북이스라엘의 왕 요아스는 믿음이 있는 것처럼 살았지만 그 속을 들여다보면 믿음이 없는 씨 없는 수박과 같은 사람이었습니다. 그 이유는 요아스가 "느밧의 아들 여로보암의 모든 죄에서 떠나지 아니하고 그 가운데 행하였더라"(왕하 13:11)라고 기록되어 있기 때문입니다. 그런데 열왕기하 13장 14절부터 보면 요아스는 엘리사를 위해 눈물을 흘리기도 하고 엘리사가 명령하는 것에 순종하기도 합니다.

그가 왕이면서도 엘리사의 말에 순종했던 이유가 무엇이겠습니까? 요아스도 하나님을 믿었고, 엘리사가 하나님의 사람이라는 것도 믿었던 것입니다. 다시 말하면 요아스는 하나님도 믿으면서도 세상의 우상들을 섬기기도 하는 사람 곧 하나님을 향한 분명한 믿음이 없어 자기 좋은 대로 이 신, 저 신을 섬기는 사람이었던 것입니다. 결국 요아스도 죽었고 그의 아버지 여호아하스와 같이 역대지략에 몇 줄 기록을 남기고 사라졌습니다.

그런데 믿음의 사람 엘리사는 어떻습니까? 정말 하나님을 믿고 그분의 말씀을 따라 살아왔던 엘리사는 병이 들어서 죽게 되었습니다. 사람들이 바라볼 때는 슬픈 결말입니다.

그러나 엘리사는 죽은 이후에 어떻게 되었습니까? 그의 시체가 다 썩어서 뼈만 남았는데도 불구하고 그의 뼈에 닿은 시체가 회생하여 일어서는 일이 일어납니다. 여호아하스와 요아스는 죽음 이후에 몇 줄 글만이 남았지만 엘리사는 죽은 이후에도 시체를 다시 살려낼 만큼 하나님의 품에서 시퍼렇게 살아있었던 것입니다.

이 세상에 살아가는 세 종류의 사람 중에서 육신의 죽음 이후에도 살아남을 수 있는 사람은 믿음의 사람 밖에는 없습니다. 우리에게 하나님을 향한 분명한 믿음이 없다면 우리도 우리가 이 세상에 살았다는 몇 줄의 글만 남기고 사라지게 될 것입니다. 반면에 우리에게 주 예수 그리스도를 향한 분명한 믿음이 있다면, 우리도 엘리사처럼 놀라운 권능 가운데 영원히 살게 될 것입니다.

나눔 1 여호아하스와 요아스 그리고 엘리사 중에서 나는 누구의 모습을 닮아있습니까?

나눔 2 죽어도 영원히 살 만한 믿음은 어떤 믿음일까요?

예수님을 바라보는 우리 가정 기도 :

오늘성경통독 열왕기하 16장 ☐ 17장 ☐ 18장 ☐
오늘가정예배 찬송 266장 주의 피로 이룬 샘물 Date / /

말씀 열왕기하 17:1-6 유다의 왕 아하스 제십이년에 엘라의 아들 호세아가 사마리아에서 이스라엘 왕이 되어 구 년간 다스리며 여호와께서 보시기에 악을 행하였으나 다만 그 전 이스라엘 여러 왕들과 같이 하지는 아니하였더라 앗수르의 왕 살만에셀이 올라오니 호세아가 그에게 종이 되어 조공을 드리더니 그가 애굽의 왕 소에게 사자들을 보내고 해마다 하던 대로 앗수르 왕에게 조공을 드리지 아니하매 앗수르 왕이 호세아가 배반함을 보고 그를 옥에 감금하여 두고 앗수르 왕이 올라와 그 온 땅에 두루 다니고 사마리아로 올라와 그 곳을 삼년 간 에워쌌더라 호세아 제 구년에 앗수르 왕이 사마리아를 점령하고 이스라엘 사람을 사로잡아 앗수르로 끌어다가 고산 강 가에 있는 할라와 하볼과 메대 사람의 여러 고을에 두었더라

작은 죄인은 없습니다

호세아는 북이스라엘의 마지막 왕으로 왕의 자리에 올라 9년을 통치했습니다. 호세아는 통치하는 동안 하나님을 신실하게 따르지는 않았습니다.

그러나 그 이전의 왕들에 비해서 크게 악을 행하지도 않았습니다. 그래서 오늘 말씀은 호세아에 대해서 "여호와께서 보시기에 악을 행하였으나 다만 그 전 이스라엘 여러 왕들과 같이 하지는 아니하였더라"(왕하 17:2)라고 평가하고 있습니다.

호세아는 분명히 하나님 앞에서 거룩하게 살지는 않았지만, 그렇다고 해서 그 이전의 왕들에 비해 크게 죄를 짓거나 악을 행하지는 않았습니다. 그런데도 그는 북이스라엘을 멸망하게 만든 왕으로 오늘날까지 사람들에게 기억되고 있습니다. 호세아의 이런 모습을 바라보면서 우리가 기억해야 할 것은 무엇일까요? 그것은 바로 큰 죄, 작은 죄가 따로 없다는 것입니다.

호세아는 분명히 이전의 여러 왕들처럼 엄청난 악을 행하지는 않았습니다. 성경도 그 부분을 인정하고 있습니다. 그러나 그렇다고 해도 그가 악을 행했다는 사실 자체는 부인할 수 없습니다.

하나님 앞에서는 큰 죄인, 작은 죄인이 없습니다. 죄가 있다면 그 사람은 그저 죄인일 뿐입니다. 모든 죄는 하나님께서 미워하시고 죄가 있는 사람은 모두 멸망하게 되어 있습니다.

하나님께서 우리를 바라보실 때는 우리의 중심을 보신다고 하셨습니다. 그것은 우리의 중심에 죄가 큰지 작은지를 보시겠다는 것이 아닙니다. 죄가 있는지 없는지를 보시겠다는 것입니다. 그래서 우리는 자기의 중심을 날마다 점검해야만 합니다. 하나님께서 바라보시기에 죄가 있다면 속히 돌이켜 회개해야 합니다. 우리의 죄를 위해서 죽으신 주님을 더욱 단단히 붙잡아야 합니다. 그것이 멸망으로 가지 않을 수 있는 유일한 길입니다.

오늘 하루의 삶을 돌아보십시오. 우리의 중심에서 일어났던 죄 된 마음과 생각과 행동들을 점검하십시오. 그리고 주님 앞에 회개하며 우리의 중심을 깨끗이 청소하십시오. 십자가를 바라보며 다시는 주님을 십자가에 못 박았던 죄를 반복하지 않겠다고 결단하고 선포하십시오.

하나님 앞에 서는 그날에, 하나님께서 우리의 중심을 바라보실 때, "너를 위해 내 아들을 준 것이 헛되지 않았구나!"라는 말을 들을 수 있도록 날마다 작은 죄라도 가볍게 여기지 않고 정결하게 살아가는 우리 가정이 되기를 간절히 소원합니다.

나눔 1 오늘 내 안에서 일어난 죄 된 것들을 나누어 보세요.

나눔 2 주님 앞에 함께 회개하며 정결하게 살기를 결단하는 기도를 드려보세요.

예수님을 바라보는 우리 가정 기도 :

오늘성경통독 열왕기하 19장 ☐ 20장 ☐ 21장 ☐ 22장 ☐

오늘가정예배 찬송 450장 내 평생 소원 이것뿐

Date / /

말씀 열왕기하 20:12-13 그 때에 발라단의 아들 바벨론의 왕 브로닥발라단이 히스기야가 병 들었다 함을 듣고 편지와 예물을 그에게 보낸지라 히스기야가 사자들의 말을 듣고 자기 보물고의 금은과 향품과 보배로운 기름과 그의 군기고와 창고의 모든 것을 다 사자들에게 보였는데 왕궁과 그의 나라 안에 있는 모든 것 중에서 히스기야가 그에게 보이지 아니한 것이 없더라

하나님을 자랑하세요

히스기야는 병들어 죽게 되었을 때 하나님께 기도함으로 15년의 수명을 연장받은 사람입니다. 그는 병이 들었을 때 얼굴을 벽으로 향하여 하나님께 기도하며 통곡했습니다. 그러자 하나님께서는 그의 기도를 들으시고 선지자 이사야를 그에게 보내셔서 그에게 15년 더 살게 해주시겠다고 약속을 하십니다.

그 말을 들은 히스기야는 이사야에게 하나님께서 그 약속을 지키시겠다는 징표를 구하고 결국 하나님께서는 해가 10도 뒤로 물러가는 징표를 그에게 보여주심으로 자기의 약속을 확증하십니다.

그러니 히스기야는 정말 특별한 하나님의 사랑을 받은 사람입니다. 죽을병에 걸렸을 때 기도하여 수명을 15년이나 연장받는 것만 해도 정말 놀라운 경험인데, 거기에 더해서 해를 뒤로 물리면서까지 약속을 보증받았으니 하나님께서 그를 얼마나 귀하게 여기셨는지가 너무나 분명하게 드러나지 않습니까?

그런데 오늘 읽은 히스기야는 어떻습니까? 그렇게 큰 사랑을 받은 히스기야가 자기가 받은 사랑만큼 하나님을 사랑하고 있습니까? 그렇지 않다는 것을 오늘 말씀이 우리에게 말해줍니다.

히스기야는 바벨론에서 온 사신들을 맞이하고 기쁜 마음으로 그들을 영접합니다. 그리고는 자기가 살고 있는 왕궁과 자기가 가지고 있는 보물창고와 무기고를 열어서 그들에게 보여줍니다. 성경은 그 장면을 "왕궁과 그의 나라 안에 있는 모든 것 중에서 히스기야가 그에게 보이지 아니한 것이 없더라"(왕하 20:13)고 기록하고 있습니다. 그는 자기가 가지고 있고 누리고 있는 모든 것을 바벨론의 사신들에게 내보이고 자랑했습니다.

그런데 무엇이 빠져있습니까? 그를 그렇게 사랑하셔서 수명을 연장해 주시고, 해도 뒤로 물리신 하나님이 빠져있습니다. 히스기야는 사신들에게 하나님의 성전을 보이지도 않았고, 자기를 살리신 하나님을 자랑하지도 않았습니다. 그의 마음의 자리를 차지하고 있는 것은 하나님이 아니라 그의 보물과 무기들이었습니다.

우리의 마음은 무엇이 차지하고 있습니까? 자기 아들을 십자가에 달려 죽게 하심으로 우리를 살리시고 십자가로 그 사랑을 확증하신 하나님이 우리 마음의 자랑이 되고 있습니까? 아니면 히스기야와 같이 재물과 같은 것들이 우리 마음의 자리를 차지하고 그것들을 자랑하고자 하는 마음을 붙잡고 살아가고 있습니까?

히스기야는 이 사건을 기점으로 믿음도 쇠락하고 삶도 쇠퇴하는 인생이 되고 맙니다. 우리 마음이 우리를 사랑하신 하나님으로 가득 차게 되기를 소원합니다. 세상 가운데 다른 것을 자랑하지 않고 오직 나를 사랑하신 하나님과 우리를 구원하신 우리 주 예수 그리스도를 자랑하며 살아가기를 간절히 축복합니다.

나눔 1 내 마음의 자리를 차지하고 있는 것은 무엇인가요?

나눔 2 나는 세상 가운데 무엇을 가장 많이 자랑했었나요?

예수님을 바라보는 우리 가정 기도 :

말씀 열왕기하 25:8-9 바벨론 왕 느부갓네살의 열아홉째 해 오월 칠일에 바벨론 왕의 신복 시위대장 느부사라단이 예루살렘에 이르러 여호와의 성전과 왕궁을 불사르고 예루살렘의 모든 집을 귀인의 집까지 불살랐으며

하나님의 마음을 아프게 하지맙시다

남유다의 종교개혁을 이루었던 요시야 왕이 죽은 이후로 유다는 급격한 쇠락의 길을 걷게 됩니다. 요시야는 온 이스라엘 영토의 우상들을 철폐하고 이전에 그 누구도 이루지 못했던 가장 급진적인 종교개혁을 이루어냈습니다.

성경은 요시야를 평가하기를 "요시야와 같이 마음을 다하며 뜻을 다하며 힘을 다하여 모세의 모든 율법을 따라 여호와께로 돌이킨 왕은 요시야 전에도 없었고 후에도 그와 같은 자가 없었더라"(왕하 23:25)라고 평가하면서 그가 얼마나 대단한 믿음의 사람이었는지를 기록하고 있습니다. 또한 요시야는 사사가 이스라엘을 다스리던 시대부터 이스라엘 여러 왕의 시대와 유다 여러 왕의 시대에 지키지 않았던 유월절을 지킵니다(왕하 23:22).

그러나 요시야의 그런 믿음의 행진도 하나님의 진노를 되돌리지는 못했습니다. 하나님께서는 요시야의 그런 믿음의 삶을 기쁘게 바라보시기는 하셨지만 유다를 향한 진노를 돌이키지는 않았습니다. 그 이유를 성경은 "이는 므낫세가 여호와를 격노하게 한 그 모든 격노 때문이라"(왕하 23:26)라고 말하고 있습니다. 이 말은 므낫세의 시대에 그가 행했던 수없이 많은 우상숭배와 악행들로 인한 하나님의 진노를 요시야의 믿음의 삶으로도 가라앉히지 못했다는 것을 의미합니다.

죄라는 것이 이런 것입니다. 죄는 어떤 선행으로도 그 값을 갚을 수 없습니다. 죄의 값을 갚을 수 있는 것은 사망, 곧 우리의 생명뿐입니다. 그래서 죄를 지은 사람은 반드시 죽어야만 하는 것입니다. 그래서 하나님께서 요시야의 선행을 보시면서도 그 격노를 돌이키실 수가 없었던 것입니다. 그러나 우리가 주목해야 할 것이 있습니다. 그것은 유다가 그 죄로 인하여 멸망 당할 때 하나님의 성전도 모두 무너져 내렸다는 사실입니다.

솔로몬이 정성껏 지어서 헌물한 성전은 하나님께서 그 이름을 두시겠다고 약속하신 곳입니다. 그 성전이 유다의 멸망과 함께 무너졌습니다. 성전 안에서 사용하던 모든 그릇과 기구들 하다못해 숟가락 하나도 남김없이 빼앗기고 망가졌습니다. 이 무너져 내린 성전이 곧 죄로 인하여 멸망 당하는 자기 백성을 바라보시는 하나님의 심정이 아닐까요?

하나님께서는 죄 가운데 있는 우리를 바라보실 때 그냥 화를 내시는 것이 아닙니다. 죽어야만 하는 자기 백성들을 바라보시며 성전이 무너지듯이 가슴 아파하십니다. 그래서 우리에게 자기 아들을 내주신 것입니다. 우리를 향한 마음의 무너짐이 아들을 십자가에 내주는 고통보다 더 크기에 예수님을 우리에게 보내셔서 우리를 대신해서 죽게 하신 것입니다. 우리가 정말 그 사실을 믿는 사람이라면 더 이상 하나님의 마음이 무너지도록 죄 가운데 머물러서는 안 됩니다. 죄 가운데 있는 우리를 바라보시는 하나님의 마음이 성전이 무너지듯 무너져 내린다는 사실을 기억하고 하나님의 마음을 아프게 하지 않고 기쁘시게 하며 살아가기를 간절히 소원합니다.

나눔 1 오늘 나의 삶을 바라보시는 하나님의 마음은 어떠셨을까요?

나눔 2 우리가 어떻게 행할 때 하나님께서 기뻐하실까요?

예수님을 바라보는 우리 가정 기도 :

말씀 역대상 1:1-4 아담, 셋, 에노스, 게난, 마할랄렐, 야렛, 에녹, 므두셀라, 라멕, 노아, 셈, 함과 야벳은 조상들이라

우리는 하나님의 자녀입니다

열왕기가 끝나고, 역대기가 시작되었습니다. 남유다의 바벨론 멸망을 끝으로 이스라엘은 역사 속에서 사라진 것처럼 보였지만 하나님께서는 바벨론에서 포로생활을 하는 그들을 바라보시며 새로운 계획을 세우고 계셨습니다. 하나님께서는 이스라엘을 버리신 것이 아니었습니다. 70년의 훈련기간을 통해서 다시 정결하고 거룩하게 하나님의 나라가 세워지기를 학수고대하시며 준비하고 계셨습니다.

결국 이스라엘은 바벨론 포로기를 끝내고 하나님의 놀라운 역사로 인해 고국으로 돌아오게 되었습니다. 그들은 돌아와서 예루살렘 성벽과 성전을 재건했습니다. 그리고는 자신의 후손들이 이전과 같은 잘못을 다시는 범하지 않도록 하기 위해서 신앙교육을 하기 시작합니다. 그렇게 탄생한 신앙교육의 교재와 같은 것이 역대기입니다.

역대기는 족보를 기록하는 것으로 시작합니다. 그리고는 엄청나게 많은 분량을 족보에 할애하고 있습니다. 왜 그럴까요? 자신의 뿌리를 기억하는 것이 신앙교육의 가장 중요한 점이기 때문입니다. 그래서 역대기는 아담으로부터 시작된 인류의 족보를 기록하고 있습니다. 아담이 누구입니까? 하나님께서 자기 손으로 직접 창조하신 첫 피조물입니다. 우리는 그 아담으로부터 나온 사람들입니다.

역대기를 기록한 사람들은 바로 이 사실을 후손들이 기억하기를 바랐습니다. 그들 모두가 하나님의 피조물인 아담으로부터 나온 자들이라는 것, 곧 모두가 하나님의 피조물이고 하나님의 다스리심 아래 있다는 것을 기억하는 것이 믿음의 삶을 살아가는 데 있어서 핵심이기 때문입니다.

우리의 뿌리가 이 세상이 아니라 하나님께 있다는 것을 마음에 새기고 살아가야 세상의 것들에 의해서 흔들리지 않을 수 있는 것입니다.

우리는 이 사실을 기억하며 살고 있습니까? 내가 하나님의 피조물이라는 것을 기억하고 하나님의 은혜가 아니었으면 나는 이 세상에 존재하지조차 못했을 사람이라는 것을 기억하고 살고 있습니까?

우리의 뿌리가 이 세상이 아니라 하늘에 있다는 것을 기억하십시오. 우리의 삶의 주권이 세상에 어떤 것이나 우리 자신에게 있지 않다는 것을 기억하십시오.

우리 삶의 주권도, 우리 삶의 뿌리도 오직 우리를 만드시고 다스리시는 하나님께 있다는 것을 한순간도 잊지 않고 살아감으로 하나님을 믿는 믿음으로 흔들리지 않고 살아가는 우리 가정이 되기를 간절히 소원합니다.

나눔 1 우리의 뿌리가 하나님께 있다는 것은 무엇을 의미할까요?

나눔 2 나의 삶의 주권이 하나님께 있다는 것을 드러내는 삶의 증거가 있습니까?

예수님을 바라보는 우리 가정 기도 :

오늘성경통독 역대상 4장☐ 5장☐ 6장☐
오늘가정예배 찬송 524장 갈 길을 밝히 보이시니

Date / /

말씀 역대상 4:9-10 야베스는 그의 형제보다 귀중한 자라 그의 어머니가 이름하여 이르되 야베스라 하였으니 이는 내가 수고로이 낳았다 함이었더라 야베스가 이스라엘 하나님께 아뢰어 이르되 주께서 내게 복을 주시려거든 나의 지역을 넓히시고 주의 손으로 나를 도우사 나로 환난을 벗어나 내게 근심이 없게 하옵소서 하였더니 하나님이 그가 구하는 것을 허락하셨더라

믿음으로 살겠습니다

오늘 말씀은 야베스를 "그의 형제보다 귀중한 자라"(대상 4:9)라고 말하고 있습니다. 그리고는 그가 왜 귀중한 자인지를 설명합니다. "그의 어머니가 이름하여 이르되 야베스라 하였으니 이는 내가 수고로이 낳았다 함이었더라" 이 말씀의 의미는 '수고로이'라는 단어 안에 감추어져 있습니다.

이 단어의 원어 '오체브'는 "만든 우상, 고통"이라는 뜻을 가지고 있습니다. 그러니 "내가 수고로이 낳았다"는 말은 "내가 세상의 우상들로 인하여 고통 중에 있을 때", 곧 "내가 죄 가운데 있을 때" 낳은 자식이라는 말입니다. 그러니 야베스는 어떤 거룩하고 신실한 믿음의 가정에서 태어난 사람이 아닙니다. 우상을 숭배하고 죄로 물들어 있는 악한 가정에서 태어난 사람이 야베스입니다.

그런데 그렇게 죄 가운데서 태어난 야베스가 하나님께 기도하는 사람이 된 것입니다. 사실 이것만 해도 야베스가 왜 다른 형제들보다 귀중한 자라고 기록되어 있는지를 알 수 있습니다. 모두가 우상을 섬기고, 죄 가운데 있을 때 야베스는 하나님을 찾았습니다. 하나님께 기도했습니다. 그러니 그가 귀중한 자인 것입니다. 그런데 그의 기도를 들여다보면 왜 그가 귀중한 자인지가 더욱 분명하게 드러납니다.

야베스는 "나의 지역을 넓히시고"라고 기도합니다. 하나님을 믿는 믿음을 가지고 살아가는 사람들의 지역이 넓어진다는 것은 그가 믿음의 싸움을 싸워야 할 영역이 넓어진다는 것을 의미합니다. 우리가 가정에서만 생활하면 가정 안에서만 믿음으로 살면 됩니다. 그러나 직장 생활을 하면 가정과 직장이 우리의 믿음의 싸움의 영역이 됩니다. 이렇게 우리의 지역이 넓어진다는 것은 우리가 믿음으로 살아야 할 삶의 영역이 넓어진다는 것을 의미합니다.

그런데 야베스는 자기의 지역을 넓혀달라고 말합니다. 내가 믿음의 싸움을 싸울 전쟁터를 더 넓혀 달라는 것입니다. 그리고는 이어서 기도합니다. "주의 손으로 나를 도우사 나로 환난을 벗어나 내게 근심이 없게 하옵소서".

하나님을 믿는 자에게 가장 큰 환난과 근심이 무엇입니까? 믿음을 잃고 죄 가운데로 빠지는 것이 가장 큰 환난 아니겠습니까? 그러니 야베스의 이 기도는 "내가 믿음의 싸움을 싸울 영역을 넓혀주시고 그 싸움에서 승리할 수 있도록 나를 도우소서!"라는 믿음의 기도입니다. 그러니 하나님께서 그의 기도를 들으시고 그가 구하는 것을 허락하셨던 것입니다.

우리의 입술에서도 야베스의 기도가 나오게 되기를 소원합니다. "믿음으로 살겠습니다"라고 선포하고 믿음으로 살 수 있도록 도와달라는 기도를 하나님께 드림으로 하나님께서 우리의 구하는 것을 허락하셔서 믿음의 싸움 가운데 승리하며 살아가는 '다른 형제보다 귀중한' 우리 가정이 되기를 간절히 축복합니다.

나눔 1 내가 드리는 기도의 주된 내용은 무엇입니까?

나눔 2 내 삶의 자리 가운데 믿음의 지역이 되어야 할 곳은 어디입니까?

예수님을 바라보는 우리 가정 기도 :

오늘성경통독 역대상 7장 □ 8장 □ 9장 □ 10장 □
오늘가정예배 찬송 337장 내 모든 시험 무거운 짐을

Date / /

말씀 역대상 10:4-6 사울이 자기의 무기를 가진 자에게 이르되 너는 칼을 빼어 그것으로 나를 찌르라 할례 받지 못한 자들이 와서 나를 욕되게 할까 두려워하노라 그러나 그의 무기를 가진 자가 심히 두려워하여 행하기를 원하지 아니하매 사울이 자기 칼을 뽑아서 그 위에 엎드러지니 무기 가진 자가 사울이 죽는 것을 보고 자기도 칼에 엎드러져 죽으니라 이와 같이 사울과 그의 세 아들과 그 온 집안이 함께 죽으니라

하나님이 기억하는 삶

역대기는 드디어 길었던 족보의 기록을 끝내고 본격적으로 이스라엘의 역사를 기록하기 시작합니다. 그 첫 기록은 이스라엘의 초대 왕 사울에 대한 기록입니다. 그런데 오늘 말씀을 보면 이스라엘의 초대 왕이었던 사울에 대한 기록이 너무 짧습니다. 열왕기서에서는 사울이 어떤 사람이었는지, 그가 어떻게 왕이 되었는지 그리고 왕이 되어서 어떤 삶을 살았는지를 상세하게 기록했는데 역대기 기자는 사울의 인생 제일 마지막, 길보아 전투에서 죽게 되는 장면만을 기록하고 있습니다.

사울도 분명히 잘하던 때가 있었습니다. 그도 겸손하게 하나님께서 기뻐하시는 길을 걸을 때가 있었습니다. 그런데 어째서 역대기 기자는 그 잘했던 때의 기록은 쏙 빼놓고 그의 처참한 최후의 기록만을 남기고 있는 것입니까? 에스겔서 말씀을 보면 하나님께서 이렇게 말씀하십니다. "만일 의인이 돌이켜 그 공의에서 떠나 범죄하고 악인이 행하는 모든 가증한 일대로 행하면 살겠느냐 그가 행한 공의로운 일은 하나도 기억함이 되지 아니하리니 그가 그 범한 허물과 그 지은 죄로 죽으리라"(겔 18:24).

바벨론 포로기를 보내면서 하나님께 죄를 범한 대가가 무엇인지를 분명하게 경험했던 이스라엘 사람들은 에스겔의 이 말씀을 마음에 새겼을 것입니다. 아무리 의로운 사람이었다고 할지라도 그가 돌이켜 죄를 범하면, 하나님께서는 그가 의롭게 살았던 때를 기억하지 않으시고 그의 죄를 기억하시며 그 죄의 값을 반드시 치러야 한다는 것을 그들은 뼛속 깊이 체험했습니다. 그래서 역대기를 기록하면서 본격적인 역사의 시작점이 되는 사울의 기록에서 이 점을 강조한 것입니다.

사울이 결국 죄 가운데서 그 인생을 마무리했기 때문에 사울의 모든 의로운 행동들은 기억함이 되지 아니한다는 것, 그는 결국 죄 가운데서 죽었기 때문에 하나님께서 그의 의로웠던 지난날들을 기억하지 않으신다는 것을 후손들에게 가르쳐 주고 싶었던 것입니다.

반면에 사울의 기록 이후에 11장부터 기록된 다윗에 대한 기록은 너무나 자세하게 기록되어 있습니다. 다윗에 대한 기록은 아주 사소한 것까지도 기록하면서 후손들이 그의 기록을 읽게 했습니다. 왜 그렇습니까? 다윗은 의로움 가운데 죽었기 때문입니다. 끝까지 하나님을 믿는 믿음 안에서 살다가 죽었기에 하나님께서 그의 삶의 세세한 것까지도 기억하시며 기뻐하신다는 것을 간접적으로 느끼게 해준 것입니다.

우리의 삶도 다윗처럼 마무리될 수 있기를 소원합니다. 죄 가운데 머물지 않고 믿음으로 사는 의로운 인생을 살아서 하나님께서 우리 삶의 모든 순간을 기억하시며 기뻐하시는 우리 모두의 삶이 되기를 간절히 축복합니다.

나눔 1 내 삶이 성경에 기록된다면 얼마큼의 분량이 될 것 같습니까?

나눔 2 당신은 어떤 모습으로 하나님께 기억되기를 원하십니까?

예수님을 바라보는 우리 가정 기도 :

말씀 역대상 13:11-13 여호와께서 웃사의 몸을 찢으셨으므로 다윗이 노하여 그곳을 베레스 웃사라 부르니 그 이름이 오늘까지 이르니라 그 날에 다윗이 하나님을 두려워하여 이르되 내가 어떻게 하나님의 궤를 내 곳으로 오게 하리요 하고 다윗이 궤를 옮겨 자기가 있는 다윗 성으로 메어들이지 못하고 그 대신 가드 사람 오벧에돔의 집으로 메어가니라

하나님의 방식대로 일합니까?

다윗은 하나님의 궤를 자신이 살고 있는 성으로 옮기기를 원했습니다. 다윗은 "우리가 우리 하나님의 궤를 우리에게로 옮겨오자 사울 때에는 우리가 궤 앞에서 묻지 아니하였느니라"(대상 13:3)라고 말하면서 그가 하나님의 궤를 다윗성으로 옮기기를 원했던 이유가 사울 때처럼 여호와의 궤 앞에서 묻지 않고 행동하는 실수를 하지 않기 위해서 곧 매 순간 하나님의 궤 앞에서 하나님의 뜻을 묻고 하나님께서 기뻐하시는 행동만을 하면서 살기 위함이라고 분명하게 밝혔습니다.

그런데 그렇게 선한 의도를 가지고 하나님의 궤를 옮기는 중에 사고가 일어납니다. 궤를 옮기기 위해 궤를 수레 위에 올리고, 그 수레를 소가 끌게 하였는데, 기돈의 타작 마당을 지나던 중에 소들이 날뛰어서 궤가 땅에 떨어지게 된 것입니다.

웃사는 하나님의 궤가 땅에 떨어지지 않게 하려고 손을 뻗어 궤를 붙잡았습니다. 그도 역시 선한 의도를 가지고 그렇게 했던 것입니다. 그런데 하나님께서 웃사를 치셨습니다.

이 장면을 보면 '하나님께서 너무하신 것 아닌가?'라는 생각이 듭니다. 다윗도, 웃사도 악한 마음으로 하나님을 대적한 것이 아니라 하나님을 위하는 마음으로, 선한 의도를 가지고 궤를 옮기고 궤를 붙든 것인데 어떻게 하나님께서는 그런 상황 가운데 웃사에게 진노하시고 그를 죽이실 수 있습니까? 그래서 다윗도 하나님께 너무나 실망하고 화가 났습니다. 그래서 다윗은 그곳의 이름을 베레스 웃사, 웃사를 치신 곳이라는 이름을 붙였습니다(대상 13:11).

그런데 나중에 생각해 보니 하나님께서 너무하신 것이 아니라 자신들이 너무했던 것임을 깨닫게 됩니다. 하나님의 궤는 원래 수레에 실어서는 안 되는 것이었습니다. 하나님의 궤는 반드시 레위 사람들이 어깨에 메고 옮겨야 하는 것이었습니다.

하나님께서는 자신의 궤를 만들라고 명령하실 때 옮기는 방식까지 분명하게 정해주셨습니다. 그런데 그것도 모르고 수레에 싣고 궤를 옮기려고 하다가 웃사가 죽는 사고가 일어났던 것입니다.

우리도 다윗처럼 잘못된 생각으로 하나님께 화를 표출할 때가 있습니다. 나는 분명히 선한 의도를 가지고, 하나님을 기쁘시게 하려는 마음으로 어떤 행동을 했는데, 그 일이 내 뜻대로 풀리지 않고 생각지도 못했던 어려움을 만나게 될 때가 있습니다. 그럴 때 우리가 해야 할 일은 하나님을 원망하고 화를 표출하는 것이 아닙니다.

우리가 해야 할 일은 내가 행동했던 방식이 하나님께서 원하시는 방식이 맞는지 점검하는 것입니다. 하나님의 일은 선한 의도가 있다고 해서 되는 것이 아닙니다. 하나님의 일은 하나님의 방식으로 이루어져야 합니다.

나눔 1 선한 의도로 했던 일에서 어려움을 경험했던 일이 있다면 나누어 보세요.

나눔 2 하나님의 방식이 무엇인지 우리가 어떻게 알 수 있을까요?

예수님을 바라보는 우리 가정 기도 :

오늘성경통독 역대상 15장 □ 16장 □ 17장 □

오늘가정예배 찬송 401장 주의 곁에 있을 때

Date / /

말씀 역대상 15:25-26 이에 다윗과 이스라엘 장로들과 천부장들이 가서 여호와의 언약궤를 즐거이 메고 오벧에돔의 집에서 올라왔는데 하나님이 여호와의 언약궤를 멘 레위 사람을 도우셨으므로 무리가 수송아지 일곱 마리와 숫양 일곱 마리로 제사를 드렸더라

하나님이 기뻐하시는 일인가?

하나님의 궤를 예루살렘으로 옮기려다 실패한 다윗은 언약궤를 오벧에돔의 집에 내려놓고는 자기 성으로 돌아갔습니다. 그런데 자기 성으로 돌아가서 여러 날을 지내는 동안에도 다윗의 마음 가운데에는 하나님의 궤를 예루살렘으로 가지고 오고자 하는 마음의 소원이 사라지지 않았습니다. 그래서 다윗은 다윗 성에 궁전을 세우고 그곳에 하나님의 궤를 둘 곳을 마련하고는 장막까지 쳐놓았습니다(대상 15:1).

그렇게 하나님의 궤를 향한 소원을 품고 준비하다 보니 지난번 웃사의 사건 때 무엇이 잘못되었는지를 깨닫게 되었습니다. 레위 사람이 메고 옮겨야 하는 하나님의 궤를 수레에 싣고 옮기려고 했기 때문에 그런 사건이 벌어지게 되었다는 사실을 알게 된 것입니다. 아마 보통 사람들 같았으면 웃사의 사건을 경험한 후에 하나님의 궤를 향한 마음의 소원을 잊어버리게 되었을 것입니다. 다시는 하나님의 궤를 쳐다도 보기 싫었을 것입니다. 그러나 다윗은 그렇지 않았습니다. 그에게는 자신이 경험했던 가슴 아픈 일보다도, 하나님을 향한 사랑이 더욱 크고 중요했기 때문입니다. 그렇게 그가 마음으로 품고 갈망하니 하나님께서 그에게 행해야 할 바를 깨우쳐주신 것입니다.

결국 다윗은 하나님께서 깨우쳐주신 하나님의 방법으로 다시 하나님의 궤 옮기기를 시도합니다. 레위 사람들을 성별(聖別)하여서 거룩하게 하고 레위 자손이 채에 하나님의 궤를 꿰어 어깨에 메고 예루살렘으로 이동합니다. 여기에서 우리가 주목해야 할 말씀은 "하나님이 여호와의 언약궤를 멘 레위 사람을 도우셨다"라는 말씀입니다(대상 15:26).

예루살렘은 해발 820m의 고지대입니다. 그 고지대에서도 가장 높은 위치에 다윗성이 있습니다. 그런데 그런 고지대를 맨몸도 아니고, 무거운 하나님의 궤를 어깨에 메고 올라야 하는 레위 사람들은 얼마나 힘이 들었을까요? 오벧에돔의 집이 정확히 어디쯤 있었는지는 밝혀진 바가 없지만, 어떻게 보면 사람이 하나님의 궤를 어깨에 메고 예루살렘의 다윗성까지 걸어서 이동한다는 것 자체가 거의 불가능에 가까운 일처럼 여겨지기까지 합니다.

그런데 성경은 하나님께서 어깨에 하나님의 궤를 메고 걷는 레위 사람들을 도우셨다고 기록하고 있습니다. 우리의 눈에는 불가능해 보이고, 어려워 보이는 일이라고 할지라도, 그것이 하나님께서 기뻐하시는 일이라면 하나님께서 도우신다는 것입니다.

우리가 하나님께서 기뻐하시는 일을, 하나님의 뜻에 따라서, 하나님의 방식대로 행하려고 길을 나서면, 하나님께서 그 길을 걸어갈 수 있도록 도우시고 힘을 주신다는 것입니다. 그러니 어떤 일을 하려고 할 때 우리가 생각해야 할 것은 그 일이 쉬운 일인가 어려운 일인가가 아닙니다. 정말 중요한 것은 그 일이 하나님께서 기뻐하시는 일인가 아닌가 입니다. 하나님께서 기뻐하시는 일이라면 하나님께서 도우십니다. 그러니 하나님을 향한 사랑과 소망을 가지고 하나님께서 기뻐하시는 일을 행하는 자에게는 불가능이 없는 것입니다.

나눔 1 내 마음에 품은 하나님을 향한 소망은 무엇이 있나요?

나눔 2 하나님의 일을 하려고 할 때 놀라운 하나님의 도우심을 경험해 본 적이 있나요?

예수님을 바라보는 우리 가정 기도 :

오늘성경통독 역대상 18장 ☐ 19장 ☐ 20장 ☐ 21장 ☐ 22장 ☐

오늘가정예배 찬송 366장 어두운 내 눈 밝히사

Date / /

말씀 역대상 21:1-4 사탄이 일어나 이스라엘을 대적하고 다윗을 충동하여 이스라엘을 계수하게 하니라 다윗이 요압과 백성의 지도자들에게 이르되 너희는 가서 브엘세바에서부터 단까지 이스라엘을 계수하고 돌아와 내게 보고하여 그 수효를 알게 하라 하니 요압이 아뢰되 여호와께서 그 백성을 지금보다 백배나 더하시기를 원하나이다 내 주 왕이여 이 백성이 다 내 주의 종이 아니니이까 내 주께서 어찌하여 이 일을 명령하시나이까 어찌하여 이스라엘이 범죄하게 하시나이까 하나 왕의 명령이 요압을 재촉한지라 드디어 요압이 떠나 이스라엘 땅에 두루 다닌 후에 예루살렘으로 돌아와

사탄이 주는 마음

하나님께서 기뻐하시고 사랑하셨던 다윗이라는 사람은 정말 대단한 믿음의 사람이었습니다. 그런데 하나님께서 그를 사랑하셨던 이유는 그의 믿음이 실수 없이 완벽했기 때문이 아니었습니다. 하나님께서 그를 사랑하셨던 이유는 죄를 지었을 때 회개할 수 있는 믿음이 있었기 때문이지 절대로 넘어지지 않는 완벽한 믿음이 있었기 때문이 아닙니다.

다윗도 여러 번 넘어졌습니다. 오늘 말씀에 기록된 다윗의 인구조사도 그가 넘어졌던 여러 사건들 중에 하나였습니다. 사탄이 그의 마음을 충동해서 이스라엘의 인구를 조사하고자 하는 마음을 넣어주었습니다. 다윗은 그 마음을 거부하지 않고 받아들여서 요압과 백성의 지도자들에게 "이스라엘 인구를 계수하고 돌아와 내게 보고하여 그 수효를 알게 하라"고 명령합니다. 이때 그는 이미 한 번 사탄의 유혹에 넘어진 것입니다.

그런데 요압은 그것이 하나님 앞에 죄라는 사실을 알고 있었습니다. 요압은 다윗이 하나님께서 기뻐하시지 않는 일을 행하는 것을 막고 싶었습니다. 그래서 인구조사를 명령하는 다윗에게 그것은 죄를 짓는 것이니 명령을 거두어 달라고 간청합니다.

우리 마음 가운데서 날마다 일어나는 상황이 바로 이 장면과 같습니다. 우리 마음 가운데서는 사탄이 넣어주는 유혹과 시험이 일어납니다. 때로 우리는 그 유혹을 견디지 못하고 죄짓는 길을 향하여 나아가기도 합니다. 그런데 잘 생각해보면 그때 우리 마음속에는 사탄이 주는 마음만 일어났던 것이 아님을 알게 됩니다.

그때 우리 마음속에서는 사탄이 주는 마음뿐만이 아니라 우리 주님께서 주시는 마음도 함께 일어납니다. "이러면 안 되는데 이건 죄짓는 건데"라는 마음이 분명히 함께 일어납니다. 그때 우리가 사탄이 주는 마음을 붙잡으면 완전히 넘어지는 것이고, 주님께서 주시는 마음을 붙잡으면 완전히 넘어지기 전에 다시 일어설 수 있게 되는 것입니다.

다윗은 그때 사탄이 주는 마음을 붙잡았습니다. 요압이 간청해도 그의 말을 듣지 않았습니다. 요압이 다윗의 잘못된 명령에 순종하지 않자 그를 여러 번 재촉합니다. 그러니까 다윗은 요압을 재촉했던 수만큼 사탄이 주는 마음을 붙잡았던 것입니다. 세상에 완벽한 믿음을 가진 사람은 없습니다. 그러나 말씀을 바라보면 우리가 넘어질 만한 시험을 받을 때 넘어지지 않고 견뎌낼 수 있는 길이 있음을 알게 됩니다.

마음속에서 들려오는 음성을 분별하십시오. 사탄이 주는 마음과 주님께서 주시는 마음을 분별하십시오. 그것이 분별된다면, 망설이지 말고, 뒤돌아보지 말고 주님께서 주시는 마음을 꽉 붙잡으십시오. 그것이 우리가 넘어지지 않고 믿음의 길을 걸어갈 수 있는 가장 분명하고 확실한 길입니다.

나눔 1 내 마음속에서 일어났던 두 마음의 싸움이 있었다면 나누어 보세요.

나눔 2 주님께서 주시는 마음인 줄 알면서도 붙잡지 못했던 경험이 있다면 나누어 보세요.

예수님을 바라보는 우리 가정 기도 :

오늘성경통독 역대상 23장 ☐ 24장 ☐ 25장 ☐ 26장 ☐
오늘가정예배 찬송 620장 여기에 모인 우리
Date / /

말씀 역대상 26:12-15 이상은 다 문지기의 반장으로서 그 형제처럼 직임을 얻어 여호와의 성전에서 섬기는 자들이라 각 문을 지키기 위하여 그의 조상의 가문을 따라 대소를 막론하고 다 제비 뽑혔으니 셀레먀는 동쪽을 뽑았고 그의 아들 스가랴는 명철한 모사라 모사를 위하여 제비 뽑으니 북쪽을 뽑았고 오벧에돔은 남쪽을 뽑았고 그의 아들들은 곳간에 뽑혔으며

우리 모두가 귀한 일꾼입니다

역대상 23장부터 26장까지에는 성전의 일을 맡은 레위지파 사람들의 역할이 기록되어 있습니다. 레위 지파의 사람들은 성전을 섬기는 일을 나누어서 맡았습니다.

어떤 사람들은 성전의 기물을 메고 이동하는 역할, 어떤 사람들은 찬송하는 역할, 어떤 사람들은 제사장의 역할, 또 어떤 사람들은 문지기와 창고를 관리하는 역할을 맡았습니다. 그들이 맡은 역할은 모두 달랐지만, 모두가 레위지파, 즉 하나님께 드려져서 하나님의 일을 섬기는 사람들이었습니다.

오늘 말씀은 우리에게 하나님의 일이라는 것이 어떤 한 가지 일만 중요한 것이 아니라 각자의 맡은 자리에서 맡은 사명을 감당하는 것이 중요하다는 사실을 일깨워줍니다. 하나님을 위하여 일하는 사명을 감당해야 했던 레위지파의 사람들은 각자 맡은 역할들이 있었습니다.

아마 보통의 사람들은 기왕이면 제사장이 되는 것이 좋지 않은가? 라고 생각했을 테지만, 그들 모두가 제사장이 되면 누가 성전의 기물들을 관리하고, 누가 성전의 문을 여닫으며 출입하는 자들을 관리하겠습니까? 만일 모두가 다 성전의 창고만 관리한다면, 누가 하나님께 찬송을 올려드리고 제사를 올려드리겠습니까? 그러니 하나님의 성전의 일이라는 것은 어떤 일이 귀하고 어떤 일은 천한 것이 아닙니다. 누구 하나라도 없으면 모든 것이 온전하게 돌아갈 수 없는 것이 하나님의 일입니다.

오늘날 교회가 꼭 그와 같습니다. 교회 안에는 여러 역할을 맡은 사람들이 있습니다. 예배를 준비하고 집례하는 목사도 있고 예배에 참여하기 위해 나오신 분들을 안내하는 안내위원도 있습니다. 찬양대, 방송실, 식당봉사로 헌신하는 각양각색의 직무를 맡은 분들이 함께 모여 있는 곳이 교회입니다. 밤새 교회를 지키면서 밤과 새벽에 문을 여닫는 문지기로 섬기는 분들도 계십니다. 그들 중에서 어떤 역할만 귀하지 않습니다. 어떤 직무는 중요하고 어떤 역할은 가벼운 것이 아닙니다. 그 모든 역할을 맡은 사람들이 온전히 자기의 사명을 감당할 때 교회가 교회 되고 예배가 예배 되는 역사가 일어나는 것입니다.

교회를 드나들 때, 그냥 스쳐 지나갔던 분들에 대한 감사의 마음이 일어나게 되기를 소원합니다. 그분들 한분 한분이 계시기에 우리가 예배할 수 있으며 모일 수 있음에 감사하고, 그분들이 하나님으로부터 받은 사명을 온전히 감당하고 계시기에 우리 교회가 주님 앞에서 든든히 서가고 있음을 기억하며 감사의 마음을 담아 인사를 나누며 서로를 위해 기도할 수 있기를 간절히 축복합니다.

나눔 1 교회를 교회 되게 하는 역할들에는 무엇이 있을까요?

나눔 2 지난 주일에 교회에서 감사의 마음을 담아 인사를 나누었던 분들이 계신가요?

예수님을 바라보는 우리 가정 기도 :

말씀 역대상 27:32-34 다윗의 숙부 요나단은 지혜가 있어서 모사가 되며 서기관도 되었고 학모니의 아들 여히엘은 왕자들의 수종자가 되었고 아히도벨은 왕의 모사가 되었고 아렉 사람 후새는 왕의 벗이 되었고 브나야의 아들 여호야다와 아비아달은 아히도벨의 뒤를 이었고 요압은 왕의 군대 지휘관이 되었더라

주님의 친구가 됩시다

역대상 27장은 다윗의 시대에 중요한 직책들을 차지했던 사람들의 명단이 기록되어 있습니다. 역대기 기자는 27장에서 먼저 모든 가문의 우두머리와 천부장과 백부장들을 기록하고 이어서 각 지파를 관할하는 대표자들을 기록합니다. 그리고는 왕의 재산을 맡은 자들과 왕의 가까이에서 섬기는 사람들의 이름을 기록하고 있습니다. 그중에서 오늘 말씀은 다윗의 가까이에서 그를 섬겼던 사람들의 명단입니다.

어느 시대이든지 왕의 가장 가까운 거리에서 왕의 손과 발이 되어서 일을 하는 사람들은 참 중요한 사람들입니다. 여러분은 왕의 곁에서 어떤 일을 하는 사람들이 중요한 사람이라고 생각하십니까? 왕의 곁에는 모사와 서기관도 있어야 하겠고 왕에게 필요한 것들을 챙겨주고 수종드는 사람도 있어야 할 것입니다. 무엇보다 왕을 도와서 나라를 지키고 치안을 책임질 군대의 장관도 중요한 사람일 것입니다.

그런데 오늘 말씀에는 우리가 쉽게 생각하지 못하지만 아주 중요한 역할을 감당하는 사람이 기록되어 있습니다. 그 사람은 바로 아렉 사람 후새입니다. 오늘 말씀에 후새는 "왕의 벗이 되었고"라고 기록되어 있습니다.

앞서 말씀드렸듯이 역대상 27장은 다윗 시대에 나라의 중요한 직책을 맡은 사람들을 기록해 놓은 장입니다. 그런데 거기에 "왕의 벗"이 함께 기록되어 있습니다. 무슨 의미입니까? 당연히 왕의 벗이라는 역할이 왕의 모사와 서기관과 군대장관에 비견할 수 있는 아주 중요한 역할이라는 의미입니다.

여러분, 진정한 친구 한 사람이 주는 힘과 영향력을 알고 있으십니까? 다윗이 사울에게 쫓기며 힘든 시절을 보낼 때, 그의 친구가 되어주었던 요나단이 있었기에 다윗에게는 큰 힘과 위로가 되었습니다.

하나님께서 이 땅에 믿음의 사람들을 세워나가시기 시작하실 때, 아브라함은 하나님과 동행하며 하나님의 친구가 되어서 하나님께서 바라시는 믿음의 길을 개척해 나갔습니다(약 2:23). 그러니 어떤 역할을 감당하고 어떤 일을 잘하는 사람이 되는 것 못지않게 중요한 것이 좋은 친구가 되어주는 것입니다.

우리가 주님과 동행하며 주님의 일에 힘쓰는 것은 굉장히 중요하고 복된 일입니다. 우리가 주님의 몸 된 교회를 위하여 무슨 사명을 감당하는지는 하나님나라의 생명책에 기록될 만큼 귀한 일입니다. 그런데 그것 못지않게 우리가 우리 주님과 친밀하게 동행하며 그분의 벗이 되는 것도 너무나 중요한 일입니다. 우리가 주님을 인생의 벗으로 여기고 그분과 친밀하게 교제하면 주님께서는 우리가 아무 일도 하지 않아도 우리를 너무나 사랑하고 기억하실 것입니다. 우리 주님께서는 주님의 일을 할 일꾼도 찾으시지만, 그분과 동행하는 벗도 찾으십니다.

나눔 1 나는 주님의 일꾼으로 기억되고 싶습니까? 아니면 주님의 벗으로 기억되고 싶습니까?

나눔 2 우리가 주님의 벗이 되고자 한다면 어떻게 주님께 다가가야 할까요?

예수님을 바라보는 우리 가정 기도 :

오늘성경통독 역대하 1장☐ 2장☐ 3장☐ 4장☐ 5장☐
오늘가정예배 찬송 300장 내 맘이 낙심되며 Date / /

말씀 역대하 2:1 솔로몬이 여호와의 이름을 위하여 성전을 건축하고 자기 왕위를 위하여 궁궐 건축하기를 결심하니라

마음은 순식간에 변합니다

역대하의 말씀은 솔로몬이 하나님 앞에 신실하게 서는 장면으로부터 시작되고 있습니다. 솔로몬은 다윗을 이어서 왕위에 오를 때부터 온 이스라엘에게 명령하여 그들 모두를 이끌고 기브온 산당으로 갔습니다. 거기에는 모세가 광야에서 지었던 회막이 있었는데 그 지성소에 들어 있어야 할 하나님의 궤는 이미 다윗이 다윗성으로 옮겨 놓았기에 기브온 산당에는 하나님의 궤는 없었고 하나님께 제사를 드리는데 필요한 나머지 기구들은 그대로 있었던 것으로 보입니다.

솔로몬은 왕이 되자마자 성막을 찾아서 하나님께 예배합니다. 비록 하나님의 궤는 다윗성에 보관되어 있지만, 하나님께서 제사하라고 명령하셨던 그 명령에 온전하게 순종하기 위해서 일부러 기브온 산당까지 온 이스라엘 백성들을 이끌고 나아갑니다. 그리고는 그곳에서 천 마리의 희생으로 번제를 드립니다(대하 1:6).

솔로몬의 이런 모습에 감동하신 하나님께서는 그날 밤에 솔로몬에게 나타나셨고 "내가 네게 무엇을 주랴"라고 말씀하십니다. 그러자 솔로몬은 "지혜와 지식을 주사 이 백성 앞에서 출입하게 하옵소서"라는 대답으로 하나님의 마음을 너무나 기쁘시게 했습니다. 결국 하나님께서는 그런 솔로몬에게 지혜와 지식뿐만 아니라 부와 재물과 영광도 주시겠다고 약속하십니다.

그 일이 있은 지 얼마 지나지 않아서 솔로몬은 성전 건축을 준비하기 시작합니다. 그런데 그사이에 무슨 일이 있었는지 솔로몬의 모습이 조금 이상합니다. 이때의 솔로몬의 모습을 "솔로몬이 여호와의 이름을 위하여 성전을 건축하고 자기 왕위를 위하여 궁궐 건축하기를 결심하니라"(대하 2:1)라고 기록하고 있습니다.

일부러 성막을 찾아서 천 마리의 희생 제사를 드리고 무엇을 줄까 하시는 하나님의 질문에 지혜와 지식을 주셔서 백성들을 잘 다스리게 해달라고 구했던 그 솔로몬이 어느새 하나님의 성전을 건축할 마음과 함께 자기 왕위를 위하여 자기 궁궐을 건축하기를 마음먹고 있는 것을 보게 됩니다.

만약에 솔로몬이 이때 자기 궁궐 건축하기를 마음먹기보다 온전히 하나님의 성전을 짓는 데 집중했더라면, 후에 르호보암 시대에 여로보암을 앞세운 백성들의 탄원이 그토록 심하지는 않았을 것입니다. 하나님의 성전과 자기의 궁궐을 함께 건축하느라 백성들을 심각하게 노동에 동원하고 재물을 거두었기에 결국 그 여파가 솔로몬의 아들 르호보암의 시대에 터지게 된 것입니다.

한 사람의 마음이 이렇게 변하는 것은 순식간에 일어나는 일입니다. 그래서 우리는 날마다 내가 솔로몬처럼 두 마음을 품지는 않았는지 항상 돌아보아야 합니다. 오직 하나님만을 위하여 천 마리의 희생 제사를 드릴 때의 그 마음이 하나님뿐만 아니라 나를 위하는 마음으로 변질될 때, 거기에서부터 문제가 싹트기 시작한다는 것을 기억하고 점검하며 한 마음으로 오직 주님만을 섬기기를 간절히 소원합니다.

나눔 1 솔로몬의 역대하 1장의 마음과 2장의 마음 중 내 마음은 어느 쪽을 닮아있습니까?

나눔 2 내가 하나님을 위하여 건축하고 있는 것은 무엇이 있습니까?

예수님을 바라보는 우리 가정 기도 :

말씀 역대하 7:13-14 혹 내가 하늘을 닫고 비를 내리지 아니하거나 혹 메뚜기들에게 토산을 먹게 하거나 혹 전염병이 내 백성 가운데에 유행하게 할 때에 내 이름으로 일컫는 내 백성이 그들의 악한 길에서 떠나 스스로 낮추고 기도하여 내 얼굴을 찾으면 내가 하늘에서 듣고 그들의 죄를 사하고 그들의 땅을 고칠지라

정죄가 아니라 징계입니다

솔로몬은 하나님께 드리는 성전의 낙성식에서 전심을 다하여 기도하고 제사를 드립니다. 솔로몬이 성전 낙성식에서 하나님께 드린 제사에는 소 이만 이천 마리와 양 십이만 마리라는 엄청난 제물이 바쳐졌습니다. 하나님께 드리는 제사에서 제물로 바쳐진 동물들의 고기는 하나님께 불태워져 바쳐지지만, 그 동물에게서 나온 피는 제단 아래에 뿌리게 되어 있었습니다. 그러니 한번 생각해 보십시오. 소 이만 이천 마리와 양 십이만 마리의 제물에서 나온 피가 온 성전을 다 적시고 흘렀을 것입니다.

이 장면을 바라보아야 했던 솔로몬과 백성들은 무슨 생각을 했을까요? 성전을 적시면서 철철 흐르는 그 피를 바라보면서 죄의 대가가 무엇인지, 하나님의 은혜가 아니면 내가 어떤 모습으로 인생을 끝마치게 될지를 분명하게 깨달아 알게 되었을 것입니다. 그러면서 그들은 분명하게 결단했을 것입니다. 저 제물들과 같이 피로 죄의 값을 갚아야 하는 그런 인생이 되지 않도록, 오늘 하나님께 드려진 이 성전에서 하나님을 섬기는 인생을 살겠다는 결단이 그날 모든 백성의 마음 가운데서 일어났을 것이 분명합니다.

그런데 그렇게 성전 낙성식이 드려지고 백성들이 하나님을 온전히 섬기기로 결단했던 그 밤에 하나님께서 솔로몬에게 나타나십니다. 그리고는 말씀하십니다. "혹 내가 하늘을 닫고 비를 내리지 아니하거나 혹 메뚜기들에게 토산을 먹게 하거나 혹 전염병이 내 백성 가운데에 유행하게 할 때에 내 이름으로 일컫는 내 백성이 그들의 악한 길에서 떠나 스스로 낮추고 기도하여 내 얼굴을 찾으면 내가 하늘에서 듣고 그들의 죄를 사하고 그들의 땅을 고칠지라"(대하 7:13-14).

하나님께서는 그렇게 정성 들여 제사를 드리고 하나님만 섬기며 살기로 결단하는 하나님의 백성들에게 가뭄과 전염병 같은 징벌을 내리시지 않겠다고 말씀하지 않으십니다. 그들은 여전히 잘못하면 벌을 받게 될 것입니다. 그러나 그들이 악한 길에서 떠나 스스로 낮추고 기도하여 하나님의 얼굴을 찾으면 하나님께서 그들의 기도를 듣고 용서하시겠다고 말씀하십니다.

우리가 하나님 앞에서 귀한 믿음의 삶을 살기로 결단하고 살다가도 넘어질 때가 있습니다. 그때 하나님께서 우리를 징계하시는 것은 우리를 미워하시기 때문이 아닙니다. 아들을 징계하는 아버지의 마음처럼 우리가 그 징계로 말미암아 악한 길에서 떠나 하나님의 얼굴을 찾기를 바라시는 마음으로 징계하시는 것입니다. 하나님은 우리를 정죄하지 않으십니다. 징계하실 뿐입니다. 그러니 혹시라도 잘못된 길을 걸어서 하나님의 징계를 받게 된다면, 그것이 하나님께서 나를 사랑하시는 증거라고 받아들이고 돌이켜 하나님의 얼굴을 찾으시는 우리 가정이 되기를 간절히 소원합니다.

나눔 1 내 잘못으로 인하여 하나님께서 나를 징계하셨다고 생각했던 일이 있나요?

나눔 2 하나님이 우리를 미워하신다면 우리를 징계하실까요? 그렇지 않으실까요?

예수님을 바라보는 우리 가정 기도 :

말씀 역대하 9:25-28 솔로몬의 병거 메는 말의 외양간은 사천이요 마병은 만 이천 명이라 병거성에도 두고 예루살렘 왕에게도 두었으며 솔로몬이 유브라데 강에서부터 블레셋 땅과 애굽 지경까지의 모든 왕을 다스렸으며 왕이 예루살렘에서 은을 돌 같이 흔하게 하고 백향목을 평지의 뽕나무 같이 많게 하였더라 솔로몬을 위하여 애굽과 각국에서 말들을 가져왔더라

하찮은 것을 탐내지 마세요

솔로몬은 하나님의 성전을 건축하고 드린 성전 낙성식에서 하나님께 엄청난 제물을 드림으로 그 장면을 지켜보는 백성들의 마음 가운데 "하나님만을 섬기기를 게을리하지 않겠다, 다른 우상을 섬기는 죄를 범하지 않겠다"라는 결단을 세우게 합니다. 그런데 그 일이 있고 난 뒤 정작 솔로몬 자신이 하나님으로부터 멀어집니다.

역대하 말씀은 7장에서 솔로몬의 성전 낙성식과 그 이후에 그에게 나타나 말씀하시는 하나님의 말씀을 기록하고 있습니다. 이후에 8장에서는 성전을 지은 이후에 그가 행했던 모습을 기록합니다. 성전 낙성식 후 8장에 기록된 솔로몬의 모습을 보면 하나님께 제사는 드리지만, 하나님의 뜻에 합당하지 않다는 것을 알면서도 바로의 딸을 아내로 삼는 이중적인 신앙의 모습을 드러냅니다(대하 8:11). 그리고 마침내 9장을 보면 그의 입술에서 "하나님"이라는 이름조차도 거론되지 않고 있다는 사실을 알게 됩니다.

천하의 열왕들이 하나님께서 솔로몬의 마음에 지혜를 주셨다는 사실을 알았고 그 지혜를 듣기를 원했습니다(대하 9:23). 그런데 그때 솔로몬 자신은 오히려 세상을 바라보았습니다. 오늘 말씀을 보면 솔로몬이 바라본 것은 말이었습니다. 정확히는 마병일 것입니다. 그는 부와 권세가 커질수록 말을 모으는 일에 집착했습니다. "솔로몬을 위하여 애굽과 각국에서 말들을 가져왔더라"(대하 9:28)라는 말은 솔로몬이 말을 원했다는 말과 다름없습니다.

그러면 솔로몬은 왜 말을 그토록 원했을까요? 말을 많이 모으고, 마병을 많이 육성하면, 그러면 자신의 나라와 자신의 재산과 자신의 권세를 지킬 수 있다고 생각했기 때문입니다.

하나님만을 의지하고, 하나님만을 섬기겠노라고 결단하면서 출발했던 솔로몬의 왕위가 하나님과는 비교도 할 수 없는, 고작 말이라는 하찮은 동물에게 마음을 빼앗긴 채로 끝나게 되었습니다. 하나님과 말은 비교도 할 수 없는 상대가 안 되는 존재이지만 그 지혜롭던 솔로몬조차도 세상의 재물과 권세로부터 마음을 지켜내지 못했습니다. 그만큼 세상의 것들에 우리의 마음을 빼앗기기가 쉽다는 것입니다.

마음을 지켜야 합니다. 마음을 힘써 지키지 않으면 하나님과 비교도 할 수 없는 세상의 하찮은 것들에게 마음을 빼앗기는 일이 순식간에 일어납니다. 하나님과 동행하는 위대한 삶을 살던 우리들의 인생이 하찮은 말과 같은 것들에게 마음을 빼앗긴 채로 끝나지 않도록 날마다 힘써 마음을 지키기를 간절히 소원합니다.

나눔 1 나는 어떤 것에 나의 마음을 가장 쉽게 빼앗기나요?

나눔 2 누군가 나에게 억만금을 줄 테니 하나님을 배반하라고 한다면 어떻게 하시겠습니까?

예수님을 바라보는 우리 가정 기도 :

오늘성경통독 역대하 13장☐ 14장☐ 15장☐ 16장☐ 17장☐
오늘가정예배 찬송 285장 주의 말씀 받은 그 날 Date / /

말씀 역대하 14:11 아사가 그의 하나님 여호와께 부르짖어 이르되 여호와여 힘이 강한 자와 약한 자 사이에는 주밖에 도와 줄 이가 없사오니 우리 하나님 여호와여 우리를 도우소서 우리가 주를 의지하오며 주의 이름을 의탁하옵고 이 많은 무리를 치러 왔나이다 여호와여 주는 우리 하나님이시오니 원하건대 사람이 주를 이기지 못하게 하옵소서 하였더니

내 마음이 져야 합니다

아사 왕은 그의 아버지 아비야를 이어 왕의 자리에 오른 후 하나님께서 바라보시기에 선과 정의를 행하였습니다. 그가 하나님 앞에서 정직하게 행했던 일들의 핵심은 우상을 없애는 것이었습니다. 역대하 14장 2-5절을 보면 그가 행했던 선과 정의라는 것이 다름 아닌 하나님께서 기뻐하시는 선, 곧 하나님만을 온전히 섬기는 것이었다는 사실을 분명하게 기록하고 있습니다.

아사가 이렇게 온 나라의 우상을 철폐하고 하나님만을 온전히 섬기도록 하는 일은 절대로 쉬운 일이 아니었습니다. 왕은 항상 민심을 살펴야 합니다. 이스라엘이라는 나라는 이미 르호보암과 여로보암 때에 민심을 살피지 않아서 나라가 둘로 갈라졌습니다. 그러니 아사의 입장에서 백성들이 섬기고 있는 이방 제단과 산당을 없애고 주상을 깨트리며 아세라 상을 찍어내는 일은 결코 쉽게 결정할 수 있는 일이 아니었습니다. 백성들이 섬기는 우상을 함부로 건드릴 경우 또다시 르호보암 때와 같은 반란이 일어날 가능성이 있었기 때문입니다.

그러나 아사는 모든 우상을 철폐하고 여호와 하나님만을 섬기며 그분의 율법과 명령을 행하라고 온 나라에 선포합니다. 그렇게 할 수 있었던 것은 아사의 기도, "여호와여 주는 우리 하나님이시오니 원하건대 사람이 주를 이기지 못하게 하옵소서"(대하 14:11)라는 기도가 있었기 때문에 가능한 일이었습니다.

아사도 백성들의 우상을 철폐하는 것, 자신의 어머니 마아가를 아세라의 목상을 만들었다는 이유로 태후의 자리에서 폐하는 것이 마음에 부담이 되지 않은 것은 아니었을 것입니다. 그러나 그는 그 순간에도 "사람이 주를 이기지 못하게 하옵소서"라고 기도했을 것입니다. 백성들의 민심을 향한 자신의 마음의 부담, 어머니 마아가를 향한 자신의 연민이 하나님을 온전히 섬기고 하나님의 율법과 명령을 온전히 섬기는 일 보다 우선되지 않기를 위해서 기도하며 행했기에 그가 하나님 앞에서 선과 정의를 행하는 삶을 살아갈 수 있었던 것입니다.

그런데 그랬던 그의 기도가 16장에서는 멈추게 됩니다. 16장에서 이스라엘의 바아사가 아사를 공격해오자 아사는 아람 왕 벤하닷에게 은금을 보내며 자신을 도와달라고 청합니다. 사람을 의지하고자 하는 아사의 마음이 나를 의지하라고 말씀하시는 하나님의 마음을 이긴 것입니다. 그러자 곧 그의 삶도, 그의 믿음도 무너지게 되었습니다.

우리의 마음을 지킨다는 것은 구체적으로 말하자면, 내 마음이 주님의 마음을 이기지 못하게 하는 것입니다. 내 마음이 주님의 마음을 이기면 내 삶은 무너지게 되어 있다는 사실을 기억하고 날마다 주님께 승리의 자리를 내어드리기를 간절히 소원합니다.

나눔 1 오늘 내 마음의 전쟁터에서 승리한 자는 누구입니까? 나입니까? 주님입니까?

나눔 2 내 마음과 주님의 마음이 부딪혔던 경험과 그때 나의 선택을 나누어 보세요.

예수님을 바라보는 우리 가정 기도 :

오늘성경통독 역대하 18장☐ 19장☐ 20장☐
오늘가정예배 찬송 455장 주님의 마음을 본받는 자

Date / /

말씀 역대하 18:6-7 여호사밧이 이르되 이 외에 우리가 물을 만한 여호와의 선지자가 여기 있지 아니하니이까 하니 이스라엘 왕이 여호사밧에게 이르되 아직도 이믈라의 아들 미가야 한 사람이 있으니 그로 말미암아 여호와께 물을 수 있으나 그는 내게 대하여 좋은 일로는 예언하지 아니하고 항상 나쁜 일로만 예언하기로 내가 그를 미워하나이다 하더라 여호사밧이 이르되 왕은 그런 말씀을 마소서 하니

먼저 물어보세요

유다의 왕 여호사밧은 "그가 전심으로 여호와의 길을 걸어"라는 황홀한 평가를 받는 사람입니다(대하 17:6). 여호사밧은 어떻게 전심으로 여호와의 길을 걸었다는 평가를 받을 수 있었을까요?

그 이유가 오늘 말씀에 잘 드러나 있습니다. 여호사밧이 북이스라엘의 아합을 만났을 때, 아합은 여호사밧을 환대하면서 그에게 함께 길르앗 라못을 공격하자고 제안합니다. 이때 여호사밧이 했던 행동은 "청하건대 먼저 여호와의 말씀이 어떠하신지 오늘 물어 보소서"(대하 18:4)라고 말하는 것이었습니다. 먼저 여호와의 말씀이 어떠하신지 물어보는 것, 그것이 여호사밧이 전심으로 여호와의 길을 걸었다는 평가를 받을 수 있었던 이유입니다.

여기에서 '먼저!'라는 말이 얼마나 중요한지 모릅니다. 무엇을 행하기 전에 먼저 여호와께 여쭙는 것, 그것이 우리가 전심으로 여호와의 길을 걸을 수 있는 아주 중요한 길입니다. 하나님의 말씀을 여쭙지 않으면 하나님께서 바라시는 것이 무엇인지 알 수가 없습니다, 알 수가 없으니 행할 수도 없습니다. 그러니 우리가 여호와의 길을 걷기를 원한다면, 먼저! 여호와의 말씀을 여쭈어야 합니다.

여호사밧은 그렇게 항상 먼저 여호와의 말씀을 여쭙는 사람이었습니다. 반면에 아합은 어떻습니까? 그는 여호와께 길르앗 라못을 공격할지 말지를 여쭈어볼 생각을 하지도 않았습니다. 여호사밧의 요청에 따라 겨우 선지자들을 불러서 물어보았을 뿐입니다. 그런데 아합에게는 그렇게 선지자들을 불러서 "공격하십시오. 하나님께서 도우실 것입니다!"라는 대답을 듣고도 찜찜한 구석이 있었습니다. 바로 선지자 미가야의 존재입니다. 미가야는 항상 아합의 질문에 좋지 않은 예언을 했었습니다. 그렇기에 아합은 미가야에게 묻는 일을 멈추었습니다.

우리에게도 이런 일이 종종 일어납니다. 하나님께 여쭈면 하나님께서 내가 원하지 않는 답을 말씀하실까 봐 묻지 않는 것입니다. 그런 아합에게 여호사밧이 말합니다. "왕은 그런 말씀을 마소서." 내 생각과 다른 답을 하실까 봐 하나님께 묻지 않는 그런 행동은 결코 해서는 안 되는 일이라는 것입니다. 언제든지 하나님께 먼저 묻고, 하나님께서 주시는 말씀이 답이라고 마음에 결정해 두어야 한다는 것입니다. 그것이 전심으로 여호와의 길을 걸었던 여호사밧의 비결이었던 것입니다.

"전심으로 여호와의 길을 걸었다"라는 평가가 우리에게도 내려지게 되기를 소원합니다. 항상 먼저 여호와의 말씀을 구하며 살아가는 인생이 되어서 아합과 같이 비참한 최후를 맞이하는 것이 아니라, 여호사밧과 같이 하나님을 신실하게 따랐던 사람으로 기억되기를 간절히 축복합니다.

나눔 1 내가 원하는 답을 주시지 않을 것 같아서 하나님께 묻지 않았던 적이 있습니까?

나눔 2 중요한 결정 앞에서, 나는 하나님께 묻습니까? 세상에 묻습니까?

예수님을 바라보는 우리 가정 기도 :

말씀 역대하 24:17-18 여호야다가 죽은 후에 유다 방백들이 와서 왕에게 절하매 왕이 그들의 말을 듣고 그의 조상들의 하나님 여호와의 전을 버리고 아세라 목상과 우상을 섬겼으므로 그 죄로 말미암아 진노가 유다와 예루살렘에 임하니라

믿음의 실상

성경이 요아스라는 왕을 평가할 때 붙이는 조건이 있습니다. 그것은 "제사장 여호야다가 세상에 사는 모든 날에 요아스가 여호와 보시기에 정직하게 행하였으며"라는 평가입니다(대하 24:2).

요아스는 분명히 하나님 앞에서 정직하게 행했던 사람이었습니다. 그런데 그것은 제사장 여호야다가 그의 옆에 있을 때만 맞는 말이었습니다. 제사장 여호야다가 그의 곁에 있을 때는 요아스가 하나님께서 바라보시기에 정직하게 행했지만, 제사장 여호야다가 그의 곁에 없을 때는 그렇게 하지 않았다는 것입니다.

제사장 여호야다가 죽자 요아스에게 이스라엘의 방백들이 찾아옵니다. 그동안 여호야다의 영향을 받으며 그의 뜻을 함께 이루어갔던 요아스를 자신들의 영향력 아래 두기 위해서 찾아온 것입니다. 그런데 요아스는 너무나 쉽게 그들의 뜻에 동의하여 하나님을 버리고 우상을 섬기기 시작합니다.

어떻게 그렇게 하나님 앞에서 정직하게 행하던 요아스가 이렇게 쉽게 우상을 섬기는 자로 돌아설 수 있는 것입니까? 그가 전에 행하던 모든 일, 곧 하나님 앞에서 정직하게 행하던 모든 일이 자신의 믿음에서 나온 것이 아니라 제사장 여호야다의 영향력에서 나온 일이었기 때문입니다.

만일 그의 정직했던 삶의 행동들이 자신의 믿음에서 나온 것이었다면, 여호야다가 곁에 있든 없든, 그것은 아무런 상관이 없었을 것입니다. 그러나 요아스에게는 하나님을 믿는 믿음이 없었습니다. 그러니 여호야다가 죽자마자 다른 사람들의 영향력에 휩쓸려서 그들과 함께 우상을 섬기는 길로 나아가게 된 것입니다.

하나님을 믿는 믿음이 없어도 하나님 앞에서 정직하게 행하는 행위가 있을 수 있습니다. 누군가의 강력한 영향력으로 인해서 하나님께서 기뻐하시는 행위를 하며 살 수 있습니다. 그러나 우리의 믿음의 진가는 세상의 영향력, 사람의 영향력에서 완전히 벗어나서 하나님과 일대일의 관계에 놓여질 때 드러납니다. 그래서 부모의 영향력에서 벗어나고, 주변 사람들과의 관계의 영향력 아래에서 벗어났을 때, 곧 나 혼자 있을 때 내가 얼마나 주님을 바라보고 생각하며, 주님 앞에서 정직하게 살아가고 있는지를 반드시 스스로 점검해야 합니다.

혹시 누군가의 영향력 때문에 하나님 앞에서 믿음의 사람의 모습을 취하고 있는 것은 아닙니까? 하나님과 나와의 일대일의 관계가 되면 무너지고 있는 것이 우리 믿음의 실상은 아닙니까? 지금 우리가 주님 앞에, 예배의 자리에 있다는 것에 안심하지 마십시오. 우리 믿음의 진가는 지금 내가 생각하는 것보다 훨씬 낮은 자리에 있을지도 모르는 일입니다.

나눔 1 아무도 보는 사람이 없을 때, 나는 어떤 사람입니까?

나눔 2 혼자 있을 때 나의 믿음의 실력을 주님의 시선으로 평가해 보세요.

예수님을 바라보는 우리 가정 기도 :

오늘성경통독 역대하 25장 ☐ 26장 ☐ 27장 ☐
오늘가정예배 찬송 321장 날 대속하신 예수께

Date / /

말씀 역대하 25:2-4 아마샤가 여호와께서 보시기에 정직하게 행하기는 하였으나 온전한 마음으로 행하지 아니하였더라 그의 나라가 굳게 서매 그의 부왕을 죽인 신하들을 죽였으나 그들의 자녀들은 죽이지 아니하였으니 이는 모세의 율법책에 기록된 대로 함이라 곧 여호와께서 명령하여 이르시기를 자녀로 말미암아 아버지를 죽이지 말 것이요 아버지로 말미암아 자녀를 죽이지 말 것이라 오직 각 사람은 자기의 죄로 말미암아 죽을 것이니라 하셨더라

하나님의 마음을 품으세요

오늘 말씀을 보면 아마샤에 대한 평가를 "아마샤가 여호와께서 보시기에 정직하게 행하기는 하였으나 온전한 마음으로 행하지 아니하였더라" 고 기록하고 있습니다(대하 25:2). 아마샤가 왕이 된 이후에 행했던 모든 행동들이 온전한 마음으로 행한 것이 아니었다라는 사실을 분명하게 드러내고 있는 것입니다.

아마샤는 왕이 된 이후에 그의 아버지 요아스를 반역했던 신하들을 모두 죽였습니다. 그런데 그 신하들의 자녀들은 죽이지 않습니다. 왜냐하면 하나님께서 주신 율법에 아버지로 말미암아 자녀를 죽이지 말라고 기록되어 있었기 때문입니다. 아마샤는 이 율법을 알았고 그렇기에 반역한 신하들의 자녀들을 죽이지 않고 살려둔 것입니다.

그런데 뭐가 문제입니까? 그가 하나님의 율법에 기록된 명령을 지켰으면 된 것 아닙니까? 아닙니다. 그것이 우리가 자주 착각하는 문제입니다. 하나님께서 우리에게 율법을 주신 이유는 맹목적으로 복종하라는 것이 아닙니다.

하나님께서 우리에게 율법을 주신 것은 우리가 그 율법을 통하여 하나님의 마음을 알고 하나님의 마음을 닮아가기를 원하셨기 때문입니다. 쉽게 말하자면 하나님께서 아버지로 말미암아 자녀를 죽이지 말라고 명령하신 것은 "내가 명령했으니 너희는 꼭 지켜라!"라는 뜻이 아니라, "내가 한 사람을 그렇게 사랑하고 한 사람의 생명을 이처럼 소중히 여긴다는 것을 너희가 깨닫고 너희도 그렇게 한 사람을 소중히 여기고 사랑하라"는 뜻인 것입니다.

아마샤는 분명히 하나님의 율법대로 행했습니다. 그러나 그 율법에 담긴 하나님의 마음을 자신의 마음으로 품지는 못했습니다. 그는 자녀들을 사랑하시는 하나님의 마음을 품은 것이 아니라 율법책에 적힌 글자들을 지켰을 뿐이었습니다.

이런 모습의 믿음은 오래 가지 못합니다. 율법책에 기록된 글자들을 읽고 그 글자대로 살아가는 것에는 아무런 기쁨도 없기 때문입니다. 그러나 하나님의 마음을 이해하고 그 마음을 내 마음으로 품는 자의 믿음은 날로 성장합니다. 하나님의 마음으로 말씀을 바라보고 세상을 바라보면 하나님의 기쁨이 나의 기쁨이 되고 하나님의 슬픔이 나의 슬픔이 되기 때문입니다.

행위가 아니라 마음이 중요합니다. 율법의 기록이 아니라 그 율법에 담긴 하나님의 마음을 품는 것이 곧 온전한 마음으로 행하는 것입니다. 우리의 마음은 하나님의 마음을 닮아가고 있습니까? 하나님의 마음이 나의 마음이 되고 있습니까? 행위가 아니라 마음이 하나님을 닮아가는 온전한 마음으로 행하는 우리 가정이 되기를 간절히 소원합니다.

나눔 1 내 마음의 생각 중에서 하나님의 마음을 닮은 것이 있나요?

나눔 2 하나님께서 나를 바라보실 때 나의 행위와 마음을 어떻게 평가하실 것 같은가요?

예수님을 바라보는 우리 가정 기도 :

말씀 역대하 28:22-23 이 아하스 왕이 곤고할 때에 더욱 여호와께 범죄하여 자기를 친 다메섹 신들에게 제사하여 이르되 아람 왕들의 신들이 그들을 도왔으니 나도 그 신에게 제사하여 나를 돕게 하리라 하였으나 그 신이 아하스와 온 이스라엘을 망하게 하였더

제대로 된 신앙교육

아하스는 그의 아버지 요담과는 완전히 다른 길을 걸은 사람이었습니다. 요담은 여호와 보시기에 정직하게 행했고 그의 하나님 여호와 앞에서 바른 길을 걸었기에 하나님께서는 그를 점점 강하게 하셨습니다(대하 27:6).

그런데 요담의 아들인 아하스는 왕위에 오르는 때부터 여호와 보시기에 정직하게 행하지 않고 바알들의 우상을 만들고 우상을 섬기는 이방 사람들의 행동을 따라서 자기 자녀들을 불사르는 등 온갖 악행을 저질렀습니다. 결국 그런 아하스의 행동은 하나님을 노하게 했고 하나님은 그를 아람 왕의 손에 넘기시고 형제 북이스라엘에 의해서 공격을 당하게 하셨습니다.

믿음은 결국 개인의 문제입니다. 아무리 부모가 훌륭한 믿음을 가졌다고 해도 그 부모의 자녀 역시 믿음의 사람이 될 것이라는 보장은 없습니다. 부모가 하나님께서 기뻐하시는 정직하고 의로운 삶을 살았다고 해서 자녀도 그런 삶을 살 것이라고 확신할 수는 없는 문제입니다. 그래서 자녀의 믿음은 평생을 기도해야 하는 문제입니다.

아하스는 왜 이렇게 되었을까요? 그의 아버지 요담이 하나님 앞에서 바른길을 걸었기에 하나님께서 그와 그의 나라를 점점 더 강성하게 하시는 모습을 가장 가까이에서 지켜봤을 아하스인데 어째서 그는 하나님을 버리고 우상을 섬기는 자로 돌변하여 망하는 길을 걷게 되었을까요?

성경은 그에 대한 정확한 이유를 우리에게 알려주지 않습니다. 다만, 우리가 한 가지 추측할 수 있는 말씀이 있습니다. "요담이 그의 아버지 웃시야의 모든 행위대로 여호와 보시기에 정직하게 행하였으나 여호와의 성전에는 들어가지 아니하였고 백성은 여전히 부패하였더라"(대하 27:2)라는 말씀입니다.

요담은 그의 아버지 웃시야가 성전에서 분향하려고 하다가 하나님께 벌을 받아서 나병이 생긴 것을 알고 있었습니다. 그에 대한 충격과 두려움으로 그는 절대로 성전에 들어가지 않았습니다. 심지어는 백성들이 부패하여 하나님께 악을 행하고 있다는 것을 알면서도 백성들의 죄를 위하여, 그들을 회개하게 하려고 하나님께 제사를 드리지도 않았다는 것입니다. 그러니 요담이 하나님께서 기뻐하시는 길을 걸었던 것은 하나님을 사랑했기 때문이 아니라 하나님을 두려워했기 때문이었다는 것을 우리는 알 수 있습니다.

아하스가 바라보았던 요담의 하나님은 무섭고 두려운 하나님이었습니다. 그러니 그렇게 무서운 하나님을 따르느니 차라리 우상을 섬기는 것이 낫겠다고 생각했던 것 아닐까요? 부모가 자녀에게 신앙교육을 하는 것은 참 중요한 일입니다. 그러나 부모가 먼저 하나님과 친밀히 동행하며 하나님과 사랑의 관계로 살아가는 모습을 보여주는 것보다 더 좋은 신앙교육은 없습니다.

나눔 1 지금 나와 하나님의 관계는 우리 자녀들이 보기에 어떤 모습으로 보일까요?

나눔 2 어떻게 하면 자녀들이 하나님과 친밀한 사랑의 관계를 맺도록 할 수 있을까요?

예수님을 바라보는 우리 가정 기도 :

말씀 역대하 32:5-8 히스기야가 힘을 내어 무너진 모든 성벽을 보수하되 망대까지 높이 쌓고 또 외성을 쌓고 다윗성의 밀로를 견고하게 하고 무기와 방패를 많이 만들고 군대 지휘관들을 세워 백성을 거느리게 하고 성문 광장에서 자기 앞에 무리를 모으고 말로 위로하여 이르되 너희는 마음을 강하게 하며 담대히 하고 앗수르 왕과 그를 따르는 온 무리로 말미암아 두려워하지 말며 놀라지 말라 우리와 함께 하시는 이가 그와 함께 하는 자보다 크니 그와 함께 하는 자는 육신의 팔이요 우리와 함께 하시는 이는 우리의 하나님 여호와시라 반드시 우리를 도우시고 우리를 대신하여 싸우시리라 하매 백성이 유다 왕 히스기야의 말로 말미암아 안심하니라

성벽을 믿지 마세요

앗수르의 왕 산헤립이 유다를 쳐들어왔을 때 히스기야가 앗수르의 공격을 대비하기 위해 가장 먼저 준비했던 것은 성 밖의 모든 물 근원을 막는 것이었습니다(대하 32:3-4). 이스라엘의 예루살렘에 가보면 히스기야 터널이 있는데 기혼샘에서부터 실로암에 이르기까지의 530m에 이르는 수로입니다.

히스기야는 이 터널을 통하여 예루살렘 성 밖에 있는 수원지 기혼샘에서 솟아나는 물을 예루살렘 성 안으로 끌어들였습니다. 그러고 나서 히스기야는 무너졌던 성벽을 보수하고 망대까지 높이 쌓습니다. 그러고도 모자라서 성벽 밖에 외성을 또 쌓고 다윗성에 외부인은 모르는 밀로를 만들고, 무기와 방패까지도 많이 만들어 놓습니다.

어떻게 보면 히스기야는 짧은 시간 안에 그가 할 수 있는 최선의 것들을 다 해놓았습니다. 그런데 정말 중요한 것은 그것이 아닙니다. 히스기야가 앗수르 군대를 맞이하면서 가장 중요하게 생각했던 것은 그가 만든 수로도 성벽도 망대도 아니었습니다.

히스기야는 그 모든 것들을 다 준비한 후에 백성들을 성문 광장에 모으고 그들에게 말합니다. "두려워하지 말며 놀라지 말라 우리와 함께 하시는 이가 그와 함께 하는 자보다 크니 그와 함께 하는 자는 육신의 팔이요 우리와 함께 하시는 이는 우리의 하나님 여호와시라 반드시 우리를 도우시고 우리를 대신하여 싸우시리라"(대하 32:7-8).

히스기야는 백성들에게 자신이 만든 수로나 망대나 성벽이 있으니 안심하라고 하지 않습니다. 그것들을 지어놓았으니 우리는 이길 것이라고 말하지 않습니다. 히스기야는 우리와 함께하시는 하나님을 믿으라고 말합니다. 우리가 믿는 하나님은 앗수르의 군대가 믿는 우상과는 본질적으로 다른 분이라고 말합니다. 우리의 하나님은 반드시 우리를 도우시고 우리를 대신하여 싸우시는 분이시라고 모든 백성 앞에서 확신 있게 선포하고 있습니다.

세상을 살아가는 하나님의 백성들도 세상 사람들처럼 수로를 만들고 망대와 성벽을 쌓으며 살아야 합니다. 그리스도인이라고 해서 일하지 않을 수 없고 집 없이 길에서 살 수는 없습니다. 그러나 그것들이 믿음의 대상이 되어서는 안 됩니다. 그것들이 믿음의 대상이 되고 마음의 안정을 주는 위로의 주체가 되면 그는 세상 사람과 다를 바가 전혀 없는 사람입니다.

하나님께서는 우리의 유일한 믿음의 대상이 되시기를 원하십니다. 우리 마음의 염려와 불안이 해소되는 유일한 근거가 우리와 함께하시는 여호와 하나님이 되어야 합니다. 하나님은 그런 자를 찾으시고, 그런 자를 승리케 하십니다.

나눔 1 나는 무엇을 통해서 마음의 위로와 안정을 찾습니까?

나눔 2 스스로 생각할 때 나와 세상 사람들의 다른 점이 무엇입니까?

예수님을 바라보는 우리 가정 기도 :

오늘성경통독 역대하 34장 □ 35장 □ 36장 □
오늘가정예배 찬송 361장 기도하는 이 시간

Date / /

말씀 역대하 35:21 느고가 요시야에게 사신을 보내어 이르되 유다 왕이여 내가 그대와 무슨 관계가 있느냐 내가 오늘 그대를 치려는 것이 아니요 나와 더불어 싸우는 족속을 치려는 것이라 하나님이 나에게 명령하사 속히 하라 하셨은즉 하나님이 나와 함께 계시니 그대는 하나님을 거스르지 말라 그대를 멸하실까 하노라 하나

기도하지 않는 죄

유다의 종교개혁을 훌륭하게 이루어낸 요시야는 모든 백성들 앞에서 공개적으로 선언합니다. "마음을 다하고 목숨을 다하여 여호와를 순종하고 그의 계명과 법도와 율례를 지켜 이 책에 기록된 언약의 말씀을 이루리라"(대하 34:31). 그러자 모든 백성들도 요시야를 따라서 하나님의 말씀대로 살기를 약속하고 그날부터 요시야가 사는 날 동안에 모든 백성들이 하나님께 복종하는 삶을 살게 되었습니다. 그런데 그렇게 신실하게 하나님만 따르고 섬기겠노라고 약속하고 또 실제로도 그렇게 살았던 요시야가 한 순간의 실수로 죽음에 이르게 되는 장면이 오늘 말씀에 기록되어 있습니다.

성전 정돈을 마치고 유다 땅 안에 있는 우상들을 완전히 없애는 데 성공했던 요시야는 이제 나라의 정치적, 경제적 안정을 도모해야 할 시기였습니다. 이 시기에 유다에 막대한 영향력을 끼치고 있었던 앗수르라는 나라는 바벨론이라는 신흥제국에 의해서 큰 어려움을 겪고 있었습니다. 따라서 유다에게 앗수르의 영향력은 작아졌고, 요시야는 이 시기를 틈타서 앗수르의 영향력에서 완전히 벗어나고자 했습니다.

그런데 그때 애굽의 왕 바로 느고가 앗수르를 도와서 바벨론을 공격하고자 대규모의 병력을 이동시킵니다. 그 소식을 들은 요시야도 역시 병력을 보내서 애굽의 군대를 가로막습니다. 애굽의 군대가 북진하여 앗수르를 도와 바벨론을 물리치면 앗수르로부터의 완전한 자유함을 얻으려고 했던 요시야의 계획이 물거품이 되기 때문이었습니다.

요시야의 이런 생각은 어쩌면 한 나라의 왕으로서 그리고 하나님의 백성의 나라로서 자주권을 지키기 위해서 당연한 생각이었습니다. 그런데 문제가 무엇입니까? 요시야가 이 중요한 순간에 기도하지 않았다는 것입니다. 하나님의 말씀과 명령에 따라서 살겠다고 온 백성들과 함께 약속했던 요시야가 어느 순간부터 하나님의 뜻이 무엇인지 묻기를 멈추고 자기 생각에 따라서 행동하고 있었던 것입니다. 그런 요시야에게 하나님께서는 바로 느고의 입술을 통하여 경고하십니다. "하나님이 나에게 명령하사 속히 하라 하셨은즉 하나님이 나와 함께 계시니 그대는 하나님을 거스르지 말라 그대를 멸하실까 하노라"(대하 35:21).

하나님께서는 느고의 입을 통하여 요시야에게 애굽의 왕도 내 말을 듣고 내 명령대로 행동하는데 너는 지금 왜 기도하지 않느냐고 정신 차리라고 경고하셨습니다. 그런데도 요시야는 기도하지 않았고 결국 그 전쟁에서 활에 맞아 죽게 되었습니다.

하나님의 말씀을 구하지 않는 것은 우리의 생명을 좌지우지할 수 있는 너무나 중요한 죄입니다. 우리는 얼마나 주님의 뜻을 묻고 살고 있습니까? 요시야와 같은 의인도 한순간에 사망에 이르게 하는 기도하지 않는 죄가 우리의 삶에서는 완전히 떠나가기를 간절히 소원합니다.

나눔 1 오늘 나는 주님의 뜻과 말씀을 얼마나 구했습니까?

나눔 2 주님의 뜻을 구하라는 주님의 경고를 받은 적이 있습니까?

예수님을 바라보는 우리 가정 기도 :

에스라 _ 욥기

말씀 에스라 1:1-3 바사 왕 고레스 원년에 여호와께서 예레미야의 입을 통하여 하신 말씀을 이루게 하시려고 바사 왕 고레스의 마음을 감동시키시매 그가 온 나라에 공포도 하고 조서도 내려 이르되 바사 왕 고레스는 말하노니 하늘의 하나님 여호와께서 세상 모든 나라를 내게 주셨고 나에게 명령하사 유다 예루살렘에 성전을 건축하라 하셨나니 이스라엘의 하나님은 참 신이시라 너희 중에 그의 백성 된 자는 다 유다 예루살렘으로 올라가서 이스라엘의 하나님 여호와의 성전을 건축하라 그는 예루살렘에 계신 하나님이시라

깨어있는 영혼

하나님의 말씀은 진리입니다. 영원히 변하지 않고 항상 참인 진리, 그것이 우리 하나님의 말씀입니다. 민수기 23장 19절은 하나님이 어떤 분이신지에 대해서 이렇게 소개합니다. "하나님은 사람이 아니시니 거짓말을 하지 않으시고 인생이 아니시니 후회가 없으시도다 어찌 그 말씀하신 바를 행하지 않으시며 하신 말씀을 실행하지 않으시랴."

하나님은 거짓말도 하지 않으시고 하신 말씀은 반드시 실행하는 분이십니다. 그러니 하나님께서 하신 말씀이라면 그 말씀은 거짓이 없는 참이고, 반드시 이루어질 진리입니다. 오늘 말씀은 그런 하나님의 속성과 하나님의 말씀이 진리 됨을 분명하게 드러내고 있는 본문입니다.

하나님께서는 이스라엘 백성들이 바벨론에 포로로 끌려갈 때 예레미야를 통하여 말씀하셨습니다. "보라 내가 이 성읍을 치료하며 고쳐 낫게 하고 평안과 진실이 풍성함을 그들에게 나타낼 것이며 내가 유다의 포로와 이스라엘의 포로를 돌아오게 하여 그들을 처음과 같이 세울 것이며 내가 그들을 내게 범한 그 모든 죄악에서 정하게 하며 그들이 내게 범하며 행한 모든 죄악을 사할 것이라"(렘 33:6-8). 하나님께서 하신 이 말씀은 70년이 지난 후에 정확히 이루어졌습니다.

에스라 1장 1절은 "여호와께서 예레미야의 입을 통하여 하신 말씀을 이루게 하시려고"로 시작하고 있습니다. 하나님의 말씀은 반드시 이루어집니다. 하나님께서는 자신이 하신 말씀 그대로 이루십니다. 그러니 하나님의 말씀에 거짓됨이 없다는 사실을 기억하고 말씀 앞에서 부끄럽지 않은 삶을 살아야 합니다.

주님께서는 "그러므로 깨어 있으라 집 주인이 언제 올는지 혹 저물 때일는지, 밤중일는지, 닭 울 때일는지, 새벽일는지 너희가 알지 못함이라 그가 홀연히 와서 너희가 자는 것을 보지 않도록 하라 깨어 있으라 내가 너희에게 하는 이 말은 모든 사람에게 하는 말이니라"(막 13:35-37)라고 말씀하셨습니다.

이 말씀을 이루시는 분은 직접 말씀하신 주님이십니다. 주님은 거짓말을 하지 않으시고 하신 말씀은 반드시 실행하는 분이시라는 사실을 기억해야 합니다. 그 사실을 기억하고 항상 깨어서 주님이 오시는 그날을 준비해야 합니다. 깨어있는 영혼이 되십시오. 죄와 세상의 헛된 것들에 잠겨서 잠들어 있는 채로 주님을 맞이하지 않도록 날마다 깨어서 주님을 바라보십시오. 그리하여서 주께서 주의 말씀을 이루시는 그날에 영광중에 주님을 뵙는 우리 가정이 되기를 간절히 축복합니다.

나눔 1 성경에 기록된 말씀 중에서 믿어지지 않거나 의심이 되는 말씀이 있나요?

나눔 2 우리 영이 잠들지 않고 깨어 있는다는 것은 무엇을 의미하는 것일까요?

예수님을 바라보는 우리 가정 기도 :

말씀 **에스라 7:27-28** 우리 조상들의 하나님 여호와를 송축할지로다 그가 왕의 마음에 예루살렘 여호와의 성전을 아름답게 할 뜻을 두시고 또 나로 왕과 그의 보좌관들 앞과 왕의 권세 있는 모든 방백의 앞에서 은혜를 얻게 하셨도다 내 하나님 여호와의 손이 내 위에 있으므로 내가 힘을 얻어 이스라엘 중에 우두머리들을 모아 나와 함께 올라오게 하였노라

하나님을 사랑하세요

하나님께서 바사 왕 고레스의 마음을 감동하게 해서 시작된 이스라엘 백성들의 바벨론 포로 귀환과 하나님의 성전 복구공사는 두 번의 심각한 방해를 겪었습니다. 처음 스룹바벨 때에 성전건축을 방해할 때는 아닥사스다 왕에게 편지를 해서 "저들이 성전을 완공하면 당신을 반역할 것입니다"라는 허위사실을 유포함으로 성전건축 공사를 중단하게 했었습니다.

그런데 다리오 제 이년에 다시 시작된 성전공사를 방해할 때는 "이스라엘 사람들이 주장하는 데로 당신의 선왕 고레스 왕이 정말로 조서를 내려서 성전을 다시 건축하라고 하셨는지 확인해 보십시오"라는 내용의 편지를 다리오 왕에게 보냅니다.

그들이 정말 성전 건축을 방해할 요량이었다면, 이전과 같이 그들이 반역을 꾀하고 있다는 누명을 씌우는 것이 훨씬 편했을 것입니다. 그런데 그들은 그렇게 하지 않고 고레스 왕이 처음으로 성전 건축을 명령하면서 썼던 조서를 확인해 보라고 말합니다.

결국 다리오 왕은 고레스 왕 때 쓴 조서를 찾아서 확인하고, 고레스 왕이 성전 건축을 명령했을 뿐만 아니라 거기에 드는 모든 비용을 다 제공하겠다고 약속했던 것까지 확인하게 됩니다. 이 조서를 확인한 다리오 왕은 그 조서의 내용이 이루어질 수 있도록 행하라는 명령을 다시 내리게 되고 결국 방해하려던 무리들의 책략이 이스라엘 백성들을 돕는 결과를 가져오게 됩니다.

오늘 말씀에서 에스라가 고백하고 있듯이 세상 모든 사람들의 머리 위에는 여호와의 손이 있습니다. 어떤 무리가 아무리 하나님의 일을 반대하고 방해한다고 해도, 하나님께서 움직이기 시작하시면 그들은 자기들의 뜻과는 관계없이 하나님의 일을 돕는 자들이 될 것입니다. 우리에게 가진 것이 아무것도 없고 능력도, 힘도 없다 할지라도 하나님께서 원하시는 일이시라면 하나님께서 세상 사람들의 머리 위에 두신 하나님의 손을 움직이셔서 마침내 하나님의 뜻을 이루어내실 것입니다. 그러면 우리가 할 일은 무엇입니까? 로마서가 알려주고 있습니다. "우리가 알거니와 하나님을 사랑하는 자 곧 그의 뜻대로 부르심을 입은 자들에게는 모든 것이 합력하여 선을 이루느니라"(롬 8:28).

하나님의 일은 하나님께서 이루십니다. 하나님께서 원하시고 기뻐하시는 일이라면 하나님께서는 어떠한 상황 속에서도 반드시 그 일을 이루어내십니다. 그러니 우리가 해야 할 일은 그저 하나님을 사랑하는 것입니다. 주님께서 기뻐하시는 일을 행하는데 어려움이 찾아올 때, 믿음으로 사는 삶이 어렵게 느껴질 때, 주님을 더욱 사랑하십시오. 주님께 사랑한다고 고백하십시오. 그러면 하나님의 손이 움직이셔서 선을 이루어내실 것입니다.

나눔 1 마주쳤던 어려움이 하나님의 방법으로 해결된 경험이 있습니까?

나눔 2 지금 마주하고 있는 어려움 가운데서 어떻게 주님을 더 사랑하시겠습니까?

예수님을 바라보는 우리 가정 기도 :

말씀 느헤미야 4:6 이에 우리가 성을 건축하여 전부가 연결되고 높이가 절반에 이르렀으니 이는 백성이 마음 들여 일을 하였음이니라

마음 들여 일하였음이라

스룹바벨 때 어려움을 이겨내고 성전 재건을 완공한 이스라엘은 이후 시간이 지나면서 나라의 재건과 부흥을 꿈꿨을 것입니다. 그러나 그들의 꿈은 정말 꿈으로 남아버렸습니다. 꽤 많은 시간이 지난 후에 느헤미야의 시대가 되었을 때, 느헤미야는 이스라엘의 꿈이 이루어지기는커녕 여전히 예루살렘이 황폐한 가운데 있다는 소식을 듣게 됩니다.

"그들이 내게 이르되 사로잡힘을 면하고 남아 있는 자들이 그 지방 거기에서 큰 환난을 당하고 능욕을 받으며 예루살렘 성은 허물어지고 성문들은 불탔다 하는지라"(느 7:3). 이처럼 느헤미야 시대에 예루살렘은 그들이 꿈꿨던 예루살렘의 모습과 많이 달랐음을 기록하고 있습니다.

에스라의 시대에 성전이 재건축된 이후에 예루살렘에는 이렇다 할 변화가 없었습니다. 여전히 대적들의 공격에 어려움을 당하고 있었고, 성벽과 성문들은 무너져서 백성들의 안전을 지켜줄 수 없는 상황이었습니다. 그런 상황을 듣게 된 느헤미야는 왕에게 예루살렘으로 돌아가서 성을 건축하게 해달라는 요청을 하게 되고, 왕의 허락을 받아 예루살렘으로 향하게 됩니다. 성벽을 건축할 재목까지 얻은 느헤미야는 예루살렘에 도착한 지 사흘 만에 예루살렘 성을 돌아보고 그 이후에 백성들을 향하여 "예루살렘 성을 건축하여 다시 수치를 당하지 말자"(느 2:17)라고 선포하면서 성벽 건축을 위한 작업을 시작합니다.

느헤미야가 예루살렘에 도착하고 나서 한동안 성벽 건축에 대해서 한마디도 하지 않았던 것은 그들의 대적, 곧 성벽 건축을 방해할 것이 뻔했던 적의 무리를 염두에 두었기 때문이었습니다. 느헤미야의 예상처럼 그가 성벽 건축을 독려하고 나서자 산발랏과 도비야가 일어나 그들을 비웃으며 백성들의 사기를 꺾고 방해하기 시작합니다.

산발랏은 바벨론 시대에 예루살렘을 포함한 사마리아 지역을 관할했던 총독이었고 도비야 역시 바사 정부의 관료로 암몬 족속들을 관할했던 권력자였습니다. 당시에 이스라엘 영토에 지대한 영향을 끼치고 있었던 두 권력자가 성벽 재건을 비웃고 방해하고 나서니 백성들의 사기가 얼마나 떨어졌겠습니까? 그런데 느헤미야는 그렇게 사기가 떨어진 백성들을 데리고 성벽 재건공사를 52일이라는 짧은 기간에 완성하고 맙니다.

어떻게 그럴 수 있었을까요? 그 이유를 "백성이 마음 들여 일을 하였음이라"(느 4:6)고 밝히고 있습니다. 아무리 어려운 상황이더라도, 큰 방해가 있다고 할지라도, 우리의 마음이 분명하면 됩니다. 그러니 어려움 때문에 마음이 흔들리고, 방해 때문에 포기하고자 하는 마음이 일어나는 것을 경계해야 합니다. 마음을 지켜야 합니다. 마음을 지키면 하나님께서 이루십니다. 여러분의 마음을 하나님께서 기뻐하시는 일에 드리십시오. 포기하지 않고 흔들리지 않고 마음을 지키면, 하나님께서 그 일을 이루게 하실 것입니다.

나눔 1 마음의 흔들림 때문에 포기했던 하나님의 일이 있습니까?

나눔 2 마음을 들여서 하고 있는 하나님의 일은 무엇이 있습니까?

예수님을 바라보는 우리 가정 기도 :

오늘성경통독 느헤미야 5장 ☐ 6장 ☐ 7장 ☐
오늘가정예배 찬송 213장 나의 생명 드리니

Date / /

말씀 느헤미야 5:14-15 또한 유다 땅 총독으로 세움을 받은 때 곧 아닥사스다 왕 제이십년부터 제삼십이년까지 십이 년 동안은 나와 내 형제들이 총독의 녹을 먹지 아니하였느니라 나보다 먼저 있었던 총독들은 백성에게서, 양식과 포도주와 또 은 사십 세겔을 그들에게서 빼앗았고 또한 그들의 종자들도 백성을 압제하였으나 나는 하나님을 경외하므로 이같이 행하지 아니하고

나부터 시작되는 바른 신앙

느헤미야는 유다 땅의 총독으로 임명받아 예루살렘에 도착한 후에 온 백성들의 마음을 모아서 성벽을 재건하는 일에 집중하고자 했습니다. 그런데 그가 도착해서 보게 된 예루살렘의 형편은 정말 처참한 현실이었습니다. 사람들은 먹을 것이 없어서 밭과 포도원과 집이 저당 잡히고, 곡식을 빌려서 먹어야 했고 어떤 사람들은 밭과 포도원으로 빚을 내서 세금을 내고 있었습니다. 또 어떤 사람들은 자녀를 종으로 팔기도 했습니다.

느헤미야가 이런 상황을 보고서 그 원인을 찾아보니 유다의 귀족들과 민장들 곧 그들의 지도자들의 위치에 있던 사람들이 가난한 백성들에게 높은 이자로 돈이나 곡식을 빌려준 후 빌려 간 사람들이 돈을 갚지 못하면 그들의 땅과 집과 포도원과 자녀까지도 빼앗는 일을 서슴지 않고 행하고 있었다는 사실을 알게 되었습니다. 느헤미야는 그 상황을 보면서 분노했습니다. 어떻게 형제라는 자들이, 하나님을 믿는다는 사람들이 저렇게 행동할 수 있느냐며 귀족들과 백성들을 불러서 꾸짖었습니다. 결국 귀족과 민장들은 이자 받기를 그치고 그동안 받았던 이자의 일부를 돌려주기로 약속합니다.

이 일을 경험한 후에 느헤미야는 깊은 생각에 빠졌습니다. 또 어떻게 하나님을 믿는다는 사람들이 형제의 집과 삶의 터전을 빼앗으면서까지 자기 이익만을 추구할 수 있는지 한탄했을 것입니다. 그러고 나서 그가 얻은 결론은 바로 나부터가 바른 신앙인의 모습을 보여주자는 것이었습니다.

오늘 말씀에서 느헤미야는 자신이 유다 땅 총독으로서 마땅히 받아야 할 녹을 받지 않았다고 두 번이나 말하고 있습니다. 당시에 한 지역의 총독이 된 사람의 녹은 당연히 그 지역의 세금에서 받게 되는 것이었습니다. 그러니 느헤미야가 총독으로서의 녹을 받게 되면 그 녹은 당연히 유다 땅에 거하는 그의 형제들이 감당해야 하는 것이었습니다. 느헤미야가 녹을 받지 않는다는 것은 정확히 말하면 바사 왕 아닥사스다의 도움을 받지 않겠다는 것이 아니라 자기 형제 유다인들의 피와 땀을 착취하지 않겠다는 것이었습니다.

그뿐만 아니라 느헤미야는 어려운 상황 가운데 있는 백성들 백오십 명과 이방사람들까지 보살폈습니다. 그들을 먹이는 데 하루에만 소 한 마리와 양 여섯 마리, 수많은 닭이 필요했습니다. 느헤미야는 총독의 녹을 받지 않았으니 이 모든 음식을 자신의 재산으로 충당해야만 했습니다.

'나부터가 바른 신앙인의 삶을 살자'라는 느헤미야의 결단은 결국 많은 방해와 어려움 가운데서도 온 백성이 힘을 모아 예루살렘 성벽을 재건하는 일을 이룰 수 있는 동력이 되었습니다. 세상에 필요한 것은 어떤 대단한 능력자가 아닙니다. 하나님을 믿는 믿음에 합당한 모습으로 살아가는 사람이 단 한 명이라도 있다면, 하나님은 그를 통하여 이 땅 가운데 하나님나라의 성벽을 쌓으십니다.

나눔 1 한 사람의 신앙인으로서 당신은 어떤 모습으로 살아가기를 결단하십니까?

나눔 2 당신에게 영향을 주었던 믿음으로 살았던 사람이 있다면 나누어 주세요.

예수님을 바라보는 우리 가정 기도 :

말씀 느헤미야 10:28-31 그 남은 백성과 제사장들과 레위 사람들과 문지기들과 노래하는 자들과 느디님 사람들과 및 이방 사람과 절교하고 하나님의 율법을 준행하는 모든 자와 그들의 아내와 그들의 자녀들 곧 지식과 총명이 있는 자들은 다 그들의 형제 귀족들을 따라 저주로 맹세하기를 우리가 하나님의 종 모세를 통하여 주신 하나님의 율법을 따라 우리 주 여호와의 모든 계명과 규례와 율례를 지켜 행하여 우리의 딸들을 이 땅 백성에게 주지 아니하고 우리의 아들들을 위하여 그들의 딸들을 데려오지 아니하며 혹시 이 땅 백성이 안식일에 물품이나 온갖 곡물을 가져다가 팔려고 할지라도 우리가 안식일이나 성일에는 그들에게서 사지 않겠고 일곱째 해마다 땅을 쉬게 하고 모든 빚을 탕감하리라 하였고

여러분의 가정과 일터와 예배는 온전합니까?

느헤미야 8장에서 수문 앞 광장에 모여 하나님께서 주셨던 율법을 듣게 된 이스라엘 사람들은 레위 사람들의 가르침을 통하여 그 율법의 진정한 의미를 깨닫게 됩니다. 그들은 모두 다 눈물을 흘리며 웁니다.

왜 울었을까요? 그들이 그동안 지키지 못했던 그 율법이 자신들을 옥죄는 하나님의 무기가 아니라 자신들을 살리는 하나님의 사랑이라는 것을 깨달았기 때문입니다. 그 사실을 깨닫게 된 이스라엘 백성들은 9장에서 그동안 하나님의 율법을 따라서 살지 못했던 것을 회개하고 10장에서는 이전에 죄 되었던 삶에서 벗어나 완전히 새로운 삶을 살겠다고 결단합니다.

하나님의 말씀을 진정으로 깨닫고 회개한 사람은 반드시 세 가지 측면에서 변화가 일어나게 되어 있습니다. 첫 번째는 가정의 변화입니다. 오늘 말씀을 보면 알 수 있습니다. 가정부터가 하나님의 뜻대로 이루어질 수 있도록 하겠다는 것입니다. 악한 권세가 가장 쉽게 틈타고 들어오는 가정부터 하나님의 뜻대로 살아가는 가정이 될 수 있도록 철저히 지켜내겠다는 것입니다(느 10:30).

둘째는 일터의 변화입니다. 이스라엘 백성들은 안식일을 철저히 지킬 것, 또한 일곱째 해마다 땅을 쉬게 하고 빚을 탕감할 것을 약속합니다(느 10:31). 안식일과 안식년을 지킨다는 것은 자신의 먹고사는 문제, 나아가서 자신들의 삶 자체가 나에게 달린 것이 아니라 하나님께 달린 것이라는 것을 인정하는 행위입니다. 내가 쉬어도, 땅을 놀려도 하나님께서 먹이시니 염려 없다는 믿음의 고백이 분명할 때 안식일과 안식년을 지킬 수 있습니다.

셋째는 예배의 변화입니다. 이스라엘 백성들의 마지막 결단은 "그리하여 우리가 우리 하나님의 전을 버려두지 아니하리라"(느 10:39)입니다. 진정한 회개를 통과한 사람은 한순간이라도 하나님의 전을 버려두지 않습니다. 그의 삶 자체가 하나님께 드리는 영적인 예배가 됩니다. 매 순간 하나님을 생각하고 하나님을 기쁘시게 하는 일을 찾습니다. 그것이 하나님의 참사랑을 깨달아 알게 된 사람이 마땅히 살게 되는 삶의 방향입니다.

여러분은 하나님의 사랑을 정말 깨달으셨습니까? 그래서 그분의 뜻대로 살기를 결단하셨습니까? 그렇다면 위의 세 가지, 가정과 일터와 예배가 하나님 앞에서 온전하게 세워졌는지 점검해 보십시오. 진정한 회개로 변화되는 삶의 열매가 우리 모든 사람 가운데 있게 되기를 간절히 축복합니다.

나눔 1 우리 가정은 악한 권세의 영향력에서 완전히 벗어났습니까?

나눔 2 나에게 하나님의 말씀은 무거운 짐입니까? 사랑입니까?

예수님을 바라보는 우리 가정 기도 :

말씀 느헤미야 11:1-3 백성의 지도자들은 예루살렘에 거주하였고 그 남은 백성은 제비 뽑아 십분의 일은 거룩한 성 예루살렘에서 거주하게 하고 그 십분의 구는 다른 성읍에 거주하게 하였으며 예루살렘에 거주하기를 자원하는 모든 자를 위하여 백성들이 복을 빌었느니라 이스라엘과 제사장들과 레위 사람들과 느디님 사람들과 솔로몬의 신하들의 자손은 유다 여러 성읍에서 각각 자기 성읍 자기 기업에 거주하였느니라

서로를 위해 기도합시다

느헤미야의 리더십으로 인하여 예루살렘 성벽 공사를 마무리하게 된 이스라엘은 이제 각자의 삶의 자리로 돌아가게 됩니다. 특별히 백성의 지도자들은 예루살렘에 남아 거주하게 되었고, 나머지 백성들 중에서 제비를 뽑아 십분의 일이 지도자들과 함께 예루살렘에 거주하게 되었습니다.

예루살렘에 거주한다는 것은 어떤 의미일까요? 처음 이 말씀을 읽었을 때는 이스라엘의 수도이자 그들의 성전이 있는 예루살렘에 거주한다는 것이 참 귀한 복을 받은 것이라고만 생각했습니다. 이스라엘 온 땅에서 가장 높임을 받는 땅, 가장 귀한 하나님의 성전이 있고 다윗의 왕조가 다스리던 땅인 예루살렘에 산다는 것이 얼마나 복된 일입니까?

그런데 조금 더 생각해보니 예루살렘에 거주한다는 것은 영광스러운 일만은 아니었습니다. 하나님의 성전이 예루살렘에 있다는 것은 예루살렘이 곧 하나님의 대적자들이 공격하는 대상이라는 것을 의미했습니다.

예루살렘이 이스라엘의 영적이고 정신적인 중심지라는 것은 이스라엘을 무너뜨리고자 하는 자들이 가장 최우선으로 함락시켜야 할 성이 곧 예루살렘이라는 것을 의미했습니다. 그러니 예루살렘에 산다는 것은 영광스러운 일이기도 하지만 한편으로는 언제 적의 공격을 당할지 모르는 삶, 살아가는 모든 순간에 자신들을 대적하는 적들을 향해 경계심을 늦추면 안 되는 삶을 살아야 한다는 것을 의미했습니다.

세상 가운데서 그리스도인임을 선포하며 살아간다는 것은 예루살렘에 남은 사람들의 삶을 살아가는 것과 같습니다. 우리가 그리스도인임을 선포하며 살아갈 때 마귀는 그런 우리를 가장 먼저 공격합니다. 그리스도인임을 선포한 사람이 무너지는 모습을 보일 때, 그보다 더 효과적인 공격이 없기 때문입니다. 세상 가운데 그리스도인임을 선포한 사람은 예루살렘과 같습니다. 그를 통해서 하나님께서는 영광을 받으시고 하나님나라가 이 땅 가운데 이루어져 갑니다. 그러나 그는 적군의 공격 목표이자 대상이 됩니다. 그가 무너지면 그를 바라보던 적군들은 기뻐하고, 그를 동경하던 아군들은 낙망합니다.

그래서 필요한 것이 중보입니다. 세상 가운데 그리스도인임을 드러내며 살아가는 사람들을 위한 중보기도가 반드시 필요합니다. 예루살렘에 거주하지 않게 된 사람들이 예루살렘에 거주하기로 한 모든 자들을 위하여 복을 빌며 기도하였던 것처럼 세상 가운데 자신이 그리스도인임을 선포하고 믿음으로 살아가려고 애쓰는 사람들을 위한 중보기도가 우리 가운데 있어야 합니다. 그렇기에 우리가 날마다 교회를 위해서, 목회자들을 위해서, 성도들을 위해서 기도하기를 멈추지 않아야 하는 것입니다. 기도는 자신만을 위해서 하는 것이 아닙니다. 하나님의 영광과 그분의 몸 된 교회를 함께 이루는 모든 성도들을 위한 기도가 가장 필요한 기도입니다.

나눔 1 하나님나라와 그분의 몸 된 교회와 성도들을 위해 오늘 기도했습니까?

나눔 2 온 가족이 함께 교회와 성도들을 위해 중보기도하는 시간을 가져보세요.

예수님을 바라보는 우리 가정 기도 :

오늘성경통독 에스더 1장☐ 2장☐ 3장☐ 4장☐ 5장☐
오늘가정예배 찬송 461장 십자가를 질 수 있나
Date / /

말씀 에스더 4:11 왕의 신하들과 왕의 각 지방 백성이 다 알거니와 남녀를 막론하고 부름을 받지 아니하고 안뜰에 들어가서 왕에게 나가면 오직 죽이는 법이요 왕이 그 자에게 금 규를 내밀어야 살 것이라 이제 내가 부름을 입어 왕에게 나가지 못한 지가 이미 삼십 일이라 하라 하니라

모른 척하지 마세요

사도 바울은 "너희는 그리스도의 몸이요 지체의 각 부분이라"(고전 12:27)고 말합니다. 그리스도 예수를 믿는 사람들은 각자 별도의 존재가 아니라 한 몸이라는 것입니다. 예수님을 믿는 사람들은 내가 다른 성도들과 한 몸이 되었다는 것을 믿음으로 취하고, 그 믿음에 합당한 삶을 살아야 한다는 것입니다. 그렇다면 성도들이 한 몸이라는 믿음에 합당한 삶을 살아간다는 것은 무엇을 의미할까요?

사도 바울은 그 대답을 다음과 같이 말합니다. "몸 가운데서 분쟁이 없고 오직 여러 지체가 서로 같이 돌보게 하셨느니라 만일 한 지체가 고통을 받으면 모든 지체가 함께 고통을 받고 한 지체가 영광을 얻으면 모든 지체가 함께 즐거워하느니라"(고전 12:25-27).

여러분은 한 몸 된 믿음의 공동체 안에서 어떻게 살아가고 계십니까? 서로를 돌보고 서로의 고통에 함께 괴로워하며 다른 사람들이 영광 받는 일이 나의 즐거움이 되고 있습니까? 아니면 성도들과 분쟁하고 타인의 잘 됨에 배 아파하며 나 자신의 유익을 위해서 다른 사람의 고통을 모른척하며 살고 있습니까?

오늘 말씀에 등장하는 에스더는 바사의 아하수에로 왕의 왕후였습니다. 그는 바사 왕국의 왕비임과 동시에 모든 유다인들과 함께 하나님을 믿는 신앙으로 한 몸을 이룬 사람이었습니다. 그랬던 에스더에게 모르드개가 찾아와서 말합니다. "하만이 유다인을 멸하려고 계략을 세웠으니 너는 왕에게 나아가서 그 앞에서 너의 민족을 위하여 간절히 구하라." 그 말을 들은 에스더의 처음 반응은 "그럴 수 없습니다. 그러다가는 내가 죽습니다"라는 대답이었습니다(에 4:7-11).

많은 성도들이 예수님을 믿는다고 하면서도 이런 모습으로 살아갑니다. 주 안에서 한 몸이 된 성도들이 위험에 처하고 고통 가운데 있다는 것을 모른 척하고 삽니다. 자기 안위와 유익을 지키는 것이 삶의 최우선 순위이고 한 몸 된 성도들을 돌보는 일은 삶에 엄청난 여유가 있을 때나 할 수 있는 일로 여깁니다.

그러나 하나님께서는 성도들이 그렇게 살기를 바라지 않으십니다. 한 몸 됨을 믿음으로 취하고 서로를 정말 한 몸으로 여기고 살기를 원하십니다. 그래서 에스더에게 모르드개를 통하여 "이 때에 네가 만일 잠잠하여 말이 없으면 유다인은 다른 데로 말미암아 놓임과 구원을 얻으려니와 너와 네 아버지 집은 멸망하리라"고 말씀하시는 것입니다(에 4:14).

성도는 함께 사는 것입니다. 나에게 주신 재물도, 권세도, 영광도 모두 나 한 사람을 위하여 주신 것이 아닙니다. 나와 한 몸 된 성도들을 위하여 주신 것입니다. 우리가 예수님을 믿는다는 것은 내가 예수님 안에서 다른 성도들과 한 몸이 되었음을 믿고 서로 돌보고 서로 위로하고 서로로 인하여 기뻐하는 삶을 사는 사람이 되었음을 믿는 것입니다.

나눔 1 한 몸을 이룬 성도들을 돌보기 위해 당신은 어떤 일을 행했습니까?

나눔 2 하나님께서 주신 것들을 어떤 방식으로 성도들을 위해 사용할 수 있을까요?

예수님을 바라보는 우리 가정 기도 :

오늘성경통독 에스더 6장 □ 7장 □ 8장 □ 9장 □ 10장 □
오늘가정예배 찬송 336장 환난과 핍박 중에도
Date / /

말씀 에스더 8:15-16 모르드개가 푸르고 흰 조복을 입고 큰 금관을 쓰고 자색 가는 베 겉옷을 입고 왕 앞에서 나오니 수산 성이 즐거이 부르며 기뻐하고 유다인에게는 영광과 즐거움과 기쁨과 존귀함이 있는지라

하나님이 합당한 열매를 반드시 주십니다

인생을 살다 보면 때로는 내가 노력한 것의 대가를 제대로 받지 못할 때가 있습니다. 때로는 마땅히 받아야 할 대가도 받지 못해서 억울함을 당하게 되는 때도 있습니다. 그리고 그것은 신앙생활에서도 마찬가지입니다. 나는 믿음을 지켰는데 세상에서 불이익을 당할 때가 있습니다. 믿음을 지키며 살려고 애를 써봤는데 하나님께서 도와주시기는 커녕 삶이 계속해서 어려워지는 때도 있습니다.

모르드개가 그랬습니다. 모르드개는 대궐 문 앞에 앉아 있다가 왕의 내시인 빅단과 데레스가 왕을 암살하려는 음모를 꾸미는 것을 알게 되었습니다(에 2:19-23). 모르드개는 그 사실을 왕후가 된 에스더에게 알렸고 에스더가 모르드개의 이름으로 왕에게 알렸습니다. 그 결과 왕의 내시 두 사람은 처형을 당하게 되었고 모르드개와 에스더는 왕의 생명을 구한 사람이 되었습니다. 그런데 왕은 그 일이 있고 난 이후에 모르드개에게 아무런 상도 내리지 않았습니다.

그 일이 있고 난 이후에 왕은 모르드개가 아니라 하만이라는 사람을 높여서 모든 대신보다 높은 자리에 앉힙니다. 사람들은 모두 지위가 높아진 하만을 보며 엎드려 절을 했습니다. 그러나 모르드개는 꿇지도 않고 절하지도 않았습니다. 사람들이 계속해서 하만에게 절하라고 권해도 모르드개는 자신은 유다인이기에 하나님이 아닌 사람에게 절할 수 없다면서 거절했습니다(에 3:4). 하나님을 향한 신앙을 지킨 것입니다. 그런데 그런 모르드개에게 무슨 일이 일어납니까? 사람들은 모르드개가 하만에게 절하지 않는다는 것을 하만에게 이야기합니다. 하만은 그 소식을 듣고 화가 나서 모르드개의 민족 전체를 다 멸하기로 마음을 먹습니다.

게다가 모르드개가 목숨을 구해주었던 아하수에로 왕은 하만의 말을 듣고서 그의 뜻대로 하도록 허가를 해줍니다. 아마 이때 모르드개는 도대체 나에게 왜 이런 일들이 생기는가를 고민했을 것입니다. 어쩌면 그는 "하나님께서 자기가 믿음을 지키며 의롭게 행했던 행위들을 바라보시고도 눈감으시는 것인가?"라고 질문했을 수도 있습니다.

그러나 하나님께서는 우리의 모든 행위를 바라보시고 기억하시는 분이십니다. 우리가 믿음으로 살았다면, 우리가 하나님 앞에 의로운 인생을 살았다면, 언젠가는 반드시 하나님께서 그에게 상을 주십니다. 히브리서가 이를 이렇게 증언합니다. "믿음이 없이는 하나님을 기쁘시게 하지 못하나니 하나님께 나아가는 자는 반드시 그가 계신 것과 또한 그가 자기를 찾는 자들에게 상 주시는 이심을 믿어야 할지니라"(히 11:6).

하나님은 절대로 우리의 믿음을 그냥 지나치시는 분이 아니심을 믿으십시오. 모르드개가 결국 그의 행위의 모든 열매를 받게 된 것처럼 우리도 믿음으로 행하면 주님께서 우리의 믿음에 합당한 열매를 주실 것이라는 사실을 믿고 오늘도 믿음으로 담대하게 살아가는 우리 가정이 되기를 간절히 소원합니다.

나눔 1 나는 믿음으로 행했는데 그에 합당한 열매를 받지 못한 적이 있습니까?

나눔 2 하나님께서 내 모든 행위를 아신다는 것을 경험했던 일이 있습니까?

예수님을 바라보는 우리 가정 기도 :

DAY
129

오늘성경통독 욥기 1장☐ 2장☐ 3장☐ 4장☐ 5장☐
오늘가정예배 찬송 338장 내 주를 가까이 하게 함은
Date / /

말씀 욥기 1:5 그들이 차례대로 잔치를 끝내면 욥이 그들을 불러다가 성결하게 하되 아침에 일어나서 그들의 명수대로 번제를 드렸으니 이는 욥이 말하기를 혹시 내 아들들이 죄를 범하여 마음으로 하나님을 욕되게 하였을까 함이라 욥의 행위가 항상 이러하였더라

하나님이 자랑하고 싶은 자녀

욥기가 시작되었습니다. 욥기라는 책은 읽을 때마다 새로운 은혜가 있는 책이기도 하지만 그만큼 어려운 책이기도 합니다. 무엇보다 욥기를 읽을 때 우리 마음에 가장 크게 떠오르는 질문은 "하나님께서는 어째서 욥과 같은 사람에게 고난을 허락하시는가?"입니다.

욥은 "온전하고 정직하여 하나님을 경외하며 악에서 떠난 자더라"(욥 1:1)고 말하는 것처럼 하나님 앞에서 정말 신실한 사람이었습니다. 이 말씀은 곧 하나님께서 욥을 그렇게 인정하셨다는 말입니다. 그러면 아무리 사탄이 욥을 시험한다고 해도 하나님께서 욥을 보호해 주셔야 하는 것 아닙니까? "욥은 건드리지 말라"고 명령해 주셔야 하는 것 아닙니까? 그런데 어째서 하나님께서는 욥을 보호해 주지 않으시고 사탄의 손에 넘겨주시는 것입니까?

저는 그 이유를 오늘 말씀 5절에 기록되어 있다고 생각합니다. 욥은 자기 자녀들이 혹시라도 죄를 짓지는 않았을까 걱정하여 자녀들의 명수대로 번제를 드렸던 사람이었습니다. 욥은 자기 자녀들이 죄를 지었는지 안 지었는지 분명하지도 않은 상황에서 죄를 지었을 때 드려야 할 번제를 미리 드리는 사람이었습니다. 그리고 그렇게 행동하는 것은 가끔 있는 일이 아니었습니다. 5절은 "욥의 행위가 항상 이러하였더라"고 말하면서 욥이 항상 모든 일에 이런 식으로 행동하는 사람이었다는 사실을 분명하게 드러내고 있습니다.

하나님은 믿으셨던 것입니다. 욥이 항상 이렇게 죄에 대해서 민감하게 깨어있는 사람이었기에 한순간도 죄를 가볍게 여기지 않고 혹시라도 있을지 모르는 죄를 위해서 번제도 드리는 사람이었기에 사탄이 그를 아무리 시험한다고 할지라도 그가 절대로 넘어지지 않을 것이라고 믿으셨던 것입니다.

그런 욥을 사탄에게 보이고 싶으셨던 것입니다. "욥을 보라. 저 우스 땅에 사는 욥을 보라. 그만큼 온전하고 정직한 사람이 없다. 그만큼 하나님을 경외하며 악에서 떠난 사람이 없다. 사단, 네가 아무리 욥을 시험해도 그는 절대로 넘어지지 않을 나의 사람이다"라고 외치고 싶으셨던 것입니다.

욥이 당한 시험은 아무에게나 주어지는 것이 아닙니다. 욥처럼 항상 그렇게 행동하는 사람, 항상 믿음으로 사는 사람에게나 다가올 수 있는 것이 바로 욥의 고난입니다. 그러니 한편으로는 욥의 고난이 얼마나 큰 축복인지 모릅니다. 하나님께서 나를 인정하셨고, 하나님께서 나를 자랑하시고 싶으시다는 의미이기 때문입니다. 그러니 그런 고난이 나에게 닥쳐왔다는 것은 그 자체로 우리 영혼이 기뻐 뛰며 춤을 출 일인 것입니다.

나눔 1 나의 삶에 고난이 다가왔을 때 나는 그 고난에 어떤 반응을 보였습니까?
나눔 2 고난 가운데도 기뻐하는 사람을 바라보시는 하나님의 마음은 어떠실까요?
예수님을 바라보는 우리 가정 기도 :

오늘성경통독 욥기 6장 □ 7장 □ 8장 □ 9장 □ 10장 □
오늘가정예배 찬송 435장 나의 영원하신 기업

Date / /

말씀 욥기 6:10 그러할지라도 내가 오히려 위로를 받고 그칠 줄 모르는 고통 가운데서도 기뻐하는 것은 내가 거룩하신 이의 말씀을 거역하지 아니하였음이라

부끄러움이 없는 삶

욥은 하루아침에 칠천 마리의 양과 삼천 마리의 낙타와 오백 겨리의 소와 오백 마리의 나귀를 모두 잃고 그를 따르던 종들도 잃었습니다. 게다가 갑자기 불어 닥친 바람에 집이 무너져서 일곱 아들과 세 딸이 전부 죽었습니다. 그런데도 욥은 범죄하지 않고 하나님을 향하여 원망도 하지 않았습니다. 심지어는 자기의 온몸에 종기가 나서 질그릇 조각으로 몸을 긁으면서도 "우리가 하나님께 복을 받았은즉 화도 받지 아니하겠느냐"(욥 2:10)라고 말하면서 끝까지 입술로도 범죄하지 않았던 사람이 바로 욥이었습니다.

그러나 그런 욥도 견디지 못하는 게 있었습니다. 그것은 바로 욥의 믿음에 대한 친구들의 오해였습니다. 욥을 위로하기 위해서 찾아왔던 엘리바스는 "차라리 태어나지 않았더라면 이런 일을 당하지 않았을 텐데"라고 말하는 욥에게 "죄 없이 망한 자가 누가 있느냐 정직한 자가 끊어지는 일이 어디 있느냐"(욥 4:7)라고 말하면서 욥에게 닥친 고난이 욥의 죄 때문이라고 말합니다. 그리고 "나라면 하나님을 찾겠고 내 일을 하나님께 의탁하리라"(욥 5:8)는 말까지 합니다.

어떻게 보면 엘리바스가 했던 모든 말은 하나도 틀린 것이 없어 보입니다. 그러나 엘리바스의 말이 틀린 말인 이유는 욥은 이미 하나님을 찾았고 자신의 삶도 다 돌아보았기 때문입니다. 욥도 자기에게 닥친 고난의 원인을 찾기 위해서 7일이라는 침묵의 시간을 가지면서 하나님 앞에 자신을 비추어 보았습니다. 그런데도 원인을 찾을 수 없었습니다. 고난의 원인을 알면, 자신이 무슨 죄를 지었는지라도 알면 회개하고 하나님 앞에 엎드릴 텐데 그것조차도 되지 않으니 답답한 마음에 "차라리 태어나지 않았더라면"하고 한탄했던 것인데 엘리바스는 그런 욥에게 "너의 죄가 너에게 찾아온 고난의 원인이다"라고 말하고, "하나님을 찾으라"고 말하고 있으니 욥의 마음이 얼마나 답답했겠습니까?

그런데 그렇게 가슴이 답답한 욥이 갑자기 기쁨을 고백합니다. "그러할지라도 내가 오히려 위로를 받고 그칠 줄 모르는 고통 가운데서도 기뻐하는 것은 내가 거룩하신 이의 말씀을 거역하지 아니하였음이라"(욥 6:10). 무슨 의미일까요? 더 이상 내가 처한 상황과 나를 향한 사람들의 말에 흔들리지 않겠다는 것입니다. 이제는 재물이 많거나 집안이 평안하거나 주변 사람들로부터 좋은 평가를 받는 일을 기쁨의 이유로 삼지 않겠다는 것입니다. 있다가도 없어지는 세상 기쁨들을 붙잡고 사는 것이 아니라 영원히 변하지 않는 하나님의 말씀대로 사는 기쁨을 붙잡고 살겠다는 것입니다.

삶의 환경이나 주변 사람들로 받는 인정 때문에 얻는 기쁨은 있다가도 없어지는 것입니다. 언제든지 바뀔 수 있는 것입니다. 그러나 하나님의 말씀대로 사는 기쁨은 영원히 변하지 않습니다. 그러니 상황이 어렵고 사람들의 평가가 박해도 말씀에 비추어 본 나의 삶이 부끄러움 없는 삶이라면, 그러면 된 겁니다. 반대로 다른 모든 것이 있다 할지라도 말씀 앞에서 내 삶이 너무나 부끄러운 삶이라면, 그러면 속히 돌이켜야 하는 것입니다.

나눔 1 나는 무엇으로부터 기쁨을 얻으려고 하고 있습니까?

나눔 2 하나님의 말씀에 나의 삶을 비추어 보십시오. 어떤 마음이 듭니까?

예수님을 바라보는 우리 가정 기도 :

오늘성경통독 욥기 11장 ☐ 12장 ☐ 13장 ☐ 14장 ☐ 15장 ☐
오늘가정예배 찬송 38장 예수 우리 왕이여

Date / /

말씀 욥기 15:1-6 데만 사람 엘리바스가 대답하여 이르되 지혜로운 자가 어찌 헛된 지식으로 대답하겠느냐 어찌 동풍을 그의 복부에 채우겠느냐 어찌 도움이 되지 아니하는 이야기, 무익한 말로 변론하겠느냐 참으로 네가 하나님 경외하는 일을 그만두어 하나님 앞에 묵도하기를 그치게 하는구나 네 죄악이 네 입을 가르치나니 네가 간사한 자의 혀를 좋아하는구나 너를 정죄한 것은 내가 아니요 네 입이라 네 입술이 네게 불리하게 증언하느니라

살리는 말과 죽이는 말

우리 마음속에는 두 가지 마음이 공존하고 있습니다. 하나는 우리 주님께서 주시는 마음이고 다른 하나는 마귀가 넣어주는 마음입니다. 우리 마음은 두 마음이 서로 싸우는 영적인 전쟁터입니다. 그 두 마음이 우리의 마음 문을 계속해서 두드립니다. 결국 우리는 주님께서 주시는 마음과 마귀가 주는 마음 중에서 어떤 것을 붙잡을지를 스스로 선택하면서 살아야 합니다.

그러면 우리는 어떻게 주님께서 주시는 마음과 마귀가 주는 마음을 분별할 수 있을까요? 그것은 우리 안에 떠올려지는 마음의 목적을 살펴보면 됩니다. 주님께서 주시는 마음은 우리를 보호하시고 인도하셔서 우리의 영을 살리고 우리와 함께 있는 자들의 영혼을 살리는데 목적이 있습니다. 반면에 마귀가 주는 마음의 목적은 죽이는데 있습니다.

가룟 유다의 마음에 마귀가 넣어준 마음이 예수님을 죽이는 일로 끝나게 된 것처럼 마귀가 넣어주는 마음의 결과는 영혼이 죽고, 마음이 죽는 일로 드러나게 되어 있습니다. 그러니 내 안에서 일어나는 마음들 중에 무엇이 선한 결과를 가져올지 고민해보면 그 마음이 누가 주는 마음인지를 분별할 수 있습니다.

그리고 우리가 붙잡은 마음이 가장 직접적으로 우리 삶 가운데 드러나는 영역은 바로 '말'의 영역입니다. 우리가 주님께서 주시는 마음을 붙잡았다면, 살리고자 하시는 주님의 마음이 우리의 말을 통하여 드러나게 되어 있습니다.

반대로 우리가 마귀가 주는 마음을 붙잡았다면, 우리의 말을 통하여 죽이고자 하는 마귀의 마음이 드러나게 되어 있습니다.

오늘 말씀에 기록된 엘리바스의 말은 어떻습니까? 그의 입에서 나오는 말은 살리는 말입니까? 아니면 죽이는 말입니까? 만일 엘리바스가 주님께서 주시는 마음을 붙잡았더라면, 그의 입에서 나오는 말은 욥에게 용기를 주고, 위로를 주어서 욥의 영혼이 힘을 얻어 살아나는 결과를 가져왔을 것입니다.

그러나 엘리바스의 말을 들은 욥은 더욱 마음에 낙심이 되고 어려움을 겪게 됩니다. 그것을 보면 엘리바스가 마귀가 주는 마음을 붙잡았다는 사실을 우리가 분명하게 알 수 있는 것입니다.

우리 입에서 살리는 말이 나오는지 죽이는 말이 나오는지를 주목해야 합니다. 결국 우리의 입에서 나오는 말이 우리가 누가 주는 마음을 붙잡고 사는지를 증명합니다. 오늘 당신의 입에서 나온 말은 영혼을 살리는 말이었습니까? 죽이는 말이었습니까?

나눔 1 오늘 내가 했던 영혼을 살리는 말은 무엇입니까?

나눔 2 오늘 서로의 말을 통해 어떤 마음을 받았는지 나누어 보세요.

예수님을 바라보는 우리 가정 기도 :

오늘성경통독 욥기 16장☐ 17장☐ 18장☐ 19장☐ 20장☐ 21장☐
오늘가정예배 찬송 200장 달고 오묘한 그 말씀 Date / /

말씀 욥기 16:1-5 욥이 대답하여 이르되 이런 말은 내가 많이 들었나니 너희는 다 재난을 주는 위로자들이로구나 헛된 말이 어찌 끝이 있으랴 네가 무엇에 자극을 받아 이같이 대답하는가 나도 너희처럼 말할 수 있나니 가령 너희 마음이 내 마음 자리에 있다 하자 나도 그럴 듯한 말로 너희를 치며 너희를 향하여 머리를 흔들 수 있느니라 그래도 입으로 너희를 강하게 하며 입술의 위로로 너희의 근심을 풀었으리라

재난을 주는 위로자

우리의 말은 우리가 진정으로 붙잡고 있는 것이 누구인지를 드러냅니다. 우리가 주님을 붙잡으면 주님께서 우리의 말을 통하여 드러나고, 우리가 마귀를 붙잡으면 우리의 말을 통하여 마귀가 드러납니다. 그래서 오늘 말씀에서 욥이 친구들을 향하여 "너희는 다 재난을 주는 위로자들이로구나!"라고 말하고 있는 것입니다.

마귀가 우리에게 다가오는 모습을 가장 정확하게 설명하는 말이 '재난을 주는 위로자'라는 말이 아닐까요? 마귀가 우리에게 다가올 때는 항상 달콤한 것으로 우리를 유혹합니다. 죄짓게 하는 것들은 항상 우리 마음에 즐거움이 되고 위로가 된다고 여겨지는 것들입니다. 우리는 이것을 하면 내 마음이 위로될 것 같고, 내 마음이 기쁠 것 같아서 죄 된 것들을 선택합니다.

욥의 친구들이 그랬습니다. 그들이 처음 욥을 찾아올 때까지만 하더라도 그들은 욥과 함께 울고 재를 뒤집어쓰면서 7일이나 고통당하는 욥의 곁을 지켜주었습니다. 욥도 그때는 그 친구들이 자기에게 위로와 기쁨이 된다고 생각했을 것입니다. 그래서 곁에 머물도록 허락했을 것입니다.

그런데 그 친구들이 시간이 지날수록 욥의 마음을 더욱 괴롭게 합니다. 하다 하다 이제는 욥의 입에서 하나님을 원망하는 말이 나오게 했던 것이 욥의 친구들이 되었습니다. 그래서 욥이 그의 친구들을 '재난을 주는 위로자들'이라고 표현하고 있는 것입니다.

지금 욥을 격동하여서 죄를 짓게 만들려고 하는 주체가 누구입니까? 마귀입니다. 마귀가 욥의 세 친구의 마음 가운데 역사해서 그 입을 통하여 욥의 믿음을 흔들려고 얼마나 힘을 다하여 역사하고 있는지 모릅니다.

욥의 친구들은 마귀가 넣어주는 마음을 붙잡았습니다. 그래서 욥을 넘어뜨리는 말, 욥의 영혼을 낙담하게 하는 말을 쏟아붓고 있습니다. 그러나 그들의 처음 모습은 달콤한 위로자의 모습이었다는 것을 우리는 기억해야 합니다.

귀에 들려지는 말을 잘 분별해야 합니다. 달콤하다고 해서 가까이 두어서는 안 됩니다. 들려지는 그 말이 정말 주님의 말씀에 비추어 보았을 때 합당한 말인지를 분명하게 판단해야 합니다. 그렇게 하지 않고 내 귀에 달콤한 말을 하는 사람들을 가까이 두었다가는 그들이 반드시 나에게 재난을 주는 위로자로 돌변하는 것을 보게 될 것입니다.

말을 분별하여 들으십시오. 정말 주님의 마음에 합당한 말을 해주는 사람을 가까이하십시오. 그것이 우리가 재난을 피할 수 있는 지혜라는 것을 기억하면서 주님의 말씀을 전하는 사람들과 친밀하게 동행하는 우리 가족이 되기를 간절히 소원합니다.

나눔 1 오늘 내가 들었던 말 중에 나를 죄짓게 하는 말이 있었습니까?

나눔 2 나에게 주님의 마음으로 말해주는 사람은 누가 있습니까?

예수님을 바라보는 우리 가정 기도 :

말씀 욥기 23:10 그러나 내가 가는 길을 그가 아시나니 그가 나를 단련하신 후에는 내가 순금 같이 되어 나오리라

계속 걸어가세요

욥기의 말씀이 진행될수록 욥의 감정은 요동칩니다. 계속되는 친구들의 말로 인하여 마음에 큰 상처를 받고 아픔을 느낀 욥은 점점 사람을 의지하기보다 하나님을 직시하기 시작합니다. 그러면서 욥은 생각합니다. "그가 큰 권능을 가지시고 나와 더불어 다투시겠느냐 아니로다 도리어 내 말을 들으시리라"(욥 23:6).

욥은 이제 자신에게 고난이 닥친 이유를 생각하지 않습니다. "왜 나에게 이런 고난을 주시는 겁니까!"라고 하나님께 외치는 것에서는 아무런 유익도 얻을 수 없다는 것을 깨닫게 된 것입니다. 우리에게 이유를 알 수 없는 고난이 닥쳤을 때, 그 이유가 무엇인지를 찾는데, 온 신경을 집중하고 매달리는 것은 별로 지혜로운 방법이 아닙니다. 그럴 때 우리가 해야 하는 일은 "이 상황에서 내가 어떻게 행동하는 것이 최선인가?"를 생각하는 것입니다.

그래서 욥은 결정합니다. "내 발이 그의 걸음을 바로 따랐으며 내가 그의 길을 지켜 치우치지 아니하였고 내가 그의 입술의 명령을 어기지 아니하고 정한 음식보다 그의 입의 말씀을 귀히 여겼도다 그는 뜻이 일정하시니 누가 능히 돌이키랴 그의 마음에 하고자 하시는 것이면 그것을 행하시나니"(욥 23:11-13).

욥의 이 말은 하나님의 변하지 않으시는 뜻에 합당한 길을 계속 걷겠다는 그의 결단입니다. 이제는 더 이상 나에게 왜 이런 일이 일어났는지를 생각하지 않고, 그냥 담담하게, 꾸준하게 하나님의 걸음을 따르고, 하나님의 길을 지켜 걷겠다는 것입니다. 하나님의 명령을 계속해서 지켜나가고 하나님의 말씀을 계속해서 붙잡고 살겠다는 것입니다. 그러면 하나님은 뜻이 일정하신 분이시니 반드시 내가 걸어왔던 삶의 길에 대한 보응을 해주실 것이라는 믿음이 욥에게 있었던 것입니다. 그래서 욥의 이 결단을 한 문장으로 요약하면 이 말씀이 됩니다. "그러나 내가 가는 길을 그가 아시나니 그가 나를 단련하신 후에는 내가 순금 같이 되어 나오리라"(욥 23:10).

지금 우리의 상황이 어떠하든지에 관계없이 우리가 행할 길은 어차피 하나입니다. 하나님을 믿는 사람은 상황이 나빠도 하나님의 말씀을 따라 살아야 하고, 상황이 좋아도 하나님의 말씀을 따라 살아야 합니다. 그러니 내 상황과 환경을 바라보고 거기에 마음을 쏟을 필요가 없습니다.

우리는 앞을 바라보아야 합니다. 우리가 하나님의 말씀을 붙잡고 그분의 길을 걸으면 하나님께서는 반드시 우리에게 그 믿음에 합당한 보상을 해주실 것입니다. 반드시 우리가 주님 앞에 순금같이 되어 나오게 되는 날을 맞이하게 될 것입니다. 그러니 앞을 보십시오. 뒤돌아보지 말고, 상황과 환경에 마음 흔들리지 말고, 하나님의 말씀을 붙잡고 앞만 보고 그분의 길을 걸으십시오. 그렇게 우리의 인생을 한 걸음씩 나아감으로 주님 앞에 순금 같은 모습으로 서게 되는 우리 가정이 되기를 간절히 소원합니다.

나눔 1 상황과 환경을 바라보느라 앞으로 나아가지 못했던 경험이 있습니까?

나눔 2 하나님은 뜻이 일정하신 분이시라는 말씀은 무슨 의미일지 나누어 보세요.

예수님을 바라보는 우리 가정 기도 :

오늘성경통독 욥기 28장 □ 29장 □ 30장 □ 31장 □ 32장 □

오늘가정예배 찬송 380장 나의 생명 되신 주

Date / /

말씀 욥기 28:23-28 하나님이 그 길을 아시며 있는 곳을 아시나니 이는 그가 땅 끝까지 감찰하시며 온 천하를 살피시며 바람의 무게를 정하시며 물의 분량을 정하시며 비 내리는 법칙을 정하시고 비구름의 길과 우레의 법칙을 만드셨음이라 그 때에 그가 보시고 선포하시며 굳게 세우시며 탐구하셨고 또 사람에게 말씀하셨도다 보라 주를 경외함이 지혜요 악을 떠남이 명철이니라

고난 가운데 깊어지는 믿음

어려운 상황 가운데서 욥의 믿음은 더욱 깊어져만 갑니다. 이전에 그의 믿음이 어느 정도 깊이에서 평탄하게 유지되는 믿음이었다면, 지금은 비록 요동치고, 때로는 불만하고 불평하지만 믿음의 최고 깊이는 더욱 깊어져 있는 욥의 모습을 보게 됩니다.

고난이 더해질수록 믿음이 깊어져 가는 사람이 진짜 믿음의 사람입니다. 고난이 찾아왔다고 해서 믿음이 얕아지고 흐려지는 사람은 자신이 진짜 하나님을 믿는 사람인지 점검할 수 있는 기회를 주신 것으로 여기고 자신의 믿음을 점검해야 합니다. 우리가 하나님을 믿는다는 것은 두 가지를 믿는 것입니다.

"믿음이 없이는 하나님을 기쁘시게 하지 못하나니 하나님께 나아가는 자는 반드시 그가 계신 것과 또한 그가 자기를 찾는 자들에게 상 주시는 이심을 믿어야 할지니라"(히 11:6).

그러니 하나님을 믿는다는 것은 하나님께서 지금도 살아 계신다는 것을 믿는 것과 더불어 살아계신 하나님께서 반드시 나에게 '상' 곧 가장 좋은 것을 주시는 분이시라는 것을 믿는 것입니다. 그러니 고난 가운데 있을 때 진짜 믿음의 사람은 하나님께서 자신에게 가장 좋은 것을 베푸시는 분이시라는 사실을 믿기 때문에 흔들리지 않을 수 있고 믿음이 없는 사람은 그 사실을 믿을 수 없기 때문에 흔들리는 것입니다.

욥은 정말 큰 믿음의 사람이었습니다. 그는 하나님이 살아계신 것과 하나님께서 자기를 찾는 자들에게 상 주시는 이심을 믿었습니다. 그래서 그 큰 고난 가운데 그의 믿음은 더욱 깊어져 가고 있습니다. 그래서 그는 고백합니다. "주를 경외함이 지혜요 악을 떠남이 명철이니라."

고난 가운데 있어도 주님을 경외할 수 있는 사람이 진짜 지혜가 있는 사람입니다. 고난 가운데 있다고 할지라도 하나님의 길에서 떠나지 않고 악에서 떠나 의의 길을 걸어가는 사람이 명철이 있는 사람입니다.

우리는 어떤 사람입니까? 어려움이 찾아올 때, 정말 더 이상 나빠질 수 없을 만큼 나빠진 상황 가운데서도 하나님께서 살아계시고, 그 하나님이 자기를 찾는 자에게 상 주시는 분이시라는 사실을 믿고 믿음으로 반응할 수 있습니까? 아니면 절망 가운데 하나님을 원망하고 악의 길로 빠지는 사람입니까?

욥의 믿음이 우리에게도 있기를 원합니다. 어떤 상황 가운데서도 하나님은 선하시고, 우리에게 가장 좋은 것을 베푸시는 분이시라는 믿음을 가지고, 절망의 상황 속에서도 믿음으로 반응할 수 있는 욥의 믿음을 가지고 살아가는 우리 가정이 되기를 간절히 축복합니다.

나눔 1 하나님은 자기를 찾는 자들에게 상 주시는 이심을 정말 믿으십니까?

나눔 2 어려움이 찾아올 때 우리 입에서 가장 먼저 나오는 말은 감사입니까? 불평입니까?

예수님을 바라보는 우리 가정 기도 :

오늘성경통독 욥기 33장□ 34장□ 35장□ 36장□ 37장□
오늘가정예배 찬송 425장 주님의 뜻을 이루소서 Date / /

말씀 욥기 36:26 하나님은 높으시니 우리가 그를 알 수 없고 그의 햇수를 헤아릴 수 없느니라

하나님을 판단하지 마세요

욥과 친구들의 대화를 조용히 듣고 있던 엘리후는 그들 앞에 나타나서 가만히 이야기합니다. 엘리후의 말속에는 욥에 대한 책망이 들어 있습니다. 그런데 그 책망의 말 중에서 우리가 반드시 기억해야만 하는 내용이 포함되어 있습니다. 바로 "하나님은 높으시니 우리가 그를 알 수 없고 그의 햇수를 헤아릴 수 없느니라"(욥 36:26) 말씀입니다.

하나님은 높으셔서 우리는 그분을 알 수 없습니다. 우리가 하나님에 대해서 알 수 있는 부분은 그분께서 우리에게 알려주신 부분뿐입니다. 하나님께서 우리에게 자신을 알려주시는 것, 그것을 '계시'라고 말합니다. 우리가 하나님에 대해서 알 수 있는 것은 그분께서 계시를 통하여 우리에게 자신을 알려주신 것들뿐입니다. 성경이 그 계시이고, 예수 그리스도가 그 계시입니다. 다시 말하면 우리가 하나님에 대해서 알 수 있는 것은 매우 한정적입니다.

하나님에 대해서 잘 알고 있는 사람이라고 할지라도 그가 알고 있는 범위는 하나님께서 알려주신 것에서 벗어나지 못합니다. 그것은 세계적인 신학자나 유명한 목사나 다 마찬가지입니다. 이 세상에 존재하는 그 누구도 하나님께서 가르쳐주지 않으신 하나님의 모습을 알 수 없습니다.

이것이 무엇을 의미합니까? 우리가 아는 것, 우리가 생각하는 것으로만 하나님을 판단하는 것은 무조건 잘못된 일이라는 것입니다. 우리가 하나님에 대해서 아는 것이 한정적인데, 우리가 아는 그 한정적인 하나님에 대한 지식으로 상황을 판단하고 하나님의 뜻을 판단하는 것 자체가 매우 미련한 행동이라는 것입니다.

하나님은 우리를 판단하실 수 있지만 우리는 하나님을 판단할 수 없습니다. 우리는 하나님을 완전히 알 수 없습니다. 그분께서 가르쳐 주시는 것만 알 뿐입니다. 우리는 하나님의 계획과 하나님의 뜻과 하나님의 마음을 다 알 수 없습니다. 그저 미루어 짐작할 뿐입니다. 그러니 우리의 생각으로 하나님을 판단하고 하나님의 뜻은 이거야라고 확정하는 것은 하나님께서 바라보실 때 매우 어이없는 행동입니다.

우리가 해야 할 행동은 하나님을 판단하고 그분의 생각을 한정 짓는 것이 아닙니다. 우리는 하나님께서 자기를 보이시고 자기 뜻을 알려주셔야만 그분을 알 수 있고 그분의 뜻을 알 수 있기 때문에 우리가 정말 해야 할 지혜로운 행동은 끊임없이 그분을 찾고, 끊임없이 그분께 구하는 것입니다. 매 순간 주님을 찾고 주님의 뜻을 구할 때 우리에게 보이시는 그분의 뜻을 좇아가는 것 그것이 이 인생을 살면서 하나님을 따르는 지혜로운 방법입니다.

하나님을 판단하지 마십시오. 하나님의 뜻을 내 지식과 지혜로 정의하려고 하지 마십시오. 그저 매 순간 그분을 찾고 그분을 구하면, 그러면 그분께서 자기를 드러내시고 우리를 그분의 계획대로 인도하실 것입니다.

나눔 1 내 생각으로 하나님을 판단했던 적이 있습니까?

나눔 2 나는 하나님의 계획과 뜻을 알기 위해서 무엇을 하고 있습니까?

예수님을 바라보는 우리 가정 기도 :

오늘성경통독 욥기 38장 □ 39장 □ 40장 □ 41장 □ 42장 □
오늘가정예배 찬송 299장 하나님 사랑은
Date / /

말씀 **욥기 41:8-11** 네 손을 그것에게 얹어 보라 다시는 싸울 생각을 못하리라 참으로 잡으려는 그의 희망은 헛된 것이니라 그것의 모습을 보기만 해도 그는 기가 꺾이리라 아무도 그것을 격동시킬 만큼 담대하지 못하거든 누가 내게 감히 대항할 수 있겠느냐 누가 먼저 내게 주고 나로 하여금 갚게 하겠느냐 온 천하에 있는 것이 다 내 것이니라

우리가 가져야 할 마음가짐

흔히 사람들은 인간을 만물의 영장(靈長)이라고 말합니다. 이것은 이 세상에 존재하는 것들 중에서 인간이라는 존재가 가장 뛰어나고 영묘한 능력을 지녔다는 것을 표현하는 말입니다.

세상을 바라보면 정말 그런 것 같습니다. 이 세상을 인간이 이끌어가고 있는 것 같고, 인간이 세상을 다스리고 있는 것처럼 보이기도 합니다. 세상에 거대한 문명을 세우고, 나라를 세우고, 각 나라들이 연합해서 온 세계를 통치하는 것 같습니다. 그렇기에 사람들이 자신을 가리켜 만물의 영장이라고 말했겠지요.

그런데 여러분, 가만히 생각해보면 인간이 만물의 영장이 아니라는 것을 금방 깨닫게 됩니다. 이 세상에 인간이 다스리지 못하는 것이 얼마나 많습니까? 인간은 계절이 바뀌는 것을 막지 못합니다. 시간이 흐르는 것을 막지도 못하지요. 이 세상을 자기 손에 쥐고 흔들 수 있다고 생각하는 것이 인간이지만, 실상은 자기 인생 하나도 자기 마음대로 하지 못하는 것이 인간이라는 존재입니다. 그런데도 자기들이 대단한 존재라도 되는 것처럼 으스대며 살아가고 있는 것입니다.

오늘 말씀에는 하나님께서 욥에게 '리워야단'이라는 생물에 대해서 말씀하시고 있는 장면이 기록되어 있습니다. 리워야단에 대한 기록을 살펴보면 악어라는 동물과 흡사한 모습이 많이 보입니다. 이 리워야단이 진짜 악어에 대해서 말씀하시는 것인지는 분명하지 않습니다. 그리고 그것이 중요하지도 않습니다. 우리에게 정말 중요한 것은 이 말씀을 통하여 우리가 다스리지 못하는 존재 앞에서 지존하신 하나님을 발견하고 그분 앞에 무릎 꿇을 수 있느냐 하는 문제입니다.

우리가 마음대로 통제하지 못하는 것들이 우리의 삶 곳곳에 자리해 있습니다. 흘러가는 시간, 자신의 육체의 건강, 자녀양육, 삶과 죽음 등등 우리의 손이 미치지 못하고 우리의 뜻이 실현되지 못하는 영역이 얼마나 많이 있는지 모릅니다. 여러분들은 그러한 것들을 바라볼 때 무슨 생각을 하십니까? 우리 인생이 내 손에 달린 것이 아니라는 것을 깨달으시기를 축복합니다. 우리 인생의 주권이 우리에게 있는 것이 아님을 기억하시기 바랍니다.

우리 인생의 주권이 우리에게 있는 것이 아니라 하나님께 있다는 것을 안다면 삶의 형편이 어떠하든지 바라보고 의지할 분은 오직 하나님 밖에는 없다는 것도 알아야 합니다. 그것을 알면 상황이 어렵다고 해서 하나님께 불평하지 못합니다. 누구도 하나님께 대항할 수 없습니다. 그저 믿고, 그저 경외하며 하나님의 선하심을 신뢰하는 것, 그것이 우리가 이 세상과 삶을 바라보며 가져야 할 올바른 마음가짐입니다. 이 마음을 붙잡고 모든 상황 가운데 하나님을 신뢰하며 의지하는 우리 가정이 되기를 간절히 소원합니다.

나눔 1 내 삶 가운데 내 뜻대로 통제할 수 없는 것은 무엇이 있나요?

나눔 2 나는 어려움을 만날 때 어떤 마음으로 하나님을 바라보았나요?

예수님을 바라보는 우리 가정 기도 :

시편

말씀 시편 1:1-3 복 있는 사람은 악인들의 꾀를 따르지 아니하며 죄인들의 길에 서지 아니하며 오만한 자들의 자리에 앉지 아니하고 오직 여호와의 율법을 즐거워하여 그의 율법을 주야로 묵상하는도다 그는 시냇가에 심은 나무가 철을 따라 열매를 맺으며 그 잎사귀가 마르지 아니함 같으니 그가 하는 모든 일이 다 형통하리로다

하나님이 복을 줄 수 있는 사람

많은 사람들이 하나님께 복을 받는 인생을 살고 싶어 합니다. 그러나 복을 받는 인생은 사실 하나님께 달렸다기보다는 우리에게 달린 일입니다. 왜냐하면 하나님께서는 모든 사람들에게 복을 주시기를 원하시는 분이시기 때문입니다.

하나님께서는 모세에게 "여호와는 네게 복을 주시고 너를 지키시기를 원하며 여호와는 그의 얼굴을 네게 비추사 은혜 베푸시기를 원하며 여호와는 그 얼굴을 네게로 향하여 드사 평강 주시기를 원하노라 할지니라 하라"(민 6:24-26)고 먼저 말씀하실 만큼 그분의 백성들에게 복과 은혜와 평강을 주시기를 원하시는 분이십니다. 그러니 복된 인생을 사는 것에 있어서 중요한 것은 하나님의 마음이 아닙니다. 바로 우리의 마음인 것입니다.

하나님께서는 항상 우리에게 복을 주기를 원하십니다. 복을 주시기 위해서 우리에게 얼굴을 드시고 언제 복을 주실 수 있을까를 생각하시며 살피고 계십니다. 그러니 우리가 해야 할 것은 하나님께 복을 달라고 기도하는 것이 아닙니다. 하나님께서 복을 주실 수 있도록 나의 삶을 조정하는 것이 필요한 것입니다.

시인은 말합니다. "복 있는 사람은 악인들의 꾀를 따르지 아니하며 죄인들의 길에 서지 아니하며 오만한 자들의 자리에 앉지 아니하고 오직 여호와의 율법을 즐거워하여 그의 율법을 주야로 묵상하는도다"(시 1:1-2). 시인이 말하는 복된 인생의 모습은 의외로 간단합니다.

첫째로 악인들의 꾀를 따르지 말아야 합니다. 하나님의 방법이 아니라 세상의 방법을 따르는 일을 철저히 금해야 한다는 것입니다. 둘째는 죄인들의 길에 서지 않는 것입니다. '서지 않는다'는 '따르지 않는다'보다 훨씬 강도가 강한 말입니다. 서는 것조차 안 된다는 것입니다. 따르지 않는 것도 중요하지만 그 길에 서지도 말아야 합니다. 다시 말하면 마음조차 두지 말라는 것입니다. 마지막 셋째는 오만한 자들의 자리에 앉지 않는 것입니다.

사실은 이 세번째가 첫째와 둘째의 원인이기도 합니다. 오만한 자가 어떤 자입니까? 하나님을 인정하지 않는 자입니다. 살아계신 하나님을 바라보지 않고, 그분을 경외하지 않는 자가 가장 오만한 자입니다. 우리 삶에 악인들의 꾀를 따르고 죄인들의 길에 서는 죄가 일어나는 것은 그 순간에 하나님을 바라보지 못하고 인정하지 못했기 때문입니다.

그러니 복 있는 인생은 항상 하나님을 인정하고 그분을 경외하는 믿음 가운데서 살아가는 사람입니다. 하나님 때문에 악인들의 꾀를 따르지 않고, 하나님 때문에 죄인들의 길에 서지 않는 사람, 그런 사람이 바로 하나님께서 그렇게 주기를 원하시던 복을 받을 수 있는 사람인 것입니다.

나눔 1 오늘 하나님을 바라보지 못하고 그분을 인정하지 못했던 순간이 있습니까?

나눔 2 악인들의 꾀와 죄인들의 길을 따르고 있는 부분은 없습니까?

예수님을 바라보는 우리 가정 기도 :

말씀 시편 10:12-13 여호와여 일어나옵소서 하나님이여 손을 드옵소서 가난한 자들을 잊지 마옵소서 어찌하여 악인이 하나님을 멸시하여 그의 마음에 이르기를 주는 감찰하지 아니하리라 하나이까

진짜 하나님의 사람

세상을 살다 보면 '정말 하나님이 살아 계시는가?'라는 생각을 하게 될 때가 있습니다. 특별히 악인이 번창하고 악한 자가 하나님을 비방하는데도 하나님께서 아무것도 하시지 않는 것처럼 보일 때는 더욱 그렇습니다. 그런데 그런 마음이 사람들의 생각 가운데 일어나는 것은 오늘날이나 몇천 년 전이나 마찬가지였던 것 같습니다. 오늘 말씀의 시편에서도, 또 성경의 곳곳에서도 같은 말을 하는 사람들을 만나게 되기 때문입니다.

오늘 말씀은 이렇게 시작합니다. "여호와여 어찌하여 멀리 서시며 어찌하여 환난 때에 숨으시나이까 악한 자가 교만하여 가련한 자를 심히 압박하오니 그들이 자기가 베푼 꾀에 빠지게 하소서"(시 10:1-2).

시인은 지금 악한 자들을 벌하지 않으시고 방치하시는 하나님을 원망하면서 속히 악한 자들을 심판해 주시기를 하나님께 간청하고 있습니다. 이것이 오늘날 악한 자들을 바라보는 우리의 마음 아닙니까? 우리도 이 시인과 같이 악인들을 바라보면서 "하나님께서는 도대체 뭐하시는 것인가? 어서 저들을 벌하셨으면 좋겠다"라고 생각합니다. 그런데 이 시편이 어떻게 끝납니까? 오늘 말씀에 기록된 것처럼 시인은 끝까지 하나님의 심판을 간구합니다. 다시 말하면 그가 원하는 것처럼 하나님의 심판이 악인들에게 속히 임하지는 않았다는 것입니다.

어째서 하나님께서는 교만하기 짝이 없는 악인들을 속히 심판하지 않으시는 걸까요? 시인이, 우리가 그렇게 애타게 하나님의 심판을 간구해도 왜 하나님께서는 움직이지 않으시는 걸까요? 그 이유를 에스겔서는 "주 여호와의 말씀이니라 나의 삶을 두고 맹세하노니 나는 악인이 죽는 것을 기뻐하지 아니하고 악인이 그의 길에서 돌이켜 떠나 사는 것을 기뻐하노라"(겔 33:11)고 말합니다.

하나님께서는 심판하기를 좋아하시는 분이 아니십니다. 하나님께서는 악인을 벌하여 죽이는 것을 기뻐하지 않으십니다. 오히려 그 악인이 그의 길에서 돌이켜 떠나 살게 되는 것을 기뻐하십니다. 그래서 벌하지 않으시고 심판하지 않으시는 것입니다. 악인들이 그의 길에서 돌이켜 떠나 살 수 있도록 기다려 주시는 것입니다.

이것이 악인들을 바라볼 때 우리가 품어야 할 마음입니다. 악인을 벌해달라고 하나님께 간구하는 자는 아직 하나님의 마음을 제대로 알지 못하는 사람입니다. 악인이 기세등등하게 하나님을 비방하는 모습을 볼 때 그를 위해서 기도할 수 있는 사람, 그를 바라보시는 하나님의 애통하심을 함께 느낄 수 있는 사람이 진짜 하나님의 사람입니다. 우리의 생각으로 하나님을 판단하지 않고 하나님의 생각으로 우리 마음과 생각을 채울 수 있게 되기를 소원합니다. 그렇게 우리의 삶의 모습을 통해 이 땅에 하나님의 마음과 모습을 드러내며 살아가기를 간절히 축복합니다.

나눔 1 나의 마음과 생각 중에서 하나님을 닮은 마음과 생각이 있나요?

나눔 2 오늘 내 입을 통하여 나왔던 말 중에서 하나님의 마음과 다른 말이 있었나요?

예수님을 바라보는 우리 가정 기도 :

말씀 시편 19:1-4 하늘이 하나님의 영광을 선포하고 궁창이 그의 손으로 하신 일을 나타내는도다 날은 날에게 말하고 밤은 밤에게 지식을 전하니 언어도 없고 말씀도 없으며 들리는 소리도 없으나 그의 소리가 온 땅에 통하고 그의 말씀이 세상 끝까지 이르도다 하나님이 해를 위하여 하늘에 장막을 베푸셨도다

다른 시선으로 세상을 바라봅시다

몽타주라는 것을 아십니까? 지금처럼 CCTV가 많지 않던 시절에는 범인을 잡기 위해서 목격자의 설명에 의지해서 범인의 얼굴을 추측하는 그림을 그려서 곳곳에 부착해 놓았습니다. 그러면 사람들은 이 그림을 눈여겨보았다가 그와 닮은 사람을 발견하면 경찰서에 신고해서 범인을 잡았습니다.

몽타주는 범인의 진짜 얼굴이 아닙니다. 그의 얼굴을 찍은 사진도 아닙니다. 다만 그를 보았던 사람의 설명에 의지해서 그의 특징들이 드러나게 그려낸 그림일 뿐입니다. 그런데도 그 그림은 범인이 어떤 사람인지를 사람들에게 알게 해주었고 그 그림 덕분에 진짜 범인을 만나게 되었을 때 '이 사람이 범인이구나'라고 반응할 수 있었던 것입니다.

세상은 하나님의 몽타주입니다. 이 세상에 존재하는 모든 것은 하나님도 아니고, 하나님의 모습이 정확하게 드러나는 사진도 아니지만, 하나님이 어떤 분이신지를 우리가 알 수 있게 하는 하나님의 몽타주입니다. 하늘의 해를 바라보아도 하나님의 모습이 드러납니다. 하늘의 별과 달을 바라보아도 마찬가지입니다. 길을 걷다가 흔들리는 나뭇가지에서도, 땅에 떨어져 바람에 날려가는 나뭇잎에서도 하나님의 모습을 찾을 수 있습니다. 이 세상에 존재하는 모든 것이 하나님의 손에 의하여 창조된 것이기에 우리가 유심히 보기만 한다면 세상 모든 것에서 하나님의 모습을 발견할 수 있는 것입니다.

하나님을 아는 사람, 이 세상의 만물과 자기 자신까지도 하나님의 손길에 의해서 창조되었다는 것을 정말 믿는 사람은 세상의 모든 것에서 하나님의 모습을 볼 수 있어야 합니다. 세상에 존재하는 모든 것들이 그냥 스쳐 지나가는 것들이 아니라, 하나님의 손에 의해 창조된, 하나님의 손길의 흔적이 남아 있는 것이라는 사실을 기억해야 합니다. 그래서 그 모든 것을 통하여 하나님의 얼굴을 바라볼 수 있어야 합니다.

오늘 말씀에서 시인은 하늘과 해를 바라보면서 하나님의 영광을 찬송합니다. 이것이 믿음의 사람이 세상을 바라보는 시선입니다. 여러분은 오늘 하늘을 바라본 적이 있습니까? 길을 걸으면서 눈에 비치는 세상의 모습을 바라보면서 하나님의 영광을 찬송한 적이 있습니까? 세상을 통하여 하나님을 바라보십시오. 세상의 곳곳에 감추어져 있는 하나님의 흔적을 찾아보십시오. 그러면 매일 보던 하늘이 하나님의 모습을 드러내는 몽타주가 되고 매일 걷던 길이 주의 영광을 드러내는 놀라운 길이 될 것입니다.

믿음이 없는 사람들과 똑같은 시선으로 세상을 바라보지 않게 되기를 소원합니다. 우리의 눈길이 머무는 곳마다 그곳에 베어진 하나님의 흔적을 찾을 수 있는 눈이 열리게 되기를 소원합니다. 그리하여서 날마다 세상 만물을 통하여 주님의 모습을 바라보고 찬송을 올려드릴 수 있기를 간절히 축복합니다.

나눔 1 오늘 내가 바라본 것들을 통해서 하나님을 생각했던 적이 있나요?

나눔 2 해와 달을 바라볼 때 거기에서 하나님의 어떤 모습을 찾을 수 있을까요?

예수님을 바라보는 우리 가정 기도 :

오늘성경통독 시편 27편☐ 28편☐ 29편☐ 30편☐ 31편☐ 32편☐ 33편☐
오늘가정예배 찬송 321장 날 대속하신 예수께 Date / /

말씀 시편 27:1-4 여호와는 나의 빛이요 나의 구원이시니 내가 누구를 두려워하리요 여호와는 내 생명의 능력이시니 내가 누구를 무서워하리요 악인들이 내 살을 먹으려고 내게로 왔으나 나의 대적들, 나의 원수들인 그들은 실족하여 넘어졌도다 군대가 나를 대적하여 진 칠지라도 내 마음이 두렵지 아니하며 전쟁이 일어나 나를 치려 할지라도 나는 여전히 태연하리로다 내가 여호와께 바라는 한 가지 일 그것을 구하리니 곧 내가 내 평생에 여호와의 집에 살면서 여호와의 아름다움을 바라보며 그의 성전에서 사모하는 그것이라

하나님을 향한 사랑의 크기

우리가 정말 하나님을 믿는 믿음이 있는 사람이라면 우리 마음 가운데서 염려와 두려움이 물러가게 되어 있습니다. 그래서 요한일서는 "사랑 안에 두려움이 없고 온전한 사랑이 두려움을 내쫓나니 두려움에는 형벌이 있음이라 두려워하는 자는 사랑 안에서 온전히 이루지 못하였느니라"(요일 4:18)고 말하고 있는 것입니다.

여기에 우리가 하나님을 믿고 주님을 믿는다고 하면서도 아직 염려와 두려움에 휘둘리며 살아갈 때가 많은 이유가 있습니다. 그것은 우리가 하나님을 믿는 믿음이 믿음을 넘어서 사랑까지 나아가지 못했기 때문입니다. 예수님께서는 우리를 위하여 십자가에 달려 죽으셨습니다.

그분께서는 우리를 위하여 수없이 많은 모욕을 당하셨고 만신창이가 된 몸으로 십자가를 지고 골고다 언덕을 오르셔야 했습니다. 예수님의 손과 발에 못을 박기 위해서 커다란 못을 그 손과 발에 대었을 때, 로마 군인이 못을 내려치기 위해 망치를 높이 쳐들었을 때, 예수님은 그 두려움을 마음에 담지 않으셨습니다. 그분께서는 담담하게 못 박히셨고 십자가 위에 높이 달리셔서 죽음을 맞이하셨습니다. 하나님 아버지께서는 그 모든 과정을 지켜보시면서도 자기 아들 예수 그리스도께서 죽임을 당하시는 것을 그대로 지켜보고 계셨습니다.

여러분, 예수님께서 이렇게 십자가를 담대하게 지실 수 있었던 이유가 무엇입니까? 하나님께서 자기 아들을 십자가에 달려 죽도록 내버려 두신 이유가 무엇입니까? 성경은 그 이유를 그분께서 우리를 너무나 사랑하셨기 때문이라고 말합니다. "사랑은 여기 있으니 우리가 하나님을 사랑한 것이 아니요 하나님이 우리를 사랑하사 우리 죄를 속하기 위하여 화목 제물로 그 아들을 보내셨음이라"(요일 4:10).

오늘 우리가 읽은 본문을 쓰고 있는 다윗의 마음이 바로 이런 마음입니다. 그는 원수뿐만 아니라 군대가 자신을 대적하여 진 칠지라도 두려워하지 않고 태연할 것이라고 말합니다. 왜냐하면 다윗에게는 하나님을 향한 사랑이 있었기 때문입니다. 그의 마음의 소원을 딱 하나만 남기면 4절 말씀이 될 만큼 하나님을 향한 그의 사랑은 컸습니다. "내가 여호와께 바라는 한 가지 일 그것을 구하리니 곧 내가 내 평생에 여호와의 집에 살면서 여호와의 아름다움을 바라보며 그의 성전에서 사모하는 그것이라"(시 27:4).

우리 마음의 소원 중에서 딱 하나만 남길 수 있다면 여러분의 소원은 무엇입니까? 그것을 통하여 하나님을 향한 나의 사랑의 크기를 가늠해 보십시오. 그리고 그 사랑이 우리를 위하여 자기 아들을 내주신 분에게 마땅히 드려야 할 사랑이 맞는지 확인해 보시기를 축복합니다.

나눔 1 당신의 마음속에 있는 소원 중 제 1의 소원은 무엇입니까?
나눔 2 하나님을 향한 나의 사랑의 크기는 그분께 드리기에 마땅한 크기입니까?
예수님을 바라보는 우리 가정 기도 :

말씀 시편 34:1-2 내가 여호와를 항상 송축함이여 내 입술로 항상 주를 찬양하리이다 내 영혼이 여호와를 자랑하리니 곤고한 자들이 이를 듣고 기뻐하리로다

누구를 자랑합니까?

자녀를 낳은 부모의 마음을 아십니까? 자녀를 얻은 지 얼마 되지 않은 부모는 누구를 만나서 어떤 대화를 하든지 자기 자녀를 자랑합니다. "우리 애가 이렇게 했다. 저렇게 했다"는 자식 자랑을 하는 것이지요. 할아버지 할머니는 더합니다. 태어난 지 며칠 되지 않은 손주가 말귀를 알아들었다느니, 엄마 소리를 했다느니 하면서 손주 자랑을 얼마나 하는지 모릅니다. 그런데 여러분, 이렇게 자식 자랑을 하고 손주 자랑을 하게 되는 것은 너무나 자연스러운 현상입니다. 왜 그럴까요? 자식 사랑, 손주 사랑이 엄청나게 각별하기 때문입니다.

누구든 자신이 특별히 사랑하는 것을 자랑하게 되어 있습니다. 자신의 마음을 쏟고 있는 것을 사람들에게 찬양하게 되어 있습니다. 사랑은 자랑과 찬양을 반드시 동반하게 되어 있습니다. 그러니 우리 입에서 무엇에 대한 자랑과 찬양이 나오고 있는지를 보면 내가 정말 사랑하는 것이 무엇인지를 분별할 수 있습니다.

요즘 내 입술에서 가장 많이 자랑하고 있는 것이 무엇입니까? 요즘 나의 입에서 나오는 말 중에서 '이것 좋더라'라고 가장 많이 찬양하고 있는 것이 무엇입니까? 예수님을 믿는다고 하면서도 예수님을 자랑하며 사는 사람들은 드뭅니다. 예수님을 믿는다고 하면서도 평상시의 삶에서 예수님을 찬양하는 말을 가장 많이 하며 살아가는 사람들이 드뭅니다. 그 입술에서 세상 사람들과 똑같이 물질을 찬양하고 세상의 것을 자랑하는 그리스도인들이 얼마나 많은지 모릅니다.

오늘 말씀은 다윗이 아비멜렉 앞에서 미친 체하다가 쫓겨나서 지은 시라고 기록되어 있습니다. 사울의 위협을 피해서 원수의 나라에 가서 침을 흘리며 미친 척을 하며 겨우 살아남았을 때, 다윗의 마음에 얼마나 괴로움과 부끄러움과 처참함이 가득 찼겠습니까? 그런데 그렇게 힘든 상황에서도 다윗은 "내가 여호와를 항상 송축함이여 내 입술로 항상 주를 찬양하리이다"(시 34:1)라고 말하고 있습니다. 그뿐만 아니라 "내 영혼이 여호와를 자랑하리니"(시 34:2)라고 말하면서 이런 상황에서도 여호와 하나님을 자랑하겠다고 말하고 있습니다.

상황과 환경으로 보았을 때는 전혀 찬양할 상황이 아니고 자랑할 상황이 아니었습니다. 오히려 원망하고 불평해야 정상적으로 보이는 처참한 상황입니다. 그런데도 다윗은 찬양하고 자랑하겠다고 말합니다. 왜 그렇습니까? 어제 말씀에서 살펴보았듯이 다윗이 하나님을 사랑했기 때문입니다. 하나님을 향한 사랑이 상황과 환경을 통하여 겪게 되는 불편함보다 컸기 때문에 다윗은 이런 어려운 상황 가운데서도 하나님을 찬양하고 자랑할 수 있었던 것입니다.

우리의 하나님을 향한 사랑은 어느 정도입니까? 우리도 다윗처럼 미친 척을 하며 목숨을 구걸해야 하는 상황 가운데서도 "내가 여호와를 항상 송축함이여 내 입술로 항상 주를 찬양하리이다 내 영혼이 여호와를 자랑하리니"라고 고백할 수 있는 사랑으로 우리 주님을 바라볼 수 있게 되기를 간절히 소원합니다.

나눔 1 요즘 내가 가장 많이 자랑하고 찬양하는 것은 무엇입니까?

나눔 2 내 평생에 주님을 얼마나 자랑하고 살았습니까?

예수님을 바라보는 우리 가정 기도 :

말씀 시편 39:1-2 내가 말하기를 나의 행위를 조심하여 내 혀로 범죄하지 아니하리니 악인이 내 앞에 있을 때에 내가 내 입에 재갈을 먹이리라 하였도다 내가 잠잠하여 선한 말도 하지 아니하니 나의 근심이 더 심하도다

복음을 가르쳐 주세요

많은 사람들이 마음에 들지 않는 사람, 혹은 상황 앞에서 입술로 범죄하지 않는 것이 최선이라고 생각합니다. 예를 들면 어떤 악을 행하는 사람을 보게 되었을 때, 그 사람을 향하여 비난하지 않는 것이 우리가 할 수 있는 최선의 행위라고 생각하는 것입니다. 사실 이렇게 생각하는 것이 아마 대부분의 그리스도인이 가지고 있는 가장 평범한 생각일 것입니다.

오늘 말씀에서 다윗도 그와 같은 생각을 하고 있었다고 밝히고 있습니다. "내가 말하기를 나의 행위를 조심하여 내 혀로 범죄하지 아니하리니 악인이 내 앞에 있을 때에 내가 내 입에 재갈을 먹이리라 하였도다"(시 39:1). 입술로 다른 사람을 비난하고 정죄하는 죄를 짓느니 차라리 자기 입에 재갈을 물려서 입술이 부정하게 되는 죄를 범하지 않겠다는 것입니다.

그런데 여러분, 이것이 정말 최선일까요? 하나님께서는 죄 가운데, 악을 행하며 살던 우리를 방관하지 않으셨습니다. 그분께서는 우리에 대하여 입에 재갈을 물고 모르는 척하지 않으셨습니다. 이스라엘 백성들이 죄를 지을 때마다, 하나님께서는 선지자들을 통하여 그들이 나아가야 할 올바른 길을 알려주셨습니다. 무엇이 선한 것인지를 깨우쳐주셨고 악인을 돌이켜 살려내기 위해서 최선을 다하셨습니다. 하나님의 그러한 사랑은 끝내 독생자 예수 그리스도를 이 땅에 보내주셔서 십자가에 달려 죽게 하시기까지 멈추지 않았습니다. 그러한 그분의 사랑이 있었기에 오늘 우리가 예수 그리스도를 믿음으로 말미암아 구원을 받은 하나님의 백성이 될 수 있었던 것입니다.

악인을 바라볼 때 우리가 할 수 있는 최선의 행동은 내 입에 재갈을 물리는 것이 아닙니다. 죄 가운데 있는 사람을 향하여 비난하지 않고 정죄하지 않는 행동은 우리를 살리신 하나님의 사랑을 깨우친 사람이 할 만한 행동이 아닙니다. 그래서 다윗이 "내가 잠잠하여 선한 말도 하지 아니하니 나의 근심이 더 심하도다"(시 39:2)라고 말하고 있는 것입니다. 우리가 정말 하나님의 사랑으로 살림을 받은 인생이라면, 하나님께서 우리에게 하셨던 것처럼 우리도 죄 가운데 있는 사람들을 향하여 선한 말을 할 수 있어야 합니다.

하나님께서 이스라엘에게 선한 길을 가르쳐 주셨듯이 우리도 그들을 향해 선한 길이 무엇인지, 그들의 생명을 지킬 수 있는 방법이 무엇인지를 가르쳐 줄 수 있어야 합니다. 생명을 살리는 복음, 세상 그 어떠한 말보다 더욱 선한 말인 복음이 우리의 입술을 통하여 그들에게 증거되는 것, 그것이 우리가 죄 가운데 있는 사람을 향하여 할 수 있는 최선의 행동이라는 것을 기억하고 입술의 재갈을 풀고 세상을 향하여 복음을 외칠 수 있기를 간절히 소원합니다.

나눔 1 죄 가운데 있는 사람을 위하여 입에 재갈을 물고 방관했던 적이 있습니까?

나눔 2 지금 입술의 재갈을 풀고 선한 말로 섬겨야 할 사람을 떠올리며 기도해 보세요.

예수님을 바라보는 우리 가정 기도 :

말씀 시편 46:1-3 하나님은 우리의 피난처시요 힘이시니 환난 중에 만날 큰 도움이시라 그러므로 땅이 변하든지 산이 흔들려 바다 가운데에 빠지든지 바닷물이 솟아나고 뛰놀든지 그것이 넘침으로 산이 흔들릴지라도 우리는 두려워하지 아니하리로다(셀라)

다 잃어도 찬양할 수 있는 믿음

우리 주님께서 우리 안에 오셔서 우리 가운데 거하고 계신다는 것은 세상에 그 어떠한 복과 비길 수 없이 큰 복입니다. 그런데 예수님을 믿는 사람들, 예수님께서 우리 안에 오셔서 거하고 계신다는 사실을 믿는다는 사람들이 그것이 얼마나 귀하고 복된 일인지를 제대로 깨닫지 못하고 살아가는 경우가 많습니다.

우리 주님께서는 전능하신 하나님이십니다. 그 분께서 우리 안에 거하고 계십니다. 폭풍우를 잠잠케 하시고, 귀신을 쫓으시고, 죽은 자를 살리시는 권능이 있으신 주님께서 지금 우리 가운데 거하고 계십니다. 이것이 얼마나 놀라운 축복입니까? 그런데도 사람들은 예수님께서 우리 안에 거하시고 계신다는 사실을 별로 든든하게 생각하지 않습니다. 돈을 많이 가지는 것, 가족들과 함께 머물 집이 있다는 것, 나를 도울 수 있는 가족들과 친구들이 있다는 것을 예수님이 나와 함께 계신다는 것보다 더 든든하게 생각하는 사람들이 많이 있습니다.

여러분은 어떠십니까? 예수님께서 나와 함께 계신 것이 이 세상의 그 무엇과도 바꿀 수 없는 큰 복이라고 생각하십니까? 세상에 그 어떤 것에서도 얻을 수 없는 든든함이, 내 안에 계시는 주님으로 말미암아 내 마음 가운데 누려지고 있습니까? 입술로는 누구나 "하나님은 우리의 피난처시요 힘이시니 환난 중에 만날 큰 도움이시라"고 고백할 수 있습니다. 그러나 그가 진짜 하나님을 자신의 피난처로 삼는 사람인지, 환난 중에 만날 큰 도움으로 여기고 있는 사람인지는 실제로 그의 삶이 흔들려서 "땅이 변하든지 산이 흔들려 바다 가운데에 빠지든지 바닷물이 솟아나고 뛰놀든지 그것이 넘침으로 산이 흔들릴 때"에 드러나게 됩니다.

한번 생각해보십시오. 여러분의 삶에서 돈이 없어져도 여러분은 주님께서 함께하시니 기뻐할 수 있습니까? 여러분이 든든하게 생각하는 그 모든 것이 순식간에 사라진다고 해도 주님만 나와 함께 하시면 만족할 수 있으십니까? 이 질문 앞에서 우리가 우리 안에 오신 주님을 어떻게 생각하고 있는지가 드러납니다.

오늘 말씀을 기록한 고라 자손은 광야에서 모세의 권위에 도전했다가 땅이 갈라져 죽임을 당한 고라의 후손들입니다. 그들의 집안은 대대손손 모세에게 대항해 하나님께 저주를 받았다는 낙인이 찍힌 집안이었습니다. 그런데 그런 그들이 하나님을 자신들의 피난처요 도움이시라고 고백합니다. 땅이 변하고 산이 흔들리고 바닷물이 넘칠지라도 하나님이 함께 하시니 두려워하지 않겠다고 말합니다. 모든 것을 잃어도 하나님께서 함께 하시기만 한다면 두렵지 않고 담대할 수 있다는 믿음의 고백을 하는 것입니다.

고라 자손의 이 고백이 우리의 고백이 되기를 원합니다. "만군의 여호와께서 우리와 함께 하시니 야곱의 하나님은 우리의 피난처시로다"(시 46:11)라고 고백할 수 있는 믿음, 그 믿음이 여러분의 믿음이 되기를 간절히 소원합니다.

나눔 1 내가 가장 든든하게 생각하고 있는 것은 무엇입니까?

나눔 2 나에게 있는 모든 것들이 다 사라진다고 해도 하나님을 찬양할 수 있습니까?

예수님을 바라보는 우리 가정 기도 :

말씀 시편 59:1-4 나의 하나님이여 나의 원수에게서 나를 건지시고 일어나 치려는 자에게서 나를 높이 드소서 악을 행하는 자에게서 나를 건지시고 피 흘리기를 즐기는 자에게서 나를 구원하소서 그들이 나의 생명을 해하려고 엎드려 기다리고 강한 자들이 모여 나를 치려 하오니 여호와여 이는 나의 잘못으로 말미암음이 아니요 나의 죄로 말미암음도 아니로소이다 내가 허물이 없으나 그들이 달려와서 스스로 준비하오니 주여 나를 도우시기 위하여 깨어 살펴 주소서

듣지 않는 것처럼 보여도 듣고 계십니다

오늘 말씀은 사울이 다윗을 죽이려고 사람들을 그 집으로 보냈을 때 다윗이 지은 시라고 기록되어 있습니다. 이때 이야기가 사무엘상 19장에 기록되어 있는데 이때 다윗은 이미 여러 번 사울에게 죽임을 당할 위기를 경험했을 때였습니다. 사울은 블레셋 사람들의 포피 백 개를 가져오면 자기 딸 미갈을 주겠다는 말로 다윗을 사지로 몰아넣으려고 했습니다.

그러나 다윗은 보기 좋게 블레셋 사람들 이백 명을 죽여 그 포피를 가져다 사울에게 주었고 사울의 사위가 되었습니다. 그 일이 있고 난 뒤에 다윗을 향한 사울의 질투는 더 커지게 되었습니다. 사울은 그의 아들 요나단과 모든 신하들에게 다윗을 죽이라고 명령하기도 했고, 다윗에게 단창을 던지기도 했으며, 단창을 피해 달아난 다윗을 죽이기 위해 사람들을 다윗의 집으로 보내기도 했습니다. 바로 이때 다윗이 쓴 시가 오늘 말씀입니다.

그렇게 많은 위협과 위험 속에서 다윗은 어떻게 반응했을까요? 다윗이 보였던 성품과 삶의 모습을 보았을 때 그는 어려움을 겪을 때마다 하나님께 간구했을 것입니다. 처음 골리앗을 향하여 나아갈 때 하나님의 이름을 의지하며 나아갔던 그 모습 그대로, 블레셋 사람들의 포피를 얻기 위하여 나갈 때도, 사울이 그를 죽이려고 한다는 소식을 요나단을 통하여 들었을 때도, 사울이 던진 단창을 피해 살기 위해 도망쳐 나왔을 때도, 다윗은 매 순간 하나님의 도움을 구하는 기도를 해왔을 것입니다. 그런데 아무리 기도해도 그의 삶에 어려움은 사라질 기미가 보이지 않았던 것입니다.

몇 년 전에 했던 기도를 몇 해가 지나기까지 계속해서 해보신 적이 있으십니까? 나에게 닥친 이 어려움에서 나를 좀 건져달라고 간절하게 기도했건만 오랜 시간이 지나도 어려움은 사라지지 않고 오히려 더 큰 어려움이 몰려오는 경험을 해보신 적이 있으십니까? 바로 이럴 때가 우리의 기도가 끊어지고 우리의 믿음이 무너질 위기가 아닙니까?

그러나 다윗은 계속된 환난 가운데서도 기도를 놓치지 않았습니다. 그는 여전히 그 어려움에서 자신을 건져내실 수 있는 분이 하나님이시라는 사실을 굳건히 믿었습니다. 그렇기에 그는 끝까지 다른 것들을 의지하지 않고 하나님 앞에 엎드려 기도했고 하나님께서 정하신 때에 기도의 응답을 받을 수 있었습니다.

우리의 기도를 하나님께서 전혀 듣지 않으시는 것처럼 여겨지는 때가 있습니다. 하나님께서 나를 어려움 가운데 방치해 놓으시는 것처럼 여겨질 때도 있습니다. 그러나 그럴 때도 우리가 할 수 있는 최선의 행동은 하나님 앞에 엎드려 기도하는 것뿐입니다. 지치지 않고 포기하지 않고 기도하면, 주님께서는 반드시 가장 좋은 때에 응답하실 것입니다.

나눔 1 나의 기도를 하나님께서 듣지 않으시는 것 같은 때를 경험한 적이 있습니까?

나눔 2 계속되는 어려움 가운데 마귀는 우리가 어떤 행동을 하기를 바라고 있을까요?

예수님을 바라보는 우리 가정 기도 :

오늘성경통독 시편 62편☐ 63편☐ 64편☐ 65편☐ 66편☐ 67편☐ 68편☐
오늘가정예배 찬송 210장 시온성과 같은 교회 Date / /

말씀 시편 62:1-6 나의 영혼이 잠잠히 하나님만 바람이여 나의 구원이 그에게서 나오는도다 오직 그만이 나의 반석이시요 나의 구원이시요 나의 요새이시니 내가 크게 흔들리지 아니하리로다 넘어지는 담과 흔들리는 울타리 같이 사람을 죽이려고 너희가 일제히 공격하기를 언제까지 하려느냐 그들이 그를 그의 높은 자리에서 떨어뜨리기만 꾀하고 거짓을 즐겨 하니 입으로는 축복이요 속으로는 저주로다 (셀라) 나의 영혼아 잠잠히 하나님만 바라라 무릇 나의 소망이 그로부터 나오는도다 오직 그만이 나의 반석이시요 나의 구원이시요 나의 요새이시니 내가 흔들리지 아니하리로다

'크게'를 넘어 '전혀' 흔들리지 않는 삶

다윗의 인생은 늘 전쟁과 함께 한 인생이었습니다. 유년기에는 들에서 양을 치면서 들짐승과 전쟁을 치러야 했고 골리앗을 쓰러뜨리고 사울 왕 밑에서 일할 때는 블레셋과 사울과 전쟁을 끊임없이 치러야 했습니다. 사울이 죽고 나서 다윗이 왕이 된 이후에는 전쟁이 그쳤을까요? 아닙니다. 그는 계속해서 나라를 지키고 확장하기 위해서 전쟁을 해야만 했습니다. 그렇게 전쟁이 계속되는 인생을 살면서도 다윗은 흔들리지 않는 믿음으로 하나님을 바라보고 살았습니다.

우리의 인생도 끊임없는 전쟁이 계속됩니다. 우리는 짐승과 싸우지 않고 군대와 싸우지도 않습니다. 그러나 우리 인생의 처음부터 끝까지 우리에게 질기게 달라붙어서 싸움을 걸어오는 것이 있습니다. 그것은 바로 '죄'라는 것입니다. 죄는 포기하지 않고 우리에게 달라붙습니다. 끊임없이 싸움을 걸어옵니다. 그래서 우리는 날마다 깨어서 죄와 싸워야 합니다. 죄가 우리 영혼을 넘어뜨리지 못하도록 깨어서 싸워야 합니다.

오늘 말씀은 바로 그 죄와 싸워 승리할 수 있는 방법이 무엇인지를 우리에게 가르쳐주는 말씀입니다. 다윗은 말합니다. "나의 영혼이 잠잠히 하나님만 바람이여 나의 구원이 그에게서 나오는도다"(시 62:1). 다윗은 그의 영혼의 눈을 들어 잠잠히 하나님을 바라보았더니 하나님께서 그를 구원하셨다고 고백합니다.

영적 전쟁의 승리는 우리의 능력에 달린 일이 아닙니다. 우리 안에 오신 우리 주님을 얼마나 바라보느냐에 달린 것입니다. 우리가 눈을 들어 주님을 바라보면 그분께서 우리를 이기게 하시는 것입니다. 그런데 중요한 것이 있습니다. 이렇게 그냥 주님을 바라보는 것으로는 "내가 크게 흔들리지 아니하리로다"라는 결말을 맞이하게 된다는 것입니다. 흔들리기는 흔들리지만 '크게' 흔들리지 않는다는 것입니다.

그러면 '크게'가 아니라 '전혀' 흔들리지 않으려면 어떻게 해야 할까요? 다윗은 "나의 영혼아 잠잠히 하나님만 바라라"(시 62:5)고 자기 영혼에게 명령하고 있습니다. 잠잠하게 하나님만 바라보라고 자기 영혼을 다그치는 것입니다. 자기 영혼이 한눈을 팔려고 할 때마다 자기 영혼이 정신을 차릴 수 있도록 명령하는 것입니다. 하나님만 바라보라고 매 순간 자기를 향하여 명령하고 결단하는 것이 우리 삶 가운데 이루어질 때 "내가 흔들리지 아니하리로다"라는 결말로 맺어지는 것을 볼 수 있습니다. 이제는 '크게 흔들리지 않는 삶'을 넘어서 '전혀 흔들리지 않는 삶'으로 나아갈 수 있게 된 것입니다.

사랑하는 여러분, 매 순간 자신에게 명령하십시오. "나의 영혼아 잠잠히 하나님만 바라라!" 이 명령이 여러분의 영혼이 죄와의 전쟁에서 '전혀' 흔들리지 않는 삶을 살아갈 수 있도록 인도해 줄 것입니다.

나눔 1 오늘 나는 주님을 바라보라고 자신에게 몇 번 명령했습니까?

나눔 2 나의 삶은 '크게' 흔들리지 않는 삶입니까? '전혀' 흔들리지 않는 삶입니까?

예수님을 바라보는 우리 가정 기도 :

오늘성경통독 시편 69편☐ 70편☐ 71편☐ 72편☐ 73편☐
오늘가정예배 찬송 368장 주 예수여 은혜를

Date / /

말씀 시편 72:1-3 하나님이여 주의 판단력을 왕에게 주시고 주의 공의를 왕의 아들에게 주소서 그가 주의 백성을 공의로 재판하며 주의 가난한 자를 정의로 재판하리니 의로 말미암아 산들이 백성에게 평강을 주며 작은 산들도 그리하리로다

나라를 위하여 기도합시다

오늘 말씀은 솔로몬의 시입니다. 솔로몬이 왕이 된 이후에 하나님께 지혜와 지식을 구하면서 백성들을 바르게 재판할 수 있기를 원한다고 말했던 것과 오늘 말씀에서 "주의 판단력을 왕에게 주시고 주의 공의를 왕의 아들에게 주소서"라고 말하는 것을 봤을 때, 솔로몬이라는 사람이 왕과 권세자들에게 가장 필요한 덕목으로 백성들을 올바르게 재판할 수 있는 판단력을 꼽았다는 사실을 알 수 있습니다.

한 나라를 다스리는 위정자들에게 '주의 판단력'이 있는 것은 너무나 중요한 일입니다. 왕에게 주님께서 주시는 판단력이 없다면 그 나라 전체가 주님의 뜻에 합당한 길로 나아갈 수가 없기 때문입니다. 한 백성에게 주님의 뜻을 분별하는 판단력이 없다면 그것은 그 한 사람과 그의 가족, 그의 이웃들에게 피해를 입히는 정도가 되겠지만 왕이 지혜롭지 못하고 하나님의 뜻을 분별하지 못할 때, 그로 인하여 일어나게 되는 피해는 너무나 큽니다.

아마 우리는 모두 이 사실은 알고 있을 것입니다. 그래서 우리는 나라의 위정자들을 바라보며 이렇다 저렇다 평가하기도 하고 판단하기도 합니다. 선거가 다가오면 후보자들을 보면서 이 사람은 이렇고 저 사람은 저렇기에 누구를 뽑는 것이 가장 좋다는 의견들이 분분한 것을 보게 됩니다. 그런데 문제는, 그렇게 누군가가 위정자의 자리에 오르고 난 다음입니다. 그렇게 뽑힌 위정자들은 그 순간부터 평가의 도마 위에 올라갑니다. 잘하면 칭찬을 받고 못 하면 욕을 먹습니다. 세상이 위정자들을 대하는 방식입니다.

오늘 솔로몬의 기도는 하나님을 믿는 자들은 위정자들을 대하는 방식이 세상과 같아서는 안 된다는 것을 우리에게 보여줍니다. 솔로몬은 왕이 된 사람을 위해서, 또 왕과 함께 나라의 권세를 잡는 왕자를 위해서 하나님께 기도하고 있습니다. 하나님께서 하나님의 판단력을 왕에게 주시고, 하나님의 공의를 왕의 아들에게 주시기를 기도하고 있습니다.

우리는 이런 기도를 얼마나 하나님께 드렸습니까? 혹시 세상 사람들처럼 대통령과 국회의원과 각종 위정자들을 평가하고 비난하는 것에는 열심을 올리면서 솔로몬과 같이 위정자들을 위해 기도하는 데에는 전혀 힘을 내지 못했던 것은 아닙니까? 나라를 다스리는 사람들을 내 기준과 잣대로 평가하거나, 혹은 전혀 관심도 두지 않고 살아왔던 것은 아닙니까? 그들을 위하여 기도는 전혀 하지 않으면서 그들이 스스로 알아서 잘하기만을 기대하고 있지는 않습니까?

기도하지 않으면서 나아지기를 원한다면 하나님을 모르는 세상 사람들과 다를 바가 무엇입니까? 나라가 잘되기를 원한다면 기도하십시오. 위정자들이 나라를 잘 다스리기를 원한다면 기도하십시오. 이 나라의 정책과 우리의 삶의 형편들이 나아지기를 원한다면 기도하십시오. 기도가 없이는 변화도 없다는 사실을 기억하고 나라를 위해, 위정자들을 위해 기도하기를 간절히 소원합니다.

나눔 1 그동안 나라의 위정자들을 대하는 우리의 태도는 어땠습니까?

나눔 2 나라와 민족을 위해, 위정자들을 위해 함께 기도하는 시간을 가져보세요.

예수님을 바라보는 우리 가정 기도 :

DAY
147

오늘성경통독 시편 74편☐ 75편☐ 76편☐ 77편☐ 78편☐

오늘가정예배 찬송 412장 내 영혼의 그윽히 깊은 데서

Date / /

말씀 시편 76:1-7 하나님은 유다에 알려지셨으며 그의 이름이 이스라엘에 크시도다 그의 장막은 살렘에 있음이여 그의 처소는 시온에 있도다 거기에서 그가 화살과 방패와 칼과 전쟁을 없이하셨도다(셀라) 주는 약탈한 산에서 영화로우시며 존귀하시도다 마음이 강한 자도 가진 것을 빼앗기고 잠에 빠질 것이며 장사들도 모두 그들에게 도움을 줄 손을 만날 수 없도다 야곱의 하나님이여 주께서 꾸짖으시매 병거와 말이 다 깊이 잠들었나이다 주께서는 경외 받을 이시니 주께서 한 번 노하실 때에 누가 주의 목전에 서리이까

주님이 주시는 평화를 누립시다

하나님의 성전이 세워진 예루살렘이라는 도시의 이름은 '평화의 도시'라는 뜻입니다. 하나님께서는 평화의 왕이시고 따라서 그분께 다스리심을 받는 나라는 반드시 평화를 누리게 되어 있습니다. 구약성경이 우리에게 말하고 있는 바가 바로 그것입니다. 성경은 곳곳에서 이스라엘이 하나님을 믿고 그분을 따랐을 때는 평화를 누렸고 그렇지 않았을 때는 환난과 곤고함을 만났다고 우리에게 증언하고 있습니다.

예루살렘은 평화의 도시라는 의미를 가지고 있지만 실상 예루살렘은 평화의 도시가 아니었습니다. 예루살렘은 계속해서 전쟁의 칼날을 맞아야만 했습니다. 공격을 당하고 빼앗기고, 싸우고 피를 흘렸습니다. 그리고 끝내는 바벨론에 의해서 완전히 함락을 당해 무너졌습니다. 그런 예루살렘이 어떻게 평화의 도시라고 말할 수 있습니까?

신약시대에도 마찬가지입니다. 예루살렘은 로마에 의해서 점령을 당했고 끝없는 전쟁의 소용돌이에 휘말렸습니다. 지금은 어떻습니까? 지금도 팔레스타인과 유대인들 간의 끝없는 전쟁이 그곳에서 일어나고 있습니다. 온 세계가 바로 그 예루살렘에서 자신들의 이권을 주장하며 한 치도 물러나지 않고 자기들의 주장을 내세우고 있습니다. 그런데 그런 예루살렘이 어떻게 평화의 도시라고 말할 수가 있겠습니까?

예루살렘이 평화의 도시라는 이름을 가지고도 평화를 누리지 못한 이유는 하나님께서 그 도시의 왕이 되시지 못했기 때문이었습니다. 사람이 왕 노릇하고, 각자가 자기 삶의 왕 노릇을 하니 평화의 왕이신 하나님이 그곳에 역사하실 수가 없었던 것입니다.

우리의 삶도 마찬가지입니다. 우리가 정말 평화의 왕이신 예수 그리스도를 우리 안에 영접했다면 그분 앞에서 화살과 방패와 칼을 들 수가 없습니다(시 76:3). 하나님 앞에서 감히 어느 누가 무기를 손에 들고 휘두를 수가 있겠습니까? 그런데 휘두르는 것입니다. 예수님을 영접했다고 하면서도 자기 사랑과 자기연민의 칼을 마구 휘두르며 사는 것입니다. 그러니 평화가 없는 것입니다.

평화의 왕이신 예수님께서 우리 안에 계십니다. 정말 하나님 앞에 서면 모든 병거와 말이 다 깊이 잠드는 법입니다(시 76:6). 그러니 우리가 아직 내 삶의 칼자루를 붙잡고 휘두르며 평화를 누리지 못하고 있다면 그것은 왕이신 우리 주님 앞에 우리가 실제로 서지 못했다는 것을 의미하는 것입니다. 평화의 왕이 우리 안에 계십니다. 그분을 왕으로 인정하고 그분 앞에 서십시오. 칼자루를 내려놓고 그분을 경배하는 일에 집중하십시오. 그러면 평화의 왕께서 우리의 삶을 평화로 채우실 것입니다.

나눔 1 나의 삶은 평화롭습니까? 평화롭지 못하다면 그 이유는 무엇입니까?

나눔 2 예수님이 나의 왕이 되시지 못하고 있는 삶의 영역은 무엇입니까?

예수님을 바라보는 우리 가정 기도 :

오늘성경통독 시편 79편☐ 80편☐ 81편☐ 82편☐ 83편☐ 84편☐ 85편☐ 86편☐
오늘가정예배 찬송 383장 눈을 들어 산을 보니
Date / /

말씀 시편 80:8-15 주께서 한 포도나무를 애굽에서 가져다가 민족들을 쫓아내시고 그것을 심으셨나이다 주께서 그 앞서 가꾸셨으므로 그 뿌리가 깊이 박혀서 땅에 가득하며 그 그늘이 산들을 가리고 그 가지는 하나님의 백향목 같으며 그 가지가 바다까지 뻗고 넝쿨이 강까지 미쳤거늘 주께서 어찌하여 그 담을 허시사 길을 지나가는 모든 이들이 그것을 따게 하셨나이까 숲 속의 멧돼지들이 상해하며 들짐승들이 먹나이다 만군의 하나님이여 구하옵나니 돌아오소서 하늘에서 굽어보시고 이 포도나무를 돌보소서 주의 오른손으로 심으신 줄기요 주를 위하여 힘있게 하신 가지니이다

하나님을 잊어버린 결과

인생을 살면서 반드시 기억해야 하는 두 가지가 있습니다. 첫째는 우리가 이 땅에서 살아가는 인생이라는 것은 하나님께서 우리에게 부여하신 기회라는 것이고, 둘째는 하나님께서 우리에게 인생이라는 기회를 부여하셨을 뿐만 아니라 지금도 우리와 함께하시며 우리가 그 인생을 잘 살아갈 수 있도록 도우시는 분이시라는 사실입니다.

이스라엘 백성들은 애굽에서 종살이하던 작은 민족이었습니다. 만일 하나님께서 그들을 가만히 내버려 두셨다면 그들은 평생 종노릇 하다가 거기에서 죽고 말았을 것입니다. 그런 그들에게 하나님께서 기회를 주십니다. 그 기회는 그들의 인생이 종노릇 하다가 끝나는 인생이 아니라 하나님과 세상을 연결하는 제사장 나라로 사용되는 인생이 되게 할 기회였습니다.

하나님께서는 이스라엘에게 그 기회를 주시며 그들을 애굽에서 뽑아 가나안 땅으로 옮겨 심으셨습니다. 그리고 그곳에 잘 뿌리내릴 수 있도록 그들과 함께하시며 그들을 도우셨습니다. 그 도우심을 힘입어서 이스라엘은 가나안 땅에 잘 뿌리내렸고 큰 민족, 큰 나라로 성장했습니다.

그런데 문제가 일어났습니다. 하나님의 도우심으로 큰 나라가 된 이스라엘이 하나님을 잊어버린 것입니다. 그들은 더 이상 하나님의 말씀을 따라서 살지 않았고 세상을 따라서 살기 시작했습니다. 그들의 인생을 허락하신 분이 누구신지 오늘이 있기까지 그들을 도우신 분이 누구신지를 완전히 잊어버린 것입니다.

그러자 하나님께서는 그들을 치십니다. 오늘 말씀의 표현으로는 "숲 속의 멧돼지들이 상해하며 들짐승들이 먹나이다"라고 할 정도로 주변 국가들과 이방 민족들이 이스라엘을 닥치는 대로 공격하고 치기 시작했습니다. 하나님께서는 그들을 완전히 흩으시고 새롭게 세우기로 작정을 하셨고 그렇게 이스라엘은 멸망을 맞이하게 되었습니다. 이 모든 것이 그들을 세우시고 도우신 하나님을 잊어버리고 산 결과였습니다.

내가 이 땅에서 살아갈 기회를 주신 분이 누구신지, 그리고 지금의 내 삶이 유지되고 있는 이유가 누구에게 있는지를 분명하게 기억해야 합니다. 그 생각이 흔들리면 우리의 삶이 흔들리게 되어 있습니다. 우리의 삶이 흔들리면 하나님도 우리를 가만히 내버려 두실 수가 없습니다. 사랑하는 자녀가 잘못된 길을 가는 것을 지켜보기만 하는 아버지는 없기 때문입니다.

생각을 분명히 정하십시오. 나의 삶은 하나님께서 허락하신 기회이며 하나님의 도우심으로만 살아갈 수 있다는 것을 기억하고 날마다 아버지의 손을 붙잡고 살아가는 우리 가정이 되기를 간절히 소원합니다.

나눔 1 나의 삶은 하나님을 기억하고 사는 삶입니까?

나눔 2 하나님의 도우심이 없이 내 힘으로 할 수 있는 일이 무엇이 있을까요?

예수님을 바라보는 우리 가정 기도 :

오늘성경통독 시편 87편☐ 88편☐ 89편☐ 90편☐ 91편☐

오늘가정예배 찬송 370장 주 안에 있는 나에게

Date / /

말씀 시편 88:14-15 여호와여 어찌하여 나의 영혼을 버리시며 어찌하여 주의 얼굴을 내게서 숨기시나이까 내가 어릴 적부터 고난을 당하여 죽게 되었사오며 주께서 두렵게 하실 때에 당황하였나이다

고난과 어려움을 허락하신 이유

사람들이 고난을 당하게 될 때, 가장 흔하게 나오는 반응은 두려움입니다. 하나님을 믿는 믿음이 있다고 하는 사람들 중에서도 어려움을 만나게 될 때 그 마음속에서 두려움이 가장 먼저 튀어나오는 사람들이 많이 있습니다. 오늘 말씀을 기록한 시인의 마음이 바로 그런 마음이었을 것입니다.

고난을 당하고 어려움을 당하는 상황에서 시인은 주님께서 이 어려움을 걷어주심으로 세상 가운데 주님의 성실하심과 공의로움을 드러내 달라고 간절하게 기도하고 있습니다. 그러나 이런 생각에는 하나님에 대한 오해가 있습니다. 하나님의 성실하심과 공의로우심이 내가 생각하기에 좋은 일들을 통해서만 드러난다고 생각하는 오해입니다.

하나님의 성실하심, 하나님의 공의로우심, 하나님의 선하시고 인자하심은 우리가 생각하기에 좋은 일들을 통해서만 드러나는 것이 아닙니다. 오히려 우리에게 다가오는 고난과 어려움이 우리를 향한 하나님의 선하시고 인자하신 그 사랑을 더욱 분명하게 드러내 주는 통로입니다. 하나님께서 우리를 사랑하지 않으셨더라면 우리에게 어려움과 고난을 허락하실 필요가 없었을 것입니다. 그냥 멸망하게 내버려 두는 것이 훨씬 쉬운 방법이기 때문입니다.

그런데 왜 하나님께서는 우리에게 고난과 어려움을 허락하실까요? 그 고난을 통하여 하나님을 바라보고 하나님께로 돌아오게 되기를 원하시기 때문입니다. 그 어려움을 통하여 하나님께 더욱 기도하게 되기를 바라시기 때문에 우리에게 어려움을 허락하시는 것입니다. 그러니 어려움과 고난은 그 자체로 우리를 향한 하나님의 사랑을 드러내는 통로입니다. 우리를 사랑하시는 하나님의 사랑은 우리가 생각하기에 좋은 일들을 통하여서만 드러나는 것이 아니라 고난과 어려움을 통하여 더욱 분명하게 드러나는 것입니다.

우리를 향하신 하나님의 사랑이 어떤 사랑입니까? 우리를 구원하기 위하여 자기 외아들, 독생자 예수 그리스도를 십자가에서 죽게 하실 만큼 큰 사랑이 바로 우리를 위한 사랑입니다. 그 말은 우리를 향한 하나님의 사랑은 어떤 상황에서도 변함이 없는 사랑이라는 것입니다. 이것을 분명히 믿는다면 고난 앞에서 우리가 느끼는 감정은 두려움이 아니라 감사가 될 것입니다. 좋은 일도 나를 사랑해서 주시는 것이고, 고난도 나를 사랑해서 주시는 것이라는 것이 분명하게 믿어지면, 살아가는 모든 순간 감사 밖에는 할 수 있는 것이 없습니다.

믿음의 반대말은 두려움이라고 했습니다. 어려움을 당할 때 우리 마음속에서 두려움이 일어나는지, 아니면 감사가 일어나는지를 점검하십시오. 십자가에서 확증하신 하나님의 사랑을 바라보고 두려움은 떠나고 기쁨과 감사가 우리 마음에 채워지는 믿음의 역사가 우리 가운데 일어나게 되기를 간절히 소원합니다.

나눔 1 고난을 당할 때 나의 마음은 두려움입니까? 감사입니까?

나눔 2 고난을 지나고 보니 그 고난이 나에게 복이었다고 느꼈던 경험이 있습니까?

예수님을 바라보는 우리 가정 기도 :

말씀 시편 95:6-7 오라 우리가 굽혀 경배하며 우리를 지으신 여호와 앞에 무릎을 꿇자 그는 우리의 하나님이시요 우리는 그가 기르시는 백성이며 그의 손이 돌보시는 양이기 때문이라

죄가 시작되는 곳

예수 그리스도를 믿음으로 말미암아 우리가 누리게 되는 여러 복이 있습니다. 죄로 말미암아 죽을 수밖에 없던 우리가 예수님으로 인하여 영생을 얻게 된 것도 말할 수 없이 큰 복이고, 우리의 힘으로는 싸울 수도, 이길 수도 없는 사탄과 죄와의 싸움을 이겨낼 수 있게 된 것도 정말 큰 복입니다. 그러나 그 모든 복과 비교할 수 없는 큰 복이 있습니다. 그것은 바로 하나님께서 우리의 아버지가 되어 주시는 복입니다.

많은 사람들이 오랜 시간 동안 신앙생활을 하면서 예수님을 주님이라 부르고, 하나님을 아버지로 부르는 것에 익숙해져 있습니다. 그런데 그 호칭을 곱씹으면 곱씹을수록 어떻게 죄인인 우리에게 이렇게 큰 복을 허락하셨는지 이해할 수가 없을 정도로 큰 복입니다.

오늘 말씀이 고백하고 있는 것처럼 여호와 하나님은 우리가 마주할 수 없을 정도로 우리와는 차원이 다른 분이십니다. 오죽하면 구약성경에서는 우리가 하나님을 마주하면 죽음을 면할 수 없다고 말하겠습니까? 하나님은 그 정도로 우리와는 완전히 다른 존재이십니다. 여호와는 세상의 헛된 우상들과는 비교도 할 수 없는 크신 왕이시며 땅과 산과 바다와 세상의 모든 것을 다 손안에 두시고 다스리시는 분이십니다. 그런데 그런 엄청난 하나님께서 우리의 아빠, 아버지가 되어 주신 것입니다.

사실, 하나님께서 우리의 아버지가 되어 주셨다는 그 사실 하나만으로도 우리 마음에는 이루 말할 수 없는 감격과 기쁨이 있어야 마땅한 것입니다. 그렇게 대단하신 하나님이 우리의 아버지가 되셔서 우리를 기르시고, 돌보신다는 사실만으로도 우리 마음 가운데 엄청나게 담대한 용기가 생겨나는 것이 마땅한 일입니다.

그런데 정작 우리는 어떻습니까? 하나님을 아버지라고 부르면서도, 그분께서 우리의 모든 필요를 이미 아시며, 우리를 지키시고 돌보신다는 것을 믿는다고 하면서도 여전히 눈앞에 보이는 세상의 문제들로 인하여 불안과 염려를 우리의 마음 가운데 채우며 우리의 아버지가 되신 하나님을 무시하는 행동을 하고 있지는 않습니까?

성경에 기록된 이스라엘 백성들의 모든 죄악의 시작이 바로 이 부분에서 시작되었다는 것을 기억해야 합니다. 하나님께서 자신들을 돌보아 주시는 목자시라는 것을 믿는다고 하면서도 끝없이 세상의 문제들로 인하여 두려워하고 불안해했던 그들은 결국 그 두려움과 불안함 때문에 세상을 의지하고 우상을 숭배하는 길로 나아가게 되었습니다.

하나님을 아버지라고 부르십니까? 그렇다면 그 호칭에 부끄럽지 않은 마음을 갖추십시오. 세상에 대한 염려와 불안함은 하나님 아버지라는 이름 앞에서 마땅히 사라져야 할 것들임을 기억하고 하나님께서 나의 아버지 되심으로 인하여 안심하고 평안을 누리는 우리 가정이 되기를 간절히 축복합니다.

나눔 1 하나님을 아버지라고 부르면서도 여전히 두렵고 염려하는 일이 있습니까?

나눔 2 정말 하나님이 나의 아버지라고 믿는 사람의 삶의 모습은 어떤 모습일까요?

예수님을 바라보는 우리 가정 기도 :

말씀 시편 103:1-5 내 영혼아 여호와를 송축하라 내 속에 있는 것들아 다 그의 거룩한 이름을 송축하라 내 영혼아 여호와를 송축하며 그의 모든 은택을 잊지 말지어다 그가 네 모든 죄악을 사하시며 네 모든 병을 고치시며 네 생명을 파멸에서 속량하시고 인자와 긍휼로 관을 씌우시며 좋은 것으로 네 소원을 만족하게 하사 네 청춘을 독수리 같이 새롭게 하시는도다

구원의 기쁨을 누리고 있나요?

여러분에게 있어서 예수님을 믿고 구원을 받았다는 것은 어느 정도의 감격으로 다가오고 있습니까? 죄로 인하여 지옥에 빠져 영원한 멸망 가운데서 살아가야 할 우리를 위하여 하나님이 인간의 옷을 입으시고 십자가에 달려 죽으심으로 내가 치러야 할 죄의 대가를 대신 치러주셨다는 그 십자가 복음이 우리에게 진정 믿음으로 다가온다면 그 십자가 복음으로 인한 감격은 이 세상의 어떤 무엇과도 절대로 바꿀 수 없는 엄청난 환희와 감동을 가져올 것입니다.

오늘 말씀을 기록한 다윗이 바로 그 기쁨으로 가득 찬 모습을 우리에게 보여주고 있습니다. 다윗은 자기 영혼을 향하여 명령합니다. "내 영혼아 여호와를 송축하라 내 속에 있는 것들아 다 그의 거룩한 이름을 송축하라." 다윗은 무엇 때문에 자신의 영혼을 향하여 내 속에 있는 모든 것 곧 자기 마음 전체가 하나님을 찬양해야 한다고 명령했던 것일까요? 그 이유가 오늘 말씀에 기록되어 있습니다. "내 영혼아 여호와를 송축하며 그의 모든 은택을 잊지 말지어다 그가 네 모든 죄악을 사하시며 네 모든 병을 고치시며 네 생명을 파멸에서 속량하시고 인자와 긍휼로 관을 씌우시며"(시 103:2-4).

다윗은 자신의 죄를 사하시고 그의 생명을 파멸에서 구원하신 하나님의 인자하심과 긍휼하심을 잊지 않는다면 마땅히 온 마음이 자기를 구원하신 하나님을 찬양해야 한다고 말하고 있습니다.

그런데 여러분, 다윗이 받은 이 은혜가 바로 우리가 받은 은혜 아닙니까? 지금 다윗이 자기 영혼을 향하여 자기 속에 있는 모든 것들이 다 하나님을 찬양해야 마땅하다고 말하고 있는 그 이유가 바로 우리가 받은 구원과 동일한 구원 아닙니까?

그런데 우리는 어떻습니까? 우리는 다윗처럼 우리 속에 있는 모든 것들이 다 하나님을 찬양해야 한다고 스스로 명령하며 살고 있습니까? 혹시 구원의 감격과 기쁨이 내 안에 있기는 하지만, 마음 일부에는 불평과 불만, 염려와 두려움이 머무는 것 정도는 당연하게 여기고 사는 것은 아닙니까? 다윗은 스스로 명령합니다. "내 영혼아 여호와를 송축하며 그의 모든 은택을 잊지 말지어다"

우리가 받은 구원은 우리 마음속에 불평과 염려와 함께 있을 만한 그런 작은 감격을 주는 구원이 아닙니다. 우리가 받은 구원은 깨달은 사람으로 하여금 다윗처럼 자신의 전 존재를 하나님을 송축하는데 사용할 수밖에 없게 만들 만큼 놀라운 구원입니다.

우리가 받은 그 큰 구원으로 인하여 날마다 하나님을 송축하는 인생이 되기를 소원합니다. 내 속에 자리 잡고 있는 불안, 염려, 불평과 불만들이 모두 떠나가도록 "내 속에 있는 것들아 다 그의 거룩한 이름을 송축하라"라고 스스로 명령하며 살아가기를 축복합니다.

나눔 1 나의 마음속에 있는 불안과 염려, 불평은 무엇입니까?

나눔 2 십자가 복음을 바라보는 내 마음은 기쁨입니까? 무감각입니까?

예수님을 바라보는 우리 가정 기도 :

말씀 시편 106:12-14 이에 그들이 그의 말씀을 믿고 그를 찬양하는 노래를 불렀도다 그러나 그들은 그가 행하신 일을 곧 잊어버리며 그의 가르침을 기다리지 아니하고 광야에서 욕심을 크게 내며 사막에서 하나님을 시험하였도다

욕심의 싹을 자릅시다

이스라엘의 출애굽 사건은 죄인을 구원하는 하나님의 구속사역의 모델입니다. 애굽이라는 죄로 가득 찬 세상에 시달리며 살던 이스라엘 백성들을 건져서 완전히 새로운 땅에서 새로운 인생을 살게 하신 하나님의 역사가 바로 오늘 우리에게 일어난 예수 그리스도의 십자가 대속입니다.

우리도 애굽과 같이 하나님을 알지 못하고 죄가 충만한 세상 가운데 사는 사람들이었습니다. 그런 우리를 위하여 예수님께서 이 땅에 오셨고 그분을 믿는 믿음이 있는 사람들은 이전과는 완전히 다른, 새로운 인생을 살 수 있도록 해주셨습니다.

우리가 예수님을 믿음으로 새로운 인생을 살기 시작하는 그 순간을 출애굽의 과정에 비유하자면 홍해를 건너는 사건일 것입니다. 하나님께서는 이스라엘 백성들을 데리고 홍해로 향하십니다. 홍해를 가르시고 마른 땅을 밟으며 건너가게 하십니다. 그 사건으로 말미암아 이스라엘 백성들의 하나님을 향한 믿음은 분명하고 확실하게 세워진 것 같았습니다.

그러나 그들의 믿음은 곧 시들었습니다. 오늘 말씀은 이스라엘 백성들이 홍해를 건너는 사건을 경험하고 나서 곧 "그의 말씀을 믿고 그를 찬양하는 노래를 불렀도다"라고 말합니다. 하지만 곧바로 "그러나 그들은 그가 행하신 일을 곧 잊어버리며 그의 가르침을 기다리지 아니하고"라고 말하고 있습니다.

우리도 죄인 된 삶과 구원받은 삶을 나누는 홍해를 건넌 사람들입니다. 처음 예수님을 믿는 믿음으로 거듭난 하나님의 백성이 되었을 때 대부분의 사람들은 앞으로 하나님을 믿는 믿음으로 살아가기를 굳게 결단합니다.

그러나 우리의 믿음의 고백과 결단은 오래가지 못합니다. 우리 마음의 본성인 '욕심을 크게 내며' 때문에 금세 하나님을 시험하고 거역합니다. 홍해를 가르는 것보다 더욱 크고 놀라운 사건, 하나님의 성육신과 십자가 사건을 경험하고도 우리는 금세 하나님으로부터 돌아서서 세상의 욕심을 따라갑니다. 욕심이 홍해를 가르는 기적을 이기고, 욕심이 우리를 위해 달리신 십자가 사건을 이기는 어처구니없는 일이 우리의 삶 가운데 일어나는 것입니다.

그러니 우리 안에서 일어나는 욕심을 주의해야 합니다. 우리 안에서 일어나는 욕심은 결코 가벼운 죄가 아닙니다. 예수님의 십자가 구원의 감격을 잊어버리게 하고, 우리로 하여금 죄의 종노릇 하는 자리로 돌아가게 하는 시발점이 우리 안에서 일어나는 욕심입니다.

지금 당신의 마음속에서 싹트고 있는 욕심이 있지는 않습니까? 그 욕심이 자라서 죄라는 열매를 맺어 하나님으로부터 당신을 떨어뜨리기 전에 마음의 욕심을 점검하여 싹을 자르는 여러분들이 되시기를 주님의 이름으로 축복합니다.

나눔 1 욕심을 따라 살다가 죄 가운데 빠졌던 경험이 있습니까?

나눔 2 지금 당신의 마음속에는 어떤 욕심이 자리 잡고 있습니까?

예수님을 바라보는 우리 가정 기도 :

말씀 시편 110:1 여호와께서 내 주에게 말씀하시기를 내가 네 원수들로 네 발판이 되게 하기까지 너는 내 오른쪽에 앉아 있으라 하셨도다

참 이상한 사람들

이 세상을 살아가는 그리스도인들의 삶이 세상에서 죄 가운데 살아가는 사람들의 삶과 구별되는 가장 분명한 특징은 그 삶의 주체가 바뀐다는 것입니다. 세상 가운데 살아가는 사람들의 삶의 주체는 자기 자신입니다. 모든 것을 자신이 하고, 자신을 위해서 합니다. 모든 행동의 중심을 바라보면 그 행동의 이유가 자기를 위함이라는 사실을 어렵지 않게 발견할 수 있습니다.

반면에 정말 주님을 영접하고 그분을 믿는 믿음으로 사는 사람들의 삶을 바라보면 그 삶의 주체가 자기 자신이 아니라 예수 그리스도임을 바라보게 됩니다. 진정한 그리스도인들은 무엇을 하든지 자신을 위해서가 아니라 주님을 위해서 합니다. 또 그 일을 행하는 주체도 자기 자신이 아니라 예수 그리스도께서 하신다고 고백합니다.

세상 사람들이 바라보기에는 참 어이가 없는 일입니다. 교회 주방에서 음식과 설거지를 하면서 애쓰고 수고해놓고는 자신이 아니라 주님이 하셨다고 고백하는 것이 그리스도인들입니다. 자기의 휴가를 다 선교하는데 사용하고, 어렵게 모은 돈을 선교를 위하여 사용해 놓고서는 자기가 아니라 주님이 하셨답니다. 그러니 세상 사람들이 보기에는 어이도 없고 이해도 안 가는 것이 그리스도인들의 삶의 모습일 수밖에 없습니다.

우리가 정말 예수님을 만나고 그분을 우리의 주님으로 영접했다면 우리 삶의 주체가 완전히 달라져야 합니다. 내가 아니라 주님께서 하시고, 내가 아니라 주님을 위하여 행하는 삶이 되어야 합니다.

다윗은 오늘 말씀에서 하나님이 자신을 향하여 "내가 네 원수들로 네 발판이 되게 하기 까지 너는 내 오른쪽에 앉아 있으라"고 말씀하셨다는 것을 말하고 있습니다. 우리가 잘 알고 있듯이 다윗은 엄청난 전쟁 영웅이었습니다. 그의 원수들이 대적해 올 때마다 앞장서서 싸웠던 사람이 다윗이었습니다. 그의 가장 큰 원수 중에 하나였던 사울이 그를 쫓을 때에도 다윗은 편안하게 앉아 있지 않았습니다. 사력을 다해서 사울을 피해 다녀야만 했던 사람이 다윗이었습니다.

그런 다윗의 삶의 모습이 어떻게 주님의 오른편에 가만히 앉아 있는 모습이라고 생각할 수 있습니까? 그러나 다윗은 그렇다는 것입니다. 내가 전쟁을 할 때도 내가 한 것이 아니라 주님이 하셨고 나는 그분께서 행하시는 대로 가만히 앉아서 따랐을 뿐이라는 것입니다. 사울을 피해 다닐 때도 그 길을 인도하신 분은 하나님이셨고 나는 그분의 인도하심을 따랐을 뿐이라는 것입니다. 내 삶의 주체가 내가 아니라 하나님 그분이었다는 것입니다.

여러분의 삶의 모습은 어떻습니까? 세상이 나를 바라볼 때, "저 사람은 참 이상해, 자기가 다 해놓고는 주님이 하셨다고 고백하는 이해할 수 없는 사람이야!"라고 말할 만한 삶의 모습입니까? 삶의 주체를 확인하십시오. 누구를 위하여 사는 인생인지를 점검하고 다윗과 같이 참된 그리스도인의 정체성을 드러내며 살아가기를 간절히 소원합니다.

나눔 1 예수님이 내 삶의 주인이라고 말할 수 있는 사건이 있습니까?

나눔 2 서로를 바라보며 세상과 다른 삶의 모습들을 찾아 말해주세요.

예수님을 바라보는 우리 가정 기도 :

말씀 시편 119:1-3 행위가 온전하여 여호와의 율법을 따라 행하는 자들은 복이 있음이여 여호와의 증거들을 지키고 전심으로 여호와를 구하는 자는 복이 있도다 참으로 그들은 불의를 행하지 아니하고 주의 도를 행하는도다

하나님이 요구하시는 것

신앙생활을 하면서 예수님께서 우리의 죄를 완전히 해결하셨다는 말씀에 대하여 의심하는 사람들이 있습니다. '예수님께서 우리를 죄로부터 완전하게 자유롭게 하셨다면 우리에게 더 이상 죄의 유혹도 없어야 하고, 죄로 인하여 넘어지는 일도 없어야 하는 것 아닌가?' 하는 생각 때문입니다. 그러나 그것은 사실과 다릅니다. 우리가 죄로부터 자유롭다는 것은 우리가 우리를 구원하신 예수님을 붙잡을 때 우리 삶 가운데 현실적으로 이루어지는 것입니다.

예수님께서 우리를 위해 십자가에서 죽으심으로 우리를 죄로부터 자유롭게 하셨지만, 우리가 그 주님을 붙잡지 않고 여전히 우리의 마음에 죄 된 것을 넣어주며 유혹하는 마귀를 붙잡으면 우리 삶의 현실은 여전히 죄 가운데 있을 수밖에 없는 것입니다. 다시 말하면 예수님께서는 우리의 삶, 우리의 행위가 죄 된 것이 없이 온전해 질 수 있는 길을 열어주신 것이지, 우리의 행위 자체를 바꾸신 것이 아니라는 것입니다.

율법은 하나님께서 원하시는 것과 원하시지 않는 것을 우리에게 알려주어 우리에게 죄가 무엇인지를 알게 합니다. 그러나 그 율법에는 우리가 율법을 지킬 수 있도록 돕는 힘은 없었습니다. 하지만 주님께서 십자가에 달려 죽으신 것은 우리를 죄에서 자유롭게 하실 뿐만 아니라 우리가 실제의 삶 속에서 죄를 이기고 승리할 수 있도록 도와줍니다.

예수님은 지금도 우리 안에 오셔서 우리가 우리의 삶 가운데서 실제로 죄를 이기고 정결하고 거룩하게 살 수 있도록 우리를 돕고 계십니다. 이런 상황 가운데서 우리가 마귀가 주는 유혹을 붙잡으면 죄를 짓는 것이고, 우리 안에 오셔서 우리를 도우시는 예수님을 붙잡으면 죄를 이기는 것입니다.

오늘 말씀은 우리가 죄를 이기는 길이 "전심으로 여호와를 구하는 것"이라고 말하고 있습니다(시 119:2). 우리의 인생이 죄와 허물로 얼룩진 저주받은 인생이 아니라, 주님 앞에 복 된 인생으로 변할 수 있는 것은 우리가 전심으로 여호와를 구하느냐에 달려있습니다. 전심으로 여호와를 구할 때 우리의 인생이 복 된 인생으로 변할 것이라는 말입니다. 이처럼 하나님께서는 우리에게 전심을 요구하십니다. 마음과 뜻과 힘을 다하여 하나님을 사랑하기를 바라시고, 전심으로 여호와를 구하기를 바라십니다. 그래야 마귀의 유혹에 넘겨줄 마음이 남지 않기 때문입니다.

오늘 말씀이 말하는 바가 바로 그것입니다. "참으로 그들은 불의를 행하지 아니하고 주의 도를 행하는도다"(시 119:3). 하나님께서 우리에게 전심을 요구하는 이유는 전심을 구할 때 우리 인생이 거룩하고 정결한 복 된 인생이 되기 때문입니다. "행위가 온전하여 여호와의 율법을 따라 행하는 자들은 복이 있음이여"(시 119:1)라고 말하는 말씀을 분명하게 기억하고 우리의 전심을 하나님께 드림으로 우리 삶 가운데 죄 된 것을 모두 버리고 거룩하고 정결한 인생을 이루어가기를 간절히 소원합니다.

나눔 1 나는 하나님을 향하여 전심을 드리고 있습니까?

나눔 2 전심을 주님께 드리기 위해서 끊어내야 할 마음들이 있다면 나누어 보세요.

예수님을 바라보는 우리 가정 기도 :

오늘성경통독 시편 120편 ☐ 121편 ☐ 122편 ☐ 123편 ☐ 124편 ☐ 125편 ☐ 126편 ☐ 127편 ☐ 128편 ☐ 129편 ☐ 130편 ☐ 131편 ☐ 132편 ☐ 133편 ☐ 134편 ☐

오늘가정예배 찬송 322장 세상의 헛된 신을 버리고 Date / /

말씀 시편 126:1-2 여호와께서 시온의 포로를 돌려 보내실 때에 우리는 꿈꾸는 것 같았도다 그 때에 우리 입에는 웃음이 가득하고 우리 혀에는 찬양이 찼었도다 그 때에 뭇 나라 가운데에서 말하기를 여호와께서 그들을 위하여 큰 일을 행하셨다 하였도다

하나님나라를 사모합니까?

한 아이가 성탄절 선물을 기대하고 있었습니다. 아이는 마음속으로 자기가 원하는 변신로봇을 상상하면서, 이번 성탄절에는 부모님이 꼭 그 선물을 사주실 것이라고 확신하면서 그날을 기다렸습니다. 드디어 성탄절이 다가왔고 부모님은 커다란 선물상자를 내밀었습니다. 기대하는 마음으로 선물상자를 열어본 아이는 곧 울음을 터뜨리고 말았습니다. 왜냐하면 그 선물상자 안에는 자기가 원했던 변신로봇이 아니라 곰 인형이 들어 있었기 때문입니다.

이 이야기가 우리에게 주는 의미가 무엇일까요? 인간은 아무거나 받는다고 기뻐하는 게 아니라 자기가 원하는 것을 받을 때 기뻐한다는 것입니다. 변신로봇을 원하는 자에게 곰 인형을 주면, 그것은 기쁨이 아니라 슬픔과 분노를 가져옵니다.

자유함이라는 것도 마찬가지입니다. 자유를 원하는 자에게 자유를 줄 때 그것이 기쁨이 되는 것이지 자유를 원하지 않는 자에게 자유를 주는 것은 절대로 기쁨으로 다가오지 않습니다.

오늘 말씀에서 시편 기자는 여호와께서 시온의 포로를 돌려보내실 때 꿈꾸는 것처럼 기쁨이 넘쳤다고 말하고 있습니다. 그 말은 바벨론 포로기를 보내면서 하루라도 빨리 그 포로의 시간을 벗어나기를 원하는 마음이 그들에게 있었다는 것을 의미하는 것입니다. 빨리 포로생활을 마치고 나의 본국으로 돌아가고 싶은 마음이 그들 가운데 있었기에 포로생활을 마치고 돌아갈 때 꿈꾸는 것처럼 기뻐할 수 있었던 것입니다.

여러분에게는 지금 사는 이 세상을 벗어나 여러분의 본국이 되는 천국에 빨리 가고 싶은 소망이 있으십니까? 우리가 사는 이 세상은 바벨론보다 더 심한 영적 전쟁터입니다. 세상을 둘러보십시오. 온갖 곳에서 각종 죄가 넘쳐나고 있습니다. 동성애, 음란, 탐욕 등 죄가 늘 성도들 주위를 맴돌며 기회를 노리고 있습니다.

영적인 눈으로 보면 이 세상은 빨리 벗어나야 할 전쟁터입니다. 전쟁터에서 생명을 걸고 싸우는 군인이 전쟁이 빨리 끝나기를 바라지 않을 수 없듯이, 이 세상이 영적 전쟁터라는 것을 아는 성도는 천국에 가는 그날을 사모하지 않을 수 없는 것입니다.

이 세상의 실상을 바로 보아야 합니다. 우리가 사는 이 세상이 곧 바벨론입니다. 악한 마귀가 사람들을 포로로 잡고서 어떻게든 죄짓게 하려고 발악하고 있는 곳이 이 세상입니다. 마귀는 예수 그리스도를 믿는 믿음으로 포로생활에서 풀려난 자들도 그냥 놔주지 않습니다. 그 사실을 분명하게 기억하고 사는 사람에게 천국은 나중에 죽어서 가는 곳이 아니라 오늘 바로 가도 기쁜 곳이 되는 것입니다. 여러분의 마음 가운데 천국을 사모하는 마음이 있습니까.

나눔 1 주님께서 오늘 당신을 천국으로 부르시면 당신의 기분은 어떻겠습니까?

나눔 2 당신에게 이 세상은 영적 전쟁터입니까? 영원히 누리고 싶은 곳입니까?

예수님을 바라보는 우리 가정 기도 :

말씀 시편 135:8-11 그가 애굽의 처음 난 자를 사람부터 짐승까지 치셨도다 애굽이여 여호와께서 네게 행한 표적들과 징조들을 바로와 그의 모든 신하들에게 보내셨도다 그가 많은 나라를 치시고 강한 왕들을 죽이셨나니 곧 아모리인의 왕 시혼과 바산 왕 옥과 가나안의 모든 국왕이로다

찬양할 수 있는 은혜

예수 그리스도를 믿는 믿음으로 말미암아 하나님과 화목하게 된 하나님의 백성들은 더할 나위 없는 복을 받은 사람들입니다. 예수님을 믿기 전에 우리는 하나님의 원수였던 사람들이었습니다.

원수라는 것은 싸워서 물리쳐야 할 대상이라는 말입니다. 전능하신 하나님의 원수가 된다는 것은 정말 생각만 해도 끔찍한 일입니다. 그런데 그런 원수였던 우리가 예수님을 통하여 하나님과 화목하게 되어서 이제는 하나님의 원수가 아니라 하나님의 자녀, 하나님의 아들이 되었습니다. 그러니 이보다 더 큰 복이 어디 있을까요?

그럼에도 불구하고 하나님의 자녀가 되었다고 믿는 사람들이 하나님께 불평하고 불만할 때가 있습니다. 자기 삶의 형편 때문에, 자기 기도에 대한 응답 여부로 인하여 하나님께 불평합니다. 예수 믿으면 삶이 잘 풀릴 줄 알았는데 그렇지 않다는 것입니다. 하나님의 원수 자리에서 하나님의 자녀로 옮겨진 것보다 세상의 일들이 잘 풀리는 것을 더 중요하게 여기는 것입니다.

우리가 하나님의 자녀가 되었다는 것, 하나님의 반대편이 아니라 하나님 편에 서 있다는 것이 얼마나 복되고 귀한 일인지 아십니까? 오늘 시편 말씀은 하나님 편에 서 있는 사람과 반대편에 서 있는 사람이 얼마나 다른 상황에 놓여져 있는지를 분명하게 설명합니다.

먼저 하나님의 성전 뜰에 서 있는 사람들, 하나님 편에 서서 하나님께 예배하는 그분의 백성이 된 사람들이 해야 할 일은 찬송하는 것뿐이라는 사실을 분명히 이야기한 시인은 하나님의 반대편에 서 있다는 것이 무슨 의미인지를 설명합니다.

하나님은 그 원수에게 어떻게 행하십니까? 8절 이하를 보면 하나님은 자기 적군의 처음 난 자를 사람부터 짐승까지 치시고, 세상의 강한 왕들을 치시는 분이십니다. 그들의 땅을 빼앗아서 자기 백성에게 주시는 분이 하나님이시고 세상 사람들이 섬기는 우상들과 똑같이 자기 원수들에게 행하시는 분이 하나님이십니다. 하나님의 반대편에 선 자들은 입이 있어도 말하지 못하며 눈이 있어도 보지 못하며 귀가 있어도 듣지 못하며 숨도 쉴 수 없게 됩니다(시 135:16-17).

내가 아직 하나님의 원수 된 자리에 있다고 생각해본다면, 이 모든 일들이 다 나에게 이루어질 일들입니다. 그런 끔찍한 상황에서 건져짐을 받았는데도 자기 삶의 작은 일들 때문에 하나님을 원망한다면 물에 빠진 사람 건져놨더니 보따리 내놓으라고 하는 모습이 아니겠습니까? 우리가 하나님의 성전 뜰에 서 있다는 그 사실만으로도 우리가 하나님의 이름을 찬송할 이유는 충분한 것입니다. 이 사실을 잊는 사람은 하나님 앞에 배은망덕하게 불평하게 됩니다. 예배할 수 있다는 것이 얼마나 큰 복이고, 기도할 수 있다는 것이 얼마나 큰 복인지를 기억하십시오. 하나님 앞에 배은망덕한 자식으로 기억되지 않도록 날마다 하나님께 영광과 찬송을 올려드리는 주의 자녀들이 되시기를 간절히 축복합니다.

나눔 1 하나님께 불평과 불만을 했던 일이 있다면 나누어 보세요.

나눔 2 내가 하나님의 자녀가 되었다는 것보다 내 마음을 더 기쁘게 하는 것이 있나요?

예수님을 바라보는 우리 가정 기도 :

말씀 시편 143:7-11 여호와여 속히 내게 응답하소서 내 영이 피곤하니이다 주의 얼굴을 내게서 숨기지 마소서 내가 무덤에 내려가는 자 같을까 두려워하나이다 아침에 나로 하여금 주의 인자한 말씀을 듣게 하소서 내가 주를 의뢰함이니이다 내가 다닐 길을 알게 하소서 내가 내 영혼을 주께 드림이니이다 여호와여 나를 내 원수들에게서 건지소서 내가 주께 피하여 숨었나이다 주는 나의 하나님이시니 나를 가르쳐 주의 뜻을 행하게 하소서 주의 영은 선하시니 나를 공평한 땅에 인도하소서 여호와여 주의 이름을 위하여 나를 살리시고 주의 의로 내 영혼을 환난에서 끌어내소서

다윗보다 복 된 인생

많은 사람들이 좋아하고 존경하는 성경 속의 인물이 바로 다윗입니다. 사람들은 다윗처럼 믿음이 좋은 사람이 되기를 원하고, 하나님께서 다윗과 함께하셨던 것처럼 자신과 함께하시기를 원합니다. 그런데 우리에게 이루어진 일을 잘 생각해보면, 우리가 다윗을 부러워하는 것이 아니라 다윗이 우리를 부러워해야 합니다.

다윗이 오늘 말씀에서 하나님께 간절히 구하고 있는 것이 무엇입니까? 하나님께서 자기에게 응답해 주시는 것, 하나님의 인자한 말씀을 듣는 것이 그가 그토록 간절히 원하던 소원이었습니다. 그런데 우리는 어떻습니까? 다윗이 그토록 원했던 주님의 음성을 우리는 우리가 원하기만 하면, 우리가 마음을 열고 들으려고 하기만 하면 하루 24시간, 언제든지 주님의 음성을 들을 수 있습니다.

또 오늘 말씀에서 다윗은 "내가 내 영혼을 주께 드릴 테니 제발 내가 어디로 가야할지 길을 알려주십시오"라고 말하고 있습니다. 그런데 우리는 어떻습니까? 우리가 하나님께 우리 영혼을 드리는 것이 아니라 하나님이 오히려 그분 자신을 우리에게 주셨습니다. 무엇보다 다윗은 지금 자기를 원수들의 손에서 건져달라고 하나님께 간구하고 있지만, 우리는 이미 우리의 원수, 마귀의 손에서 건져짐을 받았습니다.

또 그가 원했던 "주는 나의 하나님이시니 나를 가르쳐 주의 뜻을 행하게 하소서"라는 소원은 주의 성령이 임한 사람이라면 누구에게나 이미 실현된 일입니다. 그러니 여러분, 우리가 다윗과 비교할 때 얼마나 귀하고 복된 인생입니까? 하나님께서 다윗을 사랑하시는 것과 우리를 사랑하시는 것을 비교했을 때, 어떤 사랑이 더 큰 사랑입니까? 하나님께서는 다윗을 사랑하셨고 그를 도우시기는 했지만 그를 위해 자기 목숨을 내주시지는 않으셨습니다. 하나님께서는 다윗과 함께하시며 그의 길을 인도하시기는 하셨지만, 다윗 안에 거하시지는 않았습니다.

성경에 등장하는 모든 인물과 비교해도 우리는 너무나 축복받은 인생입니다. 성경에 그 누구도 누려보지 못했던 복된 인생을 누리고 있는 것이 바로 우리입니다. 다윗보다, 요셉보다, 아브라함보다도 더욱 큰 사랑을 받은 것이 우리인데, 우리는 우리가 받은 사랑을 너무나 가볍게 여기고 있지는 않습니까? 내가 받은 축복이 얼마나 큰 것인지를 모르고 여전히 남을 바라보고 부러워하고 있는 것은 아닙니까?

기억하십시오. 여러분은 세상의 그 무엇과도 바꿀 수 없는 존재입니다. 하나님께서는 자기 아들의 목숨과 당신을 맞바꾸셨습니다. 그만큼 당신을 사랑하시고 존귀하게 여기십니다. 당신의 인생보다 더 복된 인생은 세상에 없습니다.

나눔 1 다른 사람들을 보면서 부러워했던 것이 있나요?

나눔 2 내가 하나님으로부터 받은 사랑과 복을 나누어 보세요.

예수님을 바라보는 우리 가정 기도 :

잠언 _ 이사야

말씀 잠언 1:7 여호와를 경외하는 것이 지식의 근본이거늘 미련한 자는 지혜와 훈계를 멸시하느니라

온전한 길로 인도하는 지식

잠언을 기록한 솔로몬은 이 잠언의 주제를 그 시작에서부터 분명하게 밝히고 있습니다. 바로 "여호와를 경외하는 것이 지식의 근본이다"입니다. 여호와를 경외하지 않으면서 다른 지혜와 지식이 뛰어나다는 것은 있을 수 없는 일입니다. 다른 말로 표현하자면 여호와를 경외함이 없는 자의 지혜와 지식은 모두 헛것이라는 말입니다. 왜 그럴까요? 그가 하나님 앞에 섰을 때 그 지혜와 지식이 그를 구원해 주지 못하기 때문입니다.

반면에 사람들이 보기에 아무런 지혜도, 지식도 없는 사람이라고 할지라도 그 사람이 여호와를 경외하는 사람이라면, 그의 여호와 경외함으로 말미암아 하나님께서 그를 구원해 주실 것이기 때문에 모든 지혜와 지식보다 여호와를 경외하는 것이 가장 중요하다는 것입니다. 따라서 세상을 사는 모든 사람들이 다른 것을 쌓기 전에 제일 먼저 갖춰야 하는 것이 여호와를 경외하는 마음입니다. 여호와를 경외하는 마음 없이는 다른 모든 것을 가질지라도 빈털터리입니다.

'경외함'이라는 것은 존경하면서도 두려워한다는 의미입니다. 인간은 하나님을 존경하면서 두려워할 줄 알아야 합니다. 마치 아들이 아버지를 사랑하고 존경하면서도 두려워하듯이 하나님을 대할 줄 알아야 합니다. 그 경외함이 우리에게 있을 때 우리가 악한 길에 빠지지 않을 수 있고 하나님 앞에서 부끄럽지 않은 삶을 살 수 있는 것입니다. 그래서 잠언 1장은 여호와를 경외하는 것이 지식의 근본이라고 선언한 후에 10절부터 그 실제적인 예를 들고 있습니다.

어떤 사람이 와서 우리를 꾈 때 무엇을 기준으로 그를 따를지 말지를 결정해야 할까요? 우리가 어떤 사람을 바라볼 때, 그 사람이 악인인지 선인인지를 어떻게 분별해야 할까요? 그 기준이 바로 여호와를 경외함이라는 것입니다.

누군가가 우리에게 다가와서 감언이설로 우리를 속이려고 할 때는, 우리가 스스로 여호와를 경외하는 마음을 기준으로 삼아야 합니다. 그가 하는 말이 우리 귀에 달콤하고 그럴듯하게 들릴지라도 '이게 과연 여호와를 경외하는 마음에 합당한 일인가?'를 판단해보면 그의 말을 따라야 할지, 말아야 할지가 분명하게 깨달아집니다.

또 어떤 사람을 바라보고 평가하는 기준도 여호와를 경외함이 되어야 합니다. 그 사람이 얼마나 부와 권세가 있는 사람인지는 전혀 중요한 것이 아닙니다. 여호와를 경외하는 마음 없이 누리는 부와 권세는 자기의 피를 흘릴 뿐이요 자기의 생명을 해할 뿐입니다. 그러니 그런 사람과는 함께 해서는 안 됩니다. 반대로 욥처럼 모든 것을 다 잃고 아무것도 없어 보이는 사람일지라도 그가 여호와를 경외하는 사람이라면 반드시 그와 함께해야 합니다. 그런 사람에게는 반드시 여호와의 갚으심이 있기 마련이기 때문입니다.

삶의 기준을 이익이 아니라 '여호와를 경외함'으로 세우십시오. 그 기준만이 우리를 온전한 길로 인도할 수 있는 지혜와 지식의 근본입니다.

나눔 1 내 삶의 기준은 무엇입니까?

나눔 2 나의 삶을 사람들이 바라볼 때 여호와를 경외하는 사람으로 평가할까요?

예수님을 바라보는 우리 가정 기도 :

오늘성경통독 잠언 6장☐ 7장☐ 8장☐ 9장☐ 10장☐
오늘가정예배 찬송 524장 갈 길을 밝히 보이시니 Date / /

말씀 잠언 6:6-11 게으른 자여 개미에게 가서 그가 하는 것을 보고 지혜를 얻으라 개미는 두령도 없고 감독자도 없고 통치자도 없으되 먹을 것을 여름 동안에 예비하며 추수 때에 양식을 모으느니라 게으른 자여 네가 어느 때까지 누워 있겠느냐 네가 어느 때에 잠이 깨어 일어나겠느냐 좀더 자자, 좀더 졸자, 손을 모으고 좀더 누워 있자 하면 네 빈궁이 강도 같이 오며 네 곤핍이 군사 같이 이르리라

오늘 주님의 날을 준비했습니까?

세상에 존재하는 모든 것은 하나님이 만드셨습니다. 하나님께서는 그분의 말씀으로 이 세상을 지으셨고, 세상 만물에는 하나님의 말씀 흔적이 남아 있습니다. 하나님께서 말씀으로 세상을 창조하셨다는 것은 그 말씀 안에 하나님의 지혜와 능력과 힘이 모두 담겨있다는 것입니다. 그러니 하나님의 말씀으로 창조된 세상 만물들을 바라보면 하나님의 지혜가 얼마나 놀라운지, 하나님의 능력과 힘이 얼마나 위대한지를 깨우칠 수 있는 것입니다.

우리 생각에는 아무것도 아닌 작은 존재 같아 보여도 자세히 들여다보면 그 안에서 하나님의 위대하신 지혜를 발견할 수 있습니다. 오늘 말씀에서 솔로몬은 개미에게도 우리가 발견할 수 있는 하나님의 지혜와 능력이 있음을 말하고 있습니다. 개미는 여름 동안에 힘들다고 해서 쉬지 않습니다. 당장 먹을 것이 있다고 해서 양식 모으기를 게을리하지 않습니다. 누가 개미들에게 곧 겨울이 온다고 말해주는 것도 아니고, 이제 너희가 양식을 구할 수 없게 될 것이라고 말해주는 것도 아닌데 개미는 기회가 있을 때마다 쉬지 않고 양식을 모읍니다.

이것이 하나님의 지혜입니다. 기회가 있을 때 쉬지 말고 움직여 후에 찾아올 겨울을 준비하는 것이 하나님의 피조물을 보며 우리가 배워야 할 하나님의 지혜입니다.

성경은 우리가 사는 이 세상이 영원한 것이 아니라고 분명히 우리에게 말해주고 있습니다. 이 세상도, 우리의 인생도 들의 풀, 꽃과 같이 사그라지는 날이 분명히 찾아올 것입니다. 그러니 그날을 위해 지금 이 하루하루를 열심히 일하고 움직여야 합니다. 겨울을 맞이하기 위해 개미가 쉬지 않고 양식을 모으는 것처럼, 주의 나라가 이 땅 가운데 임하는 그 날을 맞이하기 위해 준비해야 한다는 것입니다. 겨울이 올 때가 되면 나무들도 자기 몸에 달려있던 나뭇잎들을 모두 떨어뜨립니다. 낙엽이 떨어지는 것은 우리 눈에는 아름다워 보일지 몰라도 나무의 입장에서는 다가오는 추운 겨울에 살아남기 위한 준비를 하고 있는 것입니다.

우리도 개미와 같이, 나무와 같이 그날을 준비해야 합니다. 그날에 주님께서 다시 오실 때, 또 우리가 주님 앞에 서게 될 때 나에게 있어서는 안 되는 불필요한 것들은 낙엽처럼 떨어뜨려 버려야 합니다. 또 그날에 우리에게 필요한 것, 주 예수 그리스도를 믿는 믿음은 작은 부스러기라도 흘림이 없이 쌓아놓아야 합니다.

세상에 존재하는 모든 만물이 이러한 진리를 우리에게 증거하고 있다는 것을 기억하십시오. 만물을 바라보며 주님께서 우리에게 알려주시고자 하시는 것이 무엇인지를 깨달으십시오. 그리하여서 날마다 깨어 개미와 같이 주의 날을 준비해 나가기를 간절히 소원합니다.

나눔 1 나는 오늘 주님의 날을 맞이하기 위해 무엇을 준비했습니까?

나눔 2 나는 오늘 주님의 날을 맞이하기 위해 무엇을 버렸습니까?

예수님을 바라보는 우리 가정 기도 :

오늘성경통독 잠언 11장□ 12장□ 13장□ 14장□

오늘가정예배 찬송 322장 세상의 헛된 신을 버리고

Date / /

말씀 잠언 13:2-3 사람은 입의 열매로 인하여 복록을 누리거니와 마음이 궤사한 자는 강포를 당하느니라 입을 지키는 자는 자기의 생명을 보전하나 입술을 크게 벌리는 자에게는 멸망이 오느니라

오늘 무엇을 말하고 무엇을 들었습니까?

하나님께서 인간을 창조하실 때 입은 하나, 귀는 두 개를 만드신 이유가 있다고 합니다. 바로 듣는 것을 말하는 것보다 두 배는 더 많이 하라는 것입니다. 성경 곳곳에는 말을 조심히 하고 듣기는 더 열심히 하라는 말들이 기록되어 있습니다. "사람마다 듣기는 속히 하고 말하기는 더디 하며 성내기도 더디하라"(약 1:19)라는 말씀처럼 성경은 우리에게 끊임없이 말을 조심하고 듣는 것에 더욱 주의를 기울이라고 말합니다.

왜 그럴까요? 아마도 그것은 우리 인간이라는 존재가 죄로 인하여 오염된 존재이기 때문일 것입니다. 인간은 본래 하나님을 영화롭게 하려고 창조되었습니다. 인간에게 입이 있는 것은 자신을 창조하신 하나님을 찬양하고 영광을 돌리기 위함이었고 인간에게 귀가 있는 것은 창조주 하나님의 말씀을 경청하기 위해서였습니다. 그런데 죄로 인하여 타락한 인간은 자기에게 주어진 입과 귀를 완전히 다른 일에 사용하기 시작했습니다.

하나님을 찬양해야 할 입으로는 자기를 찬양하기 시작했습니다. 모든 말의 목적이 자기를 높이고 자기 유익을 위하게 되었습니다. 귀로는 자기를 즐겁게 하는 말들만 듣기 시작합니다. 자기 생명을 살리기 위해 들려오는 주님의 음성과 복된 소식에는 귀를 막고 그저 자기를 인정해 주는 말과 자기 감정을 만족스럽게 채워주는 말들에만 귀를 기울였습니다. 그것이 죄로 인하여 타락한 인간의 모습이라는 것을 하나님께서 아셨기에 성경 곳곳에서 우리에게 말하기를 더디 하고 듣기를 속히 하라고 말씀하고 계시는 것입니다.

잠언을 기록한 솔로몬도 대단히 많은 분량을 할애해서 말을 조심하라고 말합니다. 그러면서 죄로 인하여 타락한 존재가 말까지 조심하지 않을 때 무슨 일을 겪게 되는지를 분명하게 나열하고 있습니다. 오늘 말씀에만 해도 "강포를 당한다, 멸망을 맞이한다, 부끄러운 데 이른다, 패망한다"와 같은 무서운 말들을 입을 다스리지 못하는 자들에게 적용하고 있습니다. 죄로 인해 타락한 존재가 그 죄를 입으로 뱉어낼 때 얼마나 무서운 일들이 일어나는지를 그는 알고 있었던 것입니다.

우리는 입을 조심해서 사용하고 잘 다스려야 합니다. 그러기 위한 최고의 방법은 하나님께서 우리에게 입과 귀를 만들어주신 그 창조의 목적대로 입과 귀를 사용하는 것입니다.

우리의 입으로 하나님을 찬양하는 말을 하고 그분께 영광을 돌리는 말만 한다면 아무것도 문제가 될 것이 없습니다. 우리의 귀를 통하여 우리에게 말씀하시는 주님의 음성만 듣는다면 거리낄 것이 없습니다. 입을 열어 무엇을 말하고, 귀를 열어 무엇을 들으려고 하기 전에, 내가 지금 무엇을 말하고자 하는가, 내가 지금 무엇을 듣고 싶어 하는가를 생각하고 행동하십시오. 그러면 패망으로 가는 습관을 멀리하고 버릴 수 있게 될 것입니다.

나눔 1 오늘 나는 하나님께 영광 돌리고 찬양을 드리는 말을 했습니까?

나눔 2 나의 귀는 무엇을 듣기를 즐거워하고 있습니까?

예수님을 바라보는 우리 가정 기도 :

말씀 잠언 15:16-17 가산이 적어도 여호와를 경외하는 것이 크게 부하고 번뇌하는 것보다 나으니라 채소를 먹으며 서로 사랑하는 것이 살진 소를 먹으며 서로 미워하는 것보다 나으니라

세상이 다 우리 아버지 것입니다

많은 사람들이 부유함을 추구하며 살아갑니다. 부유함을 손에 넣으면 행복할 거로 생각하고 그 행복을 얻기 위해서 부유함을 추구하며 살아가는 것입니다. 크게 부유하면 가족들도 행복하고 인생도 즐거울 것으로 생각합니다. 그러나 실상은 그렇지 않다는 것을 우리는 너무도 잘 알고 있습니다.

돈이 많은 사람들은 정말 행복합니까? 부유한 가정은 항상 서로 사랑하며 미워하지 않고 삽니까? 돈이 많으면 걱정거리가 사라지나요? 그렇지 않다는 것을 우리는 너무나 많이 보고 듣고 경험해왔습니다.

그런데도 불구하고 우리는 여전히 부유함을 추구합니다. 돈에 대한 갈망을 쉽사리 놓지를 못합니다. 돈이 많아지면 행복해질 것이라는 망상을 쉽게 버리지 못합니다. 왜 그러는 걸까요? 마귀가 우리의 마음속에 계속해서 그 마음을 넣어주는 것입니다. '돈 많아지면 행복해져. 부유하면 가족들도 화목해져. 돈 걱정하지 않게 되면 그때 하나님의 일도 더 많이 할 수 있어.' 이런 마음들을 끊임없이 우리 속에 넣어서 우리가 하나님을 위하여 살지 않고 돈을 위해 살도록 유혹하는 것입니다.

오늘 말씀에서 솔로몬은 말합니다. "가산이 적어도 여호와를 경외하는 것이 크게 부하고 번뇌하는 것보다 나으니라"(잠 15:16). 부유한 사람이 왜 번뇌할까요? 그가 여호와를 경외하지 않기 때문입니다. 여호와를 경외하지 않는다는 것, 여호와 하나님을 신뢰하지 않고 믿지 않는다는 것이 무엇을 의미합니까? 그가 여전히 전능하신 하나님의 자녀가 되지 못했고, 하나님께서 그의 아버지가 되지 못했다는 것입니다. 부모가 없는 자식입니다. 그러니 그의 인생에는 항상 번뇌가 따릅니다. 자기 삶을 자기가 책임져야 하고, 모든 것을 자기가 판단해야 하며, 그 판단의 책임 또한 자신이 짊어져야 하기 때문입니다.

그러나 하나님을 경외하는 하나님의 자녀가 된 사람들은 번뇌하지 않습니다. 하나님이 나의 아버지이시기에 가산이 적어도 염려하지 않습니다. 세상 모든 것이 다 내 아버지의 것인데, 당장 내 수중에 돈이 없다고 해서 염려할 이유가 무엇이 있습니까? 하나님의 자녀들은 어려움을 만나도 걱정하지 않습니다. 전능하신 하나님이 내 아버지이시기 때문입니다. 이것이 하나님을 경외하는 사람과 그렇지 않은 사람이 가지는 근본적인 차이입니다.

하나님께서 여러분의 아버지이십니다. 만왕의 왕이요 만유의 주되시는 여호와 하나님께서 여러분을 친히 돌보십니다. 그것이 분명하게 믿어지면 더 이상 돈을 의지하지 않습니다. 돈의 많고 적음 때문에 염려하지 않고, 내 삶에 일어나는 문제들 때문에 번뇌하지 않습니다. 하나님께서 그 아들을 친히 돌보실 것을 확실히 알기 때문입니다. 하나님께서 나의 아버지이심을 정말 믿으십니까?

나눔 1 하나님이 내 아버지이시기에 내려놓을 수 있었던 염려가 있습니까?

나눔 2 하나님이 내 아버지이심에도 여전히 내려놓을 수 없는 염려는 무엇입니까?

예수님을 바라보는 우리 가정 기도 :

오늘성경통독 잠언 19장 □ 20장 □ 21장 □ 22장 □
오늘가정예배 찬송 90장 주 예수 내가 알기 전
Date / /

말씀 잠언 19:17 가난한 자를 불쌍히 여기는 것은 여호와께 꾸어 드리는 것이니 그의 선행을 그에게 갚아 주시리라

믿음의 눈으로 약한 자를 바라봅시다

하나님께서는 구약에서부터 가난한 자와 약한 자를 돌보는 것을 너무나 귀하게 생각하셨습니다. 그래서 이스라엘 백성들이 가나안 땅에서 농사를 지어서 결실을 얻으면, 꼭 가난한 사람들과 고아와 과부들을 위하여 그들이 먹을 것을 남겨두라고 명령하셨습니다. 또 나그네를 보면 반드시 그들을 영접하라고 말씀하시고 그렇게 행한 자들에게는 하나님께서 반드시 갚아 주셨습니다.

창세기 18장에서 믿음의 조상 아브라함은 지나가는 나그네 셋을 보고 그들에게 달려가 영접하였습니다. 그러자 하나님께서는 그들이 알고는 있으나 믿지는 못하고 있던 아들을 주시겠다는 약속을 더욱 분명하게 새겨 주십니다.

마태복음 25장에서는 이렇게 작은 자, 가난한 자 한 사람을 섬기는 것이 얼마나 크고 중요한 일인지에 대해서 자세히 비유로 말씀하십니다. 예수님께서 다시 오실 때에 주님께서는 이 세상의 모든 민족을 다 모아서 양과 염소를 구분하듯이 구분하실 것입니다.

그중에서 예수님의 양, 예수님을 목자로 삼는 백성이라고 인정을 받는 것이 누구입니까? 마태복음을 보면 예수님은 자기 양으로 인정하는 백성들을 향하여 말씀하십니다.

"내 아버지께 복 받을 자들이여 나아와 창세로부터 너희를 위하여 예비된 나라를 상속받으라 내가 주릴 때에 너희가 먹을 것을 주었고 목마를 때에 마시게 하였고 나그네 되었을 때에 영접하였고 헐벗었을 때에 옷을 입혔고 병들었을 때에 돌보았고 옥에 갇혔을 때에 와서 보았느니라"(마 25:34-36).

그 말을 들은 사람들이 어리둥절해서 "주님, 우리가 언제 주님께 그렇게 대접했습니까? 저희는 그런 적이 없습니다!"라고 대답합니다. 그러자 주님께서 말씀하십니다. "너희가 여기 내 형제 중에 지극히 작은 자 하나에게 한 것이 곧 내게 한 것이니라"(마 25:40).

이렇게 가난한 자 한 사람에게 대접하는 것이 얼마나 중요한 일인지, 성경은 구약과 신약을 통틀어서 항상 우리에게 말해주고 있습니다. 그렇다면 돌아보아야 합니다. 우리는 가난한 자, 한 사람을 어떻게 대접했습니까? 만일 이 질문 앞에서 아무것도 대답할 말이 없다면, 그렇다면 우리는 두려운 마음으로 주님의 말씀을 기억해야 합니다. "내가 진실로 너희에게 이르노니 이 지극히 작은 자 하나에게 하지 아니한 것이 곧 내게 하지 아니한 것이니라 하시리니 그들은 영벌에, 의인들은 영생에 들어가리라 하시니라"(마 25:45-46).

주변에 어려운 이웃, 가난한 자, 작은 자들을 바라볼 때 사람을 보듯이 바라보지 않게 되기를 소원합니다. 바로 그들이 나의 주님, 나의 예수님이라고 믿음의 눈으로 그들을 바라보며, 주께 하듯이 그들을 섬기는, 주님의 양이 되기를 간절히 소원합니다.

나눔 1 가난한 자, 작은 자에게 대접했던 일이 있다면 나누어 보세요.

나눔 2 이제부터 우리가 실행할 수 있는 작은 자 섬기는 일에는 무엇이 있을까요?

예수님을 바라보는 우리 가정 기도 :

말씀 잠언 24:16-20 대저 의인은 일곱 번 넘어질지라도 다시 일어나려니와 악인은 재앙으로 말미암아 엎드러지느니라 네 원수가 넘어질 때에 즐거워하지 말며 그가 엎드러질 때에 마음에 기뻐하지 말라 여호와께서 이것을 보시고 기뻐하지 아니하사 그의 진노를 그에게서 옮기실까 두려우니라 너는 행악자들로 말미암아 분을 품지 말며 악인의 형통함을 부러워하지 말라 대저 행악자는 장래가 없겠고 악인의 등불은 꺼지리라

악한 자를 위해 기도합시다

2019년에 일본이 우리나라에 대한 경제보복 조치를 단행하면서 온 나라에 반일감정이 들끓었습니다. 일본에는 가지도 말고, 일본 물건은 사지도 말자는 정서가 온 국민들에게 퍼져나갔습니다. 이런 상황 가운데 남쪽 바다에서는 연속해서 태풍들이 생겨났고, 그중에 특별히 2019년 8호 태풍 프란시스코가 우리나라를 향해서 올라오고 있다는 기사에는 사람들이 "태풍아 부탁해, 일본 위에 오래오래 머물러라"라는 댓글들을 달아놓았습니다.

이 댓글들을 보는데 마음 한편에 쓰라림이 있었습니다. 왜냐하면 그러한 마음가짐은 그리스도인들 가운데에는 있을 수도 없고, 있어서도 안 되는 마음들이기 때문입니다. 인터넷에 기록된 댓글들을 기록한 사람들이 어떤 종교를 가지고 있는 사람들인지 우리는 알 수 없습니다.

그러나 우리 주위에 함께 신앙생활하고 있는 그리스도인들 중에서도 그 댓글들과 같은 마음을 가지고 있는 사람들을 어렵지 않게 발견할 수 있습니다. 비단 일본을 향한 문제들뿐만이 아닙니다. 뉴스에 등장하는 흉악한 살인범, 아동 강간범, 성폭행, 노인폭행, 강도 등의 기사들을 접할 때 우리 마음속에 일어나는 마음이 무엇입니까? 그 범죄자들이 저지른 범죄가 곧 그 사람 자신이라도 되듯이 저주하고, 정죄하는 것이 우리의 모습 아닙니까?

악한 자가 고통을 당하고, 자기가 행한 죄로 인하여 죄의 값을 치르는 것은 전적으로 하나님께 달린 일입니다. 우리가 그렇게 되기를 바란다고 해서 이루어지는 일이 아니고, 우리가 그렇게 되지 않기를 원한다고 해서 이루어지지 않는 일도 아닙니다. 악한 자를 징계하시고, 그 행한 일로 말미암아 재앙을 내리시는 것은 전적으로 우리 하나님께 달린 일입니다. 그런데 어찌하여 우리가 그 일을 우리의 입으로 읊조리며 우리의 입으로 범죄하는 것입니까? 이것 또한 마귀의 역사라는 것을 깨달아야 합니다.

우리의 입으로 악인을 저주하든 그렇지 않든 그것은 악인이 받을 징계에 아무런 영향을 주지 못합니다. 그저 우리의 입을 더럽힐 뿐입니다. 악인이 징계받는 모습을 보며 기뻐하는 것 또한 우리 영혼건강에 이롭지 못합니다. 그 모습을 기뻐한다는 것 자체가 자신이 말할 수 없는 죄인임을 기억하지 못하고, 인정하지 못하는 자임을 드러내는 것이기 때문입니다.

악한 자를 바라볼 때 우리가 할 수 있는 행동은 단 한 가지입니다. 그들을 바라보시는 하나님의 애통하심과 긍휼하심을 품고 기도하는 것입니다. 그들이 악에서 떠나도록 기도하며 그들을 사로잡고 있는 악의 권세가 끊어지기를 기도하는 것, 그것이 악으로 가득 찬 이 세상에서 믿음의 사람들이 악을 대하는 방식이라는 것을 기억하시고 날마다 주님의 마음으로 죄 가운데 있는 자들을 위하여 애통한 마음으로 기도하기를 간절히 소원합니다.

나눔 1 나는 악인들이 징벌을 받는 모습을 보며 어떤 반응을 취했습니까?

나눔 2 뉴스나 인터넷에 등장하는 악한 자들을 보며 기도한 적이 있습니까?

예수님을 바라보는 우리 가정 기도 :

오늘성경통독 잠언 27장□ 28장□ 29장□ 30장□ 31장□
오늘가정예배 찬송 303장 날 위하여 십자가의

Date / /

말씀 **잠언 27:7** 배부른 자는 꿀이라도 싫어하고 주린 자에게는 쓴 것이라도 다니라

은혜를 누리고 있습니까?

한 사람이 식사대접을 받게 되었습니다. 늦은 저녁 약속이었는데 너무 배가 고파서 그 시간까지 기다리기가 힘들었습니다. 그래서 조금만 허기를 채우고 가야겠다고 생각하고는 집에 있는 냉장고를 열어서 먹을 만한 것을 찾았습니다. 별다른 먹을거리가 없자 냉장고에 있는 반찬들을 모아 넣고 비빔밥을 아주 조금만 먹어야겠다고 생각하고는 그릇에 밥과 반찬들을 넣기 시작했습니다.

처음에는 조금만 허기를 채워야겠다고 생각하고 냉장고를 열었는데 어느새 그의 그릇에는 가득 채우고도 넘칠 만큼의 비빔밥이 완성되었습니다. 그 비빔밥을 먹고 잠시 후에 약속했던 식사 자리에 나간 이 사람은 곧 비빔밥 먹은 것을 후회했습니다. 왜냐하면 그는 최고급 한우를 대접받았는데 배가 너무 불러서 고기 몇 점을 겨우 집어 먹었기 때문입니다. 평소에는 그토록 맛있게 보이고 먹고 싶었던 그 소고기가 그날은 그에게 얼마나 큰 괴로움이 되었는지 모릅니다.

우리가 무엇인가를 귀중하게 여기는지 아니면 아주 괴롭고 하찮은 것으로 여기는지는 사실 그 대상이 어떤 것인지보다 우리가 그 대상을 받아들일 준비가 되어 있는지에 달려있습니다. 우리 속에 다른 어떤 것이 채워지지 않았을 때는 집 냉장고에 남아있는 반찬들을 모아서 만든 비빔밥도 맛있고 귀하게 여겨집니다.

그러나 우리 속이 비빔밥으로 채워지고 나면 아무리 귀한 것이어도 괴롭히는 것으로 여겨지는 법입니다. 그래서 우리가 무엇인가를 정말 귀하고 복되게 받아들이기를 원한다면 먼저 우리 안에 있는 것을 비워내야 합니다. 우리 속을 채우고 있는 다른 것들이 버려지고 비워져야 그다음에 우리에게 다가오는 것이 귀하게 여겨질 수 있습니다.

우리 아이들에게 성경과 복음이 하찮은 것으로, 귀찮고 거북하게 여겨지는 이유가 무엇일까요? 복음 말고도 그들의 마음을 차지하고 있는 것이 너무나 많기 때문입니다. 세상의 온갖 즐거움들이 우리 아이들의 마음을 꽉 채우고 있기에 복음이 지루하고 재미없는 이야기로 들리는 것입니다.

어른들도 마찬가지입니다. 나를 영원한 멸망에서 건지시고, 나를 죽음 가운데서 살려내셨다는 복음이 우리에게 감격과 기쁨으로 여겨지지 않는 이유는 세상의 것들로 가득 채워져 있기 때문입니다. 그것들이 버려지지 않고, 내 속이 비워지지 않는 이상 우리는 복음을 기쁘고 복된 것으로 누릴 수가 없습니다. 진정 복음을 기쁨으로 누리고 싶다면, 먼저 우리 속을 비워야 하고 내 속을 꽉 채우고 있는 세상의 속박을 풀어내야 합니다.

여러분은 십자가 복음의 꿀맛을 누리고 있습니까? 예수님이 여러분과 함께 계시는 은혜를 진정으로 귀하고 복된 은혜로 여기고 감사함으로 그 은혜를 누리고 있습니까? 그렇지 않다면 여러분의 속을 점검하십시오. 여러분 안에 얼마나 많은 세상의 것이 채워져 있는지를 점검하고 그것이 정말 필요한지 깊이 생각해 보시기를 축복합니다.

나눔 1 내 속을 채우고 있는 여러 마음은 무엇인가요?

나눔 2 나는 주님 한 분이면 충분합니까? 그렇다면 모든 것을 잃어도 괜찮습니까?

예수님을 바라보는 우리 가정 기도 :

오늘성경통독 전도서 1장☐ 2장☐ 3장☐ 4장☐ 5장☐
오늘가정예배 찬송 420장 너 성결키 위해

Date / /

말씀 전도서 3:11-13 하나님이 모든 것을 지으시되 때를 따라 아름답게 하셨고 또 사람들에게는 영원을 사모하는 마음을 주셨느니라 그러나 하나님이 하시는 일의 시종을 사람으로 측량할 수 없게 하셨도다 사람들이 사는 동안에 기뻐하며 선을 행하는 것보다 더 나은 것이 없는 줄을 내가 알았고 사람마다 먹고 마시는 것과 수고함으로 낙을 누리는 그것이 하나님의 선물인 줄도 또한 알았도다

우리가 할 수 있는 가장 현명한 일

전도서 3장은 "범사에 기한이 있고 천하만사가 다 때가 있나니"라는 말로 시작합니다. 이것이 우리의 인생입니다. 우리의 인생은 다 때가 있다는 것입니다. 날 때가 있으면 죽을 때가 있고 심을 때가 있으면 심은 것을 뽑을 때가 있는 것이 우리 인생입니다. 울 때가 있으면 웃을 때가 있고, 슬퍼할 때가 있으면 춤을 출 때가 있는 것이 우리의 인생입니다. 이러한 말들이 결국 무엇을 의미하는 것일까요? 우리 인생의 어떠한 순간도 결코 영원한 것이 아니라는 것입니다.

모든 인생에는 때가 있습니다. 지금 내 인생이 어렵고 힘들다고 해서 그것이 영원히 힘든 것은 아닙니다. 반대로 지금 내 인생이 평안하고 기쁨이 넘친다고 해도 그것 또한 영원한 것은 아닙니다. 그러한 것들은 영원한 것들이 아닐뿐더러 우리가 염려하지 않아도 때를 따라 이루어질 것들입니다. 그러니 지금 내 인생이 웃을만한 상황인가 울고 싶은 상황인가는 결코 중요한 것이 아닙니다.

오늘 말씀은 "하나님이 하시는 일의 시종을 사람으로 측량할 수 없게 하셨도다"(전 3:11)라고 말합니다. 그 말은 곧 "언제쯤 내 상황이 풀릴까? 언제쯤 내 인생이 편안하게 춤을 추며 살 수 있게 될까?"를 생각하며 시간을 보내는 것은 결코 현명한 일이 아니라는 것입니다. 그것들을 아무리 생각해봤자 우리는 그 시기를 알 수 없습니다. 예측조차 할 수 없습니다.

예측 불가능한 일을 계산하느라 허황되게 시간을 보내는 일은 우리가 할 수 있는 현명한 일이 아닙니다. 우리에게는 우리가 예측할 수 있는 아주 분명한 사실이 하나 있습니다. 그것은 바로 누구나 하나님이 정하신 때에 하나님께로 간다는 것입니다. 우리가 비록 시종을 측량할 수는 없지만 우리는 모두 언젠가 하나님께서 정하신 때에 하나님께로 돌아가게 될 것입니다. 그것이 우리가 알 수 있는 가장 정확한 사실입니다. 그러니 우리가 할 수 있는 가장 현명한 일은 그날을 준비하는 것입니다. 그러면 우리는 그날을 어떻게 준비할 수 있을까요?

그 방법은 오늘 말씀 12절이 말하는 것처럼 기뻐하며 선을 행하며 사는 것입니다. 여기에서 말하는 선이라는 것을 단순히 착한 일을 말하는 것이 아닙니다. 하나님의 선은 우리의 선과는 다릅니다. 이 세상에 자신의 행위로 선하다고 인정을 받을 수 있는 사람은 아무도 없습니다. 그러니 하나님 앞에서의 선이라는 것은 '믿음' 말고는 아무것도 없습니다.

믿음으로 살기를 기뻐하는 것보다 더 나은 것은 없습니다. 그러니 믿음으로 살기를 포기할 만큼 귀중한 것도 세상에는 없습니다. 모든 인생에는 때가 있습니다. 당신의 때가 다가올 그 날에 당신은 더 나은 것이 없는 귀중한 일과, 사라지고 변할 세상의 일 중에 무엇을 더욱 열심히 행한 사람의 모습으로 하나님께로 가시겠습니까?

나눔 1 이 세상에서 가장 중요하고 귀한 일이 무엇이라고 생각하십니까?
나눔 2 나는 무엇을 위해 가장 많은 시간을 사용하고 있습니까?
예수님을 바라보는 우리 가정 기도 :

오늘성경통독 전도서 6장 □ 7장 □ 8장 □ 9장 □ 10장 □ 11장 □ 12장 □
오늘가정예배 찬송 322장 세상의 헛된 신을 버리고 Date / /

말씀 전도서 6:3-6 사람이 비록 백 명의 자녀를 낳고 또 장수하여 사는 날이 많을지라도 그의 영혼은 그러한 행복으로 만족하지 못하고 또 그가 안장되지 못하면 나는 이르기를 낙태된 자가 그보다는 낫다 하나니 낙태된 자는 헛되이 왔다가 어두운 중에 가매 그의 이름이 어둠에 덮이니 햇빛도 보지 못하고 또 그것을 알지도 못하나 이가 그보다 더 평안함이라 그가 비록 천 년의 갑절을 산다 할지라도 행복을 보지 못하면 마침내 다 한 곳으로 돌아가는 것뿐이 아니냐

마음의 눈을 여세요

해 아래에서 살아가는 모든 인생에게 공통으로 적용되는 불행이 있습니다. 그것은 자기 삶에 주어진 행복을 바라보지 못하는 불행입니다. 자기에게 주어진 행복의 요건들을 바라보지 못하면 당연히 불행할 수밖에 없습니다. 오늘 말씀에서 전도자는 행복이 이미 자신에게 주어져 있는데도 불구하고 다른 것을 탐하느라 자기 행복을 보지 못하는 사람을 태어나기도 전에 낙태된 생명보다도 더 불행한 인생이라고 말하고 있습니다.

주어진 것을 감사로 누리지 못하는 것은 애초에 아무것도 받지 못하는 것보다도 훨씬 더 불행한 일입니다. 왜냐하면 받고도 누리지 못하는 것은 그것들을 베풀어주신 하나님의 베푸심을 외면하는 행위이기 때문입니다.

우리 삶을 돌아보면 행복을 누릴 수 있도록 하나님께서 우리에게 베풀어주신 넘치는 은혜가 있다는 사실을 깨닫게 됩니다. 소중한 남편과 아내와 자녀들이 있고 함께 살아갈 수 있는 처소가 있습니다. 매일 먹을 양식이 있고 먹을 수 있는 힘이 있습니다. 우리는 숨을 쉴 수 있고 대화도 할 수 있습니다. 그러니 얼마나 행복한 인생입니까? 하나님께서는 그렇게나 많은 행복의 조건들을 우리에게 주셨습니다.

그런데 그 행복을 누리지 못하고 더 많은 것을 얻는 것에만 눈이 멀어서 살다가 하나님 앞에 간다고 생각해보십시오. 그것이 얼마나 끔찍한 일이겠습니까?

오늘 말씀에서 지혜자가 말합니다. "그가 비록 천 년의 갑절을 산다 할지라도 행복을 보지 못하면 마침내 다 한 곳으로 돌아가는 것뿐이 아니냐"(전 6:6).

우리 인생의 행복은 있느냐 없느냐의 문제가 아닙니다. 해 아래에 있는 사람이라면 누구에게나 행복의 조건들이 있습니다.

문제는 그것을 보느냐 보지 못하느냐입니다. 나에게 주어진 행복의 조건들을 바라보는 눈이 열리지 않는다면 천 년의 갑절을 산다 할지라도 그 삶에서는 아무런 가치를 찾을 수 없을 것입니다. 그러나 행복을 볼 수 있는 눈이 열린 사람은 단 하루를 살아도 삶을 통해서 누릴 수 있는 가치를 충분히 누리는 인생이 되는 것입니다.

수천 년을 살아도 아무런 가치 없이 사는 인생과 단 하루를 살아도 하나님께서 바라보시기에 가치 있는 삶을 사는 비결은 우리 마음의 눈에 달려 있습니다. 마음의 눈을 여십시오. 그리고 내 삶 가운데 하나님께서 베풀어주신 행복의 조건들을 바라보십시오. 그 행복을 누리며 하루하루를 살아가는 것이 억만장자의 수천 년보다 더 나은 인생이라는 것을 기억하고 오늘도, 내일도 날마다 행복한 날들을 살아가는 우리 가정이 되기를 간절히 소원합니다.

나눔 1 내 삶 가운데 주어진 행복의 조건들에는 무엇이 있나요?

나눔 2 나는 오늘 하루를 살면서 얼마나 행복하다고 느끼고 살았나요?

예수님을 바라보는 우리 가정 기도 :

말씀 아가 2:1-2 나는 사론의 수선화요 골짜기의 백합화로다 여자들 중에 내 사랑은 가시나무 가운데 백합화 같도다

사랑받을 자격 없는 우리를 사랑하십니다

전통적으로 아가서는 예수님과 교회, 예수님과 성도의 관계를 드러내는 말씀으로 해석됐습니다. 아가서에 등장하는 왕을 예수님으로, 술람미 여인을 교회 또는 성도로 해석하는 것입니다. 이렇게 아가서를 바라보면 예수님의 우리를 향한 사랑이 어떠한 것인지를 조금 더 실제적으로 그려볼 수 있습니다.

아가서 1장은 술람미 여인의 노래로 시작합니다. 술람미 여인은 솔로몬의 아름다움을 바라보며 그를 사랑하는 수많은 처녀들처럼 나도 당신을 사랑하니 나를 데려가 달라고 애원합니다. 그러면서 자기의 외모에 대해서 이야기합니다.

"예루살렘 딸들아 내가 비록 검으나 아름다우니 게달의 장막 같을지라도 솔로몬의 휘장과도 같구나 내가 햇볕에 쬐어서 거무스름할지라도 흘겨보지 말 것은 내 어머니의 아들들이 나에게 노하여 포도원지기로 삼았음이라"(아 1:5-6).

여인은 자기의 피부를 검고 거친 게달의 장막 같다고 표현합니다. 게달의 장막이라는 말은 염소의 가죽으로 지은 장막이 햇볕과 비바람에 오랜 시간 노출돼서 검게 변하고 거칠어진 상태를 표현한 말입니다. 그러니 술람미 여인은 솔로몬의 아름다움을 노래하고 그에게 가까이 가고 싶어하면서도 동시에 자기 외모가 그에게는 합당하지 못한 상태라는 것을 노래하고 있는 것입니다.

그런데 놀라운 것은 그런 게달의 장막 같은 술람미 여인을 바라보는 솔로몬의 시선입니다. 솔로몬은 이 여인을 바라보며 "여인 중에 어여쁜 자야, 내 사랑아, 네 두 뺨은 땋은 머리털로, 네 목은 구슬 꿰미로 아름답구나!"라고 말합니다(아 1:8-10). 그뿐만 아니라 모든 여자들 중에서 이 술람미 여인이 "가시나무 가운데 백합화"와 같이 가장 아름답게 빛난다고 고백하고 있습니다(아 2:2).

이것이 바로 예수님과 우리의 관계입니다. 누가 봐도 아름답고 흠모할만한 주님께서, 누가 봐도 보잘것없고 흉악한 죄인인 우리를 사랑해 주셨습니다. 그분은 우리의 흠을 바라보지 않으십니다. 게달의 장막처럼 어느 면으로 봐도 볼품이 없는 우리를 위해서 그 생명을 내어주셨습니다.

그 이유는 단 하나입니다. 그분이 우리를 사랑하신 그 사랑만큼 우리도 그분을 사랑하기를 원하시기 때문입니다. 술람미 여인이 솔로몬을 향한 사랑을 노래하는 것을 듣고 솔로몬이 그 여인을 품에 안았듯이, 우리가 주님의 아름다움을 찬양하며 사랑을 고백할 때, 그때 우리에게 달려와 우리를 안아주시기를 원하시기 때문입니다.

술람미 여인과 솔로몬은 누가 봐도 어울리지 않는 커플입니다. 그런 커플이 이루어질 수 있었던 것은 솔로몬 전적인 사랑이 있었기 때문에 가능한 일이었습니다. 우리에게는 주님이 사랑하실만한 아무런 이유도 없습니다. 그러나 그분은 여전히 우리를 사랑하시고 우리의 사랑 고백을 기다리고 계십니다.

나눔 1 나는 오늘 하루 동안 얼마나 주님을 생각했습니까?

나눔 2 주님의 나를 향한 사랑과 나의 주님을 향한 사랑은 얼마만큼의 차이가 있을까요?

예수님을 바라보는 우리 가정 기도 :

말씀 이사야 1:2-3 하늘이여 들으라 땅이여 귀를 기울이라 여호와께서 말씀하시기를 내가 자식을 양육하였거늘 그들이 나를 거역하였도다 소는 그 임자를 알고 나귀는 그 주인의 구유를 알건마는 이스라엘은 알지 못하고 나의 백성은 깨닫지 못하는도다 하셨도다

반드시 점검할 두 가지

성경에서 주님을 따르는 성도들에 자주 비유되는 동물은 양입니다. 양은 매우 약하고 미련한 존재 같지만 다른 어떤 동물들과 비교해도 전혀 손색이 없는 능력이 한 가지 있습니다. 그 능력은 바로 주인의 음성을 듣는 능력입니다. 이스라엘 목자들은 양들을 데리고 이리저리 목초지와 물가를 찾아다녔습니다. 그렇게 들판을 거닐다가 밤이 되면 동굴 같은 임시 우리에 여러 목자들의 양들을 함께 모아놓고 밤을 지나게 됩니다. 동굴 안에는 여러 떼의 양들이 섞여 있고 동굴 앞에서는 목자들이 잠을 자며 양들을 지키는 것입니다.

그렇게 밤이 지나고 아침이 밝으면 각 목자들은 자기 양들을 부릅니다. 어떤 목자는 양들의 이름을 부르기도 하고, 또 어떤 목자는 자기만의 특별한 소리를 내서 자기 양들을 불러냅니다. 그런데 놀랍게도 양들은 자기 목자의 소리를 정확하게 알아듣고 그 소리를 따라서 이동한다는 것입니다.

예수님께서는 이런 양들의 특성을 아시고 요한복음에서 "내 양은 내 음성을 들으며 나는 저희를 알며 저희는 나를 따르느니라"라고 말씀하시면서 주님의 음성을 분별하여 듣고 그분을 따르는 것을 주님께 속한 성도들의 모습으로 밝히 일러주셨습니다. 그런데 놀라운 것은 주님의 음성을 듣지 않고 그 음성에 따르지도 않으면서 자신을 주님의 백성, 하나님의 자녀라고 말하는 사람들이 너무나 많다는 사실입니다.

이스라엘 백성들이 멸망할 때 모습이 바로 이런 모습이었다는 사실을 기억해야 합니다. 이스라엘 사람들은 자신들이 하나님의 선택을 받은 특별한 민족이라는 자부심이 엄청났습니다. 그들은 그 자부심을 이유로 이방 민족을 불경한 사람들로 취급하며 접촉조차 하지 않으려고 애를 쓰며 살았습니다. 그러면서도 정작 그들은 그들의 주인의 음성을 듣지도 않았고 그분을 따라가지도 않았습니다.

이것이 그들이 멸망을 당하게 된 이유입니다.

예수님을 주님이라고 부르면서도 그분의 음성을 듣지 않고 살고 있다면 그것은 곧 내가 멸망의 길로 나아가고 있다는 증거입니다. 예수님을 나의 목자라고 부르면서도, 그분께서 인도하시는 길로 걸어가지 않고 있다면, 그것은 나의 삶이 멸망당하는 이스라엘 백성들의 삶과 크게 다르지 않다는 것을 드러내는 것입니다.

그래서 우리는 하루하루를 보내면서 반드시 두 가지를 점검해야 합니다. "나는 오늘 주님의 음성을 들었는가?"와 "나는 오늘 들은 주님의 음성을 따라 행했는가?"입니다. 내가 정말 주님의 양다운 삶을 살고 있는지의 문제를 가볍게 여기지 않고, 날마다 우리의 목자가 되신 주님의 음성에 귀를 기울이고 그 음성을 따라갈 때 설만한 물가와 푸른 초장에 도달하게 될 것이라는 사실을 기억하고 날마다 양다운 삶을 살아가기를 간절히 축복합니다.

나눔 1 나는 오늘 어떤 주님의 음성을 들었습니까?

나눔 2 나는 오늘 어떤 주님의 음성에 순종했습니까?

예수님을 바라보는 우리 가정 기도 :

말씀 이사야 5:1-4 나는 내가 사랑하는 자를 위하여 노래하되 내가 사랑하는 자의 포도원을 노래하리라 내가 사랑하는 자에게 포도원이 있음이여 심히 기름진 산에로다 땅을 파서 돌을 제하고 극상품 포도나무를 심었도다 그 중에 망대를 세웠고 또 그 안에 술틀을 팠도다 좋은 포도 맺기를 바랐더니 들포도를 맺었도다 예루살렘 주민과 유다 사람들아 구하노니 이제 나와 내 포도원 사이에서 사리를 판단하라 내가 내 포도원을 위하여 행한 것 외에 무엇을 더할 것이 있으랴 내가 좋은 포도 맺기를 기다렸거늘 들포도를 맺음은 어찌 됨인고

주님이 간절히 원하는 일

예수 그리스도의 구원사역은 완전한 사역입니다. 완전하다는 것은 부족함이 없다는 것입니다. 즉 예수님께서 십자가에 달려 죽으심으로 행하신 구속은 우리를 구원하기에 부족함 없이 충분하다는 것을 의미합니다.

하나님께서는 예수 그리스도를 통하여 우리의 구원의 길을 완전히 열어주셨습니다. 예수님의 십자가 사역은 온 세상에 드러났고 이제 그 복음을 알지 못하는 사람을 찾기가 더 어려운 세상이 되었습니다. 그런데도 여전히 이 세상은 예수님을 믿지 않는 구원 받지 못한 사람들 천지입니다.

아마 지금 이 세상을 바라보시는 하나님의 마음은 오늘 말씀에서 이스라엘 백성들을 바라보시며 말씀하실 때의 마음과 동일할 것입니다. "내가 더 이상 무엇을 더 어떻게 하랴?"라는 주님의 애통한 음성이 들리는 것 같습니다. 그런데 하나님은 거기서 멈추고 포기하지 않으십니다. 이사야 5장에서 "내가 내 포도원을 위하여 행한 것 외에 무엇을 더 할 것이 있으랴"라고 애통해하시며 절망 가운데 이스라엘을 포기할 것처럼 말씀하셨던 주님은 이사야 6장에 이르러서는 이사야를 선지자로 부르십니다.

이스라엘을 구원하기 위해 내가 할 수 있는 모든 것을 다했다고 말씀하셨던 그분께서 또다시 새로운 일을 시작하신 것입니다. 그분은 결코 이스라엘을 포기하지 않으셨고 끝까지 그들을 살려내기 위해서 멈추지 않고 일하고 계셨던 것입니다.

오늘날 이 세상을 바라보시는 주님의 마음도 동일합니다. 주님은 이미 우리에게 완전한 구원의 길을 열어주셨습니다. 누가 보아도, 어떻게 생각해도 '도대체 주님께서 무엇을 어떻게 더 해주셔야 그분을 믿겠단 말인가?'라고 생각할 만큼, 주님은 이미 모든 것을 이루어 주셨습니다. 그런데도 사람들은 그분을 믿지 않고 대적하고 있습니다. 이런 상황에서 주님은 그들을 포기하실까요? 절대 그렇지 않습니다. 주님은 최후의 순간까지 그들을 붙잡으시고 그들을 살려내기를 원하십니다. 그들의 구원을 위해서 이사야와 같이 신실하게 주님을 따르는 성도들을 일으키시고 그분의 말씀을 전하게 하십니다.

우리가 정말 주님을 믿고 그분의 자녀가 된 사람들이라면 그분의 이 간절함이 우리 마음을 울릴 수밖에 없습니다. 주님께서 우리 안에 계시고 우리 안에서 애통해하고 계시는데 그분을 마음속에 모신 사람들이 그 애통함을 느끼지 못할 리가 없는 것입니다. 그래서 정말 주님을 따르는 백성들은 이사야처럼 일어납니다. 이사야처럼 외칩니다. 이사야처럼 멸망을 향해 달려가고 있는 백성들을 향해 애통한 마음으로 복음을 선포합니다. 내가 원해서가 아니라 내 안에 계시는 주님께서 너무나 간절하게 그 일을 원하시기 때문입니다.

나눔 1 나는 구원받지 못한 사람들을 바라볼 때 어떤 마음이 일어나고 있습니까?

나눔 2 전도해야 한다는 주님의 음성을 들은 적이 있습니까? 그 음성에 어떻게 반응했습니까?

예수님을 바라보는 우리 가정 기도 :

오늘성경통독 이사야 9장 □ 10장 □ 11장 □ 12장 □

오늘가정예배 찬송 410장 내 맘에 한 노래 있어

Date / /

말씀 이사야 11:9 내 거룩한 산 모든 곳에서 해 됨도 없고 상함도 없을 것이니 이는 물이 바다를 덮음 같이 여호와를 아는 지식이 세상에 충만할 것임이니라

주님의 최종 목표

이사야 11장은 '평화의 나라'라는 제목을 가지고 있습니다. 이 땅에 평화의 나라가 이루어지는 것에 대한 예언이 기록된 장이 이사야 11장입니다. 그리고 그 시작은 이새의 줄기에서 한 싹이 나며 그 뿌리에서 한 가지가 나서 결실하는 것 곧 다윗의 후손으로 이 땅에 오시는 예수 그리스도에 대한 예언으로 시작되고 있습니다. 무슨 의미일까요? 이 땅에 평화의 나라가 이루어지는 것은 예수 그리스도의 오심으로부터 시작된다는 것입니다.

예수님이 오시기 전까지 이 땅에는 참된 평화가 없었습니다. 힘에 의한 억압으로 인해 평화롭게 보이는 외적 평화가 있었을 뿐, 사람들의 내면 안에 참된 평화라는 것은 있을 수가 없었습니다. 왜냐하면 예수님이 오시기 전까지 모든 사람은 죄의 종노릇 하는 자들이었기 때문입니다. 모든 사람의 마음이 사탄에 의해서 지배받고 있었습니다. 그러니 모든 사람에게 참된 평화라는 것은 절대로 있을 수가 없었던 것입니다.

그러나 예수님께서 이 땅에 오심으로 상황은 달라졌습니다. 예수님이 십자가에서 죽으심과 부활하심으로 인하여 사탄의 권세는 깨졌고 사탄은 패배했습니다. 누구든지 주 예수를 믿으면 사탄과 죄로부터 자유함을 얻을 수 있었고 참된 평화를 누릴 수 있게 되었습니다. 그런데 예수님께서 우리에게 주신 평화는 각 개인의 마음 가운데에서만 머물러 있는 평화가 아니었습니다. 예수님께서 죽으심으로 우리에게 평화를 주신 이유는 우리에게 주신 그 평화가 우리 개인을 넘어 이웃과 세상을 향하여 퍼져 나가서 온 세상이 하나님나라를 이 땅에서 경험할 수 있도록 하는 것이었습니다.

그래서 이사야 11장을 보면 세상의 모든 존재들의 평화를 그리고 있습니다. 그러면서 그러한 평화의 나라가 이 땅 가운데 이루어질 수 있는 전제조건이 "물이 바다를 덮음같이 여호와를 아는 지식이 세상에 충만한 것"(사 11:9)이라고 말하고 있습니다. 다시 말하면 이 땅 가운데 평화의 나라가 이루어지는 것은 예수 그리스도의 오심으로 시작해서 온 세상이 여호와를 아는 지식으로 가득 차게 되는 것으로 완성된다는 것입니다. 그것이 주님께서 이 땅에 오심으로 인하여 이루기를 원하셨던 최종 목표입니다.

우리가 예수님을 주님으로 모신 사람들이라면 예수님의 목표가 우리의 목표가 되어야 합니다. 당장 내 삶을 지켜나가는 것이 우리 인생의 목표가 아니라 이 땅이 주님께서 원하셨던 평화의 나라가 되는 것이 우리의 목표가 되어야 하고, 그 일을 위해서 우리의 삶을 통해 여호와를 아는 지식이 온 세상에 충만할 수 있도록 전하고 뿌리기를 계속해야 합니다. 이 땅 가운데 하나님나라가 이루어지는 것은 주님께서 우리와 함께 이루기 위해서 남겨 놓으시고, 맡겨놓으신 사명입니다. 이 땅에 참된 평화의 나라가 이루어지는 그 일이 우리 가정의 소원이 되어서 날마다 여호와를 아는 지식을 전하며 온 세상에 복음을 채워가는 우리 가정이 되기를 간절히 소원합니다.

나눔 1 예수님을 알게 되고 나서 내 삶에 평화가 찾아왔습니까?

나눔 2 이 땅 가운데 평화의 나라가 이루어지는 일에 나는 얼마나 관심이 있습니까?

예수님을 바라보는 우리 가정 기도 :

말씀 이사야 17:12-14 슬프다 많은 민족이 소동하였으되 바다 파도가 치는 소리 같이 그들이 소동하였고 열방이 충돌하였으되 큰 물이 몰려옴 같이 그들도 충돌하였도다 열방이 충돌하기를 많은 물이 몰려옴과 같이 하나 주께서 그들을 꾸짖으시리니 그들이 멀리 도망함이 산에서 겨가 바람 앞에 흩어짐 같겠고 폭풍 앞에 떠도는 티끌 같을 것이라 보라 저녁에 두려움을 당하고 아침이 오기 전에 그들이 없어졌나니 이는 우리를 노략한 자들의 몫이요 우리를 강탈한 자들의 보응이니라

하나님을 향한 사랑을 지킵시다

하나님께서는 자기 백성들을 사랑하십니다. 그것도 엄청나게 사랑하십니다. 하나님께서 때때로 이방 민족들을 사용하여 이스라엘을 공격하게 하시고 그 일을 통하여 이스라엘이 정신을 차리고 하나님께로 돌아오도록 하시지만 그러한 일을 행하실 때도 하나님의 마음은 이스라엘에 있는 것이지 이방민족에게 있는 것이 아닙니다. 그렇기에 하나님께서는 오늘 말씀에서 열국이 이스라엘을 향하여 많은 물이 몰려옴과 같이 몰려와 충돌하는 장면을 보시고 슬프다라고 말씀하고 계시는 것입니다.

하나님께서 어쩔 수 없이 그분의 백성들을 징계하실 때도 그분의 마음은 항상 백성들에게 향해 있습니다. 그 위대하신 하나님이 자기 백성들의 고난을 바라보며 "슬프다"고 말씀하십니다. 비록 자기 백성의 잘못으로 인하여 어쩔 수 없이 징계하시기는 하시지만 그러면서도 그분은 하나님 그분과 자기 백성을 하나로 묶어 '우리'라고 표현하고 계십니다.

전능하신 하나님이 그분의 피조물인 인간과 자신을 우리라고 표현한다는 것은 우리를 향한 사랑이 얼마나 크고 놀라운지를 분명하게 드러내는 것입니다.

하나님께서는 지금도 그러한 사랑으로 자기 백성들을 바라보고 계십니다. 이 땅의 그리스도인 한 사람, 한 사람을 향하여 우리라고 말씀하시며 우리가 당하는 고난을 바라보며 슬프다고 말씀하십니다.

우리의 믿음 없으므로 인하여 어쩔 수 없이 우리를 흔들어 깨우실 때도 우리를 향한 그분의 마음은 언제나 변함없이 '사랑'입니다.

그러니 세상에서 살면서 고난을 당하거나, 강한 대적으로부터 어려움을 당할 때도 하나님의 사랑을 의심해서는 안 됩니다. "하나님께서 어찌하여 나에게 이렇게 행하시는가?"라고 질문할 필요도 없습니다. 우리에게 행하시는 모든 일의 이유는 오직 그분의 사랑입니다.

그러니 어떠한 상황 가운데서도 우리가 기억해야 할 것은 우리를 향한 하나님의 사랑에 합당하게 나도 그분을 사랑하는 것입니다. 이스라엘 백성들이 하나님을 향한 사랑이 없어 멸망을 당했고, 바벨론에서 하나님을 향한 사랑을 지키며 살았을 때 본국으로 귀환했다는 것을 기억하고 언제나, 어디서나, 하나님을 향한 사랑을 지키며 살아가는 우리 가정이 되기를 간절히 소원합니다.

나눔 1 나는 하나님을 얼마나 사랑하고 있습니까? 하나님과 나를 "우리"라고 생각해 본 적이 있습니까?

나눔 2 나를 향한 하나님의 사랑을 의심했던 적이 있다면 나누어 보세요..

예수님을 바라보는 우리 가정 기도 :

말씀 이사야 19:1-4 애굽에 관한 경고라 보라 여호와께서 빠른 구름을 타고 애굽에 임하시리니 애굽의 우상들이 그 앞에서 떨겠고 애굽인의 마음이 그 속에서 녹으리로다 내가 애굽인을 격동하여 애굽인을 치리니 그들이 각기 형제를 치며 각기 이웃을 칠 것이요 성읍이 성읍을 치며 나라가 나라를 칠 것이며 애굽인의 정신이 그 속에서 쇠약할 것이요 그의 계획을 내가 깨뜨리리니 그들이 우상과 마술사와 신접한 자와 요술객에게 물으리로다 내가 애굽인을 잔인한 주인의 손에 붙이리니 포학한 왕이 그들을 다스리리라 주 만군의 여호와의 말씀이니라

주님은 반드시 돌아옵니다

이사야 19장은 애굽에 대한 경고의 말씀을 기록하고 있습니다. 성경에서 애굽은 타락한 이 세상의 모습을 드러냅니다. 애굽에는 나일강이라는 커다란 강이 흘러서 늘 풍족한 먹을거리를 제공해 주었습니다. 애굽 사람들은 그 나일강만 있으면 영원히 풍요로움을 누릴 수 있을 것으로 생각했기에 하나님을 찾지도 않고 하나님을 경배하지도 않았습니다. 그들은 그 커다란 강이 말라버리는 일은 절대로 일어날 수 없을 거라고 믿었습니다.

이것이 오늘날 이 세상을 살아가는 사람들의 생각입니다. 하나님은 필요 없다. 이 세상은 영원할 것이다. 하나님이 없어도 내가 먹고사는데 전혀 염려가 없다는 것이 세상 사람들이 가지고 있는 생각입니다. 그러나 우리는 알고 있습니다. 지금 이 세상이 존재하고, 유지되고 있는 것도 하나님의 은혜가 있기 때문입니다.

아직 주님께서 이 땅에 다시 오지 않으신 이유는 "주의 약속은 어떤 이들이 더디다고 생각하는 것 같이 더딘 것이 아니라 오직 주께서는 너희를 대하여 오래 참으사 아무도 멸망하지 아니하고 다 회개하기에 이르기를 원하시느니라"(벧후 3:9)라고 말하는 것과 같이 그런 잘못된 생각에 사로잡혀서 살아가고 있는 사람들이 회개하고 주께로 돌아오기를 기다리고 계시기 때문입니다.

그러나 주님께서는 반드시 다시 오십니다. 오늘 말씀이 말하는 것과 같이 주님께서는 빠른 구름을 타고 이 세상에 임하실 것입니다. 그날이 되면 잘못된 생각에 사로잡혀서 살아가던 세상 사람들의 마음이 녹아내릴 것입니다. 그날에 세상은 진정한 환난이 무엇인지를 경험하게 될 것이고 살아계신 하나님 앞에 무릎 꿇게 될 것입니다. 그들이 나일강처럼 의지하고 붙잡고 살아가던 세상의 것들은 마르게 될 것이고, 그것들을 의지하며 살던 사람들은 탄식하고 슬퍼하게 될 것입니다.

그러니 그날이 임하기 전에 아직 주님을 알지 못하는 자들의 삶을 돌이켜야 합니다. 그날이 되면 우리가 사랑하는 사람들 중에서 주님을 알지 못하는 자들이 수치를 당하는 모습을 우리의 눈으로 바라보게 될 것입니다. 그날이 언제가 될지는 아무도 알지 못하기 때문에, 차일피일 미루지 말아야 합니다. 그들에게 주어진 기회가 오늘 하루뿐일 수도 있습니다.

누구든지 주님의 백성이 되지 않고는 주님의 나라가 이 땅에 임할 때 주님으로부터 환대를 받을 수 없습니다. 우리가 사랑하는 주님의 날에 고통당하지 않도록, 오늘이 마지막인 것처럼 복음을 전하고 후회가 남지 않도록 예수님을 전하는 우리 가정이 되기를 간절히 소원합니다.

나눔 1 꼭 복음을 전해야 할 사람들은 누가 있나요?
나눔 2 그들에게 어떻게 복음을 전할지 방법과 계획을 나누어 보세요.
예수님을 바라보는 우리 가정 기도 :

오늘성경통독 이사야 23장 □ 24장 □ 25장 □ 26장 □ 27장 □
오늘가정예배 찬송 331장 영광을 받으신 만유의 주여 Date / /

말씀 **이사야 24:1-3** 보라 여호와께서 땅을 공허하게 하시며 황폐하게 하시며 지면을 뒤집어엎으시고 그 주민을 흩으시리니 백성과 제사장이 같을 것이며 종과 상전이 같을 것이며 여종과 여주인이 같을 것이며 사는 자와 파는 자가 같을 것이며 빌려주는 자와 빌리는 자가 같을 것이며 이자를 받는 자와 이자를 내는 자가 같을 것이라 땅이 온전히 공허하게 되고 온전히 황무하게 되리라 여호와께서 이 말씀을 하셨느니라

주님의 이름을 높이며 삽니까?

오늘 말씀은 하나님께서 죄로 인하여 더럽혀진 이 세상을 뒤집어엎으시겠다는 예언을 기록하고 있습니다. 그런데 이 말씀에는 우리가 알아야 할 아주 중요한 내용이 포함되어 있습니다. 그것은 바로 주님께서 이 땅을 심판하실 때 우리가 무엇을 의지할 수 있을까 하는 문제입니다.

많은 사람들이 교회에 다닌다는 이유로 심판과 구원의 문제에 대해서 자신은 자유롭다고 생각합니다. 나는 교회에 다니고 있으니 구원을 받았다는 것입니다. 그런데 정말 그렇습니까? 성경 어디에 주님께서 교회에 다니는 자를 구원하신다고 기록되어 있습니까? 그런 말씀은 없습니다. 우리가 구원을 받을 수 있는 길, 우리가 주님의 심판의 날에 멸망을 당하지 않을 수 있는 길은 오직 우리 주 예수 그리스도를 믿는 믿음을 갖는 것뿐입니다.

그런데도 불구하고 많은 사람들이 자신이 교회에 출석하고 있으므로 인하여, 교회에서 여러 가지 봉사를 하므로 인하여, 하나님께 헌금을 드림으로 인하여 "나는 구원을 받았노라"라고 선언합니다.

오늘 말씀은 우리를 향하여 주님께서 이 땅을 심판하실 때, 그 심판 앞에서 백성과 제사장, 종과 상전, 여종과 여주인, 사는 자와 파는 자가 모두 같은 일을 당할 것이라고 선언합니다. 백성과 제사장이 같은 심판을 받는다는 것입니다. 제사장이 누구입니까? 하나님께서 세우신 하나님의 종으로 백성들과 하나님 사이를 중재하던 사람입니다. 거룩함의 대명사, 정결함의 대명사가 제사장입니다. 그러나 그런 제사장이라고 할지라도 하나님의 심판 앞에서 자유롭지 못하다는 것입니다.

우리의 직분과 우리의 신앙생활의 경력이 주님의 심판 날에 우리가 당할 일들을 보증해 주지 못합니다. 우리에게 필요한 것은 오직 믿음입니다. 그것을 이사야 24장에서는 "그러므로 너희가 동방에서 여호와를 영화롭게 하며 바다 모든 섬에서 이스라엘의 하나님 여호와의 이름을 영화롭게 할 것이라"(사 24:15)고 말합니다.

우리가 있는 자리에서 우리 주 하나님의 이름을 영화롭게 하는 것이 우리의 믿음을 드러냅니다. 우리의 직분과 교회 출석 여부가 우리의 믿음을 드러내는 것이 아닙니다. 우리의 삶이 정말 주님의 이름을 영화롭게 하는 삶인지가 우리의 믿음을 드러내는 아주 중요한 증표라는 것입니다.

믿음이 있는 사람이라면 하나님의 영광을 위해 살아야 합니다. 예수 그리스도가 정말 우리의 주님이시요, 우리의 왕이시라면, 우리의 삶을 통하여 그분의 이름이 영화롭게 될 수 있어야 합니다. 우리 삶의 왕은 누구이십니까? 우리가 누구를 왕으로 삼고 살고 있는지는 우리의 삶을 통하여 누구의 이름이 높여지는지를 통하여 드러납니다. 오늘 우리의 삶은 누구의 이름을 높이는 삶이었습니까? 부디 하나님 아버지와 그 아들 우리 주 예수 그리스도의 이름을 높이는 삶을 살아갑시다.

나눔 1 오늘 나의 삶을 통하여 하나님의 이름이 높여지게 된 일들이 있었나요?

나눔 2 나는 요즘 무엇을 왕으로 삼고 살고 있습니까?

예수님을 바라보는 우리 가정 기도 :

DAY
174

오늘성경통독 이사야 28장 ☐ 29장 ☐ 30장 ☐
오늘가정예배 찬송 569장 선한 목자 되신 우리 주

Date / /

말씀 이사야 28:23, 29 너희는 귀를 기울여 내 목소리를 들으라 자세히 내 말을 들으라 … 이도 만군의 여호와께로부터 난 것이라 그의 경영은 기묘하며 지혜는 광대하니라

열매 맺지 못하는 이유

사람들은 모두 열매를 맺기 위해서 인생을 살아갑니다. 하루하루 열심히 일하는 것도, 자녀들을 열심히 양육하는 것도 모두 자신의 노력에 합당한 열매를 맺게 될 것을 꿈꾸기 때문입니다. 그래서 사람들은 열심히 노력하면 반드시 좋은 열매를 맺을 수 있다고 생각합니다.

그런데 어떻습니까? 정말 열심히 노력하기만 하면 좋은 열매가 맺혀집니까? 열심히 노력하면 좋은 결과를 얻을 수 있습니까? 그렇지 않습니다. 정말 열심히 공부해도 성적이 나오지 않는 학생들이 많습니다. 정말 열심히 고시를 준비했는데 매번 시험에 낙방하는 자들이 많습니다. 정말 열심히 자녀를 키웠는데, 자녀들이 내 생각과 내 뜻과는 완전히 다른 모습으로 자라나게 되는 경우가 너무나 많습니다. 왜 이런 일들이 일어날까요? 이 세상이 정상이 아니기 때문입니다. 하나님께서 창조하신 그대로의 모습이 아니기 때문입니다.

성경은 사탄을 이 세상의 권세 잡은 자라고 표현합니다. 이 세상이 하나님께서 만드신 창조의 원리대로만 움직이는 것이 아니라는 것입니다. 악한 사탄이 이 세상의 권세를 잡고 자기 마음대로 들쑤시며, 사람들의 삶을 피폐하게 만들고 있다는 것입니다. 그러면 어떻게 해야 합니까? 답은 간단합니다. 사탄을 이기신 주님을 따라가면 되는 것입니다.

사람들이 열심히 노력하고 살면서도 열매를 맺지 못하는 이유는 자신의 뜻대로 살기 때문입니다. 죄의 종노릇하는 육신의 소원을 이루기 위해 살기 때문입니다. 그런 사람의 삶은 사탄의 손아귀에서 놀아나는 삶일 뿐입니다.

그러나 주님의 뜻을 따라 살아간다면 어떨까요? 사탄은 이미 주님께 패배했습니다. 사탄은 주님의 털끝도 건드리지 못합니다. 그러니 우리가 주님의 뜻을 따라 살아가면 사탄은 더 이상 그 사람의 삶을 좌지우지하지 못하게 되는 것입니다.

그래서 하나님께서는 우리에게 말씀하십니다. "너희는 귀를 기울여 내 목소리를 들으라 자세히 내 말을 들으라"(사 28:23). 주님의 목소리를 듣는 것, 그것이 우리가 사탄이 권세를 잡은 이 세상을 살면서도 뿌린 대로 거둘 수 있는 유일한 길이라는 것입니다.

우리 주님은 밭을 갈고 씨를 뿌리고 거두고 타작하는 방법까지 우리 삶에 필요한 모든 것들을 우리에게 가르쳐 주시는 분이십니다. 그러니 그분의 목소리를 자세히 듣고 그 말씀을 따라 살아가면 열매를 거둘 수 있다는 것입니다.

우리 하나님은 경영이 기묘하며 지혜가 광대하신 분이십니다(사 28:29). 우리는 모두 그 사실을 믿는다고 말합니다. 그렇다면 삶의 모든 순간에 그분의 목소리를 듣는 것은 너무나 당연한 일입니다. 주님의 목소리를 들으십시오. 그리하여서 우리가 노력한대로 열매를 맺으며 사탄의 간섭으로부터 벗어나 자유로운 인생을 살아가기를 간절히 소원합니다.

나눔 1 나는 오늘의 삶 가운데 주님의 목소리를 얼마나 듣고 살았습니까?

나눔 2 주님께서 세심하게 내 삶을 인도하시는 것을 경험했던 일이 있습니까?

예수님을 바라보는 우리 가정 기도 :

DAY **175**

오늘성경통독 이사야 31장☐ 32장☐ 33장☐ 34장☐ 35장☐

오늘가정예배 찬송 86장 내가 늘 의지하는 예수

Date / /

말씀 이사야 31:1-3 도움을 구하러 애굽으로 내려가는 자들은 화 있을진저 그들은 말을 의지하며 병거의 많음과 마병의 심히 강함을 의지하고 이스라엘의 거룩하신 이를 앙모하지 아니하며 여호와를 구하지 아니하나니 여호와께서도 지혜로우신즉 재앙을 내리실 것이라 그의 말씀들을 변하게 하지 아니하시고 일어나사 악행하는 자들의 집을 치시며 행악을 돕는 자들을 치시리니 애굽은 사람이요 신이 아니며 그들의 말들은 육체요 영이 아니라 여호와께서 그의 손을 펴시면 돕는 자도 넘어지며 도움을 받는 자도 엎드러져서 다 함께 멸망하리라

우리는 어려울 때 무엇을 찾습니까?

사람이 무엇을 의지하고 있는지는 어려운 상황이 닥쳤을 때 여실히 드러납니다. 어린아이는 어려운 일을 당할 때 무의식적으로 엄마를 찾습니다. 길을 가다가 넘어져도 엄마, 무서운 꿈을 꿔도 엄마, 다른 친구에게 장난감을 빼앗겼을 때도 본능적으로 엄마를 찾습니다. 왜냐하면 아이의 마음속에 엄마는 나를 도와주는 사람이라는 믿음이 있기 때문입니다. 그 믿음이 있기에 모든 순간 엄마를 의지하는 것입니다.

어른들도 마찬가지입니다. 한 목사님이 부흥회를 마치고 교인들 앞에서 고백하셨습니다. 그동안 우리 가정에 어려운 일이 닥치면 사용하려고 꽁꽁 싸매고 모아두었던 돈 천만 원이 있다는 것입니다. 그 돈이 있어야만 어려움이 닥쳤을 때 이겨나갈 수 있을 것 같아서 교회의 재정 상태가 어려운데도 그 돈을 내놓지를 못했다고 고백하신 것입니다. 그러면서 이제부터는 돈을 의지하지 않고 주님을 의지하겠다고 교인들 앞에서 공개적으로 자복하고 결단하셨습니다.

목사여도 주님보다 돈을 더 의지할 수 있습니다. 성도여도 하나님보다 세상의 것을 더 의지할 수 있습니다. 내가 어려움에 처할 때 무엇을 찾는지를 보면 내가 정말 의지하는 대상이 무엇인지를 분명하게 바라볼 수 있습니다.

어떤 집사님은 마음이 답답하고 어려울 때, 자기도 모르게 술과 담배를 찾는다고 고백하십니다. 어떤 권사님은 자녀들에게 재산을 많이 물려주는 것이 자녀들에게 해줄 수 있는 최고의 방법으로 생각하고는 악착같이 돈을 모으십니다. 이것이 비단 극소수에 해당하는 그분들만의 일일까요?

우리는 어려울 때 무엇을 찾습니까? 어려울 때를 대비해서 통장에 돈은 차곡차곡 쌓으면서, 기도는 얼마나 쌓고 있습니까? 어려움이 닥쳤을 때 주변 사람들의 전화번호를 뒤지며 도움을 구할 생각은 하면서, 왜 어려움이 닥치기 전에 주님의 이름을 부르지는 못합니까?

주님을 의지해야 합니다. 어린아이가 엄마를 찾듯이, 넘어져도, 배고파도, 내 삶에 아주 작은 문제가 일어나도 우리의 입에서 주님의 이름이 튀어나올 수 있을 만큼 주님을 의지해야 합니다. 주님은 어머니보다 더 우리를 돌보시는 분이십니다.

어머니는 우리와 24시간 함께 할 수 없지만, 우리 주님은 항상 나와 함께 하시는 분이십니다. 그분은 우리를 사랑하셔서 우리를 위하여 자기 생명까지 버리신 분이십니다. 그 사실을 믿고 주님을 의지하십시오. 세상에 존재하는 그 무엇, 그 누구보다 더욱 나를 사랑하시고 더욱 지혜로우신 주님을 믿고 그분을 의지하며 살아가는 삶이 우리의 삶이 되어서, 날마다 주님만 의지하며 하나님께서 바라보시기에 선한 삶을 살아가는 우리 가정이 되기를 간절히 소원합니다.

나눔 1 내가 마음이 어려울 때 본능적으로 의지하는 것은 무엇입니까?

나눔 2 오늘 내 입에서 가장 많이 나왔던 단어는 무엇입니까? 왜 그 단어를 가장 많이 이야기했을까요?

예수님을 바라보는 우리 가정 기도 :

말씀 이사야 37:14-20 히스기야가 그 사자들의 손에서 글을 받아 보고 여호와의 전에 올라가서 그 글을 여호와 앞에 펴 놓고 여호와께 기도하여 이르되 그룹 사이에 계신 이스라엘 하나님 만군의 여호와여 주는 천하 만국에 유일하신 하나님이시라 주께서 천지를 만드셨나이다 여호와여 귀를 기울여 들으시옵소서 여호와여 눈을 뜨고 보시옵소서 산헤립이 사람을 보내어 살아 계시는 하나님을 훼방한 모든 말을 들으시옵소서 여호와여 앗수르 왕들이 과연 열국과 그들의 땅을 황폐하게 하였고 그들의 신들을 불에 던졌사오나 그들은 신이 아니라 사람의 손으로 만든 것일 뿐이요 나무와 돌이라 그러므로 멸망을 당하였나이다 우리 하나님 여호와여 이제 우리를 그의 손에서 구원하사 천하 만국이 주만이 여호와이신 줄을 알게 하옵소서 하니라

무엇을 위해서 기도하고 있습니까?

히스기야 왕이 유다를 다스릴 때 앗수르의 산헤립이 군사들을 몰고 와서 무차별적으로 공격하기 시작했습니다. 유다는 강력한 앗수르의 군대 앞에 속절없이 무너졌습니다.

앗수르의 산헤립 왕은 그의 신하 랍사게를 예루살렘으로 보내서 모든 백성들이 듣도록 히스기야와 그가 섬기는 하나님을 비방하기 시작합니다. 히스기야가 섬기는 여호와 하나님도 결국은 다른 나라들이 섬기던 우상들처럼 너희를 지켜주지 못할 거라는 것입니다.

이것이 오늘날, 세상이 우리 믿는 자들을 향하여 하는 말입니다. "예수 믿어봐야 소용없다. 세상에 신이 어디 있느냐. 너희가 믿는 하나님이 너희를 지켜줄 수 있다면 지금 너희 삶의 모습이 왜 그 모양이냐?"라는 공격이 날마다 예수 믿는 사람들을 향하여 날아옵니다. 우리가 믿는 하나님, 우리가 믿는 예수 그리스도를 세상에 존재하는 수없이 많은 우상들과 똑같이 취급하는 것입니다.

우리는 세상이 이렇게 하나님을 훼방하고 무시하고 있다는 것을 잘 알고 있습니다. 그런데 그런 상황 가운데 우리는 어떻게 행동하고 있습니까? 랍사게의 비방을 들은 히스기야와 그의 신하들은 어떻게 행동했습니까? 그들의 옷을 찢고, 굵은 베옷을 입고 여호와의 전으로 올라가서 하나님 앞에 눈물로 기도했습니다. 하나님을 훼방하는 그들에게 하나님의 하나님 되심을 드러내 달라고 간절히 기도했습니다. 그들에게 있어서 하나님이 비방거리가 되고 무시 받는 존재가 되는 것은 참을 수 없는 괴로움이었습니다.

우리는 어떻습니까? 히스기야 시절에 랍사게가 하나님을 훼방했던 것보다 더 큰 비난과 무시가 오늘날 우리가 사는 이 세상에서 하나님을 향하여 외쳐지고 있는데, 우리는 그 일로 인하여 얼마나 마음에 괴로움이 있고 옷을 찢고 굵은 베옷을 입고 하나님 앞에 나가 그 문제로 인하여 얼마나 기도하고 있습니까?

하나님이 무시 받아도, 하나님이 세상의 수많은 우상들과 같은 취급을 받아도 나와는 별로 상관없는 일로 여기면서 무관심으로 일관하고 있는 것은 아닙니까?

우리가 정말 하나님께서 우리에게 베푸신 은혜와 사랑을 믿는 사람이라면, 그분을 향한 세상의 비방 앞에서 괴롭지 않을 수 없고, 기도하지 않을 수 없습니다. 애통하지 않을 수가 없습니다. 세상이 살아계신 하나님, 참 하나님을 알게 해달라고 기도하지 않을 수가 없는 것입니다. 우리는 무엇을 위해 기도하고 있습니까?

나눔 1 세상이 하나님을 비방함으로 인하여 마음이 괴로웠던 적이 있습니까?

나눔 2 세상이 하나님을 알기를 위해서 함께 기도해 보세요.

예수님을 바라보는 우리 가정 기도 :

오늘성경통독 이사야 39장 □ 40장 □ 41장 □ 42장 □

오늘가정예배 찬송 354장 주를 앙모하는 자

Date / /

말씀 이사야 40:27-31 야곱아 어찌하여 네가 말하며 이스라엘아 네가 이르기를 내 길은 여호와께 숨겨졌으며 내 송사는 내 하나님에게서 벗어난다 하느냐 너는 알지 못하였느냐 듣지 못하였느냐 영원하신 하나님 여호와, 땅 끝까지 창조하신 이는 피곤하지 않으시며 곤비하지 않으시며 명철이 한이 없으시며 피곤한 자에게는 능력을 주시며 무능한 자에게는 힘을 더하시나니 소년이라도 피곤하며 곤비하며 장정이라도 넘어지며 쓰러지되 오직 여호와를 앙망하는 자는 새 힘을 얻으리니 독수리가 날개치며 올라감 같을 것이요 달음박질하여도 곤비하지 아니하겠고 걸어가도 피곤하지 아니하리로다

주님은 우리의 '오직'을 원하십니다

이스라엘 백성들은 믿음이 없으므로 말미암아 큰 고난을 겪게 되었습니다. 그러면서도 그들은 자신들의 잘못이 무엇인지를 생각하지 않았습니다. 그들의 입에서는 반성이 아니라 반항이 일어났습니다. 그들이 하나님을 향하여 토로했던 불만의 말을 새번역 성경으로 보면 "주님께서는 나의 사정을 모르시고, 하나님께서는 나의 정당한 권리를 지켜주시지 않는다"(사 40:27, 새번역)라는 것이었습니다.

그런 그들을 향하여 주님께서 말씀하십니다. "너는 알지 못하느냐? 너는 듣지 못하였느냐? 주님은 영원하신 하나님이시다. 땅끝까지 창조하신 분이시다. 그는 피곤을 느끼지 않으시며, 지칠 줄을 모르시며, 그 지혜가 무궁하신 분이시다. 피곤한 사람에게 힘을 주시며, 기운을 잃은 사람에게 기력을 주시는 분이시다. 비록 젊은이들이 피곤하여 지치고, 장정들이 맥없이 비틀거려도, 오직 주님을 소망으로 삼는 사람은 새 힘을 얻으리니, 독수리가 날개를 치며 솟아오르듯 올라갈 것이요, 뛰어도 지치지 않으며, 걸어도 피곤하지 않을 것이다"(사 40:28-31, 새번역).

주님의 이 말씀이 무엇을 의미할까요? 백성들은 주님을 향하여 "어찌하여 나를 돌봐주시지 않습니까? 내가 이렇게 큰 어려움을 당하는데 어찌하여 주님은 나를 이 어려움 가운데 내버려 두십니까?"라고 불평하지만, 주님은 "나는 한 번도 너희를 버려둔 적이 없다. 오히려 너희가 나를 버려둔 것이다"라고 말씀하고 계시는 것입니다.

하나님이 이스라엘을 버리신 것이 아닙니다. 이스라엘이 하나님을 버린 것입니다. 하나님께서 그들을 돌보지 않으신 것이 아닙니다. 그들이 하나님을 바라보지 않은 것입니다.

오직 여호와를 앙망하는 자는 새 힘을 얻을 것이라고 말합니다(사 40:31). 그렇다면 우리가 곤비하고, 피곤한 이유는 분명합니다. 오직 여호와를 앙망하지 않았기 때문입니다. 여호와 하나님을 알기는 알고, 바라보기는 바라보았으되 '오직' 여호와만을 바라보지 않았기 때문이고, 세상의 것들과 함께 주님을 바라보았기 때문입니다.

주님은 우리의 '오직'을 원하십니다. 오직 주님만 앙망하기를 원하십니다. 주님이 아무리 큰 능력과 힘을 주시는 분이라고 할지라도, 우리가 그분을 온전히 바라보지 않으면 우리는 그분께서 주시는 힘을 누릴 수 없습니다. 오직 주님만 바라보는 우리 가정되기를 원합니다. 주님만 앙망하며 주님께서 주시는 힘으로 말미암아 곤비하지 않고, 피곤하지 않고, 매일의 삶을 기쁨으로 누리며 살아가는 우리 가정이 되기를 간절히 축복합니다.

나눔 1 요즘 나의 삶은 어떻습니까? 피곤함과 곤비함이 나에게서 떠나갔습니까?

나눔 2 나는 오직 주님을 앙망하는 사람입니까? 아니라면 무엇을 바라보고 있습니까?

예수님을 바라보는 우리 가정 기도 :

오늘성경통독 이사야 43장 ☐ 44장 ☐ 45장 ☐
오늘가정예배 찬송 384장 나의 갈 길 다 가도록

Date / /

말씀 이사야 43:1-3 야곱아 너를 창조하신 여호와께서 지금 말씀하시느니라 이스라엘아 너를 지으신 이가 말씀하시느니라 너는 두려워하지 말라 내가 너를 구속하였고 내가 너를 지명하여 불렀나니 너는 내 것이라 네가 물 가운데로 지날 때에 내가 너와 함께 할 것이라 강을 건널 때에 물이 너를 침몰하지 못할 것이며 네가 불 가운데로 지날 때에 타지도 아니할 것이요 불꽃이 너를 사르지도 못하리니 대저 나는 여호와 네 하나님이요 이스라엘의 거룩한 이요 네 구원자임이라 내가 애굽을 너의 속량물로, 구스와 스바를 너를 대신하여 주었노라

구원받은 자의 특권

예수님을 믿는 믿음으로 말미암아 거듭난 사람들은 대부분 천국에 대해서 확신합니다. 이 세상에서의 삶이 끝나고 나면, 하늘 아버지의 나라에서 영원히 살게 될 것이라는 믿음이 우리에게는 있습니다. 그 믿음을 다른 말로 '구원에 대한 확신'이라고 합니다. 예수님을 믿는 자들은 자신들이 구원을 받았다고 믿는다는 것입니다.

그런데 문제는 이 구원의 확신이 내세의 삶, 곧 죽음 이후에 맞이하게 될 제 2의 삶에 국한되어 있는 경우가 많다는 것입니다. 많은 사람들이 구원을 다음 생애에 관련된 것으로 생각합니다. 그러나 하나님께서 우리에게 베풀어주신 구원은 이 땅에서의 삶이 끝난 이후에 우리에게 적용되는 것이 아닙니다. 우리가 예수님을 믿고 구원을 받는 바로 그 시점부터 우리는 이미 구원받은 하나님의 백성이 되는 것입니다.

예수님을 믿는 그 순간 우리의 존재가 달라지고, 우리의 삶이 달라지는 겁니다. 예수님을 믿기 전에는 죄의 종노릇 하며 사탄의 손아귀에서 놀아나던 우리가 예수님을 믿는 그 순간 사탄의 손아귀에서 벗어나 하나님께서 돌보시는 하나님의 자녀가 되는 것입니다.

우리가 하나님의 돌보심을 받는 하나님의 자녀가 되었다는 것은 우리의 삶의 형편을 통해서 판단하는 것이 아닙니다. 오늘 말씀에서 이스라엘 백성들이 어떤 형편 가운데 있습니까? 그들은 바벨론에 의해서 멸망할 처지에 놓여있었습니다.

그런 그들에게 하나님께서 말씀하시는 것입니다. "너는 두려워하지 말라 내가 너를 구속하였고 내가 너를 지명하여 불렀나니 너는 내 것이라 네가 물 가운데로 지날 때에 내가 너와 함께 할 것이라 강을 건널 때에 물이 너를 침몰하지 못할 것이며 네가 불 가운데로 지날 때에 타지도 아니할 것이요 불꽃이 너를 사르지도 못하리니 대저 나는 여호와 네 하나님이요 이스라엘의 거룩한 이요 네 구원자임이라"(사 43:1-3).

우리 삶의 형편이 어떠하든 우리는 하나님의 자녀입니다. 하나님께서는 이스라엘 백성들을 향하여 말씀하셨던 것과 똑같이 지금 우리를 향하여 말씀하고 계십니다. 두려워하지 말라고, 내가 너와 함께 하겠노라고 끊임없이 말씀해 주십니다.

우리는 이 말씀을 붙잡아야 합니다. 우리는 이미 구원받은 하나님의 자녀, 하나님께서 돌보시고 계시는 주님의 백성입니다. 하나님께서는 끝까지 우리를 지키실 것이고 끝까지 우리와 함께 하실 것입니다. 이것이 구원받은 백성이 이 땅 가운데서 누릴 수 있는 특권입니다. 하나님의 자녀로서의 특권을 누리십시오. 하나님께서 여러분과 끝까지 함께 하신다는 것을 기억하고 두려워하지 말고, 담대하게 매일의 삶에서 승리하는 우리 가정이 되기를 간절히 축복합니다.

나눔 1 그리스도인으로서 누릴 수 있는 특권은 무엇이 있을까요?

나눔 2 하나님께서 나와 함께 하고 계신다는 것이 느껴졌던 경험이 있습니까?

예수님을 바라보는 우리 가정 기도 :

오늘성경통독 이사야 46장 ☐ 47장 ☐ 48장 ☐ 49장 ☐
오늘가정예배 찬송 375장 나는 갈 길 모르니

Date / /

말씀 이사야 49:8-10 여호와께서 이같이 이르시되 은혜의 때에 내가 네게 응답하였고 구원의 날에 내가 너를 도왔도다 내가 장차 너를 보호하여 너를 백성의 언약으로 삼으며 나라를 일으켜 그들에게 그 황무하였던 땅을 기업으로 상속하게 하리라 내가 잡혀 있는 자에게 이르기를 나오라 하며 흑암에 있는 자에게 나타나라 하리라 그들이 길에서 먹겠고 모든 헐벗은 산에도 그들의 풀밭이 있을 것인즉 그들이 주리거나 목마르지 아니할 것이며 더위와 볕이 그들을 상하지 아니하리니 이는 그들을 긍휼히 여기는 이가 그들을 이끌되 샘물 근원으로 인도할 것임이라

무엇을 목자로 삼고 있습니까?

성경이 우리에게 알려주는 진리 중 하나는 참된 목자를 따라야 한다는 것입니다. 세상에는 헛된 스승도 많고 잘못된 목자들도 많습니다. 다들 자신을 따르면 좋은 곳에 이르게 될 것이라고 말합니다. 돈이나 학벌이나 기타 여러 가지 것들이 우리의 마음속에 자신을 따라오라고 말합니다. 그러면 행복해질 것이라고 우리를 속이는 것입니다.

세상이 섬기는 수많은 우상들은 결국 넘어지고 무너질 것입니다. 그 우상들은 자기들을 섬기는 자기 백성들은 물론이고 자기 자신조차도 지키지 못할 것입니다. 세상이 목자로 삼는 것들도 다 마찬가지입니다. 돈도, 학벌도, 다른 그 무엇도 사람을 지켜줄 수 없고 행복을 지켜줄 수 없습니다. 왜냐하면 그것들은 참된 목자가 아니기 때문입니다.

우리를 인도하여 샘물 근원으로 인도하실 수 있는 목자는 오직 한 분, 유일하신 여호와 하나님밖에는 없습니다. 이것을 분명하게 기억해야 합니다. 참된 목자가 하나님밖에 없다는 것은 하나님 이외에 다른 것을 따라가면 큰일 난다는 것을 의미합니다.

많은 사람들이 행복해지기 위해서, 기쁨을 누리기 위해서 세상의 것들을 좇아가지만 정작 그것들은 우리에게 행복과 기쁨을 줄 수 있는 능력이 없고, 오히려 우리를 더욱 고통스럽게 만드는 거짓 목자라는 것을 분명하게 기억해야 합니다.

하나님을 믿는다고 하면서도 재물의 유혹과 세상 성공의 유혹에 미혹되어 그것들을 따라가는 인생이 얼마나 많습니까? 그것들을 내려놓으면 인생이 망하게 될 것이라고 생각하는 사람들이 얼마나 많습니까?

우리가 무엇을 우리 인생의 목자로 삼고 있는지를 분명히 점검해야 합니다. 하나님을 믿으면서도 세상의 우상들을 목자로 삼고 살아갈 수 있습니다. 입으로는 하나님을, 마음으로는 세상의 것들을 좇아 살아가는 것은 얼마든지 가능한 일입니다.

우리는 무엇을 목자로 삼고 살아가고 있습니까? 오늘 말씀에서 말하는 것과 같이 하나님께서 약속하신 기쁨과 행복은 여호와를 목자로 삼고 그분의 말씀을 좇아 살아가는 자들에게만 주어지는 것이라는 사실을 분명하게 기억하고, 날마다 주님의 말씀이 우리 삶의 나침반이 되어 주님만 목자 삼고 살아가는 우리 가정이 되기를 간절히 축복합니다.

나눔 1 내가 정말 목자 삼고 있는 것은 무엇입니까?

나눔 2 주님께서 나의 목자라고 말할 수 있는 삶의 근거가 나에게 있습니까?

예수님을 바라보는 우리 가정 기도 :

오늘성경통독 이사야 50장 □ 51장 □ 52장 □ 53장 □
오늘가정예배 찬송 438장 내 영혼이 은총 입어　　Date / /

말씀 이사야 52:6-8 그러므로 내 백성은 내 이름을 알리라 그러므로 그 날에는 그들이 이 말을 하는 자가 나인 줄을 알리라 내가 여기 있느니라 좋은 소식을 전하며 평화를 공포하며 복된 좋은 소식을 가져오며 구원을 공포하며 시온을 향하여 이르기를 네 하나님이 통치하신다 하는 자의 산을 넘는 발이 어찌 그리 아름다운가 네 파수꾼들의 소리로다 그들이 소리를 높여 일제히 노래하니 이는 여호와께서 시온으로 돌아오실 때에 그들의 눈이 마주 보리로다

기쁨이 넘치고 있습니까?

오늘 말씀에서 하나님께서는 하나님의 백성이 된 자들이 가지는 특성이 하나님의 이름을 아는 것이라고 말씀하십니다. 성경에서 말하는 안다는 것은 지식적인 앎이 아니라 경험하고 교제하면서 쌓이는 앎을 말하는 것입니다. 그렇다면 하나님의 이름을 안다는 것은 무엇을 의미하는 것일까요? 하나님을 정말 나의 하나님으로 섬기며 살고 그분과 교제하면서 살아가는 삶을 통하여 그분을 알게 되는 앎을 의미하는 것입니다.

하나님의 이름을 지식적으로 알고 있는 사람은 너무나 많습니다. 예수 그리스도라는 이름을 한 번도 들어보지 못하고, 지식적으로 알지 못하는 사람은 아마 거의 없을 것입니다. 그러나 그분의 백성들은 하나님과 그 아들 예수 그리스도의 이름을 지식적으로 알지 않습니다. 그분과 교제하고 동행하면서 자신의 삶 속에서 실제로 그분을 경험합니다. 그렇게 그분을 경험하면서 그분에 대해서 알아가는 사람들이 그분의 백성입니다.

오늘 말씀에서 하나님께서는 그렇게 하나님의 이름을 아는 사람의 삶의 모습을 이렇게 표현하십니다. "좋은 소식을 전하며 평화를 공포하며 복된 좋은 소식을 가져오며 구원을 공포하며 시온을 향하여 이르기를 네 하나님이 통치하신다 하는 자의 산을 넘는 발이 어찌 그리 아름다운가 네 파수꾼들의 소리로다 그들이 소리를 높여 일제히 노래하니 이는 여호와께서 시온으로 돌아오실 때에 그들의 눈이 마주 보리로다"(사 52:7-8).

이 말씀에서 드러나는 하나님의 이름을 제대로 아는 사람의 삶을 관통하는 감정이 있습니다. 그것은 바로 "기쁨"입니다. 하나님을 제대로 만나면, 예수 그리스도를 그 삶의 목자로 영접하면, 그러면 그 사람의 삶에서는 반드시 기쁨이 넘치게 되어 있습니다. 노래하지 않고는 견딜 수 없는 기쁨, 외치고 자랑하지 않고는 참을 수 없는 기쁨이 하나님의 참 백성들에게는 반드시 흘러넘치게 되어 있습니다. 그 기쁨으로 복음을 전하고, 그 기쁨으로 삶을 살아내는 것입니다.

여러분은 정말 하나님을 아십니까? 하나님께서 당신을 사랑하셔서 자기 생명까지도 주셨다는 것을 정말 아십니까? 그렇게 당신을 사랑하시는 하나님께서 지금 거룩한 영으로 당신 가운데 오셔서 당신과 함께 살아가고 있음을 정말 아십니까? 당신 안에 오신 주님과 날마다 친밀하게 교제하고 있으십니까? 그렇다면 마음에 기쁨이 넘치지 않을 수가 없는 것입니다.

하나님을 아는 자는 삶을 기쁨으로 살아냅니다. 기쁨이 넘쳐서 그 삶을 통하여 복음을 전하고 하나님을 드러냅니다. 참된 하나님의 백성의 삶, 이것이 우리의 삶이 되기를 소원합니다.

나눔 1 내 마음에는 기쁨이 넘치고 있습니까?

나눔 2 오늘 내 안에 계시는 주님과 어떤 교제를 나누었습니까?

예수님을 바라보는 우리 가정 기도 :

말씀 이사야 54:5 이는 너를 지으신 이가 네 남편이시라 그의 이름은 만군의 여호와이시며 네 구속자는 이스라엘의 거룩한 이시라 그는 온 땅의 하나님이라 일컬음을 받으실 것이라

주님과 동행하고 싶은가요?

여러분은 예수님과 24시간 동행한다고 하는 말이 기쁘고 놀라운 소식으로 여겨지십니까? 아니면 부담스럽고 어려운 일로 여겨지십니까? 우리가 주님과 동행하는 것을 기쁨으로 여기는가, 아니면 부담스럽고 어려운 일로 여기는 가를 보면 우리가 주님을 얼마만큼 사랑하는지를 알 수 있습니다.

사랑하는 사람과는 떨어지고 싶지 않은 법입니다. 조금이라도 더 함께 시간을 보내고 싶은 법입니다. 오죽하면 "보고 있어도 보고 싶은 그대여"라는 노래 가사가 있겠습니까? 그러니 우리가 정말 주님을 사랑한다면 주님과 더욱 함께 있고 싶고 주님과 더 친밀히 교제하고 싶고 주님의 얼굴을 더 오래 바라보고 싶은 마음의 소원이 있는 것이 당연한 것입니다. 그런데 왜 우리는 주님과의 24시간 동행을 부담스럽다고 여길까요? 주님을 사랑하는 마음이 있기는 있지만, 주님을 사랑하는 마음만 있지는 않기 때문입니다.

주님을 믿는 사람들은 다 주님을 사랑합니다. 그러나 동시에 다른 것도 사랑하는 사람들이 대부분입니다. 주님만 사랑하는 사람은 절대로 주님과 24시간 동행하는 것을 부담스럽게 여기지 않습니다. 오히려 행복하고 기쁘게 여깁니다. 우리에게 주님과 24시간 동행하는 것이 부담스럽게 여겨지는 이유는 주님이 아닌 다른 무엇인가를 사랑하는 마음이 여전히 내 안에 있기 때문입니다. 주님이 나의 모든 것이 아니라 많은 것 중의 일부이기 때문에 주님만 바라보고 사는 삶이 숨 막히고 답답하게 여겨지는 것입니다.

그런데 하나님은 우리를 어떻게 여기실까요? 오늘 말씀에서 하나님을 무엇이라고 소개하고 있습니까? "너를 지으신 이가 네 남편이시라 그의 이름은 만군의 여호와이시며 네 구속자는 이스라엘의 거룩한 이시라"(사 54:5)고 말합니다. 하나님이 우리의 남편이시라는 것입니다. 하나님께서 우리를 그분의 신부, 그분의 아내로 여기신다는 것입니다. 하나님은 우리 각 사람을 세상에 둘도 없는 아내로, 신부로 여기시고 사랑하신다고 성경이 증언하고 있는 것입니다.

하나님께서는 우리를 그렇게 사랑하시는데, 우리는 하나님을 나의 남편으로, 신랑으로 여기고 사랑하고 있습니까? 하나님께서 우리에게 바라시는 사랑은 전적이고 완전한 사랑입니다. 여러분이 사랑하는 사람에게서 "당신은 나의 많은 애인 중에 가장 사랑하는 애인이야"라는 말을 듣게 된다면 그 말이 기쁘게 여겨질까요? 아닙니다. 그 말은 가장 수치스럽고 가슴이 무너지는 말일 것입니다.

우리가 하나님께 이런 말을 하고 있는 것은 아닌지 돌아보아야 합니다. 하나님을 나의 유일한 사랑으로 여기지 않고 많은 사랑의 대상 중에 하나로 여기는 것은 하나님의 억장을 무너지게 만드는 것이라는 사실을 기억하고 우리의 신랑 되시는 주님께 우리 마음 전부를 드리는 우리 가정이 되기를 간절히 축복합니다.

나눔 1 내 사랑을 차지하고 있는 대상들에는 무엇이 있습니까?

나눔 2 나의 사랑을 받으시는 주님의 마음은 기쁨일까요? 섭섭함일까요?

예수님을 바라보는 우리 가정 기도 :

오늘성경통독 이사야 59장 ☐ 60장 ☐ 61장 ☐ 62장 ☐
오늘가정예배 찬송 425장 주님의 뜻을 이루소서 Date / /

말씀 이사야 61:1-3 주 여호와의 영이 내게 내리셨으니 이는 여호와께서 내게 기름을 부으사 가난한 자에게 아름다운 소식을 전하게 하려 하심이라 나를 보내사 마음이 상한 자를 고치며 포로된 자에게 자유를, 갇힌 자에게 놓임을 선포하며 여호와의 은혜의 해와 우리 하나님의 보복의 날을 선포하여 모든 슬픈 자를 위로하되 무릇 시온에서 슬퍼하는 자에게 화관을 주어 그 재를 대신하며 기쁨의 기름으로 그 슬픔을 대신하며 찬송의 옷으로 그 근심을 대신하시고 그들이 의의 나무 곧 여호와께서 심으신 그 영광을 나타낼 자라 일컬음을 받게 하려 하심이라

성령을 보내주신 이유

성경은 하나님께서 예수님을 믿는 자에게 성령을 보내주신다고 말하고 있습니다. 그러니 예수님을 믿는다는 것은 거룩하신 하나님의 영을 그 안에 모시고 살게 되었다는 것을 의미하는 것입니다. 중요한 것은 왜 하나님께서 우리에게 성령을 보내주시느냐 하는 것입니다.

하나님께서 우리에게 성령을 부어주신 이유를 빌립보서는 "너희 안에서 행하시는 이는 하나님이시니 자기의 기쁘신 뜻을 위하여 너희에게 소원을 두고 행하게 하시나니"(빌 2:13)라고 말합니다. 하나님께서 우리 가운데 성령을 부어주신 이유는 우리로 하여금 하나님께서 기뻐하시는 뜻을 이루는 인생이 되게 하기 위해서라는 것입니다. 죄의 종노릇하며 사탄이 원하는 것을 이루며 살던 인생이 예수 그리스도를 믿는 믿음으로 말미암아 새롭게 되어서 하나님의 뜻을 이루고 하나님의 소원을 이루는 인생으로 변화된 것입니다.

성령이 우리 안에 오신 것은 우리를 통하여 하나님께서 기뻐하시는 뜻을 이루기 위해서입니다. 그렇다면 점검해 보아야 합니다. 나를 통해 하나님의 뜻이 얼마나 이 땅 가운데 이루어졌습니까? 만일 내 삶이 예수 믿기 전과 별반 다를 바 없이 나의 소원과 나의 뜻만을 이루는 삶이라면 그것은 곧 우리 안에 오신 성령님께서 이루고자 하시는 일에 내가 불순종했다는 것을 의미하는 것이 아니겠습니까?

주님께서는 우리를 통하여 주님의 뜻을 이루기를 원하십니다. 우리가 예수님을 주님으로 영접했다면 그분의 소원이 우리의 소원이 되어야 합니다. 그분께서 이루고자 하시는 일이 나의 삶을 통해 이루어져야, 그래야 우리가 정말 그분을 주님으로 모신 것입니다.

오늘 말씀에서 하나님께서는 이사야에게 성령을 부으셔서 가난한 자에게 아름다운 소식을 전하게 하십니다. 이것이 하나님의 소원입니다. 가난한 자, 마음과 영혼이 갈급한 자들이 우리를 통하여 구원의 아름다운 소식을 듣게 하는 것, 그리하여서 그 죽어있는 영혼들이 복음을 통하여 살아나서 기쁨과 찬송의 옷을 입고 즐거워하며 살아가는 것이 하나님의 뜻인 것입니다.

우리가 정말 주님을 영접했다면 우리의 삶은 복음을 통하여 죽어있는 갈급한 영혼을 살리는 삶이 되어야 합니다. 우리를 통하여 죽어있는 영혼들이 살아나 기뻐 뛰며 주를 찬송하는 일들이 일어나야 합니다. 주님의 소원을 이루는 것은 우리의 선택사항이 아니라 주님을 모신 자로서 마땅히 행해야 하는 일이라는 것을 기억하고 날마다 주님의 뜻과 소원을 이루어가는 우리 가정이 되기를 간절히 소원합니다.

나눔 1 이제까지 내가 생각해왔던 나의 소원은 무엇입니까?
나눔 2 주님께서 나를 통해 이루기를 원하시는 소원은 무엇이 있을까요?
예수님을 바라보는 우리 가정 기도 :

말씀 이사야 63:8-9 그가 말씀하시되 그들은 실로 나의 백성이요 거짓을 행하지 아니하는 자녀라 하시고 그들의 구원자가 되사 그들의 모든 환난에 동참하사 자기 앞의 사자로 하여금 그들을 구원하시며 그의 사랑과 그의 자비로 그들을 구원하시고 옛적 모든 날에 그들을 드시며 안으셨으나

성도의 삶은 언제나 은혜입니다

하나님의 자녀들의 삶은 매 순간이 은혜입니다. 좋을 때뿐만 아니라, 괴롭고 힘들 때, 내가 감당하기 어려운 엄청난 환난이 우리의 삶 가운데 닥쳐올 때도 성도들의 삶은 여전히 은혜 가운데 있는 사람입니다. 왜냐하면 하나님께서 그 고난 가운데 친히 함께하고 계시기 때문입니다. 주님께서는 성도들과 함께 계시고, 절대로 그들을 떠나지 않으십니다. 그래서 하나님의 백성들에게는 고난도 은혜인 것입니다.

오늘 말씀에서 이사야는 말합니다. "그가 말씀하시되 그들은 실로 나의 백성이요 거짓을 행하지 아니하는 자녀라 하시고 그들의 구원자가 되사 그들의 모든 환난에 동참하사 자기 앞의 사자로 하여금 그들을 구원하시며 그의 사랑과 그의 자비로 그들을 구원하시고 옛적 모든 날에 그들을 드시며 안으셨으나"(사 63:8-9).

하나님께서는 우상숭배와 각종 악행들로 멸망의 때를 향하여 달려가고 있는 백성들을 향하여 "그들은 나의 백성이요 거짓을 행하지 아니하는 자녀라"라고 말씀하십니다. 이 말은 실제로 이스라엘이 거짓을 행하지 않는 착하고 성실한 백성들이라는 말이 아닙니다. 하나님께서 그들을 그렇게 여기시는 것입니다. 마치 부모가 자기 자식이 아무리 잘못해도 "우리 아이는 그럴 아이가 아닙니다"라고 말하는 것과 똑같습니다. 하나님의 우리를 향한 사랑이 그런 부모님의 사랑과 같다는 것입니다.

하나님은 그런 사랑으로 항상 우리와 함께하십니다. 오늘 말씀은 하나님께서 그분의 백성들이 환난을 당할 때 그 환난에 '동참'하셨다고 증언합니다. 마치 불 난 집 안에 있는 자녀를 구하기 위해 불 속에 뛰어드는 부모처럼 하나님께서 그분의 백성들의 환난 가운데 뛰어 들어오셔서 그들과 함께 하신다는 것입니다. 하나님은 우리를 고난 가운데 홀로 방치하시는 분이 아니라 우리의 고난 가운데 함께 동참하셔서 그 고난으로부터 친히 우리를 구원하시는 분이시라는 것입니다.

그러므로 성도들의 삶은 고난 중에 있을지라도 은혜입니다. 극심한 고통 가운데 있을지라도 은혜입니다. 하나님께서 성도들과 함께하시고, 그들을 고통 가운데서 건져내시기 위하여 친히 일하고 계시기 때문입니다. 그러니 고난 가운데 있을 때 우리가 할 일은 낙심하거나 포기하는 것이 아닙니다. 하나님을 원망하는 것이 아닙니다. 지금 이 고통 중에 하나님께서 친히 동참하고 계신다는 것을 믿고, 나를 이 환난 가운데서 구원하시기 위하여 하나님께서 친히 일하고 계신다는 것을 믿고 그분의 말씀을 따라 한 걸음을 내딛는 순종이 고난 가운데 있는 성도들이 해야 할 유일한 일인 것입니다.

여러분의 삶은 늘 은혜 가운데 있음을 의심하지 마시기를 바랍니다. 하나님께서 우리와 함께 계십니다. 우리가 그분을 따르면 그분은 반드시 우리를 환난 가운데서 구원하실 것입니다.

나눔 1 지금 당하고 있는 환난이 있습니까?

나눔 2 당하고 있는 어려움 가운데 주님은 내가 어떻게 행하기를 원하시는지 기도해 보세요.

예수님을 바라보는 우리 가정 기도 :

예레미야 _ 예레미야애가

말씀 예레미야 2:6 그들이 우리를 애굽 땅에서 인도하여 내시고 광야 곧 사막과 구덩이 땅, 건조하고 사망의 그늘진 땅, 사람이 그 곳으로 다니지 아니하고 그 곳에 사람이 거주하지 아니하는 땅을 우리가 통과하게 하시던 여호와께서 어디 계시냐 하고 말하지 아니하였도다

우리 하나님은 어디 계시냐?

이스라엘은 하나님의 은혜로 세워진 나라입니다. 애굽에서 종노릇 하며 살던 이스라엘을 하나님께서 애굽에서 건져내시기로 결정하셨고, 광야를 지나며 그들을 훈련시키셨고, 마침내 가나안 땅에 들어가 토착 부족들을 몰아내고 그 땅을 차지하게 하셨습니다. 그 모든 일을 행하는 가운데 이스라엘이 스스로 해낸 일은 아무것도 없었습니다.

애굽이라는 대국에 종이 되어 노동을 하고 있는 한 민족이, 자신들의 힘으로 애굽의 손아귀에서 벗어날 방법은 없습니다. 일주일만 살아도 죽을 수밖에 없는 광야에서 자신의 힘만으로 40년을 살고도 의복이 해지지 않고, 발이 부르트지 않을 수 있는 사람은 이 세상에는 없습니다.

군사훈련이라고는 받아본 적도 없고, 무기와 진형도 제대로 갖출 수 없었던 오합지졸과 같은 군대가, 잘 훈련된 군대와 잘 방비 된 성을 무너뜨릴 방법은 없습니다. 그러니 출애굽에서부터 가나안 땅 정복에 이르기까지 이스라엘이 자신들의 힘으로 해냈다고 말할 수 있는 것은 아무것도 없었습니다.

그런데도 불구하고 이스라엘은 전적인 하나님의 은혜로 자신들이 세워졌다는 것을 잊어버렸습니다. 그들은 더 이상 하나님이 어디 계시느냐고 찾지 않았습니다. 하나님의 뜻이 무엇인지, 하나님께서 바라시는 것이 무엇인지를 중요하게 여기지 않았습니다. 이제는 자기들의 생각과 뜻이, 하나님의 생각과 뜻보다 훨씬 중요하게 여겨졌습니다. 이것이 이스라엘이 멸망을 당하게 된 이유입니다.

하나님의 뜻보다 자기의 뜻을 구하는 것, 하나님의 생각보다 자기의 생각을 따르는 것은 결코 가벼운 죄가 아닙니다. 그것은 우리를 창조하시고 지금의 삶을 살게 하신 하나님을 기만하는 행위이며, 우리의 삶을 주관하고 계시는 하나님을 무시하는 행위입니다. 우리가 하나님을 믿는 하나님의 백성이라면, 우리의 입과 마음에서 항상 끊어지지 말아야 하는 말과 생각이 있습니다. 그것은 "우리 하나님은 어디 계시냐?"라는 말과 생각입니다.

하나님의 백성들은 항상 우리 하나님의 뜻은 어디 있는지, 우리 하나님의 생각은 어디에 있는지, 우리 하나님께서 원하시는 일은 무엇인지를 생각해야 합니다. 항상 그것을 생각하며 하나님의 뜻을 따라 살아가야 합니다.

우리는 무엇을 따라 살아가고 있습니까? 나의 뜻이 어디에 있는지, 내가 이루고자 하는 것이 무엇인지를 생각하기보다 하나님의 생각과 뜻이 어디에 있는지를 생각하고 그분을 따르는 우리 가정이 되기를 간절히 소원하고 축복합니다.

나눔 1 나는 오늘 주님께서 바라시는 일과 행동은 무엇일지를 몇 번이나 생각했습니까?

나눔 2 내 삶 가운데서 이루기를 원하시는 하나님의 뜻은 무엇이라고 생각하십니까?

예수님을 바라보는 우리 가정 기도 :

말씀 예레미야 4:3-4 여호와께서 유다와 예루살렘 사람에게 이와 같이 이르노라 너희 묵은 땅을 갈고 가시덤불에 파종하지 말라 유다인과 예루살렘 주민들아 너희는 스스로 할례를 행하여 너희 마음 가죽을 베고 나 여호와께 속하라 그리하지 아니하면 너희 악행으로 말미암아 나의 분노가 불같이 일어나 사르리니 그것을 끌 자가 없으리라

옛마음을 버릴 준비가 되었나요?

주님을 따른다는 것은 우리의 행위의 문제가 아니라 마음의 문제입니다. 주님을 믿는다고 입으로는 말하지만, 마음으로는 믿지 못하는 사람이 있습니다. 예배의 자리에 나와 있으면서도 마음은 딴 곳에 가 있는 사람들이 많이 있습니다. 교회 봉사는 많이 하면서도, 여전히 마음 가운데 미움과 시기와 질투를 품고 사는 사람들이 있습니다.

진실한 마음에 더해지는 행위는 하나님께서 기쁘게 여기실 만한 것이지만 마음 없이 행위만 있을 때는 하나님은 그 행위를 기쁘게 여기지 않으십니다. 그러니 우리가 무슨 행위를 하느냐보다 더 중요한 것은 무슨 마음을 가지고 있느냐 하는 것입니다. 그래서 오늘 말씀에서 하나님께서는 이스라엘을 향하여 말씀하십니다. "너희 묵은 땅을 갈고 가시덤불에 파종하지 말라"(렘 4:3).

땅을 갈지 않고 파종하는 농부는 없습니다. 가시덤불을 걷어내지 않고 파종하는 것은 매우 미련한 짓입니다. 그런데 그렇게 미련하게 살아가는 사람들이 얼마나 많은지 모릅니다. 자기 마음은 관리하지 않고 외모만 관리합니다. 마음을 갈아엎지 않고 행위만 쌓으려 합니다. 마음은 보이지 않으니까 내버려 두고 눈에 보이는 외적인 행동들을 중요하게 여기며 살아갑니다. 그러나 그렇게 해서는 안 됩니다. 마음을 먼저 갈아엎어야 합니다.

우리의 마음 밭이 먼저 하나님께서 바라보시기에 아름다운 마음이 되어야 합니다. 하나님께서는 우리를 향하여 말씀하십니다. "너희는 스스로 할례를 행하여 너희 마음 가죽을 베고 나 여호와께 속하라 그리하지 아니하면 너희 악행으로 말미암아 나의 분노가 불 같이 일어나 사르리니 그것을 끌 자가 없으리라"(렘 4:4).

하나님께서 기뻐하시는 행위를 하기 전에 하나님께서 기뻐하시는 마음을 준비해야 합니다. 우리 마음에 스스로 할례를 행해야 합니다. 우리 마음에 가죽을 베어 버려야 합니다. 스스로 할례를 행하라는 것은 "이제 나는 하나님께 속한 사람이다"라는 사실을 완전히 인정하고 선포하라는 것입니다.

할례는 한 번 행하면 되돌릴 수 없는 것입니다. 그 할례처럼 이제 나는 되돌릴 수 없이 주께 속했다고 고백하고 인정하라는 것입니다. 나는 죽고 예수로 사는 복음 앞에 완전히 항복하라는 것입니다. 이전에 죄 된 것을 사랑하고 추구하던 옛 마음은 완전히 베어서 버려버리고 주를 따르라는 것입니다.

우리에게는 그 마음이 준비되어 있습니까? 돌아올 수 없는 강을 건넌 사람의 심정으로 주를 따를 마음이 준비되어 있습니까? 우리에게 그 마음이 먼저 준비되기를 소원합니다. 멋들어지는 예배의 행위가 아니라 주님만 따르겠다는 마음의 순종을 기뻐하시는 주님께 우리의 마음을 드리는 가정이 되기를 간절히 축복합니다.

나눔 1 내 마음 밭이 상태는 어떻습니까? 완전히 갈아엎어졌습니까?

나눔 2 돌아올 수 없는 강을 건넌 심정으로 주님을 따르는 삶의 모습은 어떤 모습일까요?

예수님을 바라보는 우리 가정 기도 :

말씀 예레미야 7:2-4 너는 여호와의 집 문에 서서 이 말을 선포하여 이르기를 여호와께 예배하러 이 문으로 들어가는 유다 사람들아 여호와의 말씀을 들으라 만군의 여호와 이스라엘의 하나님께서 이와 같이 말씀하시되 너희 길과 행위를 바르게 하라 그리하면 내가 너희로 이 곳에 살게 하리라 너희는 이것이 여호와의 성전이라, 여호와의 성전이라, 여호와의 성전이라 하는 거짓말을 믿지 말라

주님의 음성에 귀 기울이세요

어제 우리는 마음 밭을 갈아엎기 전에는 파종하지 말라는 주님의 말씀을 들었습니다. 우리의 마음이 준비되지 않은 채로 하는 행위는 주님을 기쁘시게 하지 못합니다. 그렇게 마음의 중요성을 말씀하신 하나님께서 오늘 말씀에서는 "너희 길과 행위를 바르게 하라"고 말씀하시면서 온전한 마음으로부터 나오는 행위의 중요성을 강조하고 계십니다.

그렇다면 우리의 길과 행위를 바르게 한다는 것은 무슨 의미일까요? 그것은 바로 우리에게 말씀하시는 하나님의 말씀을 듣고 행하라는 것입니다. 우리의 마음 밭이 갈아엎어졌다면, 그 마음 밭 위에 씨가 뿌려지고 자라서 열매가 맺히게 되어 있습니다. 뿌려지는 씨는 주님의 말씀입니다. 우리가 주님께 완전히 엎드려 주님을 따르기로 결단하면 주님께서 우리 안에 주님의 말씀을 부어주십니다. 우리 안에 자기의 소원을 두고 행하게 하십니다.

주님께서는 요한복음에서 "내 양은 내 음성을 들으며 나는 그들을 알며 그들은 나를 따르느니라"(요 10:27)라고 말씀하셨습니다. 정말 주님을 따르는 주님의 백성들은 반드시 주님의 음성을 듣고 그 음성을 따라 산다는 것입니다. 그러므로 우리가 주님의 음성을 듣고, 들은 음성을 따라서 행동하고 있는지, 아니면 여전히 주님의 음성에는 무관심한 채로 내 생각을 따라서 행동하고 있는지를 반드시 점검해야 합니다. 행위를 바르게 하라는 하나님의 말씀은 선한 일을 행하라는 말씀이라기보다는 내 생각과 내 뜻이 아닌, 우리 안에서 말씀하시는 하나님의 말씀을 듣고 그 말씀을 따라서 행하라는 의미인 것입니다.

그래서 하나님께서 예레미야에게 성전 문 앞에 서서 성전으로 들어가는 사람들을 향하여 "여호와의 말씀을 들으라"고 선포하라고 명령하시는 것입니다(렘 7:2). 하나님의 말씀을 전혀 듣지 않고 살고 있으면서 예배라는 행위만 하고 있는 그들의 행위는 바른 행위가 아니라는 것입니다. 그래서 "너희는 이것이 여호와의 성전이라, 여호와의 성전이라, 여호와의 성전이라 하는 거짓말을 믿지 말라"(렘 7:4)고 말씀하시는 것입니다. 주님의 음성에 전혀 귀 기울이고 살지 않으면서도 예배의 행위만을 올려드리는 그 사람들의 예배를 하나님께서 받으신다고 생각하지 말라는 것입니다.

우리의 길과 행위를 바르게 해야 합니다. 우리 안에 말씀하시는 하나님의 음성에 귀 기울이며 사는 삶을 동반한 예배를 드려야 합니다. 예배만이 아니라 다른 모든 행위도 마찬가지입니다. 세상에서 아무리 선한 일로 인정받는 일이라고 할지라도 그것이 주님의 말씀을 듣고 따라서 한 행위가 아니라면 주님 앞에서 아무 소용이 없습니다.

주님의 음성을 듣지 않고는 아무것도 하지 말아야 합니다. 또 주님의 음성을 들었다면 반드시 그 음성에 순종해야 합니다. 그것이 우리의 길과 행위를 바르게 하는 것입니다. 당신은 오늘 주님의 음성에 얼마나 귀를 기울이고 살았습니까?

나눔 1 당신은 오늘 주님의 음성에 얼마나 귀를 기울이고 살았습니까?

나눔 2 그동안 내가 드렸던 예배는 하나님께서 기쁘게 받으시는 예배였습니까?

예수님을 바라보는 우리 가정 기도 :

오늘성경통독 예레미야 10장 ☐ 11장 ☐ 12장 ☐
오늘가정예배 찬송 357장 주 믿는 사람 일어나

Date / /

말씀 예레미야 11:18-19 여호와께서 내게 알게 하셨으므로 내가 그것을 알았나이다 그 때에 주께서 그들의 행위를 내게 보이셨나이다 나는 끌려서 도살 당하러 가는 순한 어린 양과 같으므로 그들이 나를 해하려고 꾀하기를 우리가 그 나무와 열매를 함께 박멸하자 그를 살아 있는 자의 땅에서 끊어서 그의 이름이 다시 기억되지 못하게 하자 함을 내가 알지 못하였나이다

전도는 기도의 싸움입니다

구약 시대부터 지금에 이르기까지 변하지 않는 한 가지 사실은 복음을 전하는 자는 환대받지 못한다는 것입니다. 선지자들로부터 세례요한, 예수님과 제자들, 이후에 각지로 복음을 들고 나갔던 선교사님들에 이르기까지 복음을 들고 복음을 알지 못하는 자들에게로 갔던 사람들은 모두 환대를 받지 못했습니다.

생명을 살리고, 영생을 주는 세상의 그 어떠한 보물보다도 더 귀한 복음을 들고 찾아온 귀한 분들을, 사람들은 박해했고, 멸시했고, 심지어는 죽이기까지 했습니다. 그것은 예레미야 선지자도 마찬가지였습니다. 예레미야는 하나님의 말씀에 순종하여 돌아오라는 하나님의 말씀을 전했고, 하나님께로 돌아오지 않을 때 임할 재앙을 선언했습니다. 예레미야가 선포했던 하나님의 말씀은 이스라엘을 멸망시키겠다는 하나님의 재앙의 선언이 아니었습니다. 오히려 나에게로 돌아오면 살길이 있다는 복음이었습니다. 그 복음을 들은 이스라엘 백성들은 예레미야가 마음에 들지 않았습니다. 그들은 음모를 꾸며 예레미야를 죽이기로 작정합니다. 그러면서 말합니다. "우리가 그 나무와 열매를 함께 박멸하자."

나무와 열매를 함께 박멸하자는 것은 예레미야와 함께 그가 선포했던 복음도 모두 없애버리자는 것입니다. 예레미야가 선포했던, "하나님께로 돌아오면 살 수 있다"는 복음을 사람들이 듣지 못하도록 없애버리겠다는 것입니다. 여기에서 사람들이 복음 전하는 자들을 박해하는 이유가 드러납니다. 바로 사탄의 역사인 것입니다. 사람들의 영혼을 살리지 못 하게 하려는 세상의 권세 잡은 마귀가 사람들의 마음 가운데 강하게 역사해서 복음 전하는 자를 박해하고 그들이 전하는 복음이 사람들의 귀에 들려지지 못하도록 막는 것입니다.

우리가 복음을 전하려고 할 때, 반드시 사탄의 방해가 있기 마련입니다. 어떻게든 복음 전하는 것을 막기 위하여 방해하고 박해합니다. 사탄의 그 방해는 우리의 힘으로는 이길 수 없고 뚫을 수 없습니다. 그러나 기억해야 합니다. 우리에게는 우리의 기도를 들으시는 주님이 계십니다. 오늘 말씀에서 아나돗 사람들의 박해로 인하여 간구하는 예레미야의 기도에 하나님께서 응답하셨듯이 우리가 기도하면 주님께서 반드시 응답하십니다.

복음을 전하기를 원한다면 먼저 기도해야 합니다. 사탄의 권세가 끊어지고 사탄의 방해와 박해가 끊어지기를 위해서 기도해야 합니다. 복음을 들어야 할 사람들의 눈과 귀를 가려서 그리스도의 영광의 복음의 광채가 비치지 못하도록 방해하고 있는 이 세상의 신이 떠나가도록 마음을 다하여 기도해야 합니다. 그러면 주님께서 그들을 물리치시고 그들에게 복음이 들려지도록 역사하시는 것입니다.

전도는 결국 기도의 싸움이라는 것을 기억하십시오. 우리가 전도하기를 원하는 그 사람을 위하여 오늘 바로 기도의 제단 쌓기 시작합시다.

나눔 1 지금 전도하기를 원하는 사람은 누구입니까?

나눔 2 전도 대상자를 위하여 그동안 얼마나 기도해왔습니까?

예수님을 바라보는 우리 가정 기도 :

오늘성경통독 예레미야 13장 □ 14장 □ 15장 □

오늘가정예배 찬송 314장 내 구주 예수를 더욱 사랑

Date / /

말씀 예레미야 14:10-12 여호와께서 이 백성에 대하여 이와 같이 말씀하시되 그들이 어그러진 길을 사랑하여 그들의 발을 멈추지 아니하므로 여호와께서 그들을 받지 아니하고 이제 그들의 죄를 기억하시고 그 죄를 벌하시리라 하시고 여호와께서 또 내게 이르시되 너는 이 백성을 위하여 복을 구하지 말라 그들이 금식할지라도 내가 그 부르짖음을 듣지 아니하겠고 번제와 소제를 드릴지라도 내가 그것을 받지 아니할 뿐 아니라 칼과 기근과 전염병으로 내가 그들을 멸하리라

하나님만 사랑하세요

예레미야서를 통하여 주님께서 계속해서 우리에게 주시는 말씀은 마음이 없는 행위입니다. 예레미야 시대에도 이스라엘에는 성전이 있었습니다. 그 성전에서 여전히 하나님께 제사가 드려지고 있었고, 여전히 기도하는 소리가 들려오고 있었습니다. 그때에도 제사장들이 있었고, 제사장들의 손을 통하여 수없이 많은 제물들이 하나님께 올려지고 있었습니다.

그러나 하나님께서 바라시는 것은 제사가 아니었습니다. 하나님께서는 그들이 바치는 제물을 받기를 원하시지 않으셨습니다. 하나님께서 바라셨던 것은 그들 마음의 제물이었습니다. 그들의 마음이 헛된 것을 사랑하는 것으로부터 돌아서서 하나님을 향한 사랑으로 돌아오는 것, 하나님만 사랑하는 그 마음으로 인하여 삶의 행위들이 바뀌는 것이 하나님께서 그들에게 받기를 바라셨던 마음의 제사였던 것입니다.

그래서 하나님께서는 예레미야와 이사야 같은 선지자들을 세우셔서 하나님의 그 진심을 여러 번 드러내셨습니다. 그 진심을 듣지 못했다고 말할 수 있는 사람이 없을 만큼, 오랜 시간 동안 여러 사람을 통하여 하나님께서 진정으로 받기를 원하시는 제사가 무엇인지를 알려주셨습니다. 그럼에도 불구하고 백성들은 하나님께로 돌아오지 않았습니다. 여전히 제사와 기도의 행위만 유지한 채로 마음으로는 다른 것을 사랑하기를 계속했습니다.

그것을 하나님께서는 오늘 말씀에서 "그들이 어그러진 길을 사랑하여 그들의 발을 멈추지 아니하므로"라고 말씀하고 계십니다. 우리가 정말 하나님께로 돌아왔다면, 우리의 마음을 하나님께 드렸다면, 잘못된 것들을 향하여 나아가던 우리의 발을 멈춰야 합니다. 하나님께로 돌아오기 전에 사랑하던 세상의 것들을 향한 마음을 완전히 돌이켜서 하나님만 사랑해야 합니다. 여전히 잘못된 것들을 향하여 나아가고, 어그러진 길을 사랑하면서 제사와 기도의 행위만 가지고 "나는 하나님을 사랑한다"라는 고백에는 하나님께서 반응하지 않으시겠다고 말씀하시는 것입니다.

우리 하나님께서는 우리가 하나님을 사랑하기를 바라시는 것이 아닙니다. 하나님만 사랑하는 것을 바라시는 것입니다. 하나님이 우리 삶의 가장 큰 부분을 차지하는 것을 바라시는 것이 아니라, 하나님이 우리 삶의 전부가 되기를 바라십니다. 우리가 정말 금식하면서 기도해야 하는 것은, 어그러진 길을 사랑하고 잘못된 곳으로 발걸음을 내딛는 우리의 죄를 용서해 달라는 것이 아닙니다. 어그러진 길을 사랑하는 마음과 잘못된 발걸음을 내딛게 하는 우리 마음이 완전히 주님만 사랑하는 마음이 되기를 금식하며 기도해야 합니다. 그러면 됩니다. 그러면 우리도 주님께서 받기를 원하시는 마음의 제사를 주님께 드릴 수 있습니다.

나눔 1 내 삶 가운데 제하지 못하고 있는 어그러진 길과 잘못된 발걸음은 무엇입니까?

나눔 2 주님을 사랑하는 마음을 부어주시기를 서로를 위해 축복하며 기도해 보세요.

예수님을 바라보는 우리 가정 기도 :

오늘성경통독 예레미야 16장 □ 17장 □ 18장 □
오늘가정예배 찬송 539장 너 예수께 조용히 나가 Date / /

말씀 예레미야 16:12-13 너희가 너희 조상들보다 더욱 악을 행하였도다 보라 너희가 각기 악한 마음의 완악함을 따라 행하고 나에게 순종하지 아니하였으므로 내가 너희를 이 땅에서 쫓아내어 너희와 너희 조상들이 알지 못하던 땅에 이르게 할 것이라 너희가 거기서 주야로 다른 신들을 섬기리니 이는 내가 너희에게 은혜를 베풀지 아니함이라 하셨다 하라

오늘 주님의 음성을 무시했나요?

우상을 섬기는 것은 하나님께서 가장 싫어하시는 죄입니다. 그래서 이스라엘 백성들에게 십계명을 주실 때 가장 먼저 하지 말라고 하셨던 것이 "너는 나 외에는 다른 신들을 네게 두지 말라"는 것이었습니다. 하나님께서는 우상을 섬기는 것은 둘째치고, 다른 신들이 우리 곁에 머물도록 허락하는 것조차도 용납하지 않으시겠다는 것입니다.

그런데 출애굽 이후 광야 생활을 끝마치고 가나안 땅에 정착해서 살기 시작한 이스라엘은 그 땅에 들어간 지 얼마 되지도 않아서 우상을 섬기기 시작합니다. 바알과 아세라 등 각종 토착 우상들과 이방 우상들이 그 땅에 넘쳐나기 시작합니다. 하나님께서 여러 번 경고하시고, 징계하시면서 그들의 곁에서 우상을 멀리 떨어뜨려 놓으시기 위해서 애쓰셨지만, 그들은 끝내 하나님과의 약속을 지키지 않고 멸망의 길로 나아갑니다. 우상을 숭배하고, 그들의 곁에 머물게 한 대가는 온 나라와 민족의 멸망이었습니다.

그런데 오늘 말씀에서 하나님께서는 예레미야를 통해서 그렇게 우상숭배를 끊임없이 해왔던 그 조상들보다, 지금의 너희가 더 큰 죄를 짓고 있다고 말씀하십니다. 하나님께서는 "너희가 너희 조상들보다 더욱 악을 행하였도다 보라 너희가 각기 악한 마음의 완악함을 따라 행하고 나에게 순종하지 아니하였으므로"(렘 16:12)라고 말씀하시면서 그들의 조상들이 지었던 우상숭배의 죄보다 더 큰 죄가 악한 마음의 완악함을 따라 행하는 죄라고 말씀하고 계시는 것입니다.

악한 마음의 완악함을 따라 행하는 죄, 이 죄가 우리가 가장 극복하기 어려운 죄입니다. 날마다 우리 마음에서 일어나는 악한 생각들, 하나님의 뜻과 생각에 합당하지 않은 완악함을 완벽하게 버린 사람이 누가 있을까요? 하루에 한 번이라도 내 생각과 내 뜻을 주장하지 않고 살 수 있는 사람이 누가 있겠습니까? 그러니 이 죄는 우리 모두에게 있는 죄입니다. 우리 모두에게 있는 이 죄가, 우상을 늘 곁에 끼고 살면서 그것들을 섬기는 죄보다 더 큰 죄라고 말씀하고 계시는 것입니다.

내 생각과 내 뜻을 따라 살아가는 것은 결코 가볍게 여길 죄가 아닙니다. 그것은 우리 안에서 말씀하시는 주님의 음성을 무시하는 죄이며, 우리의 삶을 주장하기를 원하시는 주님께 불순종하는 죄입니다. 우리가 우리의 생각과 뜻을 따라 살아가는 한, 주님께서는 우리의 삶에 아무것도 역사하실 수 없다는 것을 기억해야 합니다. 오늘 우리는 이 죄로부터 자유롭습니까?

나눔 1 오늘 내 마음의 완악함을 따라 행했던 일이 있습니까?
나눔 2 주님께서 주시는 마음에 순종하지 못했던 일들을 나누어 보세요.
예수님을 바라보는 우리 가정 기도 :

오늘성경통독 예레미야 19장 ☐ 20장 ☐ 21장 ☐ 22장 ☐
오늘가정예배 찬송 439장 십자가로 가까이

Date / /

말씀 **예레미야 19:12-13** 여호와의 말씀이니라 내가 이곳과 그 가운데 주민에게 이같이 행하여 이 성읍으로 도벳 같게 할 것이라 예루살렘 집들과 유다 왕들의 집들이 그 집 위에서 하늘의 만상에 분향하고 다른 신들에게 전제를 부음으로 더러워졌은즉 도벳 땅처럼 되리라 하셨다 하라 하시니

성도라고 안심하지 마세요

오늘 말씀에 등장하는 도벳 땅이란, 예루살렘 성 아래쪽 골짜기에 있는 우상을 숭배하던 장소를 가리킵니다. 예루살렘에는 두 개의 골짜기가 있는데 하나는 '힌놈 골짜기'이고 다른 하나는 '기드론 골짜기'입니다. 이 두 골짜기가 합류하는 지점을 도벳이라고 불렀고 이 도벳에서는 예전부터 우상숭배가 이어져 왔습니다. 태우는 곳, 용광로라는 뜻을 가진 도벳에서는 주로 몰록(몰렉)이라는 우상에게 바치는 인신제사가 이루어졌습니다. 특별히 유다 왕 아하스와 므낫세가 바로 이 도벳에서 자기의 아들을 불태워 몰렉에게 바쳤던 기록이 있습니다(대하 28:3, 33:6). 이렇듯 도벳은 악한 것에 마음을 빼앗긴 사람들이 악을 행하는 자리, 범죄하는 자들의 삶의 터전을 가리키는 말입니다.

반면에 예루살렘은 '평화의 도시'라는 의미를 가지고 있습니다. 예루살렘에는 하나님의 성전이 있었고 그 성전에서는 날마다 온갖 제사와 기도가 하나님께 올려졌습니다. 이스라엘 백성들은 예루살렘의 성전을 바라보며 하나님께서 자신들의 제사를 받으시고 자신들을 돌보아 주실 것을 믿어 의심치 않았습니다. 자신들이 하나님께서 자기 이름을 두시겠다고 약속하신 성전이 있는 곳에 살고 있다는 사실로 인하여 안전하다고 생각했던 것입니다. 그들은 예루살렘의 언덕 아래로 보이는 도벳을 바라보면서 "저곳에서 인신제사를 드렸던 그 사람들과 우리는 다르다"고 생각했습니다. 저 도벳은 흉악하고 더러운 사람들이 있는 곳이고 예루살렘에 있는 우리는 그들과 질적으로 다르다고 여겼던 것입니다.

그런 그들에게 하나님께서 말씀하십니다. 그들이 그렇게 안전하다고 여기는 그 예루살렘을 토기처럼 깨뜨려 도벳처럼 만드시겠다는 것입니다. 너희들이 살고 있는 그 자리로 인하여 안심하지 말라는 것입니다. 어디에 살고 있는지가 중요한 것이 아니라 어떻게 살고 있는지가 중요하다는 것입니다. 예루살렘에 살고는 있지만 도벳의 사람들과 똑같이 우상을 섬기면서 다른 신들에게 제사를 드리며 살았던 그 사람들은 결국 도벳에서 몰렉에게 제사했던 사람들과 다르지 않은 결말을 맞이하게 될 것이라는 말씀입니다.

오늘 하나님께서 말씀하시는 그 예루살렘의 사람들이 바로 나는 아닌지 점검해야 합니다. 내가 교회 안에서 성도라는 이름을 가지고 살고 있음에 안심하지 말아야 합니다. 내 삶을 통하여 정말 유일하신 한 분 하나님만 섬기고 있는지, 아니면 나도 예루살렘 사람들처럼 우상을 섬기고 우상에게 제물을 바치는 삶을 살고 있는 것은 아닌지를 점검해야 합니다. 어디에 살고 있는지가 아니라 어떻게 살고 있는지를 잘 분별해 보십시오. 도벳과 같은 세상에 사는 사람들과 예루살렘과 같은 성도의 삶을 살아가는 내가 얼마나 구별되었는지를 점검하고 우리 삶의 우상을 버리고 오직 주님만 섬기며 살아가는 우리 가정이 되기를 간절히 소원합니다.

나눔 1 세상 사람들과 나의 삶의 모습에 어떤 차이가 있습니까?

나눔 2 하나님의 백성으로서 해서는 안 되는 일 중에서 여전히 놓지 못하고 있는 것이 있습니까?

예수님을 바라보는 우리 가정 기도 :

말씀 예레미야 23:5-6 여호와의 말씀이니라 보라 때가 이르리니 내가 다윗에게 한 의로운 가지를 일으킬 것이라 그가 왕이 되어 지혜롭게 다스리며 세상에서 정의와 공의를 행할 것이며 그의 날에 유다는 구원을 받겠고 이스라엘은 평안히 살 것이며 그의 이름은 여호와 우리의 공의라 일컬음을 받으리라

말씀대로 살 수 있는 사람

우리가 사는 이 세상은 하나님의 말씀으로 인하여 창조되었습니다. 이 세상은 말씀으로 창조되었기에 말씀대로 이루어지는 세상입니다. 하나님의 말씀은 일점일획도 틀림이 없이 그대로 이루어집니다. 그러니 말씀대로 사는 것보다 이 세상을 잘 사는 방법은 없습니다. 그런데 말씀대로 산다는 것이 그리 만만치가 않습니다. 먼저는 우리가 가장 가까이에 두고 접할 수 있는 기록된 성경 말씀을 보고 듣는다고 해서 말씀의 의미를 정확하게 해석하기가 쉽지 않습니다. 또 말씀의 의미를 알았다고 해도, 우리 육신의 연약함으로 인하여 말씀대로 살기보다 육신의 정욕과 안목의 정욕을 좇아 살아갈 때가 너무나 많습니다. 세상을 잘 사는 방법, 하나님께서 바라보시기에 바르고 합당하게 사는 방법은 말씀대로 사는 것인데, 그 말씀대로 삶을 살아내는 것이 보통 일이 아니라는 것입니다.

하나님께서도 이 사실을 아셨습니다. 하나님의 말씀은 이스라엘이라는 나라에 먼저 전해졌습니다. 그러나 그들은 수없이 많은 시간 동안 하나님의 말씀을 들었음에도 그 말씀대로 살지 못했습니다. 하나님께서는 이스라엘에게 이 세상이 하나님의 말씀대로 이루어진다는 사실을 여러 가지 경로를 통하여 알려주셨습니다. 출애굽의 역사, 여러 가지 기적들, 예언과 성취 등은 이 세상이 하나님의 말씀대로 그대로 이루어진다는 것을 정확하게 드러내시는 하나님의 역사하심이었습니다. 그러나 그 모든 것을 경험하고도 이스라엘은 하나님의 말씀대로 살지 못했고 결국은 멸망당해 세계 곳곳에 흩어지게 되었습니다.

그럼에도 불구하고 하나님께서는 포기하지 않으셨습니다. 그분께서는 끝까지 우리가 이 인생을 말씀대로 잘 살기를 원하셨습니다. 그래서 새로운 방법을 실행하셨습니다. 그 새로운 방법이 무엇입니까? 말씀이신 예수님이 우리 가운데로 오시는 것이었습니다. 말씀을 눈으로 보고, 귀로 듣고 행하는 것에서 한계를 느낀 하나님께서, 이제는 말씀이신 주님이 우리 안에 거하심으로 우리가 늘, 실시간으로 말씀을 듣고 그 말씀을 따라 살아갈 수 있도록 새 일을 행하신 것입니다.

그러니 이제 우리는 말씀대로 살 수 있는 사람입니다. 말씀이신 주님께서 우리 안에 거하시면서 우리가 말씀대로 살 수 있도록 우리를 인도하시기 때문입니다. 다만, 우리가 확실하게 결정해야 할 것은 우리 안에 거하시는 예수님을 우리 인생의 왕으로 삼는 것입니다. 우리 안에서 말씀하시는 주님의 음성에 절대적으로 복종하겠다고 결단하는 것입니다. 그래야 우리 안에 거하시는 주님을 따라 말씀대로 살아갈 수 있기 때문입니다.

순종은 하나님 좋아하라고 하는 것이 아닙니다. 내 인생이 이 세상에서 가장 잘 사는 인생이 되기 위한 필수적인 일이 순종입니다. 주님을 왕으로 모시고 사는 사람, 그분의 말씀에 순종하는 삶이 가장 복된 삶임을 기억하고 날마다 우리 안에서 말씀하시는 주님의 말씀에 순종하며 복된 삶을 살아가는 우리 가정이 되기를 간절히 소원합니다.

나눔 1 내 삶은 말씀대로 사는 삶입니까?

나눔 2 우리가 말씀대로 살 수 있는 가장 좋은 방법은 무엇일까요?

예수님을 바라보는 우리 가정 기도 :

말씀 예레미야 28:1-3 그 해 곧 유다 왕 시드기야가 다스리기 시작한 지 사 년 다섯째 달 기브온앗술의 아들 선지자 하나냐가 여호와의 성전에서 제사장들과 모든 백성이 보는 앞에서 내게 말하여 이르되 만군의 여호와 이스라엘의 하나님이 이같이 일러 말씀하시기를 내가 바벨론의 왕의 멍에를 꺾었느니라 내가 바벨론의 왕 느부갓네살이 이 곳에서 빼앗아 바벨론으로 옮겨 간 여호와의 성전 모든 기구를 이 년 안에 다시 이 곳으로 되돌려 오리라

하나님의 소원을 분별하는 방법

신앙생활을 하면서 사람들이 가장 착각하기 쉬운 것은 나의 소원과 하나님의 소원을 구별하는 것입니다. 하나님은 전혀 생각이 없으신데 자기 마음의 소원을 하나님의 소원이라고 착각하는 사람이 있습니다. 예를 들면 자기의 개인적인 잘 됨을 원하는 마음을 하나님께서 주시는 마음이라고 생각한다든지, 자기가 간절히 바라는 일을 하나님도 간절히 바라실 것으로 생각한다든지 하는 종류의 착각들이 우리 가운데서 쉽게 일어납니다.

하나님께서는 우리 마음 가운데 그분의 소원을 알려주시고 우리로 하여금 그 소원을 행하게 하십니다(빌 2:13). 우리 안에 계시는 주님께서 우리 마음과 생각을 통하여 그분의 생각과 뜻을 알게 해주시는 것입니다.

문제는 우리의 영이 완전히 깨어있지 않으면 주님께서 주시는 생각과 나 자신의 생각이 뒤섞여서 분명하게 분별 되지 않는다는 것입니다. 그렇기에 영적으로 깨어있지 않은 사람은 오늘 말씀에 등장하는 하나냐처럼 자기의 소원을 하나님의 소원인 것처럼 착각하며 거짓말로 사람들을 혼란에 빠뜨리는 사람이 될 수밖에 없는 것입니다.

그러면 영적으로 깨어서 하나님의 뜻을 분명하게 분별하기 위해서 우리는 어떻게 해야 할까요? 로마서에서 사도 바울은 말합니다. "너희 몸을 하나님이 기뻐하시는 거룩한 산 제물로 드리라 이는 너희가 드릴 영적 예배니라 너희는 이 세대를 본받지 말고 오직 마음을 새롭게 함으로 변화를 받아 하나님의 선하시고 기뻐하시고 온전하신 뜻이 무엇인지 분별하도록 하라"(롬 12:1-2).

사도 바울은 우리 몸을 거룩한 산 제물로 하나님께 드리는 것, "나는 살아있지만 살아 있는 게 아닌 산 제물입니다"라고 주님께 나를 드리는 것이 하나님의 선하시고 기뻐하시고 온전하신 뜻이 무엇인지 분별하는 시작이라고 말합니다. 우리를 산 제물로 하나님께 드리며 사는 것 그것이 우리 마음이 새롭게 변화를 받아 하나님의 소원을 분별하는 방법이라는 것입니다.

하나님의 소원이 무엇인지 궁금하십니까? 무엇이 내 생각이고 무엇이 주님의 뜻인지 명확하지 않으십니까? 나는 살아있지만 죽은 제물이라고 고백해 보십시오. 하나님 앞에 나는 완전히 죽은 자로 살겠다고 결단해 보십시오. 그 결단 위에 부어주시는 마음이 하나님의 소원입니다.

나눔 1 내 생각과 하나님의 소원을 헛갈리거나 착각했던 적이 있습니까?

나눔 2 어려운 결정을 앞두었을 때 나의 뜻을 앞세우십니까? 나의 죽음을 앞세우십니까?

예수님을 바라보는 우리 가정 기도 :

말씀 예레미야 29:7 너희는 내가 사로잡혀 가게 한 그 성읍의 평안을 구하고 그를 위하여 여호와께 기도하라 이는 그 성읍이 평안함으로 너희도 평안할 것임이라

세상을 위하여 기도합시다

하나님의 은혜로 예수 그리스도를 믿고 구원을 받은 주의 백성들은 이제는 세상에 속한 존재가 아닙니다. 예수님을 믿고 구원을 받는 그 순간부터 우리의 소속은 하나님나라에, 천국에 있습니다. 우리는 하나님의 백성이고 하나님께 속한 사람들입니다. 그래서 예수님께서는 "너희가 세상에 속하였으면 세상이 자기의 것을 사랑할 것이나 너희는 세상에 속한 자가 아니요 도리어 내가 너희를 세상에서 택하였기 때문에 세상이 너희를 미워하느니라"(요 15:19)라고 말씀하셨습니다.

우리는 세상에 속한 자가 아니라 하늘에 속한 자입니다. 동시에 우리는 이 세상에서 살아가야 하는 사람들입니다. 바로 이런 현실이 바벨론에서 포로생활을 하던 이스라엘 백성들의 상황이었습니다. 그들은 이스라엘에 속한 자들이었습니다. 그들은 하나님을 섬기면서도 동시에 바벨론 왕의 수하에서 살아야 하는 포로였습니다. 그런 그들에게 하나님께서는 말씀하십니다. "너희는 내가 사로잡혀 가게 한 그 성읍의 평안을 구하고 그를 위하여 여호와께 기도하라 이는 그 성읍이 평안함으로 너희도 평안할 것임이라"(렘 29:7).

우리가 세상에 속하지 않았다고 해서 세상을 위하여 기도해야 할 의무도 없는 것은 아닙니다. 우리는 하늘에 속한 사람들이지만 이 세상에서 살아야 하는 사람들이기에 하나님나라를 위해서 기도하는 동시에 세상을 위하여도 기도해야 합니다. 왜냐하면 우리가 사는 세상이 평안해야 우리의 삶도 평안할 수 있기 때문입니다.

많은 사람들이 요즘 세상을 말세라고 이야기합니다. 아동과 청소년들이 오늘날처럼 흉악한 범죄를 많이 저지르는 시대가 없었습니다. 사람들이 자기의 목숨과 다른 사람의 생명을 이렇게 우습게 보는 시대가 없었습니다. 성적인 문란과 사회적인 물의의 소식들이 하루가 멀다 하고 들려옵니다. 이런 상황 가운데 사람들의 반응은 세상이 어떻게 되려고 이러냐는 한탄과 불평입니다. 그러나 예수님을 믿는 자들의 반응은 달라야 합니다. 세상이 죄로 물들어가는 모습을 바라볼 때 우리에게서 일어나야 하는 반응은 그 문제를 위하여 기도하지 못한 자신의 죄를 돌아보는 것입니다.

아동과 청소년들의 범죄 문제를 위하여 얼마나 기도했습니까? 살인의 죄들이 사라지기를 위해서, 동성애와 성범죄와 정치인들을 위하여는 얼마나 기도했습니까? 하나님께서 이스라엘 백성들에게 그들이 사는 나라의 평안을 위하여 기도하라고 하신 것은 기도하면 평안을 주시겠다는 의미입니다. 그러니 나라에 평안이 없다면, 그것은 우리가 나라의 평안을 위하여, 세상의 평안을 위하여 기도하지 않았기 때문입니다.

나라와 민족을 위하여 기도합시다. 세상에서 일어나는 각종 범죄들이 사라지기를 위하여 기도합시다. 모든 민족이 하나님을 알고 주의 영광을 보는 날이 임하기를 위하여 기도하는 우리 가정이 되기를 간절히 축복합니다.

나눔 1 나라와 세계를 위한 기도제목을 한 가지씩 나누고 기도해 보세요.

예수님을 바라보는 우리 가정 기도 :

오늘성경통독 예레미야 32장 □ 33장 □ 34장 □
오늘가정예배 찬송 357장 주 믿는 사람 일어나
Date / /

말씀 예레미야 32:8-10 여호와의 말씀과 같이 나의 숙부의 아들 하나멜이 시위대 뜰 안 나에게 와서 이르되 청하노니 너는 베냐민 땅 아나돗에 있는 나의 밭을 사라 기업의 상속권이 네게 있고 무를 권리가 네게 있으니 너를 위하여 사라 하는지라 내가 이것이 여호와의 말씀인 줄 알았으므로 내 숙부의 아들 하나멜의 아나돗에 있는 밭을 사는데 은 십칠 세겔을 달아 주되 증서를 써서 봉인하고 증인을 세우고 은을 저울에 달아 주고

믿음의 사람은 포기하지 않습니다

유다의 시드기야 왕 열째 해에 예루살렘 성은 바벨론 군대에 에워싸여 있었습니다. 그때 예레미야는 하나님의 말씀을 받아서 예루살렘이 멸망할 것과 백성들과 왕이 바벨론으로 끌려가게 될 것이라는 사실을 예언했습니다. 이 예언을 들은 시드기야왕은 분노하였고 결국 시드기야는 예레미야를 시위대 뜰에 가두어 두었습니다. 그런데 이렇게 예레미야가 뜰에 갇혀있는 가운데 우스운 상황이 일어납니다. 예레미야의 친척 하나멜이 갇혀있는 예레미야에게 찾아와서 아나돗에 있는 자기의 밭을 사라고 청하는 것입니다. 바로 이 장면에서 하나님을 믿는 믿음이 있는 사람과 없는 사람의 삶의 모습이 어떻게 다른지가 분명하게 드러납니다.

하나멜은 예루살렘 성이 바벨론의 대군에 의해서 에워싸여 있다는 사실을 알고 있었습니다. 그가 볼 때 예루살렘이 멸망하는 것은 시간문제라고 생각되었을 것입니다. 이제 예루살렘이 멸망하고, 유다가 멸망하면 자기가 가지고 있는 땅은 아무 소용이 없게 될 것이 뻔했습니다. 그래서 그가 결정한 것이 자기가 소유하고 있는 땅을 팔아버리는 것이었습니다. 땅은 나라가 멸망하면 다른 나라에게 넘어갈 것이 분명하지만, 땅을 팔아서 은과 금과 같은 돈으로 만들어 감추어두면 자기가 필요할 때 유용하게 사용할 수 있다고 생각했던 것입니다. 그래서 그가 소유하고 있던 땅을 은 십칠 세겔이라는 적은 금액으로 팔아버렸던 것입니다.

반면에 예레미야는 예루살렘이 멸망할 것을 알고 있었으면서도 하나멜의 말을 듣고 그 땅을 삽니다. 왜냐하면 예레미야는 하나님께서 그 땅을 회복시키실 것을 알았기 때문입니다. 하나님께서는 말씀하십니다. "사람이 이 땅에서 집과 밭과 포도원을 다시 사게 되리라"(렘 32:15). 지금은 비록 바벨론에 의해서 고난을 당하고 멸망을 당하게 되는 형국이지만, 예레미야는 하나님의 이 말씀을 믿었습니다. 사람들이 다시 이 땅으로 돌아와서 나라를 회복하고 집과 밭과 포도원을 거느리게 될 것이라는 사실을 분명하게 믿었습니다. 그렇기에 이런 멸망 직전의 상황에서 밭을 살 수 있었던 것입니다.

믿음이 있는 사람은 어려움 가운데서 포기하고 낙심하지 않습니다. 그가 믿는 하나님께서 그분의 백성들을 반드시 회복시키신다는 사실을 믿기 때문입니다. 그렇기에 진짜 믿음은 고난 가운데 드러납니다. 고난 가운데서 미래를 준비하느냐, 낙담하고 포기하느냐가 그의 믿음의 진가인 것입니다. 우리는 어떻습니까? 어려운 일을 만날 때, 밭을 사는 믿음이 우리에게 있습니까? 주님의 백성들은 주님께서 책임지신다는 것을 믿는 예레미야의 믿음이 오늘 우리 가족들에게 임하기를 간절히 소원합니다.

나눔 1 내가 만났던 큰 어려움은 무엇이었습니까?

나눔 2 어려운 상황에서도 하나님을 신뢰하며 믿음의 걸음을 걸었던 적이 있습니까?

예수님을 바라보는 우리 가정 기도 :

말씀 예레미야 35:15-16 내가 내 종 모든 선지자를 너희에게 보내고 끊임없이 보내며 이르기를 너희는 이제 각기 악한 길에서 돌이켜 행위를 고치고 다른 신을 따라 그를 섬기지 말라 그리하면 너희는 내가 너희와 너희 선조에게 준 이 땅에 살리라 하여도 너희가 귀를 기울이지 아니하며 내게 순종하지 아니하였느니라 레갑의 아들 요나답의 자손은 그의 선조가 그들에게 명령한 그 명령을 지켜 행하나 이 백성은 내게 순종하지 아니하도다

주님과의 약속을 지키고 있습니까?

하나님께서는 이스라엘 백성들에게 수차례 선지자들을 보내셔서 그들의 잘못된 길을 돌이켜 하나님께로 돌아오라고 말씀하셨습니다. 이사야, 예레미야가 그 대표적인 인물이고 이외에도 많은 선지자들이 곳곳에서 하나님께로 돌아오면 구원을 얻을 것이라는 복음을 선포하였습니다. 그러나 백성들은 그들의 말을 듣지 않았습니다. 오히려 복음을 선포하는 선지자들을 욕보이고 하나님의 말씀을 무시했습니다.

이런 상황에서 하나님께서는 예레미야를 보내서 레갑의 후손들을 만나게 하십니다. 레갑 족속은 가나안 땅을 정복한 이후에도 그 땅 안에 정착하여 농사를 짓거나 유목을 하지 않고 광야에 머물렀던 족속이었습니다. 그들은 광야에 머물면서 정착 생활에서 만나게 되는 안일함과 우상숭배를 피했고 하나님의 은혜가 없이는 살 수 없는 광야에서 끊임없이 하나님을 바라보며 살았던 경건한 족속이었습니다. 그뿐만 아니라 그들은 자기들의 조상인 요나답이 명령했던 대로 포도주를 마시지도 않았고 집도 짓지 않았고 농사도 짓지 않았으며 오직 하나님께서 주시는 것만 의지하여 살아왔던 족속이었습니다.

하나님께서는 이 레갑족속을 세상 앞에 드러내시며 말씀하십니다. "레갑족속은 자기 선조 요나답이 한 말을 오랜 시간이 지난 지금까지도 어기지 않고 지키는데, 너희는 어찌하여 하나님인 내가 하는 말도 듣지 아니하느냐?" 하나님의 이 말씀은 사람이 한 말도 저렇게 철저하게 지킬 수 있는 것이 인간이라는 족속들인데, 여호와인 내가 하는 말을 듣지 않는다는 것은 여호와 하나님을 무시할 뿐 아니라, 자기 선조보다도 못한 존재로 취급하고 있는 것이라는 말씀입니다. 그런 그들에게 하나님께서는 재앙을 내리실 수밖에 없다고 말씀하고 계시는 것입니다.

오늘 우리에게도 이와 같은 모습이 있지는 않은지 살펴보아야 합니다. 사업을 하면서 계약서 하나만 써도 그 계약을 철저히 지키는 것이 우리 인간입니다. 무엇인가를 얻기 위해서는 그에 합당한 값을 지불하는 것을 당연한 것으로 여기는 것이 우리입니다. 그런데 하나님께 대하여는 어떻습니까? 자기 피로 우리를 사신 주님께, 우리는 예수님을 주님으로 모시는 계약을 지키고 있습니까?

세상과의 약속을 지키는 것도 중요하지만 그보다 하나님과의 약속을 지키는 것을 더 중요하게 여겨야 합니다. 하나님의 말씀을 듣고 순종하는 것을 목숨처럼 여겨야 합니다. 오늘 이 말씀 앞에서 레갑 족속과 같이 하나님의 말씀 앞에 온전한 순종을 결단하는 우리 가정이 되기를 간절히 소원합니다.

나눔 1 내 삶 가운데 사람의 말을 철저하게 지켰던 경험이 있나요?

나눔 2 사람의 말과 하나님의 말씀 중에 나는 무엇을 더 철저하게 지키고 있습니까?

예수님을 바라보는 우리 가정 기도 :

말씀 예레미야 38:7-10 왕궁 내시 구스인 에벳멜렉이 그들이 예레미야를 구덩이에 던져 넣었음을 들으니라 그 때에 왕이 베냐민 문에 앉았더니 에벳멜렉이 왕궁에서 나와 왕께 아뢰어 이르되 내 주 왕이여 저 사람들이 선지자 예레미야에게 행한 모든 일은 악하니이다 성 중에 떡이 떨어졌거늘 그들이 그를 구덩이에 던져 넣었으니 그가 거기에서 굶어 죽으리이다 하니 왕이 구스 사람 에벳멜렉에게 명령하여 이르되 너는 여기서 삼십 명을 데리고 가서 선지자 예레미야가 죽기 전에 그를 구덩이에서 끌어내라

겸손한 마음으로 들읍시다

예레미야가 하나님의 명령에 따라 사람들 앞에서 예루살렘의 멸망을 예언하고, 갈대아인에게 항복하면 살 것이고 그렇지 않으면 죽을 것이라고 선포하자 그 말을 들은 유다의 고관들은 예레미야가 백성들과 군대의 사기를 떨어뜨리니 그를 죽이자고 시드기야 왕에게 청합니다.

이 말을 들은 시드기야 왕은 너희들 마음대로 하라고 말합니다. 결국 고관들은 예레미야를 끌어다가 감옥 뜰에 있는 구덩이에 던져 넣었습니다. 그렇게 예레미야가 구덩이에 있을 때 왕궁의 내시였던 에벳멜렉이라는 사람이 그 소식을 듣습니다. 그의 생각에 그들이 예레미야에게 행한 일은 굉장히 악한 일이었습니다. 왜 그랬을까요? 에벳멜렉이 보기에 예레미야는 선지자, 곧 하나님의 일을 말하는 사람이었기 때문입니다.

참 놀라운 일입니다. 순수 유대인 혈통을 가지고, 남유다의 고관의 자리에 앉아있는 사람들과 그 나라의 왕인 시드기야도 정신 차리지 못하고 있는 그때, 왕궁의 내시, 그것도 구스 사람인 에벳멜렉이 하나님의 선지자를 알아보고 그에게 행하는 악행을 되돌리는 이 일은 예레미야의 눈에도, 하나님의 눈에도 정말 놀라운 믿음으로 여겨졌습니다. 그래서 하나님께서는 바벨론에 의해 남유다가 멸망을 당하더라도 에벳멜렉만은 목숨을 잃지 않도록 보호해 주실 것이라고 약속해 주셨습니다(렘 39:15-18).

오늘 말씀은 그 놀라운 믿음의 사람 에벳멜렉이 구스사람이었다는 것을 계속해서 강조합니다(렘 38:7, 10, 12). 왜 성경은 그가 이방인이었다는 사실을 이렇게나 강조하고 있는 것일까요? 하나님을 믿는 믿음과 하나님께서 하시는 일을 바라보는 눈이 열리는 것은 신앙의 경력, 혈통에 관계가 없다는 것을 깨우쳐주시는 것입니다. 신앙의 경력이 오래되고 믿음의 가문에서 나고 자란 사람들도 하나님을 제대로 믿지 못할 수 있고, 하나님께서 하시는 일을 완전히 오해할 수 있습니다. 자신들이 원하는 것을 하나님께서 원하시는 일이라고 착각할 수 있습니다.

그러나 신앙의 경력이 오래되지 않고, 혈통적으로 이방인이라고 할지라도 하나님께서 그 눈을 열어주시면 얼마든지 주님의 뜻과 역사를 분명하게 깨달아 알 수 있는 것입니다.

따라서 우리는 항상 마음을 열고 귀를 열어야 합니다. 하나님께서 이방인을 통하여, 연소한 자를 통하여 우리에게 진실을 알려주실 수 있다는 사실을 기억하고 항상 겸손한 마음으로 귀를 기울여 들어야 합니다. 아이들에게서 들으십시오. 새신자에게 들으십시오. 그들을 통하여 말씀하시는 하나님의 음성을 들을 수 있도록 날마다 마음과 귀를 열고 겸손하게 살아가는 우리 가정이 되기를 간절히 소원합니다.

나눔 1 내가 하나님의 뜻을 깨닫는 주된 통로는 무엇입니까?

나눔 2 연소하거나 연약한 자를 통하여 주님의 마음을 알게 된 적이 있습니까?

예수님을 바라보는 우리 가정 기도 :

오늘성경통독 예레미야 42장 ☐ 43장 ☐ 44장 ☐ 45장 ☐
오늘가정예배 찬송 336장 환난과 핍박 중에도 Date / /

말씀 예레미야 42:6 우리가 당신을 우리 하나님 여호와께 보냄은 그의 목소리가 우리에게 좋든지 좋지 않든지를 막론하고 순종하려 함이라 우리가 우리 하나님 여호와의 목소리를 순종하면 우리에게 복이 있으리이다 하니라

믿음은 순종할 때 드러납니다

예루살렘이 바벨론의 느부갓네살 왕과 그의 군대에 의해서 함락되고 나서 유다 땅에는 아무 소유가 없는 빈민들, 신분이 낮은 사람들만이 남게 되었습니다(렘 39장). 이런 상황 가운데 이스마엘이라는 사람이 일어나 바벨론 왕이 유다를 다스리기 위해서 세운 총독이었던 그다랴와 그와 함께 있던 유다 사람과 바벨론 군사들을 모두 죽이는 반역이 일어납니다. 이스마엘은 그다랴를 따르던 사람들을 죽이고 남은 백성들을 데리고 암몬 자손에게로 떠나려고 했습니다. 뒤늦게 이 소식을 들은 요하난이 군사들을 이끌고 이스마엘을 추격하여 백성들을 되찾기는 했지만 이미 이스마엘의 악행으로 인하여 이스라엘은 바벨론의 미움을 받는 처지가 되었습니다.

결국 요하난은 되찾은 백성들과 자신을 따르는 군대를 데리고 애굽으로 피신하려고 합니다. 그런데 그냥 떠나기에 마음이 불안했던 그들은 예레미야에게 하나님께 기도해서 우리가 어떻게 행할지를 알려달라고 부탁합니다. 그러면서 말합니다. "우리가 당신을 우리 하나님 여호와께 보냄은 그의 목소리가 우리에게 좋든지 좋지 않든지를 막론하고 순종하려 함이라"(렘 42:6).

우리도 이와 같은 고백을 하고는 합니다. "하나님께서 말씀하시면 무조건 순종하겠습니다. 하나님의 뜻이라면 무조건 따르겠습니다."라고 결단하고 기도해 놓고는 막상 하나님께서 이것을 하라, 저것을 하라고 하시면 차일피일 미루거나 다른 핑계를 대는 모습을 종종 보게 됩니다. 무조건 순종하겠다던 그의 고백이 진실한 고백이 아니었다는 것이 드러나는 순간입니다.

요하난과 그의 일당들의 결단도 마찬가지였습니다. 그들의 부탁을 받고 하나님께 기도하던 예레미야가 응답을 받고 그들을 향하여 "너희가 이 땅에 눌러 앉아 산다면 내가 너희를 세우고 헐지 아니하며 너희를 심고 뽑지 아니하리니 이는 내가 너희에게 내린 재난에 대하여 뜻을 돌이킴이라"(렘 42:10)라고 하나님의 뜻을 전했을 때 요하난은 예레미야를 향하여 "네가 거짓을 말하는도다. 네가 이같이 말함은 우리를 갈대아 사람의 손에 잡혀 죽게 하고 바벨론으로 끌려가게 하려는 것인 줄 우리가 다 안다."라고 말하면서 하나님의 말씀에 불순종합니다(렘 43:2-3).

하나님의 말씀에 무조건 순종하겠다던 요하난의 결단은 궁지에 몰렸을 때 하나님께서 자신들이 원하는 것을 이루어주시기를 바라는 마음으로 했던 거짓 고백에 불과했습니다. 결국 그들은 애굽으로 떠났고 하나님으로부터 재앙과 멸망을 선언 받게 됩니다(렘 44:11-14). 우리의 믿음은 결단에서 드러나는 것이 아닙니다. 입으로는 어떤 말이라도 할 수 있습니다. 우리의 믿음이 드러나는 것은 입술의 결단이 아니라 진정한 순종입니다. 하나님의 말씀에 순종하겠다는 말이 아니라 순종하는 삶이 우리에게 있을 때, 하나님께서 우리를 위하여 준비해 놓으신 부흥의 날을 맞이하게 되는 것이라는 사실을 기억하고 오늘도 내일도 주 앞에 늘 순종의 삶을 올려드리는 우리 가정이 되기를 간절히 축복합니다.

나눔 1 입술과 마음으로 하나님 앞에 결단해 놓고 지키지 못했던 것이 있습니까?

나눔 2 진정한 순종으로 삶의 고백을 드리기를 결단하며 기도하세요.

예수님을 바라보는 우리 가정 기도 :

말씀 예레미야 46:27-28 내 종 야곱아 두려워하지 말라 이스라엘아 놀라지 말라 보라 내가 너를 먼 곳에서 구원하며 네 자손을 포로 된 땅에서 구원하리니 야곱이 돌아와서 평안하며 걱정 없이 살게 될 것이라 그를 두렵게 할 자 없으리라 여호와의 말씀이니라 내 종 야곱아 내가 너와 함께 있나니 두려워하지 말라 내가 너를 흩었던 그 나라들은 다 멸할지라도 너는 사라지지 아니하리라 내가 너를 법도대로 징계할 것이요 결코 무죄한 자로 여기지 아니하리라 하시니라

우리의 죗값은 작지 않습니다

하나님께서는 이스라엘 백성들의 불순종에 대하여 바벨론을 일으켜 남유다를 멸망시킴으로써 징계하셨습니다. 하나님의 징계는 실로 무서운 것이었습니다. 북이스라엘에 이어서 남유다도 멸망했고, 장엄하고 아름다운 모습을 자랑했던 하나님의 성전까지도 무너졌습니다. 이스라엘 백성들이 살던 땅은 황무지가 되었고 그들이 일구었던 모든 것이 다 사라졌습니다. 그런 상황 가운데 이스라엘 백성들은 "이제 다 끝났다. 이제는 소망이 없다."라고 생각했을 것입니다.

그러나 하나님의 생각은 그들의 생각과는 달랐습니다. 하나님께서는 말씀하십니다. "내 종 야곱아 두려워하지 말라 이스라엘아 놀라지 말라 보라 내가 너를 먼 곳에서 구원하며 네 자손을 포로 된 땅에서 구원하리니 야곱이 돌아와서 평안하며 걱정 없이 살게 될 것이라 그를 두렵게 할 자 없으리라 여호와의 말씀이니라 내 종 야곱아 내가 너와 함께 있나니 두려워하지 말라 내가 너를 흩었던 그 나라들은 다 멸할지라도 너는 사라지지 아니하리라 내가 너를 법도대로 징계할 것이요 결코 무죄한 자로 여기지 아니하리라"(렘 46:27-28).

하나님의 이 말씀에서 하나님의 본심이 드러납니다. 하나님께서 그들을 징계하셨던 이유, 하나님께서 이스라엘을 멸망하게 하시고 그 모든 터전을 황무지로 만드셨던 이유는 그들과 함께하기 위함이었습니다. 하나님은 거룩한 분이시기에 죄가 있는 자들과 함께하실 수 없습니다. 그러니 하나님께서 이스라엘을 품에 안으시기 위해서는 반드시 그들의 죄가 해결되어야만 했습니다. 그들이 죗값을 치러서 깨끗해져야, 그래야 하나님께서 그들을 다시 품에 안으시고, 그들과 함께하실 수 있었던 것입니다.

하나님의 징계는 죄인을 버리기 위함이 아니라 죄인을 품에 안으시기 위하여 행하시는 일입니다. 우리의 죄가 하나님과 하나 되는 것을 가로막기 때문에 우리의 죄를 먼저 해결하시기 위해서 징계하시는 것입니다. 하나님은 공의로운 분이십니다. 공의는 죄지은 자가 징계를 받는 것이 공의이고, 죄 있는 자를 무죄한 자로 여기지 않는 것이 공의입니다. 이스라엘이 지은 죄는 너무나 큰 것이었습니다. 이스라엘이라는 민족과 나라를 세우신 하나님을 부인하고 다른 우상을 섬긴 그들의 죄는 나라와 민족의 멸망으로만 갚을 수 있는 죄였기에 하나님께서 그 나라를 흩으시고 그 죗값을 치르게 하신 것입니다.

그러면 우리의 죗값은 그보다 작습니까? 아닙니다. 우리의 죗값은 하나님이신 예수 그리스도가 그 생명으로 치르셔야 할 만큼 큰 것이었습니다. 이스라엘은 스스로 죗값을 치렀지만 우리는 예수님께서 대신 죗값을 치러주신 사람들입니다. 그러니 우리가 이스라엘보다 더 큰 사랑을 받은 사람들입니다. 멸망하는 이스라엘을 바라보며, 우리를 품에 안으시기 위해 대신 죗값을 치르신 예수님, 그분의 사랑이 얼마나 크고 위대한 사랑인지 기억하며 살아가는 우리 가정이 되기를 간절히 소원합니다.

나눔 1 하나님께서 이스라엘 민족과 나라보다 나 한 사람을 더 사랑하신다는 사실이 믿어지십니까?

나눔 2 하나님이 나를 얼마나 사랑하시는지를 알 수 있는 증거는 무엇입니까?

예수님을 바라보는 우리 가정 기도 :

오늘성경통독 예레미야 49장 □ 50장 □
오늘가정예배 찬송 322장 세상의 헛된 신을 버리고

Date / /

말씀 예레미야 50:8-9 너희는 바벨론 가운데에서 도망하라 갈대아 사람의 땅에서 나오라 양 떼에 앞서가는 숫염소 같이 하라 보라 내가 큰 민족의 무리를 북쪽에서 올라오게 하여 바벨론을 대항하게 하리니 그들이 대열을 벌이고 쳐서 정복할 것이라 그들의 화살은 노련한 용사의 화살 같아서 허공을 치지 아니하리라

마음이 세상에 머물면 안 됩니다

오늘 말씀에서 하나님께서는 멸망당하여 바벨론 포로로 끌려간 이스라엘 백성들을 향하여 그 땅에서 도망치라고 말씀하십니다. 때가 되면 하나님께서 북쪽에서 큰 민족의 무리를 일으키셔서 바벨론을 치실 것이고 바벨론은 멸망하게 될 것입니다. 그러니 그 멸망할 나라에 안주할 생각을 하지 말고 언제든지 그 나라를 떠날 수 있도록 준비하라는 것입니다.

예레미야 29장에서 하나님께서는 이스라엘 백성들을 향하여 "너희는 집을 짓고 거기에 살며 텃밭을 만들고 그 열매를 먹으라 아내를 맞이하여 자녀를 낳으며 너희 아들이 아내를 맞이하며 너희 딸이 남편을 맞아 그들로 자녀를 낳게 하여 너희가 거기에서 번성하고 줄어들지 아니하게 하라"(렘 29:5-6)고 말씀하셨던 하나님께서 이번에는 그곳을 떠나 도망치라고 말씀하고 계시는 것입니다.

우리 생각에는 하나님께서 한 입으로 두말을 하는 것처럼 여겨질지도 모르겠습니다. 그러나 하나님의 말씀이 전적으로 맞습니다. 이스라엘은 바벨론에 끌려가서 그곳에서 살고 있는 사람들이지만 그들은 바벨론 사람들이 아닙니다. 그들은 바벨론이 멸망할 때 그 나라와 함께 멸망을 당해야 할 사람들이 아닙니다. 그들은 하나님의 백성이고 하나님나라 이스라엘의 백성들입니다. 그러니 비록 지금은 바벨론에 집을 짓고, 그곳에서 텃밭을 가꾸면서 살아가고는 있지만, 그들의 마음까지 그곳에 머물러서는 안 되는 것입니다. 마음으로는 항상 그곳을 떠나서 이스라엘로 돌아갈 것을 소망해야 하고, 언제든 기회만 있으면 이스라엘로 나아가겠다는 결단이 있어야 하는 것입니다.

우리도 마찬가지입니다. 우리가 지금은 비록 이 땅에서 집을 짓고, 밭을 가꾸고, 자녀들을 낳고 살아가지만, 우리는 이 땅에 속한 사람들이 아닙니다. 우리는 하나님의 자녀이고 하나님나라의 백성들입니다. 하나님께서 약속하신 때가 되면 이 땅은 바벨론처럼 엎드러지게 될 것입니다. 그날이 되면 이 땅에서 우리가 소중히 여기며 가꿔왔던 집도, 밭도, 포도원도 모두 허물어지게 될 것입니다. 그러니 우리가 지금 이 땅에서 살고 있다고 해서 우리의 마음까지 이 땅에 머물게 해서는 안 됩니다. 우리의 마음이 이 땅의 것을 사모하고, 집착하게 내버려 두어서는 안 됩니다.

우리의 마음이 이 땅에 머물려고 하는 것을 볼 때마다, 마음을 다잡고 우리가 돌아가야 할 하나님의 나라에 소망을 두어야 합니다. 하나님나라를 소망하되, 멸망하는 바벨론에서 도망쳐 하나님나라 이스라엘로 돌아가고 싶어 하는 이스라엘 백성들의 간절한 마음을 가지고 소망해야 합니다. 우리는 이 땅을 어떻게 바라보고 있습니까? 이 땅을 벗어나야 할 바벨론으로 보고 있습니까? 아니면 영원히 머물러 살고 싶은 삶의 터전으로 여기고 있습니까?

나눔 1 하나님나라에 돌아가고 싶은 간절함을 1부터 100까지의 수치로 표현해보세요.

나눔 2 이 땅과 천국 중에 내 마음의 중심은 어느 곳에 더 치우쳐 있습니까?

예수님을 바라보는 우리 가정 기도 :

말씀 예레미야 51:15-19 여호와께서 그의 능력으로 땅을 지으셨고 그의 지혜로 세계를 세우셨고 그의 명철로 하늘들을 펴셨으며 그가 목소리를 내신즉 하늘에 많은 물이 생기나니 그는 땅 끝에서 구름이 오르게 하시며 비를 위하여 번개를 치게 하시며 그의 곳간에서 바람을 내시거늘 사람마다 어리석고 무식하도다 금장색마다 자기가 만든 신상으로 말미암아 수치를 당하나니 이는 그 부어 만든 우상은 거짓이요 그 속에 생기가 없음이라 그것들은 헛된 것이요 조롱거리이니 징벌하시는 때에 멸망할 것이나 야곱의 분깃은 그와 같지 아니하시니 그는 만물을 지으신 분이요 이스라엘은 그의 소유인 지파라 그의 이름은 만군의 여호와시니라

우리는 누구에게 구하고 있습니까?

다윗은 시편에서 "땅과 거기에 충만한 것과 세계와 그 가운데에 사는 자들은 다 여호와의 것이로다 여호와께서 그 터를 바다 위에 세우심이여 강들 위에 건설하셨도다"(시 24:1-2)라고 말합니다.

다윗의 고백처럼 온 세계와 그에 속한 모든 것은 다 여호와 하나님의 것입니다. 그런데도 불구하고 세상은 하나님을 찾지 않습니다. 하나님께서 창조하신 땅 위에 살고, 하나님께서 창조하신 이 세상의 것들을 누리며 살아가고 있으면서도 하나님을 찾지 않습니다.

더 심각한 것은 자신들이 누리며 살아가는 모든 것들의 소유권이 하나님이 아니라 다른 우상들에게 있다고 믿는다는 것입니다. 그 결과 사람들은 하나님께 구해야 할 것을 다른 우상에게 구하고, 하나님께만 얻을 수 있는 것을 다른 곳에서 얻으려고 하는 심각한 착각에 빠져 살고 있습니다.

하나님을 믿는다는 것은 이 세상을 창조하시고 다스리시는 주인이 하나님이시라는 사실을 믿는 것입니다. 세상의 소유권이 하나님께 있습니다. 그러니 하나님이 아닌 다른 우상들은 하나님의 소유인 이 세상에 대해서 털끝만큼도 관여할 수 없습니다. 하늘에서 내리는 비도, 공중에 부는 바람도 하나님이 허락하시지 않는다면 절대로 이 땅 가운데 나타날 수 없습니다. 그 사실을 믿는 사람이라면 필요한 모든 것을 하나님께 구하는 것이 당연한 것입니다.

하나님을 믿는다고 하면서도 하나님이 아닌 다른 것들로부터 자신이 원하는 것을 얻으려고 하는 사람들이 있습니다. 돈으로부터 행복을 얻으려 합니다. 사람으로부터 마음의 평안을 얻으려고 합니다. 세상으로부터 기쁨을 얻으려고 합니다. 이 모든 행위가 부어 만든 헛된 우상으로부터 하나님만 주실 수 있는 것을 얻으려고 하는 어리석고 미련한 행동입니다.

우리가 주님 앞에 서게 되면 부어 만든 우상들, 돈과 명예와 권력과 세상의 사람들과 같은 모든 것이 다 헛것이라는 것을 깨닫게 될 것입니다. 세상 사람들이 섬기는 여러 우상들이 헛것이며 조롱거리라는 것은, 그것들을 섬기며 그것들로부터 하나님께서만 주실 수 있는 것을 얻으려고 했던 사람들이 맞이하게 될 처지 역시 그러하다는 것을 의미합니다. 그렇게 인생을 허비하는 자는 주님께서 징벌하실 때 멸망할 것입니다. 야곱의 분깃, 곧 하나님의 백성은 그렇게 인생을 허비하지 않습니다. 믿음의 사람들은 만물을 지으시고 소유하시는 하나님을 분명히 알기에 그분에게만 필요한 모든 것을 구합니다. 우리는 어떻습니까? 우리는 무엇으로부터 무엇을 구하며 사는 사람들입니까?

나눔 1 하나님이 아닌 다른 것으로부터 무엇인가를 구했던 적이 있습니까?

나눔 2 우리의 마음을 쉽게 빼앗기게 되는 우상에는 무엇이 있을까요?

예수님을 바라보는 우리 가정 기도 :

말씀 예레미야애가 2:11-12 내 눈이 눈물에 상하며 내 창자가 끊어지며 내 간이 땅에 쏟아졌으니 이는 딸 내 백성이 패망하여 어린 자녀와 젖 먹는 아이들이 성읍 길거리에 기절함이로다 그들이 성읍 길거리에서 상한 자처럼 기절하여 그의 어머니들의 품에서 혼이 떠날 때에 어머니들에게 이르기를 곡식과 포도주가 어디 있느냐 하도다

주님의 마음으로 세상을 바라봅시다

예레미야 선지자의 별명은 눈물의 선지자입니다. 그가 예루살렘을 위해 예언하고, 하나님의 말씀을 전하면서 얼마나 많은 눈물을 흘렸던지 오늘 말씀에서 예레미야는 자신의 눈이 자기 눈물에 의해서 상했다고 기록하고 있습니다.

예레미야가 그렇게 눈물을 흘리면서 하나님의 뜻을 전했음에도 불구하고 이스라엘은 멸망하게 되었고 예루살렘은 무너지게 되었습니다. 멸망 후 예루살렘 성안의 풍경은 그야말로 처참했습니다. 전쟁으로 부모를 잃기도 하고, 많은 사람들이 포로로 끌려가는 바람에 혼자 남게 된 어린이들이 길거리에서 어찌할 바를 모르고 있었습니다. 먹지 못한 아이들이 굶어 죽어가고, 굶어 죽어가는 자식을 보면서도 먹일 것이 없어서 눈물만 흘리는 어머니들의 모습이 보였습니다. 예레미야애가는 바로 그런 예루살렘 성읍의 모습을 바라보며 한탄하는 예레미야의 구슬픈 노래입니다.

예레미야는 무너질 성읍을 향하여 눈물로 호소했습니다. 또 무너진 성읍을 바라보며 애통하는 마음으로 눈물을 흘렸습니다. 하나님의 뜻이 무엇이고 하나님의 뜻을 따르지 않았을 때 겪게 될 결과가 무엇인지를 뻔히 알았던 예레미야는 돌이키지 않는 예루살렘의 현실을 바라보며 눈물을 흘리지 않을 수가 없었고, 결국 멸망하여 처참하게 변해버린 예루살렘을 바라보면서도 역시 눈물을 흘리지 않을 수가 없었습니다. 왜냐하면 죄로 인하여 고통받는 백성들을 바라보시는 하나님의 마음이 눈물과 슬픔이라는 것을 그가 알았기 때문입니다.

예루살렘을 바라보는 예레미야의 마음이 곧 하나님의 마음입니다. 하나님은 죄 가운데 있는 백성들을 바라보시며 슬퍼하시고, 죄로 인하여 고통받는 자들을 바라보시며 눈물을 흘리십니다. 그러니 우리가 정말 우리 가운데 예수님을 모시고 살고 있다면 지금 이 세상의 현실을 바라보며 눈물을 흘리지 않을 수가 없습니다. 우리 안에 주님께서 계시고 그분의 소원을 우리 마음 가운데 품게 하십니다. 그러니 주님을 마음에 모시고 사는 사람들은 죄로 가득 찬 이 세상과 그 죄로 인하여 고통받고 있는 사람들을 바라보며 눈물을 흘리지 않을 수가 없는 것입니다.

우리는 죄 가운데 있는 이 세상을 바라보며 얼마나 눈물을 흘리고 있습니까? 그들을 향한 애통한 마음이 우리 가운데 있습니까? 혹시 주님의 마음에는 관심을 두지 않고 내 마음이 향하는 것만 바라보고 살아왔던 것은 아닙니까? 주님의 마음으로 세상을 바라보십시오. 정말 주님과 함께 사는 사람은 세상을 바라보며 애통함으로 기도하지 않을 수 없다는 것을 기억하십시오. 세상을 바라보시며 눈물 흘리시는 주님의 마음을 품고 이 땅의 죄악과 고통받는 사람들을 위하여 눈물로 기도하는 우리 가정이 되기를 간절히 소원합니다.

나눔 1 이 세상에 가득 찬 죄를 바라보며 눈물로 기도한 적이 있습니까?

나눔 2 주님의 소원이 나의 소원으로 품어진 것이 있습니까?

예수님을 바라보는 우리 가정 기도 :

에스겔 _ 말라기

말씀 에스겔 3:16-20 칠 일 후에 여호와의 말씀이 내게 임하여 이르시되 인자야 내가 너를 이스라엘 족속의 파수꾼으로 세웠으니 너는 내 입의 말을 듣고 나를 대신하여 그들을 깨우치라 가령 내가 악인에게 말하기를 너는 꼭 죽으리라 할 때에 네가 깨우치지 아니하거나 말로 악인에게 일러서 그의 악한 길을 떠나 생명을 구원하게 하지 아니하면 그 악인은 그의 죄악 중에서 죽으려니와 내가 그의 피 값을 네 손에서 찾을 것이고 네가 악인을 깨우치되 그가 그의 악한 마음과 악한 행위에서 돌이키지 아니하면 그는 그의 죄악 중에서 죽으려니와 너는 네 생명을 보존하리라 또 의인이 그의 공의에서 돌이켜 악을 행할 때에는 이미 행한 그의 공의는 기억할 바 아니라 내가 그 앞에 거치는 것을 두면 그가 죽을지니 이는 네가 그를 깨우치지 않음이니라 그는 그의 죄 중에서 죽으려니와 그의 피 값은 내가 네 손에서 찾으리라

여러분은 무엇을 보고 있습니까?

하나님께서는 에스겔을 불러 세우시고 그를 통하여 바벨론에 포로로 끌려간 사람들에게 하나님의 뜻을 전하게 하십니다. 하나님께서는 에스겔을 이스라엘 족속의 파수꾼으로 임명하시고는 파수꾼의 사명이 무엇인지에 대해서 말씀하십니다.

파수꾼은 본래 경계하는 사람을 일컫는 말입니다. 적군이 쳐들어오는지 아닌지를 살피고 있다가 적이 나타나면 소리쳐서 사람들에게 알리는 역할을 하는 사람이 파수꾼입니다. 그러니 파수꾼에게는 두 가지 사명이 있습니다. 하나는 적군이 쳐들어오는 것을 잘 살펴야 하는 사명이고, 다른 하나는 적군이 쳐들어올 때, 사람들이 다 들을 수 있도록 큰 소리로 외치는 것입니다. 하나님께서는 에스겔에게 이 두 가지 사명을 주고 계시는 것입니다.

파수꾼의 사명을 받은 에스겔은 이 두 가지 사명을 행해야 했습니다. 죄악 가운데 있는 사람들, 곧 죄를 짓게 만드는 마귀가 공격하고 있는 사람이 누구인가를 찾아야 했고 찾으면 그에게 외쳐야 했습니다. 그것이 그의 사명이었고, 하나님께서는 그가 자기의 사명을 다하지 않으면 죄인의 피 값을 에스겔의 손에서 찾겠다고 말씀하셨습니다.

우리는 하나님나라의 파수꾼으로 세움을 받았습니다. 하나님의 영이 우리에게 부어졌으니 우리 또한 에스겔처럼 죄악 가운데 있는 사람들을 찾아내고 그들에게 하나님의 뜻을 분명히 전해야 할 사명이 있습니다.

하나님께서 한 사람에게 그분의 영을 부어주시는 이유는 그 한 사람만을 살려내기 위함이 아닙니다. 그를 파수꾼 삼아 곳곳에서 벌어지고 있는 영적전쟁을 승리하게 하시기 위해서 그분의 영을 친히 우리 가운데 부어주시는 것입니다. 그러니 주의 영을 받고도 파수꾼의 사명을 감당하지 않는다면 그것은 그분의 영을 우리 가운데 부어주신 목적에 반하는 행위이며 하나님의 뜻을 범하는 죄인 것입니다.

오늘 우리의 눈은 무엇을 바라보았습니까? 나의 유익과 즐거움을 위한 것들을 찾느라 눈이 피곤해지지는 않았습니까? 세상 가운데 악한 영과의 사투를 벌이고 있는 자들을 찾아보려는 마음을 갖기는 했습니까? 죄 가운데 빠져서 멸망의 길로 나아가고 있는 자들을 향해서 구원의 복음을 선포하는 것이 나의 사명이라고 생각한 적은 있습니까?

나눔 1 하나님을 알지 못하는 죄 가운데 있는 자들을 바라보며 그냥 지나쳤던 일이 있습니까?

나눔 2 복음을 전해야 할 사람을 마음에 품고 어떻게 복음을 전하면 좋을지 주님께 기도해보세요.

예수님을 바라보는 우리 가정 기도 :

오늘성경통독 에스겔 6장 □ 7장 □ 8장 □ 9장 □ 10장 □
오늘가정예배 찬송 317장 내 주 예수 주신 은혜

Date / /

말씀 에스겔 8:5-6 그가 내게 이르시되 인자야 이제 너는 눈을 들어 북쪽을 바라보라 하시기로 내가 눈을 들어 북쪽을 바라보니 제단문 어귀 북쪽에 그 질투의 우상이 있더라 그가 또 내게 이르시되 인자야 이스라엘 족속이 행하는 일을 보느냐 그들이 여기에서 크게 가증한 일을 행하여 나로 내 성소를 멀리 떠나게 하느니라 너는 다시 다른 큰 가증한 일을 보리라 하시더라

질투는 우상숭배의 시작입니다

오늘 말씀에서는 하나님께서 에스겔에게 임하셔서 환상을 보여주십니다. 하나님께서 보여주신 환상은 예루살렘 가운데 가득 차 있는 우상숭배에 대한 것이었습니다. 예루살렘은 하나님께서 사랑하셨던 도시였습니다. 하나님께 예배하는 성전이 그곳에 있었고 다윗시대 이래로 하나님께서는 예루살렘을 지키시고 그곳 가운데 함께 하셨습니다.

그런데 그렇게 하나님께서 사랑하셨던 예루살렘 곳곳에 우상을 숭배하는 죄들이 얼마나 가득 차 있었는지 하나님께서는 에스겔을 구석구석 이끄시며 그 모습들을 적나라하게 보게 하십니다. 충격적인 것은 하나님께서 에스겔에게 보게 하셨던 그 우상숭배가 성전 밖에서만 일어났던 일이 아니라는 사실입니다.

8장 후반을 보면 14절에 여호와의 전으로 들어가는 북문에서도 '담무스'라고 하는 우상을 숭배하고 있는 여인들의 모습이 기록되어 있습니다. 또 16절에는 여호와의 성전 안뜰에서도 약 25명이나 되는 사람들이 성전을 등지고 동쪽에 떠오르는 태양을 향하여 예배하는 모습이 기록되어 있습니다.

예루살렘의 우상숭배는 하나님의 성전 밖에서만 일어났던 일이 아닙니다. 그들의 우상숭배는 성전 안뜰까지, 하나님께 예배하는 자들이 모이는 바로 그곳까지 가득 차 있었습니다. 그런데 이 모든 우상숭배의 시작이 어디입니까? "내가 눈을 들어 북쪽을 바라보니 제단문 어귀 북쪽에 그 질투의 우상이 있더라"(겔 8:5)라는 기록으로부터 하나님께서 보여주신 우상숭배의 현실들이 드러나기 시작합니다.

질투의 우상이 모든 우상숭배의 시작입니다. 질투의 우상이란 "질투를 일어나게 하는 우상"이라고 설명되고 있습니다(겔 8:3). 우리가 우상을 섬기게 되는 이유가 무엇일까요? 질투 때문입니다. 다른 사람과 자기를 비교하는 질투, 거기에서부터 잘못된 것을 섬기는 마음이 일어납니다. 이스라엘 백성들이 섬기는 우상들은 모두 풍요, 다산 등 먹고 사는 것과 관계된 우상들이었습니다.

사람들은 왜 이런 우상들을 섬겼을까요? 자기들의 형편을 다른 사람들과 비교했기 때문입니다. 다른 사람들이 가지고 있는 풍요로움과 넉넉함을 부러워하고 질투했던 것입니다. 그래서 자기도 그들과 같이 많은 것을 가지고 싶은 마음으로 우상을 섬겼던 것입니다.

잘못된 질투는 우상숭배로 이어집니다. 그렇게 시작된 우상숭배는 하나님의 전 깊숙한 곳까지 이르러서 하나님께 예배하는 것조차도 불가능하게 만듭니다. 그러니 헛된 것을 향한 질투의 마음이 우리 가운데서 일어날 때, 속히 그 마음을 내려놓고 주님을 바라보아야 합니다.

우리가 마음을 돌려 세상의 것들을 향한 질투를 버리고 하늘을 향한 질투를 품게 되기를 소원합니다. 주님과 더욱 친밀히 동행하며 믿음으로 사는 사람들을 향한 질투를 품고 '나 또한 그렇게 살리라!'고 결단하며 살아가는 우리 가정이 되기를 간절히 소원합니다.

나눔 1 세상의 것들을 향한 질투를 품어본 적이 있습니까?

나눔 2 믿음의 사람들을 바라보면서 나도 그들처럼 살고 싶다는 소망을 품어본 적이 있습니까?

예수님을 바라보는 우리 가정 기도 :

말씀 에스겔 11:16-17 그런즉 너는 말하기를 주 여호와의 말씀에 내가 비록 그들을 멀리 이방인 가운데로 쫓아내어 여러 나라에 흩었으나 그들이 도달한 나라들에서 내가 잠깐 그들에게 성소가 되리라 하셨다 하고 너는 또 말하기를 주 여호와의 말씀에 내가 너희를 만민 가운데에서 모으며 너희를 흩은 여러 나라 가운데에서 모아 내고 이스라엘 땅을 너희에게 주리라 하셨다 하라

주님이 우리의 성소입니다

오늘 말씀에서 하나님께서는 에스겔에게 온 이스라엘 족속을 향하여 하나님의 속마음이 무엇인지를 선포하라고 말씀하십니다. 하나님께서는 이스라엘 백성들의 죄로 인하여 그들을 이방인 가운데로 쫓아내어 여러 나라에 흩어버리시기로 하십니다.

어제 살펴보았듯이 이스라엘의 우상숭배는 이미 극에 달해서 하나님께 예배하는 성전의 안뜰에서까지도 우상을 숭배하는 행위들이 일어나고 있었습니다. 그렇게 죄로 물든 이스라엘은 더 이상 하나님과 함께 할 수 없었습니다. 왜냐하면 하나님은 죄가 없으신 거룩하신 분이시고 죄를 심판하시는 공의로우신 하나님이시기 때문입니다.

그러니 이스라엘 백성들이 다시 하나님과 함께하기 위해서는 그들 안에 있는 죄를 처리해야만 했습니다. 하나님께서 이스라엘을 멸망시키시고 그들을 이방인 가운데로 흩어버리신 것은 그렇게 죄로 물든 그들의 나라와 각 사람의 마음을 새롭게 하시기 위함이었습니다. 그러면서 그들에게 아주 중요한 말씀을 하십니다. 바로 "그들이 도달한 나라들에서 내가 잠깐 그들에게 성소가 되리라 하셨다"라는 말씀입니다.

이스라엘 백성들은 바벨론에 포로로 잡혀가서도 예루살렘을 그리워했습니다. 예루살렘의 성전에서 하나님께 예배하던 그때로 돌아가는 그 날을 사모했습니다. 그런 그들에게 하나님께서는 "내가 너희들의 성소가 되리라"고 말씀하고 계시는 것입니다. 무슨 의미일까요? 이스라엘 백성들은 예루살렘 성과 그곳에 세워져 있던 성전이라는 공간을 그리워하고 있지만 실상 그 공간은 전혀 중요하지 않다는 것입니다. 어디에서 예배하느냐가 문제가 아니라 누구에게 예배하느냐가 문제이고, 어떻게 예배하느냐가 문제가 아니라 어떻게 사느냐가 문제라는 것입니다.

하나님께서 그들에게 성소가 되어 주신다는 것은 그들이 어느 곳에 있든지 하나님을 기억하고, 하나님을 바라보며, 그분께서 지금 나와 함께하고 계신다는 사실을 기억하며 살면 그들이 사는 그 자리가 바로 하나님께 예배하는 성전이 될 것이라는 말씀입니다. 다니엘이 예루살렘을 향하여 창문을 열고 기도하였지만, 사실은 다니엘이 하나님을 기억하고 기도했던 그 골방이 바로 하나님께서 거하시는 성소였고 하나님께서 예배를 받으시는 자리였던 것입니다.

우리 주님이 우리의 성소가 되십니다. 우리가 어느 곳에 있든지 주님을 기억하고 그분과 동행하면 우리 삶의 모든 자리가 하나님께 예배하는 자리가 되고, 그 자리에서 드리는 예배를 하나님께서 기쁘게 받아 주십니다. 우리가 하나님께서 미워하시는 죄를 버리고 하나님과 함께하기를 원한다면 우리 가운데 계시는 주님을 나의 성소로 삼고 우리의 삶을 그분께 드리는 예배로 삼아야 합니다. 그렇게 우리 삶을 주님께 드리면, 주님께서 우리의 마음을 바꾸시고 우리의 삶도 바꾸어 주실 것입니다.

나눔 1 오늘 나의 삶이 주님께 드리는 예배가 되었습니까?

나눔 2 당신의 마음속에 주님과 동행하고 싶은 소원이 있습니까?

예수님을 바라보는 우리 가정 기도 :

말씀 에스겔 15:1-6 여호와의 말씀이 내게 임하여 이르시되 인자야 포도나무가 모든 나무보다 나은 것이 무엇이랴 숲속의 여러 나무 가운데에 있는 그 포도나무 가지가 나은 것이 무엇이랴 그 나무를 가지고 무엇을 제조할 수 있겠느냐 그것으로 무슨 그릇을 걸 못을 만들 수 있겠느냐 불에 던질 땔감이 될 뿐이라 불이 그 두 끝을 사르고 그 가운데도 태웠으면 제조에 무슨 소용이 있겠느냐 그것이 온전할 때에도 아무 제조에 합당하지 아니하였거든 하물며 불에 살라지고 탄 후에 어찌 제조에 합당하겠느냐 그러므로 주 여호와께서 이같이 말씀하셨느니라 내가 수풀 가운데에 있는 포도나무를 불에 던질 땔감이 되게 한 것 같이 내가 예루살렘 주민도 그같이 할지라

주님 없이는 아무것도 할 수 없습니다

우리 주님께서는 우리를 향하여 "나는 포도나무요 너희는 가지라"(요 15:5)고 말씀하십니다. 우리 주님께서 포도나무이시고 우리가 그분의 가지라는 것은 우리가 그분에게서 떨어진다면 우리는 아무것도 할 수 없는 존재라는 것을 의미합니다. 그래서 주님께서는 "나를 떠나서는 너희가 아무것도 할 수 없음이라 사람이 내 안에 거하지 아니하면 가지처럼 밖에 버려져 마르나니 사람들이 그것을 모아다가 불에 던져 사르느니라"(요 15:5-6)고 말씀하셨습니다.

맞습니다. 인간이라는 존재는 주님에게서 벗어나면 불에 사라져 버릴 수밖에 없는 연약한 존재입니다. 인간은 하나님을 떠나서는 아무것도 할 수 없고 해서도 안 되는 존재입니다. 이것을 기억하지 않으면 우리도 결국 밖에 버려져 말라버린 장작이 될 수밖에 없습니다.

이스라엘 백성들은 아무것도 아닌 존재였습니다. 그들은 그저 한 나라의 노예로 살던 사람들일 뿐이었습니다. 하나님이 아니었으면 그들은 그렇게 노예로 살다가 끝나버릴 인생이었습니다. 그런 그들을 하나님께서 붙잡으셔서 한 나라로 세우시고 강성하게 하셨습니다.

노예로 살던 이스라엘 민족이 천하를 호령하며, 천하가 다 그들을 부러워할 때도 있었습니다. 그 모든 것은 전부 하나님께서 그들과 함께하셨기에 일어난 일이었습니다. 그랬던 그들이 하나님에게서 떨어지자, 지난날의 영광이 모두 물거품처럼 사라집니다. 그들의 영광을 부러워하던 주변 나라들이 이스라엘을 우습게 보며 공격하기 시작합니다. 그렇게 그들은 불에 던져진 것처럼 사그라지게 됩니다.

우리는 포도나무 가지입니다. 혼자서는 아무것도 할 수 없는 존재라는 것을 항상 기억해야 합니다. 가지가 나무에게서 떨어져 나오면 한동안은 멀쩡해 보입니다. 그러나 시간이 지날수록 마르게 됩니다. 우리가 주님에게서 멀어지면 한동안은 괜찮은 것 같습니다. 주님 없이도 살 수 있을 것 같습니다. 그러나 그렇게 시간이 지나다 보면 장작처럼 마른 자신의 영혼을 바라보게 될 것입니다.

마른 가지는 불에 던져져 사라지는 것밖에는 남은 미래가 없습니다. 그러니 마르지 않도록 주의하십시오. 이스라엘처럼 완전히 말라서 불에 던져지기 전에 주님을 더욱 붙잡으십시오. 우리의 나무가 되시는 주님께 더욱 힘써 붙어있는 것만이 우리의 영이 마르지 않고 생명력을 누리게 되는 길이라는 것을 기억하시고 오늘도 주님을 바라보며 주님과 친밀히 동행하는 우리 가정이 되기를 간절히 소원합니다.

나눔 1 주님께서 허락하지 않아도 내 힘으로 할 수 있는 일은 무엇이 있을까요?

나눔 2 주님으로부터 멀어져서 영적인 메마름을 경험한 적이 있습니까?

예수님을 바라보는 우리 가정 기도 :

말씀 에스겔 18:4 모든 영혼이 다 내게 속한지라 아버지의 영혼이 내게 속함 같이 그의 아들의 영혼도 내게 속하였나니 범죄하는 그 영혼은 죽으리라

개인의 믿음으로 주님을 만나야 합니다

한 권사님께서는 아침저녁으로 자녀를 위해 지극정성으로 기도하셨습니다. 자녀의 학창 시절에는 자녀의 학업 성적을 위하여 기도했고, 대학입학을 앞두고서는 금식까지 하면서 자녀가 좋은 대학에 입학할 수 있게 해달라고 기도했습니다. 대학에 입학한 후에도 그 기도는 멈추지 않고 계속되어서 자녀의 취업과 결혼을 위해서 열심히 기도했습니다.

권사님의 기도에 주님께서 응답하신 것인지, 권사님의 자녀는 좋은 대학에 들어가서 좋은 직장에 취직했습니다. 어여쁜 아내와 가정도 꾸렸고 귀엽고 예쁜 자녀들도 낳았습니다. 그런데 그때에서야 권사님의 눈에 그동안 보이지 않던 면들이 보이기 시작했습니다.

좋은 직장에서 열심히 일하느라 신앙생활은 안중에도 없는 자녀의 모습, 행복한 가정을 꾸려서 자녀들과 아내들을 기쁘게 해주고 함께 즐겁게 즐기느라 주님은 생각도 하지 않는 모습이 눈에 보이기 시작한 것입니다. 그때부터 권사님은 또 열심히 기도하셨습니다. 자신의 자녀가 진정으로 주님 앞에 돌아오기를, 그 가정이 하나님을 예배하는 신실한 믿음의 가정이 되기를 간절히 기도하셨습니다. 그러나 결국 그 기도가 이루어지는 것을 보지 못하시고 먼저 소천하시고 말았습니다.

신앙생활은 지극히 개인적이면서도 연결되어 있습니다. 오늘 말씀에서 말하는 것처럼 아버지가 신포도를 먹었다고 해서 아들의 이가 시지 않습니다. 다시 말하면 아버지의 죄가 아들의 죄가 될 수 없고 아버지의 믿음이 아들의 믿음이 될 수 없습니다. 모든 사람은 하나님 앞에 각자의 믿음을 들고서야 합니다. 어머니의 기도가 나의 기도를 대신 할 수 없고, 어머니의 믿음 생활이 나의 믿음 생활을 대신할 수 없습니다. 그럼에도 불구하고 많은 사람들이 자녀들의 믿음보다 세상의 성공을 위하여 더 많은 시간을 할애해서 기도하고 있습니다.

신앙이 개인적이면서도 연결되어 있다는 의미는 서로의 믿음을 위하여 기도해주고 축복해주고 격려해주면서 사는 삶이 이어질 때 서로의 믿음이 함께 성장하기 때문입니다. 위의 권사님께서 자녀의 성공을 위해서 기도하는 시간을 조금이라도 떼어서 아들에게 신앙교육을 하고, 하나님의 말씀을 나누는 시간을 가졌더라면, 자녀의 삶이 조금은 달라지지 않았을까요?

우리는 모두 각자의 믿음을 가지고 주님 앞에 서게 될 것입니다. 주님 앞에서 부모님의 공로를 내세울 수 없고 자녀의 믿음을 내세울 수 없습니다. 오로지 나의 믿음, 내가 얼마나 주님과 동행하며 그분을 사랑하며 살았는지 주님 앞에서 드러나게 될 것입니다.

그러니 자신의 믿음을 점검하십시오. 동시에 사랑하는 자들의 믿음을 위하여 기도하고 격려하십시오. 우리 가족 모두가 주님 앞에 서기에 부끄럽지 않은 믿음을 갖출 수 있도록 날마다 기도하고 격려하며 함께 주님 앞으로 나아가는 우리 가정이 되기를 간절히 축복합니다.

나눔 1 나는 사랑하는 자녀와 부모님의 믿음을 위하여 무엇을 하고 있습니까?

나눔 2 신앙의 유산을 남기기 위해서 무엇을 해야 할지 계획을 세워보세요.

예수님을 바라보는 우리 가정 기도 :

오늘성경통독 에스겔 21장 ☐ 22장 ☐ 23장 ☐
오늘가정예배 찬송 290장 우리는 주님을 늘 배반하나

Date / /

말씀 에스겔 23:11-13 그 아우 오홀리바가 이것을 보고도 그의 형보다 음욕을 더하며 그의 형의 간음함보다 그 간음이 더 심하므로 그의 형보다 더 부패하여졌느니라 그가 그의 이웃 앗수르 사람을 연애하였나니 그들은 화려한 의복을 입은 고관과 감독이요 말 타는 자들과 준수한 청년이었느니라 그 두 여인이 한 길로 행하므로 그도 더러워졌음을 내가 보았노라

주님이 아닌 것을 사랑하는 마음이 있습니까?

에스겔 23장에서 하나님께서는 북이스라엘과 남유다를 바라보시는 그분의 마음을 '오홀라'와 '오홀리바'라는 두 자매에 빗대어 말씀하십니다. 오홀라는 사마리아, 곧 북이스라엘을 뜻하는 것이고 오홀리바는 예루살렘, 곧 남유다를 뜻하는 것입니다.

하나님께서는 먼저 오홀라라는 여인의 모습을 통하여 북이스라엘이 멸망한 이유가 음행이었다는 사실을 분명히 밝히십니다. 북이스라엘은 하나님께서 세우신 하나님나라임에도 불구하고 벧엘과 단에 금송아지를 놓고 거기에서 제사를 드리는 잘못된 신앙생활을 하고 있었습니다.

여로보암이 시작한 이 죄는 북이스라엘이 멸망할 때까지 계속해서 이어졌습니다. 하나님께 예배하는 자는 누구든지 예루살렘에 있는 하나님의 성전으로 나아가야 했음에도 불구하고 자신들만의 예배 처소를 만들고 거기에서 자기들 멋대로 제사를 지냈기 때문에 그들의 이름을 오홀라, "장막을 소유한 여자"라고 부르시는 것입니다.

북이스라엘은 벧엘과 단에 있는 금송아지뿐만 아니라 수시로 자기들 마음에 드는 이방 민족들을 가까이했습니다. 앗수르가 강할 때에는 앗수르에 붙고, 애굽이 강할 때에는 애굽에 붙었습니다. 그들에게 하나님의 자리는 없었고 그저 자기들 보기에 좋은 쪽을 택하여 가까이하면서 그것이 자신들의 살길이라고 여겼던 것입니다. 결국 그런 그들의 음행으로 인하여 자기들이 그렇게 사랑했던 앗수르에 의해서 멸망을 당하고 말았습니다.

남유다는 북이스라엘의 멸망을 똑똑히 지켜보았습니다. 그럼에도 불구하고 그들과 같은 길을 갑니다. 남유다에는 하나님께 예배하는 성전이 있었습니다. 그래서 그들을 오홀리바, 장막이 그녀 가운데 있다는 의미를 가진 이름으로 부르시는 것입니다. 그들 가운데 장막은 있었지만, 제사의 행위를 하는 성전이 그들 가운데 있었지만 그들의 마음은 다른 곳에 있었습니다. 남유다도 북이스라엘과 마찬가지로 앗수르를 사랑했고 애굽을 사랑했습니다. 또 그들은 바벨론을 사랑하였는데 결국에는 그들이 사랑했던 바벨론의 손에 의해서 멸망을 당하게 되고 맙니다.

이 말씀을 통하여 우리가 깨닫게 되는 것은 예배의 행위가 우리 가운데 있든 없든 그것과 관계없이 주님이 아닌 다른 것을 사랑하는 마음이 우리에게 있다면 결국 우리가 사랑했던 그것이 우리를 칠 것이고, 우리를 멸망의 길로 인도할 것이라는 사실입니다.

북이스라엘도, 남유다도 모두 자기들이 사랑했던 대상에 의해서 멸망 당했습니다. 우리도 마찬가지입니다. 하나님이 아닌 다른 것을 사랑할 때, 결국 그 잘못된 사랑이 우리에게 올무가 되어 우리의 믿음을 넘어뜨릴 것입니다.

나눔 1 하나님이 아닌 다른 것에게 나의 사랑을 나누어 준 적이 있습니까?
나눔 2 하나님과 다른 것이 대치될 때, 나는 항상 하나님을 선택하고 있습니까?
예수님을 바라보는 우리 가정 기도 :

말씀 에스겔 24:12-14 이 성읍이 수고하므로 스스로 피곤하나 많은 녹이 그 속에서 벗겨지지 아니하며 불에서도 없어지지 아니하는도다 너의 더러운 것들 중에 음란이 그 하나이니라 내가 너를 깨끗하게 하나 네가 깨끗하여지지 아니하니 내가 네게 향한 분노를 풀기 전에는 네 더러움이 다시 깨끗하여지지 아니하리라 나 여호와가 말하였은즉 그 일이 이루어질지라 내가 돌이키지도 아니하고 아끼지도 아니하며 뉘우치지도 아니하고 행하리니 그들이 네 모든 행위대로 너를 재판하리라 주 여호와의 말씀이니라

우리의 우선순위는 어디에 있습니까?

우리의 삶에는 반드시 우선순위가 있기 마련입니다. 누구나 자기 삶에 우선순위가 있습니다. 그 우선순위에 따라서 무엇을 먼저하고 무엇을 나중에 할지, 무엇을 선택하고 무엇을 포기할지가 결정됩니다.

많은 사람들의 우선순위에는 세상에서 먹고 사는 일이 가장 앞서 있습니다. 잘 먹고 잘사는 것, 더 잘 먹고 더 잘 사는 것을 위해서 다른 것을 포기하는 사람을 잠시만 주변을 둘러봐도 쉽게 찾을 수 있습니다. 심지어 어떤 사람은 출세를 위하여 가족까지도 포기하기도 합니다. 잘못된 우선순위로 인하여 정작 지켜야 할 것, 붙잡아야 할 것은 지키지 못하고, 그다지 중요하지 않은 것에 목숨을 걸고 살아가고 있는 것입니다.

하나님께서 바라보시기에 남유다의 모습이 딱 그랬습니다. 그들은 참 수고를 많이 했습니다. 어떻게 하면 더 잘 먹고 잘살까를 궁리했습니다. 어떻게 하면 열강 가운데서 자기 나라를 지킬 수 있을까를 고민했습니다. 그래서 이리저리 사신을 보내기도 하고 여기저기 도움을 요청하기도 했습니다. 남유다가 멸망 당하지 않기 위해서 아무것도 안 한 것은 아니었습니다. 그들도 나름대로 스스로 피곤할 정도로 열심히 살았습니다.

그러나 하나님께서 바라보시기에 그들의 열심은 정말 쓸데없는 것이었습니다. 하나님께서는 말씀하십니다. "내가 너를 깨끗하게 하나 네가 깨끗하여지지 아니하니"(겔 24:13). 하나님께서 그들을 깨끗하게 하려고 이리저리 애를 쓰시고 신호를 보내셨는데, 남유다는 그 하나님의 손길을 붙잡지 않고 엄한 것을 붙잡으려고 애를 쓰고 있었다는 것입니다. 하나님께서 주시는 그 말씀만 붙잡으면 깨끗하게 되는데, 살 수 있는데, 엉뚱한 것을 붙잡느라 그 기회를 놓치고 만 것입니다.

우리도 이와 같은 삶을 살고 있지는 않습니까? 하나님께서 우리 마음 가운데 우리를 깨끗하게 하시기 위해서 날마다 도움의 손길을 보내고 계시는데, 우리는 그것을 무시하고 애먼 것을 붙잡느라 깨끗해질 기회를 놓치고 있는 것은 아닙니까? 주님께서 기도하라 하실 때 기도하지 못하고, 헌신하라 하실 때 헌신하지 못하고, 세상 사람들과 마찬가지로 물거품처럼 사라질 것들에게 우선순위를 주면서 그것들에 목숨 걸고 살고 있는 것은 아닙니까?

주님께서 손을 내미실 때 붙잡아야 합니다. 주님께서 말씀하실 때 순종해야 합니다. 주님께서 우리를 깨끗하게 하실 때 깨끗해져야만 합니다. 그러기 위해서는 삶의 우선순위를 조정해야 합니다. 우리의 우선순위는 어디에 있습니까? "주님 말씀하시면 내가 나아가리다!"입니까? 아니면 "주님 말씀하시면, 내 일부터 먼저 하고요!"입니까? 주님의 음성에 순종하십시오. 그것이 여러분을 가장 좋은 길로 인도하시는 주님의 내비게이션입니다.

나눔 1 나의 삶에 중요한 부분들을 적어놓고 우선순위를 세워보세요.

나눔 2 주님이 나를 부르실 때, 망설임 없이 순종했던 기억이 있습니까?

예수님을 바라보는 우리 가정 기도 :

오늘성경통독 에스겔 28장 □ 29장 □ 30장 □ 31장 □
오늘가정예배 찬송 180장 하나님의 나팔소리
Date / /

말씀 에스겔 31:3-6 볼지어다 앗수르 사람은 가지가 아름답고 그늘은 숲의 그늘 같으며 키가 크고 꼭대기가 구름에 닿은 레바논 백향목이었느니라 물들이 그것을 기르며 깊은 물이 그것을 자라게 하며 강들이 그 심어진 곳을 둘러 흐르며 둑의 물이 들의 모든 나무에까지 미치매 그 나무가 물이 많으므로 키가 들의 모든 나무보다 크며 굵은 가지가 번성하며 가는 가지가 길게 뻗어 나갔고 공중의 모든 새가 그 큰 가지에 깃들이며 들의 모든 짐승이 그 가는 가지 밑에 새끼를 낳으며 모든 큰 나라가 그 그늘 아래에 거주하였느니라

세상을 부러워하지 마세요

에스겔 31장 말씀은 하나님께서 애굽 왕을 향하여 하시는 말씀입니다. 하나님께서는 애굽 왕에게 앗수르의 이야기를 해주십니다. 앗수르는 세상에 비할 것이 없는 아름다운 백향목 같은 존재였습니다. 그 나라의 부와 힘이 얼마나 컸던지 세상에 그 무엇도 앗수르의 위엄에는 비교조차 할 수 없었습니다.

그런데 하나님께서는 바로에게 앗수르의 영광을 이야기하시면서 말씀하십니다. "물들이 그것을 기르며 깊은 물이 그것을 자라게 하며 강들이 그 심어진 곳을 둘러 흐르며 둑의 물이 들의 모든 나무에까지 미치매 그 나무가 물이 많으므로 키가 들의 모든 나무보다 크며"(겔 31:4-5).

결국 앗수르가 그렇게 큰 백향목과 같은 나라가 될 수 있었던 이유가 무엇입니까? 그들에게 많은 물이 있었기 때문입니다. 세상에 아무리 대단한 사람이라고 할지라도 물을 만들어낼 수 있는 사람은 없습니다. 아무리 강한 자라도 하나님께서 만드신 공기와 물이 없이는 살 수 있는 사람이 없습니다. 그것은 앗수르와 같이 세상에 비할 나라가 없는 큰 영광을 누렸던 나라라고 해서 예외가 될 수 없습니다.

하나님께서는 이 말씀을 통하여 "앗수르가 제아무리 크고 영화롭다고 한들, 그들이 나 없이 자기들의 힘으로 그렇게 클 수 있었겠느냐?"라고 말씀하고 계시는 것입니다.

이 세상에 존재하는 모든 것들 중에서 하나님의 도우심이 없이 자기 힘으로 성장할 수 있는 것은 아무것도 없습니다. 이것은 하나님을 모르는 이방인이라고 해도 마찬가지입니다. 오늘날 세상에는 하나님 없이 자기 힘으로 살고 있다고 여기는 이방인들이 너무나 많습니다. 그들은 자신들의 아름다움을 뽐내며 자기들의 영광에 취해서 살아갑니다.

그러나 기억해야 합니다. 하나님께서는 앗수르를 아름답게 키우시고 이방민족인 그들까지도 주의 뜻에 따라 사용하셨으며, 사용하신 후에는 다른 이방민족인 애굽의 본보기가 되게 하셨습니다. 제아무리 대단한 영광을 뽐내는 자들이라고 할지라도 하나님의 도우심이 사라지는 순간, 그들의 영광 또한 물거품처럼 사라질 것입니다.

그러니 그들의 영광을 부러워할 필요가 없습니다. 하나님께서 도우시는 손길을 거두시는 그 순간 그들은 앗수르처럼 세상 밖으로 사라지게 될 것입니다. 세상을 부러워하지 마십시오. 한날의 영화처럼 피었다 사라질 들의 꽃과 같은 세상을 부러워하며 살지 않고 나를 절대로 버리지 않으시겠다고 약속하신 주님으로 인하여 세상이 우리를 부러워하는 인생을 살아가는 우리 가정이 되기를 간절히 소원합니다.

나눔 1 세상에서 영광을 누리는 자들을 부러워하는 마음을 가진 적이 있습니까?

나눔 2 세상은 우리의 어떤 모습을 볼 때 부러워하게 될까요?

예수님을 바라보는 우리 가정 기도 :

말씀 에스겔 32:27 그들이 할례를 받지 못한 자 가운데에 이미 엎드러진 용사와 함께 누운 것이 마땅하지 아니하냐 이 용사들은 다 무기를 가지고 스올에 내려가서 자기의 칼을 베개로 삼았으니 그 백골이 자기 죄악을 졌음이여 생존하는 사람들의 세상에서 용사의 두려움이 있던 자로다

악인들이 가는 곳

오늘 말씀이 있는 부분(겔 32:17-32)의 소제목은 '죽은 자들의 세계'입니다. 하나님께서는 에스겔에게 이 땅에서 강성했던 자들이 지금은 어떠한 모양으로 살고 있는지에 대해서 말씀하십니다.

이 말씀은 애굽의 바로를 향한 것인데 에스겔 32장에서 애굽 왕 바로를 향하여 "너를 여러 나라에서 사자로 생각하였더니 실상은 바다 가운데의 큰 악어라 강에서 튀어 일어나 발로 물을 휘저어 그 강을 더럽혔도다"(겔 32:2)라고 책망하신 말씀에 이어서 계속해서 애굽의 미래에 대해서 예언하고 있는 말씀입니다. 다시 말하면 온 세상이 동물의 왕 사자와 같은 존재로 표현했던 애굽과 그 나라의 왕 바로가 곧 당하게 될 일이 무엇인지를 밝히고 계시는 것입니다.

이 말씀들을 살펴보면 전도서의 말씀이 떠오릅니다. "모든 사람의 결국은 일반이라 이것은 해 아래에서 행해지는 모든 일 중의 악한 것이니 곧 인생의 마음에는 악이 가득하여 그들의 평생에 미친 마음을 품고 있다가 후에는 죽은 자들에게로 돌아가는 것이라"(전 9:3).

맞습니다. 이것이 모든 사람의 결국입니다. 특별히 악을 품고 사는 모든 사람의 결국입니다. 그들의 결국은 모두 죽은 자들에게로 돌아가는 것입니다. 바로 이 사실을 하나님께서 바로에게 드러내고 계시는 것입니다.

죽은 자들의 세계라는 제목이 달린 부분의 내용을 살펴보면 아주 간단한 내용을 가지고 있습니다. 애굽의 사람들이 지하에 던져질 것인데 그곳에는 이미 죽임을 당한 자들이 있을 것입니다. 그곳에는 애굽보다 먼저 멸망한 앗수르와 온 무리가 있을 것입니다. 또 앗수르에 의해 멸망을 당했던 엘람의 사람들도 그곳에 있을 것입니다. 거기는 메섹과 두발과 에돔의 사람들까지도 모두 다 모여 있는 곳입니다.

게다가 그냥 모여 있기만 한 것도 아닙니다. "이 용사들은 다 무기를 가지고 스올에 내려가서 자기의 칼을 베개로 삼았으니 그 백골이 자기 죄악을 졌음이여 생존하는 사람들의 세상에서 용사의 두려움이 있던 자로다"(겔 32:27)라고 말씀하고 계십니다. 그들이 그곳에 모여서 친목도모를 하고 있는 것이 아니라는 말입니다. 그곳에서도 여전히 칼부림을 하며 끝나지 않는 영원한 전쟁을 치르고 있다는 것입니다.

지옥이라는 곳이 이런 곳입니다. 악인이라는 악인은 다 모여서 절대로 죽지 않고 끝나지 않는 칼부림 가운데 고통을 당하는 곳이 지옥입니다. 그러니 무슨 일이 있어도 지옥에는 가지 말아야 합니다. 우리가 사랑하는 자들이 지옥에 가는 것은 무슨 수를 써서라도 막아야 하는 일인 것입니다.

지옥은 세상에서 제아무리 사자와 같은 존재로 군림했던 자라고 할지라도 고통당할 수밖에 없는 곳입니다. 이것을 안다면 삶의 우선순위가 바뀔 수밖에 없습니다.

나눔 1 세상에서 가장 악하다고 생각하는 범죄자가 옆집에 이사를 온다면 어떻게 하시겠습니까?

나눔 2 사랑하는 사람들이 흉악무도한 사람들과 함께 살게 된다면 어떻게 하시겠습니까?

예수님을 바라보는 우리 가정 기도 :

오늘성경통독 에스겔 35장 □ 36장 □ 37장 □
오늘가정예배 찬송 251장 놀랍다 주님의 큰 은혜
Date / /

말씀 에스겔 36:7-8 그러므로 주 여호와께서 이같이 말씀하시기를 내가 맹세하였은즉 너희 사방에 있는 이방인이 자신들의 수치를 반드시 당하리라 그러나 너희 이스라엘 산들아 너희는 가지를 내고 내 백성 이스라엘을 위하여 열매를 맺으리니 그들이 올 때가 가까이 이르렀음이라

하나님은 고치시는 분이십니다

믿는 자들의 망함은 망함이 아닙니다. 때때로 우리의 눈에 믿는 자들이 넘어지고 실패하고 멸망하는 것 같은 어려운 모습을 보게 될 때가 있습니다. 목회자도 무너지고, 교회가 넘어지고, 세상이 그 모습을 보며 비방하고 비웃으며 멸시하는 그런 상황을 우리가 한두 번 본 것이 아닐 것입니다.

믿는 자들이 넘어지고, 목회자와 교회와 성도들의 잘못이 드러나 크게 징계를 받는 그런 모습들을 바라볼 때 세상은 "이제 교회는 끝났다", "저런 사람들이 가는 천국이라면 나는 거기 안 갈란다"라고 이야기합니다.

그러나 믿는 자들의 망함은 망함이 아닙니다. 왜냐하면 하나님께서 믿는 자들을 징계하시고 벌하시는 것의 목적은 그들의 멸망이 아니라 회복이기 때문입니다. 예레미야 29장에서 하나님께서 예레미야를 통하여 이스라엘에게 선포하신 말씀이 바로 그것입니다. "너희를 향한 나의 생각을 내가 아나니 평안이요 재앙이 아니니라 너희에게 미래와 희망을 주는 것이니라"(렘 29:11).

하나님께서 믿는 자들을 벌하시는 것은 더 좋은 미래로 그들을 이끄시기 위해서이지 그들을 이 땅에서 없애버리시려는 계획이 아니십니다. 그러니 믿는 자들이 징계를 받고, 넘어지고, 부끄러움을 당하는 모습을 바라보게 될 때 우리가 생각해야 할 것은 "이제 저들은 더 강성해 지겠구나!", "이제 저들에게 온전한 회복이 임하겠구나!"하는 것입니다.

하나님은 절대로 자기 백성을 버리지 않으시고 끝까지 회복시키시는 분이시니 "하나님의 징계를 받는 자들은 이제 곧 새롭게 세워지겠구나!"라는 것은 불을 보듯 뻔한 것이기 때문입니다.

요즘 하루가 멀다고 뉴스에 교회와 목회자들과 성도들의 수치가 드러나고 있습니다. 교회의 세습 문제에 대해서도 이제는 교회보다 세상이 더 문제를 제기하고 있는 상황입니다. 이런 상황을 바라볼 때 우리는 무엇을 생각합니까?

계속해서 성도들의 수치가 드러나는 것은 하나님께서 이 땅의 교회와 목회자와 성도들을 고치고 계시는 증거입니다. 우리를 새롭게 하셔서 미래와 희망으로 이끌고 계신다는 증거가 바로 우리의 부끄러움이 세상에 드러나는 것입니다. 그러니 교회가 넘어지는 것을 볼수록, 목회자의 죄가 온 세상에 드러날수록, 더 힘을 내시기 바랍니다. "이제 우리가 새롭게 서게 될 날이 얼마 남지 않았구나!"라는 희망을 품고 더 굳세게 서시기 바랍니다.

자기 백성의 수치를 고치시는 하나님의 의로움을 바라보며 주의 날이 이 땅 가운데 임하는 그 날이 얼마 남지 않았다는 것을 기억하고 사는 우리들이 되기를 소원합니다. 그날에 우리가 모두 온전히 고침을 받은 모습으로 주님 앞에 설 수 있게 되기를 간절히 축복합니다.

나눔 1 그동안 믿는 자들의 넘어짐을 바라볼 때 어떻게 생각했습니까?

나눔 2 '지금 수치를 당하고 주님 앞에서 완전한 것'과 '지금 완전한 척하다가 주님 앞에서 수치를 당하는 것' 중에서 무엇을 선택하시겠습니까?

예수님을 바라보는 우리 가정 기도 :

말씀 에스겔 40:1-4 우리가 사로잡힌 지 스물다섯째 해, 성이 함락된 후 열넷째 해 첫째 달 열째 날에 곧 그 날에 여호와의 권능이 내게 임하여 나를 데리고 이스라엘 땅으로 가시되 하나님의 이상 중에 나를 데리고 이스라엘 땅에 이르러 나를 매우 높은 산 위에 내려놓으시는데 거기에서 남으로 향하여 성읍 형상 같은 것이 있더라 나를 데리시고 거기에 이르시니 모양이 놋 같이 빛난 사람 하나가 손에 삼줄과 측량하는 장대를 가지고 문에 서 있더니 그 사람이 내게 이르되 인자야 내가 네게 보이는 그것을 눈으로 보고 귀로 들으며 네 마음으로 생각할지어다 내가 이것을 네게 보이려고 이리로 데리고 왔나니 너는 본 것을 다 이스라엘 족속에게 전할지어다 하더라

하나님이 우리의 삶을 빚으십니다

남유다는 총 세 차례에 걸쳐서 바벨론에 포로로 끌려가게 됩니다. 첫 번째 바벨론 포로는 여호야김 시대(BC 605년경)였고, 두 번째는 여호야긴(BC 597년경), 마지막 세 번째가 남유다의 멸망과 함께 끌려간 시드기야(BC 594년경) 때였습니다.

바벨론 포로생활을 70년이라고 말씀하신 하나님의 예언은 첫 번째 포로가 끌려갔던 여호야김 시대를 기준으로 합니다. 그래서 고레스 칙령으로 포로들의 귀환이 시작된 시기가 BC 538년경인 것입니다.

오늘 말씀에서 에스겔은 자신들이 사로잡힌 지 스물다섯째 해, 그리고 성이 함락된 후 열넷째 해에 하나님께서 이 환상을 자신에게 보여주셨다고 기록하고 있습니다. 그 말은 총 70년의 바벨론 포로기 중에서 25년째 되던 해, 곧 정해진 기한이 1/3보다 조금 더 지났을 무렵에 하나님께서 보여주신 환상이라는 것입니다.

그런데 하나님께서 에스겔에게 보여주신 모습이 무엇입니까? "이스라엘 땅에 이르러 나를 매우 높은 산 위에 내려놓으시는데 거기에서 남으로 향하여 성읍 형상 같은 것이 있더라"는 것입니다(겔 40:2). 그리고 그 성읍 형상 같은 것에 가까이 가보니 "놋 같이 빛난 사람 하나가 손에 삼줄과 측량하는 장대를 가지고 문에 서있었다"는 것입니다(겔 40:3).

그 사람이 누구입니까? 하나님이십니다. 그래서 에스겔에게 "인자야"라고 부르시는 것입니다. 하나님께서는 이스라엘에게 약속한 70년이 아직 반도 지나지 않았는데도 스스로 예루살렘을 새롭게 짓고 계셨습니다. 그것도 대충 지으시는 것이 아니라 손에는 측량하는 잣대를 들고, 담의 높이와 두께까지 측량하시면서 그 성을 짓고 계셨던 것입니다. 이렇게 모든 성읍과 성전을 하나하나 세심하게 회복시키고 계시는 장면이 에스겔의 마지막까지 계속해서 이어집니다.

이스라엘은 여전히 벌을 받는 중이었지만, 하나님은 이미 회복을 계획하실 뿐만 아니라 시행하고 계셨습니다. 이스라엘에게는 회복되는 70년이 멀고 먼 시간이었을지 몰라도 하나님께는 이미 실현되고 있는 회복이었던 것입니다.

우리의 인생도 똑같습니다. 때로는 절망스러운 일을 만나고, 때로는 앞이 캄캄해 보여도 그 가운데서도 하나님께서는 이미 일하고 계십니다. 손에 측량하는 줄과 장대를 들고 어떻게 하면 우리 인생을 더욱 아름답게 만들까를 고민하여 벽돌 한장 한장을 쌓듯이 우리의 삶을 빚어가고 계십니다. 그러니 지금의 현실이 어렵다고 해서 절망하지 마십시오. 주님께서 이미 우리의 삶을 완성해가고 계십니다.

나눔 1 내 삶 가운데 주님의 예비하심을 경험했던 일이 있나요?

나눔 2 주님께서 완성하기를 원하시는 나의 모습은 어떤 모습일까요?

예수님을 바라보는 우리 가정 기도 :

오늘성경통독 에스겔 41장 □ 42장 □ 43장 □ 44장 □
오늘가정예배 찬송 361장 기도하는 이 시간

Date / /

말씀 에스겔 41:5-7 성전의 벽을 측량하니 두께가 여섯 척이며 성전 삼면에 골방이 있는데 너비는 각기 네 척이며 골방은 삼 층인데 골방 위에 골방이 있어 모두 서른이라 그 삼면 골방이 성전 벽 밖으로 그 벽에 붙어 있는데 성전 벽 속을 뚫지는 아니하였으며 이 두루 있는 골방은 그 층이 높아질수록 넓으므로 성전에 둘린 이 골방이 높아질수록 성전에 가까워졌으나 성전의 넓이는 아래 위가 같으며 골방은 아래층에서 중층으로 위층에 올라가게 되었더라

오늘 기도했나요?

오늘 말씀은 하나님께서 에스겔을 이끄시고 성전에 있는 골방들을 살펴보게 하시는 장면을 기록하고 있습니다. 우리가 지금 살펴보고 있는 성전은 하나님께서 직접 계획하시고 측량하시며 짓고 계시는 새성전의 모습입니다. 그러니 이 새롭게 지어질 성전의 구조와 용도에는 모두 하나님의 특별한 의미가 담겨있습니다.

그중에서 오늘 우리가 함께 읽은 말씀은 성전의 골방에 대한 것입니다. 하나님께서는 새롭게 지을 성전을 계획하시면서 그 성전의 삼면을 둘러서 골방을 만들고 계십니다. 그것도 한두 개를 만드시는 것이 아니라 한 층에 서른 개씩, 삼면의 벽에 만들어서 총 구십 개의 골방으로 성전을 두르고 계시는 것입니다.

이 골방은 그야말로 골방이었습니다. 오늘 말씀 5절은 그 골방의 너비가 각기 네 척이었다고 말하고 있습니다. 성인 남성의 손끝에서부터 팔꿈치까지의 길이, 약 45cm가 한 척입니다. 그러니 네 척이라는 길이는 약 180cm 정도 되는 길이입니다. 우리가 흔히 쓰는 단위로는 한 평 정도에 해당하는 넓이의 골방인 것입니다.

이런 좁은 방에서 무엇을 할 수 있을까요? 당연히 여러 사람이 모일 수도 없을 것이고 편안하게 눕거나, 많은 짐을 보관하거나 할 수도 없을 것입니다. 그러니 이 골방의 용도는 분명합니다. 바로 기도하는 것입니다.

이 골방은 하나님께 예배하는 성전을 둘러싸고 있는 기도의 벽인 것입니다. 그래서 주님께서도 마태복음에서 "너는 기도할 때에 네 골방에 들어가 문을 닫고 은밀한 중에 계신 네 아버지께 기도하라 은밀한 중에 보시는 네 아버지께서 갚으시리라"(마 6:6)라고 말씀하셨고 마가복음에서는 "내 집은 만민의 기도하는 집"이라고 말씀하신 것입니다(막 11:17).

성전은 기도로 둘러싸인 곳입니다. 건물이 멋있다고 해서 그곳이 성전이 아닙니다. 예배의 행위가 있다고 해서 그곳이 성전인 것도 아닙니다. 성도들의 간절한 기도가 한층 한층 쌓여 있는 곳, 성도들의 눈물의 기도의 역사가 있는 곳, 예배를 중심으로 세상 가운데 기도로 나아가는 곳이 진정한 성전인 것입니다.

오늘 우리가 함께 예배하는 성전도 그렇게 기도로 세워진 성전입니다. 우리가 알지 못하는 수많은 눈물의 기도가 쌓였기에 오늘날 우리가 은혜 가운데 예배할 수 있게 된 것입니다.

여러분은 주의 성전에 얼마나 기도를 쌓으셨습니까? 우리 한 사람 한 사람이 전부 주의 성전이라고 성경이 말하고 있는데, 우리는 우리의 삶을 얼마나 기도로 에워싸고 있고 우리 가정에 얼마나 기도를 쌓아가고 있습니까? 기도가 없이는 성전 됨이 없습니다. 우리 각 사람의 마음 가운데 오신 주님께서 우리 마음을 성전 삼고 계신다는 것을 기억하고 날마다 기도로 우리 마음의 성전, 가정의 성전, 교회의 성전을 쌓아 가시는 우리 가정이 되기를 간절히 소원합니다.

나눔 1 나는 하루에 몇 분이나 기도합니까?

나눔 2 내 마음의 성전의 벽을 기도로 쌓는다고 하면, 지금 내 마음의 성전의 벽은 어떤 모양일까요?

예수님을 바라보는 우리 가정 기도 :

오늘성경통독 에스겔 45장 □ 46장 □ 47장 □ 48장 □
오늘가정예배 찬송 251장 놀랍다 주님의 큰 은혜 Date / /

말씀 에스겔 47:6-12 그가 내게 이르시되 인자야 네가 이것을 보았느냐 하시고 나를 인도하여 강가로 돌아가게 하시기로 내가 돌아가니 강 좌우편에 나무가 심히 많더라 그가 내게 이르시되 이 물이 동쪽으로 향하여 흘러 아라바로 내려가서 바다에 이르리니 이 흘러 내리는 물로 그 바다의 물이 되살아나리라 이 강물이 이르는 곳마다 번성하는 모든 생물이 살고 또 고기가 심히 많으리니 이 물이 흘러 들어가므로 바닷물이 되살아나겠고 이 강이 이르는 각처에 모든 것이 살 것이며 또 이 강 가에 어부가 설 것이니 엔게디에서부터 에네글라임까지 그물 치는 곳이 될 것이라 그 고기가 각기 종류를 따라 큰 바다의 고기 같이 심히 많으려니와 그 진펄과 개펄은 되살아나지 못하고 소금 땅이 될 것이며 강 좌우 가에는 각종 먹을 과실나무가 자라서 그 잎이 시들지 아니하며 열매가 끊이지 아니하고 달마다 새 열매를 맺으리니 그 물이 성소를 통하여 나옴이라 그 열매는 먹을 만하고 그 잎사귀는 약 재료가 되리라

은혜는 흘러야 합니다

에스겔에게 보여주시는 성전에서 흘러나오는 물의 환상은 자기 몸을 성전으로 삼고 살아가는 사람들을 통하여 일어나는 역사를 보여줍니다. 예수님께서는 요한복음에서 "누구든지 목마르거든 내게로 와서 마시라 나를 믿는 자는 성경에 이름과 같이 그 배에서 생수의 강이 흘러나오리라"라고 말씀하셨습니다(요 7:37-38).

모든 목마른 자들의 목마름을 해결해 주실 수 있는 예수님의 능력이 예수님을 믿는 모든 사람들에게 동일하게 일어날 것이라는 말씀입니다.

우리가 정말 예수님을 믿는 사람이라면 우리의 삶을 통하여서도 동일한 역사가 일어나야 합니다. 나를 통하여 사람들이 예수님을 만나고 영혼의 목마름을 해결하는 역사가 오늘 일어나고 있는지를 반드시 점검해야 하는 것입니다.

은혜는 멀리 흘러갈수록 더 큰 역사를 만듭니다. 우리가 받은 은혜는 나 한 사람이 받는 것입니다. 그러나 그 은혜를 다섯 사람에게만 흘러보낸다고 생각해 보십시오. 그리고 그 다섯 사람이 또 다섯 사람에게 흘러보내고 계속해서 은혜가 흘러간다면 처음 내가 받았던 은혜와는 비교도 할 수 없이 크고 깊고 놀라운 은혜가 이 땅 가운데 흘러가게 되는 것입니다. 오늘 말씀에서 성전에서 흘러나오는 물의 환상이 의미하는 바가 바로 그것입니다.

은혜는 흘러야 합니다. 흐르면 흐를수록, 실개천이 계곡이 되고, 강이 되고, 바다가 되는 역사가 일어나는 것입니다. 그 은혜의 바다가 사람을 살리고, 나라와 민족을 살리고, 역사를 바꾸는 생수의 강이 되는 것입니다.

하나님께서 우리에게 은혜를 주신 것은 우리가 은혜의 종착점이 되라고 주신 것이 아닙니다. 우리가 받은 은혜를 흘려보내는 사람이 되기를 원하셔서 날마다 우리에게 은혜를 주시고 받은 은혜를 깨우치게 해주시는 것입니다.

받은 은혜를 흘려보내는 우리 가정이 되기를 소원합니다. 우리가 흘려보내는 그 은혜로 인하여서 이 세상이 생명이 살아갈 만한 세상이 되기를, 모든 생명이 풍족함을 누리며 번성하는 세상이 되기를 소망하면서 하루하루 은혜를 흘려보내는 통로로 사용되는 우리 가정이 되기를 간절히 축복합니다.

나눔 1 어떻게 내가 받은 은혜를 흘려보낼 수 있을까요?

나눔 2 앞으로 내 삶 가운데 어떻게 은혜를 흘려보낼지, 은혜 흘려보내기 목표를 세워보세요.

예수님을 바라보는 우리 가정 기도 :

오늘성경통독 다니엘 1장☐ 2장☐ 3장☐

오늘가정예배 찬송 383장 눈을 들어 산을 보니

Date / /

말씀 다니엘 1:8-10 다니엘은 뜻을 정하여 왕의 음식과 그가 마시는 포도주로 자기를 더럽히지 아니하리라 하고 자기를 더럽히지 아니하도록 환관장에게 구하니 하나님이 다니엘로 하여금 환관장에게 은혜와 긍휼을 얻게 하신지라 환관장이 다니엘에게 이르되 내가 내 주 왕을 두려워하노라 그가 너희 먹을 것과 너희 마실 것을 지정하셨거늘 너희의 얼굴이 초췌하여 같은 또래의 소년들만 못한 것을 그가 보게 할 것이 무엇이냐 그렇게 되면 너희 때문에 내 머리가 왕 앞에서 위태롭게 되리라 하니라

주님을 의지하는 것이 은혜입니다

바벨론의 군대가 처음 예루살렘을 포위하고 백성들을 포로로 끌고 갔던 여호야김 제 삼년에 바벨론의 느부갓네살 왕은 예루살렘 성전의 그릇들과 함께 왕족과 귀족 중에서 지혜롭고 아름다운 소년들을 뽑아서 바벨론으로 데리고 갔습니다.

느부갓네살은 그들을 잘 교육시켜서 바벨론의 식민지를 다스릴 지도자로 키우고자 했습니다. 다니엘과 그의 친구였던 하나냐, 미사엘, 아사랴는 그렇게 바벨론에 뽑혀서 끌려간 소년들이었습니다. 그들은 다른 포로들과는 완전히 다른 상황이었습니다. 다른 포로들이 어디에선가 중노동을 하고 있을 때, 이들은 왕궁에 살면서 왕이 주는 음식을 먹으며 교육까지 받았습니다.

겉으로 보면 굉장히 특별한 대우를 받는 자들이었습니다. 그러나 겉모습만 그러할 뿐, 그들도 역시 포로였습니다. 다니엘과 세 친구들은 포로로서 그들이 주는 대로 먹고, 시키는 대로 공부해야 했습니다. 그들에게 있어서 거부라는 것은 있을 수 없는 일이었습니다.

그러나 다니엘은 포로라는 자신의 신분에도 불구하고 왕의 음식과 포도주 먹기를 거부합니다. 성경은 이것을 "뜻을 정하여"라고 기록하고 있습니다(단 1:8).

무슨 뜻을 정했다는 것입니까? 왕이 주는 음식과 포도주를 먹느니 차라리 죽겠다고 결단한 것입니다. 마치 에스더가 왕 앞에 나아갈 때 "죽으면 죽으리라"라고 결단하며 나아갔던 것처럼, 다니엘도 죽기를 각오한 결단으로 환관장 앞에 나아간 것입니다.

그런데 그렇게 죽기를 결단하고 나가서 구했더니 환관장이 단칼에 다니엘의 부탁을 거절합니다. 그런데 아이러니하게도 성경은 이 상황을 "하나님이 다니엘로 하여금 환관장에게 은혜와 긍휼을 얻게 하신지라"(단 1:9)라고 말하고 있습니다.

거절한 것이 어떻게 은혜입니까? 다니엘이 그렇게 죽기를 각오하고 나아갔으면, 그에 응답하여 허락해 주는 것이 은혜 아닙니까? 그런데 어째서 이것이 은혜이고 긍휼이라고 말씀하시는 걸까요? 왜냐하면 환관장의 그 거절로 인하여서 다니엘이 더 기도하고 더 결단해야만 했기 때문입니다.

다니엘은 환관장의 거절을 받고 이 일이 자기가 죽기로 결단한다고 해서 이루어지는 일이 아님을 깨달았을 것입니다. 주님께서 역사하셔야만 하는 일이라는 것을 깨달았을 것입니다. 그것이 참 은혜입니다. 내가 아니라 주님이, 내 결단이 아니라 주님의 역사하심으로 모든 일이 이루어지는 것을 깨닫는 것, 그것이 진짜 은혜입니다.

결국 다니엘은 그 사실을 깨닫고 다시 기도하고 결단하며 감독관 앞에 나갔습니다. 아마 이번에는 나의 결단을 의지하지 않고 하나님의 역사하심을 의지하며 나아갔을 것입니다. 진짜 은혜는 내 기도에 응답을 주시는 것이 아닙니다. 모든 것이 주께 달려 있음을 깨닫고 주님을 의지하며 나아가게 되는 것이 진짜 은혜입니다.

나눔 1 기도에 응답을 받지 못했지만, 그것이 은혜로 여겨진 적이 있습니까?

나눔 2 나는 무엇을 은혜로 여기며 살아왔습니까?

예수님을 바라보는 우리 가정 기도 :

말씀 다니엘 6:18-20 왕이 궁에 돌아가서는 밤이 새도록 금식하고 그 앞에 오락을 그치고 잠자기를 마다하니라 이튿날에 왕이 새벽에 일어나 급히 사자 굴로 가서 다니엘이 든 굴에 가까이 이르러서 슬피 소리 질러 다니엘에게 묻되 살아 계시는 하나님의 종 다니엘아 네가 항상 섬기는 네 하나님이 사자들에게서 능히 너를 구원하셨느냐 하니라

정말 하나님을 경외하는 삶

사자 굴에 갇힌 다니엘의 이야기는 웬만큼 신앙생활을 했던 사람이라면 모두가 다 알고 있는 이야기일 것입니다. 그런데 우리가 잘 기억하지 못하는 것이 하나 있습니다. 그것은 다니엘이 사자 굴에 갇혔을 때 가장 슬퍼했던 것이 바로 다리오 왕이었다는 사실입니다.

바사(페르시아)의 1대 왕이었던 다리오는 다니엘을 너무나 귀하게 여겼습니다. 처음 그가 왕위에 앉았을 때는 아마도 이전의 평판만 듣고 다니엘을 세 총리 중에 하나로 두었던 것 같습니다. 그런데 직접 보니 다니엘이 세 총리 중에서도 가장 뛰어났습니다. 이 사실이 "다니엘은 마음이 민첩하여 총리들과 고관들 위에 뛰어나므로 왕이 그를 세워 전국을 다스리게 하고자 한지라"(단 6:3)라고 기록되어 있습니다.

그런데 그렇게 뛰어난 다니엘을 사람들이 질투했습니다. 사람들은 어떻게든 다니엘을 고발하여 끌어내리기 위해서 다니엘에게서 고발할 만한 죄들을 찾았습니다. 그런데 아무리 찾아도 아무 근거도, 아무 허물도 찾지 못했습니다. 왜냐하면 다니엘의 나라를 향한 충성스러운 마음과 행동이 아무 그릇됨도 없고 아무 허물도 없었기 때문입니다(단 6:4).

이것이 하나님을 경외하는 사람이 세상에서 사는 모습입니다. 하나님을 경외하는 자들은 하나님을 경외하기 때문에 세상 가운데서도 불법을 행하지 않습니다. 정말 하나님을 경외하는 사람에게서는 아무런 허물도, 아무런 그릇됨도 발견할 수 없습니다.

아무도 보지 않아도 하나님이 보고 계신다는 것을 알고, 아무도 감시하지 않아도 하나님 앞에 죄를 지을 수 없다는 마음이 있기에, 누가 보나, 보지 않나에 관계없이 항상 근면 성실하게 일하는 사람들이 하나님을 경외하는 사람들입니다.

그러니 그런 다니엘을 왕이 사랑할 수밖에 없습니다. 다리오는 다니엘을 모함하는 자들에게서 그를 구원하기 위해서 온종일 그들과 싸웠습니다. 그럼에도 불구하고 다니엘을 도울 방법이 없자 다리오 왕은 다니엘을 사자 굴에 넣고는 다니엘이 섬기는 하나님이 그를 도우시기를 밤새도록 금식하며 기도합니다. 정말 하나님을 경외하는 사람의 삶은 믿음이 없는 사람도 기도하게 만드는 삶인 것입니다.

세상이 그리스도인을 미워하는 것은 영적인 차이에서 오는 미움입니다. 그것을 우리 행동의 허물에서 오는 미움과 분명히 분별해야 합니다. 자신이 잘못 행동해 놓고서 그것을 믿음 때문에 받는 핍박이라고 여기는 사람이 있습니다. 그러나 그렇지 않다는 것을 기억해야 합니다. 하나님을 경외한다면 하나님을 경외하는 사람답게 살아야 합니다. 영적인 이유가 아니라 행위적인 이유로는 세상도 미워할 수 없는 자, 그 사람이 정말 하나님을 경외하는 사람입니다.

나눔 1 나의 행위는 세상도 사랑할 만합니까?

나눔 2 나의 삶 가운데 하나님의 경외하는 사람답지 않았던 모습이 있지는 않습니까?

예수님을 바라보는 우리 가정 기도 :

말씀 다니엘 9:1-3 메대 족속 아하수에로의 아들 다리오가 갈대아 나라 왕으로 세움을 받던 첫 해 곧 그 통치 원년에 나 다니엘이 책을 통해 여호와께서 말씀으로 선지자 예레미야에게 알려 주신 그 연수를 깨달았나니 곧 예루살렘의 황폐함이 칠십 년만에 그치리라 하신 것이니라 내가 금식하며 베옷을 입고 재를 덮어쓰고 주 하나님께 기도하며 간구하기를 결심하고

하나님을 움직이는 힘

어느 날 다니엘은 하나님께서 예레미야에게 주셨던 예언의 말씀들이 기록되어 있는 책을 보게 되었습니다. 그 책을 보는데 이전까지는 알지 못했던 예루살렘의 회복에 대한 말씀이 있었습니다.

그 말씀은 아마도 예레미야서에 기록된 말씀 “여호와께서 이와 같이 말씀하시니라 바벨론에서 칠십 년이 차면 내가 너희를 돌보고 나의 선한 말을 너희에게 성취하여 너희를 이곳으로 돌아오게 하리라”(렘 29:10)라는 말씀이었을 것입니다.

그런데 그 말씀을 발견한 다니엘은 “내가 금식하며 베옷을 입고 재를 덮어쓰고 주 하나님께 기도하며 간구하기를 결심하고”(단 9:3)라며 예상 밖의 행동을 합니다. 하나님께서 70년 만에 예루살렘을 회복시키시고 모든 백성들을 그곳으로 돌아오게 하리라는 말씀을 발견하고서는 그 일을 위하여 금식하고, 베옷을 입고, 재를 덮어쓰고 기도하기로 결심하였다는 것입니다.

참 이상한 일이라고 생각되지 않습니까? 하나님께서 70년이 지나면 회복시키시겠다고 약속하셨다면 그냥 기다리면 되지 않겠습니까? 하나님이 약속하셨으니 70년이 지나면 자연히 그 일이 이루어질 텐데 어째서 다니엘은 그 일을 위하여 금식하며 베옷을 입고 재를 뒤집어쓰는, 사람이 할 수 있는 기도의 행위로는 가장 최상급의 기도를 드리기로 결심했던 것일까요? 왜냐하면 다니엘은 기도의 의미를 알았기 때문입니다.

기도는 하나님을 일하시게 만드는 놀라운 능력이 있습니다. 하나님께서는 자기의 계획과 뜻이 분명하십니다. 그런데 우리가 기도하기 전까지는 역사하시지 않습니다. 아무리 하나님께서 원하시는 일이라도 반드시 우리의 기도와 협력하여 역사하십니다. 그것을 사도 바울은 빌립보서에서 “너희 안에서 행하시는 이는 하나님이시니 자기의 기쁘신 뜻을 위하여 너희에게 소원을 두고 행하게 하시나니”(빌 2:13)라고 말했습니다.

하나님께서는 자신이 이루고자 하시는 소원을 우리 마음속에 두시고, 우리를 통하여 그 일을 이루기를 기뻐하십니다. 그래서 우리에게 기도하게 하시는 것입니다. 다니엘은 이 사실을 알았기에 하나님의 소원을 마음에 품고 자기의 소원으로 삼아 기도했던 것입니다.

우리도 이처럼 기도해야 합니다. 하나님께서 하실 일은 하나님의 책임으로 남겨놓는 것이 아니라, 그 일이 나의 소원이 되어서 기도할 때 하나님께서 일하기 시작하십니다. 주님께서 기뻐하시는 일들이 우리의 소원이 되어서 우리의 기도를 통하여 주님께서 역사하시기를 간절히 축복합니다.

나눔 1 나의 기도제목 중 주님의 소원에 해당하는 것은 무엇이 있나요?

나눔 2 지금 주님께서 이루기를 원하시는 소원 세 가지를 적어보고 그 일을 위해서 함께 기도해 보세요.

예수님을 바라보는 우리 가정 기도 :

말씀 다니엘 12:1-4 그 때에 네 민족을 호위하는 큰 군주 미가엘이 일어날 것이요 또 환난이 있으리니 이는 개국 이래로 그 때까지 없던 환난일 것이며 그 때에 네 백성 중 책에 기록된 모든 자가 구원을 받을 것이라 땅의 티끌 가운데에서 자는 자 중에서 많은 사람이 깨어나 영생을 받는 자도 있겠고 수치를 당하여서 영원히 부끄러움을 당할 자도 있을 것이며 지혜 있는 자는 궁창의 빛과 같이 빛날 것이요 많은 사람을 옳은 데로 돌아오게 한 자는 별과 같이 영원토록 빛나리라 다니엘아 마지막 때까지 이 말을 간수하고 이 글을 봉함하라 많은 사람이 빨리 왕래하며 지식이 더하리라

행동으로 드러나는 믿음

다니엘서의 마지막은 세상의 끝, 곧 종말의 때에 대한 예언을 기록하며 끝납니다. 그 예언에는 우리가 너무나 잘 알고 있듯이 영생과 멸망, 천국과 지옥으로 갈리는 사람들의 운명이 기록되어 있습니다.

예수님을 믿는 사람들에게 유언서를 작성하라고 하면, 그 유언서의 내용이 다 비슷합니다. 평소에는 먹고 사는 것을 중요하게 여기고, 어떻게 하면 조금이라도 더 즐겁게, 편안하게 살 수 있을까를 궁리하던 사람들도 유언장 앞에 서면 그 모든 것이 중요하지 않음을 깨닫습니다.

자기 유언장에 "여보, 얘들아, 돈 많이 벌어라"라고 기록하는 그리스도인은 하나도 없습니다. 대신 유언장에 모두 이 말을 기록합니다. "예수님 잘 믿어서 꼭 천국에서 다시 만나자." 죽음을 앞에 두면 정말 중요한 것이 예수 믿고 천국에 가는 것임을 깨닫게 되는 것입니다.

천국과 지옥은 정말 있습니다. 하나님께서는 성경 곳곳에서 천국과 지옥이 있음을 그리고 그 천국과 지옥행을 가르는 심판이 우리에게 있음을 분명하게 알려 주셨습니다. 그 정도로 자세하게 알려 주셨다는 것은 나중에 핑계를 댈 수 없게 하시려는 것입니다.

우리 중에 누구도 천국에 대해서, 지옥에 대해서 듣지 못한 사람은 없습니다. 심지어는 믿지 않는 자들도 "예수천당, 불신지옥"이라는 말은 들어봤을 것입니다. 그러니 불신자들도 하나님 앞에서 핑계 댈 수 없습니다. 그들은 당연히 그들의 믿음 없으므로 인하여 심판을 받을 것이고 영원히 수치를 당하게 될 것입니다.

문제는 우리입니다. 예수를 믿는다고 하는 우리, 교회에 다닌다고 하는 우리는 과연 그날에 어떻게 될까요? 마태복음에서 주님께서는 "나더러 주여 주여 하는 자마다 다 천국에 들어갈 것이 아니요 다만 하늘에 계신 내 아버지의 뜻대로 행하는 자라야 들어가리라"(마 7:21)라고 말씀하십니다.

우리의 입으로 "주여 주여" 하고 있다고 해서 나는 천국에 들어갈 것이라고 확신해서는 안 된다는 것입니다. 우리가 예수님을 믿는 믿음이 진짜라면 우리에게는 반드시 그 믿음에 합당한 순종이 있어야 합니다. 예수님을 주님이라고 부르는 것은 그분께서 나의 주인이 되신다는 고백입니다. 그러니 우리가 정말 예수님을 주님이라고 믿는다면 당연히 그분의 말씀에 순종하며 말씀대로 행하는 삶이 우리 가운데 있게 됩니다.

예수 잘 믿는다는 것은 입술의 고백에서 멈추는 것이 아니라, 삶 가운데까지 나아가는 순종이 있는 믿음을 말하는 것입니다. 우리의 믿음은 어떻습니까? 예수 잘 믿는다. 이것이 우리의 믿음을 표현하는 말이 되기를 간절히 소원합니다.

나눔 1 오늘 예수님의 말씀에 순종했던 일은 무엇이 있습니까?

나눔 2 예수님의 말씀을 알면서도 순종하지 못했던 일, 순종하기가 어려웠던 일은 무엇이 있습니까?

예수님을 바라보는 우리 가정 기도 :

오늘성경통독 호세아 1장☐ 2장☐ 3장☐ 4장☐ 5장☐ 6장☐ 7장☐

오늘가정예배 찬송 321장 날 대속하신 예수께

Date / /

말씀 호세아 1:2-5 여호와께서 처음 호세아에게 말씀하실 때 여호와께서 호세아에게 이르시되 너는 가서 음란한 여자를 맞이하여 음란한 자식들을 낳으라 이 나라가 여호와를 떠나 크게 음란함이니라 하시니 이에 그가 가서 디블라임의 딸 고멜을 맞이하였더니 고멜이 임신하여 아들을 낳으매 여호와께서 호세아에게 이르시되 그의 이름을 이스르엘이라 하라 조금 후에 내가 이스르엘의 피를 예후의 집에 갚으며 이스라엘 족속의 나라를 폐할 것임이니라 그 날에 내가 이스르엘 골짜기에서 이스라엘의 활을 꺾으리라 하시니라

나를 보내소서

하나님께서는 호세아에게 "음란한 여자를 맞이하여 음란한 자식들을 낳으라"(호 1:2)라고 말씀하십니다. 여기에서 "음란한"이라고 번역된 히브리어의 대표적인 의미는 "간통"입니다. 그러니까 하나님께서 호세아에게 내리신 명령은 "너와 결혼한 후에도 다른 남자와 간통할 것이 뻔한 여자"를 찾아서 결혼하라는 것이고, 그 여자와 결혼해서 자녀들을 낳으면 그 자녀들 또한 간통죄를 범하는 자녀들이 될 것이라는 말씀이었습니다.

만일 우리가 호세아와 같은 명령을 받게 된다면, 우리는 순종할 수 있을까요? 그것도 우리에게 들려주시는 하나님의 첫 음성이 이런 수준의 명령이라면 우리가 어떻게 이 일을 감당할 수 있겠습니까? 그런데 호세아는 말대꾸 한 번 하지 않고 순종합니다. 주님의 말씀이 끝나자마자 "이에 그가 가서"(호 1:3) 곧바로 고멜이라는 여자를 찾아 그와 결혼을 합니다.

고멜은 아마도 온 동네에 음란한 것으로 소문이 가득한 여자였을 것입니다. 그러니 호세아가 곧바로 그녀를 찾아갔던 것입니다. 하나님의 명령에 곧바로 순종해서 자신이 알고 있는 가장 음란한 여자를 찾아가 청혼하고 그녀와 결혼하는 호세아의 모습을 보면서, "이러니까 하나님께서 그를 찾으셨구나!"라는 생각이 들지 않으십니까?

우리가 만일 호세아의 이야기를 보면서, "그는 참 대단하다! 나는 그렇게까지는 할 수 없어!"라고 생각했다면, 주님께서 참으로 슬퍼하실 것입니다. 예수님을 주님이라고 부르고, 하나님을 아버지라고 부르는 우리가 하나님의 명령에 쉽고 어려움을 따져가면서 순종한다면 하나님께서는 도대체 이 세상 어디에서 주의 일에 합당한 자를 찾으실 수 있겠습니까?

주님께서는 주님의 명령이 어떤 의미가 있는지 묻지도, 따지지도 않고 "나를 보내소서!" 하는 사람을 들어 쓰십니다. 그 한 사람을 통하여 주님의 뜻이 세상 가운데 드러나고, 멸망을 향하여 나아가는 사람 중 다만 몇 사람이라도 구원하는 역사가 일어나는 것입니다. 이사야 6장에서 하나님과 이사야와의 대화가 그 사실을 드러냅니다.

"내가 또 주의 목소리를 들으니 주께서 이르시되 내가 누구를 보내며 누가 우리를 위하여 갈꼬 하시니 그 때에 내가 이르되 내가 여기 있나이다 나를 보내소서 하였더니"(사 6:8).

이사야의 이 고백이 우리의 고백이 되기를 소원합니다. 호세아와 이사야를 통하여 주의 뜻을 온 세상에 알리셨던 것처럼, 우리도 이 악한 세상 가운데 주님의 뜻을 분명하게 드러내는 일에 쓰임을 받고 죽어가는 생명을 살리는 데 쓰임을 받게 되기를 간절히 소원합니다.

나눔 1 주님의 말씀 중에서 이것만은 순종하지 못하겠다고 생각했던 것이 있습니까?

나눔 2 우리가 품고 기도해야 할 세상의 고멜, 가장 악하고 음란한 영역은 무엇일까요?

예수님을 바라보는 우리 가정 기도 :

말씀 호세아 8:2-3 그들이 장차 내게 부르짖기를 나의 하나님이여 우리 이스라엘이 주를 아나이다 하리라 이스라엘이 이미 선을 버렸으니 원수가 그를 따를 것이라

하나님을 아십니까?

호세아 선지자가 활동했던 시절은 북이스라엘 역사상 최고의 황금기였습니다. 호세아 선지자가 활동했던 때의 왕을 "요아스의 아들 여로보암"이라고 말하고 있습니다(호 1:1). 이 여로보암은 북이스라엘의 초대 왕 여로보암과는 다른 사람입니다. 그는 북이스라엘의 13대 왕이자 예후 왕조의 네 번째 왕이었습니다. 예후 왕조는 북이스라엘의 최전성기를 이끌었는데 특히 여로보암 때에 이르러서는 군사, 정치, 경제, 문화 등 다방면에서 북이스라엘 최고의 황금기가 열리게 되었습니다.

나라의 모든 것이 다 잘 되어가고 있는 것처럼 보였던 이때, 하나님께서는 호세아라는 한 사람을 일으키시고 그 나라의 겉모습과는 완전히 다른 영적인 타락을 고발하게 하셨습니다. 북이스라엘에서는 초대 왕 여로보암 때부터 이어진 우상숭배가 끊임없이 이루어졌습니다.

여로보암이 벧엘과 단에 세웠던 금송아지 숭배가 계속되었고 외국의 이방신 숭배가 성행했습니다. 이런 상황 가운데서 하나님께서 호세아를 통하여서 하신 말씀 중에서 우리의 마음을 사로잡는 말씀이 있습니다. 그것은 "그들이 장차 내게 부르짖기를 나의 하나님이여 우리 이스라엘이 주를 아나이다 하리라"(호 8:2)라는 말씀입니다.

극심한 우상숭배와 죄의 만연으로 인하여 멸망을 당하고 괴로움을 당할 때, 그들이 하나님을 찾을 것인데 "주님, 제가 주님을 압니다!"라고 호소할 것이라는 말입니다. 아마 그들이 이 말을 할 때, 이 말씀을 들으신 하나님께서 이스라엘 백성들을 향하여 "나를 아는 사람이 그래?"라고 되물으실지도 모르겠습니다.

멸망을 맞이할 때가 되면 누구든지 다 하나님을 안다고 말할 것입니다. 이 땅을 살면서 하나님을 믿고 따랐던 사람도 하나님을 안다고 말할 것이고, 이 땅에서 하나님을 믿지 않고, 우상을 섬기며 살던 사람들도 하나님을 알지 못한다고는 말할 수 없을 것입니다. '내가 들었던 그 하나님이 정말로 계시는구나!'라는 사실을 멸망의 문 앞에서 깨닫게 될 것입니다. 그러니 하나님을 아는 것이 중요하지 않습니다. 하나님을 알기는 알되 어떻게 아느냐가 중요한 것입니다.

우리는 하나님을 아는 사람들입니까? 성경, 특별히 구약에서 말하는 안다는 것은 지식적인 앎이 아니라 친밀한 교제에서부터 나오는 관계를 말하는 것입니다. 그러므로 하나님을 안다는 것은 이 땅에서 하나님과 친밀히 교제하며 그분에 대하여 알게 되는 것이 하나님을 아는 것입니다. 이스라엘 백성들은 그렇지 못했습니다. 그래서 죄를 사랑하게 되었고 결국에는 멸망의 문 앞에 서서 하나님의 이름 정도만 안다고 말할 뿐이었습니다.

우리는 하나님을 진정으로 알게 되기를 소원합니다. 우리의 삶이 하나님을 알아가는 시간으로 사용되기를 축복합니다. 날마다 하나님을 바라보고 그분과 교제하면서 하나님의 마음을 알아가는 우리 가정이 되기를 간절히 축복합니다.

나눔 1 나는 하루의 시간 중에서 얼마나 하나님과 교제하고 있습니까?

나눔 2 최근에 하나님과 교제하면서 알게 된 그분에 대한 것이 있습니까?

예수님을 바라보는 우리 가정 기도 :

오늘성경통독 요엘 1장☐ 2장☐ 3장☐
오늘가정예배 찬송 250장 구주의 십자가 보혈로

Date / /

말씀 요엘 2:12-14 여호와의 말씀에 너희는 이제라도 금식하고 울며 애통하고 마음을 다하여 내게로 돌아오라 하셨나니 너희는 옷을 찢지 말고 마음을 찢고 너희 하나님 여호와께로 돌아올지어다 그는 은혜로우시며 자비로우시며 노하기를 더디하시며 인애가 크시사 뜻을 돌이켜 재앙을 내리지 아니하시나니 주께서 혹시 마음과 뜻을 돌이키시고 그 뒤에 복을 내리사 너희 하나님 여호와께 소제와 전제를 드리게 하지 아니하실는지 누가 알겠느냐

기회가 있을 때 돌이키세요

한때 개그맨 박명수가 자기의 유행어로 삼았던 말이 있습니다. "늦었다고 생각할 때는 너무 늦은 것이다"라는 말입니다. 이 말을 들을 때, 한편으로는 웃음이 나면서도 또 한편으로는 맞는 말이라는 생각이 들기도 합니다. 우리가 스스로 늦었다는 생각이 들기 전에 우리의 삶을 돌이켜 새 삶을 시작할 수만 있다면, 그보다 더 좋은 것은 없을 것입니다. 그러나 분명한 것은 늦었다는 생각이 들 때라도 돌이킨다면, 돌이키지 않는 것보다는 훨씬 좋은 결말을 맞이할 수 있다는 사실입니다.

요엘 선지자가 활동했던 시대를 정확하게 특정할 만한 자료가 전혀 없습니다. 그러나 요엘서에 기록된 말씀이 왕에 대한 언급이 없고 제사장들에 대한 말씀을 주로 기록하고 있는 점과 대제사장 여호야다가 어린 임금 요아스를 대신하여 섭정했음을 암시하고 있는 점 등을 미루어 보았을 때 요엘 선지자가 활동했던 시기를 여호사밧 시대 직후인 요아스 왕 때가 아닐까 추측해 볼 수 있습니다.

유다왕 요아스의 시대에 유다는 아달랴에 의해서 6년 동안 통치를 받았습니다. 악녀였던 아달랴는 북이스라엘의 아합과 이세벨의 딸로서 사마리아에서 성장했고 바알을 섬기던 여인이었습니다. 그는 유다 왕 여호람과 결혼해서 아하시야를 낳았으나 아하시야가 예후에 의해서 죽자 유다의 다윗 왕가에 속한 사람들을 모조리 살해하고 자신이 왕이 되어서 이스라엘을 다스렸습니다. 그녀의 통치는 여호야다가 혁명을 일으킬 때까지 계속되었습니다.

아달랴의 시대에 유다의 백성들은 아달랴를 따라서 우상을 섬기고 죄짓기를 두려워하지 않았습니다. 그런데 그런 그들을 향해서 하나님께서는 "이제라도 금식하고 울며 애통하고 마음을 다하여 내게로 돌아오라"(욜 2:12)라고 말씀하십니다. 우리의 눈에는 너무 늦어 보이는 유다의 상태가, 주님의 눈에는 이제라도 늦지 않았다고 여겨졌다는 것입니다. 왜 그럴까요? 지금이라도 돌아오면, 멸망만은 피할 수 있기 때문입니다. 지금이라도 하나님께 돌아오면 하나님께서 그들을 살리실 것이기 때문입니다.

우리의 인생도 마찬가지입니다. 하나님께로 돌아가는 일에 있어서 너무 늦거나, 너무 멀리 떨어져 있는 사람은 없습니다. 세상에서 가장 악한 사람일지라도, 지금이라도 하나님께로 돌아오면 하나님께서는 그를 건지시고 살리실 것입니다. 그러니 우리도 정말 너무 늦게 전에, 더 이상 돌이킬 기회가 없기 전에 하나님께로 돌아가야 합니다. 우리의 삶에 나도 모르게 품고 있던 죄들을 주님 앞에 완전하게 내려놓고, 마음을 찢고 주님께로 돌아가서 주님과 함께 거룩한 인생을 살아가는 우리 가정이 되기를 간절히 소원합니다.

나눔 1 하나님께서 용서하지 않으실 것 같은 사람을 알고 있습니까?

나눔 2 마음을 찢는다는 것이 무엇을 의미할지 나누어 보세요.

예수님을 바라보는 우리 가정 기도 :

오늘성경통독 아모스 1장☐ 2장☐ 3장☐ 4장☐ 5장☐

오늘가정예배 찬송 96장 예수님은 누구신가 Date / /

말씀 아모스 5:4-6 여호와께서 이스라엘 족속에게 이와 같이 말씀하시기를 너희는 나를 찾으라 그리하면 살리라 벧엘을 찾지 말며 길갈로 들어가지 말며 브엘세바로도 나아가지 말라 길갈은 반드시 사로잡히겠고 벧엘은 비참하게 될 것임이라 하셨나니 너희는 여호와를 찾으라 그리하면 살리라 그렇지 않으면 그가 불 같이 요셉의 집에 임하여 멸하시리니 벧엘에서 그 불들을 끌 자가 없으리라

삶 속에서 하나님을 찾으세요

아모스는 남유다 사람이었지만 북이스라엘에 가서 하나님의 말씀을 선포했던 선지자였습니다. 이런 상황을 보면 북이스라엘이 얼마나 크게 타락했으면 '북이스라엘 땅에는 들어서 쓸 사람이 하나도 없을까?'라는 생각이 듭니다. 하나님께서 말씀을 주셔도 그 말씀에 순종하여 선포할 만한 의인이 하나도 없었던 북이스라엘, 그 나라를 하나님께서는 포기하지 않으시고 남유다에 살던 아모스를 일으키셔서 북이스라엘로 보내면서까지 그들에게 하나님의 뜻을 알리게 하십니다.

그런데 그렇게 아모스를 북이스라엘로 보내셔서 전하게 하시는 말씀이 무엇입니까? "너희는 나를 찾으라 그리하면 살리라"라는 말씀입니다(암 5:4). 이 말씀은 북이스라엘의 잘못된 우상숭배는 물론이고 예배에 대한 잘못된 생각을 지적하시는 말씀입니다.

북이스라엘은 여로보암이 세운 벧엘과 단의 금송아지와 더불어서 길갈이라는 곳에서도 우상을 숭배하는 집회를 열었습니다. 브엘세바는 남유다의 영토 가장 남단으로 브엘세바로 건너간다는 것은 남유다로 건너가는 것을 말하는 것입니다. 다시 말하면 벧엘에서도 예배하지 않고, 단이나 길갈에서도 예배하지 않고, 예루살렘에 있는 하나님의 성전에 가서 예배하는 것을 말하는 것입니다.

그런데 하나님께서는 벧엘과 단, 길갈과 브엘세바에서 예배하는 것은 다 틀렸다고 말씀하십니다. 왜냐하면 그들이 벧엘과 길갈과 브엘세바를 찾았던 이유가 그곳에 가서 예배하면, 제사를 드리면 그것은 당연히 하나님께 드리는 예배라고 착각했기 때문입니다.

오늘날에도 이런 착각이 있습니다. 교회에 다니면, 예배의 자리에 참석하면 자기도 하나님께 예배했다고 생각합니다. 그러나 그렇지 않습니다. 예배를 뜻하는 히브리어 "아바드"는 "봉사, 섬김"을 의미하고 "솨하"라는 단어는 "엎드리다, 굴복하다"라는 의미를 가지고 있습니다. 그러니 하나님을 예배한다는 것은 하나님께 완전히 굴복하고 엎드려서 그분을 섬기는 것을 말하는 것입니다.

하나님께 예배한다는 것은 제사의 자리에 참석하는 것이 아닙니다. 우리의 삶을 완전히 하나님께 맡기고 그분께서 원하시는 일들을 해나가는 삶이 곧 예배인 것입니다. 그래서 하나님께서 이스라엘을 향하여 "너희는 나를 찾으라, 너희는 여호와를 찾으라, 그리하면 살리라"라고 말씀하시는 것입니다(암 5:4-6). 예배의 자리를 찾는 것이 아니라 하나님을 찾는 것, 하나님이 어떤 분이신지를 분명히 알고 그분의 뜻을 따르는 것이 그들이 살길이라는 것을 알려 주고 계시는 것입니다.

하나님을 찾으며 살아야 합니다. 삶의 매 순간에 하나님의 뜻이 무엇인지를 찾고 그분의 뜻을 이루기 위해 살아야 합니다. 그것이 하나님께 드리는 진정한 예배이며, 진정한 예배를 드리는 사람에게 삶의 길이 열릴 것이라는 하나님의 말씀을 분명히 기억하고 날마다 주님을 찾으며 그분의 뜻을 따라가는, 진정한 예배를 드리며 살아가는 우리 가정이 되기를 간절히 소원합니다.

나눔 1 어떻게 하면 우리의 삶을 통해서 주님께 예배를 드릴 수 있을까요?

나눔 2 내 삶 가운데 하나님을 찾지 못하고 살았던 영역이 있나요?

예수님을 바라보는 우리 가정 기도 :

오늘성경통독 아모스 6장 □ 7장 □ 8장 □ 9장 □
오늘가정예배 찬송 401장 주의 곁에 있을 때

Date / /

말씀 아모스 6:1 화 있을진저 시온에서 교만한 자와 사마리아 산에서 마음이 든든한 자 곧 백성들의 머리인 지도자들이여 이스라엘 집이 그들을 따르는도다

여러분의 마음은 누구 때문에 든든합니까?

우리가 마음으로 무엇을 의지하는지는 우리에게 무엇이 있을 때 우리 마음이 든든한지를 보면 알 수 있습니다. 어떤 사람은 통장의 잔고를 보고 든든하다고 여깁니다. 그래서 통장에 잔고가 많으면 마음이 기쁘고, 잔고가 적으면 마음이 불안해집니다. 또 어떤 사람들은 장성한 자식들을 보면 마음이 든든하다고 합니다. 장성한 자식들이 자신을 돌봐줄 것으로 생각하기 때문입니다.

우리가 무엇을 볼 때 마음이 든든한지를 바라보면 우리가 진짜 의지하는 것이 무엇인지가 드러납니다. 오늘 말씀에 등장하는 시온에서 교만한 자와 사마리아 산에서 마음이 든든한 자, 곧 백성들의 지도자들은 자신들을 따르는 백성들이 있기에 마음이 든든했습니다. 자신들이 말하는 것을 믿고 따르는 백성들, 자신들이 괜찮다고 말하면 괜찮은 줄 알고, 흉한 날은 찾아오지 않을 것이라고 이야기하면, 곧이곧대로 듣고 믿는 백성들이 있기에 마음이 든든했습니다.

그들은 그런 백성들만 있으면 영원히 자신들의 높은 자리를 지키고 누릴 수 있을 것으로 생각했습니다. 백성들이 미련하게도 자기들이 하는 말만 믿고 따라오고 있으니 자기들은 영원토록 위에 군림할 것이고 백성들은 그들의 밑에서 그들을 떠받들어 줄 것으로 생각했던 것입니다.

남유다와 북이스라엘의 지도자들 모두가 이런 형편이었습니다. 그야말로 하늘 무서운 줄 모르고 자신들을 따르는 백성들을 바라보며 거드름을 피우고 살고 있었던 것입니다. 그런 그들을 향하여 하나님께서 말씀하십니다. "너희는 요셉의 환난에 대하여는 근심하지 아니하는 자로다" 여기에서 요셉의 환난이라는 것은 남유다와 북이스라엘 모두를 지칭하는 요셉으로 인하여 큰 민족으로 성장하게 된 이스라엘 전체 민족을 가리키는 것입니다.

이스라엘의 지도자들은 자신들이 높은 자리에 앉게 되어 마음이 든든해졌지만, 정작 그 위치에서 해야만 하는 "나라 걱정, 백성 걱정"은 하지 않고 있다는 것입니다. 누릴 것만 누리고, 해야 할 것은 하지 않는 사람, 자기에게 좋은 것만 취하고, 자신이 해야 할 일은 나 몰라라 하는 사람이 되었다는 것입니다.

그들이 왜 이렇게 되었습니까? 백성들을 의지하고 백성들로 인하여 마음에 든든함을 얻었기 때문입니다. 백성들이 아니라 하나님이 의지의 대상이 되고, 백성들이 아니라 하나님으로 인하여 마음에 든든함을 얻는 사람들이었다면 그들은 자신들의 나라가 잘못되어가고 있다는 사실을 빨리 알아차렸을 것이고 그 문제를 가만히 내버려 두지 않았을 것입니다. 우리가 무엇을 의지하고, 무엇을 든든하게 여기는지가 우리의 생각과 행동을 주장합니다. 하나님을 의지하는 자는 하나님을 기준으로 생각하고, 세상을 의지하는 자는 세상을 기준으로 생각합니다. 우리는 무엇을 의지하는 사람입니까?

나눔 1 나는 무엇을 바라볼 때 든든함을 느낍니까?

나눔 2 우리의 삶을 하나님의 기준으로 바라볼 때, 무엇인가 잘못되어가고 있는 부분은 없습니까?

예수님을 바라보는 우리 가정 기도 :

말씀 요나 1:1-3 여호와의 말씀이 아밋대의 아들 요나에게 임하니라 이르시되 너는 일어나 저 큰 성읍 니느웨로 가서 그것을 향하여 외치라 그 악독이 내 앞에 상달되었음이니라 하시니라 그러나 요나가 여호와의 얼굴을 피하려고 일어나 다시스로 도망하려 하여 욥바로 내려갔더니 마침 다시스로 가는 배를 만난지라 여호와의 얼굴을 피하여 그들과 함께 다시스로 가려고 배삯을 주고 배에 올랐더라

주님과 같은 곳을 바라보나요?

사랑은 서로를 바라보는 것이 아니라 같은 곳을 바라보는 것이라고 합니다. 우리가 정말 하나님과 사랑의 관계가 되면 우리는 하나님과 같은 곳을 바라보게 됩니다. 오늘 말씀을 보면 하나님께서 바라보시는 곳이 어디인지가 표현되어 있습니다. 바로 니느웨입니다.

하나님께서는 "니느웨의 악독이 내 앞에 상달 되었음이니라"라고 말씀하십니다. 말씀에서 '악독'이라고 표현된 히브리어 단어의 주요 의미는 환난, 곤경입니다. 요나서는 이 단어를 환난으로 번역하느냐, 악독으로 번역하느냐에 따라서 완전히 다르게 해석될 수 있습니다. 저는 하나님께서 그들이 환난과 곤경을 겪고 있다는 것을 들으셨다고 생각합니다. 왜냐하면 그들의 악함이 그렇게 극에 달했다면 그냥 멸망시키시면 될 일이기 때문입니다. 하나님의 눈에 그들은 마귀의 손에 잡혀서 곤경을 겪고 있었기에 요나라는 구조자를 그 땅으로 보내서 그들을 구해내려고 하신 것입니다.

그런데 요나는 어떻습니까? 요나는 여호와의 얼굴을 피하려고 했습니다(욘 1:3). 다시 말하면, 하나님께서 바라보시는 그곳을 함께 바라보고 싶어하지 않았습니다. 그래서 그는 욥바로 향합니다. "욥바"는 아름다움이라는 뜻을 가지고 있습니다. 요나는 하나님께서 바라보시는 니느웨와 그곳에서 해야 하는 일을 아름답게 바라보지 않고, 자기의 생각을 따라 하나님과 다른 곳을 향하여 나아가기를 더 아름답게 여겼던 것입니다. 이것은 요나가 하나님과 사랑의 관계로 완전하게 맺어지지 않았음을 우리에게 보여줍니다.

우리가 세상을 바라보고 사람을 바라볼 때, 하나님과 한 마음, 한뜻으로 바라보지 못하고 있다는 것은 우리에게 사랑이 부족하기 때문도 아니고, 세상과 사람이 내가 생각하는 것처럼 악하여서 그런 것도 아닙니다. 우리가 하나님의 시선으로 사람과 세상을 바라보지 못하는 이유는 나부터가 하나님과 사랑의 관계로 맺어져 있지 못하기 때문입니다.

우리가 하나님을 사랑하면 하나님께서 사랑하시는 것을 함께 사랑할 수밖에 없습니다. 우리가 하나님을 사랑하면 하나님께서 하시기를 원하시는 일이 우리 마음의 소원이 될 수밖에 없습니다. 우리가 하나님을 사랑하면 하나님께서 바라보시는 그 곳을 함께 바라보고 하나님께서 원하시는 일을 함께 행할 수밖에 없습니다. 사랑으로 맺어진 관계란 바로 그런 것입니다.

아직 주님의 시선과 같은 시선으로 사람과 세상을 바라보지 못하고 있다면 주님을 더욱 사랑하기를 구하십시오. 사랑하지 못하는 자를 사랑하게 해달라고 구하는 것이 아니라, 주님을 향한 사랑을 더욱 부어달라고 구하는 것, 그것이 우리가 먼저 기도해야 할 가장 중요한 기도의 제목입니다.

나눔 1 주님을 믿고 내 시선이 이전과는 달라진 점이 있습니까?

나눔 2 주님께서 아름답게 여기시는 일이 나에게는 아름답게 여겨지지 않았던 적이 있습니까?

예수님을 바라보는 우리 가정 기도 :

말씀 미가 5:4-5 그가 여호와의 능력과 그의 하나님 여호와의 이름의 위엄을 의지하고 서서 목축하니 그들이 거주할 것이라 이제 그가 창대하여 땅끝까지 미치리라 이 사람은 평강이 될 것이라

평강을 위한 길

오늘 말씀은 예수 그리스도의 탄생과 그분의 통치를 예언한 말씀입니다. 미가서 5장은 베들레헴이라는 작은 마을에서 이스라엘을 다스릴 자가 나올 것이고 그분의 통치가 땅끝까지 미칠 것이라고 말합니다. 그런데 그분의 통치에는 세상 군왕들의 통치와는 다른 특징이 있습니다. 그것은 바로 '평강'입니다.

세상에도 지혜롭고 능력 있고 힘 있는 군왕들이 많이 있었습니다. 북이스라엘을 멸망시켰던 앗수르의 왕도 그랬고 남유다를 멸망시켰던 바벨론의 왕들도 그러했습니다. 그들의 힘이 얼마나 컸던지 주변 나라들이 다 그들에게 무너졌고 굴복했습니다. 그러나 그들 역시 자신들이 무너뜨렸던 나라와 왕들과 똑같이 다른 나라와 다른 왕들에 의해서 무너지고 말았습니다.

이것이 힘의 논리입니다. 힘으로 흥한 자는 힘으로 망하기 마련입니다. 왜냐하면 인간의 힘이라는 것은 상대적이기 때문입니다. 지금은 내가 상대방보다 강할지 몰라도 나보다 강한 상대를 반드시 만나게 되어 있습니다. 그러니 사람이 자기의 힘으로 위세를 떨칠지라도 반드시 무너질 때가 있는 것입니다.

하지만 예수 그리스도의 통치는 그들과는 다릅니다. 예수님은 자기의 힘으로 이 세상을 다스리시지 않습니다. 새번역 성경은 미가 5장 4절을 "그가 주님께서 주신 능력을 가지고, 그의 하나님이신 주님의 이름이 지닌 그 위엄을 의지하고 서서 그의 떼를 먹일 것이다"라고 번역합니다. 다시 말하면 예수님의 통치는 절대적인 하나님의 힘으로 다스리시는 통치라는 것입니다. 그러니 예수님의 통치는 절대 무너지지 않습니다. 하나님의 힘보다 더 큰 힘을 가진 존재가 없으므로 하나님께서 다스리시는 나라는 요동하지 않고 무너지지 않는 나라입니다. 그렇기에 그분께서 통치하시는 나라는 평강의 나라가 될 수밖에 없는 것입니다.

우리의 삶이 흔들림이 없는, 평강한 삶이 될 수 있는 가장 확실한 방법은 우리 삶의 통치권을 주님께 내어드리는 것입니다. 내 삶이 주님의 통치를 받는 삶이 되고, 내 삶이 주님께서 다스리시는 나라가 되면, 우리의 삶은 그 누구도 흔들 수 없고 무너뜨릴 수 없는 주님의 통치를 받는 나라가 됩니다. 주님께서 하나님의 힘과 능력으로 우리의 삶을 다스리시기 시작하면 제아무리 강한 자들이 와서 우리를 흔들고 공격하려고 한다고 할지라도 그들보다 더욱 강하신 주님께서 일어나 그들을 치실 것이기에 우리는 평강을 누릴 수 있는 것입니다(미 5:5).

내 삶의 평강을 내 힘으로 이루려 하지 마십시오. 이것만 채워지면 내 삶이 평강할 수 있다고 생각하지 마십시오. 우리의 삶이 평강을 누릴 수 있는 유일한 길은 절대적인 힘으로 온 세상을 다스리시는 하나님께서 내 삶을 다스릴 때라는 것을 기억하고, 내 삶의 통치권을 주님께 드려 평강을 누리는 우리 가정이 되기를 간절히 축복합니다.

나눔 1 "이것만 있으면 내 삶이 평안하겠다"라고 생각했던 것이 있습니까?

나눔 2 주님께서 내 삶을 다스리신다는 것은 어떤 의미일지 서로 생각을 나누어 보세요.

예수님을 바라보는 우리 가정 기도 :

말씀 하박국 2:4-5 보라 그의 마음은 교만하며 그 속에서 정직하지 못하나 의인은 그의 믿음으로 말미암아 살리라 그는 술을 즐기며 거짓되고 교만하여 가만히 있지 아니하고 스올처럼 자기의 욕심을 넓히며 또 그는 사망 같아서 족한 줄을 모르고 자기에게로 여러 나라를 모으며 여러 백성을 모으나니

하나님으로 충분한 삶

하나님께서 의인이라고 여겨주시는 사람은 믿음으로 사는 사람입니다. "오직 의인은 믿음으로 말미암아 살리라"라는 하나님의 선언은 우리로 하여금 믿음으로 살기를 소망하게 만듭니다. 그런데 한편으로는 '믿음으로 산다는 것은 어떤 삶을 말하는 것인가?'라는 질문도 일어납니다.

예수님을 믿는 믿음을 가지고 살면 믿음으로 사는 것일까요? 교회에 다니고, 주일예배에 참여하고, 십일조를 드리면 믿음으로 사는 것일까요? 사람들의 기준에는 그 정도면 믿음으로 사는 것으로 생각할지 모르겠지만 하나님의 생각으로는 아닙니다. 하나님께서 말씀하시는 믿음으로 산다는 것을 우리의 말로 정확하게 표현할 수는 없겠지만 그럼에도 불구하고 표현해야 한다면 그것은 아마 '하나님으로 충분한 삶'일 것입니다.

하나님을 믿는다면 더 이상 부족한 것이 없어야 합니다. 하나님을 믿는다면 더 이상 염려하거나 불안하지 않아야 합니다. 하나님을 믿는다면 내주지 못할 것이 없고 내려놓지 못할 것이 없습니다. 이 모든 것이 하나님으로 충분할 때 우리 가운데 이루어지는 일입니다. 그래서 하나님, 그분만으로 충분하지 않은 사람은 항상 부족하다고 생각하고 무엇인가를 채우고 싶어 합니다. 불안하고 두렵기에 항상 염려하고 무엇인가를 해야만 한다고 생각합니다.

오늘 말씀에는 믿음으로 살지 못하는 사람의 삶의 모습이 그대로 기록되어 있습니다. 그중에서 특별히 제 마음을 사로잡은 말씀은 "교만하여 가만히 있지 아니하고"(합 2:5)라는 말씀이었습니다.

여러분 가만히 있지 않은 것이 죄라고 생각해 본 적이 있으십니까? 부지런히 움직이고 부지런히 일하고 열심히 사는 것이 죄라고 생각하는 사람은 아무도 없을 것입니다. 그런데 오늘 말씀에서 하나님께서는 믿음으로 살지 못하는 사람의 삶의 모습을 "교만하여 가만히 있지 아니하고"라고 말씀하십니다. 부지런히 사는 것은 죄가 아니지만, 교만 때문에 부지런히 사는 것은 죄라는 것입니다.

많은 사람들이 자기 자신이 자기 삶의 해결사가 되어야 한다고 생각합니다. 그래서 항상 분주합니다. 자기의 삶이 무너지지 않으려면 이것도 해야 하고 저것도 해야 한다고 생각합니다. 그렇게 자기가 자기 삶의 주인이 되어 자기 뜻을 이루기 위해 부지런히 사는 사람을 하나님께서 교만하다고 하시는 것입니다.

믿음으로 사는 사람은 부지런하게 살면서도 가만히 있는 순간이 있습니다. 주님의 음성을 듣는 시간입니다. 내 삶의 주인이 내가 아니라 주님이시고, 나는 그분의 종이라고 믿는 사람은 주인이신 예수님의 명령을 듣기 위해 주님 앞에 잠잠히 서는 시간을 갖습니다. 그렇게 주님의 명령을 듣고 그 명령을 행하기 위해 부지런히 움직입니다. 이것이 교만한 사람의 분주함과 믿음의 사람의 분주함의 차이입니다.

나눔 1 당신은 오늘 무엇 때문에 분주하게 사셨습니까?

나눔 2 오늘 주님의 음성을 듣기 위해 가만히 멈춰 섰던 시간이 있었습니까?

예수님을 바라보는 우리 가정 기도 :

말씀 스바냐 3:15-17 여호와가 네 형벌을 제거하였고 네 원수를 쫓아냈으며 이스라엘 왕 여호와가 네 가운데 계시니 네가 다시는 화를 당할까 두려워하지 아니할 것이라 그 날에 사람이 예루살렘에 이르기를 두려워하지 말라 시온아 네 손을 늘어뜨리지 말라 너의 하나님 여호와가 너의 가운데 계시니 그는 구원을 베푸실 전능자이시라 그가 너로 말미암아 기쁨을 이기지 못하시며 너를 잠잠히 사랑하시며 너로 말미암아 즐거이 부르며 기뻐하시리라 하리라

하나님의 자녀가 누리는 가장 큰 복

예수님을 믿는 믿음으로 말미암아 하나님의 자녀가 된 사람들이 누리게 되는 가장 큰 복은 무엇일까요? 그것은 바로 주님이 우리 안에 오셔서 함께 거하는 복입니다. 주님이 우리 안에 오셔서 나와 함께 살고 계신다는 것보다 더 큰 복은 없습니다.

오늘 말씀은 우리에게 "이스라엘 왕 여호와가 네 가운데 계시니 네가 다시는 화를 당할까 두려워하지 아니할 것이라"라고 말합니다(습 3:15). 주님이 우리 안에 계신다는 것이 정말 믿어지면 우리는 어떠한 상황 가운데서도 화를 당할 것을 두려워하지 않게 됩니다. 왜 그렇습니까? 우리 안에 거하고 계시는 주님께서 "구원을 베푸실 전능자"이시기 때문입니다(습 3:17). 우리 안에 계시는 주님은 무능력하고 힘없는 분이 아니라, 전능하신 하나님이시라는 것입니다. 그러니 주님이 우리 안에 계신다는 것이 정말로 믿어지면 두려움이 사라지고 염려 역시 당연히 없어집니다.

사랑하는 여러분, 우리 안에 전능하신 주님께서 거하고 계십니다. 그뿐만 아니라 우리 안에 계시는 주님께서 우리를 사랑하십니다. "그가 너로 말미암아 기쁨을 이기지 못하시며 너를 잠잠히 사랑하시며 너로 말미암아 즐거이 부르며 기뻐하시리라"(습 3:17)라는 말씀이 증거하고 있습니다. 그러니 이 사실을 믿음으로 받기만 하면 됩니다.

전능하신 하나님, 나를 사랑하셔서 날마다 기쁨을 이기지 못하여 노래를 부르시는 그 주님이 지금 나와 동행하시며 나를 지키시고 인도하고 계신다는 사실을 믿음으로 받으면 어떠한 어려움이 찾아와도 두렵거나 염려하지 않게 되고 찬양만 하며 살 수 있게 되는 것입니다.

사도 바울은 주님의 그 사랑을 믿기에 도살당할 양 같이 여김을 받으면서도 두렵지 않았다고 말합니다. "기록된 바 우리가 종일 주를 위하여 죽임을 당하게 되며 도살당할 양 같이 여김을 받았나이다 함과 같으니라 그러나 이 모든 일에 우리를 사랑하시는 이로 말미암아 우리가 넉넉히 이기느니라"(롬 8:36-37).

주님께서 아무리 큰 복을 주셨어도 믿음으로 받지 않으면 그 복을 누릴 수 없습니다. 반대로 주님께서 우리 안에 거하시며 나와 함께 하고 계신다는 사실이 믿어지면, 사도 바울과 같은 믿음의 삶을 우리도 살 수 있습니다. 모든 시험과 어려움을 넉넉히 이기는 복된 삶이 우리의 삶이 될 수 있습니다. 우리는 이미 말할 수 없는 복을 받은 사람들입니다. 믿음으로 취하여 그 복을 누리는 우리 가정이 되기를 간절히 소원합니다.

나눔 1 주님께서 내 안에 거하고 계신다는 사실을 믿고 나서 달라진 점이 있습니까?

나눔 2 내가 생각하는 가장 큰 복은 무엇입니까?

예수님을 바라보는 우리 가정 기도 :

오늘성경통독 스가랴 1장□ 2장□ 3장□ 4장□ 5장□ 6장□ 7장□

오늘가정예배 찬송 366장 어두운 내 눈 밝히사

Date / /

말씀 스가랴 3:1-5 대제사장 여호수아는 여호와의 천사 앞에 섰고 사탄은 그의 오른쪽에 서서 그를 대적하는 것을 여호와께서 내게 보이시니라 여호와께서 사탄에게 이르시되 사탄아 여호와께서 너를 책망하노라 예루살렘을 택한 여호와께서 너를 책망하노라 이는 불에서 꺼낸 그슬린 나무가 아니냐 하실 때에 여호수아가 더러운 옷을 입고 천사 앞에 서 있는지라 여호와께서 자기 앞에 선 자들에게 명령하사 그 더러운 옷을 벗기라 하시고 또 여호수아에게 이르시되 내가 네 죄악을 제거하여 버렸으니 네게 아름다운 옷을 입히리라 하시기로 내가 말하되 정결한 관을 그의 머리에 씌우소서 하매 곧 정결한 관을 그 머리에 씌우며 옷을 입히고 여호와의 천사는 곁에 섰더라

시험을 이기는 첫 단계

하나님을 믿는 사람들이 하나님과 함께 반드시 믿어야 하는 영적인 존재가 있습니다. 바로 사탄, 마귀입니다. 마귀는 실재합니다. 그런데 예수님을 믿는 사람들조차도 마귀를 실재로 여기지 않습니다. 눈에 보이지는 않지만, 마귀는 여전히 살아서 우리를 공격합니다. 이리저리 찌르고 시험합니다. 실제로 시험을 당하고 넘어지면서도 마귀를 실재로, 실체로 여기지 않고 추상적으로만 생각합니다. 그러니 계속해서 당하는 것입니다. 마귀는 우리의 눈에 보이지 않는데, 마귀의 눈에는 우리가 훤히 보이니, 우리가 그 싸움을 당할 길이 없는 것입니다.

오늘 말씀을 보면 대제사장 여호수아가 천사 앞에 서 있을 때, 그 옆에는 사탄이 함께 서 있었다고 말하고 있습니다. 이것이 우리의 눈에 보이지 않는 현실입니다. 우리가 하나님 앞에 설 때 항상 그 옆에는 마귀가 함께 서 있습니다. 이것을 항상 기억해야 합니다. 우리가 예배할 때, 예배하지 못하도록 방해하는 영이 그 자리에 함께 있습니다. 우리가 기도할 때, 기도하지 못하도록 사탄이 우리 옆에 서서 방해합니다. 심지어는 우리가 기도의 자리로 나아가려고 하는 순간에도 그것을 방해하기 위하여 우리 옆에 마귀가 달라붙어서 끈질기게 역사합니다. 이것을 기억하는 것이 악한 영의 시험을 이기는 첫 단계입니다. 마귀가 실재한다는 것을 믿고 마귀가 지금도 내 옆에 달라붙어 있다는 사실을 기억해야 마귀가 걸어오는 방해와 시험에 민감하게 반응할 수 있는 것입니다.

그렇게 마귀가 실재가 되면 우리는 자연히 주님을 찾게 됩니다. 마귀의 시험과 유혹을 내 힘으로는 이길 수 없으니 주님을 부르고 주님을 찾게 됩니다. 그러면 주님께서 이기게 하십니다. 오늘 말씀에서 여호수아 옆에 선 사탄을 누가 책망하고 물리치십니까? 여호와 하나님이십니다. 하나님 말고는 마귀를 대적하고 무찌를 수 있는 존재가 없습니다. 그래서 주님께서 우리 안에 오신 것입니다. 우리와 항상 함께 사시면서, 언제든지 마귀가 우리를 공격해 올 때, 우리를 지키시고 도우시기 위해서 우리 가운데 오신 것입니다.

마귀는 실재합니다. 지금도 우리 옆에 마귀가 서 있습니다. 그 마귀의 유혹과 방해를 이길 수 있는 길은 주님께로 피하는 것밖에는 없습니다. 주님을 부르고 주님을 바라보고 주님께 기도하면 주님께서 우리를 이기게 하십니다. 깨어 기도하십시오. 그리하여 우리를 방해하는 마귀를 물리치고 주님의 뜻을 이루는 우리 가정이 되기를 간절히 축복합니다.

나눔 1 오늘 하루를 살면서 마귀에 대해서 생각한 적이 있습니까?

나눔 2 주님께서 기뻐하지 않으시는 마음이 내 속에서 일어날 때, 어떻게 대처하고 있습니까?

예수님을 바라보는 우리 가정 기도 :

말씀 스가랴 9:9-10 시온의 딸아 크게 기뻐할지어다 예루살렘의 딸아 즐거이 부를지어다 보라 네 왕이 네게 임하시나니 그는 공의로우시며 구원을 베푸시며 겸손하여서 나귀를 타시나니 나귀의 작은 것 곧 나귀 새끼니라 내가 에브라임의 병거와 예루살렘의 말을 끊겠고 전쟁하는 활도 끊으리니 그가 이방 사람에게 화평을 전할 것이요 그의 통치는 바다에서 바다까지 이르고 유브라데 강에서 땅 끝까지 이르리라

예수님을 왕으로 모신 사람의 특징

오늘 말씀은 우리 주 예수 그리스도에 대한 예언을 기록하고 있습니다. 그런데 이 예언은 "보라 네 왕이 네게 임하시나니"(슥 9:9)라는 말로 시작됩니다. 주님께서 우리에게 임하실 때 반드시 우리의 왕으로 임하신다는 말입니다. 여기에서 우리가 주님의 임재를 경험하며 사느냐, 그렇지 못하며 사느냐가 갈라집니다.

우리가 주님을 영접할 때 주님을 왕으로 영접해야만 임재를 경험할 수 있습니다. '주님, 내 안에 오시옵소서'라고 주님을 초청하고 영접했으면서도 내 삶이 별로 달라진 것이 없다면 그것은 우리가 주님을 왕으로 모시지 않은 것입니다. 주님께서는 우리 안에 왕으로 임하십니다. 왕의 자리가 아닌 다른 자리에 주님을 모시면 주님을 모시고도 아무런 역사를 경험하지 못하게 됩니다.

주님을 왕으로 모신 자들의 삶에서는 반드시 주님의 모습이 드러나게 됩니다. 주님께서 그 사람의 왕이 되셔서 그를 이끄시기 때문입니다. 오늘 말씀에서는 주님을 왕으로 모시고 사는 사람의 삶에서 어떤 모습이 드러나는지를 분명하게 밝히고 있습니다.

예수님을 왕으로 모시고 사는 사람들의 삶에서 발견되는 첫 번째 모습은 '공의'입니다. 공의라는 것은 선과 악을 분명하게 나누시는 하나님의 성품을 나타내는 말입니다. 예수님을 왕으로 모시고 사는 사람은 선과 악을 분명하게 나눕니다. 무엇이 선이고 무엇이 악인지를 구별하여 선은 추구하고 악은 버립니다. 이 공의는 예수님을 왕으로 모시고 사는 사람에게서 나타나는 두 번째 특징인 '겸손'과 화합을 이룰 때 더욱 아름답게 드러납니다.

공의와 겸손이 화합을 이루면 선과 악을 나누고 제재하는 그 일을 남에게 적용하기보다 자기 자신에게 적용합니다. 그래서 항상 자신의 삶을 공의로운 기준으로 바라보고 제재하게 됩니다. 그렇게 예수님을 왕으로 모신 사람의 삶은 주님께서 기뻐하시는 공의에 적합한 삶으로 변화되는 것입니다.

마지막 세 번째 예수님을 왕으로 모신 사람에게서 발견되는 특징은 '화평'입니다. 예수님을 왕으로 모시고 사는 사람은 절대로 다툼이나 분열을 일으키지 않습니다. 다툼과 분열은 주님께서 가장 싫어하시는 일 중의 하나입니다. 그러니 예수님을 왕으로 모신 사람은 다투지 않고 분열시키지 않습니다. 화평을 추구하고 화평을 지키기 위해서 무던히 애를 쓰는 사람이 예수님을 왕으로 모시고 사는 사람입니다.

예수님을 믿으면서도 예수님의 역사가 내 삶 가운데 일어나지 않고 있는 것 같다면, 공의와 겸손과 화평이 우리에게 있는지를 점검해야 합니다. 예수님을 왕으로 모시고 사는 사람의 삶이 우리의 삶이 되어야 합니다. 주님께서 왕이 되시면 우리의 삶은 달라지게 되어 있습니다.

나눔 1 주님께서 내 마음에 왕으로 계시는 것 같나요? 아니라면 그 이유는 무엇인가요?

나눔 2 공의와 겸손과 화평 중에서 나에게서 드러나는 특징은 무엇이 있나요?

예수님을 바라보는 우리 가정 기도 :

말씀 말라기 1:6-8 내 이름을 멸시하는 제사장들아 나 만군의 여호와가 너희에게 이르기를 아들은 그 아버지를, 종은 그 주인을 공경하나니 내가 아버지일진대 나를 공경함이 어디 있느냐 내가 주인일진대 나를 두려워함이 어디 있느냐 하나 너희는 이르기를 우리가 어떻게 주의 이름을 멸시하였나이까 하는도다 너희가 더러운 떡을 나의 제단에 드리고도 말하기를 우리가 어떻게 주를 더럽게 하였나이까 하는도다 이는 너희가 여호와의 식탁은 경멸히 여길 것이라 말하기 때문이라 만군의 여호와가 이르노라 너희가 눈 먼 희생제물을 바치는 것이 어찌 악하지 아니하며 저는 것, 병든 것을 드리는 것이 어찌 악하지 아니하냐 이제 그것을 너희 총독에게 드려 보라 그가 너를 기뻐하겠으며 너를 받아 주겠느냐

마음을 다해 주님께 드립시다

제가 어린 시절에 교회에 갈 때면 어머니께서는 항상 말끔하게 펴진 천 원짜리 지폐를 준비했다가 헌금하라고 주셨습니다. 저는 그 지폐가 구겨지지 않도록 성경책 사이에 끼워서 보관했다가 하나님께 헌금을 드리고는 했습니다. 하나님께 드리는 것은 항상 가장 좋은 것이어야 한다는 마음이 헌금을 준비하는 마음에서 드러났던 것입니다.

하나님께서는 우리가 드리는 헌금이 아니라 우리의 마음을 받으십니다. 우리가 주님께 무엇인가를 드릴 때 중요한 것은 어떤 것을 드리느냐가 아닙니다. 어떤 마음으로 드리느냐입니다. 때로는 아주 보잘것없는 '두 렙돈'이 주님께서 기뻐하시는 헌금이 될 수 있습니다. 그것이 그에게는 최선의 마음을 담은 헌금이었기 때문입니다(막 12:44). 반대로 정말 화려하고 대단한 재물을 주님께 헌금한다고 할지라도 거기에 우리의 전심이 들어있지 않다면 그것은 결코 주님께서 기뻐하시는 헌금이 될 수 없습니다.

때때로 사람들은 하나님께 드리는 것에 있어서 적당한 선에서 타협하려고 합니다. 예배도 적당히, 기도도 적당히, 헌금도, 헌신도 적당한 것이 가장 좋다고 생각합니다. 주님께서 기뻐하시는 일을 하더라도 적당한 선을 지키면서 도를 넘지 않게 하려고 스스로 조심합니다. 그런데 그렇게 드려진 예배와 기도와 헌금과 헌신을 주님께서 기뻐하실까요? "내가 아버지일진대 나를 공경함이 어디 있느냐 내가 주인일진대 나를 두려워함이 어디 있느냐"(말 1:6)라고 하시지 않겠습니까?

우리는 어쩌면 사람도 기뻐하지 않을 정도의 마음을 가지고 하나님을 만족시키려고 하고 있는지도 모릅니다. 우리가 사랑하는 한 사람의 마음을 얻으려고 할 때도 얼마나 지극정성을 다합니까? 사업을 위해서, 직장에서 원하는 것을 이루려고 할 때 얼마나 최선을 다합니까? 그런데 하나님께 그 정도의 최선을 드려 본 적이 있습니까? 주님께서 말씀하십니다. "너희는 나 하나님께 은혜를 구하면서 우리를 불쌍히 여기소서 하여 보라 너희가 이같이 행하였으니 내가 너희 중 하나인들 받겠느냐"(말 1:9).

우리는 어떤 마음을 주님께 드리고 있습니까? 사람에게 주는 것보다 더 최선의 마음을 드리고 있다고 말할 수 있습니까? 주님께 은혜를 구하기 전에, 내가 주님께 드리는 마음을 점검해야 합니다. 날마다 최선의 것을 주님께 드리며 주님의 은혜를 입고 살아가는 우리 가정이 되기를 간절히 소원합니다.

나눔 1 사람에게 내 마음의 최선을 쏟아부었던 적은 언제입니까?

나눔 2 사람에게 쏟았던 최선만큼이라도 주님께도 드렸던 적이 있습니까?

예수님을 바라보는 우리 가정 기도 :

마태복음 _ 요한복음

오늘성경통독 마태복음 1장☐ 2장☐ 3장☐ 4장☐ 5장☐
오늘가정예배 찬송 370장 주 안에 있는 나에게 Date / /

말씀 마태복음 1:21-23 아들을 낳으리니 이름을 예수라 하라 이는 그가 자기 백성을 그들의 죄에서 구원할 자이심이라 하니라 이 모든 일이 된 것은 주께서 선지자로 하신 말씀을 이루려 하심이니 이르시되 보라 처녀가 잉태하여 아들을 낳을 것이요 그의 이름은 임마누엘이라 하리라 하셨으니 이를 번역한즉 하나님이 우리와 함께 계시다 함이라

하나님을 기쁘게 하는 인생

예수님께서는 성령으로 잉태되셔서 이 땅에 오셨습니다. 그분이 이 땅에 오신 목적은 죄로 인하여 멸망할 수밖에 없는 사람들에게 구원의 길을 열어주시기 위해서였습니다. 하나님께서는 그분의 백성들에게 "내가 거룩하니 너희도 거룩하라"라고 말씀하셨습니다(레 11:44).

그런데 죄에 오염된 인간은 도저히 거룩할 수 없었습니다. '거룩'이라는 말은 '구별됨'을 의미합니다. 즉 세상에 살지만, 세상과는 구별된 사람입니다. 하나님께서는 우리에게 세상과 구별되는 삶을 살라고 하셨는데 우리로서는 그렇게 살 수 없었습니다. 우리의 존재 자체가 죄에 오염되어서 죄를 짓지 않고 살 수 있는 사람이 한 사람도 없었던 것입니다.

그래서 다윗도 시편에서 이렇게 말합니다. "어리석은 자는 그의 마음에 이르기를 하나님이 없다 하는도다 그들은 부패하고 그 행실이 가증하니 선을 행하는 자가 없도다 여호와께서 하늘에서 인생을 굽어살피사 지각이 있어 하나님을 찾는 자가 있는가 보려 하신즉 다 치우쳐 함께 더러운 자가 되고 선을 행하는 자가 없으니 하나도 없도다"(시 14:1-3). 그러니 이 땅에 사는 사람 중에서 거룩하게 살 수 있는 사람은 아무도 없습니다. 그래서 주님께서 이 땅에 오신 것입니다. 자기 힘으로는 거룩하게 살 수 없고, 자기 힘으로는 하나님을 기쁘시게 할 수 없는 인생들을 돌이켜서 하나님의 말씀을 따라서 거룩하게 살 수 있게 하도록 우리에게 오신 것입니다.

중요한 것은 '주님께서 우리를 어떻게 변화시키시느냐'하는 점입니다. 주님은 어떻게 우리를 죄에서 분리하여 하나님을 기쁘시게 하는 인생이 되게 하실까요? 그 비밀이 주님의 이름에서 드러납니다. 오늘 말씀은 말합니다. "보라 처녀가 잉태하여 아들을 낳을 것이요 그의 이름을 임마누엘이라 하리라 하셨으니 이를 번역한즉 하나님이 우리와 함께 계시다 함이라"(마 1:23).

주님이 우리를 변화시키시고 구원하시는 방법은 다른 것이 아닙니다. 우리와 함께 계시는 것입니다. 우리와 함께 계심으로 우리를 거룩하게 하시고 우리로 하여금 하나님께서 기뻐하시는 인생을 살게 하신다는 것입니다. 그러니 우리와 함께 계시는 주님을 바라보고 그분을 생각하는 것은 결코 가볍고 작은 일이 아닙니다. 그 일에 우리의 인생이 달라지고, 삶의 결과가 달려 있습니다.

주님께서는 우리로 하여금 거룩한 인생이 되게 하도록 우리에게 오셔서 우리와 함께하십니다. 우리가 그분을 바라보고 그분을 생각하고 그분께서 인도하시는 길을 따라가기만 하면 우리는 반드시 거룩하고 정결한 하나님을 기쁘시게 하는 인생을 살 수 있게 될 것입니다.

나눔 1 내 힘으로 내 삶을 변화시키려고 하다가 실패했던 적이 있습니까?

나눔 2 주님과 함께함으로 끊지 못하던 죄를 끊은 경험이 있나요?

예수님을 바라보는 우리 가정 기도 :

말씀 마태복음 7:1-2 비판을 받지 아니하려거든 비판하지 말라 너희가 비판하는 그 비판으로 너희가 비판을 받을 것이요 너희가 헤아리는 그 헤아림으로 너희가 헤아림을 받을 것이니라

비판의 마음을 버리세요

우리가 세상을 살면서 죄인 줄 알면서도 남을 비판하는 죄를 짓게 됩니다. 우리에게 죄의 종노릇 하던 습성이 남아있기 때문에 누군가를 바라볼 때 좋은 모습, 칭찬할 만한 모습을 바라보기보다 마음에 들지 않고 지적할 만한 모습을 찾는 것이 우리에게 더 익숙하기 때문입니다.

문제는 우리가 육신의 습성을 따라서 비판의 마음을 붙잡기를 즐거워한다는 데 있습니다. 비판의 마음이 일어나고 지적하고 싶은 마음이 일어나는 것은 우리가 가지고 있는 죄의 습성 때문에 어쩔 수 없는 일이라고 핑계 댈 수 있습니다. 그러나 그 비판의 마음을 품고 붙잡는 것은 전적으로 우리 선택에 달린 문제입니다. 비판의 마음이 우리 가운데 떠올랐을 때 그 마음을 털어버리는 것도 우리의 선택이고 그 마음을 붙잡고 비판할 뿐 아니라 다른 이들에게까지도 그 비판의 말들을 드러내는 것 역시 우리의 선택입니다.

비판이 우리 선택에 달려 있다는 것은 비판의 문제에 대해서 반드시 우리 하나님께 점검받게 될 것이라는 의미입니다. 머리 위로 새가 날아가는 것은 어쩔 수 없는 일입니다. 그러나 그 새가 우리 머리 위에 둥지를 트는 것은 얼마든지 막을 수 있는 일입니다. 그러니 하나님께서는 우리 마음속에 비판의 마음이 일어나는 것에 대해서는 책망하지 않으십니다. 그 비판의 마음을 붙잡은 것을 책망하십니다.

그래서 사도 바울은 로마서에서 이렇게 말합니다. "네가 어찌하여 네 형제를 비판하느냐 어찌하여 네 형제를 업신여기느냐 우리가 다 하나님의 심판대 앞에 서리라"(롬 14:10).

사도 바울의 이 말을 우리는 꼭 기억해야 합니다. 오늘 말씀에서도 주님께서 똑같은 말씀을 하셨습니다. "너희가 비판하는 그 비판으로 너희가 비판을 받을 것이요 너희가 헤아리는 그 헤아림으로 너희가 헤아림을 받을 것이니라"(마 7:2). 누군가를 비판하는 마음이 우리 안에서 일어나는 것은 막을 수 없습니다.

그러나 그 비판의 마음이 우리 속에 둥지를 트는 것은 막을 수 있습니다. 내가 형제를 비판하는 그 비판으로 하나님의 심판대에서 내가 비판을 받을 것이라는 사실을 기억하면 됩니다. 그것만 기억해도 비판의 마음을 털어버릴 수 있습니다. 주님께서 우리에게 바라시는 것은 헤아림입니다. 형제를 비판하는 것이 아니라 헤아리는 것, 그것이 하나님께서 기뻐하시는 일이며 하나님께서 공동체를 세워 가시는 방법입니다.

우리가 비판의 마음을 버리고 헤아림의 마음을 품을 때, 우리의 가정과 집안과 일터와 내가 관계하는 모든 공동체가 주님의 뜻대로 세워져 간다는 사실을 기억하고 날마다 주님께서 기뻐하시는 마음을 품고 살아가는 우리 가정이 되기를 간절히 소원합니다.

나눔 1 누군가에 대한 비판의 마음이 들 때, 나는 주로 어떻게 반응해 왔습니까?

나눔 2 비판의 마음을 드러내서 긍정적인 변화가 있었던 적이 있습니까?

예수님을 바라보는 우리 가정 기도 :

말씀 마태복음 10:27-33 내가 너희에게 어두운 데서 이르는 것을 광명한 데서 말하며 너희가 귓속말로 듣는 것을 집 위에서 전파하라 몸은 죽여도 영혼은 능히 죽이지 못하는 자들을 두려워하지 말고 오직 몸과 영혼을 능히 지옥에 멸하실 수 있는 이를 두려워하라 참새 두 마리가 한 앗사리온에 팔리지 않느냐 그러나 너희 아버지께서 허락하지 아니하시면 그 하나도 땅에 떨어지지 아니하리라 너희에게는 머리털까지 다 세신 바 되었나니 두려워하지 말라 너희는 많은 참새보다 귀하니라 누구든지 사람 앞에서 나를 시인하면 나도 하늘에 계신 내 아버지 앞에서 그를 시인할 것이요 누구든지 사람 앞에서 나를 부인하면 나도 하늘에 계신 내 아버지 앞에서 그를 부인하리라

믿음을 드러냅시다

잠언은 우리에게 이렇게 말합니다. "여호와를 경외하는 것은 사람으로 생명에 이르게 하는 것이라 경외하는 자는 족하게 지내고 재앙을 당하지 아니하느니라"(잠 19:23). 많은 사람들이 재앙을 당하지 않기 위해서 세상도 따르면서 하나님도 따릅니다. 세상에서 하나님의 방식대로만 살면 힘들어질 것으로 생각하기 때문입니다. 또 직장이나 사업, 이웃과의 관계에서 자신의 신앙을 드러내지 않고 숨기면서 사는 사람들도 많이 있습니다. 믿음을 드러냈다가 당하는 불이익이 두렵기 때문입니다.

우리가 세상 가운데 우리의 믿음을 드러내지도, 믿음대로 살지도 못하고 세상의 방식과 세상의 사람들을 따라서 살아가는 이유는 두렵기 때문입니다. 세상 가운데 믿음을 드러냈다가 불이익을 받을까 두렵고, 직장 가운데 믿음을 지키며 살다가 미운털이 박힐까 봐 두렵고, 사업 가운데 주님의 뜻대로 행하다가는 수입이 줄고 먹고살기가 힘들어질까 봐 두려운 것입니다.

그러나 주님께서는 "몸은 죽여도 영혼은 능히 죽이지 못하는 자들을 두려워하지 말고 오직 몸과 영혼을 능히 지옥에 멸하실 수 있는 이를 두려워하라"(마 10:28)라고 말씀하십니다.

무엇이 정말 두려운 것인지를 분명하게 기억해야 합니다. 세상을 두려워하며 살면 세상에서는 잘 살겠지요. 그러나 하나님 앞에서는 아닙니다. 하나님을 두려워하며 살면 세상에서 어려움을 당할 것 같습니까? 그것도 아닙니다. 주님께서는 우리에게 "참새 한 마리도 하나님께서 허락하지 않으시면 절대로 땅에 떨어지는 일이 없는데 너희는 어떻겠느냐?"라고 말씀하십니다. 우리의 머리카락까지 세시는 하나님께서 우리를 떨어지게 내버려 두지 않는다는 것입니다.

오늘 말씀에서 주님께서는 "내가 너희에게 어두운 데서 이르는 것을 광명한 데서 말하며 너희가 귓속말로 듣는 것을 집 위에서 전파하라"고 명령하십니다(마 10:27).

주님을 믿는 것, 주님께서 우리에게 말씀하신 명령을 따르는 것을 숨어서 하지 말고 드러내라는 것입니다. 왜 그렇게 하라시는 걸까요? 그것이 우리가 잘 되는 길이기 때문입니다.

잠언이 우리에게 말하는 것처럼 여호와를 경외하는 자는 족하게 지내고 재앙을 당하지 아니할 것입니다. 이것을 믿는 것이 믿음입니다. 이 믿음을 가지고 세상을 향하여 우리의 믿음을 드러내며 살아가는 우리 가정이 되기를 축복합니다.

나눔 1 나는 세상을 두려워하는 사람입니까? 하나님을 두려워하는 사람입니까?

나눔 2 세상을 향한 두려움 때문에 믿음대로 행하지 못했던 적이 있습니까?

예수님을 바라보는 우리 가정 기도 :

말씀 마태복음 14:27-30 예수께서 즉시 이르시되 안심하라 나니 두려워하지 말라 베드로가 대답하여 이르되 주여 만일 주님이시거든 나를 명하사 물 위로 오라 하소서 하니 오라 하시니 베드로가 배에서 내려 물 위로 걸어서 예수께로 가되 바람을 보고 무서워 빠져 가는지라 소리 질러 이르되 주여 나를 구원하소서 하니

날마다 주님과 대화하세요

2016년에 세계적인 투자가 워렌 버핏(Warren Buffett)과의 점심식사가 40억 원에 낙찰되었던 일이 있었습니다. 워렌 버핏은 해마다 자선경매 행사를 통해서 많은 금액을 입찰하여 낙찰된 사람과 함께 점심식사를 하고 경매금액을 필요한 곳에 기부하는 형태로 경매를 진행해왔는데 해마다 20억 원이 넘는 엄청난 금액을 지불하고 워렌 버핏과 점심식사 하기를 원하는 사람들이 끊이지 않았습니다. 사람들은 왜 워렌 버핏과 점심식사 하는 것에 천문학적인 돈을 지불할까요? 바로 그 몇 시간으로 자신이 투자한 돈보다 더 귀한 것을 얻을 수 있다고 생각하기 때문입니다.

이와 같이 우리는 어느 한 분야에 통달한 사람과 단 몇 시간이라도 대화를 나누는 일을 가치 있게 생각합니다. 그에게서 엄청난 것을 얻을 수 있다고 생각하기 때문입니다. 그런데 주님과 대화를 나누는 일은 어떻습니까? 우리는 주님과 대화를 나누는 일이 워렌 버핏과 대화를 나누는 일보다 더 중요하고 더 가치 있는 일로 여기고 있습니까?

주님이 어떤 분이십니까? 골로새서는 "만물이 그에게서 창조되되 하늘과 땅에서 보이는 것들과 보이지 않는 것들과 혹은 왕권들이나 주권들이나 통치자들이나 권세들이나 만물이 다 그로 말미암고 그를 위하여 창조되었고 또한 그가 만물보다 먼저 계시고 만물이 그 안에 함께 섰느니라"(골 1:16-17)라고 말하면서 세상의 만물이 다 그분 아래에 있다는 것을 분명하게 말합니다. 다시 말하면 우리 주님이 세상의 창조자이시며, 통치자라는 것입니다.

세상을 만드시고 창조하신 주님이 우리 안에 계시면서 항상 우리에게 말씀해 주십니다. 우리가 귀를 열어 듣고, 눈을 열어 보기만 하면 주님께서는 우리가 수십억 원을 지불하지 않아도 우리와 대화해 주시고 우리에게 너무나 중요한 것들을 가르쳐 주십니다. 예수님의 음성을 듣고, 예수님과 대화하며 산다는 것은 우리의 인생을 완전히 다른 차원으로 이끌어주는 문이 열린 것이나 다름없는 것입니다.

오늘 말씀에서 베드로는 주님의 음성을 듣고 주님과 대화를 나누었습니다. 결국 그 대화는 베드로를 인류역사상 최초이자 최후로 물 위를 걸어보았던 유일무이한 사람으로 만들었습니다. 완전히 다른 차원의 삶이 열린 것입니다. 주님을 믿는 믿음과 주님의 음성을 들으며 주님과 나누는 대화와 그 음성에 순종하는 우리의 순종이 우리의 인생을 다른 차원으로 이끌어갑니다.

그러니 주님의 음성을 듣고 그분과 대화하기를 멈추지 마십시오. 다른 모든 것보다 더 중요하게 여기십시오. 우리의 인생이 배 가운데 머물며 차원이 다른 인생을 구경만 하는 인생이 되지 않고, 물 위를 걸으며, 남들이 경험해 보지 못했던 놀라운 주님의 역사 가운데 거하는 인생이 될 수 있도록 날마다 주님과 대화하며, 주님의 음성을 따라 살아가는 우리 가정이 되기를 간절히 소원합니다.

나눔 1 주님의 음성을 듣기 위해서 마음을 모아서 집중하는 시간이 얼마나 있습니까?

나눔 2 주님께서 주시는 말씀에 순종하므로 놀라운 역사를 경험했던 일이 있습니까?

예수님을 바라보는 우리 가정 기도 :

오늘성경통독 마태복음 16장 □ 17장 □ 18장 □ 19장 □
오늘가정예배 찬송 317장 내 주 예수 주신 은혜

Date / /

말씀 마태복음 18:32-35 이에 주인이 그를 불러다가 말하되 악한 종아 네가 빌기에 내가 네 빚을 전부 탕감하여 주었거늘 내가 너를 불쌍히 여김과 같이 너도 네 동료를 불쌍히 여김이 마땅하지 아니하냐 하고 주인이 노하여 그 빚을 다 갚도록 그를 옥졸들에게 넘기니라 너희가 각각 마음으로부터 형제를 용서하지 아니하면 나의 하늘 아버지께서도 너희에게 이와 같이 하시리라

얼마나 용서했습니까?

오늘 말씀 직전에 베드로는 죄를 범한 형제를 어떻게 대해야 하는가에 대한 예수님의 말씀을 들었습니다(마 18:15-20). 여기에서 예수님께서는 형제가 죄를 범했을 경우 처음에는 일대일로 만나서 권고하고 그래도 말을 듣지 않으면 한두 사람을 더 데리고 가서 권면하고 그래도 돌이키지 않으면 함께 간 사람들을 증인으로 삼아서 교회에 그의 잘못을 고하라고 말씀하십니다. 만일 그 형제가 교회의 권고도 듣지 않으면 그 형제를 이방인과 세리와 같이 여기라고 말씀하시는 예수님의 말씀을 듣고서 베드로는 "주여, 형제가 내게 죄를 범하면 몇 번이나 용서하여 주리이까? 일곱 번까지 하오리이까?"라면 질문합니다(마 18:21).

이러한 베드로의 질문은 예수님께서 죄를 범한 형제를 이렇게 대하라고 말씀하셨던 그 기준보다 자신은 더욱더 많이 형제를 용서할 수 있는 넓은 아량이 있는 사람이라는 것을 드러내고 싶어서 한 말이었습니다. 베드로는 이 말을 하면서 "내가 이렇게 말하면 주님께서 나를 칭찬해 주시겠지?"라고 생각했을 것입니다. 그런데 예수님께서 하신 말씀은 베드로의 예상과는 달랐습니다. 예수님께서는 일곱 번까지 용서할 수 있다는 베드로의 마음을 보시고 그에게 "일곱 번을 일흔 번까지라도 용서하라"고 말씀하십니다.

그러면서 큰 용서를 받았음에도 다른 사람을 용서하지 않았던 종에 대해서 말씀하십니다. 오늘 말씀에는 만 달란트 빚진 자가 등장합니다. 그가 빚졌던 만 달란트는 돈으로 환산하기조차 어려운 큰 금액을 말합니다. 1달란트가 노동자의 15년 치 임금 정도를 말하니, 만 달란트는 상상조차 할 수 없는 금액입니다. 그런데 주인이 그 빚을 탕감해 주었습니다.

이것이 하나님께서 우리에게 행하신 일입니다. 주님의 생명으로 우리의 죗값을 탕감해 주신 사건을 말하는 것입니다. 그런데 이 종이 나가서 자기에게 백 데나리온 빚진 동료의 목을 잡고 흔듭니다. 빚을 갚으라는 것입니다. 데나리온은 노동자의 하루 임금 정도를 말합니다. 만 달란트를 탕감받은 사람이 백 데나리온을 탕감해 주지 못하고 그 동료를 감옥에 가두었습니다. 이것은 우리가 하나님께 말할 수 없는 은혜를 받고도 형제에게는 은혜를 베풀지 못하는 모습입니다.

우리가 형제를 용서하고 형제에게 은혜를 베푸는 기준이 무엇이 되어야 할까요? 나의 아량입니까? 내가 베풀 수 있는 한계입니까? 주님께서는 우리의 기준이 나의 어떠함이 되어서는 안 된다고 말씀하십니다. 내가 받은 은혜의 어떠함이 되어야 한다고 말하고 계시는 것입니다. 말할 수 없는 은혜를 받았으면 말하지 않고 은혜를 베푸는 것이 옳다는 것입니다. 그것이 자기가 받은 은혜의 가치를 아는 사람의 행동이라는 것입니다. 우리는 얼마나 용서하고 살았습니까?

나눔 1 우리가 받은 구원을 돈으로 환산하면 얼마나 될 것 같으십니까?

나눔 2 나는 무엇을 기준으로 형제를 용서하고 품어주었습니까?

예수님을 바라보는 우리 가정 기도 :

오늘성경통독 마태복음 20장 □ 21장 □ 22장 □
오늘가정예배 찬송 380장 나의 생명 되신 주

Date / /

말씀 마태복음 22:37-40 예수께서 이르시되 네 마음을 다하고 목숨을 다하고 뜻을 다하여 주 너의 하나님을 사랑하라 하셨으니 이것이 크고 첫째 되는 계명이요 둘째도 그와 같으니 네 이웃을 네 자신 같이 사랑하라 하셨으니 이 두 계명이 온 율법과 선지자의 강령이니라

하나님을 전심으로 사랑합니까?

학자들에 의하면 모세오경인 창세기부터 신명기까지 기록된 율법은 총 613개라고 합니다. 유대인들은 지금까지도 이 많은 율법을 지키기 위해서 갖은 노력을 하고 있습니다. 심지어는 안식일이 되면 엘리베이터 버튼도 누를 수 없어 다른 사람이 자신이 가는 층의 버튼을 누를 때까지 계속 엘리베이터에 타고 있기도 하고 보일러의 온수 버튼도 누를 수 없어 비유대인을 시켜서 온수 버튼을 대신 누르게도 합니다.

유대인들은 왜 이렇게까지 율법을 지키려고 애를 쓰는 것일까요? 그 율법들을 하나도 빠뜨리지 않고 지켜야 하나님 백성의 지위가 유지된다고 생각하고 또 율법을 지킴으로 자신들이 하나님을 사랑하는 사람이라는 것이 증명된다고 생각하기 때문입니다.

그러나 실상은 그렇지 않습니다. 그 많은 율법을 지키기 위해서 그들은 많은 시간을 율법 외우는데 사용하고 길을 걸으면서도 행여나 율법에 반하는 일을 하게 될까 봐 신경을 날카롭게 세우고 다닙니다. 하나님께서는 율법을 통하여 하나님을 기억하고 사랑하기를 바라셨는데, 그들은 하나님을 사랑하기보다 율법 그 자체에 집중하고 얽매여 있었습니다.

우리도 이런 실수를 하고 있지는 않습니까? 주님을 사랑하기보다 주님을 사랑하는 형식에 얽매여 있거나, 형식을 지킨다고 해서 내가 주님을 사랑한다고 착각하며 살아가고 있는 것은 아닙니까?

오늘 말씀에서 우리 주님께서는 "네 마음을 다하고 목숨을 다하고 뜻을 다하여 주 너의 하나님을 사랑하라 하셨으니 이것이 크고 첫째 되는 계명이요"(마 22:37-38)라고 말씀하십니다. 우리가 주일예배를 지키거나 기도를 많이 하거나 말씀 묵상을 많이 하고 헌신과 봉사를 많이 하는 일보다 더 중요한 것이 하나님을 사랑하기는 사랑하되 마음과 목숨과 뜻을 "다하여" 사랑하는 것이 가장 중요한 일이라는 것입니다.

여러분은 하나님을 사랑하는데 마음과 목숨과 뜻을 다하고 있습니까? 하나님을 사랑하기 때문에 마음과 목숨과 뜻을 다른 곳에 쏟을 여유가 없습니까? 혹시 여전히 하나님이 아닌 다른 것에 마음을 쏟고 뜻을 세우면서 교회에 출석하고 주일예배에 참석한다는 이유로 나는 하나님을 사랑하는 사람이라고 착각하고 살고 있지는 않습니까?

내가 하나님을 얼마나 사랑하는 사람인지는 얼마나 많은 율법을 지키느냐가 아니라 하나님이 아닌 다른 것에 쏟는 마음이 얼마나 있는지를 살펴보면 알 수 있습니다. 마음을 살펴보십시오. 하나님을 향한 사랑 이외에 내 마음을 차지하고 있는 것들이 얼마나 많은지를 점검하십시오. 가장 큰 계명인 하나님 사랑 이루기를 우리의 신앙생활의 목표로 삼고 날마다 마음을 점검하여 하나님께 우리 마음을 온전히 드리는 우리 가정이 되기를 간절히 축복합니다.

나눔 1 나는 하나님을 향한 사랑을 무엇으로 표현하고 있습니까?

나눔 2 하나님이 아닌 다른 것 중에서 내 마음의 자리를 가장 크게 차지하고 있는 것은 무엇입니까?

예수님을 바라보는 우리 가정 기도 :

오늘성경통독 마태복음 23장 ☐ 24장 ☐ 25장 ☐
오늘가정예배 찬송 455장 주님의 마음을 본받는 자

Date / /

말씀 마태복음 25:40 임금이 대답하여 이르시되 내가 진실로 너희에게 이르노니 너희가 여기 내 형제 중에 지극히 작은 자 하나에게 한 것이 곧 내게 한 것이니라 하시고

복음의 열매를 맺은 삶

마태복음 24, 25장은 예수님께서 우리에게 마지막 때에 일어날 일에 대해서 자세하게 설명해 주시는 장입니다. 마지막 때의 가장 큰 특징은 주님께서 이 땅에 다시 오시는 것입니다. 마태복음 24장에서 주님께서는 "그 때에 땅의 모든 족속들이 통곡하며 그들이 인자가 구름을 타고 능력과 큰 영광으로 오는 것을 보리라"라고 말씀하셨습니다. 주님께서 이 땅에 다시 오시는 그날이 되면 주님이 다시 오시는 그 장면을 모든 사람들이 보게 될 것입니다. 주님께서 다시 오셨음을 알지 못하는 자들이 한 명도 없을 거라는 말입니다.

문제는 그날이 언제가 될지 아무도 알지 못한다는 것입니다(마 24:36). 그래서 우리는 주님이 언제 오시든지 기쁨으로 그분을 맞이할 수 있도록 항상 준비되어 있어야 합니다(마 25:1-13). 준비하기는 준비하되 소극적으로 최소한의 방어선만을 지키면서 준비하는 것이 아니라 다시 오실 주님을 기쁘시게 할 수 있도록 최선을 다해서 적극적으로 그날을 준비해야 합니다(마 25:14-30). 주님께서 우리에게 맡기신 복음을 땅에 묻어두는 것이 아니라 그 복음대로 살고 그 복음을 흘려보냄으로 말미암아 이 땅에 복음의 열매들을 맺는 것이 우리가 그날을 준비하는 자세가 되어야 한다는 것입니다.

그러면 주님께서 다시 오실 그날에 우리의 어떤 모습을 기쁘게 여기실까요? 어떤 사람의 삶의 모습을 복음의 열매를 맺은 삶이라고 인정해 주실까요? 바로 그 부분에 대해서 우리에게 말씀해 주시는 장면이 오늘 말씀입니다. 작은 자 한 사람 대하기를 주님 대하듯이 하는 것, 그것이 우리 주님께서 마지막 날에 칭찬하실 사람의 모습입니다. 주님께서 마태복음 22장에서 말씀하셨던 것과 같이 하나님을 마음과 목숨과 뜻을 다하여 사랑하는 자는 결코 작은 자 한 사람을 사랑하지 않을 수 없습니다. 왜냐하면 하나님께서 작은 자 한 사람을 그냥 지나치지 않으시기 때문입니다.

하나님께서는 들의 새와 꽃도 그냥 내버려 두지 않으시는 분이십니다. 그 작은 미물들까지도 친히 먹이시고 입히시는 분이 하나님이십니다. 그러니 우리가 정말 그런 하나님을 사랑한다면 우리 마음속에 그분의 소원을 품지 않을 수가 없습니다.

복음대로 산다는 것, 복음을 흘려보내고 복음의 열매를 맺는다는 것은 어떤 대단한 선교적인 삶을 산다거나 대단한 선교의 결과를 이루어내는 것이 아닙니다. 그저 주님의 마음으로 사는 것, 주님의 마음으로 사람을 대하고 주님의 마음으로 세상을 바라보고 주님께서 주시는 마음을 따라서 사는 것이 주님께서 바라시고 기뻐하시는 삶의 모습입니다.

주님의 마음으로 사는 우리 가정이 되기를 소원합니다. 주님께서 다시 오실 그날에 주님 앞에 기쁨으로 설 수 있도록 작은 자 한 사람을 주님 마음으로 섬기는 우리 가정이 되기를 축복합니다.

나눔 1 오늘 주님께서 다시 오신다면 나는 주님께 어떤 칭찬을 받을까요?

나눔 2 오늘을 살면서 주님의 마음으로 행했던 일은 무엇이 있습니까?

예수님을 바라보는 우리 가정 기도 :

오늘성경통독 마태복음 26장 □ 27장 □ 28장 □
오늘가정예배 찬송 430장 주와 같이 길 가는 것

Date / /

말씀 마태복음 26:12-13 이 여자가 내 몸에 이 향유를 부은 것은 내 장례를 위하여 함이니라 내가 진실로 너희에게 이르노니 온 천하에 어디서든지 이 복음이 전파되는 곳에서는 이 여자가 행한 일도 말하여 그를 기억하리라 하시니라

예수님이 귀하게 여기시는 사람

오늘 말씀에는 예수님의 머리에 향유 옥합을 부은 한 여인이 등장합니다. 요한복음 11장을 보면 사도 요한은 이 여인이 나사로와 마르다의 동생이었던 마리아라고 기록하고 있습니다.

마리아는 예수님을 참으로 사랑했던 여인이었습니다. 전에 예수님께서 그들의 집에 방문하셨을 때도 마르다는 준비하는 일이 많아서 마음이 분주하여 예수님께 집중하지 못했지만, 마리아는 다른 모든 일을 제쳐두고 예수님 앞에 앉아서 예수님을 바라보고 예수님의 말씀 듣기를 사모했던 여인이었습니다. 그런데 그렇게 사랑하는 예수님께서 오늘 말씀의 상황이 일어나기 바로 직전에 "이틀이 지나면 유월절이라 인자가 십자가에 못 박히기 위하여 팔리리라"(마 26:2)라고 말씀하셨습니다.

아마도 마리아는 이 말씀을 들었을 것입니다. 예수님께서 자신의 죽음에 대해서 이야기하신 적이 있었는데 그 일이 이제 정말 얼마 남지 않았다는 것을 알게 된 것입니다. 마리아는 이제 얼마 후면 예수님을 더 이상 볼 수 없다고 생각했습니다. 그래서 그렇게 사랑하는 예수님께 무엇을 드릴 것이 있을까를 고민했을 것입니다. 결국 마리아는 삼백 데나리온 즉 노동자의 삼백일 품삯에 해당하는 귀한 향유를 예수님에게 붓고 자기의 머리털로 닦았습니다. 예수님을 너무나 사랑했기에 자신이 가지고 있는 가장 귀한 것을 주님께 드려도 전혀 아깝지 않았던 것입니다. 오히려 예수님께 모두 드리는 것이 그에게 가장 기쁨이었던 것입니다.

반면에 제자들은 어떻습니까? 제자들은 마리아보다 더 많은 시간을 예수님과 함께 동고동락했던 사람들이었습니다. 예수님께서 행하시는 이적과 권세 있는 하늘의 말씀들을 모두 들었던 사람들이 예수님의 제자들입니다. 그들도 마리아와 똑같이 이제 며칠이 지나면 예수님께서 십자가에 못 박히실 것이라는 말을 들었습니다. 그러나 그들은 예수님께 무엇을 드릴까 고민하지 않았습니다. 심지어 마리아가 드렸던 향유도 아깝다고 생각하여 마리아를 책망했습니다. 그런 마리아와 제자들 사이에서 예수님은 말씀하십니다. "온 천하에 어디서든지 이 복음이 전파되는 곳에서는 이 여자가 행한 일도 말하여 그를 기억하리라"(마 26:13).

예수님께서 귀하게 여기시는 사람은 예수님 가까이에 머물면서 예수님께서 행하시는 일과 하시는 말씀을 빠짐없이 챙겨 듣는 사람이 아닙니다. 예수님께서 우리에게 바라시는 것은 우리의 사랑입니다. 우리가 예수님을 사랑하는 사랑으로 인하여 행하는 행위는 기뻐하시지만, 사랑이 없이 껍데기만 남은 행위는 기뻐하지 않으십니다. 우리의 위치나 우리의 지위나, 우리의 신앙생활의 경력이나 성경에 대한 지식이 중요한 것이 아닙니다. 예수님을 정말 사랑하느냐! 이것이 가장 중요합니다. 예수님을 정말 사랑하는 자는 자기의 것을 주님께 드리기를 아까워하지 않습니다. 우리는 주님을 얼마나 사랑하고 있습니까?

나눔 1 내가 주님께 드렸던 최고의 것은 무엇입니까?

나눔 2 나는 예수님을 사랑합니까? 어떤 면에서 그렇다고 말할 수 있습니까?

예수님을 바라보는 우리 가정 기도 :

말씀 마가복음 2:13-15 예수께서 다시 바닷가에 나가시매 큰 무리가 나왔거늘 예수께서 그들을 가르치시니라 또 지나가시다가 알패오의 아들 레위가 세관에 앉아 있는 것을 보시고 그에게 이르시되 나를 따르라 하시니 일어나 따르니라 그의 집에 앉아 잡수실 때에 많은 세리와 죄인들이 예수와 그의 제자들과 함께 앉았으니 이는 그러한 사람들이 많이 있어서 예수를 따름이러라

자신의 약함을 그대로 드러내세요

오늘 말씀에 등장하는 세리 레위는 우리가 잘 알고 있는 마태복음의 저자 마태입니다. 그는 세리로서 세관에 앉아서 일을 보다가 지나가시던 예수님의 부르심을 받고 일어나 주님을 따랐습니다. 예수님께서 세리인 마태를 부르시는 것을 보고 그 옆에 있던 많은 세리와 죄인들이 예수님을 따라갔습니다. 왜냐하면 예수님이 세리인 마태를 부르셔서 나를 따르라고 말씀하셨다는 것은 다른 세리들도 마음만 먹으면 얼마든지 예수님을 따라서, 예수님과 함께 지낼 수 있다는 것을 의미했기 때문입니다.

예수님께서는 어부나 세리와 같이 사회적으로 낮은 신분이나 미움을 받는 사람들을 제자로 부르셨습니다. 이것은 아주 의도적인 것이었습니다. 바리새인이나 어부나 서기관이나 세리나 모두 죄인인 것은 똑같습니다. 이처럼 세상에 사는 모든 인간은 다 죄인입니다. 그런데도 예수님께서는 굳이 바리새인이나 서기관들보다 어부와 세리와 같은 자들을 가까이하셨습니다. 그것은 그 모습을 바라보는 자들에게 예수님께 가까이 나아올 수 있는 기회를 주기 위해서였습니다.

오늘 말씀에서도 그 사실이 드러납니다. "이는 그러한 사람들이 많이 있어서 예수를 따름이러라"라고 기록되어 있는 것은 예수님과 어울리는 사람들이 세리와 같은 낮은 신분의 사람들이었기에 다른 세리와 죄인들도 예수님께 가까이 나아갈 수 있었다는 것을 의미합니다.

예수님께서 마태를 부르실 때, 그 이전부터 예수님을 따르던 시몬과 안드레, 야고보와 요한과 같은 사람들이 자신들의 낮은 신분을 감추고 거드름을 피우며 높은 자의 행세를 하고 있었다고 생각해 보십시오. 아마 예수님께서 마태를 부르실 때, 그와 함께 예수님께 나아왔던 수많은 세리와 죄인들은 예수님께 가까이 갈 생각조차 하지 못했을 것입니다. 그러나 그들은 어부의 모습 그대로, 낮은 자의 모습 그대로, 죄인의 모습 그대로를 사람들 앞에 드러냈습니다. 그로 인하여 세리와 죄인들이 예수님을 만나고 그분 앞에 설 수 있는 기회를 얻게 된 것입니다.

그렇기에 예수님과 함께 사는 사람들은 자신의 낮음, 자신의 죄인 됨을 부끄러워할 필요가 없습니다. 오히려 사람들 앞에 자랑스럽게 드러낼 수 있어야 합니다. "주님께서 나와 같은 자도 부르셨다. 나와 같은 죄인도 용서해 주셨다! 그러니 당신도 오라!"라고 말할 수 있어야 합니다. 우리를 감추고 치장하기보다 우리의 약함을 그대로 드러낼 때 우리를 통하여 더 많은 죄인들이 주님께로 나오게 될 것이라는 사실을 기억하고 날마다 우리의 약함을 통하여 세상의 약한 자들을 주님께로 인도하며 살아가는 우리 가정이 되기를 간절히 소원합니다.

나눔 1 나는 약한 부분을 드러내기를 좋아합니까? 약한 부분을 감추고 치장하기를 좋아합니까?

나눔 2 나의 약함을 통하여 주님께 역사하셨던 일이 있습니까?

예수님을 바라보는 우리 가정 기도 :

오늘성경통독 마가복음 5장☐ 6장☐ 7장☐
오늘가정예배 찬송 549장 내 주여 뜻대로

Date / /

말씀 마가복음 6:1-6 예수께서 거기를 떠나사 고향으로 가시니 제자들도 따르니라 안식일이 되어 회당에서 가르치시니 많은 사람이 듣고 놀라 이르되 이 사람이 어디서 이런 것을 얻었느냐 이 사람이 받은 지혜와 그 손으로 이루어지는 이런 권능이 어찌됨이냐 이 사람이 마리아의 아들 목수가 아니냐 야고보와 요셉과 유다와 시몬의 형제가 아니냐 그 누이들이 우리와 함께 여기 있지 아니하냐 하고 예수를 배척한지라 예수께서 그들에게 이르시되 선지자가 자기 고향과 자기 친척과 자기 집 외에서는 존경을 받지 못함이 없느니라 하시며 거기서는 아무 권능도 행하실 수 없어 다만 소수의 병자에게 안수하여 고치실뿐이었고 그들이 믿지 않음을 이상히 여기셨더라 이에 모든 촌에 두루 다니시며 가르치시더라

믿음을 방해하는 성경지식

예수님을 아는 지식과 예수님을 믿는 믿음은 항상 비례하는 것일까요? 어떤 철학가는 성경에 관한 책을 쓸 정도로 성경에 대한 해박한 지식을 가지고 있습니다. 또 여러 불교 승려들도 성경을 몇 번이나 읽으면서 성경에 대한 지식을 가지고 있습니다. 그러나 그들의 지식적인 앎은 그들의 마음을 움직이지 못합니다. 오히려 그 지식적인 앎이 예수님을 하나님의 아들로 믿는 것을 방해하는 경우가 더 많습니다.

오늘 말씀에도 예수님에 대해서 너무나 잘 알고 있는 사람들이 등장하고 있습니다. 그들은 예수님이 누구의 아들이며 누구의 형제인지 줄줄이 꿰고 있었습니다. 그들은 예수님의 형제들의 이름을 알 뿐만 아니라 예수님의 누이동생들과 함께 살고 있는 사람들이었습니다.

그런데 그렇게 예수님을 잘 아는 사람들이 예수님의 가르치심을 듣고도 예수님을 믿지 않습니다. 오히려 배척합니다. 예수님에 대해서 아는 지식이 예수님을 믿는 믿음이 자라는 것을 방해한 것입니다. 결국 예수님을 그렇게 잘 알고 있던 사람들은 예수님으로부터 아무런 도움도 받지 못합니다. 예수님을 전혀 알지 못하던 이방인들도 예수님께 나아오면 병을 고쳐주시고, 귀신을 내쫓아 주셨는데, 정작 예수님의 어린 시절을 다 지켜보고 함께 살았던 사람들은 예수님을 믿는 믿음이 없음으로 인해서 아무런 권능도, 아무런 은혜도 입을 수가 없었던 것입니다.

많은 사람들이 예수님을 아는 지식을 넣어주면 예수님을 믿는 믿음이 생기게 될 것으로 생각합니다. 그래서 자녀들에게 예수님에 대해서 가르치고, 예수님의 말씀을 암송시킵니다. 이것이 오랫동안 교회학교에서 행해오던 교육 방식이었습니다.

그러나 그것은 정답이 아닙니다. 믿음은 하나님께서 주시는 선물이라고 성경이 분명하게 기록하고 있습니다. 그러니 믿음의 사람이 되기를 원한다면 가장 먼저 해야 할 일은 지식을 넣어주는 것이 아니라 예수님을 믿는 믿음이 생기기를 위해서 기도하는 것입니다. 그 위에 예수님을 아는 지식이 더해질 때 우리의 믿음이 더 건강하게 성장할 수 있는 것입니다.

기도가 없는 지식은 오히려 예수님을 배척하게 만듭니다. 우리는 우리의 믿음을 위하여, 우리 자녀들의 믿음을 위하여 얼마나 기도하고 있습니까? 모든 것을 교회와 교회학교에 위임하고 스스로는 기도하기를 쉬는 죄를 범하고 있지는 않습니까?

나눔 1 우리는 나 자신의 믿음과 우리 자녀들의 믿음을 위해서 얼마나 기도하고 있습니까?

나눔 2 온 가족이 함께 서로의 믿음이 건강하게 자라기를 위해서 기도해 주세요.

예수님을 바라보는 우리 가정 기도 :

말씀 마가복음 10:23-25 예수께서 둘러보시고 제자들에게 이르시되 재물이 있는 자는 하나님의 나라에 들어가기가 심히 어렵도다 하시니 제자들이 그 말씀에 놀라는지라 예수께서 다시 대답하여 이르시되 얘들아 하나님의 나라에 들어가기가 얼마나 어려운지 낙타가 바늘귀로 나가는 것이 부자가 하나님의 나라에 들어가는 것보다 쉬우니라 하시니

재물을 향한 마음을 버리세요

예수님께서 복음서들을 통하여 우리에게 말씀하셨던 비유들 중에서 많은 수의 비유의 주제가 재물입니다. 예수님께서 이렇게 재물에 대하여 자주 말씀하셨던 것은 재물이라는 것이 우리의 마음을 가장 쉽게 빼앗을 수 있는 우상 후보이기 때문입니다.

오늘 말씀 윗부분에 나온 예수님께 나왔던 한 사람은 마태복음에는 재물이 많은 청년이라고 기록되어 있고, 누가복음에는 부자 관리라고 기록되어 있습니다. 이 사람은 나이가 젊은 청년이었는데 그 젊은 나이에도 불구하고 관리의 자리에 오른 사람이었습니다.

그는 어려서부터 율법에 기록된 계명들을 지키며 자랐습니다. 예수님께 "이것은 내가 어려서부터 다 지켰나이다"(막 10:20)라고 확신에 차서 이야기할 만큼 율법을 지키는 것에 있어서는 자신 있는 사람이었습니다. 그런데도 불구하고 이 사람에게는 구원의 확신이 없었습니다. 그래서 예수님께 "내가 무엇을 하여야 영생을 얻으리이까"(막 10:17)라고 질문하고 있는 것입니다.

예수님께서는 이 청년과 대화하시면서 그의 마음에 거리낌이 있는 이유를 아셨습니다. 그것은 바로 그가 가지고 있는 재물 때문이었습니다. 이 사람은 재물이 많았습니다. 그것은 곧 이 사람에게 재물을 사랑하는 마음이 많았음을 의미합니다. 단순히 재물이 많았을 뿐만 아니라 그 재물을 사랑하는 마음이 많았기에 "네게 있는 것을 다 팔아 가난한 자들에게 주고 나를 따르라"고 말씀하시는 예수님의 말씀 앞에서 근심하며 슬픈 기색을 띠었던 것입니다. 그는 결국 예수님의 부르심을 받고도 돈을 사랑하는 마음 때문에 예수님을 따르지 못하고 돌아갔습니다.

돈이라는 것이 이렇게 우리의 마음을 쉽게 사로잡습니다. 예수님을 눈앞에서 보고, 그분의 부르심을 받고도 예수님을 따라 살지 못하도록 만드는 것이 돈이 가지고 있는 위력입니다. 그래서 예수님께서 제자들에게 "낙타가 바늘귀로 나가는 것이 부자가 하나님나라에 들어가는 것보다 쉬우니라"라고 말씀하신 것입니다.

그런데 참 아이러니한 것이 있습니다. 대부분의 사람들이 예수님의 이 말씀을 알고 있으면서도 마음 한편으로는 돈을 많이 가지고 싶어 하는 마음이 있다는 것입니다. 나는 돈이 많아져도 예수님을 잘 믿고, 예수님을 잘 따를 수 있다고 확신합니다. 어려서부터 단 한 번도 율법을 어긴 적이 없이 살아왔던 사람도 재물을 향한 마음만은 버리지 못했습니다. 우리는 그보다 낫습니까? 그렇지 않다면 애초에 재물이 많았으면 좋겠다는 마음을 버리는 것이 더 지혜로운 것 아닐까요?

나눔 1 나에게 재물이 많아진다면 나는 그 재물을 어디에 사용할 계획입니까?

나눔 2 돈 100억과 예수님과 함께 사는 것, 둘 중에 하나를 선택해야 한다면 무엇을 선택하겠습니까?

예수님을 바라보는 우리 가정 기도 :

말씀 마가복음 11:15-17 그들이 예루살렘에 들어가니라 예수께서 성전에 들어가사 성전 안에서 매매하는 자들을 내쫓으시며 돈 바꾸는 자들의 상과 비둘기 파는 자들의 의자를 둘러 엎으시며 아무나 물건을 가지고 성전 안으로 지나다님을 허락하지 아니하시고 이에 가르쳐 이르시되 기록된 바 내 집은 만민이 기도하는 집이라 칭함을 받으리라고 하지 아니하였느냐 너희는 강도의 소굴을 만들었도다 하시매

마음의 성전을 깨끗하게 치우세요

오늘 말씀을 보면 "예수님께서 성전에 들어가사 성전 안에서 매매하는 자들을 내쫓으시며 돈 바꾸는 자들의 상과 비둘기파는 자들의 의자를 둘러 엎으시며 아무나 물건을 가지고 성전 안으로 지나다님을 허락하지 아니하시고"(막 11:15-16)라고 기록되어 있습니다. 예수님께서 직접 성전 안에서 장사하는 자들, 성전을 더럽게 만든 자들을 다 쫓아내셨다는 것입니다. 그리고는 아무나 물건을 가지고 성전 안으로 들어가지 못하도록 직접 나서서 지휘하셨다는 것입니다.

여러분은 이 말씀을 볼 때 어떤 생각이 나십니까? 저는 이 말씀을 볼 때마다 성전 안에서 물건을 사고팔던 사람들, 돈을 바꿔주고 비둘기를 팔던 사람들이 참 착한 사람들이라고 생각했습니다. 당시에 예수님이 어떤 분이셨습니까? 그저 제자들과 함께 떠돌아다니면서 천국 복음을 전파하던 '선생'으로 소문난 분이었습니다. 제아무리 지혜 있다고 소문난 예수님이라고 하더라도 성전 안에 있는 수많은 장사꾼을 쫓아낼 때 사람들이 그분의 말을 순순히 들어야 할 이유가 없었습니다. 아마 오늘날 예수님이 이 땅에 오셔서 이런 일을 다시 행하신다면 사람들은 무리를 지어 예수님을 대적하고, 오히려 예수님을 쫓아냈을 것입니다.

그렇게 생각하고 보니 이 말씀이 새롭게 보였습니다. 당시에 성전에서 행하셨던 이 일은 우리 마음에 주님께서 임하실 때 일어날 일에 대해서 우리에게 보여주신 것이 아닐까요? 고린도전서에서는 이렇게 말합니다.

"너희는 너희가 하나님의 성전인 것과 하나님의 성령이 너희 안에 계시는 것을 알지 못하느냐 누구든지 하나님의 성전을 더럽히면 하나님이 그 사람을 멸하시리라 하나님의 성전은 거룩하니 너희도 그러하니라"(고전 3:16-17).

이 말씀대로라면 우리 중에서 멸망당하지 않을 사람이 없습니다. 우리 중에 누구도 하나님께서 거하고 계시는 자기 마음의 성전을 스스로 깨끗하게 할 수 있는 사람은 없기 때문입니다. 우리 마음의 성전이 깨끗해지는 그 일은 주님께서 우리 마음 가운데 오시고, 우리가 우리 안에 오신 주님을 나의 주인으로 모실 때 우리 안에서 일어나는 일입니다. 우리가 주님을 나의 주인으로 모시고 살면 그때 주님께서 우리 마음의 성전에서 더러운 것들을 내쫓아 주시는 것입니다.

주님께서 우리 마음의 성전을 정화하실 수 있도록 주님께 주인의 자리를 드리기를 원합니다. 우리 안에 오신 주님께서 내 안에 모든 더러운 것을 내쫓으시고 거룩하게 하실 수 있도록 날마다 우리 주님을 나의 왕으로 모시고 살아가는 우리 가정이 되기를 간절히 축복합니다.

나눔 1 스스로 내 마음을 깨끗하게 하고자 노력하다가 실패했던 적이 있습니까?

나눔 2 예수님을 주님으로 영접한 이후에 사라지게 된 더러운 습관이나 죄가 있습니까?

예수님을 바라보는 우리 가정 기도 :

말씀 마가복음 14:36-37 이르시되 아빠 아버지여 아버지께는 모든 것이 가능하오니 이 잔을 내게서 옮기시옵소서 그러나 나의 원대로 마시옵고 아버지의 원대로 하옵소서 하시고 돌아오사 제자들이 자는 것을 보시고 베드로에게 말씀하시되 시몬아 자느냐 네가 한 시간도 깨어 있을 수 없더냐 시험에 들지 않게 깨어 있어 기도하라 마음에는 원이로되 육신이 약하도다 하시고

우리가 드려야 할 기도

주님께서는 십자가에 달려 죽으시기 전에 겟세마네라는 동산에서 기도하셨습니다. 이 겟세마네의 기도는 주님께서 우리의 죄를 사하시기 위해서 지신 십자가 사역이 얼마나 무거운 것이었는지를 우리에게 알려줍니다.

십자가 사역은 예수님에게도 결코 쉬운 일이 아니었습니다. 세상 모든 사람의 죄를 지고 죽는다는 것은, 세상 모든 사람이 받아야 할 죄의 값, 하나님의 진노를 홀로 받으셔야 한다는 것을 의미하는 것이었습니다. 한 사람이 자기의 죄를 지고 하나님의 진노를 받아도 그 진노 때문에 죽을 수밖에 없는데, 예수님께서 홀로 세상 모든 사람의 죗값을 다 지신다는 것이 얼마나 두려운 일이겠습니까?

그 일이 얼마나 엄청난 일이었던지, 예수님께서도 기도하시기를 "이르시되 아빠 아버지여 아버지께는 모든 것이 가능하오니 이 잔을 내게서 옮기시옵소서"(막 14:36)라고 기도하십니다. 그런데 중요한 것은 주님의 기도가 여기에서 끝나지 않았다는 것입니다. 주님의 기도는 "그러나 나의 원대로 마시옵고 아버지의 원대로 하옵소서"(막 14:36)라고 끝납니다. 이것이 주님께서 드리신 겟세마네 기도의 결론이었던 것입니다. 누가복음을 보면 주님께서 이렇게 기도의 결론을 내리시고 나니까 "천사가 하늘로부터 예수께 나타나 힘을 더하더라"(눅 22:43)라고 기록하고 있습니다.

이것이 우리의 기도가 되어야 합니다. 하나님의 뜻을 이루는 것, 주님의 말씀대로 사는 것이 때로는 우리에게 죽기보다 어려운 일일 수 있습니다. 그러나 그럼에도 불구하고 우리가 주님 뜻을 이루는 것을 결론으로 삼을 때, 우리 주님께서 우리를 도우십니다. 돕는 자들을 보내주시고, 힘을 주시고 능력을 주십니다. 그렇게 우리를 통하여 주님의 뜻이 이 땅 가운데 이루어지는 것입니다.

주님의 뜻을 이루는 것이 나의 기도의 결론이 되는 것은 결코 쉬운 일이 아닙니다. 주님께서도 땀이 땅에 떨어지는 핏방울같이 되도록 기도하셔서 얻어내신 결론입니다(눅 22:44). 그래서 필요한 것이 중보자입니다. 주님께서도 겟세마네 기도를 드리러 가실 때 베드로와 야고보와 요한을 데리고 가셨습니다. 그리고 그들에게 중보기도를 요청하셨습니다. 우리도 서로 중보기도의 끈을 연결해야 합니다. 서로가 믿음으로 살 수 있도록, 서로가 주님의 뜻을 이루는 삶을 결론으로 삶을 수 있도록 기도해 주어야 합니다.

먼저 우리 가정이 서로에게 중보자가 되기를 원합니다. 사랑하는 가족들을 위하여 한 시간이라도 깨어 기도하면서, 서로가 주님의 뜻을 이루어가는 삶을 살아갈 수 있도록 응원하는 동역자가 되어 주의 나라를 이 땅 가운데 이루어가는 우리 가정이 되기를 간절히 소원합니다.

나눔 1 내 기도의 결론은 나의 뜻을 이루는 것입니까? 하나님의 뜻을 이루는 것입니까?

나눔 2 누구를 위해 기도하는 중보자가 될 것인지 결정하고 기도해보세요.

예수님을 바라보는 우리 가정 기도 :

오늘성경통독 누가복음 1장 □ 2장 □
오늘가정예배 찬송 546장 주님 약속하신 말씀 위에 서

Date / /

말씀 누가복음 1:37-38 대저 하나님의 모든 말씀은 능하지 못하심이 없느니라 마리아가 이르되 주의 여종이오니 말씀대로 내게 이루어지이다 하매 천사가 떠나가니라

우리에게 필요한 믿음

주님을 믿는다는 것은 주님의 말씀을 믿는다는 것입니다. 주님을 믿으면서 주님의 말씀을 신뢰하지 않거나, 주님을 믿는다면서 주님의 말씀을 따르지 않는다는 것은 있을 수가 없는 일입니다. 그래서 우리가 예수님을 나의 구주로 영접하는 일에 있어서 가장 첫 번째로 통과해야 하는 일이 말씀을 믿는 것입니다.

이런 믿음의 과정이 예수님의 탄생 이야기에서도 드러납니다. 오늘 말씀에서 천사 가브리엘은 마리아에게 나타나서 "네가 하나님의 은혜를 입었다. 네가 잉태하여 아들을 낳을 것이다"라고 말합니다(눅 1:30-31). 가브리엘의 이 말은 마리아의 입장에서는 이루어질 수도 없고, 이루어져서도 안 되는 일이었습니다. 당시 마리아는 요셉과 약혼한 사이였습니다. 그런 그녀가 아이를 임신한다면 약혼이 깨질 것은 물론이요, 사람들에 의해서 돌에 맞아 죽어도 할 말이 없게 되는 상황이었습니다. 그러니 마리아에 입장에서는 가브리엘의 말에 한 번에 수긍할 수 없는 것이 당연했습니다.

그런데 가브리엘은 마리아가 그런 말도 안 되는 가브리엘의 말에 수긍할 수밖에 없게 만드는 한마디 말을 던집니다. 바로 "대저 하나님의 모든 말씀은 능하지 못하심이 없느니라"(눅 1:37)라는 말씀입니다. 이 말씀이 무슨 의미입니까? 하나님께서 말씀하시면 그대로 된다는 말입니다. 하나님의 말씀이 내 마음에 좋든 싫든, 가능하게 보이든 불가능해 보이든 관계없이 주님의 말씀은 반드시 그 말씀대로 이루어진다는 것입니다. 그러니 그대로 될 것을 그냥 믿으라는 것입니다.

결국 가브리엘의 이 말에 마리아는 "주의 여종이오니 말씀대로 내게 이루어지이다"(눅 1:38)라고 믿음으로 받아들입니다. 그 말씀이 이루어질 때 나에게 어떤 일이 일어날지 한 치 앞도 알 수 없는 상황이었지만, 마리아는 주님께서 말씀하셨으니 "그대로 이루어질 것을 믿습니다!"라고 고백한 것입니다.

결국 주님의 말씀대로 이루어질 것이라고 믿고 고백했던 마리아는 주님을 성령으로 잉태하게 되었고 하나님의 아들 예수 그리스도의 육신의 어머니가 되는 영광을 누렸습니다.

이것이 오늘 우리에게 필요한 믿음입니다. 주님께서 말씀하시면 그대로 이루어질 것이라는 믿음만 분명하면 우리도 마리아처럼 영광을 누리게 될 것입니다. 성경에 우리를 향하여 축복하신 모든 주님의 말씀이 우리의 삶에 그대로 이루어질 것을 믿고 날마다 "주님의 말씀대로 내게 이루어지이다!"라고 고백하는 우리 가정이 되기를 간절히 축복합니다.

나눔 1 성경에 기록된 말씀 중에서 말씀 그대로 믿어지지 않는 말씀이 있나요?

나눔 2 내 삶 가운데 말씀대로 이루어진 일은 무엇이 있습니까?

예수님을 바라보는 우리 가정 기도 :

말씀 누가복음 3:10-14 무리가 물어 이르되 그러면 우리가 무엇을 하리이까 대답하여 이르되 옷 두 벌 있는 자는 옷 없는 자에게 나눠 줄 것이요 먹을 것이 있는 자도 그렇게 할 것이니라 하고 세리들도 세례를 받고자 하여 와서 이르되 선생이여 우리는 무엇을 하리이까 하매 이르되 부과된 것 외에는 거두지 말라 하고 군인들도 물어 이르되 우리는 무엇을 하리이까 하매 이르되 사람에게서 강탈하지 말며 거짓으로 고발하지 말고 받는 급료를 족한 줄로 알라 하니라

특별한 죄만 회개하는 것이 아닙니다

세례요한은 예수님의 오심을 준비하는 자입니다. 그의 사명은 주님께서 오실 길을 곧게 하는 것, 즉 사람들로 하여금 주님을 맞이할 만한 준비를 하게 하는 것이었습니다. 그 준비가 바로 세례입니다. 누가복음을 보면 요한이 베풀었던 세례를 "죄 사함을 받게 하는 회개의 세례"라고 표현하고 있습니다(눅 3:3). 죄 사함을 받고 예수님을 맞이하려면 우리가 먼저 회개함으로 세례를 받아야 한다는 것입니다.

오늘 말씀에서 세례요한은 사람들에게 무엇을 회개해야 하는지에 대해서 말해줍니다. 세례를 받으러 나오는 무리가 요한에게 "우리가 무엇을 하리이까?"라고 물으니 요한은 "옷 두 벌 있는 자는 옷 없는 자에게 나눠 줄 것이요 먹을 것이 있는 자도 그렇게 할 것이니라"고 말합니다. 그러자 세리들이 와서 "우리는 무엇을 하리이까?"라고 물으니 요한은 "부과된 것 외에는 거두지 말라"고 말합니다. 군인들 역시 "우리는 무엇을 하리이까?"라고 물으니 요한은 "사람에게 강탈하지 말며 거짓으로 고발하지 말고 받는 급료를 족한 줄로 알라"라고 말합니다(눅 3:10-14).

사람들은 하나님께 회개하는 것이 굉장히 특별한 죄를 고백하고 돌이키는 것으로 생각합니다. 그러나 요한이 말하는 죄들이 어떤 것들입니까? 우리가 마땅히 해야 하는 일들입니다. 유대인들과 세리와 군인들이 예수님을 영접하기 위해서 처리해야 했던 죄들은 엄청나고 특별한 죄들이 아니라 마땅히 해야 함에도 하지 못했던 일들, 당연한데도 당연하게 여기지 않았던 것들이었습니다.

우리도 이들과 마찬가지입니다. 우리는 주님이 오실 그날을 준비하기 위하여 무엇인가 엄청나고 특별한 일을 해야 하는 것이 아닙니다. 마땅히 해야 할 일들을 하면 될 뿐입니다. 형제를 사랑하고, 주린 자를 먹이고, 벗은 자를 입히는 것, 정직하게 살고, 다른 사람의 것을 빼앗지 않으며 거짓말하지 않고, 받은 것에 만족하는 것, 그것이면 주님을 맞이하기에 충분한 것입니다.

일상의 삶을 돌아보십시오. 마땅히 해야 함에도, 당연한 일임에도 하지 못하고 살았던 일들이 있지는 않습니까? 그것부터 돌이키십시오. 아주 단순한 그 일이 곧 주님의 오심을 준비하는 가장 중요한 일입니다.

나눔 1 내 삶 가운데 당연히 해야 함에도 하지 못했던 일들이 있습니까?

나눔 2 주님의 오심을 준비하기 위하여 오늘부터 할 일을 정해보세요.

예수님을 바라보는 우리 가정 기도 :

말씀 누가복음 6:32-35 너희가 만일 너희를 사랑하는 자만을 사랑하면 칭찬 받을 것이 무엇이냐 죄인들도 사랑하는 자는 사랑하느니라 너희가 만일 선대하는 자만을 선대하면 칭찬 받을 것이 무엇이냐 죄인들도 이렇게 하느니라 너희가 받기를 바라고 사람들에게 꾸어 주면 칭찬 받을 것이 무엇이냐 죄인들도 그만큼 받고자 하여 죄인에게 꾸어 주느니라 오직 너희는 원수를 사랑하고 선대하며 아무 것도 바라지 말고 꾸어 주라 그리하면 너희 상이 클 것이요 또 지극히 높으신 이의 아들이 되리니 그는 은혜를 모르는 자와 악한 자에게도 인자하시니라

하나님의 아들은 원수를 사랑합니다

오늘 말씀은 신앙생활을 오래 한 사람들도 도무지 삶에서 실천하기가 어려운 말씀을 포함하고 있습니다. 그 말씀은 바로 "원수를 사랑하라"는 말씀입니다. 나이가 지긋하신 권사님들과 어떤 목사님이 말씀을 나누던 중에 권사님들이 목사님에게 물었습니다. "목사님, 원수를 사랑하지 않으면 지옥가나요?" 목사님께서는 "아니요, 지옥은 주님을 믿지 않는 사람들이 가는 곳입니다"라고 대답하셨습니다. 그런데 그 말을 들은 권사님들께서 이구동성으로 이야기하셨습니다. "휴 다행이네요. 저는 원수를 사랑하지 않으면 지옥에 가는 줄 알고 어떻게든 용서해 보려고 했는데, 안 그래도 되겠네요. 참 감사합니다."

혹시 우리도 이와 같은 마음을 품고 있지는 않습니까? 예수님을 믿는다고 하면서도 원수는 원수대로 그냥 두고, 마음에 미워하고 있는 자들을 그냥 미워하는 채로 내버려 두고 있는 것은 아닙니까? 구원은 분명히 믿음으로 받습니다. 그러니 원수를 사랑하지 않는다고 해서 지옥에 가는 것은 아닙니다. 그러나 주님을 정말 믿는 자는 원수를 사랑하지 않을 수가 없는 것입니다. 왜냐하면 우리 자신이 그렇게 용서를 받은 하나님의 원수이기 때문입니다.

오늘 말씀에서 주님께서는 이렇게 말씀하십니다. "오직 너희는 원수를 사랑하고 선대하며 아무것도 바라지 말고 꾸어 주라 그리하면 너희 상이 클 것이요 또 지극히 높으신 이의 아들이 되리니 그는 은혜를 모르는 자와 악한 자에게도 인자하시니라."

또 사도 바울은 로마서에서 이렇게 말합니다. "무릇 하나님의 영으로 인도함을 받는 사람은 곧 하나님의 아들이라 너희는 다시 무서워하는 종의 영을 받지 아니하고 양자의 영을 받았으므로 우리가 아빠 아버지라고 부르짖느니라"(롬 8:14-15).

사도 바울은 성령께서 그 안에 오셔서 성령님께 인도함을 받으며 사는 사람을 하나님의 아들이라고 표현하고, 주님께서는 원수를 사랑하는 사람을 하나님의 아들이라고 표현합니다. 결국 이 둘은 하나라는 것입니다. 성령님께 인도함을 받은 자, 곧 하나님의 원수였으나 그분의 사랑에 의하여 용서함을 받은 자는 성령님의 인도하심을 받으며 살게 됩니다. 그렇게 성령님의 인도하심을 받으며 사는 자는 원수를 사랑하지 않을 수가 없다는 것입니다.

결국 원수사랑은 내 마음의 크기에서 비롯되는 문제가 아닙니다. 내가 누구에게 인도함을 받으며 살고 있느냐 하는 문제입니다. 여러분은 누구의 인도함을 받으며 살고 있습니까?

나눔 1 마음 가운데 용서하지 못하고 있는 원수가 있습니까?

나눔 2 마음에 용서가 안 되는 사람에 대해서 주님의 인도하심을 구해보세요.

예수님을 바라보는 우리 가정 기도 :

말씀 누가복음 8:16-18 누구든지 등불을 켜서 그릇으로 덮거나 평상 아래에 두지 아니하고 등경 위에 두나니 이는 들어가는 자들로 그 빛을 보게 하려 함이라 숨은 것이 장차 드러나지 아니할 것이 없고 감추인 것이 장차 알려지고 나타나지 않을 것이 없느니라 그러므로 너희가 어떻게 들을까 스스로 삼가라 누구든지 있는 자는 받겠고 없는 자는 그 있는 줄로 아는 것까지도 빼앗기리라 하시니라

빛이신 예수님께서 우리에게 오신 이유

우리가 예수님을 믿음으로 얻게 되는 복은 단순히 죽음 이후에 천국에 가서 영생을 얻게 된다는 것에 있지 않습니다. 주님을 믿는 사람들이 진짜 누리게 되는 복은 주님을 믿는 그 순간부터 죄의 종노릇 하지 않고 의의 종이 된다는 것에 있습니다.

인간은 존재 그 자체가 죄에 오염된 사람들입니다. 간장에 절인 장아찌에서 간장만 분리해 낼 수 없듯이 죄에 완전히 물들어서 죄로부터 벗어날 수가 없었던 존재가 우리입니다. 그러나 주님께서 우리의 죄를 대신 지시고 십자가에 못 박혀 죽으심으로 우리로는 할 수 없던 죄와의 분리를 이루셨습니다. 더 이상 죄는 우리를 주장할 수 없게 되었습니다.

그러나 예수님을 믿는다고 하면서도 여전히 죄에 의하여 주장을 받는 사람들이 있습니다. 여전히 자신은 죄에서 벗어나지 못하는 죄 장아찌 상태에 있다고 여기는 사람들이 있습니다. 그러나 그렇지 않습니다. 예수를 믿는 사람들은 죄로부터 완전한 자유를 얻었습니다. 다만 마귀가 아직도 우리가 죄에 사로잡혀 있는 것처럼 우리를 속이고, 우리의 육체에 남아있는 죄의 본성들을 가지고 우리를 공격하는 것일 뿐입니다. 그렇기에 예수를 믿는 자들은 얼마든지 죄를 이길 수 있습니다. 죄의 종노릇하지 않고 의의 종이 되어 주님께서 기뻐하시는 인생을 살아갈 수 있습니다.

오늘 말씀에서 주님께서는 우리에게 "누구든지 등불을 켜서 그릇으로 덮거나 평상 아래에 두지 아니하고 등경 위에 둔다"고 말씀하십니다(눅 8:16). 어렵게 불을 피워놓고 그릇으로 덮어놓거나 평상 아래 두는 것은 미련한 짓입니다. 그럴 것이라면 불을 피울 이유도 없었습니다. 불을 피운 이유는 그 빛을 높이 두어서 방 전체를 밝게 하기 위함입니다. 빛을 높은 곳에 두어야 방 안에 있는 어둠이 물러가고 빛으로 방을 채울 수 있는 것입니다.

빛이신 주님께서 우리에게 오신 이유가 바로 이것입니다. 주님께서 우리 삶에 높이 들리셔서 우리 인생을 빛으로 비추시기 위함입니다. 그리하여서 우리를 속이고 유혹하는 어둠의 세력으로부터 벗어나게 하시기 위해서 우리 가운데 오신 것입니다. 그러니 우리가 어둠을 물리치고 의의 종이 되어 주의 뜻을 이루는 인생이 되는 방법은 빛이신 주님을 높이 드는 것, 곧 주님을 우리 삶의 머리로 삼는데 있는 것입니다.

빛이신 예수님을 그릇 안에 가두고 평상 아래 숨기는 인생은 죄의 종노릇 하는 삶에서 벗어나지 못합니다. 그러나 우리가 우리 주님을 나의 머리로 삼고 주님을 내 인생의 가장 높은 자리에 올려드릴 때, 주님의 빛이 어둠을 몰아내고 우리를 빛 가운데 거하는 삶으로 변화시켜 주실 것입니다. 주님을 높이 올려드리고 빛 가운데 거하며 의의 종으로 사는 우리 가정이 되기를 간절히 소원합니다.

나눔 1 주님을 머리로 삼지 못하고 살 때 경험했던 어려움이 있습니까?

나눔 2 아직 죄로부터 자유함을 누리지 못하고 있는 부분이 있습니까?

예수님을 바라보는 우리 가정 기도 :

오늘성경통독 누가복음 10장 □ 11장 □
오늘가정예배 찬송 502장 빛의 사자들이여

Date / /

말씀 누가복음 10:17-19 칠십 인이 기뻐하며 돌아와 이르되 주여 주의 이름이면 귀신들도 우리에게 항복하더이다 예수께서 이르시되 사탄이 하늘로부터 번개 같이 떨어지는 것을 내가 보았노라 내가 너희에게 뱀과 전갈을 밟으며 원수의 모든 능력을 제어할 권능을 주었으니 너희를 해칠 자가 결코 없으리라

사탄과의 싸움에서 승리하고 싶나요?

누가복음 10장은 예수님께서 70명의 전도자들을 세우시고 그들을 둘씩 짝지어서 전도하러 보내시는 장면으로 시작됩니다. 그런데 예수님께서는 이들을 전도하러 보내시면서 이렇게 말씀하십니다. "갈지어다 내가 너희를 보냄이 어린 양을 이리 가운데로 보냄과 같도다"(눅 10:3).

어찌보면 당연한 이야기입니다. 예수님께서 이 땅에 다시 오시면 마귀는 멸망하게 됩니다. 그런데 예수님께서는 "이 천국 복음이 모든 민족에게 증언되기 위하여 온 세상에 전파되리니 그제야 끝이 오리라"(마 24:14)라고 말씀하셨습니다. 다시 말하면 복음이 온 세상에 전파된 이후에 주님께서 다시 오실 거라는 말입니다. 그러니 마귀는 복음이 전파되는 것을 막아야만 하는 입장입니다. 어떻게 해서든지 복음이 전파되는 것을 막고, 어떻게 해서든지 복음을 전파하는 사람들을 괴롭히고 방해하는 것이 당연한 것입니다. 그러니 우리가 복음을 전하는 것은 마귀의 공격 가운데로 스스로 뛰어드는 것과 다름없습니다.

그런데 오늘 말씀을 보면 70명의 제자들이 그렇게 마귀의 공격 가운데로 뛰어들었으나 단 한 사람도 상하지 않고 모두가 다 예수님께로 돌아옵니다. 그것도 그냥 돌아오는 것이 아니라 "기뻐하며 돌아왔다"고 성경은 기록하고 있습니다. 이보다 더 놀라운 기적이 어디 있을까요?

어떻게 이리 소굴로 들어갔던 양들이 하나도 상하지 않고, 기뻐하며 돌아오는 일이 일어날 수 있는 걸까요? 그 이유를 "내가 너희에게 뱀과 전갈을 밟으며 원수의 모든 능력을 제어할 권능을 주었으니 너희를 해칠 자가 결코 없으리라"(눅 10:19)라고 말씀해 주십니다. 주님께서 제자들을 전도하기 위하여 보내실 때, 그들을 그냥 보내신 것이 아니라 그들을 대적할 마귀를 제어할 수 있는 권능을 함께 주어서 보내셨다는 것입니다. 그러니 그들이 복음을 전하면서도 마귀의 공격으로부터 안전할 수가 있었던 것입니다.

오늘 우리에게는 제자들에게 주셨던 권능보다 더 큰 것을 주셨습니다. 바로 주님, 그분 자신입니다. 우리가 복음을 전할 때 마귀는 우리를 방해하려고 안간힘을 쓰겠지만, 우리 주님께서 우리가 복음을 전하는 그 자리에 함께 가시기에 우리는 안전할 것이고 마귀는 두려워 떨 것입니다. 그러니 복음을 전하는 것이 마귀와의 싸움에서 승리를 경험하고, 마귀를 두려워 떨게 만드는 가장 확실한 방법입니다.

마귀와의 영적인 전쟁에서 승리를 경험하고 싶다면 전도하십시오. 복음을 전하십시오. 복음을 전하는 것은 하나님나라를 이 땅 가운데 세워가는 일일 뿐만 아니라, 세상의 권세를 잡고 성도들을 괴롭히는 마귀를 공격할 수 있는 가장 확실한 방법입니다.

나눔 1 복음을 전할 대상자를 정해보고 대상자를 위해서 함께 기도해 주세요.

나눔 2 대상자에게 복음을 전할 방법을 기도하며 정해보고 실천해보세요.

예수님을 바라보는 우리 가정 기도 :

말씀 누가복음 12:1-3 그 동안에 무리 수만 명이 모여 서로 밟힐 만큼 되었더니 예수께서 먼저 제자들에게 말씀하여 이르시되 바리새인들의 누룩 곧 외식을 주의하라 감추인 것이 드러나지 않을 것이 없고 숨긴 것이 알려지지 않을 것이 없나니 이러므로 너희가 어두운 데서 말한 모든 것이 광명한 데서 들리고 너희가 골방에서 귀에 대고 말한 것이 지붕 위에서 전파되리라

예수님이 저주하는 자들

예수님께서 이 땅에서 계실 때 가장 강하게 비판했던 사람들이 바로 바리새인들이었습니다. 마태복음 23장을 보면 예수님께서는 바리새인들에 대해서 이야기하시면서 "화 있을진저"라는 말을 일곱 번이나 반복하십니다. 그만큼 바리새인들이 하나님의 진노를 받을만한 행동을 하고 있다는 것이었습니다.

그런데 여러분, 바리새인들이 하나님을 믿는 일에 얼마나 열심 있는 사람들이었는지 아십니까? 바리새인들은 식사할 때도 정해진 규칙에서 벗어남이 없었습니다. 모든 일에 있어서 율법의 문제를 철저하게 따졌습니다. 그 말은 율법을 범하는 죄를 절대로 짓지 않도록 철저하게 자기의 삶을 관리했다는 것입니다. 그러니 율법을 지키는 행위로는 바리새인들을 넘어설 사람이 없었습니다. 그들이 하나님의 명령을 지키는 수준은 우리로서는 상상조차 하기 어려울 지경이었습니다.

그런데 그런 바리새인들을 향하여 주님께서는 그들에게 화가 있을 것이라고 수도 없이 말씀하셨고, 세례요한은 바리새인들을 독사의 자식들이라고 불렀습니다. 왜 그랬을까요? 그 이유가 오늘 말씀에 기록되어 있습니다. "바리새인들의 누룩, 곧 외식을 주의하라"(눅 12:1).

바리새인들이 그렇게 엄격하게 율법을 지키면서도 화를 받을 수밖에 없는 사람들이었던 이유는 그들의 행위가 진실한 마음에서 나오는 행위가 아니라 외식, 곧 위선적인 행위였기 때문입니다. 바리새인들은 겉으로는 하나님의 율법을 철저히 지키는 사람들이었지만 마음으로는 그렇지 못했습니다. 하나님께서 율법을 주셨던 이유는 그 율법을 통하여 하나님과 이웃을 사랑하게 하시려는 것이었는데 그들은 하나님을 사랑하는 일과 이웃을 사랑하는 일을 행위적인 것으로만 인식했습니다.

바리새인들은 열심히 율법을 지켰고, 열심히 예배했고, 어려운 사람들을 열심히 구제했습니다. 그러나 그들의 마음 가운데 하나님을 향한 진실한 사랑이 없었고 이웃을 향한 진실한 사랑이 없었습니다. 이런 바리새인들의 행위를 주님께서는 외식이라고 부르셨고 그들의 외식하는 행위가 하나님께 화를 받을만한 큰 잘못이라고 말씀하셨습니다. 그리고는 제자들을 향하여 너희도 바리새인들처럼 외식하지 않도록 주의하라고 말씀하셨습니다.

우리도 외식을 주의해야 합니다. 하나님의 일을 얼마나 많이 하고 예배에 얼마나 참석하는지가 중요한 것이 아닙니다. 하나님을 얼마나 사랑하는지가 중요한 것입니다. 어려운 이웃을 돕고 곤경에 빠진 사람들을 얼마나 구제하고 있는지가 중요한 것이 아닙니다. 정말 그들을 사랑하는 마음으로 행하는 일인지가 중요한 것입니다. 마음을 점검해야 합니다. 우리 마음에 하나님 사랑과 이웃 사랑이 온전하지 못하다면, 우리가 행하는 행위들도 화를 받을만한 외식이 될 수밖에 없습니다.

나눔 1 내가 하나님을 사랑하는 마음으로 행했던 일이 있습니까?

나눔 2 하나님과 이웃을 사랑하는 마음이 없이 행위로만 했던 외식이 있습니까?

예수님을 바라보는 우리 가정 기도 :

말씀 누가복음 16:19-24 한 부자가 있어 자색 옷과 고운 베옷을 입고 날마다 호화롭게 즐기더라 그런데 나사로라 이름하는 한 거지가 헌데 투성이로 그의 대문 앞에 버려진 채 그 부자의 상에서 떨어지는 것으로 배불리려 하매 심지어 개들이 와서 그 헌데를 핥더라 이에 그 거지가 죽어 천사들에게 받들려 아브라함의 품에 들어가고 부자도 죽어 장사되매 그가 음부에서 고통중에 눈을 들어 멀리 아브라함과 그의 품에 있는 나사로를 보고 불러 이르되 아버지 아브라함이여 나를 긍휼히 여기사 나사로를 보내어 그 손가락 끝에 물을 찍어 내 혀를 서늘하게 하소서 내가 이 불꽃 가운데서 괴로워하나이다

주님은 소극적인 사랑을 원하지 않습니다

부자와 거지 나사로의 이야기를 바라볼 때, 우리는 하나님께서 바라시는 믿음의 삶이라는 것이 어떤 것인지를 생각하게 됩니다. 오늘 말씀에 등장하는 부자는 자색 옷과 고운 베옷을 입고 날마다 호화로운 잔치를 즐기며 살았습니다. 그가 입었던 자색 옷은 고위 관직의 상징입니다. 거기에 고운 베옷까지 입었으니 이 사람은 가만히 앉아만 있어도 아랫사람들이 모든 일을 대신 처리해주는 부유한 사람이었습니다.

그런데 그런 부자의 집 문 앞에 나사로라고 하는 거지가 버려졌습니다. 나사로의 몸은 병이 들어서 온몸이 다 상처로 덮여 있었습니다. 그렇게 더럽고 냄새나는 나사로가 부자의 집 대문 앞에 있었을 뿐만 아니라, 그가 부자의 상에서 먹고 남은 것들로 배를 채우려고 시도했다고 성경은 기록하고 있습니다. 요즘 세상에 이런 일이 일어난다면 어떻게 될까요? 고위관직자의 집 앞에 노숙인이 자리를 잡고 머물러있다면, 아마 하루도 못 돼서 사람들이 이 노숙인을 좇아내지 않았겠습니까?

그런데 부자는 그러지 않았습니다. 성경 어디에도 부자가 나사로를 좇아냈다는 기록이 없고, 그를 학대하거나 괴롭혔다는 기록이 없습니다. 어쩌면 부자는 그 상에서 떨어지는 부스러기를 나사로가 먹는 것을 허락했을 수도 있습니다. 이 정도만 해도 정말 대단한 것 아닙니까?

온몸에 고름이 흐르는 거지가 내 집 앞에 머물러 있도록 허용하고, 내 상에서 떨어지는 것을 먹는 것을 허용하는 것만 해도, 요즘 세상에서는 상상조차도 할 수 없는 선행 아닙니까? 그런데 부자는 어디로 갑니까? 부자는 죽어서 음부에서 뜨거운 불꽃 가운데서 고통을 당합니다(눅 16:23). 지옥에 간 것입니다. 그가 행했던 선행, 나사로를 내쫓지 않고 상 아래에서 떨어지는 것을 먹도록 허용하는 정도의 행동으로는 지옥불에 들어가는 것을 막을 수 없었다는 것입니다.

주님께서 우리에게 바라시는 사랑은 참아주고 허용해주는 정도의 소극적인 사랑이 아닙니다. 용납과 허용도 우리에게는 참 대단한 일이라고 여겨지지만, 주님께서는 용납과 허용을 넘어 우리의 손을 뻗고, 우리의 가진 것을 사용하여 섬기는 적극적인 사랑을 원하십니다.

주님께서 부자를 자색옷과 고운 베옷을 입은 사람으로 세우신 것은 날마다 호화로운 잔치를 즐기게 하시기 위함이 아니라 나사로와 같은 자들을 도울 수 있도록 하기 위함이라는 사실을 기억하고 우리도 우리의 삶에 주님께서 주신 것으로 적극적인 사랑으로 이웃을 섬기는 선한 사마리아인과 같은 사랑의 사람들이 되기를 간절히 소원합니다.

나눔 1 나는 주님께서 주신 재정을 누구를 위하여 사용하고 있습니까?

나눔 2 우리 가족이 함께 섬길 수 있는 나사로는 누가 있을까요?

예수님을 바라보는 우리 가정 기도 :

오늘성경통독 누가복음 19장 □ 20장 □ 21장 □

오늘가정예배 찬송 283장 나 속죄함을 받은 후

Date / /

말씀 누가복음 19:8-10 삭개오가 서서 주께 여짜오되 주여 보시옵소서 내 소유의 절반을 가난한 자들에게 주겠사오며 만일 누구의 것을 속여 빼앗은 일이 있으면 네 갑절이나 갚겠나이다 예수께서 이르시되 오늘 구원이 이 집에 이르렀으니 이 사람도 아브라함의 자손임이로다 인자가 온 것은 잃어버린 자를 찾아 구원하려 함이니라

여러분은 무엇으로부터 벗어나야 합니까?

삭개오는 세리장이고 부자였습니다. 세리장이라는 직업은 로마로부터 세금을 거두어들일 권한을 받은 사람을 가리키는 말입니다. 로마 정부에 어느 지역에서 얼마의 세금을 거두어서 바치겠다고 제시한 사업자들 중에서 가장 많은 금액을 제시한 사람이 세금 사업자, 곧 세리장으로 선정되고, 그 사업자가 또 다시 세금을 걷는 사람들을 고용하여 주민들로부터 세금을 걷습니다. 그렇게 로마정부에 제시했던 금액을 다 채우고 나면 나머지가 자신의 수입이 되는 것입니다.

그러니까 삭개오가 세리장이었는데 부자라는 것은 그가 이스라엘 주민들로부터 거두어들인 세금이 로마 정부에 내야하는 세금보다 훨씬 더 많은 금액이었다는 것을 의미하는 것입니다. 세금을 명목으로 사람들에게 더 많은 돈을 걷으면 걷을수록 삭개오의 주머니는 더욱 두둑해졌던 것입니다. 삭개오는 그렇게 부자가 되었고 사람들로부터 미움을 받는 사람이 되었습니다.

그런데 그런 삭개오에게 예수님이 다가가십니다. 삭개오는 그저 유명한 예수님이 지나가시는 것을 구경했을 뿐인데, 예수님께서는 삭개오의 이름까지 기억하고 계셨다가 그를 부르십니다. 게다가 그의 집에 유하여야 하겠다고 사람들 앞에서 공개적으로 선언하십니다. 예수님께서는 처음부터 삭개오를 만나고 그를 구원하시기 위해서 작정하고 여리고에 들어가셨던 것입니다. 사람들의 미움을 받으면서도 돈을 최고의 가치로 삼고 돈으로부터 위로를 얻으며 살고 있는 삭개오에게 진정한 회복이 일어날 수 있도록 예수님께서 친히 그의 집에까지 들어가신 것입니다.

놀라운 사실은 예수님께서 그를 부르시고, 그의 집에 들어가신 것만으로 그에게서 변화가 일어났다는 사실입니다. 예수님께서는 그와 함께 그의 집에 들어가기만 하셨습니다. 들어가셔서 그에게 말씀 전하시지도 않았고 어떻게 행동하라고 가르치시지도 않았습니다. 그런데도 불구하고 삭개오는 예수님께 자기 소유의 절반을 가난한 자들에게 나누어주고, 속여서 빼앗은 것은 네 갑절로 갚겠다고 말합니다.

이제까지 최고의 가치로 삼고 살아왔던 돈으로부터 자유로워진 것입니다. 더 이상 돈의 노예로 살지 않겠다는 것입니다. 이것이 자신이 죄인임을 깨닫고 예수 그리스도를 구주로 영접한 자에게서 나타나는 현상입니다. 예수님이 우리 안에 오시면, 우리를 묶고 있던 악한 권세의 실체가 드러납니다. 내가 무엇으로부터 자유로워져야 하는지가 깨달아집니다. 어떤 사람은 돈, 어떤 사람은 권력, 어떤 사람은 정욕이라는 것이 자신의 삶을 지배하고 있었다는 것을 알게 되는 것입니다. 그것으로부터 벗어나겠다고 주님 앞에 선언할 때, 우리 삶에 주님께서 이루기를 원하셨던 참 자유와 평안이 임하게 됩니다.

우리는 무엇으로부터 벗어나야 합니까? 무엇이 우리의 삶을 지배하고 있습니까? 오늘 그것을 찾아 주님 앞에 선언함으로 완전한 자유를 누리게 되는 우리 가정이 되기를 간절히 축원합니다.

나눔 1 삭개오의 돈처럼 내 삶을 자유롭지 못하게 만드는 것은 무엇입니까?

나눔 2 주님을 만나고 변화된 부분이 있습니까?

예수님을 바라보는 우리 가정 기도 :

말씀 누가복음 23:20-23 빌라도는 예수를 놓고자 하여 다시 그들에게 말하되 그들은 소리 질러 이르되 그를 십자가에 못 박게 하소서 십자가에 못 박게 하소서 하는지라 빌라도가 세 번째 말하되 이 사람이 무슨 악한 일을 하였느냐 나는 그에게서 죽일 죄를 찾지 못하였나니 때려서 놓으리라 하니 그들이 큰 소리로 재촉하여 십자가에 못 박기를 구하니 그들의 소리가 이긴지라

예수님께 무엇을 기대합니까?

예수님께서 예루살렘에 입성하실 때, 사람들은 나귀를 타고 입성하시는 예수님께 종려나무 가지를 흔들고 자신들의 옷을 길에 깔면서 "호산나! 다윗의 자손이여! 찬송하리로다 주의 이름으로 오시는 이여 가장 높은 곳에서 호산나!"라고 외치며 주님을 환영했습니다(마 21:9).

'호산나'라는 말은 '구원해 주옵소서!'라는 의미를 가지고 있습니다. 그러니 사람들이 예수님께 호산나라고 외쳤다는 것은 예수님을 자신들을 구원할 구원자로 여겼다는 것을 의미하는 것입니다. 그런데 그로부터 불과 며칠 후에 사람들의 입에서는 이전과 완전히 다른 말이 외쳐집니다. 주님을 구원자로 여기며 호산나를 외치던 사람들이 "그를 십자가에 못 박게 하소서!"라고 소리치는 것입니다(눅 23:21).

사람들이 한순간에 이렇게 바뀌게 된 이유가 무엇입니까? 그들이 예수님에게서 어떤 죄를 찾았기 때문일까요? 아닙니다. 오늘 말씀에서 빌라도는 너무나도 분명하게 예수님께는 죄가 없다고 몇 번이나 선언하고 있습니다. 그런데 왜 사람들은 예수님에게서 돌아선 걸까요?

예수님이 자신들의 기대와는 다르게 행동했기 때문입니다. 즉 자신들이 기대했던 예수님은 로마를 물리치고 이스라엘에 독립을 가져올 정치적인 구세주였는데, 예수님은 그들이 기대했던 것과는 달리 죄인들과 상종하며 기도만 하는 무력한 모습을 보였기 때문입니다.

결국 그들은 자신들의 기대와는 다른 예수님의 행동에 실망했고 대제사장들과 관리들과 바리새인들이 충동하는 것에 따라서 예수님을 십자가에 못 박고 정치적인 문제에 열심인 '바라바'라는 사람을 풀어주라고 소리치게 됩니다. 죄인들과 어울리며 기도만 하는 무기력한 예수보다, 로마에 대항하여 민란을 일으키고 살인을 행하는 바라바가 자신들이 기대했던 구세주의 모습에 더 적합하게 여겨졌던 것입니다.

우리는 예수님께 무엇을 기대하고 있습니까? 예수님께서는 죄로 인하여 죽었던 우리를 살리기 위하여 이 땅에 오신 하나님이십니다. 그분은 우리에게 많은 재물을 주시기 위하여 오신 것이 아니고, 우리가 바라는 어떤 기대치를 충족시켜주시기 위하여 오신 것이 아닙니다. 잘못된 기대는 잘못된 결과를 가져옵니다. 그러니 우리의 기대가 잘못되어 있는 것은 아닌지 점검해야 합니다. 우리는 주님을 어떤 분으로 여기고 있습니까? 혹시 램프의 요정처럼 나의 소원을 이루어주실 분으로 여기고 있는 것은 아닙니까?

나눔 1 주님께서 내 삶 가운데 이루어주시기를 가장 크게 기대하고 있는 것은 무엇입니까?
나눔 2 내가 기대하는 그것과 죄로부터의 구원 중에서 무엇이 더 크고 중요한 문제일까요?
예수님을 바라보는 우리 가정 기도 :

말씀 요한복음 2:1-5 사흘째 되던 날 갈릴리 가나에 혼례가 있어 예수의 어머니도 거기 계시고 예수와 그 제자들도 혼례에 청함을 받았더니 포도주가 떨어진지라 예수의 어머니가 예수에게 이르되 저들에게 포도주가 없다 하니 예수께서 이르시되 여자여 나와 무슨 상관이 있나이까 내 때가 아직 이르지 아니하였나이다 그의 어머니가 하인들에게 이르되 너희에게 무슨 말씀을 하시든지 그대로 하라 하니라

문제가 생기면 누구에게 갑니까?

가나의 혼인잔치에서 일어난 포도주 사건은 예수님께서 행하신 첫 번째 기적으로 알려져 있습니다. 또 예수님이 우리와 함께 계신다는 것을 정말 믿는 사람이 문제를 만날 때, 어떻게 행동하게 되는지를 우리에게 분명하게 보여줍니다. 마리아와 예수님과 그분의 제자들이 혼인잔치에 초청을 받았습니다. 그런데 잔치에 사용할 포도주가 모두 떨어지고 말았습니다. 그때 가장 먼저 예수님의 어머니인 마리아가 예수님께 말합니다. "저들에게 포도주가 없다."

마리아가 예수님께 포도주가 떨어진 사실을 말하고 있는 이유는 예수님께서 성령으로 잉태된 하나님의 아들이라는 사실을 마리아는 알고 있었기 때문입니다. 그 일을 해결할 수 있는 능력이 예수님께 있다는 것을 마리아는 분명히 알았기에 포도주가 떨어졌다는 사실을 혼주가 아니라 예수님께 말하고 있는 것입니다.

전능하신 하나님께서 우리와 함께 계심을 알면 마리아가 했던 이런 행동이 나오는 것이 당연합니다. 모든 문제 앞에서 다른 사람을 찾기보다 하나님을 찾는 것이 가장 확실한 문제 해결의 방법이기 때문입니다. 그래서 하나님께서 우리와 함께 계심을 분명하게 믿는 사람은 어떤 문제를 만나든 가장 먼저 하나님을 찾습니다. 하나님을 부르고 하나님께 문제를 맡깁니다.

우리가 문제를 마주하게 될 때, 가장 먼저 무엇을 찾고 무엇을 생각하는지를 살펴보면 우리가 정말 의지하는 것이 무엇인지를 확인할 수 있습니다. 우리는 문제를 마주할 때 가장 먼저 주님을 찾고 주님께 문제를 맡겨드리고 있습니까? 마리아가 그랬던 것처럼, 본능적으로 주님께 어려움을 고백하고 주님께서 일하시기를 기대하고 있습니까? 물을 포도주로 만드셨던 그 예수님께서 지금 우리와 함께 계신다는 사실이 분명하게 믿어지면 다른 것을 기대하는 마음이 들지도 않을 것입니다.

가나의 혼인잔치에서 기적이 일어날 수 있었던 두 가지 요소는 주님께서 그곳에 계셨다는 것과 하인들이 주님께서 말씀하시는 대로 순종했던 것입니다. 주님이 계시고 그 주님의 말씀을 따라 행하는 순종이 있다면 기적은 일어나게 되어 있습니다.

주님은 지금도 우리와 함께 계십니다. 그러니 주님을 찾으십시오. 세상 그 어떤 방법들보다 가장 분명하고 확실한 주님을 찾고 그분의 말씀에 순종하므로 우리 삶의 모든 문제로부터 자유함을 얻게 되기를 간절히 소원합니다.

나눔 1 어려움을 겪게 될 때, 가장 먼저 찾게 되는 것이 무엇입니까?

나눔 2 나에게는 주님의 말씀에 순종하면 모든 문제가 해결될 수 있다는 믿음이 있습니까?

예수님을 바라보는 우리 가정 기도 :

말씀 요한복음 4:13-15 예수께서 대답하여 이르시되 이 물을 마시는 자마다 다시 목마르려니와 내가 주는 물을 마시는 자는 영원히 목마르지 아니하리니 내가 주는 물은 그 속에서 영생하도록 솟아나는 샘물이 되리라 여자가 이르되 주여 그런 물을 내게 주사 목마르지도 않고 또 여기 물 길으러 오지도 않게 하옵소서

사마리아 여인처럼 만족하고 있습니까?

사마리아에는 육신의 목마름뿐만 아니라 영적인 목마름에 허덕이는 여인이 있었습니다. 우리 주님께서는 그 여인의 목마름을 해결해 주시기를 원하셨습니다. 그래서 유대를 떠나 갈릴리로 가시는 여행에서 유대인이라면 누구나 피하는 사마리아를 일부러 통과해서 가기로 결정하십니다(요 4:4).

우리 주님이 이런 분이십니다. 목마른 자들이 있는 곳이라면 사마리아든 어디든 일부러 찾아오시는 분이십니다. 영적인 목마름으로 죽어가고 있던 우리를 위하여 하늘 보좌를 버리고 이 땅에 일부러 찾아오신 분이 우리 주님이십니다. 그렇게 일부러 우리를 찾아오신 주님을 만나게 되면, 누구든지 목마름에서 벗어나 영원한 만족을 누리게 됩니다.

사마리아에서 주님을 만났던 여인을 향하여 주님께서는 "이 물을 마시는 자마다 다시 목마르려니와 내가 주는 물을 마시는 자는 영원히 목마르지 아니하리니 내가 주는 물은 그 속에서 영생하도록 솟아나는 샘물이 되리라"라고 말씀하십니다.

주님으로부터 오는 만족은 다시는 다른 것으로부터 만족을 얻으려는 생각이 들지도 않을 만큼 영원한 만족이라는 것입니다. 그러면 그런 만족이 언제 우리에게 임할까요? 요한복음에서 이 여인은 "메시야 곧 그리스도라 하는 이가 오실 줄을 내가 아노니 그가 오시면 모든 것을 우리에게 알려 주시리이다"(요 4:25)라고 말하고 이 말을 들으신 주님께서는 "내가 그라"라고 대답하십니다.

여인이 알게 된 것이라고는 눈앞에 있는 예수님이 그리스도라는 사실 밖에는 없었습니다. 그런데도 이 여인은 물동이를 버려두고 그렇게 피하고 싶었던 동네 사람들에게로 달려가서 "그리스도를 만났으니 와서 보라!"라고 소리칩니다. 더 이상 사람들의 시선을 두려워하지 않게 된 것입니다. 사람들 앞에 나서기가 부끄러워 뜨거운 정오에 홀로 물을 뜨러 나왔던 여인이 사람들 앞에 서서 소리치는 사람이 된 것입니다. 그녀에게 참된 만족이 임한 것입니다.

예수님이 우리에게 그리스도로 믿어진다면, 우리도 이 여인처럼 모든 부끄러움이 사라지고 주님을 만난 것만으로 만족할 수 있게 됩니다. 주님께서 그리스도가 되셔서 구원하신 그분의 백성들은 주님으로 인하여 만족함을 누리고, 이전에 메여있던 모든 구속에서 자유함을 누리게 되는 것입니다.

우리에게는 이런 만족과 자유함이 있습니까? 주님께서 우리의 그리스도가 되셔서 우리를 죄와 사망으로부터 구원하셨습니다. 그렇다면 우리에게도 죽음으로부터 살림을 받은 자의 만족함이 있어야 합니다. 우리의 마음은 사마리아 우물가의 여인이 누렸던 바로 그 만족을 누리고 있습니까?

나눔 1 무엇을 생각할 때 가장 마음이 기쁩니까?

나눔 2 주님을 만나고도 여전히 넘지 못하는 수치심이나 부끄러움이 있습니까?

예수님을 바라보는 우리 가정 기도 :

오늘성경통독 요한복음 6장 □ 7장 □
오늘가정예배 찬송 400장 험한 시험 물 속에서 Date / /

말씀 요한복음 7:45-49 아랫사람들이 대제사장들과 바리새인들에게로 오니 그들이 묻되 어찌하여 잡아오지 아니하였느냐 아랫사람들이 대답하되 그 사람이 말하는 것처럼 말한 사람은 이 때까지 없었나이다 하니 바리새인들이 대답하되 너희도 미혹되었느냐 당국자들이나 바리새인 중에 그를 믿는 자가 있느냐 율법을 알지 못하는 이 무리는 저주를 받은 자로다

누가 저주받은 사람입니까?

예수님의 행하심에 불만을 품고 있었던 대제사장들과 바리새인들은 예수님을 잡기 위해서 성전의 경비병들을 예수님께 보냈습니다. 그들은 예수님을 따라다니면서 예수님을 잡아갈 기회를 살피고 있었습니다. 그런데 그렇게 예수님을 체포하기 위해서 예수님을 따라다니던 성전 경비병들이 그만 예수님의 말씀에 반하고 말았습니다.

예수님을 따라다니면서 말씀을 듣다 보니 그 말씀이 진리인 것을 깨닫게 된 것입니다. 결국 이 사람들은 예수님을 체포할 이유를 찾지 못하고 오히려 예수님의 가르침을 받아들이고 대제사장과 바리새인들에게 돌아가게 되었습니다. 그렇게 돌아온 성전의 경비병들을 오늘 말씀에서는 "아랫사람들"이라고 표현하고 있습니다(요 7:45-46).

대제사장들과 바리새인들보다 신분이 낮은 사람들이라는 의미입니다. 성경에 대한 지식으로 따지자면 대제사장들과 바리새인을 따라올 사람들이 없었습니다. 그들은 종교 중심의 유대 나라에서 윗자리를 차지하고 사람들 위에 군림했습니다. 그들은 윗사람이었고 다른 이들은 아랫사람이었습니다.

그런데 그렇게 똑똑한 윗사람들은 예수님의 말씀을 알아듣지 못하고, 천대받고 무시 받는 아랫사람들은 예수님의 말씀을 알아들었습니다. 그러면서도 예수님의 말씀이 진리임을 알아들은 사람들을 향하여 "율법을 알지 못하는 이 무리는 저주를 받은 자로다"(요 7:49)라고 정죄하기까지 합니다.

누가 정말 저주를 받은 사람입니까? 하나님의 아들이신 예수님을 눈앞에서 보고, 그분이 행하시는 놀라운 표적을 모두 보고, 그분께서 말씀하시는 진리의 말씀들을 모두 듣고도 예수님을 믿지 못하는 윗사람들이 저주받은 사람입니까? 아니면 비록 세상적인 신분은 낮지만, 주님의 말씀이 진리임을 깨닫고 주님을 믿게 된 사람들이 저주받은 사람입니까?

무엇이 진짜 저주받은 것인지, 무엇이 진짜 높은 것이고 무엇이 진짜 낮은 것인지를 깨달아야 합니다. 세상에서 다른 사람들 위에 군림하며 많은 지식을 가지고 자랑하는 사람이 높은 사람이 아닙니다. 세상에서 천대받고 아랫사람이 되어 다른 사람들의 명령을 따르며 살아야 하는 신세라고 해서 낮고 저주받은 인생이 아닙니다. 주님을 보고도 주님인지 알지 못하고, 주님의 말씀을 듣고도 그 말씀을 진리로 받아들이지 않고, 주님을 좇아다니면서도 주님께로 내 삶을 완전하게 전향하지 못하는 것이 정말 낮은 인생, 저주받은 인생입니다. 우리의 인생은 어떤 인생입니까?

나눔 1 지금 당신과 함께 계시는 주님을 바라보는 눈이 완전히 열렸습니까?

나눔 2 나의 삶은 완전히 주님께로 전향되었습니까?

예수님을 바라보는 우리 가정 기도 :

말씀 요한복음 8:31-32 그러므로 예수께서 자기를 믿은 유대인들에게 이르시되 너희가 내 말에 거하면 참으로 내 제자가 되고 진리를 알지니 진리가 너희를 자유롭게 하리라

마땅히 누려야 할 자유를 누리세요

예수님을 믿는 믿음을 가진 사람이 누릴 수 있는 귀한 복 중의 하나는 자유함입니다. 주님께서는 우리를 향하여 "진리를 알지니 진리가 너희를 자유롭게 하리라"라고 말씀하셨습니다. 여기에서 말씀하시는 진리가 무엇입니까? "아들이 너희를 자유롭게 하면 너희가 참으로 자유로우리라"(요 8:36)라고 말씀하셨으니 우리를 자유롭게 하는 진리는 다름 아닌 예수 그리스도, 그분 자신임을 알 수 있습니다.

주님은 우리를 자유롭게 하시는 분이십니다. 죄로부터의 자유함, 정죄로부터의 자유함, 우리를 붙잡고 죄의 종노릇하게 하는 마귀로부터의 자유함이 우리 주님으로부터 우리에게 주어집니다. 이것이 예수님을 영접한 자가 누리는 크고 놀라운 축복인 것입니다.

우리는 이 자유함을 누리고 있습니까? 우리 모두 다 예수님을 믿고 예수님을 영접한 주님의 백성들이라 더 이상 죄의 종노릇하지 않고 있습니까? 마귀의 유혹에 흔들리지 않고 자유롭게 믿음을 지키고 있습니까?

많은 사람들이 "진리가 너희를 자유롭게 하리라!"는 말씀은 기억합니다. 그런데 그 직전에 있는 말씀은 잘 기억하지 못합니다. "진리를 알지니 진리가 너희를 자유롭게 하리라"(요 8:32)라는 말씀 앞에는 자유함을 얻기 위하여 반드시 선행되어야 하는 조건이 기록되어 있습니다. 그 조건이 무엇입니까? "너희가 내 말에 거하면 참으로 내 제자가 되고"(요 8:31)라는 말씀입니다.

우리가 죄의 종노릇하는 인생을 벗어나 자유함을 누리기를 원한다면 예수님을 믿기는 믿되 입으로 예수님을 주님으로 고백하는 수준의 믿음만으로는 안 됩니다. 예수님께서 내 입술의 주님이 아니라 내 삶의 주님이 되셔야 합니다. 우리의 삶이 항상 주님의 말에 거하는 삶이 되는 것, 그리하여서 주님의 말씀을 따르는 주님의 제자로 사는 것, 그것이 우리가 자유함을 누리기 위하여 선행되어야 하는 조건인 것입니다.

우리의 삶은 주님의 말씀에 거하고 있습니까? 우리의 삶은 주님의 말씀이라는 원칙에 의해서 움직이고 주님의 말씀에서 벗어나지 않으려는 몸부림이 있는 삶입니까? 우리는 예수님을 믿기만 할 뿐 아니라, 예수님의 제자가 되어 예수님을 닮아가고 있습니까? 주님의 말씀이 우리 삶에 실제가 되어서 항상 말씀 가운데 거하는 삶이 되면, 그러면 죄는 더 이상 우리를 종처럼 부리지 못하고 주님과 함께하는 자가 누릴 수 있는 자유함이 우리 삶에 찾아오게 됩니다.

자유함을 찾으십시오. 영원히 주님의 집에 거할 하나님의 아들로서 마땅히 누려야 할 자유함을 누리며, 하루하루의 삶이 주 안에서 기쁘게 뛰노는 자유한 날들이 될 수 있도록 주님의 말씀 가운데 거하며 주님의 제자로 살아가는 우리 가정이 되기를 간절히 축복합니다.

나눔 1 주 안에서 자유함을 누리고 있습니까? 자유함을 누리지 못하고 있는 부분이 있다면 무엇입니까?

나눔 2 주님의 제자로 산다는 것은 어떤 의미일까요?

예수님을 바라보는 우리 가정 기도 :

오늘성경통독 요한복음 11장 □ 12장 □

오늘가정예배 찬송 211장 값비싼 향유를 주께 드린

Date / /

말씀 요한복음 11:39 예수께서 이르시되 돌을 옮겨 놓으라 하시니 그 죽은 자의 누이 마르다가 이르되 주여 죽은 지가 나흘이 되었으매 벌써 냄새가 나나이다

여러분은 어떤 냄새가 납니까?

요한복음 11장과 12장에는 상반되는 두 냄새가 등장합니다. 먼저 요한복음 11장에는 죽은 나사로의 냄새가 등장합니다. 오늘 말씀을 보면 예수님께서 나사로를 살리시기 위하여 무덤을 막은 돌은 옮기라고 말씀하실 때 나사로의 누이 마르다가 말합니다.

"주여, 죽은 지가 나흘이 되었으매 벌써 냄새가 나나이다." 여기에서 등장하는 냄새는 죽음의 냄새입니다. 생명이 꺼진 곳에서 나는 냄새입니다. 이 냄새의 특징은 시간이 지나면 지날수록 냄새가 더 강해지고 독해진다는 것입니다. 죽음의 시간이 길어지면 길어질수록 냄새도 더 강하게 풍깁니다. 나사로에게서 생명이 떠난 지 나흘이 되었을 때, 이미 그에게는 죽음의 냄새가 강하게 나고 있었습니다.

반면에 12장에 등장하는 냄새는 생명의 냄새입니다. 요한복음을 보면 "마리아는 지극히 비싼 향유 곧 순전한 나드 한 근을 가져다가 예수의 발에 붓고 자기 머리털로 그의 발을 닦으니 향유 냄새가 집에 가득하더라"(요 12:3)라고 기록되어 있습니다. 11장에 기록된 죽음의 냄새와는 완전히 다른, 예수님을 사랑하는 사랑의 냄새, 예수님께 자신의 가장 귀한 것을 드려도 전혀 아깝지 않은 믿음의 냄새입니다. 영이 살아 있는 자에게서 나는 향기로운 냄새가 12장에는 기록되어 있는 것입니다.

이처럼 우리의 영적인 상태에 따라서 풍기는 냄새도 달라집니다. 우리의 영이 나사로처럼 죽어있거나 잠이 들어있다면 주변 사람들이 다 알만큼 강한 죽음의 냄새가 나기 마련입니다. 영적인 침체를 경험하고 있는 사람에게서 풍기는 느낌이 바로 그 죽음의 냄새입니다. 영적으로 침체된 자에게서 풍기는 냄새, 느낌은 죽음의 시간이 길어지면 길어질수록 더 독하게 나기 마련입니다.

반면에 영적으로 충만한 사람, 영이 깨어서 주님을 향한 사랑과 믿음으로 충만한 사람에게서는 전혀 다른 냄새가 납니다. 그런 사람은 주변에 함께서 있기만 해도 기분이 좋아집니다. 마리아가 예수님께 부었던 향유의 냄새가 온 집을 가득 채웠듯이 깨어있는 영혼, 사랑과 믿음으로 충만한 영혼의 향기는 주변을 가득 채우고 물들입니다.

우리에게서는 어떤 냄새가 납니까? 우리 영혼이 깨어있는지 잠들어있는지는 주변 사람들이 더 잘 압니다. 특별히 함께 사는 가족들은 우리의 영적 상태를 분별해줄 수 있는 가장 좋은 파트너입니다. 주변에 좋은 냄새를 풍기는 우리가 되기를 소원합니다. 함께 있기만 해도 기분이 좋아지는 살아 있는 영혼을 소유한 우리 가정이 되어서 날마다 향유의 향기로 이 가정을 채우는 우리 모두가 되기를 간절히 축복합니다.

나눔 1 서로에게서 어떤 영혼의 향기를 느끼는지 나누어 보세요.

나눔 2 살아있는 영혼의 향기를 풍기는 사람이 있다면 그에게서 느꼈던 느낌을 나누어 보세요.

예수님을 바라보는 우리 가정 기도 :

오늘성경통독 요한복음 13장 □ 14장 □ 15장 □
오늘가정예배 찬송 407장 구주와 함께 나 죽었으니 Date / /

말씀 요한복음 14:1-3 너희는 마음에 근심하지 말라 하나님을 믿으니 또 나를 믿으라 내 아버지 집에 거할 곳이 많도다 그렇지 않으면 너희에게 일렀으리라 내가 너희를 위하여 거처를 예비하러 가노니 가서 너희를 위하여 거처를 예비하면 내가 다시 와서 너희를 내게로 영접하여 나 있는 곳에 너희도 있게 하리라

그날을 소망합시다

전도서 3장 1-2절은 "범사에 기한이 있고 천하만사가 다 때가 있나니 날 때가 있고 죽을 때가 있으며 …"라고 말합니다. 그러고는 3장 11절에서 "하나님이 모든 것을 지으시되 때를 따라 아름답게 하셨고 또 사람들에게는 영원을 사모하는 마음을 주셨느니라 그러나 하나님이 하시는 일의 시종을 사람으로 측량할 수 없게 하셨도다"라고 말합니다.

무슨 의미일까요? 사람에게는 태어날 때와 죽을 때가 정해져 있는데 그때를 우리는 알 수 없다는 것입니다. 자기가 언제 죽을지 알 수 있는 사람은 아무도 없습니다. 그러나 한 가지 확실한 것은 우리가 죽음을 맞이하게 되는 그날이 분명하게 정해져 있으며 그날은 하나님께서 바라보시기에 가장 아름다운 날이라는 것을 전도서의 기자는 말하고 있는 것입니다.

우리도 언젠가는 죽음을 맞이하게 됩니다. 죽음은 그 어느 누구도 피할 수 없는 정해져 있는 운명입니다. 그러나 주님을 믿는 우리에게는 죽음의 순간이 두렵고 괴로운 시간이 아니라는 사실을 기억해야 합니다. 우리에게 있어서 죽음은 주님의 영접을 받는 영광스러운 시간입니다.

오늘 말씀에서 주님께서는 본인이 하늘로 올라가시는 이유를 "내가 너희를 위하여 거처를 예비하러 가노니"라고 말씀하십니다. 주님께서 지금 하늘에서 우리의 거처를 예비하고 계신다는 것입니다. 주님께서 우리를 위하여 친히 우리가 살 집을 만들고 계신다는 것입니다. 그리고 말씀하십니다. "가서 너희를 위하여 거처를 예비하면 내가 다시 와서 너희를 내게로 영접하여 나 있는 곳에 너희도 있게 하리라"(요 14:3).

성도에게 있어서 죽음은 평생토록 영접하고 살던 주님께 영접을 받는 영광스러운 순간입니다. 성도에게 있어서 죽음은 이 땅의 허무하고 썩어질 것을 떠나 하늘의 영원한 집, 주님께서 나를 위하여 친히 지으신 집에 들어가는 입주식입니다. 그곳은 나를 위하여 자기 자신을 내어주신 예수 그리스도께서 계시는 곳이요 나를 사랑하셔서 자기 아들까지도 십자가에 못 박으신 하나님 아버지께서 계시는 곳입니다.

성도는 그날을 소망하며 살아야 합니다. 예수님이 나의 주님이시고, 하나님이 나의 아버지이시면, 영원한 내 집, 내 본향에 돌아가기를 소망하는 마음이 그 속에 있는 것은 너무나 당연한 일입니다. 주님을 통하여 하나님을 알고 보게 된 사람은 천국 소망을 갖게 될 수밖에 없는 것입니다. 우리에게는 천국을 향한 소망, 주님께서 나를 위하여 예비하신 그 집에 거하게 되는 날에 대한 소망이 있습니까?

나눔 1 나에게 있어서 죽음이란 어떤 의미입니까?

나눔 2 천국은 어떤 곳일까요? 내가 바라는 천국은 어떤 곳인지 나누어 보세요.

예수님을 바라보는 우리 가정 기도 :

말씀 요한복음 16:13-14 그러나 진리의 성령이 오시면 그가 너희를 모든 진리 가운데로 인도하시리니 그가 스스로 말하지 않고 오직 들은 것을 말하며 장래 일을 너희에게 알리시리라 그가 내 영광을 나타내리니 내 것을 가지고 너희에게 알리시겠음이라

성령님이 우리 인생의 해답지입니다

학창 시절에 문제집을 풀어보신 적이 있으십니까? 문제집을 풀 때, 공부를 열심히 하지 않은 학생도 100점을 맞을 수 있는 방법이 있습니다. 그것은 바로 문제집 뒤에 붙어있는 정답지를 보는 것입니다. 정답지만 있으면 원리를 이해하지 못해도, 공부해서 지식을 쌓지 않아도 모든 문제의 답을 맞힐 수 있었습니다. 그래서 문제집을 사면 부모님들이 문제집 뒤에 해답지 부분을 잘라서 따로 보관하고는 했습니다.

우리 인생에도 이런 해답지가 있다는 것을 아십니까? 인생을 잘 사는 원리를 다 이해하지 못한 사람도, 세상의 모든 지식을 다 알지 못해도, 그 누구보다 인생을 가장 아름답게, 가치 있게 살 수 있는 해답지가 우리에게 있습니다. 바로 우리 안에 오신 '성령님'이십니다. 그래서 예수님께서는 제자들에게 예수님께서 떠나시고 보혜사가 오시는 것이 훨씬 더 큰 유익이라고 말씀하시는 것입니다.

우리 안에 오신 성령님이 우리 인생의 해답지이십니다. 성령님께서는 우리 안에 오셔서 크게 두 가지 일을 하시는데 그중 하나는 우리가 해서는 안 될 일들을 깨우치게 하는 책망입니다. 죄를 깨우쳐 주시고, 하나님의 의에 합당하지 않은 것을 깨우쳐 주십니다. 우리가 마귀에게 눌림을 당할 때, 성령님께서는 우리가 마귀를 이기고 승리할 수 있는 자임을 깨닫게 해주셔서 죄를 이기게 하십니다.

또 다른 하나는 우리가 해야 할 일들을 깨우치게 하는 인도입니다. 주님께서는 우리에게 "그가 너희를 모든 진리 가운데로 인도하시리니 그가 스스로 말하지 않고 오직 들은 것을 말하며 장래 일을 너희에게 알리시리라"라고 말씀하십니다. 성령님께서 우리 안에 오셔서 우리를 진리 가운데로, 가장 올바르고 아름다운 길로 인도하신다는 것입니다. 우리가 가야 할 길이 어디인지, 우리가 해야 할 일이 무엇인지, 우리에게 장차 닥쳐올 일들이 무엇인지를 알게 하셔서 인생의 결승점에 가장 아름다운 모습으로 도착할 수 있도록 끊임없이 우리를 이끌어주신다는 것입니다.

그러므로 성령님을 따라서 살면 안전합니다. 성령님을 따라서 살면 지식이 많지 않아도, 능력 없고 힘이 없어도 가장 아름다운 인생을 살 수 있습니다. 우리의 인생을 아름답게 하시기 위하여 우리 가운데 오신 인생의 해답지인 성령님을 따라서 가장 아름답고 복된 인생을 살아가는 가정이 되기를 간절히 축복합니다.

나눔 1 성령님의 책망을 받은 적이 있습니까?
나눔 2 오늘 성령님께 어떤 인도하심을 받았습니까?
예수님을 바라보는 우리 가정 기도 :

말씀 요한복음 19:14-16 이 날은 유월절의 준비일이요 때는 제육시라 빌라도가 유대인들에게 이르되 보라 너희 왕이로다 그들이 소리 지르되 없이 하소서 없이 하소서 그를 십자가에 못 박게 하소서 빌라도가 이르되 내가 너희 왕을 십자가에 못 박으랴 대제사장들이 대답하되 가이사 외에는 우리에게 왕이 없나이다 하니 이에 예수를 십자가에 못 박도록 그들에게 넘겨 주니라

세상을 왕으로 섬기지 마세요

인간은 대략 10조개가 넘는 세포로 구성되어 있습니다. 그런데 그 많은 세포 중에 딱 하나의 세포가 우연히 지금의 모습으로 만들어질 확률은 거의 제로에 가깝습니다. 딱 하나의 세포가 지금의 유전자 구성을 가지고 세팅될 확률도 0에 가까운데 세상은 10조개가 넘는 세포가 우연히 만들어져서 인간이 되었다고 주장하고 있습니다. 그렇게 말도 안 되는 주장을 안타깝게도 사람들은 당연한 것으로 받아들이고 있습니다.

MIT 공대 교수였던 머레이 에덴(Murray Eden)은 인간이 우연히 만들어질 수 있는 확률을 재미있게 표현했습니다. 한 사람이 컴퓨터 앞에 앉아서 키보드를 두 손바닥으로 쾅쾅 쳤습니다. 그런데 그렇게 쾅쾅 키보드를 쳤더니 정말 우연히 제대로 된 문장들이 써지는 겁니다. 그렇게 계속 키보드를 두드리기를 반복했더니 완벽한 문장들로 이루어진 책이 한 권 써졌습니다. 그러고 나서 다음 사람이 컴퓨터 앞에 앉아서 키보드를 두 손바닥으로 두들겼는데 앞 사람이 두들겨서 써졌던 그 책과 똑같은 글이 쓰여 있는 책이 써지고, 세 번째 사람도 마찬가지로 똑같이 했더니 똑같은 책이 써지는 겁니다.

여러분 그런 일이 일어날 수 있다고 생각하십니까? 말도 안 되는 일 아닙니까? 우리 인간이 우연히 지금의 모습으로 만들어질 확률은 그렇게 천 명이 키보드를 두드려서 천 권의 똑같은 책이 써질 확률과 같다고 머레이 교수는 표현했습니다.

그런데 요즘 세상은 이런 말도 안 되는 것을 믿고 있습니다. 이유가 무엇일까요? 하나님을 부인하기 위해서입니다. 하나님을 부인하기 위해서 세상의 말도 안 되는 것을 더욱 강하게 붙잡는 것입니다. 그 말도 안 되는 것을 믿게 하고 붙잡게 하는 어떤 존재가 있는 것입니다. 인간이 하나님께서 자기를 만드셨다는 사실을 깨닫고 그분께로 돌아가면, 모든 인간이 마귀로부터 놓임을 받고 자유함을 누리게 되니 마귀가 사람들이 하나님을 알지 못하도록 여러 가지 속임수로 그들을 묶고 있는 것입니다.

이 사실을 분명히 깨달아야 합니다. 진화론, 동성애, 물질만능주의, 성적만능주의 등 세상이 왕처럼 섬기고 있는 모든 것이 다 마찬가지입니다. 세상은 지금 이스라엘의 대제사장과 백성들이 자기들의 원수였던 가이사밖에는 자기들에게 왕이 없다고 외치고 있는 상황 가운데 있는 것입니다. 그 일을 통하여 예수님을 부인하고 하나님을 부인하도록 마귀가 역사하고 있다는 사실을 기억하십시오. 세상의 물결에 휩쓸려 세상의 왕을 섬기는 일이 없도록 날마다 영적으로 깨어있는 우리 가정이 되기를 간절히 축복합니다.

나눔 1 세상이 자기들의 왕으로 섬기는 것들에는 무엇이 있을까요?

나눔 2 나에게는 예수님만 왕이 되십니까? 내 마음을 자주 빼앗기는 것에는 무엇이 있습니까?

예수님을 바라보는 우리 가정 기도 :

사도행전 _ 고린도후서

말씀 사도행전 1:6-11 그들이 모였을 때에 예수께 여쭈어 이르되 주께서 이스라엘 나라를 회복하심이 이 때니이까 하니 이르시되 때와 시기는 아버지께서 자기의 권한에 두셨으니 너희가 알 바 아니요 오직 성령이 너희에게 임하시면 너희가 권능을 받고 예루살렘과 온 유대와 사마리아와 땅 끝까지 이르러 내 증인이 되리라 하시니라 이 말씀을 마치시고 그들이 보는데 올려져 가시니 구름이 그를 가리어 보이지 않게 하더라 올라가실 때에 제자들이 자세히 하늘을 쳐다보고 있는데 흰 옷 입은 두 사람이 그들 곁에 서서 이르되 갈릴리 사람들아 어찌하여 서서 하늘을 쳐다보느냐 너희 가운데서 하늘로 올려지신 이 예수는 하늘로 가심을 본 그대로 오시리라 하였느니라

주님의 증인이 되어야 합니다

이 땅에 교회가 세워진 이후부터 지금까지 계속해서 그리스도인들에게 큰 관심사가 되었던 일이 있습니다. 그것은 바로 주님의 재림입니다. '주님께서 언제 다시 오시느냐'하는 문제는 주를 믿는 자들에게 큰 관심사가 되었고, 그것 때문에 많은 사람들이 이단에 미혹되기도 했습니다.

주님께서 이 땅 가운데 다시 임하시는 것, 이 땅 가운데 주의 나라가 이루어지는 것은 모든 그리스도인이 품어야 할 소망입니다. 그 소망을 품지 않으면서 스스로 그리스도인이라고 할 수는 없는 일입니다. 그러나 우리가 분명히 기억해야 할 말씀이 있습니다. 주님께서 말씀하신 "이르시되 때와 시기는 아버지께서 자기의 권한에 두셨으니 너희가 알 바 아니요"(행 1:7)입니다.

주님께서 언제 다시 오실까요? 그것은 우리가 알 바가 아닙니다. 우리가 알아야 하는 문제가 아니라는 것입니다. 그것은 오직 하나님의 권한에 달린 일입니다. 하나님께서 다시 오시기로 하시면 오시는 것이고, 연기하시면 연기되는 것입니다. 어떤 사람이나 단체가 "주님께서 어느 날 몇 시에 다시 오신다!"라고 할 때, 우리가 해야 하는 대답은 "그것은 우리가 알 바 아니니요!"가 되어야 합니다.

그러면 우리가 기억해야 할 것은 무엇입니까? 오늘 말씀입니다. "오직 성령이 너희에게 임하시면 너희가 권능을 받고 예루살렘과 온 유대와 사마리아와 땅 끝까지 이르러 내 증인이 되리라 하시니라"(행 1:8). 바로 이 말씀이 우리가 기억해야 하는 것입니다.

우리가 기억해야 할 것은 주님께서 언제 다시 오시든지 우리가 주님의 증인으로 살고 있으면 된다는 사실입니다. 주님의 오심을 소망하는 마음으로 항상 주님의 증인으로 살면 되는 겁니다. 그러면 주님께서 언제 다시 오시든지 전혀 관계가 없는 것입니다. 주님께서는 하늘로 올려지신 그 모습 그대로 다시 이 땅에 오실 것입니다(행 1:11). 다만 그 시기와 때를 우리가 알지 못할 뿐입니다. 그러니 우리가 해야 할 일은 주님께서 언제 다시 오시든지 기쁨으로 주님을 맞이할 수 있도록 늘 준비된 증인으로 사는 것입니다.

주님의 증인이 되십시오. 내가 있는 곳에서 나로 말미암아 주님이 드러나는 삶이 되십시오. 나의 말과 나의 행동을 통하여 주님의 말과 주님의 행동이 드러나게 하십시오. 그것이 주님을 기다리는 우리가 해야 할 우리의 사명입니다.

나눔 1 나에게는 주님의 다시 오심을 기다리는 소망이 있습니까?

나눔 2 내 삶을 통하여 주님의 어떤 모습이 드러나고 있습니까?

예수님을 바라보는 우리 가정 기도 :

말씀 사도행전 5:38-42 이제 내가 너희에게 말하노니 이 사람들을 상관하지 말고 버려 두라 이 사상과 이 소행이 사람으로부터 났으면 무너질 것이요 만일 하나님께로부터 났으면 너희가 그들을 무너뜨릴 수 없겠고 도리어 하나님을 대적하는 자가 될까 하노라 하니 그들이 옳게 여겨 사도들을 불러들여 채찍질하며 예수의 이름으로 말하는 것을 금하고 놓으니 사도들은 그 이름을 위하여 능욕 받는 일에 합당한 자로 여기심을 기뻐하면서 공회 앞을 떠나니라 그들이 날마다 성전에 있든지 집에 있든지 예수는 그리스도라고 가르치기와 전도하기를 그치지 아니하니라

부활하신 예수님을 전합시다

세상 사람들에게 '예수님이 죽음을 이기시고 부활하셨다'는 소식을 전하면 그 소식을 좀처럼 믿지 않습니다. 사람이 죽었다가 부활한다는 것은 있을 수 없는 일이라고 여기고, 예수님의 부활을 믿는 그리스도인들을 미개한 사람들로 생각합니다. 지혜가 없고 지식이 없어서 부활이라는 미신을 믿는 사람들로 치부하는 것입니다.

그러나 예수님께서 죽음을 이기시고 부활하셨다는 가장 결정적인 증거, 모든 사람들과 모든 역사가 아는 증거가 있습니다. 그것은 바로 교회입니다. 우리가 섬기고 있는 이 교회가 바로 예수께서 죽음을 이기시고 부활하셨다는 가장 확실한 증거입니다.

오늘 말씀에서 가말리엘이 그 사실을 분명하게 말합니다. 당시에도 사람들을 현혹하여 자기를 따르게 했던 거짓 선지자들이 많았습니다. 사도행전에 등장하는 '드다'라는 사람은 자칭 메시아라고 하며 400명의 사람들을 이끌었으나 그가 죽은 후에 그 무리는 흔적도 없이 사라졌습니다(행 5:36). 이어서 등장하는 '유다'도 마찬가지였습니다(행 5:37).

그런데 예수님을 따르던 무리들은 어땠습니까? 예수님께서 십자가에 달려 죽으시고 무덤에 들어가셨는데도 불구하고 예수를 따르는 무리는 흩어지지 않고 오히려 날로 강성해져 갔습니다. 날이 지날수록 예수를 믿는 사람들이 많아졌고 그들이 공동체를 이루어 함께 생활하기 시작했습니다. 교회가 세워진 것입니다.

예수님을 따르던 사람들, 그리고 예수님의 죽음 이후에 예수님을 믿게 된 사람들이 흩어지지 않고 더욱 강성할 수 있었던 이유가 무엇일까요? 그들에게 예수님께서 부활하셨다는 것을 믿는 믿음이 분명했기 때문입니다. 예수님께서 부활하셨음을 직접 보았고, 직접 부활하신 그분을 만나 교제했기에 어떤 협박에도 흩어지지 않고 오히려 더 힘을 내어 주의 이름을 전할 수 있었던 것입니다. 주님의 부활이 그들에게는 부인할 수 없는 사실이었기에 능욕 받는 일에 합당한 자로 여기심을 기뻐하면서 예수는 그리스도라고 가르치고 전도할 수 있었던 것입니다(행 5:41).

오늘 우리가 섬기는 교회는 바로 그 부활에 대한 확실한 믿음 위에 세워진 교회입니다. 교회가 존재한다는 사실 그 자체가 곧 예수님의 부활이 역사적 사실이었다는 것을 드러내는 증거입니다. 부활은 결코 미신이 아닙니다. 예수를 믿는 우리 모두가 예수님처럼 부활하게 될 것입니다. 그러니 능욕 받는 것, 어려움을 당하는 것을 두려워하지 말고 예수는 그리스도라고 가르치고 전하십시오. 우리가 믿는 예수는 그리스도시요 살아계신 하나님의 아들이십니다.

나눔 1 예수님의 부활을 믿지 않는 사람들에게 당신은 어떻게 대답했습니까?

나눔 2 부활을 믿음으로 달라진 것이 있다면 무엇이 있습니까?

예수님을 바라보는 우리 가정 기도 :

말씀 사도행전 9:19-22 음식을 먹으매 강건하여지니라 사울이 다메섹에 있는 제자들과 함께 며칠 있을새 즉시로 각 회당에서 예수가 하나님의 아들이심을 전파하니 듣는 사람이 다 놀라 말하되 이 사람이 예루살렘에서 이 이름을 부르는 사람을 멸하려던 자가 아니냐 여기 온 것도 그들을 결박하여 대제사장들에게 끌어 가고자 함이 아니냐 하더라 사울은 힘을 더 얻어 예수를 그리스도라 증언하여 다메섹에 사는 유대인들을 당혹하게 하니라

주님의 증인이 되는 것은 선택사항이 아닙니다

세상에는 두 종류의 사람이 있습니다. 주님을 증언하는 사람과 주님을 대적하는 사람입니다. 사울은 예수님을 대적하는 사람이었습니다. 그는 위협과 살기가 등등하여 누가 시키지도 않았는데 스스로 나서서 예수 믿는 사람들을 체포할 권한을 받아 여러 동네를 다니면서 주의 백성들을 잡아 옥에 가두던 사람이었습니다. 많은 그리스도인이 그로 인하여 옥에 갇혔고 죽임을 당했습니다.

우리가 흔히 하는 실수는 사울과 같이 주를 대적하고, 주를 믿는 사람들을 핍박하는 사람들만 주님을 반대하는 사람들이라고 생각하는 것입니다. 그렇게 외형적으로 강하게 주님을 대적하는 사람들만 마귀의 편에 서서 하나님나라를 대적하고 반대하는 사람들이라고 생각하는 것은 마귀가 심어주는 착각입니다.

실제로 우리가 교회를 핍박하지 않고, 예수를 믿는 성도들을 박해하지 않는다고 해도, 얼마든지 주님과 주님의 나라를 반대하고 대적하는 사람이 될 수 있습니다. 겉으로는 양의 탈을 쓰고 있으면서, 속으로는 마귀의 편에 서서 음흉한 일을 돕는 역할을 하는 이리가 되는 것은 그다지 어려운 일이 아닙니다. 주님을 전하지 않는 것, 그것이 곧 주님을 대적하는 것이고 주님의 나라를 대적하는 이리가 되는 일이라는 것을 기억해야 합니다.

사도행전의 시작에서 주님께서는 제자들을 향하여 "오직 성령이 너희에게 임하시면 너희가 권능을 받고 예루살렘과 온 유대와 사마리아와 땅 끝가지 이르러 내 증인이 되리라"(행 1:8)라고 말씀하셨습니다. 주님의 이 말씀은 우리가 주님의 증인이 되기 위하여 노력해야 한다는 말씀이 아닙니다. 우리에게 성령이 임하시면, 우리는 자연스럽게 주님의 증인이 된다는 것입니다.

그러니 잘 생각해야 합니다. 우리가 주님을 전하는 증인이 되는 것은 우리의 선택사항이 아닙니다. 우리에게 성령이 임하시면 우리는 증인이 되게 되어 있습니다. 우리가 주님을 전하는 증인으로 살지 못하고 있다는 것은 우리가 아직 성령의 사람이 되지 않았다는 것을 드러내는 것입니다. 그러니 꼭 말과 행동으로 주님을 대적하지 않아도 주님의 증인으로 살지 못하는 그 자체가 주님을 반대하고 대적하는 삶인 것입니다.

인생은 두 가지 종류 밖에는 없습니다. 주님을 대적하거나 주님을 증거하는 것입니다. 사울은 주님을 대적하던 자로 살았습니다. 그랬던 그가 다메섹으로 가는 길 위에서 주님을 만나고 성령으로 충만하게 되자 즉시 예수를 전하는 예수님의 증인이 되었습니다. 우리는 어떤 삶을 살고 있습니까? 주님의 증인입니까? 주님의 대적자입니까?

나눔 1 그동안 내가 생각했던 주님을 반대하는 사람들은 어떤 사람들이었나요?

나눔 2 주님을 영접하고 성령이 나에게 임하신 후에 맺혀진 열매에는 무엇이 있나요?

예수님을 바라보는 우리 가정 기도 :

오늘성경통독 사도행전 11장 □ 12장 □ 13장 □
오늘가정예배 찬송 365장 마음속에 근심 있는 사람
Date / /

말씀 사도행전 12:13-16 베드로가 대문을 두드린대 로데라 하는 여자 아이가 영접하러 나왔다가 베드로의 음성인 줄 알고 기뻐하여 문을 미처 열지 못하고 달려 들어가 말하되 베드로가 대문 밖에 섰더라 하니 그들이 말하되 네가 미쳤다 하나 여자 아이는 힘써 말하되 참말이라 하니 그들이 말하되 그러면 그의 천사라 하더라 베드로가 문 두드리기를 그치지 아니하니 그들이 문을 열어 베드로를 보고 놀라는지라

받은 줄로 믿고 기도하세요

기도는 매우 놀라운 능력입니다. 우리가 기도하면 주님께서 그 기도를 들으시고 역사하십니다. 주님께서는 우리가 기도하기를 원하십니다. 그래서 마태복음에서 이렇게 말씀하십니다.

"구하라 그리하면 너희에게 주실 것이요 찾으라 그리하면 찾아낼 것이요 문을 두드리라 그리하면 너희에게 열릴 것이니 구하는 이마다 받을 것이요 찾는 이는 찾아낼 것이요 두드리는 이에게는 열릴 것이니라"(마 7:7-8).

이 말씀을 보면 주님은 항상 우리의 기도를 먼저 요구하신다는 것을 알 수 있습니다. 먼저 구하면 주십니다. 먼저 찾으면 찾게 하십니다. 먼저 두드리면 열어 주십니다. 이것이 주님께서 우리의 삶 가운데 역사하시는 방식인 것입니다.

성도는 이 사실을 분명히 믿어야 합니다. 그것을 믿지 못하면 기도의 능력을 경험할 수 없습니다. 주님께서는 "무엇이든지 기도하고 구하는 것은 받은 줄로 믿으라 그리하면 너희에게 그대로 되리라"라고 말씀하셨습니다(막 11:24). 그러니 우리가 기도할 때는 반드시 이미 받은 줄로 믿고 기도해야 합니다.

그러나 우리의 믿음이 연약하여서 기도하면서도 응답에 대한 의심이 일어날 때가 있습니다. 간절히 기도하기는 하지만 "정말 주님께서 응답해 주실까?"라는 연약한 마음이 가슴 한편에 자리 잡고 있을 때가 있습니다. 오늘 말씀은 바로 그런 자들에게 주시는 하나님의 약속의 증표입니다.

야고보가 순교하고 베드로가 투옥되었을 때 교회는 베드로를 위하여 간절히 하나님께 기도했습니다(행 12:5). 그런데 정작 주님께서 그 기도에 응답하셔서 베드로를 풀어주시고 그들 앞에 나타나게 하셨을 때, 그들은 베드로가 왔다고 소리치는 소녀를 향하여 미쳤다고 했고, 베드로를 마주하고는 너무나 깜짝 놀랐습니다.

그들은 기도하면서도 이미 받은 줄로 믿고 기도하지 않았던 것입니다. 그런 그들을 향하여 주님께서는 그들의 기도에 역사하시며 마치 이렇게 말씀하시는 것 같습니다. "봤지? 너희가 기도하면 내가 응답하는 것을 봤지? 그러니 앞으로는 절대로 의심하지 마라. 받은 줄로 믿고 기도해라!"

오늘 이 말씀이 우리를 향한 주님의 말씀으로 믿어지기를 소원합니다. 우리가 받은 줄로 믿고 기도하면 주님은 반드시 역사하신다는 믿음이 우리에게서 자라나게 되기를 소원합니다. 아직 응답받지 못한 기도가 있습니까? 받은 줄로 믿고 기도하십시오. 그러면 주님께서 반드시 역사하실 것입니다.

나눔 1 기도하면서도 정말 주님께서 이루어주실까? 라고 의심했던 기도제목이 있습니까?

나눔 2 주님께서 나의 기도를 들으신다는 사실을 분명하게 경험했던 적이 있습니까?

예수님을 바라보는 우리 가정 기도 :

말씀 사도행전 16:9-10 밤에 환상이 바울에게 보이니 마게도냐 사람 하나가 서서 그에게 청하여 이르되 마게도냐로 건너와서 우리를 도우라 하거늘 바울이 그 환상을 보았을 때 우리가 곧 마게도냐로 떠나기를 힘쓰니 이는 하나님이 저 사람들에게 복음을 전하라고 우리를 부르신 줄로 인정함이러라

먼저 기도합시다

주님께서 기뻐하시는 일을 하려고 하는데도 그 일이 잘되지 않을 때가 있습니다. 전도하고 기도하는 일은 분명히 주님께서 기뻐하시는 일입니다. 말씀을 보고 예배를 드리는 일은 하나님께서 반대하실 이유가 전혀 없는 일입니다. 그런데도 불구하고 그 일이 잘되지 않을 때가 분명히 있습니다.

여러분의 가정에서는 가정예배가 잘 드려지고 있습니까? 혹시 예배하려고 하면 이런저런 일들이 생기고, 자녀들이 집중하지 않고 사고를 치는 일들이 생기고 있지는 않습니까? 여러분의 가정은 모두 예수를 믿고 구원을 받았습니까? 혹시 가족들에게 복음을 전하려고 할 때마다 관계에 어려움이 생기거나 분위기가 냉랭해지는 것을 경험해 보시지는 않았습니까? 전도도, 예배도, 기도도 모두 하나님께서 기뻐하시는 일이 분명한데, 어째서 그 일을 하려고 하면 우리에게 어려움이 일어나는 것일까요?

여기에는 두 가지 이유가 있습니다. 첫 번째는 그 일을 싫어하는 마귀가 있기 때문이고, 두 번째는 그 일을 이루기 위해서 더 기도하게 하시려는 하나님의 계획입니다. 그리고 이 두 가지 이유가 사실은 하나입니다.

우리가 예배하고, 기도하고, 전도하려고 할 때 마귀는 그 일을 굉장히 싫어합니다. 어떻게 해서든 우리가 예배하지 못하도록, 기도하지 못하도록, 전도하지 못하도록 방해하려고 합니다. 그래서 가정예배를 드리려다가 부부싸움이 일어나고 자녀들에게 소리를 치게 되는 것입니다. 은혜받고자 했던 일에서 시험에 들게 되는 것입니다. 그래서 우리는 모든 일을 행하기에 앞서 반드시 기도해야 한다는 것을 기억해야 합니다.

가정예배? 그냥 드리면 될 것 같습니다. 그러나 그렇게 되지 않습니다. 매일 말씀묵상? 마찬가지입니다. 기도도, 전도도 모두 마찬가지입니다. 기도로 영적 싸움을 먼저하고 기도로 승리를 선포하며 나갈 때 비로소 그 일들이 이루어지는 것을 경험하게 됩니다. 그렇기에 우리는 모든 일을 행하기에 앞서서 먼저 그 문제를 가지고 하나님 앞에 기도해야 합니다. 그 일을 승리로 이끌어주시기를 간구해야 합니다.

바울은 자기의 뜻을 가지고 아시아에서 계속 전도하려고 했습니다. 전도는 하나님께서 기뻐하시는 일이니 그냥 열심히 하기만 하면 된다고 생각했습니다. 그러나 그게 아니었습니다. 전도의 길이 도무지 열리지 않아서 바울이 밤에 기도했을 때, 주님께서는 그에게 환상을 보여주셔서 주님께서 원하시는 길이 어디에 있는지를 알게 하셨습니다. 그가 그토록 하기를 원했던 전도가 열리는 것은 결국 기도에 달린 일이었습니다.

모든 일을 행하기에 앞서 기도하는 우리가 되기를 원합니다. 주님께서 기뻐하시는 일이라고 할지라도, 그 일이 그냥 이루어지는 것이 아니라 우리의 기도를 통해 열리는 일임을 기억하고 날마다 주님의 뜻을 이루기 위하여 힘써 기도하는 우리 가정이 되기를 간절히 소원합니다.

나눔 1 주님께서 기뻐하시는 일을 하려고 하는데 잘되지 않았던 경험이 있습니까?

나눔 2 반대로 기도를 통해 막혔던 길이 열리는 일을 경험했던 적이 있습니까?

예수님을 바라보는 우리 가정 기도 :

말씀 사도행전 19:11-12 하나님이 바울의 손으로 놀라운 능력을 행하게 하시니 심지어 사람들이 바울의 몸에서 손수건이나 앞치마를 가져다가 병든 사람에게 얹으면 그 병이 떠나고 악귀도 나가더라

주님은 우리에게 항상 좋은 것을 주십니다

바울의 전도여행은 수많은 기적을 동반한 기적의 여행이었습니다. 그가 가는 곳마다 주 예수를 믿는 자들이 일어났습니다. 그가 복음을 전할 때면 많은 사람들이 회개하고 주께 돌아오는 역사가 있었습니다. 그와 더불어서 그가 안수하여 기도하면 사람들이 성령을 받는 역사가 있었고 병든 자를 위해 기도하면 치유함을 받는 놀라운 일들이 계속해서 일어났습니다. 그러나 우리가 기억해야 할 것이 있습니다. 그것은 바울에게도 기적이 항상 일어났던 것은 아니라는 점입니다.

바울이 에베소에서 전도할 때 놀라운 기적들이 일어날 수 있었던 이유는 오늘 말씀에서 말하는 것처럼 하나님이 바울의 손으로 놀라운 능력을 행하게 하셨기 때문이었습니다. 그 기적들은 바울 자신의 능력이 아니었습니다. 하나님께서 바울에게 그 일들을 행할 수 있는 능력을 허락하셨기에 가능한 일이었습니다.

기적은 하나님의 허락이 있어야 일어납니다. 바울의 시대에도 많은 사람들이 바울처럼 복음을 전했습니다. 그러나 복음을 전하는 모든 현장에서 기적이 있었던 것은 아닙니다. 사도행전에 기록된 바울의 전도여행을 보아도 그가 전도하는 모든 곳에서 항상 기적이 일어났던 것은 아니었습니다. 바울도 여러 번 죽을 뻔한 위기를 맞이했고 때로는 돌에 맞아서 의식을 잃기도 했었습니다. 그럴 때도 하나님께서는 그에게 기적을 허락하시지 않았습니다.

하나님께서 어떤 이유로 기적을 허락하시는지 우리는 알 수 없습니다. 그러나 바울의 경우를 보아도 알 수 있듯이 기적이 일어나지 않는다고 해서 하나님께서 그를 사랑하지 않으시는 것은 아니라는 사실을 기억해야 합니다. 우리를 향한 하나님의 사랑을 기적의 여부로 판단해서는 안 됩니다. 병 고침을 받기 위해서 기도했으나 고침을 받지 못하는 사람들도 많습니다. 간절한 마음으로 수년간 주님 앞에 기도했는데 결국 기도의 응답을 받지 못하신 분들도 많습니다. 그런 분들은 주님께서 사랑하지 않으시기에 응답하지 않으신 걸까요?

주님의 사랑은 우리의 경험으로 판단돼서는 안 됩니다. 주님께서 우리에게 기적을 베푸시면 그것은 주님의 뜻이고 주님의 사랑의 표현입니다. 그러나 주님께서 우리에게 기적을 베풀지 않으시더라도 그 또한 주님의 뜻이고 주님의 사랑의 표현임을 기억해야 합니다. 주님께서는 항상 우리에게 가장 좋은 것을 주시는 분이십니다. 기적과 기도응답의 문제로 흔들리지 않고 항상 좋으신 주님을 믿는 믿음으로 사는 우리 가정이 되기를 간절히 축복합니다.

나눔 1 오랫동안 기도했으나 응답받지 못한 기도의 제목이 있습니까?

나눔 2 나를 향한 주님의 사랑을 기도응답이나 기적, 경험으로 판단하려고 했던 일이 있습니까?

예수님을 바라보는 우리 가정 기도 :

말씀 사도행전 20:1-3 소요가 그치매 바울은 제자들을 불러 권한 후에 작별하고 떠나 마게도냐로 가니라 그 지방으로 다녀가며 여러 말로 제자들에게 권하고 헬라에 이르러 거기 석 달 동안 있다가 배 타고 수리아로 가고자 할 그 때에 유대인들이 자기를 해하려고 공모하므로 마게도냐를 거쳐 돌아가기로 작정하니

인도하심을 따라갑시다

사도 바울은 디모데후서에서 이렇게 말합니다. "하나님 앞과 살아 있는 자와 죽은 자를 심판하실 그리스도 예수 앞에서 그가 나타나실 것과 그의 나라를 두고 엄히 명하노니 너는 말씀을 전파하라 때를 얻든지 못 얻든지 항상 힘쓰라 범사에 오래 참음과 가르침으로 경책하며 경계하며 권하라"(딤후 4:1-2).

바울의 이 가르침은 이후 모든 성도에게 강력한 메시지가 되었고, 특별히 전도를 하는 데 있어서 상황과 여건에 관계없이 항상 최선을 다해야 한다는 메시지의 증거가 되었습니다. 그런데 오늘 말씀을 보면 사도 바울이 마게도냐에 전도하러 갔다가 그곳에서 수리아로 이동하고자 할 때, 유대인들이 자신을 죽이려고 공모하고 있다는 사실을 알게 되었습니다. 이 사실을 알게 된 바울은 가던 길을 돌이켜 마게도냐를 거쳐서 드로아로 향하게 됩니다.

보통 사람들은 디모데후서에서 바울이 말했던 메시지를 근거로 '그가 죽을 위기에 있어도 수리아로 향해야 했던 것이 아닌가'라고 생각합니다. 때를 얻든지 못 얻든지 항상 힘쓰라는 말씀을 위험이 있어도, 어려움이 닥쳐도 무조건 정면 돌파하라는 메시지로 받아들인 것입니다.

그러나 바울은 그렇게 행동하지 않았습니다. 자신을 죽이려는 계략이 있다는 사실을 알게 되었을 때, 지혜롭게 길을 우회하여 돌아가는 편을 선택했습니다. 왜냐하면 아직 그의 사명이 끝날 때가 되지 않았기 때문입니다. 아직 그를 통하여 복음을 듣고 예수를 영접하여야 할 사람들이 많이 남아있었기 때문입니다.

바울이 그 길을 돌이켜 우회하여 도착한 드로아에서 무슨 일이 일어납니까? 유두고라는 청년이 죽었다가 바울에 의하여 다시 살아나는 기적을 경험합니다(행 20:7-12). 그 사건을 통하여 드로아에 많은 사람들이 예수님을 영접하는 일이 일어났습니다. 바울이 무조건 정면 돌파하려다가 죽음을 맞이했더라면 일어날 수 없는 일이 일어난 것입니다.

때를 얻든지 못 얻든지 말씀 전파하기를 항상 힘쓰라는 말은 어려움이 있어도, 문제가 생겨도 무조건 그 길을 고집하라는 말씀이 아닙니다. 주님께서 나에게 주신 복음전파의 사명을 감당하기를 여러 방면으로 항상 힘쓰라는 것입니다. 내가 원하는 길만 길이 아니고, 내가 생각하는 방법만 방법이 아님을 인정하고, 주님의 지혜를 구하며 주님께서 이끄시는 길을 따라가는 것이 항상 힘쓰는 것이라는 것을 기억하고 날마다 주님의 인도하심을 구하며 그 길을 따라가는 것이 우리의 사명인 것입니다.

모든 일에 있어서 주님의 지혜를 구하십시오. 내 생각만 고집하다가 사명을 완수하지 못하는 실수를 범하지 않도록 날마다 주님의 인도하심을 따라 살아가는 우리 가정이 되기를 간절히 축복합니다.

나눔 1 내 생각만 고집하다가 주님께서 기뻐하시지 않는 결과를 만들어낸 경험이 있습니까?

나눔 2 내 뜻과는 다른 주님의 인도하심을 경험했던 적이 있다면 나누어 주세요.

예수님을 바라보는 우리 가정 기도 :

말씀 사도행전 25:24-25 베스도가 말하되 아그립바 왕과 여기 같이 있는 여러분이여 당신들이 보는 이 사람은 유대의 모든 무리가 크게 외치되 살려 두지 못할 사람이라고 하여 예루살렘에서와 여기서도 내게 청원하였으나 내가 살피건대 죽일 죄를 범한 일이 없더이다 그러나 그가 황제에게 상소한 고로 보내기로 결정하였나이다

사탄은 우리를 삼킬 수 없습니다

창세기 3장을 보면 아담과 하와를 유혹하여 선악과를 먹게 한 뱀과 그의 유혹에 속아서 선악과를 먹었던 아담과 하와를 하나님께서 징계하시는 장면이 기록되어 있습니다. 이 부분에서 사탄을 상징하는 뱀이 받은 저주가 기록되어 있는데 하나님께서는 뱀에게 "배로 다니고 살아 있는 동안 흙을 먹을지니라"라고 말씀하십니다(창 3:14). 자기의 탐욕을 채우기 위하여 하나님을 배반하고, 하나님께서 가장 사랑하셨던 창조물인 사람을 타락시켰던 사탄에게 있어서 탐욕을 상징하는 배가 항상 고통을 받는 저주를 받는 것은 어쩌면 가장 합당한 징벌을 내리신 것으로 보입니다.

그런데 하나님께서 내리신 두 번째 저주인 흙을 먹으며 살 것이라는 징벌은 우리가 이해하기가 힘듭니다. 뱀은 흙을 먹지 않습니다. 그러니 하나님께서 말씀하신 흙을 먹으며 살 것이라는 저주는 땅에 있는 흙을 먹는 것을 의미하는 것이 아닙니다. 흙으로 만든 사람을 잡아먹으며 사는 존재가 될 것이라는 말씀인 것입니다.

하나님께서 사탄에게 흙을 먹으며 살 것이라고 말씀하셨던 것은 아담과 하와의 죄로 인하여 온 인류가 사탄의 손아귀에 떨어졌다는 것을 의미하는 것입니다. 온 인류가 사탄에게 잡아먹힐 운명에 빠졌고 사람에게는 거기에서 벗어날 방법이 없었습니다. 그것은 하나님의 저주 때문에 일어난 일이 아니라 최초의 인류 아담과 하와의 죄로 인하여 일어난 결과였습니다. 그 결과 모든 인류는 사탄에게 잡아먹힐 운명을 가지고 태어나게 되었습니다.

그런 상황에서 하나님께서는 인류의 운명을 완벽하게 뒤집는 그야말로 '신의 한수'를 두십니다. 그것이 바로 예수 그리스도의 십자가 사역입니다. 모두가 사탄에게 잡아먹힐 수밖에 없는 운명이지만, 그 사탄의 입에서 건져짐을 받을 수 있는 밧줄을 던져주신 것입니다. 마치 오늘 말씀에서 어떻게든 바울을 잡아 죽일 계획을 하고 있는 세상의 권력자들 앞에서 그의 죄를 찾지 못하게 하시는 하나님의 은혜가 오늘 우리에게도 동일하게 임하고 있는 것입니다.

지금도 세상의 권세 잡은 사탄은 우리를 잡아먹기 위해서 기세등등하게 우리를 고발합니다. 그러나 사탄의 그런 공격 앞에서 두려워할 필요가 없습니다. 그리스도 예수 안에 있는 자에게는 결코 정죄함이 없습니다. 우리가 믿는 그리스도 예수가 우리를 사탄의 입에서 건져내시는 구원의 동아줄이기 때문입니다.

우리가 예수님을 붙잡고 있는 한 사탄은 결코 우리를 삼킬 수 없음을 기억하십시오. 결코 우리를 고발할 죄를 찾지 못할 것임을 기억하십시오. 우리 주 예수 그리스도께서 우리를 죄와 사망으로부터 건지시는 주님이심을 기억하고 주 안에서 자유함을 누리며 살아가시는 우리 가정이 되기를 간절히 축복합니다.

나눔 1 사탄의 고발로 인하여 마음 가운데 죄책감과 실패감에 사로잡혔던 적이 있습니까?

나눔 2 주님으로 인하여 자유함을 누린다는 것이 의미하는 바는 무엇일까요?

예수님을 바라보는 우리 가정 기도 :

말씀 사도행전 27:12-19 그 항구가 겨울을 지내기에 불편하므로 거기서 떠나 아무쪼록 뵈닉스에 가서 겨울을 지내자 하는 자가 더 많으니 뵈닉스는 그레데 항구라 한쪽은 서남을, 한쪽은 서북을 향하였더라 남풍이 순하게 불매 그들이 뜻을 이룬 줄 알고 닻을 감아 그레데 해변을 끼고 항해하더니 얼마 안 되어 섬 가운데로부터 유라굴로라는 광풍이 크게 일어나니 배가 밀려 바람을 맞추어 갈 수 없어 가는 대로 두고 쫓겨가다가 가우다라는 작은 섬 아래로 지나 간신히 거루를 잡아 끌어 올리고 줄을 가지고 선체를 둘러 감고 스르디스에 걸릴까 두려워하여 연장을 내리고 그냥 쫓겨가더니 우리가 풍랑으로 심히 애쓰다가 이튿날 사공들이 짐을 바다에 풀어 버리고 사흘째 되는 날에 배의 기구를 그들의 손으로 내버리니라

잘 가고 있는 것인지 점검해봅시다

믿음으로 사는 사람들이 반드시 명심해야 할 것은 잘 풀린다고 잘 가고 있는 것은 아니라는 사실입니다. 예수님을 믿는 믿음을 가지고 살면서도 주님의 뜻이 아니라 자기의 뜻을 좇아서 살아가는 사람들이 많이 있습니다. 주님께서 기뻐하시는 일을 하기보다는 자기가 기뻐하는 일을 하고, 주님께 영광 돌리는 일을 하기보다는 자기가 영광 받는 일을 하려는 사람들이 있습니다.

우리의 생각으로는 그렇게 자기의 유익과 자기의 기쁨을 추구하며 사는 신앙인들의 삶이 잘 풀리지 않고 망해야 할 것 같은데, 이상하게도 자기 뜻을 좇으면서도 번성하는 사람들이 많고, 자기 유익을 추구하면서도 보란 듯이 잘 사는 사람들이 많습니다. 시편의 여러 시에도 바로 이런 사회현실 때문에 괴로워하는 장면이 많이 기록되어 있습니다. 그러나 우리가 기억해야 할 것은 우리의 삶은 여기에서 끝나는 것이 아니라는 것입니다. 지금 여기에서 잘 산다고 해서 잘 사는 것으로 끝나는 것이 아니라는 것을 기억해야 합니다.

오늘 말씀을 보면 바울은 항해를 멈추는 것이 옳다고 판단했지만, 백부장은 그 말을 믿지 않았습니다. 자기 생각이 맞는다고 생각하며 항해를 계속하기를 원했습니다. 그런 상황 가운데서 마침 남풍이 순하게 불어왔습니다. 항해하기에 알맞은 바람이 불어온 것입니다. 아마 백부장은 '거봐라! 내 생각이 맞지!'하며 자신만만했을 것입니다. 결국 그들은 백부장의 뜻을 따라서 항해에 나섰고 얼마 안 되어 유라굴로라고 하는 광풍을 만나서 배가 깨지는 결과를 맞이하고 말았습니다.

옳지 못한 방향으로 간다고 할지라도 잠시 잠깐은 잘 풀린다고 생각할만한 결과가 있을 수 있습니다. "내 생각이 맞았지?"라고 주장할 수 있는 형편이 있을 수도 있습니다. 그러나 그 길이 주님의 뜻을 따라나선 길이 아니라면 그 마지막은 바울이 탔던 배와 같은 결과를 맞이할 수밖에 없다는 것을 기억해야 합니다.

일이 잘 풀리고 사업이 잘되고 내가 원했던 결과를 얻었다고 해서 그것이 우리가 잘 가고 있다는 증거가 될 수는 없습니다. 우리가 정말 잘 가고 있는지를 점검할 수 있는 방법은 이 길이 정말 주님의 뜻에 합당한가, 이 길이 주님의 말씀에 합당한 길인가를 끊임없이 질문하며 주의 뜻에 합당하게 진로를 수정하는 것밖에는 없다는 것을 기억하고 날마다 말씀을 근거로 주의 뜻에 합당한 길을 걸어가는 우리 가정이 되기를 주님의 이름으로 간절히 축복합니다.

나눔 1 주님의 뜻을 묻지 않고 내 생각대로 행동했는데도 좋은 결과를 얻었던 적이 있습니까?

나눔 2 지금 모습 그대로 하나님 앞에 서게 되면 어떤 결과를 맞이할 것 같습니까?

예수님을 바라보는 우리 가정 기도 :

오늘성경통독 로마서 1장 □ 2장 □ 3장 □
오늘가정예배 찬송 299장 하나님 사랑은

Date / /

말씀 로마서 1:2-4 이 복음은 하나님이 선지자들을 통하여 그의 아들에 관하여 성경에 미리 약속하신 것이라 그의 아들에 관하여 말하면 육신으로는 다윗의 혈통에서 나셨고 성결의 영으로는 죽은 자들 가운데서 부활하사 능력으로 하나님의 아들로 선포되셨으니 곧 우리 주 예수 그리스도시니라

하나님은 사랑이십니다

요한일서는 하나님의 사랑에 대해서 이렇게 말합니다. "하나님의 사랑이 우리에게 이렇게 나타난 바 되었으니 하나님이 자기의 독생자를 세상에 보내심은 그로 말미암아 우리를 살리려 하심이라"(요일 4:9).

우리를 향하신 하나님의 사랑이 어떤 사랑입니까? 우리 죄를 대속하기 위하여 자기 아들을 제물로 삼으시는 사랑입니다. 창조주이신 하나님이 피조물인 인간을 위하여 하나님의 아들, 곧 예수님을 죽게 하실 만큼 인간을 사랑하셨다는 것입니다. 성경이 우리에게 말하고 있는 것이 바로 이것입니다.

오늘 말씀에서 사도 바울이 로마서를 기록하기 시작하면서 가장 먼저 말하고 있는 것이 바로 이것입니다. 하나님은 사랑이시고 우리를 향한 그 사랑은 한 번도 끊어진 적이 없다는 것입니다. 바울은 그 사실을 이렇게 표현합니다. "이 복음은 하나님이 선지자들을 통하여 그의 아들에 관하여 성경에 미리 약속하신 것이라"(롬 1:2). 하나님께서 그 아들을 화목제물로 내어주실 것이라는 사실을 어느 날 갑자기 결정하신 것이 아니라는 것입니다. 성경에, 유대인들이 보았던 모세오경에 이미 그 아들을 통하여 우리를 구원하실 것이라고 약속하셨다는 것입니다.

창세기, 출애굽기, 레위기, 민수기, 신명기 모두 예수님을 통하여 죄인을 구원하실 하나님의 사랑이 기록되어 있습니다. 하나님께서 우리를 죄에서 구원하시기 위해 자기 아들을 내어주시기로 결정하신 것은 아담과 하와가 타락했던 바로 그 순간부터였습니다. 피조물인 인간이 창조주이신 하나님의 말씀을 어기고 스스로 하나님처럼 되고자 탐욕을 부렸던 바로 그 순간에도 하나님께서는 인간을 위해서 자기 아들을 내어주실 생각을 하고 계셨던 것입니다. 하나님께서 아담과 하와를 에덴동산에서 내쫓으신 것도, 노아의 홍수와 바벨탑 사건도, 모두 이런 하나님의 사랑 안에서 일어난 일인 것입니다.

하나님은 사랑이십니다. 그러니 우리 삶에 일어나는 모든 일도 그 사랑 때문에 일어나는 일이라는 것을 믿어야 합니다. 성경에 기쁜 일만 기록되어 있지 않듯이 우리 삶도 기쁨만 넘칠 수는 없습니다. 그러나 성경에 기록된 모든 역사가 하나님의 사랑에서 비롯된 일이듯이 우리 삶에 일어나는 모든 일 또한 하나님의 사랑에서 비롯된 일이라는 것을 믿는 믿음의 눈이 열리게 되기를 소원합니다. 아들을 내어주신 하나님께서 지금도 사랑으로 우리의 삶을 이끌고 계신다는 믿음을 가지고 낮이나 밤이나 주님의 사랑을 찬양하며 살아가는 우리 가정이 되기를 간절히 소원합니다.

나눔 1 하나님께서 나를 사랑하지 않는다고 생각했던 순간이 있습니까?
나눔 2 어려움 가운데서도 나를 사랑하시는 하나님의 사랑이 믿어졌던 일이 있습니까?
예수님을 바라보는 우리 가정 기도 :

오늘성경통독 로마서 4장 ☐ 5장 ☐ 6장 ☐
오늘가정예배 찬송 90장 주 예수 내가 알기 전 Date / /

말씀 로마서 5:1-4 그러므로 우리가 믿음으로 의롭다 하심을 받았으니 우리 주 예수 그리스도로 말미암아 하나님과 화평을 누리자 또한 그로 말미암아 우리가 믿음으로 서 있는 이 은혜에 들어감을 얻었으며 하나님의 영광을 바라고 즐거워하느니라 다만 이뿐 아니라 우리가 환난 중에도 즐거워하나니 이는 환난은 인내를, 인내는 연단을, 연단은 소망을 이루는 줄 앎이로다

하나님과 화평하십니까?

죄를 가지고 있는 사람은 하나님과 함께 할 수 없습니다. 창세기를 보면 태초에 인간이 죄를 짓게 되었을 때 에덴동산에서 나가야만 했습니다. 하나님께서 그들을 에덴동산에서 쫓아내신 이유는 죄를 가지고 있는 인간이 하나님과 함께 할 수 없기 때문만은 아니었습니다. 그들이 죄를 가진 채로 하나님 앞에 머물러있다가는 죽음을 면하지 못할 것이 뻔했기 때문에 그들을 멀리 떨어뜨려 놓으신 것입니다.

그러나 하나님께서 인간을 버리신 것은 아니었습니다. 하나님께서 다시 인간들과 함께하기를 원하셨습니다. 그러기 위해서는 반드시 먼저 인간의 죄가 해결돼야만 했습니다. 그래서 그분의 아들을 내어주신 것입니다. 하나님께서 예수 그리스도를 통하여 우리의 죄를 사하여 주신 이유는 단순히 우리의 죄를 사하시고 구원하시기 위해서만이 아니라, 죄사함을 받은 우리와 함께하시기를 원하셨기 때문입니다. 그래서 사도 바울이 이렇게 말합니다. "그러므로 우리가 믿음으로 의롭다 하심을 받았으니 우리 주 예수 그리스도로 말미암아 하나님과 화평을 누리자"(롬 5:1).

예수를 믿는 믿음으로 죄사함을 받은 사람들은 하나님과 화평을 누릴 수 있는 존재가 된 것입니다. 하나님께서는 예수를 믿는 믿음을 가진 사람들의 죄를 더 이상 죄로 여기지 않으십니다. 그들의 죄는 예수님에 의해서 모두 해결된 것입니다. 그러니 이제 우리에게 남은 것은 하나님과 함께 거하며 그분과 화평을 누리는 것입니다. 하나님과 누리는 화평, 하나님과의 행복한 동행, 이것이 하나님께서 그분의 아들을 내어주신 목적이자 지금 우리의 삶에서 이루기를 원하시는 그분의 뜻인 것입니다.

우리는 하나님과 화평을 누리고 있습니까? 오늘 말씀에서 바울은 "우리가 환난 중에도 즐거워하나니 이는 환난은 인내를, 인내는 연단을, 연단은 소망을 이루는 줄 앎이로다"라고 말합니다. 어떻게 환난을 겪으면서도 즐거워할 수 있습니까? 하나님과 화평하기 때문입니다. 하나님께서 나와 함께 계시고, 하나님께서 나와 화평한 관계에 계시는데 지금 내 삶에 일어나는 환난이 문제 될 것이 무엇이냐는 말입니다. 환난이 지금 우리에게는 어렵고 힘든 일로 여겨질지 몰라도, 하나님이 우리와 함께 계시며 그분이 우리와 화평한 관계를 맺고 계시는 것이 맞다면, 결국 그 환난도 우리의 소망을 이루는 도구에 불과하다는 사실을 바울은 알았던 것입니다.

하나님과 화평하십니까? 하나님과 화평하기에 환난까지도 즐거워하며 살고 계십니까? 하나님께서 당신을 위하여 그분의 아들을 내어주셨습니다. 그러니 환난 중에도 염려하지 말고 하나님과의 화평을 누리십시오. 그러면 하나님께서 반드시 우리의 소망을 이루실 것입니다.

나눔 1 예수님을 믿으면서도 즐겁게 여기지 못했던 환난이 있습니까?

나눔 2 하나님과 화평한 관계에 있다는 것은 무엇을 의미할까요?

예수님을 바라보는 우리 가정 기도 :

말씀 로마서 7:22-25 내 속사람으로는 하나님의 법을 즐거워하되 내 지체 속에서 한 다른 법이 내 마음의 법과 싸워 내 지체 속에 있는 죄의 법으로 나를 사로잡는 것을 보는도다 오호라 나는 곤고한 사람이로다 이 사망의 몸에서 누가 나를 건져내랴 우리 주 예수 그리스도로 말미암아 하나님께 감사하리로다 그런즉 내 자신이 마음으로는 하나님의 법을 육신으로는 죄의 법을 섬기노라

하나님께 감사합시다

어떤 분께서 저에게 메일을 보냈습니다. 그 메일의 내용은 예수를 믿는 자는 자유함을 누린다고 성경이 말하고 있는데 자신은 전혀 자유롭지 않다는 것이었습니다. 나름대로 오랫동안 신앙생활을 했고, 성경에 대해서도 공부를 많이 했는데 여전히 자기 안에서 죄 된 마음이 일어나고, 또 그 죄 된 마음에 굴복하여 넘어질 때가 너무나 많다는 것입니다. 그런 자신의 모습을 보니 성경이 말하는 것이 거짓이 아닌가 하는 의심이 들고, 때로는 자기가 예수님을 믿고 구원을 받은 하나님의 백성이 아닌가 하는 의심까지 든다는 것이었습니다.

예수님을 믿는 믿음으로 말미암아 구원을 받은 우리에게도 여전히 죄성이 남아있습니다. 우리 육신은 여전히 죄를 따라 살아가던 습성을 간직하고 있기에 죄 된 것을 즐거워하기도 하고, 죄 된 것을 따라서 행하기도 합니다. 그러나 이것은 예수님의 구원사역의 완전함을 부정하는 것이 아니라 오히려 예수님이 이루신 구원의 완전함을 드러내는 것입니다. 예수님께서 이런 나 하나도 변화되게 하시지 못하시는 것이 아니라, 예수님께서 이렇게 죄 된 습성을 버리지 못하고 살아가는 나까지도 사랑하시고 구원하신 것입니다.

바울이 오늘 말씀에서 말하는 것이 바로 그것입니다. 그 대단한 사도 바울도 로마서를 쓰고 있는 사역의 말년에 이르기까지 여전히 죄 된 본성이 그의 안에 남아있음을 고백하고 있습니다. 남아있을 뿐 아니라 때때로 그 죄 된 본성이 그의 마음을 사로잡아서 죄 된 것을 행하게 할 때도 있다는 것입니다. 그래서 바울이 어떻게 했습니까? 예수님을 부인하고 의심했습니까? 아닙니다. 바울은 말합니다. "오호라 나는 곤고한 사람이로다 이 사망의 몸에서 누가 나를 건져내랴 우리 주 예수 그리스도로 말미암아 하나님께 감사하리로다"(롬 7:24-25).

바울은 아무도 건져낼 수 없는 죄에 깊이 물든 자기 몸을 주님께서는 구원하셨다고 말하고 있는 것입니다. 그런 나까지도 구원하신 하나님, 그런 나를 위해 예수 그리스도를 주신 하나님께 감사하고 있는 것입니다. 그러니 우리 안에 남아있는 죄의 본성 때문에 좌절하지 마십시오. 내 안에서 여전히 살아 꿈틀대는 죄성을 바라볼 때마다, 그런 나까지도 구원하신 하나님께 감사하십시오. 그렇게 감사로 우리의 삶을 채워갈 때, 죄 된 본성도 이기고 주 앞에서 자유함을 누리게 될 것을 믿으시고 날마다 이런 나를 구원하신 주님을 찬양하며 살아가는 우리 가정이 되기를 간절히 축복합니다.

나눔 1 내 안에 남아있는 죄성 때문에 좌절했던 경험이 있습니까?

나눔 2 나를 위하여 목숨까지 내어주신 예수님께서 사랑으로 품지 못하실 것이 있을까요?

예수님을 바라보는 우리 가정 기도 :

말씀 로마서 11:17-18 또한 가지 얼마가 꺾이었는데 돌감람나무인 네가 그들 중에 접붙임이 되어 참감람나무 뿌리의 진액을 함께 받는 자가 되었은즉 그 가지들을 향하여 자랑하지 말라 자랑할지라도 네가 뿌리를 보전하는 것이 아니요 뿌리가 너를 보전하는 것이니라

여러분은 무엇으로 채워져 있습니까?

하나님께서는 이스라엘을 사랑하십니다. 하나님께서는 아브라함을 믿음의 조상으로 세우실 때부터 이스라엘을 통하여 열방을 구원할 계획을 가지고 계셨습니다. 그들을 하나님께서 다스리시는 나라의 모델로 삼고, 모든 열방이 그 나라를 통하여 하나님께로 돌아오기를 바라셨습니다.

그러나 이스라엘은 하나님을 따르지 못했습니다. 그들은 여전히 악했고 하나님을 섬기기보다 자기를 섬기는 것을 더 좋아했습니다. 그럼에도 불구하고 하나님께서는 그들을 구원하시기 위하여 예수님을 이스라엘에 태어나게 하셨습니다. 예수님께서 다윗의 후손으로 태어나시고 갈릴리와 예루살렘에서 활동하시며 유대인들에게 복음을 전하셨던 것은 그들을 향한 하나님의 사랑의 표현이었습니다.

그러나 그렇게 사랑했던 유대인들이 예수님을 십자가에 못 박았습니다. 그들은 예수님의 부활도 믿지 않았고, 예수님을 따르는 무리를 박해하기 시작했습니다. 예수님을 믿는 자들은 그 박해를 피해 여러 곳으로 흩어질 수밖에 없었습니다. 그렇게 예수 그리스도의 복음이 이스라엘 밖으로 퍼져나갔고 이방인들 가운데서도 예수님을 믿는 믿음으로 구원을 받는 사람들이 일어나기 시작했습니다. 사도 바울은 이런 상황 가운데서 이스라엘을 참감람나무, 이방인들을 돌감람나무로 표현합니다.

바울의 이 표현은 언뜻 보면 유대인과 이방인을 차별하고 있는 것처럼 보입니다. 그러나 바울의 표현이 의미하는 것은 겉모습은 중요하지 않다는 것입니다. 우리의 출신이 유대인이든 이방인이든, 그것이 중요한 것이 아니라는 것입니다. 정말 중요한 것은 그가 누구에게 접붙임이 된 사람인지에 대한 문제입니다. 그래서 사도 바울 "네가 그들 중에 접붙임이 되어 참감람나무 뿌리의 진액을 함께 받는 자가 되었은즉"(롬 11:17)라고 말합니다.

이방인들이 예수님을 믿고 하나님께로 돌아왔다고 해도 그들이 유대인이 된 것은 아닙니다. 그러나 그들의 중심에는 참감람나무의 뿌리이신 하나님의 진액이 흐르게 되었습니다. 겉은 이전과 같지만 그 속은 이전처럼 세상의 것으로 채워져 있지 않고, 하나님으로부터 오는 것으로 채워지게 된 것입니다. 이것이 중요합니다. 하나님으로부터 세워진 이스라엘 사람으로 태어났지만, 예수님도 하나님도 믿지 않고 섬기지도 않았던 유대인보다 하나님과 관계없는 이방인으로 태어났지만, 예수님을 믿는 믿음으로 그 속이 변한 사람이 하나님께서 찾으시는 사람인 것입니다.

우리의 속은 무엇으로 채워져 있습니까? 우리의 겉모습보다 우리의 속이 중요하다는 것을 기억하고 하나님 아버지한테서 오는 하늘의 진액으로 우리의 속을 채워가는 우리 가정이 되기를 간절히 축복합니다.

나눔 1 내 속에 하나님으로부터 오는 진액이라고 말할 수 있는 것은 무엇이 있나요?

나눔 2 우리 속에 하늘의 진액을 채우는 데 필요한 일은 무엇일까요?

예수님을 바라보는 우리 가정 기도 :

말씀 로마서 14:6-9 날을 중히 여기는 자도 주를 위하여 중히 여기고 먹는 자도 주를 위하여 먹으니 이는 하나님께 감사함이요 먹지 않는 자도 주를 위하여 먹지 아니하며 하나님께 감사하느니라 우리 중에 누구든지 자기를 위하여 사는 자가 없고 자기를 위하여 죽는 자도 없도다 우리가 살아도 주를 위하여 살고 죽어도 주를 위하여 죽나니 그러므로 사나 죽으나 우리가 주의 것이로다 이를 위하여 그리스도께서 죽었다가 다시 살아나셨으니 곧 죽은 자와 산 자의 주가 되려 하심이라

뭘 하는지보다 왜 하는지가 중요합니다

예수님을 믿는 믿음으로 한 몸이 된 성도들도 때로는 서로 다투기도 하고 비판하기도 합니다. 그럴 때 그들의 다툼과 분열의 원인은 대부분 행동에서 비롯됩니다. "누가 뭘 했다더라"라는 말 한마디로 사람들 사이에 분열의 영이 끼어들고 다툼이 일어나는 일들이 얼마나 많은지 모릅니다.

또 때로는 예수 믿는 사람은 어떤 행동을 해도 되냐, 안 되냐 하는 문제로 다툼이 일어나기도 합니다. 술과 담배의 문제, 교통법규 등의 준법정신의 문제, 사업에 있어서 세금의 문제와 같이 세상에서 살아가면서 부딪히게 되는 여러 가지 문제들로 인해서 믿는 사람들 사이에 하나 됨이 무너지고 분열의 영이 틈타기도 합니다.

로마에 있었던 교회에서도 이런 일들이 동일하게 일어났습니다. 그들은 여러 이단의 공격을 받았고, 성도들 안에서 의견이 갈라져 빈번하게 다툼이 일어났습니다. 특별히 우상에게 제물로 바쳐졌던 음식을 먹느냐 마느냐 하는 문제와 율법의 음식 규례를 지켜야 하느냐 안 지켜도 되느냐 하는 문제로 교회 안에서 다툼이 일어났습니다. 이런 상황을 정리하기 위한 사도 바울의 답변이 바로 오늘의 말씀입니다.

바울은 너무나도 명확하게 로마 교회의 문제를 정리하면서 오늘을 살아가는 우리가 정말 중요한 기준으로 삼아야 하는 것이 무엇인지를 말해줍니다. 바울은 "날을 중히 여기는 자도 주를 위하여 중히 여기고 먹는 자도 주를 위하여 먹으니 이는 하나님께 감사함이요 먹지 않는 자도 주를 위하여 먹지 아니하며 하나님께 감사하느니라"(롬 14:6)라고 말합니다.

바울의 이 말은 우리가 무엇을 하는지가 중요한 것이 아니라는 말입니다. 우리가 무엇을 하는지가 중요한 것이 아니라 왜 하는지가 중요한 것이라는 말입니다. 우상에게 드린 제물을 먹는 것이 주님을 위해서라면 괜찮다는 것입니다. 반대로 우상에게 드린 제물을 먹지 않는 것도 주님을 위해서라면 괜찮다는 것입니다. 우리의 행위가 정말 주님을 위하는 마음으로 하는 행위라면, 하나님께서 그 행위를 왜 기뻐하시지 않겠느냐는 것입니다.

예수님을 믿는 사람들의 삶의 기준이 바로 이것이 되어야 합니다. 내가 무엇을 행할지 말지를 고민할 때, 과연 이것이 주님을 위하는 행동인가를 생각해보면 답이 나옵니다. 행위 자체의 선악을 분별하려고 하지 마십시오. 그 행위를 하려는 나의 마음의 선악을 분별하고 항상 주님을 위하는 행동으로 우리의 삶을 채워나가는 우리 가정이 되기를 간절히 소원합니다.

나눔 1 어떤 행동에 대해서 옳고 그름을 판단하지 못했던 일이 있습니까?

나눔 2 하루의 삶 동안 주님을 위하는 마음으로 했던 행동은 무엇이 있습니까?

예수님을 바라보는 우리 가정 기도 :

말씀 고린도전서 1:1-3 하나님의 뜻을 따라 그리스도 예수의 사도로 부르심을 받은 바울과 형제 소스데네는 고린도에 있는 하나님의 교회 곧 그리스도 예수 안에서 거룩하여지고 성도라 부르심을 받은 자들과 또 각처에서 우리의 주 곧 그들과 우리의 주 되신 예수 그리스도의 이름을 부르는 모든 자들에게 하나님 우리 아버지와 주 예수 그리스도로부터 은혜와 평강이 있기를 원하노라

우리가 주님의 거룩한 교회입니다

우리가 예수님을 믿는 믿음을 주님께 고백할 때, 주님께서는 우리 마음을 성전으로 삼으시고 우리 안에 오셔서 거하십니다. 그러니 예수님을 믿는 우리 각 사람이 곧 교회입니다. 우리가 예수님을 믿는다는 것은 이제 내가 세상 가운데 하나님의 교회로 세워졌다는 의미이기도 한 것입니다.

주님께서는 우리 각 사람을 교회로 세우셔서 마치 초대교회 시절에 사람들이 교회 공동체의 모습을 보고 하나님을 믿게 되었듯이, 우리로 하여금 세상 사람들을 주님께로 인도하는 등불 같은 존재가 되게 하기를 원하셨습니다. 공동체와 건물로서의 교회로는 한계가 있는 그 사역을, 각 개인을 교회로 세우심으로 그리스도인들이 있는 곳이라면 어디서든지 하나님의 영광이 드러날 수 있도록 계획하신 것입니다.

그렇다면 교회 된 우리가 어떻게 살아야 우리를 통하여 하나님의 영광이 드러날까요? 오늘 말씀에서 사도 바울은 교회가 갖추어야 할 모습을 세 가지로 말하고 있습니다. 첫 번째는 그리스도 예수 안에서 거룩하여지는 것입니다. 교회는 거룩해야 합니다. 거룩하다는 구별된다는 의미입니다. 교회는 세상과 구별되어야 합니다. 세상 사람들이 생각하는 것과는 다른 생각을 가지고 있어야 하고, 세상이 살아가는 것과는 다른 방법으로 살아야 합니다. 예수를 믿는다고 하면서도 세상과 전혀 구별되어 있지 않다면, 그것은 교회로서 갖추어야 할 합당한 모습을 갖추지 못한 것입니다.

둘째로 교회는 성도로 부르셨다는 것을 기억해야 합니다. 우리의 믿음은 우리에게서 난 것이 아니요, 하나님의 선물입니다. 하나님께서 우리를 택하셔서 우리를 거룩한 성도로 부르신 것입니다. 죄로 인해서 죽을 수밖에 없었던 우리를 하나님께서 구원하신 것입니다. 이것이 성도로의 부르심입니다. 이 은혜를 기억하며 그 은혜에 합당하게 사는 것이 교회의 모습입니다.

마지막으로 교회는 예수의 이름을 부르는 자가 되어야 합니다. 만왕의 왕이신 예수님을 그 안에 모시고도 어려움을 겪을 때 주님의 이름을 부르지 않고, 돈이나 사람이나 다른 것들의 이름을 부르는 사람들이 있습니다. 교회로서 합당하지 않은 모습입니다. 모든 능력과 권세가 주님께 있다고 인정하는 사람이 교회입니다. 그러니 모든 문제 앞에서 언제나 가장 먼저 주님의 이름을 부르는 것이 자연스러운 사람이 곧 교회답게 사는 사람인 것입니다.

우리에게 교회로서의 모습이 갖추어지고 드러나고 있는지 점검해 보십시오. 하나님께서 우리를 교회로 세우신 목적이 우리의 삶을 통하여 성취되도록, 날마다 교회가 갖추어야 할 모습들을 갖추며 세상 가운데 주님의 영광을 드러내는 삶을 살아가는 우리 모두가 되기를 간절히 소원합니다.

나눔 1 나의 삶 가운데 교회로서 합당한 모습은 무엇이 있습니까?

나눔 2 나의 모습이 세상에 어떻게 비추어지기를 원하는지 나누어 보세요.

예수님을 바라보는 우리 가정 기도 :

오늘성경통독 고린도전서 6장 □ 7장 □ 8장 □ 9장 □
오늘가정예배 찬송 251장 놀랍다 주님의 큰 은혜 Date / /

말씀 고린도전서 6:19-20 너희 몸은 너희가 하나님께로부터 받은 바 너희 가운데 계신 성령의 전인 줄을 알지 못하느냐 너희는 너희 자신의 것이 아니라 값으로 산 것이 되었으니 그런즉 너희 몸으로 하나님께 영광을 돌리라

우리 안에 주님이 계십니다

우리는 성경말씀을 믿는 사람들입니다. 우리가 믿는 성경말씀은 우리를 향하여 주 예수 그리스도께서 그분의 피로 우리를 사셨다고 말하고 있습니다. 죄의 값은 사망입니다. 죄라는 것을 가지고 있는 사람들은 누구나 죽음으로 그 죗값을 치러야 한다는 것입니다. 우리가 바로 그 죄를 가지고 있는 사람들입니다. 그런 우리를 위해서 예수님께서 대신 피를 흘리셔서 우리의 죗값을 대신 치르셨습니다. 그러니 이제 더 이상 우리는 나 자신의 것이 아니요, 나를 대신하여 죽으신 주님의 것입니다.

예수를 믿는다는 것은 바로 이 사실을 믿는 것입니다. 그래서 우리가 예수님을 '주님'이라고 부르는 것입니다. 예수님에게 우리의 소유권이 있음을 믿는 것, 예수님이 나의 주인 되심을 인정하는 것이 곧 예수님을 믿는 것입니다. 우리에게 믿음이 있다는 것은 우리가 예수님을 나의 주인으로 인정한다는 말과 다름이 없는 말입니다.

그런데도 불구하고 예수를 믿는 믿음이 있다고 하면서 여전히 예수님을 주인으로 삼지 않고 살아가는 사람들이 있습니다. 그것은 바울의 시대나 오늘날 우리의 시대나 똑같습니다. 마귀는 예수 믿는 사람들의 마음을 충동질해서 예수님을 주인으로 삼지 못하도록 자기의 삶을 자기의 것이라고 주장하도록 만듭니다. 여러 가지 욕망을 우리 마음속에 밀어 넣고서 그것들을 섬기게 만듭니다. 그러한 일들을 통하여 마귀가 원하는 것은 예수님의 주인 되심을 부인하는 것, 곧 우리의 믿음의 고백을 거짓 고백이 되게 만드는 것입니다.

우리 주님께서는 우리 안에 오셔서 우리와 함께 거하고 계십니다. 그러나 그분께서는 우리의 삶을 강제적으로 바꾸시지 않습니다. 그분은 우리가 마귀가 주는 마음을 따를 때도, 우리를 강제적으로 막지 않으십니다. 그렇기에 바울이 "모든 것이 내게 가하나 다 유익한 것이 아니요"(고전 6:12)라고 말하는 것입니다. 우리는 모든 것을 할 수 있습니다. 주님이 우리를 강제적으로 막지 않으시기 때문입니다. 그러나 우리가 하는 모든 것이 다 우리에게 유익한 것은 아니라는 것을 기억해야 합니다. 우리 안에 우리의 주인 되시는 예수님이 계신다는 사실을 기억하고 행해야 합니다.

내가 죄 된 것을 따를 때, 내 안에 계시는 주님도 그 현장에 함께 계시며 그 장면을 다 바라보시고, 그 모든 곤욕을 다 참고 계신다는 것을 기억하고 살 때, 우리의 삶이 주님께 영광을 돌리는 삶이 될 수 있다는 것을 기억하고, 날마다 주님과 동행하며 주님 앞에서 사는 것처럼 살아가는 우리 가정이 되기를 간절히 축복합니다.

나눔 1 주님이 나와 함께 계신다는 것을 생각할 때 말이나 행동이 달라지는 것을 경험하셨습니까?

나눔 2 예수님이 나의 주인이시라고 고백할 수 있습니까? 있다면 예수님도 동의하실 것 같으십니까?

예수님을 바라보는 우리 가정 기도 :

말씀 고린도전서 10:13-14 사람이 감당할 시험 밖에는 너희가 당한 것이 없나니 오직 하나님은 미쁘사 너희가 감당하지 못할 시험 당함을 허락하지 아니하시고 시험 당할 즈음에 또한 피할 길을 내사 너희로 능히 감당하게 하시느니라 그런즉 내 사랑하는 자들아 우상 숭배하는 일을 피하라

죄를 이길 수 있는 길

성경은 우리에게 수없이 많은 교훈을 줍니다. 그래서 사도 바울은 우리를 향하여 성경에 기록된 이스라엘 백성들의 모습을 타산지석(他山之石)으로 삼아야 한다고 말합니다. 성경을 보면 이스라엘 백성들이 하나님 앞에서 실수하고 넘어졌던 이야기가 얼마나 많이 기록되어 있는지 모릅니다. 하나님께서는 이스라엘 백성들의 실수 앞에서 때로는 너무한 것이 아닌가 할 정도로 엄벌을 내리십니다. 이것은 하나님께서 죄를 얼마나 미워하시는지를 우리에게 보여줍니다.

하나님은 죄를 미워하십니다. 그렇기에 죄 가운데 빠져있는 이스라엘 백성들을 너무하다 싶을 정도로 벌하십니다. 그리고는 그 장면을 성경에 기록하게 하시고 오늘날 우리에게까지 전해지게 하셨습니다. 하나님께서는 하나님 그분이 얼마나 죄를 미워하는지를 우리가 알기를 원하셨습니다. 우리가 성경을 바라보고 이스라엘을 벌하셨던 하나님의 모습을 기억하면서 죄로부터 최대한 멀어지기를 원하셨던 것입니다.

그러나 많은 사람들이 성경도 알고 하나님이 죄를 미워하신다는 사실을 알면서도 죄를 떠나지 못합니다. 이스라엘 백성들처럼 음행하고, 우상을 숭배하면서 하나님을 시험하는 자들이 얼마나 많은지 모릅니다.

오늘 말씀에서 사도 바울은 "사람이 감당할 시험 밖에는 너희가 당한 것이 없나니 오직 하나님은 미쁘사 너희가 감당하지 못할 시험 당함을 허락하지 아니하시고 시험당할 즈음에 또한 피할 길을 내사 너희로 능히 감당하게 하시느니라"(고전 10:13)라고 말합니다.

이 말씀이 말하는 바는 우리가 죄 가운데 머물면서 하나님께 그 죄의 유혹이 너무나 강렬해서 어쩔 수 없었다고 핑계할 수 없다는 것입니다. 다시 말하면 우리가 모든 죄를 충분히 이겨낼 수 있다는 것입니다. 왜냐하면 하나님께서 우리에게 그 죄를 이겨낼 수 있는 길을 열어 주셨기 때문입니다.

그 길, 우리의 피할 길이 되신 분이 바로 예수 그리스도이십니다. 죄의 유혹이 있을 때 먼저는 성경을 바라보며 죄를 미워하시는 하나님을 바라보아야 합니다. 나의 죄 때문에 십자가를 지시고 죽으신 예수님을 바라보아야 합니다. 바로 그 예수님께서 지금 내 안에 오셔서 죄를 이기고 피할 길이 되어 주셨다는 것을 기억해야 합니다. 그것이 하나님께서 성경과 함께 예수 그리스도를 우리에게 주신 목적인 것입니다.

죄가 강해서 이기지 못하는 것이 아닙니다. 주님께 피하지 않기 때문에 이기지 못하는 것입니다. 우리 안에 계시며 동행하시는 주님을 바라보는 것, 그것이 죄를 이기는, 피할 길이라는 것을 기억하고 날마다 주께로 피하며 죄를 이기고 승리하는 우리 모두가 되기를 간절히 축복합니다.

나눔 1 죄의 유혹이 너무나 강해서 이겨내지 못하고 있는 죄들이 있습니까?

나눔 2 주님을 바라보므로 이겨낼 수 있었던 죄나 나쁜 습관들이 있습니까?

예수님을 바라보는 우리 가정 기도 :

말씀 고린도전서 15:31-34 형제들아 내가 그리스도 예수 우리 주 안에서 가진 바 너희에 대한 나의 자랑을 두고 단언하노니 나는 날마다 죽노라 내가 사람의 방법으로 에베소에서 맹수와 더불어 싸웠다면 내게 무슨 유익이 있으리요 죽은 자가 다시 살아나지 못한다면 내일 죽을 터이니 먹고 마시자 하리라 속지 말라 악한 동무들은 선한 행실을 더럽히나니 깨어 의를 행하고 죄를 짓지 말라 하나님을 알지 못하는 자가 있기로 내가 너희를 부끄럽게 하기 위하여 말하노라

예수 그리스도를 통해 나타난 하나님의 사랑

초대교회 사람들은 우리가 상상할 수 없는 핍박을 받았습니다. 예수를 믿는다는 이유만으로 죽임을 당하고, 맹수들에게 물렸으며 가죽이 벗겨지고 십자가에 못 박히는 등 말로 표현할 수 없는 박해를 받았던 초대교회의 성도들은 그 무시무시한 박해 가운데서도 끝까지 믿음을 지키며 죽음을 맞이했습니다.

사도 바울은 이런 초대교회의 믿음을 "누가 우리를 그리스도의 사랑에서 끊으리요 환난이나 곤고나 박해나 기근이나 적신이나 위험이나 칼이랴 기록된 바 우리가 종일 주를 위하여 죽임을 당하게 되며 도살당할 양 같이 여김을 받았나이다 함과 같으니라 그러나 이 모든 일에 우리를 사랑하시는 이로 말미암아 우리가 넉넉히 이기느니라"(롬 8:35-37)라고 말합니다.

바울의 이 말은 초대교회 성도들이 엄청난 박해를 받으면서도 믿음을 지킬 수 있었던 이유가 예수 그리스도에게 있다는 것을 의미하는 것입니다. 바울은 이어서 말합니다.

"내가 확신하노니 사망이나 생명이나 천사들이나 권세자들이나 현재 일이나 장래 일이나 능력이나 높음이나 깊음이나 다른 어떤 피조물이라도 우리를 우리 주 그리스도 예수 안에 있는 하나님의 사랑에서 끊을 수 없으리라"(롬 8:38-39).

예수 그리스도를 통하여 나타난 하나님의 사랑, 그것이 박해를 이기고 승리할 수 있었던 원동력이라는 것입니다. 그러면 예수님을 통하여 나타난 하나님의 사랑은 어떤 사랑입니까? 첫째는 죄인을 구원하기 위하여 자기 아들을 십자가에서 죽게 하신 사랑이고(요 3:16), 둘째는 그렇게 구원한 자들을 자기 아들로 삼으시는 사랑이며(갈 4:6), 마지막으로는 구원한 자기 자녀들에게 자기 유업을 주사 예수님과 함께 영원토록 왕 노릇하게 하시는 사랑입니다(계 20:6). 하나님께서 우리를 사랑하신다는 말은 이 모든 것을 다 포함하는 것입니다.

초대교회 성도들은 이런 하나님의 사랑을 믿었습니다. 그러니 죽음도 두렵지 않았던 것입니다. 우리를 위하여 자기 아들을 내어주신 분이 우리에게 거짓말하시겠습니까? 나를 위해 죽으시기 위하여 육신을 입고 이 땅 가운데 오신 하나님께서 우리에게 부활과 영생을 허락하시지 못하시겠습니까? 그러니 어떤 박해도, 어떤 고난도 그들의 믿음을 무너뜨리지 못하는 것이 당연한 것 아니겠습니까?

우리가 믿는 하나님의 사랑은 어떤 사랑입니까? 혹시 초대교회 성도들이 믿었던 하나님의 사랑과 우리가 믿는 하나님의 사랑이 다른 사랑입니까? 절대 그렇지 않습니다. 그렇다면 점검해야 합니다. 우리는 하나님의 사랑을 믿기에 어떤 박해도, 어떤 시험도 넉넉히 이기고 있습니까? 죽음도 무너뜨리지 못하는 믿음이 우리에게는 있습니까?

나눔 1 내가 믿는 하나님의 사랑은 어떤 사랑입니까?

나눔 2 하나님의 사랑을 믿는 믿음으로 넉넉히 이길 수 있었던 박해나 시험이 있습니까?

예수님을 바라보는 우리 가정 기도 :

말씀 고린도후서 1:8-10 형제들아 우리가 아시아에서 당한 환난을 너희가 모르기를 원하지 아니하노니 힘에 겹도록 심한 고난을 당하여 살 소망까지 끊어지고 우리는 우리 자신이 사형 선고를 받은 줄 알았으니 이는 우리로 자기를 의지하지 말고 오직 죽은 자를 다시 살리시는 하나님만 의지하게 하심이라 그가 이같이 큰 사망에서 우리를 건지셨고 또 건지실 것이며 이 후에도 건지시기를 그에게 바라노라

두 번째 사망을 피하는 길

사람에게는 두 가지 사망이 있습니다. 첫째는 육신의 사망입니다. 한번 세상에 태어난 사람은 언젠가는 반드시 죽음을 맞이하게 됩니다. 벗어날 수 있는 사람은 아무도 없습니다. 믿음이 있는 사람도, 믿음이 없는 사람도 반드시 육신의 죽음을 맞이하게 됩니다.

그러나 두 번째 사망은 다릅니다. 육신의 사망이 첫째 사망이라면 두 번째 사망은 영의 사망입니다. 그것을 성경은 멸망이라고 표현합니다. 멸망(滅亡)이라는 말은 '망하여 없어짐'이라는 뜻입니다. 그러니 영의 사망은 영혼이 완전히 망하여 없어진다는 뜻입니다. 실제로 영이 사라지는 것은 아니지만 영원히 지옥 불에서 고통당하는, 소망 없는 존재가 된다는 것입니다.

이 두 번째 사망, 영의 멸망은 모든 사람의 피할 수 없는 결론이 아닙니다. 첫째 사망은 모두가 피할 수 없지만 둘째 사망은 피할 수 있습니다. 둘째 사망을 피할 수 있는 길은 바로 우리 주 예수 그리스도를 믿는 믿음입니다.

사도 바울은 오늘 말씀에서 둘째 사망을 피하는 길인 예수 그리스도를 믿는 믿음이 무엇인지 알려주고 있습니다. "우리는 우리 자신이 사형 선고를 받은 줄 알았으니 이는 우리로 자기를 의지하지 말고 오직 죽은 자를 다시 살리시는 하나님만 의지하게 하심이라." 바울의 이 말은 복음을 전하는 사역을 감당하면서 너무 큰 고난을 당하여 죽을 뻔했다는 말이 아닙니다. 그 모든 고난을 감당할 수 있었던 힘이 스스로 사형 선고를 받은 사람으로 여기는 것에 있었다는 것입니다.

바울이 고난을 받았던 것은 그의 육신이지 영혼이 아니었습니다. 그가 고난을 받은 육신은 언젠가는 반드시 죽을 것이 정해져 있는 사형선고를 받은 존재였습니다. 그러니 그는 고난을 받으면서도 이 육신은 지금 죽나, 조금 있다가 죽나 어차피 동일하게 죽을 존재라는 것을 기억하면서 견뎌낼 수 있었던 것입니다. 그러면서 그는 육신의 사망이 지나고 나서 찾아오는 더 큰 사망에서 건짐을 받은 자의 소망, 곧 영생을 향한 소망을 붙들고 살았던 것입니다(고후 1:10).

예수를 믿는다는 것은 이런 것입니다. 육신의 사망은 누구에게나 찾아올 것입니다. 그러니 세상 모든 사람들은 이미 사형선고를 받은 사람들입니다. 그러니 우리의 소망은 이 땅에 있는 것이 아닙니다. 첫째 사망은 누구에게나 찾아오는 것이기에 그 첫째 사망 이후에 찾아오는 삶에 우리의 소망이 있어야 합니다.

자신을 사형선고 받은 사람으로 여기고 나중에 찾아올 진짜 사망, 큰 사망에서 건짐을 받은 구원의 감격으로 사는 것이 믿음으로 사는 것입니다. 우리는 큰 사망에서 건짐을 받은 사람들입니다. 그러니 우리의 삶은 여기에서 끝나는 것이 아니라 주님의 나라에서 영원히 이어질 것입니다. 그 사실을 기억하고 영생을 기대하며 준비하며 살아가는 우리 모두가 되기를 간절히 소원합니다.

나눔 1 내 삶의 초점은 이 땅에 있습니까? 주님의 나라에 있습니까?

나눔 2 주님을 바라보므로 이겨낼 수 있었던 죄나 나쁜 습관들이 있습니까?

예수님을 바라보는 우리 가정 기도 :

오늘성경통독 고린도후서 5장☐ 6장☐ 7장☐ 8장☐ 9장☐
오늘가정예배 찬송 488장 이 몸의 소망 무언가

Date / /

말씀 고린도후서 5:8-10 우리가 담대하여 원하는 바는 차라리 몸을 떠나 주와 함께 있는 그것이라 그런즉 우리는 몸으로 있든지 떠나든지 주를 기쁘시게 하는 자가 되기를 힘쓰노라 이는 우리가 다 반드시 그리스도의 심판대 앞에 나타나게 되어 각각 선악간에 그 몸으로 행한 것을 따라 받으려 함이라

심판 그 이후의 삶

사도 바울은 구원이 우리의 행위로 받은 것이 아니라 믿음으로 말미암아 받는 것이라고 말합니다(엡 2:8-9). 우리가 구원을 받게 된 것은 우리가 어떤 착한 일을 행했기 때문이 아니라 하나님께서 우리에게 예수님을 선물로 주시고, 예수님을 믿는 믿음도 선물로 주셨기 때문이라는 것입니다.

그런데 오늘 말씀에서 바울은 에베소서의 말씀과는 다른 의미로 보이는 말을 하고 있습니다. 바울은 "그런즉 우리는 몸으로 있든지 떠나든지 주를 기쁘시게 하는 자가 되기를 힘쓰노라 이는 우리가 다 반드시 그리스도의 심판대 앞에 나타나게 되어 각각 선악간에 그 몸으로 행한 것을 따라 받으려 함이라"(고후 5:9-10)라고 말합니다. 이 말은 언뜻 보면 하나님의 심판대 앞에서 내가 얼마나 주님을 기쁘시게 하는 자로 살기를 힘썼는지로 심판의 결과가 달라질 수 있다는 말로 보입니다. 그러나 바울이 의도했던 것은 그런 의미가 아니었습니다.

바울의 이 말은 두 가지로 생각해 볼 수 있습니다. 첫째는 진정한 믿음은 반드시 주님을 기쁘시게 하려는 삶으로 드러난다는 것입니다. 하나님께서 나를 위하여 자기 아들을 십자가에 달려 죽게 하셨다는 것을 믿고, 예수님께서 나를 위하여 자기 생명까지 내어주셨다는 것을 믿는다면 주님을 기쁘시게 하는 삶을 살고 싶어지게 되는 것이 당연하다는 것입니다. 다시 말해 나를 대신하여 죽으신 분에게 부끄럽지 않은 삶을 사는 것이 우리 마음의 소원이 되는 것은 너무나 당연한 일인 것입니다.

두 번째 의미는 심판대에서 좋은 판정을 받기 위해서 잘 살아야 한다는 것이 아니라, 심판대 이후에 우리에게 보장되어 있는 삶을 위해서 주님을 기쁘시게 하는 삶을 살아야 한다는 것입니다. 예수를 믿는 사람들은 하나님의 심판대 앞에서 무죄 판결을 받습니다. 예수님께서 우리의 변호사가 되셔서 우리를 변호해 주십니다. "내가 내 피로 저들의 죗값을 대신 치렀습니다!"라고 주님께서 말씀해 주실 것이고 하나님께서는 그것을 인정해 주실 것입니다.

그러나 그 이후에 주님과 얼굴을 대면하여 살 때, 모두가 다 똑같은 삶을 살게 되는 것은 아닙니다. 예수님을 믿는다고 하면서도 예수님께서 기뻐하시는 일을 행하지 않고 살아왔던 사람과, 예수님을 믿기에 예수님을 기쁘시게 하는 사람을 살았던 사람이 천국에서 누리는 기쁨은 비교할 수 없이 다른 차원일 것입니다. 그런 차원에서 보면 우리는 분명히 그 몸으로 행한 것을 따라 받게 될 것입니다(고후 5:10).

지금 우리의 삶의 모습은 어떻습니까? 심판대를 지나서 천국에 이르렀을 때 주님을 바라보기에 너무나 부끄러운 삶이 되지 않기를 축복합니다. 주님을 보고 밝게 웃으며 너무나 그리웠다고, 너무나 보고 싶었다고 고백하며 기쁨으로 천국 삶을 누릴 수 있게 되는 우리 가정이 되기를 간절히 축복합니다.

나눔 1 지금 천국에 간다면 나는 주님을 바라보기에 부끄럽지 않을 수 있습니까?

나눔 2 주님을 기쁘시게 하는 삶은 어떤 삶일까요?

예수님을 바라보는 우리 가정 기도 :

말씀 고린도후서 12:7-10 여러 계시를 받은 것이 지극히 크므로 너무 자만하지 않게 하시려고 내 육체에 가시 곧 사탄의 사자를 주셨으니 이는 나를 쳐서 너무 자만하지 않게 하려 하심이라 이것이 내게서 떠나가게 하기 위하여 내가 세 번 주께 간구하였더니 나에게 이르시기를 내 은혜가 네게 족하도다 이는 내 능력이 약한 데서 온전하여짐이라 하신지라 그러므로 도리어 크게 기뻐함으로 나의 여러 약한 것들에 대하여 자랑하리니 이는 그리스도의 능력이 내게 머물게 하려 함이라 그러므로 내가 그리스도를 위하여 약한 것들과 능욕과 궁핍과 박해와 곤고를 기뻐하노니 이는 내가 약한 그 때에 강함이라

사랑의 표현이고 은혜의 통로입니다

'계시'라는 단어는 "펼쳐서 보여주다"라는 뜻입니다. 곧 하나님의 계시라는 것은 하나님께서 우리에게 자기 자신에 대해서 드러내 보여주시는 것을 의미하는 것입니다. 사도 바울은 하나님의 계시를 여러 가지 방법으로 받았습니다. 그는 그가 알고 있던 하나님의 말씀, 곧 성경을 통하여 하나님을 알았고 다메섹으로 가는 길 위에서 초자연적으로 예수님을 만나는 계시를 받았습니다. 또 그는 고린도후서 12장에서 자신이 셋째 하늘에 이끌려 올라가서 말로 표현할 수 없는 말들을 들었다고 말하고 있습니다.

이렇듯 바울은 특별한 하나님의 계시, 곧 자기를 드러내심을 받은 사람이었습니다. 하나님께서 바울을 너무나도 사랑하셨기에 그에게 특별한 계시를 통하여 자기를 드러내셨던 것입니다. 그런데 그런 그에게 하나님께서는 육체의 가시를 주셨습니다. 사랑하는 자에게 기존에 있었던 육체의 가시를 제하여 주시는 것이 당연한 것 같은데, 하나님은 오히려 그에게 기존에 없던 육체의 가시를 더하여 주셨습니다.

하나님께서 바울에게 육체의 가시를 주셨던 것은 그를 사랑하셨기 때문입니다. 그에게 육체의 가시가 있으므로 인해서 바울은 적어도 세 번은 하나님 앞에 나아가 간절하게 기도했습니다. 그는 그 육체의 가시를 바라볼 때마다 "내 은혜가 네게 족하도다"라고 말씀하셨던 주님의 음성을 떠올릴 수 있었습니다. 그뿐만 아니라 육체의 가시를 바라보면서 이렇게 약한 나를 통하여 놀라운 일을 행하시는 주님을 찬양할 수 있었고, 나의 나 된 것이 나의 강함 때문이 아니라 주님의 은혜라는 것을 떠올리며 감사할 수 있었습니다.

우리도 바울 못지않은 큰 계시를 받은 사람들입니다. 하나님께서는 우리에게 자기를 드러내셨을 뿐만 아니라 지금 우리와 함께 거하고 계십니다. 그만큼 우리를 사랑하십니다. 그러니 우리에게 육체의 가시가 있음을 이상하게 여기면 안 됩니다. 우리의 약함을 치료해 주지 않으시는 하나님을 원망해서는 안 됩니다. 우리에게 기도해도 사라지지 않는 육체의 가시가 있다면, 그것은 우리를 향한 하나님의 사랑 표현이라고 인정해야 합니다.

하나님께서 믿는 자들에게 주신 육체의 가시는 사랑의 표현이요, 은혜의 통로입니다. 그러니 혹시라도 우리에게 응답받지 못한 기도의 제목, 곧 육체의 가시가 있다면, 그 문제에 매몰되지 말고 주님을 바라보게 되기를 축복합니다. 그런 약함을 가지고 있는 나를 통하여 하나님의 능력이 세상 가운데 드러나게 될 것을 믿음으로 약한 것들과 능욕과 궁핍과 박해와 곤고를 기뻐할 수 있는 우리 모두가 되기를 간절히 소원합니다.

나눔 1 나에게 육체의 가시, 곧 약한 부분, 응답받지 못한 기도의 제목은 무엇인가요?

나눔 2 육체의 가시를 통하여 누릴 수 있게 된 은혜가 있나요?

예수님을 바라보는 우리 가정 기도 :

오늘성경통독 에베소서 1장☐ 2장☐ 3장☐ 4장☐ 5장☐ 6장☐
오늘가정예배 찬송 407장 구주와 함께 나 죽었으니
Date / /

말씀 에베소서 2:1-5 그는 허물과 죄로 죽었던 너희를 살리셨도다 그 때에 너희는 그 가운데서 행하여 이 세상 풍조를 따르고 공중의 권세 잡은 자를 따랐으니 곧 지금 불순종의 아들들 가운데서 역사하는 영이라 전에는 우리도 다 그 가운데서 우리 육체의 욕심을 따라 지내며 육체와 마음의 원하는 것을 하여 다른 이들과 같이 본질상 진노의 자녀이었더니 긍휼이 풍성하신 하나님이 우리를 사랑하신 그 큰 사랑을 인하여 허물로 죽은 우리를 그리스도와 함께 살리셨고(너희는 은혜로 구원을 받은 것이라)

죽은 사람처럼 살지 마세요

사도 바울은 갈라디아서에서 이렇게 고백합니다. "내가 그리스도와 함께 십자가에 못 박혔나니 그런즉 이제는 내가 사는 것이 아니요 오직 내 안에 그리스도께서 사시는 것이라 이제 내가 육체 가운데 사는 것은 나를 사랑하사 나를 위하여 자기 자신을 버리신 하나님의 아들을 믿는 믿음 안에서 사는 것이라"(갈 2:20).

바울의 이 고백은 오늘 우리에게 큰 도전이 되기도 하지만 한편으로는 큰 부담이 되기도 합니다. 많은 사람들이 왜 예수님을 믿으면 내가 죽어야 하느냐고, 꼭 그래야만 하느냐고 질문합니다. 예수님이 나를 대신해서 죽으셨으면 됐지, 왜 나까지 십자가에 못 박혀 죽어야 하느냐는 것입니다. 그러나 이런 생각들은 예수님을 믿기 전에 자기 자신이 어떤 존재였는지를 제대로 알지 못하기 때문에 하는 생각들입니다.

예수님을 믿기 전에 우리가 어떤 존재였습니까? 바울은 오늘 말씀에서 말합니다. "그는 허물과 죄로 죽었던 너희를 살리셨도다." 예수님을 알기 전에 우리는 허물과 죄로 인해 죽어있던 사람들이었습니다. 죽어있다는 것이 무슨 의미입니까? 아무런 활동도 없고 반응도 없다는 것입니다. 죽은 사람은 무슨 짓을 당해도 꼼짝 못 하고 당할 수밖에 없습니다.

그러니 예수님을 믿기 전에 우리가 얼마나 처참한 존재였던 것입니까? 사탄이 우리에게 죄 된 것을 쏟아부으면 그대로 그것을 뒤집어쓸 수밖에 없었습니다. 그렇게 죄에 푹 젖은 채로 살다가 하나님의 심판대 앞에 서야 했던 것이 우리의 운명이었습니다. 그런데 그런 우리를 주님께서 자신의 피로 살리신 것입니다. 살리심과 동시에 허물과 죄로 죽어있던 우리를 처리해 주시고, 주님과 함께 사는 놀라운 존재로 거듭나게 하신 것입니다(엡 2:5-6).

그러니 우리는 죽어야 하는 것이 아닙니다. 죽었음을 믿으면 되는 것입니다. 죄와 허물로 죽었던 내가 십자가에서 처리되었고, 예수님과 함께 살아가는 놀라운 존재가 되었다는 것이 얼마나 크고 기쁜 소식입니까? 그 사실을 믿기만 하면 되는 것입니다. 사랑하는 여러분, 우리는 더 이상 죄와 허물로 죽어있는 사람들이 아닙니다. 옛것은 지나갔고 새것이 되었습니다.

그러니 더 이상 죽은 사람처럼 살지 마십시오. 예수님과 함께 사는 존재가 되었다는 것을 기억하고, 그리스도 예수 안에서 선한 일을 위하여 지으심을 받은 존재라는 것을 기억하십시오(엡2:10). 자아의 죽음을 기쁜 복음으로 받아들이고 선포하며 주님께서 우리를 통하여 이루기를 원하시는 선하신 일들을 이루어가는 가정이 되기를 간절히 축복합니다.

나눔 1 예수님을 믿기 전과 믿은 후에 죄를 대하는 나의 자세가 달라진 점이 있습니까?
나눔 2 옛사람이 십자가에 못 박혀 죽었음을 믿음으로 선포하지 못하는 특별한 이유가 있습니까?
예수님을 바라보는 우리 가정 기도 :

DAY **289**

오늘성경통독 빌레몬서 1장□ / 히브리서 1장□ 2장□ 3장□  4장□ 5장□ 

오늘가정예배 찬송 251장 놀랍다 주님의 큰 은혜

Date / /

말씀 히브리서 4:14-16 그러므로 우리에게 큰 대제사장이 계시니 승천하신 이 곧 하나님의 아들 예수시라 우리가 믿는 도리를 굳게 잡을지어다 우리에게 있는 대제사장은 우리의 연약함을 동정하지 못하실 이가 아니요 모든 일에 우리와 똑같이 시험을 받으신 이로되 죄는 없으시니라 그러므로 우리는 긍휼하심을 받고 때를 따라 돕는 은혜를 얻기 위하여 은혜의 보좌 앞에 담대히 나아갈 것이니라

은혜의 보좌 앞에 담대히 나아가는 것

복음의 놀라운 능력 중 하나는 자신의 죄인 됨을 깨닫게 한다는 것입니다. 오늘 말씀 바로 전에 기록된 말씀은 이렇게 말합니다. "하나님의 말씀은 살아 있고 활력이 있어 좌우에 날선 어떤 검보다도 예리하여 혼과 영과 및 관절과 골수를 찔러 쪼개기까지 하며 또 마음의 생각과 뜻을 판단하나니 지으신 것이 하나도 그 앞에 나타나지 않음이 없고 우리의 결산을 받으실 이의 눈앞에 만물이 벌거벗은 것 같이 드러나느니라"(히 4:12-13).

하나님의 말씀, 복음 앞에 서면, 모든 죄가 벌거벗은 것 같이 드러납니다. 자신이 죄인이라는 사실을 인정하지 않는 사람은 진정한 의미에서 복음 앞에 선 사람이 아닙니다. 하나님의 말씀은 어떤 검보다도 예리해서 사람의 생각을 쪼개 자신의 죄인 됨을 벌거벗은 것 같이 드러나게 합니다. 문제는 자신의 죄인 됨을 깨닫고 나서입니다.

사도행전 2장에서 베드로의 설교를 듣고 마음에 찔림을 받은 사람들이 가장 먼저 했던 말이 무엇입니까? "우리가 어찌할꼬"입니다(행 2:37). 자신의 죄인 됨을 깨닫고 나면, 그 죄를 해결해야 한다는 것은 아는데 방법이 없는 것입니다. 사람이 자기 죄를 해결할 수 있는 방법이라는 것은 죽음밖에는 존재하지 않기 때문입니다.

그래서 예수님께서 우리를 대신하여 죽으신 것입니다. 자기의 죄인 됨을 깨달은 사람들이 "우리가 어찌할꼬"라고 괴로워할 때, 죄를 해결하고 하나님과 화평한 관계를 회복할 수 있도록 주님께서 미리 우리의 죗값을 치러주신 것입니다. 그러니 우리가 자신에게서 어떠한 죄를 발견했든 답은 하나입니다. 내 죄를 해결해 주신 예수님께로 나아가는 것입니다. 반복적인 죄든, 타인에게는 말 못 할 만큼 흉악하고 부끄러운 죄든, 아무리 애를 써도 벗어나지 못하는 죄든 모든 죄의 해결 방법은 오직 예수 그리스도께 있는 것입니다.

"때를 따라 돕는 은혜를 얻기 위하여 은혜의 보좌 앞에 담대히 나아가는 것" 그것이 우리에게 있는 모든 죄를 해결할 수 있는 유일한 길이라는 사실을 기억하시기 바랍니다. 자신에게서 죄 된 모습을 발견하게 될 때 지체하지 말고 주님께로 나아가십시오. 주님만이 우리를 죄에서 구원하시는 분이시라는 사실을 기억하고 늘 은혜의 보좌 앞에 나아가 주님 앞에 우리의 죄를 쏟아놓고 정결함을 얻는 우리 가정이 되기를 간절히 소원합니다.

나눔 1 말씀을 보면서 깨닫게 되었던 자신의 죄가 있습니까?

나눔 2 나의 힘으로는 도저히 끊어지지 않는 죄를 주님의 보좌 앞에 내려놓는 시간을 가져보세요.

예수님을 바라보는 우리 가정 기도 :

갈라디아서 _ 요한계시록

말씀 갈라디아서 5:13-15 형제들아 너희가 자유를 위하여 부르심을 입었으나 그러나 그 자유로 육체의 기회를 삼지 말고 오직 사랑으로 서로 종 노릇 하라 온 율법은 네 이웃 사랑하기를 네 자신 같이 하라 하신 한 말씀에서 이루어졌나니 만일 서로 물고 먹으면 피차 멸망할까 조심하라

행위가 아니라 사랑

하나님께서는 우리의 중심을 보십니다(삼상 16:7). 하나님께서 사무엘에게 하셨던 이 말씀은 오늘 우리가 꼭 기억해야 할 너무나 중요한 말씀입니다. 하나님께서 외모를 보지 않으시고 중심을 보신다는 것은 하나님께서 우리의 행위를 받으시는 것이 아니라 우리의 행위를 일으키게 하는 동기, 곧 마음의 중심을 보신다는 것입니다.

창세기 4장을 보면 가인과 아벨의 제사에 대한 이야기가 기록되어 있습니다. 가인은 땅의 소산으로 제물을 삼아 여호와께 드렸고 아벨은 양의 첫 새끼와 그 기름으로 제사를 드렸습니다. 그런데 하나님께서는 아벨과 그의 제물은 받으셨고 가인과 그의 제물은 받지 않으셨습니다. 하나님께서 자기의 제사를 받지 않으심에 화가 난 가인에게 하나님께서는 "네가 선을 행하면 어찌 낯을 들지 못하겠느냐 선을 행하지 아니하면 죄가 문에 엎드려 있으니라 죄가 너를 원하나 너는 죄를 다스릴지니라"(창 4:7)라고 말씀하십니다.

여기에서 우리가 알 수 있는 것은 하나님께서 그의 제사를 받지 않으셨던 이유가 선으로 드린 제사가 아니었기 때문이라는 것입니다. 제사를 똑같이 드려도 선으로 드리면 받으시고 선으로 드리지 않으면 받지 않으신다는 것입니다. 우리도 똑같습니다. 우리가 어떤 행위를 하느냐보다, 어떤 동기로 그 일을 행하느냐가 더 중요한 것입니다. 교회 봉사, 예배, 기도 등을 행하는 동기가 무엇입니까? 습관적으로 드리는 제사를 하나님께서 기뻐하시겠습니까? 선하지 않은 동기로 드리는 기도를 하나님께서 받으시겠습니까?

사도 바울은 갈라디아서에서 우리의 행함의 동기가 무엇이어야 하는지에 대해서 이렇게 말합니다. "그리스도 예수 안에서는 할례나 무할례나 효력이 없으되 사랑으로써 역사하는 믿음뿐이니라"(갈 5:6). 우리의 행함의 동기는 바로 '사랑'이어야 합니다.

갈라디아서 5장 14절에서 말하는 것과 같이 하나님 사랑과 이웃 사랑이 우리의 모든 행동의 원인이 되어야 합니다. 그럴 때 하나님께서 우리의 삶을 기쁘게 받으십니다. 그래서 바울은 말합니다. "내가 사람의 방언과 천사의 말을 할지라도 사랑이 없으면 소리 나는 구리와 울리는 꽹과리가 되고 내가 예언하는 능력이 있어 모든 비밀과 모든 지식을 알고 또 산을 옮길 만한 모든 믿음이 있을지라도 사랑이 없으면 내가 아무 것도 아니요 내가 내게 있는 모든 것으로 구제하고 또 내 몸을 불사르게 내줄지라도 사랑이 없으면 내게 아무 유익이 없느니라"(고전 13:1-3).

행위가 아니라 사랑, 그것이 하나님께서 기뻐하시는 우리의 제사입니다. 이 말씀을 기억하고 모든 행동의 원인이 되는 사랑을 품는 가정이 되기를 소원합니다.

나눔 1 내가 드렸던 제사는 사랑으로 드렸던 제사입니까?

나눔 2 나에게는 하나님과 이웃을 향한 진정한 사랑에서 비롯된 행동들이 있습니까?

예수님을 바라보는 우리 가정 기도 :

말씀 에베소서 2:1-5 그는 허물과 죄로 죽었던 너희를 살리셨도다 그 때에 너희는 그 가운데서 행하여 이 세상 풍조를 따르고 공중의 권세 잡은 자를 따랐으니 곧 지금 불순종의 아들들 가운데서 역사하는 영이라 전에는 우리도 다 그 가운데서 우리 육체의 욕심을 따라 지내며 육체와 마음의 원하는 것을 하여 다른 이들과 같이 본질상 진노의 자녀이었더니 긍휼이 풍성하신 하나님이 우리를 사랑하신 그 큰 사랑을 인하여 허물로 죽은 우리를 그리스도와 함께 살리셨고(너희는 은혜로 구원을 받은 것이라)

죽은 사람처럼 살지 마세요

사도 바울은 갈라디아서에서 이렇게 고백합니다. "내가 그리스도와 함께 십자가에 못 박혔나니 그런즉 이제는 내가 사는 것이 아니요 오직 내 안에 그리스도께서 사시는 것이라 이제 내가 육체 가운데 사는 것은 나를 사랑하사 나를 위하여 자기 자신을 버리신 하나님의 아들을 믿는 믿음 안에서 사는 것이라"(갈 2:20).

바울의 이 고백은 오늘 우리에게 큰 도전이 되기도 하지만 한편으로는 큰 부담이 되기도 합니다. 많은 사람들이 왜 예수님을 믿으면 내가 죽어야 하느냐고, 꼭 그래야만 하느냐고 질문합니다. 예수님이 나를 대신해서 죽으셨으면 됐지, 왜 나까지 십자가에 못 박혀 죽어야 하느냐는 것입니다. 그러나 이런 생각들은 예수님을 믿기 전에 자기 자신이 어떤 존재였는지를 제대로 알지 못하기 때문에 하는 생각들입니다.

예수님을 믿기 전에 우리가 어떤 존재였습니까? 바울은 오늘 말씀에서 말합니다. "그는 허물과 죄로 죽었던 너희를 살리셨도다." 예수님을 알기 전에 우리는 허물과 죄로 인해 죽어있던 사람들이었습니다. 죽어있다는 것이 무슨 의미입니까? 아무런 활동도 없고 반응도 없다는 것입니다. 죽은 사람은 무슨 짓을 당해도 꼼짝 못 하고 당할 수밖에 없습니다.

그러니 예수님을 믿기 전에 우리가 얼마나 처참한 존재였던 것입니까? 사탄이 우리에게 죄 된 것을 쏟아부으면 그대로 그것을 뒤집어쓸 수밖에 없었습니다. 그렇게 죄에 푹 젖은 채로 살다가 하나님의 심판대 앞에 서야 했던 것이 우리의 운명이었습니다. 그런데 그런 우리를 주님께서 자신의 피로 살리신 것입니다. 살리심과 동시에 허물과 죄로 죽어있던 우리를 처리해 주시고, 주님과 함께 사는 놀라운 존재로 거듭나게 하신 것입니다(엡 2:5-6).

그러니 우리는 죽어야 하는 것이 아닙니다. 죽었음을 믿으면 되는 것입니다. 죄와 허물로 죽었던 내가 십자가에서 처리되었고, 예수님과 함께 살아가는 놀라운 존재가 되었다는 것이 얼마나 크고 기쁜 소식입니까? 그 사실을 믿기만 하면 되는 것입니다. 사랑하는 여러분, 우리는 더 이상 죄와 허물로 죽어있는 사람들이 아닙니다. 옛것은 지나갔고 새것이 되었습니다.

그러니 더 이상 죽은 사람처럼 살지 마십시오. 예수님과 함께 사는 존재가 되었다는 것을 기억하고, 그리스도 예수 안에서 선한 일을 위하여 지으심을 받은 존재라는 것을 기억하십시오(엡2:10). 자아의 죽음을 기쁜 복음으로 받아들이고 선포하며 주님께서 우리를 통하여 이루기를 원하시는 선하신 일들을 이루어가는 가정이 되기를 간절히 축복합니다.

나눔 1 예수님을 믿기 전과 믿은 후에 죄를 대하는 나의 자세가 달라진 점이 있습니까?

나눔 2 옛사람이 십자가에 못 박혀 죽었음을 믿음으로 선포하지 못하는 특별한 이유가 있습니까?

예수님을 바라보는 우리 가정 기도 :

말씀 빌립보서 2:5-11 너희 안에 이 마음을 품으라 곧 그리스도 예수의 마음이니 그는 근본 하나님의 본체시나 하나님과 동등됨을 취할 것으로 여기지 아니하시고 오히려 자기를 비워 종의 형체를 가지사 사람들과 같이 되셨고 사람의 모양으로 나타나사 자기를 낮추시고 죽기까지 복종하셨으니 곧 십자가에 죽으심이라 이러므로 하나님이 그를 지극히 높여 모든 이름 위에 뛰어난 이름을 주사 하늘에 있는 자들과 땅에 있는 자들과 땅 아래에 있는 자들로 모든 무릎을 예수의 이름에 꿇게 하시고 모든 입으로 예수 그리스도를 주라 시인하여 하나님 아버지께 영광을 돌리게 하셨느니라

겸손에 적정선은 없습니다

잠언은 "진실로 그는 거만한 자를 비웃으시며 겸손한 자에게 은혜를 베푸시나니"(잠 3:34)라고 말합니다. 하나님께서는 거만한 자를 미워하십니다. 왜냐하면 인간이 죄 가운데 빠졌던 이유가 자신이 하나님처럼 될 수 있다는 거만한 마음에서 시작했기 때문입니다. 그렇기에 하나님께서는 지금도 거만한 자를 낮추시고 겸손한 자를 높이십니다.

그렇다면 도대체 얼마나, 언제까지 겸손하게 낮아져야 할까요? 많은 사람들이 겸손하게 살아야 한다는 것을 삶의 미덕으로 인정합니다. 그러나 그것을 인정하는 대다수의 사람들도 그 겸손에 한계가 있다고 생각합니다. 지렁이도 밟으면 꿈틀한다는 것을 보여줘야 무시를 당하지 않는다는 것입니다.

이런 생각은 오늘날 우리나 바울이 편지를 쓰고 있는 빌립보교회나 크게 다르지 않았던 것 같습니다. 그들도 겸손은 해야 하지만 적정한 선이 있다고 생각했던 것입니다. 그런 그들에게 바울이 하는 말씀입니다.

"너희 안에 이 마음을 품으라 곧 그리스도 예수의 마음이니 그는 근본 하나님의 본체시나 하나님과 동등됨을 취할 것으로 여기지 아니하시고 오히려 자기를 비워 종의 형체를 가지사 사람들과 같이 되셨고 사람의 모양으로 나타나사 자기를 낮추시고 죽기까지 복종하셨으니 곧 십자가에 죽으심이라"(빌 2:5-8).

바울의 이 말이 무엇을 의미할까요? 겸손에 적정선이라는 것은 없다는 것입니다. 예수님께서는 하나님이시면서도 자기를 비워 사람들과 같이 되셨습니다. 그만하면 누구도 흠잡을 수 없는 겸손 아닙니까? 그런데 거기서 멈추지 않으시고 사람의 손에 의해서 자라셨으며 사람들에게 핍박을 받으셨고 결국에는 십자가에서 죽으시기까지 겸손하셨습니다.

예수님의 겸손에는 적정선이라는 것이 없었습니다. 죽기까지 자기를 낮추신 것입니다. 그런 겸손이 있었기에 열방 가운데 복음이 선포되고 사람들이 주께 돌아와 하나님께 영광을 돌리는 일이 가능했습니다.

주님의 마음을 품어야 합니다. 나의 마음으로 낮아지는 것이 아니라 주님의 마음을 품고 주님의 낮아지심을 생각하며 낮아질 때 그곳에서 죄인이 주께로 돌아오는 일이 일어나고 하나님께 영광을 돌릴 수 있는 일들이 일어남을 기억하고, 주님의 마음으로 죽기까지 낮아질 수 있는 겸손의 사람들이 되기를 간절히 축복합니다.

나눔 1 나의 힘으로 겸손하여지려고 노력했으나 실패했던 경험이 있습니까?

나눔 2 예수님의 십자가를 생각할 때 나는 어디까지 낮아질 수 있습니까?

예수님을 바라보는 우리 가정 기도 :

오늘성경통독 골로새서 1장☐ 2장☐ 3장☐ 4장☐
오늘가정예배 찬송 321장 날 대속하신 예수께

Date / /

말씀 골로새서 3:15-17 그리스도의 평강이 너희 마음을 주장하게 하라 너희는 평강을 위하여 한 몸으로 부르심을 받았나니 너희는 또한 감사하는 자가 되라 그리스도의 말씀이 너희 속에 풍성히 거하여 모든 지혜로 피차 가르치며 권면하고 시와 찬송과 신령한 노래를 부르며 감사하는 마음으로 하나님을 찬양하고 또 무엇을 하든지 말에나 일에나 다 주 예수의 이름으로 하고 그를 힘입어 하나님 아버지께 감사하라

사랑받은 자답게 사랑을 베푸세요

사도 바울은 우리를 향하여 하나님이 택하사 거룩하고 사랑받는 자처럼 긍휼과 자비와 겸손과 온유와 오래 참음을 옷 입으라고 말합니다(골 3:12). 여기에서 '사랑받는 자처럼'이라는 말은 '사랑받는 자답게'라는 의미입니다. 하나님의 크신 사랑을 받았으면, 사랑을 받은 자답게 사랑을 베푸는 것이 합당하다는 것입니다. 우리가 정말 하나님의 사랑을 받는 하나님의 자녀임을 믿는다면, 우리도 사랑을 베풀어야 합니다. 서로 용납하여 피차 용서하되 주님께서 우리를 용서하신 것처럼 우리도 용서해야 합니다(골 3:13).

그런데 그것이 쉽지 않습니다. 내가 주님의 한없는 은혜와 사랑을 받은 주님의 자녀라는 것은 믿습니다. 그런데 무한한 사랑을 받은 자답게 무한한 사랑을 베풀지는 못합니다. 내가 주님의 한량없는 용서를 받은 자라는 것은 믿습니다. 그러나 나에게 잘못한 사람을 용서하는 것은 너무나 어려운 일이라고 여깁니다.

맞습니다. 우리는 주님과 같은 존재가 아닙니다. 우리는 연약한 존재이고, 죄의 본성을 가지고 있는 사람입니다. 그러니 주님처럼 사랑하고, 주님처럼 용서한다는 것은 애초에 우리에게 불가능한 일입니다. 그래서 주님께서 우리 가운데 오신 것입니다. 주님처럼 사랑할 수 없는 우리가 사랑하며 살게 하시기 위해서 모든 사람을 사랑하시는 주님께서 내 안에 오신 것입니다.

주님처럼 용서할 수 없는 우리가 우리에게 죄지은 자를 용서하며 살 수 있도록 하시기 위해서, 모든 사람의 죄를 용서하신 주님께서 우리 안에 거하고 계시는 것입니다. 그러니 우리가 해야 할 일은 "용서하게 하소서, 사랑하게 하소서"라고 구하는 것이 아닙니다. 그저 주님께서 내 마음을 주장하시기를 구하면 되는 것입니다. 주님의 마음을 구하고 주님께서 주시는 마음에 순종하는 것, 그것이 우리의 삶을 사랑받는 주의 자녀답게 변화시키는 것입니다.

사도 바울은 말합니다. "그리스도의 평강이 너희 마음을 주장하게 하라 너희는 평강을 위하여 한 몸으로 부르심을 받았나니 너희는 또한 감사하는 자가 되라"(골 3:15). 그리스도의 평강이 우리의 마음을 주장하실 수 있도록, 우리 마음의 주도권을 주님께 내어드리는 우리 모두가 되기를 소원합니다. 우리를 위하여 자기 자신을 버리시고 우리 안에 오신 주님께 감사하는 마음으로, 주님께서 나를 통하여 자신을 드러내실 수 있도록 주님을 우리 삶의 왕좌에 모시고 살아가는, 사랑받는 주의 자녀다운 우리 가정이 되기를 간절히 축복합니다.

나눔 1 아직 용서하지 못한 사람이 있습니까?

나눔 2 오늘 예수님께서 내 마음을 주장하시도록 넘겨드렸던 일이 있습니까?

예수님을 바라보는 우리 가정 기도 :

오늘성경통독 데살로니가전서 1장☐ 2장☐ 3장☐ 4장☐ 5장☐
데살로니가후서 1장☐ 2장☐ 3장☐

오늘가정예배 찬송 338장 내 주를 가까이 하게 함은 Date / /

말씀 데살로니가전서 5:4-10 형제들아 너희는 어둠에 있지 아니하매 그 날이 도둑 같이 너희에게 임하지 못하리니 너희는 다 빛의 아들이요 낮의 아들이라 우리가 밤이나 어둠에 속하지 아니하나니 그러므로 우리는 다른 이들과 같이 자지 말고 오직 깨어 정신을 차릴지라 자는 자들은 밤에 자고 취하는 자들은 밤에 취하되 우리는 낮에 속하였으니 정신을 차리고 믿음과 사랑의 호심경을 붙이고 구원의 소망의 투구를 쓰자 하나님이 우리를 세우심은 노하심에 이르게 하심이 아니요 오직 우리 주 예수 그리스도로 말미암아 구원을 받게 하심이라 예수께서 우리를 위하여 죽으사 우리로 하여금 깨어 있든지 자든지 자기와 함께 살게 하려 하셨느니라

주님의 빛 가운데 삽시다

"낮"이라는 말은 "해가 뜰 때부터 질 때까지의 동안"이라는 의미를 가지고 있고, "밤"이라는 말은 "해가 져서 어두워진 때부터 다음 날 해가 떠서 밝아지기 전까지의 동안"이라는 의미를 가지고 있습니다. 그러니 낮과 밤을 나누는 기준은 빛이 있느냐 없느냐입니다. 해가 떠서 세상에 빛이 비취면 낮이고, 해가 져서 세상에 빛이 비취지 못하면 밤입니다.

우리 주님께서는 "나는 세상의 빛이니 나를 따르는 자는 어둠에 다니지 아니하고 생명의 빛을 얻으리라"고 말씀하셨습니다(요 8:12). 우리 주님은 우리에게 생명을 주시는 빛이십니다. 그 빛이신 주님께서 우리 안에 오셔서 거하고 계신다는 것은 우리에게는 밤이 없고 항상 낮이라는 말과 같습니다. 그래서 사도 바울은 "너희는 다 빛의 아들이요 낮의 아들이라 우리가 밤이나 어둠에 속하지 아니하나니"라고 말하고 있는 것입니다(살전 5:5).

우리가 이 사실을 기억하고 살아야 합니다. 주님께서 오셔서 거하고 계시는 성도에게는 밤이 없습니다. 밤이 없다는 것은 그 무엇도 숨길 수 없다는 것입니다. 주님께서 내 안에 계시니 우리는 항상 주님 앞에서 사는 것입니다. 우리가 이 사실을 기억하고 산다면 주님께서 언제 다시 오신다고 해도 문제 될 것이 무엇이겠습니까? 그래서 "그 날이 도둑 같이 너희에게 임하지 못하리니"라고 말하고 있는 것입니다(살전 5:4).

주님께서 우리 안에 거하고 계시는 이유는 "예수께서 우리를 위하여 죽으사 우리로 하여금 깨어 있든지 자든지 자기와 함께 살게 하려 하셨느니라"(살전 5:10)입니다. 즉 주님께서 우리를 위하여 죽으시고, 우리 안에 오셔서 거하고 계시는 이유는 우리가 주님과 함께 살게 하시기 위함입니다. 빛이신 주님을 우리 안에 모시고, 항상 그분과 함께 사는 것, 항상 낮처럼 부끄럽지 않게 살아가는 것이 주님께서 십자가에 달리실 때 우리에게 바라시고 원하셨던 일인 것입니다.

그렇게 살아야 합니다. 그러면 주님께서 언제 다시 오시던 우리에게는 두려운 것이 없습니다. 이미 주님과 동행하며 살았으니 주님께서 다시 오신다고 해도 문제 될 것이 없는 것입니다. 주님과 동행하며 살아가는 낮의 아들들에게는 주의 날이 도둑 같이 오지 못할 것입니다. 주님 앞에서 사십시오. 주의 빛 가운데서 사는 낮의 아들이 되어서 주님께서 언제 다시 오시든지 기쁨으로 그분을 영접할 수 있는 우리 모두가 되기를 간절히 축복합니다.

나눔 1 오늘 주님께서 다시 오신다면 나는 어떤 마음으로 주님을 맞이할까요?

나눔 2 주님께서 내 안에 계심을 알면서도 낮의 아들답게 살지 못했던 일이 있습니까?

예수님을 바라보는 우리 가정 기도 :

오늘성경통독 디모데전서 1장☐ 2장☐ 3장☐ 4장☐ 5장☐ 6장☐
오늘가정예배 찬송 524장 갈 길을 밝히 보이시니
Date / /

말씀 디모데전서 1:12-13 나를 능하게 하신 그리스도 예수 우리 주께 내가 감사함은 나를 충성되이 여겨 내게 직분을 맡기심이니 내가 전에는 비방자요 박해자요 폭행자였으나 도리어 긍휼을 입은 것은 내가 믿지 아니할 때에 알지 못하고 행하였음이라

우리가 할 일은 순종입니다

많은 사람들이 교회에 다니면 직분이 자연스럽게 주어지는 것으로 생각합니다. 어떤 사람은 직분을 교회에 다닌 연수에 따라서 주는 것으로 생각하기도 하고, 또 어떤 사람은 직분을 목사나 장로가 주는 것으로 생각하기도 합니다.

그러나 우리가 분명하게 기억해야 할 것은 우리가 받은 직분은 연차에 따라서 받은 것도 아니고, 사람이 준 것도 아니라는 사실입니다. 우리가 받은 직분은 오직 우리 주 예수 그리스도께서 우리에게 맡기신 것입니다. 주님께서 바라보시기에 우리가 어떤 일을 감당할 만한 사람이 되었다고 여기셨기에 그 일에 우리를 사용하시려고 부르신 것이 직분이라는 것입니다.

집사는 헬라어로 '디아코노스'라는 단어로 표기되는데, 이 단어는 "먼지 속에서 일하는 사람"을 의미하는 말입니다. 그러니 주님께서 우리를 집사로 세우셨다면 주님께서 우리를 궂은일도 능히 감당할 만한 사람이라고 여기고 그 직분을 우리에게 맡기신 것입니다.

권사는 성경에는 기록되어 있지 않지만, 교회의 전통에서 성도들을 영적으로 인도할 수 있는 영적인 교사로 여겨져 왔습니다. 그러니 주님께서 우리에게 권사의 직분을 맡기신다는 것은 우리가 성도들을 영적으로 가르칠 수 있을 만한 준비가 되었다고 여기셨다는 것을 의미하는 것입니다.

속장, 지역장, 교사, 목사 등의 모든 직분이 마찬가지입니다. 나는 부족한 것 같고, 나는 감당하지 못할 것 같고, 나는 아직 때가 되지 않았다고 생각할지라도 주님께서 그 직분에 우리를 부르시고 세우셨다면, 주님께서 우리를 그 일을 감당할 수 있는 일꾼으로 인정하셨다는 것을 의미하는 것입니다. 그러니 우리가 직분으로 부르심을 받을 때 해야 하는 일은, 내가 이 일을 감당할 수 있을지 없을지를 고민하는 것이 아닙니다. 우리가 해야 할 일은 주님의 부르심에 순종하는 일뿐입니다.

주님께서 할 수 있다고 판단하시고 우리를 부르셨는데, 우리가 그 문제를 다시 점검할 이유가 없지 않겠습니까? 그래서 사도 바울은 "맡은 자들에게 구할 것은 충성이니라"고 말합니다(고전 4:2). 자기의 힘과 능력을 생각하지 말고, 오직 충성만 하면, 주님께서 맡기신 일들을 능히 감당할 수 있을 것이라는 말입니다.

우리에게는 어떤 직분이 맡겨졌습니까? 주님이 부르셨는데 안 된다고, 못한다고, 어렵다고 순종하지 못했던 적은 없습니까? 충성하십시오. 나보다 나를 더 잘 아시는 주님의 부르심에 순종하고 충성하면 주님께서 이루실 것입니다.

나눔 1 나에게 주신 직분 중에서 가장 어려운 직분은 무엇이고 어떤 점에서 어렵습니까?(가정과 사회의 직분 포함)

나눔 2 주님의 부르심에 순종했을 때, 주님께서 열매 맺게 하시는 것을 경험한 일이 있습니까?

예수님을 바라보는 우리 가정 기도 :

오늘성경통독 디모데후서 1장 □ 2장 □ 3장 □ 4장 □ / 디도서 1장 □ 2장 □ 3장 □
오늘가정예배 찬송 516장 옳은 길 따르라 의의 길을
Date / /

말씀 디모데후서 2:20-21 큰 집에는 금 그릇과 은 그릇뿐 아니라 나무 그릇과 질그릇도 있어 귀하게 쓰는 것도 있고 천하게 쓰는 것도 있나니 그러므로 누구든지 이런 것에서 자기를 깨끗하게 하면 귀히 쓰는 그릇이 되어 거룩하고 주인의 쓰심에 합당하며 모든 선한 일에 준비함이 되리라

귀한 그릇이 되세요

하나님의 백성들은 이 땅 가운데서 하나님의 소원을 이루는 데 쓰임 받는 사람들입니다. 바울은 "너희 안에서 행하시는 이는 하나님이시니 자기의 기쁘신 뜻을 위하여 너희에게 소원을 두고 행하게 하시나니"(빌 2:13)라고 말하면서 하나님께서 자기의 소원을 성도들의 마음 가운데 두시고, 성도들을 통하여 자기의 소원을 이루신다고 말하고 있습니다. 그러니 모든 성도는 전부 하나님의 소원을 이루는 데 쓰임 받는 주의 종들이요, 주님께서 역사하시는 도구들입니다.

오늘 말씀을 보면 사도 바울은 "큰 집에는 금 그릇과 은 그릇뿐 아니라 나무 그릇과 질그릇도 있어 귀하게 쓰는 것도 있고 천하게 쓰는 것도 있나니"라고 말합니다. 주님의 나라에는 여러 종류의 그릇들, 도구들이 있다는 것입니다. 금 그릇과 같이 귀하게 쓰임 받는 그릇도 있고, 질그릇과 같이 험하게 쓰이는 그릇들도 있습니다. 모두가 주인에게 쓰임을 받지만, 그 쓰임새가 모두 같은 것은 아닙니다.

어떤 분들은 이 말씀을 "금 그릇은 금 그릇대로, 질그릇은 질그릇대로 자기를 깨끗하게 관리해서 주인에게 쓰임 받아야 한다"라고 말하기도 합니다. 그러나 그것은 이 본문이 말하고자 하는 바가 아닙니다. 사도 바울이 이 말을 하고 있는 요지는 주인에게 쓰임을 받는 그릇들 중에서 귀하게 쓰이는 것도 있고 천하게 쓰이는 것도 있는데 우리는 귀하게 쓰이는 그릇이 되어야 한다는 것입니다(딤후 2:21). 다시 말하면 질그릇에 머물러있지 말고, 자기를 깨끗하게 준비해서 귀하게 쓰임 받는 금 그릇이 되어야 한다는 것입니다. 그러면 우리가 어떻게 금 그릇과 같이 귀하게 쓰임 받는 존재가 될 수 있습니까?

우리가 주님 앞에 귀하게 쓰임 받는 인생이 되기를 원한다면 우리는 먼저 정욕을 따라 사는 것을 피해야 하고 주변에 믿음의 동료들을 세워야 하고, 그들과 함께 말씀을 따라서 살아야 하는 것입니다(딤후 2:22). 옳고 그름을 따지고 자기의 잘남을 드러내려고 하지 말고, 온유한 마음으로 서로를 가르치고 권면해야 합니다(딤후 2:23-25).

이것이 바로 디모데후서 2장 21절에서 말하는 '이런 것'입니다. 우리는 이런 것에서 자기를 깨끗하게 하고 있습니까? 정욕을 위하는 마음이 우리 가운데서 사라졌습니까? 내 주변은 믿음의 동료들로 채워져 있습니까? 우리의 삶은 세상의 방식을 따르지 않고 의와 믿음과 사랑과 화평을 따르는 삶입니까?

이런 것에서 자기를 깨끗하게 하십시오. 적당히 사용하다가 깨지면 버려지는 질그릇이 되지 말고, 깨져도, 구부러져도 고치고 닦아서 다시 쓰이는 귀한 금 그릇이 되어서 끝까지 주님의 손안에서 주의 나라를 이 땅 가운데 이루는 귀한 사역에 쓰임 받는 우리 모두가 되기를 간절히 축복합니다.

나눔 1 지금의 나는 질그릇, 나무 그릇, 은 그릇, 금 그릇 중에서 어떤 그릇이 되어 있는 것 같습니까?
나눔 2 금 그릇 같이 쓰임 받기 위하여 깨끗하게 정리해야 할 것은 무엇입니까?
예수님을 바라보는 우리 가정 기도 :

말씀 히브리서 4:14-16 그러므로 우리에게 큰 대제사장이 계시니 승천하신 이 곧 하나님의 아들 예수시라 우리가 믿는 도리를 굳게 잡을지어다 우리에게 있는 대제사장은 우리의 연약함을 동정하지 못하실 이가 아니요 모든 일에 우리와 똑같이 시험을 받으신 이로되 죄는 없으시니라 그러므로 우리는 긍휼하심을 받고 때를 따라 돕는 은혜를 얻기 위하여 은혜의 보좌 앞에 담대히 나아갈 것이니라

은혜의 보좌 앞에 담대히 나아가는 것

복음의 놀라운 능력 중 하나는 자신의 죄인 됨을 깨닫게 한다는 것입니다. 오늘 말씀 바로 전에 기록된 말씀은 이렇게 말합니다. "하나님의 말씀은 살아 있고 활력이 있어 좌우에 날선 어떤 검보다도 예리하여 혼과 영과 및 관절과 골수를 찔러 쪼개기까지 하며 또 마음의 생각과 뜻을 판단하나니 지으신 것이 하나도 그 앞에 나타나지 않음이 없고 우리의 결산을 받으실 이의 눈앞에 만물이 벌거벗은 것 같이 드러나느니라"(히 4:12-13).

하나님의 말씀, 복음 앞에 서면, 모든 죄가 벌거벗은 것 같이 드러납니다. 자신이 죄인이라는 사실을 인정하지 않는 사람은 진정한 의미에서 복음 앞에 선 사람이 아닙니다. 하나님의 말씀은 어떤 검보다도 예리해서 사람의 생각을 쪼개 자신의 죄인 됨을 벌거벗은 것 같이 드러나게 합니다. 문제는 자신의 죄인 됨을 깨닫고 나서입니다.

사도행전 2장에서 베드로의 설교를 듣고 마음에 찔림을 받은 사람들이 가장 먼저 했던 말이 무엇입니까? "우리가 어찌할꼬"입니다(행 2:37). 자신의 죄인 됨을 깨닫고 나면, 그 죄를 해결해야 한다는 것은 아는데 방법이 없는 것입니다. 사람이 자기 죄를 해결할 수 있는 방법이라는 것은 죽음밖에는 존재하지 않기 때문입니다.

그래서 예수님께서 우리를 대신하여 죽으신 것입니다. 자기의 죄인 됨을 깨달은 사람들이 "우리가 어찌할꼬"라고 괴로워할 때, 죄를 해결하고 하나님과 화평한 관계를 회복할 수 있도록 주님께서 미리 우리의 죗값을 치러주신 것입니다. 그러니 우리가 자신에게서 어떠한 죄를 발견했든 답은 하나입니다. 내 죄를 해결해 주신 예수님께로 나아가는 것입니다. 반복적인 죄든, 타인에게는 말 못 할 만큼 흉악하고 부끄러운 죄든, 아무리 애를 써도 벗어나지 못하는 죄든 모든 죄의 해결 방법은 오직 예수 그리스도께 있는 것입니다.

"때를 따라 돕는 은혜를 얻기 위하여 은혜의 보좌 앞에 담대히 나아가는 것" 그것이 우리에게 있는 모든 죄를 해결할 수 있는 유일한 길이라는 사실을 기억하시기 바랍니다. 자신에게서 죄 된 모습을 발견하게 될 때 지체하지 말고 주님께로 나아가십시오. 주님만이 우리를 죄에서 구원하시는 분이시라는 사실을 기억하고 늘 은혜의 보좌 앞에 나아가 주님 앞에 우리의 죄를 쏟아놓고 정결함을 얻는 우리 가정이 되기를 간절히 소원합니다.

나눔 1 말씀을 보면서 깨닫게 되었던 자신의 죄가 있습니까?

나눔 2 나의 힘으로는 도저히 끊어지지 않는 죄를 주님의 보좌 앞에 내려놓는 시간을 가져보세요.

예수님을 바라보는 우리 가정 기도 :

말씀 히브리서 10:22-25 우리가 마음에 뿌림을 받아 악한 양심으로부터 벗어나고 몸은 맑은 물로 씻음을 받았으니 참 마음과 온전한 믿음으로 하나님께 나아가자 또 약속하신 이는 미쁘시니 우리가 믿는 도리의 소망을 움직이지 말며 굳게 잡고 서로 돌아보아 사랑과 선행을 격려하며 모이기를 폐하는 어떤 사람들의 습관과 같이 하지 말고 오직 권하여 그 날이 가까움을 볼수록 더욱 그리하자

하나님께 나아가고자 하는 마음

신앙생활은 나와 주님 그리고 공동체로 연결되어 집니다. 예수님을 영접하고 그분을 인격적으로 만나는 것은 전적으로 나와 예수님 사이에서 일어나는 일입니다. 예수님을 믿는 것도, 그분을 나의 구주로 영접하는 것도 모두 내 안에서 일어나는 일입니다. 주님께서는 우리 마음 가운데 역사하셔서 우리가 마음으로 주님을 영접하고 그분을 주님이라고 부를 수 있도록 우리를 이끄십니다.

그렇게 우리가 주님을 영접하고 나면, 주님께서는 우리를 혼자 두지 않으시고 공동체로 이끄십니다. 왜냐하면 주님을 영접하는 그 순간부터 우리는 세상에 속한 자가 아니라 하나님께 속한 자가 되기 때문입니다. 주님께서 말씀하십니다. "너희가 세상에 속하였으면 세상이 자기의 것을 사랑할 것이나 너희는 세상에 속한 자가 아니요 도리어 내가 너희를 세상에서 택하였기 때문에 세상이 너희를 미워하느니라"(요 15:19).

예수님을 영접하여 주님께 속한 사람이 되면, 세상에서 미움을 받습니다. 더 이상 세상과 어울릴 수가 없습니다. 자기와 속성이 전혀 다른 세상에서 벗어나고 싶은 생각이 듭니다. 거룩하고 정결하게 되고 싶어집니다. 그렇기에 정말 예수님을 영접한 사람은 계속해서 하나님께로 나아가기를 사모하게 될 수밖에 없습니다. 그것을 오늘 말씀이 말합니다. "우리가 마음에 뿌림을 받아 악한 양심으로부터 벗어나고 몸은 맑은 물로 씻음을 받았으니 참 마음과 온전한 믿음으로 하나님께 나아가자"(히 10:22). 하나님께 나아가고자 하는 마음, 그것이 우리가 주님의 보혈로 씻음을 받고 거듭난 주님의 백성이라는 증거입니다.

죄 사함을 받지 못한 세상에 속한 사람들에게서는 절대로 일어날 수 없는 하나님께로 나아가고자 하는 마음, 그 마음이 우리 가운데서 일어나고 있다면, 그것은 곧 우리 안에 우리를 구원하신 주님께서 거하고 계신다는 증거인 것입니다. 그래서 사탄은 이 마음을 훼손시키려고 합니다. 하나님께로 나아가고자 하는 마음을 꺾어버리면, 그 사람 스스로가 죄 사함을 받은 주님의 백성이 맞는지에 대한 의문을 품게 되기 때문입니다. "내가 구원받은 주의 백성이라면, 왜 여전히 세상을 즐거워하는가?"라는 질문을 시작으로 주님께서 베푸신 구원에 대한 의심을 품고 주님에게서 멀어지기 시작하는 것입니다. 사탄은 그것을 노리고 우리 마음을 공격합니다. 주님께로 나아가지 못 하게 합니다. 세상이 즐거워 보이게 만듭니다.

그래서 우리에게 필요한 것이 오늘 읽은 말씀입니다. "모이기를 폐하는 어떤 사람들의 습관과 같이 하지 말고 오직 권하여 그날이 가까움을 볼수록 더욱 그리하자"(히 10:25). 모이기를 힘써야 합니다. 세상이 즐거워 보이면 보일수록, 모이는 것이 힘들고 어렵게 여겨지면 여겨질수록, 더 힘써 모여야 합니다. 그것이 우리 마음을 혼미하게 하는 사탄에게 승리하는 길이며 우리의 믿음을 지키는 길인 것입니다.

나눔 1 교회 예배나 신앙공동체의 모임에 가기 싫은 마음이 들었던 적이 있나요?

나눔 2 모이기를 폐하게 하려고 마귀가 나의 마음에 심어주는 세상 즐거움에는 무엇이 있나요?

예수님을 바라보는 우리 가정 기도 :

오늘성경통독 히브리서 11장 ☐ 12장 ☐ 13장 ☐

오늘가정예배 찬송 325장 예수가 함께 계시니

Date / /

말씀 히브리서 11:1-2, 6 믿음은 바라는 것들의 실상이요 보이지 않는 것들의 증거니 선진들이 이로써 증거를 얻었느니라 … 믿음이 없이는 하나님을 기쁘시게 하지 못하나니 하나님께 나아가는 자는 반드시 그가 계신 것과 또한 그가 자기를 찾는 자들에게 상 주시는 이심을 믿어야 할지니라

삶으로 드러내야 하는 믿음

믿음은 우리가 바라는 것들이 실상과 증거로 나타날 때 확인됩니다. 우리가 무엇을 믿는다고 하면서도 우리의 삶으로는 그 실상을 알 수 없고, 그가 믿는다는 것을 확인할 수 있는 길도 없다면 그의 믿음은 믿음이라고 할 수가 없는 것입니다. 운동선수가 자신을 지도하는 코치를 믿는다면 그가 지시하는 그대로 훈련할 것입니다. 쉬라고 하면 쉬고, 뛰라고 하면 뛸 것입니다. 코치를 믿는다고 하면서도 코치가 뛰라는데 쉬고, 쉬라는데 뛰는 선수가 있다면, 그 선수가 말로는 코치를 믿는다고 말할지라도, 주변에 그 어떤 사람도, 심지어는 그 코치도 그 사실을 인정하지 않을 것입니다.

우리의 믿음도 마찬가지입니다. 우리가 정말 주님을 믿는다면, 그 믿음에 합당한 실상과 증거가 우리의 삶을 통하여 드러나야 합니다. 그러면 우리가 삶으로 드러내야 하는 믿음이란 무엇일까요? 오늘 말씀은 이렇게 말합니다. "믿음이 없이는 하나님을 기쁘시게 하지 못하나니 하나님께 나아가는 자는 반드시 그가 계신 것과 또한 그가 자기를 찾는 자들에게 상 주시는 이심을 믿어야 할지니라"(히 11:6).

우리가 삶으로 드러내야 하는 믿음은 두 가지입니다. 첫째는 하나님께서 계신다는 것을 믿는 믿음이고, 둘째는 그 하나님께서 우리에게 상 주시는 분이심을 믿는 믿음입니다.

가인과 아벨의 이야기가 우리에게 말해주는 바가 무엇일까요? 가인은 나쁜 사람이고 아벨은 착한 사람이라는 이야기일까요? 아닙니다. 가인은 자신이 드리는 제사를 하나님께서 받지 않으심을 보고 분노했습니다. 여기에서 이미 잘못된 것입니다. 가인은 하나님께서 자기에게 상 주시는 분이심을 믿지 못했던 것입니다. 그가 정말 하나님을 믿는 믿음이 있는 사람이었다면, 하나님께서 그의 제사를 받지 않으심 또한 그에게 주시는 상이라고 여기고 그 이유를 여쭈어야 했습니다. 그러나 가인은 그렇게 하지 않았습니다. 그는 분노했고 질투했습니다. 결국 그는 자신의 믿음을 실상과 증거로 내보이지 못했고 자신의 믿음 없음만을 살인으로 증명했습니다.

우리는 삶으로 무엇을 드러내고 무엇을 증거하며 살고 있습니까? 우리의 믿음이 우리의 삶에 실상이 되고 있습니까? 내가 있는 어느 곳에나 하나님께서 계신다는 사실을 항상 기억하고 살고 있습니까? 아무리 나에게 좋지 않은 일들이 일어난다고 할지라도, 그 또한 좋으신 아버지께서 나를 위하여 베푸시는 상이라고 믿고 있습니까? 고난 가운데 감사, 슬픔 가운데 찬양이 우리의 마음 깊은 곳에서부터 고백 되고 있습니까?

실상과 증거로 드러나는 믿음을 소유하는 우리 모두가 되기를 원합니다. 어떤 상황과 환경 가운데서도 함께 하시며 상 주시는 하나님을 바라보고 기억하면서 그분을 믿는 믿음을 삶 가운데 드러내 보이며 살아가시는 믿음의 증인들이 되는 우리 가정이 되기를 간절히 축복합니다.

나눔 1 나의 믿음이 실상과 증거로 드러났던 일이 있습니까?

나눔 2 우리의 감독이자 코치가 되시는 주님께서는 우리의 믿음을 어떤 수준으로 인정해 주실까요?

예수님을 바라보는 우리 가정 기도 :

오늘성경통독 야고보서 1장 □ 2장 □ 3장 □ 4장 □ 5장 □
오늘가정예배 찬송 204장 주의 말씀 듣고서 Date / /

말씀 야고보서 1:19-21 내 사랑하는 형제들아 너희가 알지니 사람마다 듣기는 속히 하고 말하기는 더디 하며 성내기도 더디 하라 사람이 성내는 것이 하나님의 의를 이루지 못함이라 그러므로 모든 더러운 것과 넘치는 악을 내버리고 너희 영혼을 능히 구원할 바 마음에 심어진 말씀을 온유함으로 받으라

넘어서지 못하는 작은 문제들

우리의 삶을 바꾸는 열쇠가 있다면 그것은 바로 주님의 말씀입니다. 하나님의 말씀인 복음은 우리를 죄인에서 거룩한 하나님의 백성으로, 죄의 종에서 하나님의 자녀로 완전히 변화되게 하는 놀라운 열쇠입니다. 말씀이 우리의 존재 자체를 변화시킬 수 있다면, 우리 삶의 소소한 문제들을 변화시키지 못할 리가 없습니다.

그런데 실제로는 어떻습니까? 많은 그리스도인이 예수님을 믿으므로 하나님의 자녀가 되었다고 고백은 하면서도 자기 삶의 작은 문제들은 넘어서지를 못합니다. 남편과 아내 사이에 오고 가는 말 한마디를 곱게 하는 것, 자녀를 대할 때 나의 감정과 생각 대신 자녀의 입장에서 공감하고 사랑으로 말해주는 것, 직장생활에 있어서 그리스도인의 모습을 드러내며 주님의 향기를 풍기며 사는 것 등 많은 사람들이 계속해서 기도의 제목으로 삼고 애쓰고 노력하면서도 넘어서지 못하는 문제들이 우리 주변에 널려 있습니다. 그러면서 말합니다. "주님! 응답해 주소서! 주님! 역사해 주소서!"

그런데 여러분, 주님이 응답하지 않으신 겁니까? 아니면 우리가 주님께 응답하지 않은 겁니까? 사실은 우리 모두 알고 있듯이 주님께서 응답하지 않으신 것이 아니고, 우리가 주님께 응답하지 않은 것입니다. 그렇기에 죄와 사망에서 우리를 건지신 그 대단하신 주님께서, 우리 삶의 소소한 문제들도 고치지 못하시는 연약한 모습으로 우리 가운데 계시는 것입니다.

우리 주님께서는 우리의 모든 문제를 다루시고 변화시키기를 원하십니다. 주님의 사역은 우리를 구원하는 것에서 끝나는 것이 아니라, 구원받은 주님의 성도들이 거룩하고 정결한 삶을 살게 하는 것까지 이어집니다. 주님은 지금도 우리 가운데서 그 일을 이루기 위하여 애쓰고 계십니다.

주님께서 우리를 변화시키시기 위하여 사용하시는 방법은 주님의 말씀을 들려주시는 것입니다. 기록된 말씀과 우리 마음속의 성령님의 음성을 통하여 끊임없이 주님의 말씀을 우리에게 들려주십니다. 우리가 그 음성을 듣고 응답하면 우리 삶이 변화됩니다. 그러나 듣지를 않거나, 듣고도 응답하지 않으면 우리 삶은 아무런 변화도 없이 계속해서 문제를 동반하며 사는 인생이 될 수밖에 없습니다.

오늘 말씀에서 야고보 사도는 형제들에게 말합니다. "사람마다 듣기는 속히 하고 말하기는 더디 하며 성내기도 더디 하라"(약 1:19). 무엇을 들으라는 것입니까? 주님의 말씀, 성령님의 말씀을 들으라는 것입니다. 말하기 전에, 성을 내기 전에 반드시 주님의 음성을 먼저 듣고 행동하라는 것입니다. 그러면 하나님의 의를 이루는 인생이 될 것이라는 말입니다(약 1:20). 주님의 음성을 들으십시오. 그리고 순종하십시오. 이 단순한 원칙이 여러분의 삶을 새롭게 변화시켜 줄 것입니다.

나눔 1 오늘 말씀을 통하여 나에게 말씀하시는 주님의 음성은 무엇인가요?

나눔 2 내 삶 가운데 꼭 넘어서고 싶은 소소한 문제들은 무엇이 있나요?

예수님을 바라보는 우리 가정 기도 :

오늘성경통독 베드로전서 1장☐ 2장☐ 3장☐ 4장☐ 5장☐
오늘가정예배 찬송 288장 예수를 나의 구주 삼고
Date / /

말씀 베드로전서 1:13-16 그러므로 너희 마음의 허리를 동이고 근신하여 예수 그리스도께서 나타나실 때에 너희에게 가져다 주실 은혜를 온전히 바랄지어다 너희가 순종하는 자식처럼 전에 알지 못할 때에 따르던 너희 사욕을 본받지 말고 오직 너희를 부르신 거룩한 이처럼 너희도 모든 행실에 거룩한 자가 되라 기록되었으되 내가 거룩하니 너희도 거룩할지어다 하셨느니라

우리는 나그네라는 것을 잊지맙시다

예수님을 믿고 거듭난 주님의 자녀들에게 있어서 이 세상은 지나가는 여행지일 뿐입니다. 그래서 성경은 이 땅을 사는 그리스도인들을 향하여 '나그네'라는 표현을 사용합니다(벧전 1:17). 왜냐하면 우리에게는 영원히 살게 될 하나님나라가 있기 때문입니다. 베드로 사도는 우리가 살게 될 하나님나라를 "썩지 않고 더럽지 않고 쇠하지 아니하는 유업을 잇게 하시나니 곧 너희를 위하여 하늘에 간직하신 것이라"(벧전 1:4)라고 말합니다. 썩지 않고 더럽지 않고 쇠하지 않는 하나님나라를 이어나갈 사람들이 바로 우리 그리스도인이라는 것입니다.

이것이 정말 사실이고, 우리가 이 사실을 정말 믿는다면, 우리 삶의 방향은 완전히 달라질 수밖에 없습니다. 더 이상 이 땅의 것에 미련을 두지 않게 됩니다. 썩지 않고 쇠하지 않는 나라가 자기의 손에 있는데, 그것을 버리고 썩어 없어지고 쇠하게 될 이 땅에 소망을 두는 미련한 사람이 어디 있겠습니까? 그래서 주님께서는 하나님나라에 대한 확실한 소망이 있는 사람이 어떤 삶을 살게 되는지에 대해서 마태복음에서 이렇게 말씀하십니다. "천국은 마치 밭에 감추인 보화와 같으니 사람이 이를 발견한 후 숨겨 두고 기뻐하며 돌아가서 자기의 소유를 다 팔아 그 밭을 사느니라"(마 13:44).

그렇다면 자기 소유를 다 팔아서 그 밭을 산다는 말씀의 의미는 무엇일까요? 이전에 살던 삶의 방식들을 다 버려야 한다는 것입니다. 썩어질 것들에 미련을 두고, 거기에 집착하며 살던 삶의 방식을 버리고 자유로워져야 한다는 것입니다. 그러면 어떻게 사는 것이 자유롭게 사는 것일까요?

첫째는 "너희가 순종하는 자식처럼"입니다. 순종하는 자식은 부모가 무엇을 주든지 그것을 감사함으로 받습니다. 불평 불만하거나 염려하지 않습니다. 왜냐하면 부모를 신뢰하기 때문입니다. 우리는 어떻습니까? 하나님께서 주시면 주시는 대로, 불평하거나 염려하지 않고 감사함으로 받고 있습니까?

둘째는 "전에 알지 못할 때 따르던 너희 사욕을 본받지 말고"입니다. 자기 욕심을 채우기 위하여 살지 말라는 것입니다. 더 좋은 곳에 살고, 더 좋은 것을 입고, 더 좋은 것을 먹기 위하여 살지 말라는 것입니다. 이 땅을 사는 동안 주어진 것들에 감사하며, 나에게 주어진 것들을 "그리스도께서 나타나실 때에 가져다주실 은혜를 사모하며" 사용하라는 것입니다(벧전 1:13).

여러분의 삶은 무엇을 사모하는 삶입니까? 더 잘 살고, 먹고, 입는 것을 사모하며 사욕을 채우기 위해서 살고 있다면, 주님께서 나타나실 때 내가 주님으로부터 무엇을 받을 수 있을지 생각해보시기 바랍니다.

나눔 1 나의 삶을 돌아볼 때, 주님께서 다시 오실 때 나에게 어떤 상급을 주실 것 같습니까?

나눔 2 나는 무엇을 사모하는 삶을 살고 있습니까?

예수님을 바라보는 우리 가정 기도 :

오늘성경통독 베드로후서 1장 □ 2장 □ 3장 □
오늘가정예배 찬송 179장 주 예수의 강림이 Date / /

말씀 베드로후서 3:11-13 이 모든 것이 이렇게 풀어지리니 너희가 어떠한 사람이 되어야 마땅하냐 거룩한 행실과 경건함으로 하나님의 날이 임하기를 바라보고 간절히 사모하라 그 날에 하늘이 불에 타서 풀어지고 물질이 뜨거운 불에 녹아지려니와 우리는 그의 약속대로 의가 있는 곳인 새 하늘과 새 땅을 바라보도다

그 날은 멀지 않았습니다

베드로 사도는 말세에 일어날 일 중에 한가지로 주님의 강림을 부인하는 자들이 일어날 것이라고 말합니다(벧후 3:3-4). 그러면서 그들이 그렇게 주님의 강림을 부인하는 이유가 "이 세계가 하나님의 말씀으로 이루어졌다는 사실을 일부러 잊으려 함이로다"라고 말합니다(벧후 3:5).

이 말씀이 오늘날 그대로 일어나고 있습니다. 세상은 갈수록 악해져서 하나님을 부인하는 일에 광적으로 집착하고 있습니다. 말도 되지 않는 진화론에 집착해서 가짜 이론들을 만들어내고 그것들을 신앙합니다. 하나님이 존재하지 않는다는 사실을 세상에 존재하는 악의 문제로 증명하려고 발악합니다.

그러나 우리는 기억해야 합니다. 그들이 그렇게 하나님을 부인하려고 애쓰는 이유는 이 세계가 하나님의 말씀대로 이루어졌다는 사실을 일부러 잊으려고 하는 것입니다. 왜냐하면 이 세계가 하나님의 말씀대로 이루어졌다는 것을 인정하는 순간, 그들에게 다가올 심판의 날 또한 반드시 인정해야 하기 때문입니다.

심판은 분명히 있습니다. 사람들이 하나님을 믿던, 믿지 않던, 심판의 날은 분명히 오게 되어 있습니다. 주님께서 지금까지 이 땅에 강림하지 않고 계시는 것은 한 사람이라도 더 구원하기를 원하시기 때문입니다. 그런데 우리가 이 대목에서 주목해야 할 것이 있습니다. 그것은 주님께서 더디 오시는 이유가 "오직 주께서는 너희를 대하여 오래 참으사 아무도 멸망하지 아니하고 다 회개하기에 이르기를 원하시느니라"라고 기록되어 있기 때문입니다(벧후 3:9).

'그들'이 아니라 '너희'입니다. 믿는 우리 때문에 주님께서 다시 오시고 싶으신 마음을 꾹 참고 계신다는 것입니다. 왜일까요? 예수님을 믿는다고 하면서도 믿음 없이 사는 성도들이 많고, 예수님께서 나의 죄 때문에 십자가에 못 박혀 죽으셨다고 고백하면서도, 여전히 그 죄를 버리지 못하고, 회개하지 못하고 사는 성도들이 많기 때문입니다.

주님께서 강림하시면 모든 사람들이 주님 앞에 서게 될 것입니다. 그분 앞에서 살아왔던 모든 시간들이 적나라하게 드러날 것입니다. 그렇다면 우리가 어떠한 사람이 되어야 하겠습니까? 거룩한 행실과 경건함으로 주님께서 강림하시는 그날을 준비하면서 새 하늘과 새 땅을 바라보면서 사는 인생이 되어야 하지 않겠습니까?

사랑하는 여러분, 그날은 머지않았습니다. 사람들이 하나님을 부인하고 있다는 그 자체가 곧 지금 이 시대가 말세의 시대라는 것의 증거입니다. 그러니 더욱 믿음을 분명히 하십시오. 거룩한 행실과 경건함으로 주의 나라를 바라보며 사십시오. 주님의 심판대 앞에서 모든 것이 적나라하게 드러날 때 부끄럽지 않도록, 그날을 준비하며 사는 가정이 되기를 간절히 축복합니다.

나눔 1 주님 앞에 드러내기 부끄러운 죄인 줄 알면서도 아직 완전히 회개하지 못한 죄가 있습니까?

나눔 2 주님의 강림은 나에게 있어서 기대되는 날입니까? 두려운 날입니까?

예수님을 바라보는 우리 가정 기도 :

오늘성경통독 요한일서 1장☐ 2장☐ 3장☐ 4장☐ 5장☐
오늘가정예배 찬송 435장 나의 영원하신 기업

Date / /

말씀 요한일서 2:15-17 이 세상이나 세상에 있는 것들을 사랑하지 말라 누구든지 세상을 사랑하면 아버지의 사랑이 그 안에 있지 아니하니 이는 세상에 있는 모든 것이 육신의 정욕과 안목의 정욕과 이생의 자랑이니 다 아버지께로부터 온 것이 아니요 세상으로부터 온 것이라 이 세상도, 그 정욕도 지나가되 오직 하나님의 뜻을 행하는 자는 영원히 거하느니라

우리에게 주어진 시간을 하나님께 사용합시다

우리 인생의 주인공은 누구입니까? 우리의 삶 가운데 잘 되기를 원하는 존재는 누구입니까? 나 자신입니까? 아니면 우리 주님입니까? 우리는 우리 인생의 주인공을 분명하게 정해야 합니다. 왜냐하면 우리 인생에는 두 주인공이 함께 설 자리가 없기 때문입니다.

역대하 2장을 보면 솔로몬은 두로 왕 후람에게 성전을 지을 때 필요한 목재를 요청합니다. 그러면서 이렇게 말합니다. “내가 건축하고자 하는 성전은 크니 우리 하나님은 모든 신들보다 크심이라”(대하 2:5). 이 말만 보면 솔로몬이 후람에게 요청한 나무들로 하나님의 성전을 웅장하게 지을 것이라고 예상하게 됩니다. 그런데 열왕기상을 보면 이런 말씀이 기록되어 있습니다. “솔로몬이 자기의 왕궁을 십삼 년 동안 건축하여 그 전부를 준공하니라 그가 레바논 나무로 왕궁을 지었으니”(왕상 7:1-2).

솔로몬이 두로 왕 후람에게 받은 백향목들이 어디에 사용되었습니까? 자기 왕궁을 건축하는 데 사용되었습니다. 게다가 하나님의 성전보다 자기 왕궁을 훨씬 더 웅장하게 지었습니다. 이 사실을 보면 솔로몬의 마음속에 진짜 주인공이 누구였는지를 확인할 수 있습니다. 그는 하나님을 위하여 성전을 짓는다고 말했지만 결국 그의 마음속에 주인공은 자기 자신이었습니다. 그렇기에 그에게는 하나님의 성전을 짓는 것 보다 자기 궁전을 짓는 것이 더 중요한 일이었던 것입니다.

우리 인생의 주인공은 누구입니까? 그것은 우리 인생의 시간을 어디에 쓰고 있는지를 생각해보면 쉽게 드러납니다. 자신의 하루를 돌아보십시오. 하루의 시간 중에 하나님을 위해 사용한 시간, 하나님께 드린 시간, 하나님을 생각한 시간은 얼마나 됩니까? 또 나를 위해, 내 인생 설계를 위해, 내 인생의 궁전을 짓기 위해 사용한 시간은 얼마나 됩니까? 오늘 말씀을 마음에 새기시기 바랍니다.

“이 세상이나 세상에 있는 것들을 사랑하지 말라 누구든지 세상을 사랑하면 아버지의 사랑이 그 안에 있지 아니하니 이는 세상에 있는 모든 것이 육신의 정욕과 안목의 정욕과 이생의 자랑이니 다 아버지께로부터 온 것이 아니요 세상으로부터 온 것이라 이 세상도, 그 정욕도 지나가되 오직 하나님의 뜻을 행하는 자는 영원히 거하느니라”(요일 2:15-17).

우리에게 주어진 시간을 하나님의 뜻을 행하는데 사용하는 것, 그것이 우리 인생의 진정한 주인공이 하나님이심을 인정하는 자의 삶입니다. 그렇게 우리 삶의 주인공의 자리를 하나님께 드릴 때 하나님께서 우리의 삶을 이끌어 가십니다.

나눔 1 내 삶 가운데 가장 많은 시간을 사용하고 있는 것은 무엇인가요?

나눔 2 주님께서는 한 사람이 두 주인을 섬길 수 없다고 하셨습니다. 나에게는 두 주인이 없습니까?

예수님을 바라보는 우리 가정 기도 :

말씀 요한삼서 1:11 사랑하는 자여 악한 것을 본받지 말고 선한 것을 본받으라 선을 행하는 자는 하나님께 속하고 악을 행하는 자는 하나님을 뵈옵지 못하였느니라

회개는 예수님을 닮는 것입니다

우리가 믿는 하나님은 나 같은 죄인을 위해 자기 외아들 예수 그리스도를 내어주신 사랑과 은혜가 풍성하신 하나님이십니다. 그러나 그것은 하나님의 일면입니다. 그것이 하나님의 전체의 모습은 아닙니다. 구약성경에서 자주 드러나듯이 하나님은 악인을 벌하시는 의로우신 재판장이십니다. 그래서 다윗은 "하나님은 의로우신 재판장이심이여 매일 분노하시는 하나님이시로다 사람이 회개하지 아니하면 그가 그의 칼을 가심이여 그의 활을 이미 당기어 예비하셨도다"(시 7:11-12)라고 노래했습니다.

하나님은 은혜가 풍성한 분이시지만 동시에 의로우신 재판장이시기도 합니다. 하나님은 우리의 마음과 양심을 감찰하십니다. 그러니 정말 하나님을 만난 사람은 마음과 양심에 악한 것을 품고 있을 수 없습니다. 의로운 재판장이신 하나님을 만났는데 어떻게 악한 것을 품고 그분 앞에 멀쩡하게 설 수 있겠습니까? 그래서 오늘 말씀에서 사도요한은 이렇게 말합니다. "선을 행하는 자는 하나님께 속하고 악을 행하는 자는 하나님을 뵈옵지 못하였느니라." 하나님을 제대로 만나고도 악을 행할 수는 없다는 것입니다. 악인이 재판장 앞에 서면 그의 앞에 놓이는 것은 징벌뿐입니다.

그러나 처음에 말한 바와 같이 하나님은 의로우면서도 은혜와 사랑이 풍성한 분이십니다. 만약 우리가 하나님을 만나고 그분 앞에서 진정으로 회개하면 우리의 악을 용서해 주십니다. 그렇기 때문에 우리가 하나님의 은혜와 사랑을 누리는 것은 진정한 회개가 있고 난 다음의 문제인 것입니다.

'회개'(悔改)는 "뉘우치고 고치다"라는 뜻입니다. 자신의 죄를 깨닫고 그 죄의 길에서 떠나는 것, 그것이 진정한 회개입니다. 진정으로 하나님을 만난 사람은 죄의 길에서 떠나고 싶은 마음이 일어납니다.

그런데 어떻게 죄의 길에서 떠날 수 있는지를 모르는 사람이 많습니다. 그래서 사도요한은 오늘 말씀에서 이렇게 말합니다. "선한 것을 본받으라." 이 세상에서 유일한 선이신 예수님을 본받으라는 것입니다. '본받는다'는 것은 "본보기로 하여 그대로 따라 하다"라는 의미입니다. 예수님을 따라 하라는 것입니다. 따라 하려면 어떻게 해야합니까? 보아야 합니다. 먼저 예수님을 바라봐야 따라 할 수 있습니다.

여러분은 진정한 회개를 하셨습니까? 죄의 길에서 완전히 떠나셨습니까? 만일 아직도 내 안에 죄된 것이 남아있다면 예수님을 바라보십시오. 그리고 그분을 따라 하십시오. 그렇게 예수님을 본받으면서 살다 보면 어느 순간 죄의 길에서 떠나 있는 자신의 모습을 발견하게 될 것입니다.

나눔 1 내가 아직 떠나지 못하고 있는 죄의 길이 있다면 서로 고백해 보세요.

나눔 2 죄 된 마음이 일어날 때 예수님을 바라보시기를 결단하는 시간을 가져보세요.

예수님을 바라보는 우리 가정 기도 :

말씀 요한계시록 3:15-19 내가 네 행위를 아노니 네가 차지도 아니하고 뜨겁지도 아니하도다 네가 차든지 뜨겁든지 하기를 원하노라 네가 이같이 미지근하여 뜨겁지도 아니하고 차지도 아니하니 내 입에서 너를 토하여 버리리라 네가 말하기를 나는 부자라 부요하여 부족한 것이 없다 하나 네 곤고한 것과 가련한 것과 가난한 것과 눈 먼 것과 벌거벗은 것을 알지 못하는도다 내가 너를 권하노니 내게서 불로 연단한 금을 사서 부요하게 하고 흰 옷을 사서 입어 벌거벗은 수치를 보이지 않게 하고 안약을 사서 눈에 발라 보게 하라 무릇 내가 사랑하는 자를 책망하여 징계하노니 그러므로 네가 열심을 내라 회개하라

주님 안에서 뜨겁게 신앙생활 합시다

오늘 말씀은 요한이 아시아에 있는 일곱 교회에 쓴 편지 요한계시록 중에서 라오디게아 교회에 대한 말씀입니다. 라오디게아는 안약 제조 기술이 유명해서 안약 제조 학교가 있을 정도였다고 합니다. 특별히 이 지역에서 사용했던 물은 석회질이 많아서 물을 끓이지 않고 미지근한 상태로 마시면 구토 증상이 일어났다고 합니다.

주님께서는 이런 지역적 특성까지 아시고 그것을 적용하여 라오디게아 교인들에게 말씀하십니다. "네가 이같이 미지근하여 뜨겁지도 아니하고 차지도 아니하니 내 입에서 너를 토하여 버리리라"(계 3:16), "안약을 사서 눈에 발라 보게 하라"(계 3:18). 주님께서는 라오디게아 사람들이 가장 잘 알아들을 수 있는 그들의 현실을 비유하여 영적인 문제를 말씀하고 계시는 것입니다.

왜 이렇게 하셨을까요? 그들의 영적인 타락이 너무나 심각했기 때문입니다. 그래서 그들이 즉각적으로 알아듣고 회개할 수 있도록 그들의 삶에서 늘 경험해왔던 것들로 비유하여 말씀하시는 것입니다.

주님께서는 그들의 영적 상태를 "눈 먼 것과 벌거벗은 것"과 같은 상태라고 말씀하십니다(계 3:17). 도대체 그들의 영이 어떤 상태였기에 주님께서 이렇게 심각하게 책망하시는 걸까요? 다음 말씀에서 알려주십니다. "내가 네 행위를 아노니 네가 차지도 아니하고 뜨겁지도 아니하도다 네가 차든지 뜨겁든지 하기를 원하노라 네가 이같이 미지근하여 뜨겁지도 아니하고 차지도 아니하니 내 입에서 너를 토하여 버리리라"(계 3:15-16). 또 "네가 열심을 내라"라고 말씀하십니다(계 3:19).

영적인 일에 열심을 내지 않고, 그저 흘러가는 대로, 미지근하게 신앙생활을 하는 것, 그것을 주님께서는 눈이 멀고 벌거벗은 것과 같은 영적인 상태라고 말씀하시고, 그런 상태에 있는 라오디게아 교회를 토하여 버리겠다고 말씀하실 만큼 심하게 책망하고 계시는 것입니다. 미지근한 영적생활이 그만큼 주님께서 싫어하시고 책망하시는 일이라는 것입니다.

우리의 영적생활은 어떻습니까? 뜨겁지 못하다면 차라리 차가운 것이 안전합니다. 차가울 때는 속히 자신의 차가워진 영적상태를 깨닫고 돌이킬 수 있기 때문입니다. 미지근함에 머물지 마십시오. 주님께서 라오디게아 교회를 책망하셨던 말씀을 바라보며 날마다 뜨겁게 주님 앞에서 살아가는, 주의 일에 열심을 내는 우리 가정이 되기를 간절히 축복합니다.

나눔 1 나의 영적 생활은 어떤 상태입니까? 이유는 무엇입니까?

나눔 2 뜨거운 영적생활을 회복하기 위해서 무엇을 할 계획인가요?

예수님을 바라보는 우리 가정 기도 :

오늘성경통독 요한계시록 9장 □ 10장 □ 11장 □ 12장 □ 13장 □
오늘가정예배 찬송 180장 하나님의 나팔 소리 Date / /

말씀 요한계시록 11:11-13 삼 일 반 후에 하나님께로부터 생기가 그들 속에 들어가매 그들이 발로 일어서니 구경하는 자들이 크게 두려워하더라 하늘로부터 큰 음성이 있어 이리로 올라오라 함을 그들이 듣고 구름을 타고 하늘로 올라가니 그들의 원수들도 구경하더라 그 때에 큰 지진이 나서 성 십분의 일이 무너지고 지진에 죽은 사람이 칠천이라 그 남은 자들이 두려워하여 영광을 하늘의 하나님께 돌리더라

세상이 공격할 수 있는 곳은 마당뿐입니다

요한계시록을 보면 말세에 일어날 하나님나라와 세상의 대결을 이렇게 기록하고 있습니다. "성전 바깥마당은 측량하지 말고 그냥 두라 이것은 이방인에게 주었은즉 그들이 거룩한 성을 마흔두 달 동안 짓밟으리라 내가 나의 두 증인에게 권세를 주리니 그들이 굵은 베옷을 입고 천이백육십 일을 예언하리라"(계 11:2-3).

마지막 날이 될수록 세상과 하나님나라, 세상과 성도는 더욱 치열하게 대결할 것입니다. 세상은 거룩한 성의 바깥마당에서 포악하게 공격할 것이고 하나님께서 세우신 증인들은 세상을 향하여 끊임없이 하나님의 말씀을 전할 것입니다. 마흔 두 달과 천이백육십 일로 표현된 이 전쟁의 시간 동안 성도는 세상의 공격을 받을 테지만 그 가운데서도 끝까지 하나님의 말씀을 선포하고 붙잡아야 한다는 것입니다.

오늘날 세상이 바로 요한계시록 11장이 표현하고 있는 그 마지막 때와 같습니다. 세상은 하나님나라와 교회를 공격합니다. 그들의 공격 앞에 교회와 성도들은 계속해서 밀리고 있는 것처럼 보입니다. 신학교수들 조차도 교회의 미래가 어둡다고 말하며 여기저기서 교회를 살려야 한다는 세미나가 열리는 지경에 이르렀습니다. 그러나 성경이 무엇이라고 말하고 있습니까? 세상에게 허락된 공격 장소는 성전 바깥마당일 뿐입니다. 하나님의 성전과 제단과 그 안에서 경배하는 자들은 그들에게 허락된 공격거리가 아닙니다. 그들은 결코 교회를 무너뜨릴 수 없고 성도들을 무너뜨릴 수 없다는 것입니다.

오늘 말씀이 말하고 있는 바가 바로 그것입니다. 결국에 일어나게 될 교회의 승리, 성도들의 승리가 오늘 말씀에 기록되어 있습니다. 당장은 밀리는 것 같아도, 당장은 성도들이 그들의 공격에 버티지 못하고 나가떨어지는 것 같아도, 결국에 두 발로 일어설 자는 하나님의 증인들, 곧 교회와 성도들입니다. 결국에 구름을 타고 하늘로 올라가서 최후 승리를 얻을 사람들은 바로 우리라는 것입니다.

우리는 이 사실을 반드시 기억해야 합니다. 세상이 얼마나 흉악하게 교회와 성도들을 공격하든, 교회는 무너지지 않습니다. 성도는 패배하지 않습니다. 결국에는 교회와 성도들이 승리하게 될 것이며 하늘로 올라 영광 가운데 영생을 누릴 것입니다. 이것을 기억하고 교회와 믿음 가운데 머물기를 포기하지 말아야 합니다. 최후 승리가 우리에게 있음을 잊지 마십시오. 오늘 말씀에서 증인들이 구름을 타고 하늘로 오르는 것을 구경만 하는 구경꾼 원수들이, 바로 내가 되지 않도록 끝까지 믿음 안에서, 교회 안에서 믿음의 싸움을 싸우며 승리의 면류관을 쟁취하는 가정이 되기를 간절히 소원합니다.

나눔 1 나는 의의 최후 승리를 믿습니까?

나눔 2 마지막 날에 세상과 교회는 각자 어떤 상황에 처하게 될지 이야기해보세요.

예수님을 바라보는 우리 가정 기도 :

말씀 요한계시록 17:14 그들이 어린 양과 더불어 싸우려니와 어린 양은 만주의 주시요 만왕의 왕이시므로 그들을 이기실 터이요 또 그와 함께 있는 자들 곧 부르심을 받고 택하심을 받은 진실한 자들도 이기리로다

믿음은 반드시 지켜야 합니다

세상 모든 만물 가운데 유일하신 승자로 우뚝 서게 되실 분은 예수님이십니다. 우리 주님은 쇠퇴하지 않는 분이시고 영원토록 왕 노릇 하실 하나님이십니다. 우리가 바라보는 형세가 어떠하든, 이 세상이 지금 어떻게 돌아가고 있든지에 관계없이, 세상 나라의 왕들과 세상의 권세 잡은 음녀는 우리 주님 앞에 무릎 꿇게 될 것이고 그를 따르던 자들도 함께 패배하게 될 것입니다.

이것은 변하지 않는 사실입니다. 주님을 따르는 자들에게는 승리가 확정되어 있고 주님을 대적하는 자들과 그들을 따르는 자들에게는 패배가 확정돼 있습니다. 그렇다면 우리는 어느 편에 서는 것이 맞겠습니까? 당연히 우리 주님 편에 서는 것이 맞습니다. 그것 이외에는 답이 없습니다. 그것을 안다면 어떠한 상황에서도 주님 편에 서기를 포기하지 말아야 합니다. 아무리 음녀의 박해가 심하고 세상의 유혹이 심해도 주님 편에서 떠나면 안 됩니다.

요한계시록을 보면 음녀가 "성도들의 피와 예수의 증인들의 피에 취한지라"고 말합니다(계 17:6). 무슨 말입니까? 음녀에게 잡아먹힌 예수 그리스도의 성도들, 예수의 증인들이 많다는 것입니다. 하지만 음녀는 예수를 믿는 믿음으로 순교한 성도들이 흘린 피에 취해서 자기가 승리한 줄로 착각하고 있는 것입니다. 다시 말하면 순교하기까지 믿음을 지킨 성도들이 그렇게 많다는 것입니다.

반면에 믿음을 지키지 못하고 음녀의 편에 선 자들은 음녀가 타고 있는 짐승으로 비유됩니다. 세상의 권세 잡은 자를 등에 업고 날뛰는 존재로 표현된 것입니다. 그런데 그런 자들의 결말이 무엇입니까? "무저갱으로부터 올라와 멸망으로 들어갈 자니"(계 17:8). 그들에게 확정된 결말은 '멸망'이라는 것입니다.

주님께서 승리하시고 음녀는 패배하는 것, 그것은 이미 확정된 결말입니다. 그 결말이 우리에게 분명하게 알려졌는데도 순종과 불순종, 순교와 배교 사이에 고민하는 것은 미련한 것입니다. 그것은 고민할 필요조차 없는 문제입니다. 주님께서 완전한 승리를 이루시는 그날에 함께 이기는 자들은 "그와 함께 있는 자들"이라고 성경이 우리에게 말합니다.

우리 가족 모두가 주님과 함께 있는 자들이 되기를 소원합니다. 음녀의 유혹이 아무리 강하고 세상의 핍박이 아무리 강해도 최후 승리하실 주님을 바라보며 순교할 마음으로 믿음을 지키는 우리 가정이 되기를 간절히 소원합니다. 그리하여 주님께서 승리하시는 그날에 주님과 함께 이기는 우리 가족이 되기를 간절히 축복합니다.

나눔 1 나에게 찾아왔던 음녀의 유혹과 핍박은 어떤 것이 있었는지 나누어 보세요.

나눔 2 우리가 어떻게 하면 주님과 함께 살아갈 수 있을까요? 실천사항을 정하여 결단해 보세요.

예수님을 바라보는 우리 가정 기도 :

오늘성경통독 요한계시록 19장 □ 20장 □ 21장 □ 22장 □

오늘가정예배 찬송 516장 옳은 길 따르라 의의 길을

Date / /

말씀 요한계시록 19:7-8 우리가 즐거워하고 크게 기뻐하며 그에게 영광을 돌리세 어린 양의 혼인 기약이 이르렀고 그의 아내가 자신을 준비하였으므로 그에게 빛나고 깨끗한 세마포 옷을 입도록 허락하셨으니 이 세마포 옷은 성도들의 옳은 행실이로다 하더라

주님의 이끄심을 따라 살아가는 가정이 됩시다

오늘 말씀이 기록된 요한계시록 19장의 제목은 '어린 양의 혼인 잔치'입니다. 여기에서 말하는 어린 양은 예수 그리스도입니다. 요한계시록은 18장에서 '바벨론의 패망'이라는 제목으로 세상의 권세 잡은 마귀가 완전하게 무너지게 되는 날을 기록하고 있습니다. 마귀와 마귀를 따르던 사람들은 멸망하게 될 것입니다. 그리고 하늘과 성도들과 사도들과 선지자들은 그로 말미암아 즐거워하게 될 것입니다(계 18:20).

그날이 되면 우리는 무엇으로 인하여 즐거워하게 될까요? 물론 악의 세력이 무너진 것으로 인하여 즐거워하기도 하겠지만, 그보다 더 본질적인 우리의 기쁨의 이유는 우리의 신랑이 되시는 예수 그리스도와의 완전한 연합이 바로 그날부터 비로소 시작될 것이기 때문입니다. 최후의 심판의 날이 악한 자들과 거룩하지 않은 자들에게는 심판과 멸망의 날이지만, 주님을 따르는 그분의 백성들에게는 주님과 연합하여 새로운 삶을 시작하는 결혼식의 날이 되는 것입니다.

오늘 말씀은 그 결혼식 장면을 이렇게 기록합니다. "우리가 즐거워하고 크게 기뻐하며 그에게 영광을 돌리세 어린 양의 혼인 기약이 이르렀고 그의 아내가 자신을 준비하였으므로 그에게 빛나고 깨끗한 세마포 옷을 입도록 허락하셨으니 이 세마포 옷은 성도들의 옳은 행실이로다 하더라"(계 19:7-8).

이 말씀은 우리가 그 혼인 잔치에 참여하여 주와 함께 사는 주님의 신부가 되기 위해서 우리에게 무엇이 있어야 할지를 보여줍니다. 그것이 무엇입니까? '성도의 옳은 행실'입니다. 주님의 신부가 될 사람은 성도의 옳은 행실을 입어야 합니다.

그런데 그 성도의 옳은 행실은 우리의 힘으로 입는 것이 아닙니다. 오늘 말씀은 어린 양이신 주님께서 그의 아내가 될 사람에게 빛나고 깨끗한 세마포 옷을 입도록 허락하신다고 말하고 있습니다. 그러니 성도의 옳은 행실은 우리의 힘으로 입는 것이 아니라 주님의 힘으로 입는 것입니다. 주님께서 우리가 옳은 행실을 입을 수 있도록 이끄시고 도우신다는 것입니다.

요한계시록 말씀은 "아멘 주 예수여 오시옵소서"라는 기도로 끝나고 있습니다(계 22:20). 주님께서 빨리 오시기를 기다린다는 것은 그 사람이 얼마나 주님의 이끄심을 따라 옳은 행실을 입고 살아왔는지를 가늠할 수 있는 지표가 됩니다.

우리는 어떻습니까? 우리도 주님의 이끄심을 따라 성도의 옳은 행실을 입고, 주님께서 하루라도 빨리 오시기를 기도하는 가정이 되기를 소원합니다. 그리하여서 주님을 대면하고 마주하는 그 날에 기쁨으로 신랑을 맞이하는 신부가 됩시다.

나눔 1 나에게서 드러났던 옳은 행실의 옷은 무엇입니까?

나눔 2 주님께서 빨리 다시 오시면 좋겠다는 마음의 소원이 나에게 있습니까?

예수님을 바라보는 우리 가정 기도 :

“너희는 믿음 안에 있는가 너희 자신을 시험하고
너희 자신을 확증하라
예수 그리스도께서 너희 안에 계신 줄을
너희가 스스로 알지 못하느냐
그렇지 않으면 너희는 버림 받은 자니라”

고린도후서 13장 5절

성경 읽기표

구약

구분	성경																		
율법서	창세기	1	2	3	4	5	6	7	8	9	10	11	12	13	14	15	16	17	18
		19	20	21	22	23	24	25	26	27	28	29	30	31	32	33	34	35	36
		37	38	39	40	41	42	43	44	45	46	47	48	49	50				
	출애굽기	1	2	3	4	5	6	7	8	9	10	11	12	13	14	15	16	17	18
		19	20	21	22	23	24	25	26	27	28	29	30	31	32	33	34	35	36
		37	38	39	40														
	레위기	1	2	3	4	5	6	7	8	9	10	11	12	13	14	15	16	17	18
		19	20	21	22	23	24	25	26	27									
	민수기	1	2	3	4	5	6	7	8	9	10	11	12	13	14	15	16	17	18
		19	20	21	22	23	24	25	26	27	28	29	30	31	32	33	34	35	36
	신명기	1	2	3	4	5	6	7	8	9	10	11	12	13	14	15	16	17	18
		19	20	21	22	23	24	25	26	27	28	29	30	31	32	33	34		
역사서	여호수아	1	2	3	4	5	6	7	8	9	10	11	12	13	14	15	16	17	18
		19	20	21	22	23	24												
	사사기	1	2	3	4	5	6	7	8	9	10	11	12	13	14	15	16	17	18
		19	20	21															
	룻기	1	2	3	4														
	사무엘상	1	2	3	4	5	6	7	8	9	10	11	12	13	14	15	16	17	18
		19	20	21	22	23	24	25	26	27	28	29	30	31					
	사무엘하	1	2	3	4	5	6	7	8	9	10	11	12	13	14	15	16	17	18
		19	20	21	22	23	24												
	열왕기상	1	2	3	4	5	6	7	8	9	10	11	12	13	14	15	16	17	18
		19	20	21	22														
	열왕기하	1	2	3	4	5	6	7	8	9	10	11	12	13	14	15	16	17	18
		19	20	21	22	23	24	25											
	역대상	1	2	3	4	5	6	7	8	9	10	11	12	13	14	15	16	17	18
		19	20	21	22	23	24	25	26	27	28	29							
	역대하	1	2	3	4	5	6	7	8	9	10	11	12	13	14	15	16	17	18
		19	20	21	22	23	24	25	26	27	28	29	30	31	32	33	34	35	36
	에스라	1	2	3	4	5	6	7	8	9	10								
	느헤미야	1	2	3	4	5	6	7	8	9	10	11	12	13					
	에스더	1	2	3	4	5	6	7	8	9	10								
시가서	욥기	1	2	3	4	5	6	7	8	9	10	11	12	13	14	15	16	17	18
		19	20	21	22	23	24	25	26	27	28	29	30	31	32	33	34	35	36
		37	38	39	40	41	42												
	시편	1	2	3	4	5	6	7	8	9	10	11	12	13	14	15	16	17	18
		19	20	21	22	23	24	25	26	27	28	29	30	31	32	33	34	35	36
		37	38	39	40	41	42	43	44	45	46	47	48	49	50	51	52	53	54
		55	56	57	58	59	60	61	62	63	64	65	66	67	68	69	70	71	72
		73	74	75	76	77	78	79	80	81	82	83	84	85	86	87	88	89	90
		91	92	93	94	95	96	97	98	99	100	101	102	103	104	105	106	107	108
		109	110	111	112	113	114	115	116	117	118	119	120	121	122	123	124	125	126
		127	128	129	130	131	132	133	134	135	136	137	138	139	140	141	142	143	144
		145	146	147	148	149	150												
	잠언	1	2	3	4	5	6	7	8	9	10	11	12	13	14	15	16	17	18
		19	20	21	22	23	24	25	26	27	28	29	30	31					
	전도서	1	2	3	4	5	6	7	8	9	10	11	12						
	아가	1	2	3	4	5	6	7	8										

예언서	이 사 야	1	2	3	4	5	6	7	8	9	10	11	12	13	14	15	16	17	18
		19	20	21	22	23	24	25	26	27	28	29	30	31	32	33	34	35	36
		37	38	39	40	41	42	43	44	45	46	47	48	49	50	51	52	53	54
		55	56	57	58	59	60	61	62	63	64	65	66						
	예레미야	1	2	3	4	5	6	7	8	9	10	11	12	13	14	15	16	17	18
		19	20	21	22	23	24	25	26	27	28	29	30	31	32	33	34	35	36
		37	38	39	40	41	42	43	44	45	46	47	48	49	50	51	52		
	예레미야애가	1	2	3	4	5													
	에 스 겔	1	2	3	4	5	6	7	8	9	10	11	12	13	14	15	16	17	18
		19	20	21	22	23	24	25	26	27	28	29	30	31	32	33	34	35	36
		37	38	39	40	41	42	43	44	45	46	47	48						
	다 니 엘	1	2	3	4	5	6	7	8	9	10	11	12						
예언서	호 세 아	1	2	3	4	5	6	7	8	9	10	11	12	13	14				
	요 엘	1	2	3									나 훔			1	2	3	
	아 모 스	1	2	3	4	5	6	7	8	9			하박국			1	2	3	
	오 바 댜	1											스바냐			1	2	3	
	요 나	1	2	3	4								학 개			1	2		
	미 가	1	2	3	4	5	6	7					말라기			1	2	3	4
	스 가 랴	1	2	3	4	5	6	7	8	9	10	11	12	13	14				

신약

복음서	마태복음	1	2	3	4	5	6	7	8	9	10	11	12	13	14	15	16	17	18
		19	20	21	22	23	24	25	26	27	28								
	마가복음	1	2	3	4	5	6	7	8	9	10	11	12	13	14	15	16		
	누가복음	1	2	3	4	5	6	7	8	9	10	11	12	13	14	15	16	17	18
		19	20	21	22	23	24												
	요한복음	1	2	3	4	5	6	7	8	9	10	11	12	13	14	15	16	17	18
		19	20	21															
역사서	사도행전	1	2	3	4	5	6	7	8	9	10	11	12	13	14	15	16	17	18
		19	20	21	22	23	24	25	26	27	28								
바울서신	로 마 서	1	2	3	4	5	6	7	8	9	10	11	12	13	14	15	16		
	고린도전서	1	2	3	4	5	6	7	8	9	10	11	12	13	14	15	16		
	고린도후서	1	2	3	4	5	6	7	8	9	10	11	12	13					
	갈라디아서	1	2	3	4	5	6												
	에베소서	1	2	3	4	5	6				디모데전서			1	2	3	4	5	6
	빌립보서	1	2	3	4						디모데후서			1	2	3	4		
	골로새서	1	2	3	4						디 도 서			1	2	3			
	데살로니가전서	1	2	3	4	5					빌레몬서			1					
	데살로니가후서	1	2	3	4														
공동서신	히브리서	1	2	3	4	5	6	7	8	9	10	11	12	13					
	야고보서	1	2	3	4	5													
	베드로전서	1	2	3	4	5													
	베드로후서	1	2	3															
	요한1서	1	2	3	4	5													
	요한2서	1																	
	요한3서	1																	
	유 다 서	1																	
예언서	요한계시록	1	2	3	4	5	6	7	8	9	10	11	12	13	14	15	16	17	18
		19	20	21	22														

예수님과 동행하는 매일가정예배

초판 1쇄 발행 2021년 11월 29일
초판 6쇄 발행 2023년 11월 27일

지은이 박지훈

펴낸이 여진구
책임편집 안수경 김도연
편집 이영주 박소영 최현수 김아진 정아혜
책임디자인 노지현 | 마영애 조은혜 이하은
홍보 · 외서 진효지
마케팅 김상순 강성민
제작 조영석 허병용
마케팅지원 최영배 정나영
경영지원 김혜경 김경희 이지수

303비전성경암송학교 유니게 과정
이슬비전도학교 / 303비전성경암송학교 / 303비전꿈나무장학회

펴낸곳 규장

주소 06770 서울시 서초구 매헌로 16길 20(양재2동) 규장선교센터
전화 02)578-0003 팩스 02)578-7332
이메일 kyujang0691@gmail.com 홈페이지 www.kyujang.com
페이스북 facebook.com/kyujangbook 인스타그램 instagram.com/kyujang_com
카카오스토리 story.kakao.com/kyujangbook
등록일 1978.8.14. 제1-22

책값 뒤표지에 있습니다.
ISBN 979-11-6504-255-4 03230

규 | 장 | 수 | 칙

1. 기도로 기획하고 기도로 제작한다.
2. 오직 그리스도의 성품을 사모하는 독자가 원하고 필요로 하는 책만을 출판한다.
3. 한 활자 한 문장에 온 정성을 쏟는다.
4. 성실과 정확을 생명으로 삼고 일한다.
5. 긍정적이며 적극적인 신앙과 신행일치에의 안내자의 사명을 다한다.
6. 충고와 조언을 항상 감사로 경청한다.
7. 지상목표는 문서선교에 있다.

하나님을 사랑하는 자 곧 그의 뜻대로 부르심을 입은 자들에게는 모든 것이 合力하여 善을 이루느니라(롬 8:28)

규장은 문서를 통해 복음전파와 신앙교육에 주력하는 국제적 출판사들의 협의체인 복음주의출판협회(E.C.P.A:Evangelical Christian Publishers Association)의 출판정신에 동참하는 회원(Associate Member)입니다.